공공경제론

게임이론적 접근

김영세

POLITICS & PUBLIC ECONOMICS: A GAME-THEORETIC APPROACH

POLITICS & PUBLIC ECONOMICS

A GAME-THEORETIC APPROACH

도서출판 청람

진호에게

머리말

이 책은 사회선택의 규범적 기준, 공공선택의 절차와 실증자료, 조세와 분배정책, 정부와 공무원의 행태, 경제정책의 정치적 결정 등 공공경제의 핵심 주제들을 게임이론적 분석기법을 적용하여 재구성하고 풀어낸 학술서이다.

공공경제학(Public Economics)이란 재정학(Public Finance)의 고유영역인 정부의 세입세출과 공공부문 경제문제를 위주로 하되 공공선택(Public Choice)이나 후생경제학(Welfare Economics)의 연구 성과를 반영하여 일부 보완된 정도를 의미하였다. 후생경제학이란 독립적 개인들로 구성된 경제에서 사회선택의 규범적 기준을 제시하고 자원배분의 효율성 제고를 위한 메커니즘 설계에 집중하는 중급 미시경제학의 한 갈래로서 대개 정부나 정치는 배제된다. 다른 한편 정치경제론(Economics and Politics 혹은 New Political Economy)은 1980년대 후반부터 미국과 유럽 학계에서 시작되어 지금은 명실공히 주류 경제학의 한 분야로 인정받고 있다. 여기서 정치경제론은 국내 경제학계에서 맑시즘(Marxism)과 동일시되는 의미의 정치경제학과는 다름을 유의해주기 바란다.

위에 언급한 분야들은 지난 30여 년 동안 재정, 정치, 공공선택, 경제정책 등의 분석에 게임이론을 활용하여 엄밀성과 현실설명력을 획기적으로 높여왔다는 공통점을 갖고 있다. 이 책은 공공경제학의 주제들을 다루되 게임이론을 적용하여 일관성 있게 재조직하고 풀어내고자 하였다. 그 과정에서 필연적으로 정치경제론과 정치학의 최근 학문성과를 대폭 반영하고 있으며, 정부의 세입세출 관리와 재정정책의 효과 분석에 집중된 재정학적 주제는 최소화하였다.

이 책은 경제학이나 정치학 분야의 전문 학술서이다. 그러나 수학, 통계학, 미시경제학의 기초를 갖춘 학부생이면 공부하기에 무리가 없는 수준으로 풀어내고자 하였다. 특히 공공경제학, 후생경제학, 경제정책론 과목에서 주교재로 사용하거나 재정학, 공공선택론 과목에서 부교재로 사용한다면 학생들이 선진 학문을 습득하는 좋은 기회가 될 것이다. 다른 한편 행정고등고시의 경제학 과목의 경우 암기에 기초한 논술형에서 벗어나 문제풀이 및 경제적 함의를 제시하라는 형태로 바뀌어 왔으며 향후 그러한 추세는 더욱 강해지리라 예측되므로 이 책은 고시준비생들에게도 도움이 되리라 생각한다.

이 책은 게임이론을 분석도구로 삼고 있기 때문에 이미 출간된 졸저들과 중첩될 수밖에 없다. 일부 내용은 졸저 『게임의 기술』(2007, 웅진지식하우스), 『게임이론』(제8판, 2018, 박영사), 『정치게임과 공공경제』(제2판, 2015, 도서출판 청람)에서 인용 없이 가져왔음을 밝혀둔다.

저자의 학문의 길에 큰 영향을 미친 두 석학이 최근 유명을 달리하셨다. 캘리포니아 대학원 시절 스승이셨고 2012년 노벨경제학상을 수상하신 로이드 섀플리(Lloyd S. Shapley) 교수는 동네 할아버지 같은 자상함과 소탈함으로 천재에 대한 세간의 이미지를 뒤엎는 분이셨다. 영국 케임브리지 재직 시절 원료교수셨던 프랭크 한(Frank H. Hahn)은 특유의 거침없고 직선적이며 자신감 넘치는 모습으로 학자로서의 긍지와 열정을 가르쳐 주신 분이셨다. 두 분의 명복을 빈다.

이 책은 연세대 경제학부 과목 《정치 및 공공경제》를 여러 해에 걸쳐 가르치면서 집필하고 수정하고 다듬은 강의록을 기반으로 하고 있다. 자주 깜짝 놀랄 예리한 질문과 정확한 지적을 통해 강의록의 수준을 높여준 익명의 탁월한 학생들 그리고 제자 한수진과 홍미호에게 감사한다. 이 책의 출간을 흔쾌히 수락해주신 도서출판 청람의 이수영 사장과 출판과정에서 뒷바라지를 해주신 편집부 여러분께도 감사드린다. 일단 출간된 책은 더 이상 저자의 소유물이 아니다. 강호제위의 지속적인 질책과 조언을 부탁드린다.

2019년 초봄

아름다운 연세교정에서

차례 Contents

CHAPTER 01 서론

1.1 경제학의 구조와 발전 ··· 2
1.1.1 주류 경제학의 구조 ··· 2
1.1.2 소외와 단절 ··· 3
1.1.3 반란 ··· 5
1.2 정부와 공공부문의 확대 ··· 8
1.2.1 역사적 추세 ··· 8
1.2.2 제도와 패턴 ··· 11
1.2.3 정부 확대의 원인 ··· 12
1.3 정부란 무엇인가? ··· 14
1.3.1 선한 정부 ··· 14
1.3.2 이기적 정부 ··· 15
1.4 범주와 방법론 ··· 17

CHAPTER 02 경쟁시장의 자원배분

2.1 선호와 효용 ··· 22
2.1.1 선택과 선호 ··· 22
2.1.2 효용함수 ··· 23
2.1.3 무차별곡선 ··· 26
2.2 사익추구와 최적화 ··· 30
2.3 순수교환경제 ··· 33
2.3.1 에지워스 상자(Edgeworth box) ··· 34
2.3.2 왈라스 법칙(Warlas' law) ··· 36
2.4 생산경제 ··· 38
2.5 일반경쟁균형 ··· 41

CHAPTER 03 경쟁균형의 효율성

3.1 단일자원의 배분 효율성 ······ 46
3.1.1 파레토최적 ······ 46
3.1.2 코어 ······ 48
3.2 교환경제에서의 효율 ······ 51
3.2.1 파레토최적 ······ 51
3.2.2 코어 ······ 53
3.3 후생경제학의 기본정리 ······ 55
3.3.1 후생경제학의 제1기본정리 ······ 55
3.3.2 후생경제학의 제2기본정리 ······ 57
3.4 시장의 실패 ······ 59

CHAPTER 04 사회적 선택

4.1 사회적 선호 ······ 64
4.2 애로우의 불가능성 정리 ······ 65
4.2.1 애로우의 다섯 공리 ······ 66
4.2.2 불가능성 정리 ······ 67
4.2.3 불가능성 정리의 증명 ······ 69
4.3 사회후생함수 ······ 72
4.4 공리주의 ······ 75
4.5 롤스의 분배정의 ······ 78
4.6 여타 사회후생함수 ······ 82
4.6.1 평등주의 ······ 82
4.6.2 칼도어·힉스 기준과 총부극대화 ······ 83
4.6.3 자유주의 ······ 84
4.7 최적 사회선택 ······ 85

CHAPTER 05 게임이론의 기초

5.1 게임의 구성요소 ······ 90
5.1.1 경기자 ······ 90
5.1.2 의사결정의 순서 ······ 91
5.1.3 정보의 묘사 ······ 92
5.1.4 행동과 전략 ······ 94

5.1.5 결과와 보수 ········ 94
5.2 게임의 형태 ········ 95
5.2.1 전개형 ········ 95
5.2.2 전략형 ········ 97
5.3 게임의 해 ········ 98
5.4 우월전략과 열등전략 ········ 99
5.4.1 죄수의 딜레마 ········ 99
5.4.2 우월전략과 열등전략 ········ 101
5.5 강열등전략의 단계적 소거 ········ 103
5.6 순수전략 내쉬균형 ········ 106
5.7 여러 2×2 전략형게임 ········ 109
5.7.1 겁쟁이게임 ········ 109
5.7.2 성대결게임 ········ 110
5.7.3 순수공조게임 ········ 111

CHAPTER **06** 투표

6.1 사회선택함수로서의 투표제도 ········ 116
6.2 다수결 투표 ········ 117
6.2.1 메이의 정리 ········ 117
6.2.2 콩도르세의 역설 ········ 118
6.3 다양한 투표제도 ········ 121
6.3.1 최다득표제 ········ 121
6.3.2 점수투표제 ········ 123
6.3.3 승인투표제 ········ 125
6.3.4 결선투표제 ········ 126
6.3.5 종합과 시사점 ········ 127
6.4 형사재판 제도와 피의자의 운명 ········ 129
6.4.1 미국의 사법절차 ········ 130
6.4.2 강제양형제도 ········ 131
6.4.3 고대 로마의 재판절차 ········ 132
6.5 전략투표와 사회선택 ········ 132

CHAPTER **07** 중위투표자정리

7.1 선호의 제약 ········ 138

7.1.1 단봉선호 ········ 138
7.1.2 단일교차조건 ········ 140
7.2 중위투표자정리 ········ 142
7.3 중위투표자정리와 사회후생 ········ 144
7.4 선거와 공약의 실제 ········ 148
7.4.1 실증연구 ········ 148
7.4.2 정책 경쟁과 합리적 유권자에 대한 의문 ········ 150

CHAPTER **08** 정치과정과 정책결정

8.1 이념추구 정당 ········ 154
8.1.1 직관적 설명 ········ 155
8.1.2 내쉬균형의 계산 ········ 156
8.2 중위투표자에 대한 불확실성 ········ 159
8.3 다중정책사안 ········ 160
8.3.1 일괄타결 vs 분리협상 ········ 160
8.3.2 구조유도균형과 정책조합코어 ········ 165
8.4 양당제와 다당제 ········ 167
8.4.1 비례대표제 ········ 167
8.4.2 최다득표제 ········ 168
8.4.3 순차적 공약 선택 ········ 169
8.5 투표제도와 정당의 수 ········ 170
8.5.1 듀버거법칙 ········ 171
8.5.2 후보 수의 내생적 결정 ········ 172

CHAPTER **09** 예측불허의 전략

9.1 혼합전략 ········ 178
9.2 혼합전략 내쉬균형의 계산 ········ 179
9.3 가위바위보 ········ 182
9.4 왜 투표하는가? ········ 184
9.5 투표의 역설 ········ 186
9.5.1 소수그룹만 혼합전략을 사용하는 비대칭 균형 ········ 187
9.5.2 모든 유권자가 혼합전략을 선택하는 대칭적 균형 ········ 189
9.5.3 중추투표 가설의 현실 설명력 ········ 191

CHAPTER 10 외부효과

10.1 경쟁시장에서의 외부효과 ········ 196
10.1.1 정의와 분류 ········ 196
10.1.2 외부효과에 의한 시장실패 ········ 198
10.2 전략적 외부효과 ········ 201
10.3 통합과 총량규제 ········ 203
10.3.1 통합 ········ 203
10.3.2 총량규제 ········ 204
10.4 피구의 조세 ········ 206
10.5 메커니즘 설계 ········ 208
10.6 배상책임법 ········ 209
10.7 코우즈의 재산권적 해법 ········ 213

CHAPTER 11 공공재

11.1 공공재의 개념 ········ 220
11.2 시장기구에 의한 공급 ········ 221
11.3 파레토·사뮤엘슨 효율기준 ········ 224
11.4 린달균형과 비용분담 ········ 227
11.5 정치적 균형 ········ 232

CHAPTER 12 준공공재

12.1 공유지의 비극 ········ 236
12.1.1 내쉬균형 ········ 236
12.1.2 사회적 최적 ········ 237
12.1.3 공유지의 비극 ········ 238
12.2 공유지 비극의 해법과 반론 ········ 239
12.2.1 재산권적 해법 ········ 239
12.2.2 재산권적 해법에 대한 반론 ········ 242
12.3 독재, 부패, 경제발전 ········ 243
12.4 클럽재 ········ 246
12.4.1 단순 모형 ········ 246
12.4.2 이부가격제 ········ 247

12.5 지방공공재 ···· 248
12.5.1 지방공공재의 개념 ···· 248
12.5.2 지방자치 균형 ···· 250
12.6 티보우가설 ···· 253
12.7 실험연구 ···· 255
12.7.1 공공재 실험과 무임승차 ···· 255
12.7.2 익명성과 자기희생적 응징 ···· 257
12.7.3 공유지의 비극 실험 ···· 259

CHAPTER 13 순차게임과 약속의 신빙성

13.1 전개형게임 ···· 262
13.2 약속과 위협의 신빙성 ···· 263
13.2.1 혁명게임 ···· 263
13.2.2 부분게임완전균형과 역진귀납법 ···· 264
13.2.3 상대의 선택을 모를 경우 ···· 266
13.3 자신의 손발을 묶는 전략 ···· 269
13.3.1 배수진 ···· 269
13.3.2 자신의 손발을 묶는 전략 ···· 271
13.4 보수구조 변경을 통한 신빙성의 제고 ···· 273
13.5 의제조작 ···· 276
13.5.1 진실투표 ···· 277
13.5.2 전략투표 ···· 278
13.5.3 최고순환 ···· 279
13.6 거부권과 정치적 안정성 ···· 282
13.7 본회의와 위원회 ···· 285

CHAPTER 14 협상, 분쟁, 중재

14.1 정치적 협상과 권력구조 ···· 292
14.2 협상과 사회정의 ···· 293
14.2.1 최후통첩협상 ···· 293
14.2.2 독재자게임과 공평정의 ···· 296
14.3 국가 간 갈등과 전쟁 ···· 299
14.3.1 비결정적 분쟁 ···· 299

14.3.2 결정적 전쟁 ········ 301

14.4 기한이 미정인 협상 ········ 303

14.5 정치적 협상 ········ 307

14.5.1 최후통첩 협상 ········ 308

14.5.2 두 회기 협상모형 ········ 309

14.5.3 기한 미정인 정치협상 ········ 310

14.6 지연, 재협상, 결렬 ········ 313

14.7 중재 ········ 314

14.7.1 일반중재 ········ 315

14.7.2 최종제안중재 ········ 316

CHAPTER **15** 미비정보게임과 베이즈내쉬균형

15.1 미비정보하의 공천게임 ········ 320

15.2 정태적 미비정보게임 ········ 322

15.3 베이즈내쉬균형 ········ 324

15.4 공천게임의 변형 ········ 326

15.5 공공재 건설게임 ········ 329

CHAPTER **16** 메커니즘 설계

16.1 개념과 적용범위 ········ 334

16.2 그로브스·레드야드 메커니즘 ········ 338

16.2.1 단순 예시 ········ 338

16.2.2 일반 모형 ········ 340

16.2.3 메커니즘 이행의 신빙성 ········ 342

16.3 현시원리 ········ 344

16.4 기버드·새터스웨이트 불가능성 정리 ········ 347

16.4.1 기버드·새터스웨이트 정리 ········ 347

16.4.2 준선형 보수함수와 비독재성 ········ 350

16.5 기버드·새터스웨이트 정리의 증명 ········ 351

CHAPTER 17 협조게임이론의 정치경제적 응용

17.1 협조적 협상 ··· 356
17.1.1 개념과 원칙 ··· 356
17.1.2 협상해 ··· 358
17.1.3 홉스와 로크의 사회계약론 ··· 361
17.2 연합형게임 ··· 362
17.3 섀플리 값 ··· 363
17.3.1 개념과 공식 ··· 363
17.3.2 섀플리 값의 성질 ··· 366
17.4 권력지수 ··· 368
17.4.1 섀플리 · 슈빅 권력지수 ··· 368
17.4.2 반자프 · 콜먼 권력지수 ··· 369
17.5 매칭 문제와 시장설계 ··· 371
17.5.1 매칭에 의한 자원배분 ··· 371
17.5.2 게일 · 섀플리 알고리즘 ··· 372

CHAPTER 18 조세

18.1 조세의 개념과 기준 ··· 376
18.2 사회후생의 개념과 측정 ··· 377
18.2.1 소비자잉여 ··· 378
18.2.2 생산자잉여 ··· 379
18.2.3 총잉여 혹은 사회후생 ··· 379
18.3 조세의 후생손실 ··· 380
18.4 최적 물품세구조 ··· 383
18.5 조세구조와 우리나라 세제 ··· 386
18.5.1 소득세 ··· 388
18.5.2 법인세 ··· 391
18.5.3 간접세 ··· 392
18.5.4 자산세 ··· 393
18.6 부록: 램지규칙의 도출 ··· 395
18.6.1 효용극대화 ··· 396
18.6.2 지출극소화 ··· 398
18.6.3 슬러츠키방정식 ··· 401
18.6.4 램지규칙의 도출 ··· 402

CHAPTER 19 소득세의 정치경제

19.1 최적 근로소득세제 ···· 407
19.2 정치적 균형 근로소득세제 ···· 411
19.3 소득세의 램지규칙 ···· 416
19.4 자본소득세는 왜 그렇게 높은가? ···· 419
19.5 탈세 ···· 422

CHAPTER 20 신호와 평판

20.1 신념의 신빙성 ···· 428
20.2 완전베이즈균형 ···· 430
20.3 동태적 미비정보게임 ···· 435
20.4 평판효과: 강경투쟁과 선명경쟁 ···· 438
20.4.1 구성원이 한 명인 일회게임 ···· 439
20.4.2 구성원이 두 명인 게임 ···· 439
20.4.3 지도자 한 명이 다수의 구성원을 상대하는 상황 ···· 441
20.5 신호 ···· 442
20.5.1 신호게임의 정의 ···· 442
20.5.2 신호게임에서의 완전베이즈균형 ···· 443
20.6 민사소송게임 ···· 446
20.7 신호로서의 선거모금 ···· 452
20.8 직관적 기준과 전진귀납법 ···· 455
20.8.1 진입저지를 위한 조직강화게임 ···· 455
20.8.2 외부대안이 있는 성대결게임 ···· 458

CHAPTER 21 지대추구와 소모전

21.1 정치인, 관료, 판사 ···· 462
21.1.1 주인-대리인으로서의 국민-공직자 ···· 462
21.1.2 위임의 정도와 공직의 성격 ···· 464
21.1.3 예산제도, 관료행태 및 정부규모 ···· 466
21.2 지대와 지대추구행위 ···· 469
21.2.1 지대 ···· 469
21.2.2 지대추구행위 ···· 470

21.3 합리적 무시 ········ 471
21.4 소모전 ········ 473
21.4.1 두 기업 간의 소모전 ········ 474
21.4.2 n개 기업 간의 소모전 ········ 476
21.5 지대소실과 진입자유 ········ 477
21.6 지대창출 ········ 480
21.6.1 지대창출 ········ 480
21.6.2 지대추구의 해결책 ········ 482
21.7 로비의 순기능 ········ 483
21.7.1 실현가능상황이 둘인 단순모형 ········ 483
21.7.2 일반모형 ········ 486

CHAPTER 22 반복게임

22.1 개요 ········ 490
22.2 유한반복게임 ········ 492
22.2.1 내쉬균형 ········ 492
22.2.2 부분게임완전균형 ········ 493
22.3 보복위협으로 유지되는 협력 ········ 495
22.3.1 2회 반복게임 예시 ········ 495
22.3.2 재협상방지 ········ 497
22.4 시간적 선호 ········ 500
22.4.1 미래 할인과 현재가치 ········ 500
22.4.2 벨만방정식 ········ 503
22.5 무한반복게임 ········ 505
22.5.1 반복게임전략 ········ 505
22.5.2 협조체제의 유지와 붕괴 ········ 507
22.5.3 전쟁과 눈눈이이전략 ········ 510
22.5.4 마키아벨리의 용병론 ········ 512
22.6 부분협력과 전래정리 ········ 513
22.6.1 부분협력 ········ 513
22.6.2 전래정리 ········ 515

CHAPTER 23 경제정책의 정치성

23.1 정책일관성과 정부신뢰 ······ 518
23.1.1 정부신뢰와 정책효과 ······ 518
23.1.2 경기부양이냐 물가안정이냐 ······ 519
23.2 공직자 처우개선을 통한 부패방지 ······ 524
23.3 성장, 분배, 민주주의 ······ 530
23.3.1 불평등과 경제성장 ······ 530
23.3.2 경제발전과 민주주의 ······ 534
23.3.3 민주주의와 불평등 ······ 536
23.4 정치체제와 경제발전의 관계 ······ 540
23.4.1 포용체제 vs 착취체제 ······ 540
23.4.2 서구의 교훈 ······ 542
23.5 우리나라의 경제민주화 ······ 545
23.6 포퓰리즘 ······ 548
23.6.1 페론주의(Peronism) ······ 549
23.6.2 컬리효과 ······ 551

부 록

A. 기대효용이론과 베이즈법칙 ······ 556
A.1 기대효용이론 ······ 556
A.2 학습과 베이즈법칙 ······ 560
B. 연습문제 해답 ······ 565

■ 참고문헌 ······ 613
■ 찾아보기 ······ 633

01

CHAPTER

서 론

1.1 경제학의 구조와 발전
1.2 정부와 공공부문의 확대
1.3 정부란 무엇인가?
1.4 범주와 방법론

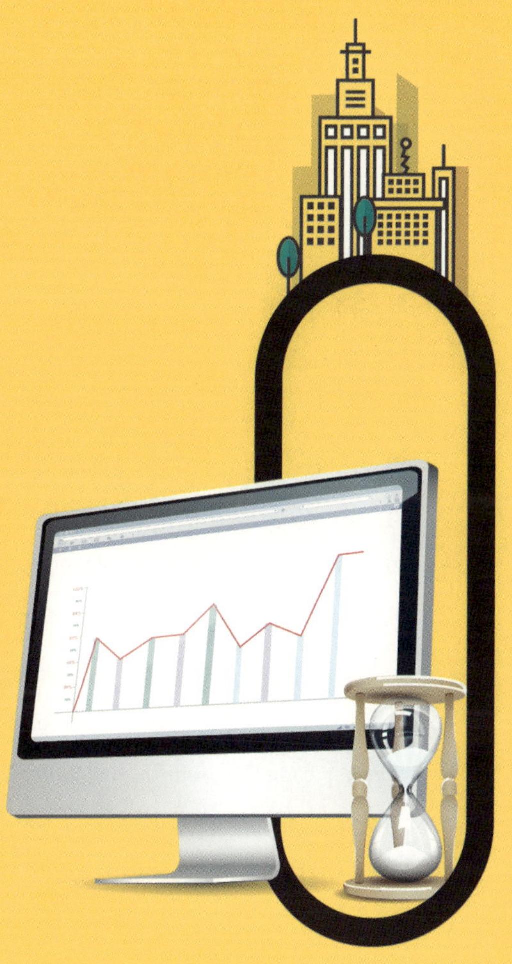

Politics & Public Economics:
A Game-Theoretic Approach

1.1 경제학의 구조와 발전

1.1.1 주류 경제학의 구조

지난 20세기 내내 경제학의 주류로 군림하던 신고전학파 이론의 중심에는 시장(market)이 있다. 시장의 한쪽 편에는 소비자가 있고 다른 편에는 생산자가 있다. 시장에서 거래되는 상품은 옷, 쌀, 주거지, 보석, 자동차와 같은 유형(有形)의 재화에서 이발, 교통수단, 송금, 보육과 같은 무형의 서비스에 이르기까지 다양하다. 자신의 노동이나 신체장기를 포함하여 수요자가 존재하는 동시에 이를 제공하려는 공급자가 존재하는 모든 것들은 상품으로 거래된다.

개별 소비자는 한정된 소득이나 자원을 활용해 자신의 효용을 극대화하기 위하여 이런 저런 상품들을 사고자 한다. 개별 수요는 이들 상품 상호 간의 상대가격에 의해 결정된다. 다른 한편 개별 공급자는 이윤을 극대화하려는 목적으로 노동, 자본, 토지 등 생산요소를 투입하여 상품을 생산·판매하고자 한다. 개별 공급은 생산요소 상호 간의 상대가격 및 생산요소 대비 최종생산물 간의 상대가격에 의해 결정된다. 시장수요와 시장공급은 각각 수많은 소비자들의 개별수요와 수많은 공급자들의 개별공급을 단순히 더한 총합이다. 특정 재화나 서비스에 대한 시장수요와 시장공급은 필연적으로 그 자신의 가격뿐 아니라 여타 상품들의 가격들에 의해서도 영향을 받는다.

세상에는 수많은 재화와 서비스가 존재하므로 눈에 보이건 보이지 않건 천문학적 수의 시장이 존재한다. 또한 시장마다 해당 상품을 필요로 하는 소비자들과 그 상품을 팔고자 하는 생산자들이 혼재한다. 그 수많은 시장에서 수요와 공급이 동시에 일치하는 상태, 즉 균형(equilibrium)이 존재하는가? 만약 일부 시장에서 수요와 공급이 불일치한다면 조정과정을 통해 경제 전체의 균형이 회복될까? 그러한 균형 회복 메커니즘이 존재하기는 하는 걸까?

노벨경제학상 수상자 애로우(Kenneth J. Arrow)와 드브루(Gérard Debreu)를 위시한 학자들이 1960년대에 증명한 일반균형(general equilibrium) 이론의 핵심은 다음과 같다. 시장의 완비성(market completeness)과 가격의 신축성(price flexibility)이 충족된다면 경제 내의 수많은 모든 시장에서 수요와 공급이 동시에 일치하는 일반균형 상태가 존재한다. 설령 일부 시장에서 수급이 불일치하더라도 원활한 조정과정을 거쳐 결국은 경제 전체의 균형이 회복된다(Arrow and Hahn 1971, Debreu 1972).

일반균형 존재의 첫째 요건인 시장완비성은 모든 상품에 대하여 해당 상품이 거래되는 시장이 빠짐없이 구비되어 있음을 뜻한다. 일부 상품의 시장이 존재하지 않는 상황, 즉 미비시장(incomplete market)에서도 일반균형이 존재하는지 또 어떠한 성질을 갖는지에 대해서는 심도 깊은 후속연구가 있어 왔다.[1] 일반균형 이론의 둘째 전제조건인 가격신축성은 모든 시장에서의 가격이 경직성 없이 — 아래건 위건 — 자유롭게 움직일 수 있음을 의미한다. 가격신축성 가정은 이를 완화하는 순간 시장논리에 곧바로 구멍이 뚫리는 신고전학파 균형이론의 아킬레스건이다.

경제는 수많은 소비자와 수많은 생산자가 수많은 상품을 거래하는 수많은 시장으로 구성된다. 따라서 어떠한 자원배분 메커니즘을 설계할 것인가의 문제는 어떠한 사회경제 시스템을 채택할 것인가에 다름 아니다. 한쪽 극단에는 공산주의라 불리는 완전히 중앙집권적 자원배분체제가 있다. 이는 정부 혹은 중앙당이 모든 수요와 공급을 일일이 계산하여 집행하는 계획경제가 근간이 된다. 그러나 일찍이 랑게(Oskar R. Lange)의 시장사회주의(market socialism)나 폰 하이에크(Friedrich A. von Hayek)의 자유주의 사상이 보여주듯 사회가 복잡해질수록 중앙집권체제의 정보수집 능력이나 자원배분 집행능력은 한계에 달할 수밖에 없다(Lange and Taylor 1938, von Hayek 1944). 이는 소비에트공화국과 동유럽 공산권이 계획경제 실패로 붕괴한 역사와 무관치 않다.

공산주의와 정반대 극단에는 자원배분을 완전히 분권화하는 자유시장경제 시스템이 있다. 여기서 핵심 주역은 가격이다. 재화를 사고파는 값, 서비스에 부과되는 요금, 노동의 대가로 지불되는 임금, 돈의 값어치인 이자, 양국 통화 간의 환율 등 이름은 각기 달라도 개념은 하나이다. 시장 메커니즘의 '보이지 않는 손'은 수많은 시장에서 수급 불일치에 관한 정보를 취합하고 이를 반영하여 신축적 가격조정기능을 수행함으로써 최적의 자원배분을 달성한다(Grossman 1976, Grossman and Stiglitz 1976).

1.1.2 소외와 단절

주류 경제학은 모든 경제주체가 합리적이라고 전제한다. 개인은 일관성 있는 선호체계를 갖추고 있으며 사익을 위해 수단과 방법을 가리지 않는다는 것이다.[2] 합리성 패러다임은 홉스

1 시장이 미비한 상황에서 일반균형의 존재와 성질에 관한 연구는 Magill and Quinzii(2002)에 집대성되어 있다.

(Thomas Hobbes, 1588~1679)까지 거슬러 올라간다. 홉스의 대표작 『리바이어던』(*Leviathan* 1651)의 표현 "만인에 대한 만인의 투쟁"(Every man is enemy to every man)이 암시하는 바와 같이 개인은 극도로 이기적이며 계산적이다. 홉스와는 반대로 루소(Jean-Jacques Rousseau, 1712~1778)는 인간을 본성상 선한 존재로 규정하고 사회적 병폐, 악, 투쟁, 전쟁 등은 학습되어진다고 주장하였다. 그러나 진화생물학이나 사회심리학 등에서 루소의 성선설과 양립하기 어려운 근거들이 속속 발견되었다. 예컨대, 루소의 '착한 인간'에 근거를 둔 맑스주의자들은 석기시대 사회가 경제적으로 자급자족이 가능하고 사유재산권이 존재하지 않았기 때문에 전쟁이 없었다고 주장하였으나 이는 부싯돌 화살이 몸에 박힌 유골이 대량 발굴되면서 부정되었다.[3]

신고전학파 경제학은 경제주체를 '비인격화'(de-humanization)한다. 소비자는 일관성 있는 선호체계를 내장하고 있는 기계나 다름없다. 생산자 역시 노동과 자본을 각각 몇 단위 투입하면 생산물이 몇 단위 생산된다는 식의 비용함수나 생산함수로 표현될 뿐이다. 생산과정이나 생산요소 공급체계에 관해서는 침묵한 채 생산함수에 의해 최종 산출물이 저절로 생산된다고 간주한다. 기술개발이나 혁신 혹은 지식확산과 같은 생산 측면의 논의는 무시되며 창의력이나 호기심처럼 현실세계에서 중요한 동인은 수학적 분석의 편의를 위해 배제된다(Reinert 2008). 필연적으로 이미 생산된 자원의 배분이나 교환에 초점을 맞출 수밖에 없다(Beinhocker 2006). 자원배분이 핵심과제인 이상 평가기준은 이미 정해진 거나 다름없는데, 효율(efficiency)이 바로 그것이다. 주류 경제학에서는 소비자와 생산자에 이어 제3의 경제주체인 정부조차도 실현가능한 정책 가운데 가장 효율적인 대안을 채택하는 존재로 모형화한다. 정치학자는 세상만사를 권력관계로 풀어가고 법학자는 책임과 의무로 풀어가듯 주류 경제학자는 효율을 최고의 가치로 여긴다.

경제주체를 비인격화하고 일종의 기계로 간주하는 패러다임으로 인하여 주류 경제학은 철학, 정치학, 심리학, 사회학 등 인접 학문과 점차 유리되어 왔다. 예컨대, 현대 심리학자들은 인간이 합리적이라는 가정에 극렬 반대하며, 다수의 사회학자들은 사회(혹은 집단)가 개인들의 단순한 총합에 불과하다는 명제를 거부한다. 경제학이 애초부터 그랬던 것은 아니다. 자본주의 경제학의 시조라 불리는 애덤 스미스(Adam Smith, 1723~1790)는 도덕철학자였으며 그의 대표작 『국부론』(*The Wealth of Nations* 1776)은 자신의 초기 저작 『도덕감정론』(*The Theory of Moral*

2 다른 한편 행태주의자(behavioralist)들에 따르면, 합리성이란 일관성 있는 선호체계를 뜻할 뿐이며 사익추구와는 무관하다. 예컨대, 남들을 더 많이 도울수록 더 행복하다고 느끼는 이타적인 사람은 그 나름 일관성 있는 선호체계를 갖고 있으므로 사익추구와는 거리가 멀지만 비합리적이라고 말할 수는 없다.

3 Potts and Hayden(2008)은 진화생물학에 근거하여 홉스의 성악설(性惡說)을 지지한다.

Sentiments 1759)에 사회철학적 근거를 두고 있다. 이후 리카도(David Ricardo), 밀(John S. Mill), 맑스(Karl Marx), 슘페터(Joseph Schumpeter)에 이르기까지 경제학은 정치학이나 사회학 혹은 생물학 등과 따로 뗄 수 없는 학문이었다.

경제학이 오늘날의 모습을 갖게 된 것은 물리학의 영향 때문이었다. 뉴튼(Isaac Newton, 1643~1727)에서 시작하여 19세기 후반에 이르는 시기에 비약적으로 발전한 기계론적 물리학(고전역학)은 경제학에 심대한 영향을 미쳤다. 특히 1880년 확립된 물리학의 균형이론은 곧바로 경제학의 표준 방법론으로 채택되었다. 역설적으로 정작 물리학자들은 1930년 무렵부터 균형이론에서 멀어졌다. 19세기 말에서 20세기 중반에 이르는 시기에 걸쳐 에지워드(Francis Y. Edgeworth), 파레토(Vilfredo Pareto), 사뮤엘슨(Paul A. Samuelson) 등이 주역이 되어 합리성과 최적화를 두 축으로 하는 오늘날의 방법론이 자리잡도록 하였다. 경제학은 정교한 방법론을 얻는 대신 가치판단이나 인접학문과의 교류를 철저히 잃어버렸다.[4]

1.1.3 반란

주류 신고전학파 경제학에 대한 반란은 20세기 중반부터 조금씩 시도되었으나 이단자로 정죄받기 일쑤였고 합리성 및 가치중립 패러다임에 흠집조차 내지 못하였다. 반란군으로 먼저 주목할 분야는 심리학의 영향을 받은 학자들이었다. 주류 경제학에서는 개인이 일관성 있는 선호체계를 갖추고 완벽한 계산능력을 활용하여 가장 합리적 대안을 선택한다고 전제한다. 그러나 1960년대 후반부터 소위 행태주의자(behavioralist)들은 진화와 혁신에 기반을 둔 슘페터의 정신을 이어받아 실제 인간이 주류 패러다임인 신적(神的) 합리성과는 거리가 멀다고 주장하기 시작했다. 노벨상 수상자 카네먼(Daniel Kahneman), 트버스키(Amos Tversky)와 같은 심리학자들이나 사이먼(Herbert A. Simon), 마치(James G. March), 윈터(Sidney G. Winter)와 같은 사회진화론자들이 그들이다.

행태주의자들에 따르면 개인은 일관성 없는 선호체계를 갖고 있으며 계산능력에 한계가 있을 뿐 아니라 자주 동물적·반사적·근시안적 선택을 한다. 따라서 경제학의 현실설명력을 높이기

4 경제학이 고전물리학의 기계론을 수용함으로써 현대 물리학의 엔트로피(entropy)이론, 현대 수학의 비선형동학(non-linear dynamics), 진화생물학 등이 경제분석의 방법론에서 배제되었고 그로 인한 손실이 훨씬 컸다는 주장은 설득력이 있다. 엔트로피에 관해서는 Rifkin and Howard(1981), 비선형동학과 카오스에 관해서는 Guckenheimer and Holmes(1983) 그리고 복잡계 과학의 시각에서 생물학, 경제현상, 기업경영 등을 풀어낸 West(2017)를 참조하라.

위해서는 경제주체의 성격에 대한 패러다임을 실제 인간상을 반영하는 모습으로 바꿔야 한다는 것이다. 행태주의나 경제심리학은 초기에는 별로 주목받지 못하였다. 심지어 실험경제학(experimental economics)을 개척한 업적으로 2002년 노벨상을 수상한 스미스(Vernon L. Smith)는 주류 경제학의 합리성이나 경쟁시장의 타당성을 확인하고자 하는 동기로 실험적 연구를 시작하기도 하였다(Smith 1962). 행태경제학은 1980년대부터 진화 게임이론(evolutionary game theory)을 위시한 수리적 분석도구가 비약적으로 발전하면서 각광받게 되었다. 오늘날 행태경제학이나 행태게임이론은 심리학에서 발전시켜 온 실험적 방법론이나 첨단의학과 연계된 뇌신경경제학(Neuro-economics)으로까지 확장되면서 주류를 위협하고 있다.[5]

주류 경제학의 한계를 극복하고 융합과 통섭을 향하여 나아가는 또 다른 중요한 시도는 정치학, 국제관계론, 사회학 등 인접 학문과의 접목에서 발견된다. 신고전학파 경제학에서 다루는 시장은 추상적이고 기계적인 거래의 장에 불과하나 현실은 매우 다르다. 경제사회에 살고 있는 사람들은 의사결정의 프레임(frame)이나 각종 정책에 직간접으로 영향을 받으며 따라서 정책결정의 과정이나 결과는 지극히 정치적 함의를 갖는다.[6] 정책을 만들고 집행하는 주체는 공식적으로는 국회와 정부지만 비공식적으로 관료, 정치인, 학자, 이해단체 등 다양한 사람이나 집단이 개입하곤 한다(Olson 1965, Grossman and Helpman 2001). 아무리 효율적인 자원배분이라도 다수의 구성원들이 평등이나 공평 문제를 제기하면서 거부하기 때문에 달성되지 못하는 사례는 비일비재하다(Okun 1975). 오히려 현실에서는 그러한 비효율적 자원배분이 더 보편화되어 있다고 해도 과언이 아니다. 따라서 정부 혹은 넓게 말해서 공공부문에 관한 이해가 필수적이며 정책결정의 본질이나 과정에 대한 이해 역시 중요하다.

경제학은 개별 경제인을 분석한 다음 이를 단순히 총합하는 '방법론적 개인주의' (methodological individualism)를 채택하며, 당사자들이 전원 동의하는 거래를 중심으로 시장을 분석한다. 반면 정치학은 집단적이고 비시장적(non-market) 활동을 주된 연구대상으로 한다. 정치적 의사결정은 특정인에 의해 일방적으로 강제되기도 하고, 규칙(가위바위보, 다수결 투표, 제3자의 평가 등)에 사전 합의한 후 그 결과에 사후 구속받는 형식이 되기도 한다. 따라서 반대자나 불참자도 집단적 의사결정에 영향을 받게 된다.

이처럼 상이해보이는 두 영역을 통합적으로 분석할 수 방법론이 게임이론(game theory)이다.

5 Akerlof and Shiller(2009)와 Ariely(2008)는 행태론적 접근법을 각각 거시경제학과 마케팅과학에 응용하여 현실설명력을 높인 역작이다.

6 적절한 정책 설계를 통하여 개인 의사결정의 프레임을 바꿈으로써 사회적 선(善)을 지향해 나갈 수 있다는 주장의 대표작으로 Thaler and Sunstein(2008)을 참조하라.

게임이론은 현대 인문사회과학을 묶는 통섭과 융복합의 핵심 분석틀이자 통일된 언어이다.[7] 본서는 게임이론을 분석도구로 채택하며 그 때문에 정통 경제학에서처럼 의사결정주체의 합리성을 전제로 한다. 한편 1990년대 이후 경제학이나 정치학에서는 현실설명력을 높이기 위하여 심리학, 실험경제학, 행태게임이론 등의 분석도구나 가설들을 채택하는 경향이 있다.[8] 심리학이나 행태주의적 접근법이 상당한 발전을 해왔고 경제학의 일부 수수께끼들에 대한 설명력을 높이는 데 기여한 것은 사실이다. 하지만 그들이 제기한 한계나 비판들은 대개—정량적 검증이 어렵거나 경제학의 주관심사가 아니어서—주류 경제분석에서 제외되었거나 혹은 설명력을 미세하게 높이는 정도이다(Levine 2012). 무엇보다도 심리학이나 뇌신경과학(Neuroscience)과 같은 행태과학은 개개인의 행동에 관심을 갖는 반면 경제학은 여러 사람들 간의 상호작용과 그로부터 파생되는 집단행태에 관심이 있다. 또한 심리학이나 행태과학은 개인행동 가운데 특히 비정상적(dysfunctional) 현상에 관심을 갖고 그것을 정상화하는데 집중하는 데 반해 경제학에서는 지극히 정상적이며 합리적인 대다수 사람들의 의사결정과 행동에 관심을 갖는다. 바로 이러한 이유 때문에 저자는 본서의 분석대상인 정치경제론이나 공공경제학을 다루는 데 있어서 주요 설명력이 개인의 합리성, 개인들 간의 전략적 상호관계, 그리고 균형의 개념으로부터 나온다고 믿는다. 요약하면, 본서는 경제학의 범주를 정치와 공공부문으로까지 확대하는 반면 분석방법에 있어서는 합리성과 균형 기반의 전통 패러다임을 따른다.[9]

---

7 통섭(consilience)의 개념을 정립하고 널리 전파한 Wilson(1999)은 학문 간 칸막이를 철폐하여 융복합과 상호교류를 추구하되 방법론에 있어서는 과학적이고 논리적인 분석을 전제로 요구한다. 윌슨은 과학적 분석도구가 무엇인지를 구체적으로 제시하지는 않았으나 본서의 저자는 적어도 사회과학에 있어서는 게임이론이 대안임을 의심치 않는다.

8 행태경제학이나 행태게임이론에 대해서는 DellaVigna(2009), Just(2014), Gintis(2009)를 추천한다. 행태주의적 방법론의 거시금융, 마케팅, 산업조직, 공공정책 등에의 응용에 대해서는 각각 Akerlof and Shiller(2009), Ariely(2008), Spiegler(2011), Shafir(2013)를 추천한다. 다른 한편 Levine(2012)는 주류 경제학의 관점에서 행태경제학을 신랄하게 비판하고 합리성 기반의 패러다임을 설득력 있게 옹호한다.

9 대표적 행태주의자인 Lowenstein and Ubel(2010)의 다음 글은 시사하는 바가 크다. "행태경제학이 주류 경제학을 대체할 수는 없으며 다만 보조적으로 활용되어야 한다. 만약 주류 경제학이 일반 음료수와 무설탕 음료수 간에 가격차를 넓히는 것이 사회적으로 바람직하다는 원칙을 제시한다면, 행태경제학은 일반 음료에 세금을 부과하는 정책과 무설탕 음료에 보조금을 지불하는 정책에 대해 소비자들이 각각 어떻게 반응할 것인가를 분석하여 더 나은 수단을 제시하는 역할을 할 뿐이다. 그것이 행태경제학이 기여할 수 있는 전부이다."

1.2 정부와 공공부문의 확대

1.2.1 역사적 추세

근대 자본주의체제는 18세기 영국에서 시작된 산업혁명을 전후하여 산업자본가들의 활동을 최대로 보장하는 방향으로 진행되었다. 대내적으로는 과학기술의 비약적 발달, 대규모 공장시스템의 정착, 미성년이 포함된 노동착취, 그리고 대외적으로는 식민지 확장 및 자유무역 확산이 주요 정책기조였다. 부르주아 계층을 위한 재산권 보호와 개인 자유의 극대화에 초점이 맞춰져 있었으므로 정부나 국가의 간섭은 최소화될 필요가 있었으며 이는 야경국가(夜警國家)로 표현되었다.[10]

야경국가가 결코 무정부 상태를 의미하는 것은 아니다. 오히려 유럽 내의 여러 통일국가의 형성과 정치권력의 강제력(coercion)이 민간투자 활성화를 위한 체제 안보(security)에 필수요건이었다(Bates 2001). 경제발전과 번영에 있어서 권력구조의 적절한 재조직과 중앙집권적 강제력 행사가 핵심역할을 하였다는 사실은 비단 서구 역사에서만 관찰된 것은 아니다. 한국, 대만, 싱가포르 등 20세기 후반 동아시아 국가들에서는 권위주의 정권들이 군대식 관료주의와 조직화를 통해 급속한 경제발전을 이루기도 하였다(Evans 1995). 정통 신고전파 경제학에서는 경제성장이나 사회발전이 자본이나 노동투입의 부산물에 불과하다고 본다. 반면 경제발전을 정치, 사회, 문화 등이 복합적으로 얽힌 전 사회적인 구조변화(structural change)의 결과로 보는 이러한 시각은 자연스럽게 경제학과 정치학의 연계를 더욱 강조한다(Polanyi 1944, North 1982, Bates 2001, Reinert 2008).

독일이나 일본처럼 뒤늦게 산업혁명 과정을 거친 국가들은 유치(幼稚)산업 보호를 근거로 국가주도형 근대화와 대중적 사회정책을 추진하기도 하였다. 예컨대, 독일 제국의 초대 총리 비스마르크(Otto von Bismarck, 1815~1898)는 국내산업 보호를 위해 관세를 높였으며 사회주의의 예봉을 꺾기 위해 오늘날의 재난보험, 건강보험, 국민연금에 해당하는 초보적 사회보장시스템을 도입하였다. 그러나 전체적으로 볼 때 19세기는 이례 없는 자유주의와 세계화의 시대라 할 수 있다(Polanyi 1944, Aghion and Williamson 1999). 서구 열강은 강력한 산업기반을 갖춘 반

10 Beckert(2014)는 면화의 대규모 재배, 확산, 무역이 유럽의 산업혁명과 자본주의의 제도화를 견인하였다는 방대한 근거를 제시하면서 영국 산업혁명이 자본주의의 시발이라는 기존 학설을 반박한다.

면 식민지들은 농어업 자원, 원자재, 값싼 노동력 등을 착취당하여 날로 빈곤화되는 '양분되고 양극화된' 국제분업체제이기는 했지만 말이다(Chang 2002, Chang 2008, Reinert 2008).

자유주의와 세계화 기조가 무너지기 시작한 것은 19세기 말 이후이다. 각국은 크고 작은 경기침체를 심심찮게 겪었으며 세계적 수준의 공황은 1857년부터 10년마다 주기적으로 찾아왔다. 국제 자본주의체제의 모순은 급기야 유럽의 정치외교적 갈등과 맞물려 제1차 세계대전(1914~1918)을 불러왔다. 전쟁은 오스트리아-헝가리 및 독일의 패전으로 막을 내렸으나 원만한 전후 처리의 실패와 무역장벽의 '치고 맞받아치기식' 확산(escalation)은 급기야 1929년 세계대공황(The Great Depression)을 불러왔다.[11]

세계대공황의 극복과정은 경제활동에 대한 국가의 적극 개입으로 요약될 수 있다. 이론과 실물의 대표 축은 각각 케인즈(John M. Keynes, 1883~1946)의 유효수요이론과 루스벨트(Franklin D. Roosevelt, 1882~1945) 대통령의 뉴딜(New Deal)정책이었다. 세계대공황의 후유증은 엄청났다. 미국의 경우 1인당 실질 국내총생산(GDP)을 회복하는 데에만 10년이 걸렸으며 사회적 파장과 빈곤을 극복하는 데에는 훨씬 더 긴 시간을 필요로 했다. 미국 입장에서 대공황 극복의 결정적 전기가 된 사건은 제2차 세계대전(1939~1945)이었는데 유럽과 아시아가 초토화되는 동안 '세계의 공장'으로서 이례 없는 성장을 경험했다. 미국의 1인당 실질 국내총생산은 전쟁 발발 첫 해인 1939년 7,264달러(2000년 기준)에 불과했으나 종전하던 해인 1945년에는 12,766달러로 불과 6년 사이에 76%나 성장했다.

미국을 위시한 서방과 소비에트연방공화국을 위시한 공산권 간의 냉전체제는 제2차 세계대전이 끝나기도 전부터 시작되었다. 좌우 이념 대립이 핵심인 동서갈등은 한국전쟁(1950~1953), 쿠바미사일사태(1962), 제2차 인도차이나전쟁(1970~1975) 등으로 이어졌다. 그러나 독일과 일본의 급성장, 제3세계 형성, 중소냉전 등으로 이념보다는 국가이익이 우선시되는 방향으로 국제정치 환경이 변하면서 1970년대부터 긴장완화(Detante) 분위기로 반전되었다. 1990년 전후하여 소비에트연방과 동유럽 국가들의 공산체제가 와해되고 시장경제체제로 이행하여 오늘에 이르고 있다.

11 세계대공황의 원인과 역사에 대해서는 Temin(1991)을 참조하였음. 세계대공황의 원인에 대해서 이견도 있는데, 예컨대 Friedman and Schwartz(1971)는 미국 중앙은행의 통화정책 실패와 그에 따른 주가 폭락을 대공황의 주범으로 제시한 바 있다. 다른 한편 Cole and Ohanian(2004)은 대공황의 극복과정이 장기화된 이유가 시장체제의 한계 때문이라기보다는 정부정책의 실패, 특히 뉴딜의 시행과정에서 팽배한 정경유착과 정실자본주의(crony capitalism)에 있다는 연구결과를 내놓았다.

[표 1-1]은 경제개발협력기구(OECD) 주요국들의 정부지출 비중의 역사적 흐름을 나타내는데, 이는 앞에서 개괄한 근현대사를 잘 보여준다. 제1차 세계대전 직전인 1913년 주요 서구 국가들의 정부 규모는 대략 10% 내외였다. 태생적으로 소규모 개방국가였던 네덜란드, 초창기부터 시장경제를 추구한 미국, 농업국가인 프랑스의 정부지출규모는 국내총생산 대비 8%에 불과했는데 이는 정부주도의 정치, 사회, 경제정책을 폈던 후발국 일본, 독일에 비해 현저히 낮은 수치이다. 영국의 정부지출규모가 컸던 것이 의외지만 이는 가장 먼저 산업화된 국가로서 이미 19세기 말부터 공공부문 확대가 진행되었기 때문이다.

표 1-1 ▌국내총생산 대비 정부지출 비중 (단위: %)

	1913	1938	1950	1973	1999	2016
영국	13.3	28.8	34.2	41.5	39.7	41.4
프랑스	8.9	23.2	27.6	38.8	52.4	56.4
독일	17.7	42.4	30.4	42.0	47.6	43.9
네덜란드	8.2	21.7	26.8	42.5	43.8	43.1
미국	8.0	19.8	21.4	31.1	30.1	37.7
일본	14.2	30.3	19.8	22.9	38.1	39.0
한국	–	–	–	15.7	23.2	32.3

자료: Besley(2006)의 Table 1.1과 OECD Statistics(2017)

대다수 국가들은 세계대공황과 제2차 세계대전을 겪는 과정에서 공공부문을 꾸준히 늘렸다. 국내총생산 대비 정부지출 비중은 1950년에 이미 미국·일본이 20% 내외, 영국·독일·프랑스·네덜란드는 30% 내외에 달하였다. 정부와 공공부문의 확대 추세는 약간의 등락은 있었으나 대체로 꾸준히 커져 왔으며 2011년 현재 주요국 경제의 절반 내외를 차지한다. 우리 정부규모는 성장거점 전략과 재벌 위주의 경제개발이 결실을 보기 시작하던 1973년 당시 15.7%에 불과했다. 그러나 민주화 이후 문민정부, 국민의정부, 참여정부를 거치면서 공공부문은 지속적으로 증가하여 2016년 현재 32.3%에 이르고 있다.

비즐리(Besley 2006, Figure 1.2와 Figure 1.3)가 1960~2003년 기간 OECD 국가들의 정부최종소비지출을 분석하여 내놓은 결과는 다음과 같다. 첫째, 선진 OECD 국가들의 명목 GDP 대비 명목 정부소비지출은 1980년까지 꾸준히 증가하다가 이후 20% 내외에서 장기추세를 유지한다. 반면 이들 선진국들의 실질 정부소비지출 비중은 1960년대 이후 안정적으로 20% 내외를 유지하고 있다. 둘째, 고소득 선진국을 제외한 여타 OECD 국가들은 명목이건 실질이건 정부의 최종소비지출 비중이 1980년까지는 증가하다가 이후 15% 내외에서 장기추세를 유지하고 있다. 역사 발전 단계에서 우리나라도 예외가 아니다. 정부최종소비지출 비중은 1993년 11.7%, 2001년 12.7%, 2017년 15.3%로 계속 상승하고 있는데 어디로 수렴할지는 아직 미지수이다.

1.2.2 제도와 패턴

주요 선진국들의 오늘날 정부규모는 대동소이해 보이지만 그 진화과정, 구성, 그리고 운용방식은 상당히 다르다. 대부분 선진국들의 경우 20세기 초까지 소득세, 재산세, 상속·증여세 등은 아예 없거나 기껏해야 10% 미만의 세율을 적용했으며, 이는 야경국가 운영에 쓰기도 빠듯한 수준이었다. 그러다가 1914~1950년 두 차례의 세계대전, 볼셰비키혁명, 대공황, 식민지 독립의 대변혁을 겪으면서 1970년대 말까지 국가의 역할이 대폭 확대되었는데, 이 시기 미국과 영국은 누진세제를 강화한 반면 프랑스와 독일에서는 국유·공유화 및 정부규제가 대세였다.

영미의 누진세제 강화는 민간 경제주체의 자유로운 활동을 최대한 보장하되 그렇게 벌어들인 소득을 대폭 걷어 사회정의를 실현하자는 철학이 반영된 것이다. 반면 유럽대륙 국가들은 생산시설을 국유화하여 직접 운영하고 민간 회사의 연봉이나 지배구조까지도 정부가 규제하는 등 사회주의 이념에 충실했다. 막연한 인식과는 달리 영미가 유럽대륙 국가들보다 더 강력한 누진세제를 시행했던 것이다. 예컨대, 미국의 1932~1980년 기간 연방소득세 최고 한계세율은 평균 81%(63~94%)이었던 반면 프랑스의 1946~1985년 기간 소득세 최고세율은 50~70% 정도였다. 부동산세(미국의 최고세율 70~80% 대 독일의 30~40%)와 상속·증여세 역시 소득세와 유사한 양상을 보였다.

미국과 영국에서 누진세제가 대폭 약화되고 최고소득자에 대한 세율이 40% 아래로 내려온 것은 1980년 전후 각각 레이거노믹스(Reaganomics)와 대처리즘(Thatcherism)으로 대표되는 신자유주의의 여파 때문이었다. 오늘날 영미는 유럽대륙 국가들에 비해 약한 누진세제, 큰 민간부문, 그리고 강한 시장경제체제를 갖고 있으며, 이는 [표 1-1]의 정부규모의 차이가 보여준다.

다른 한편 오늘날 선진국들은 대부분의 자본을 민간이 갖고 있다. 선진국 정부나 공공부문이 국내외에 많은 공공자산(public assets)을 보유하고 있지만 막대한 공공부채(public debt)도 동시에 지고 있어 공공자본은 미미하다. 공공부채는 본질상 정부나 공공부문이 민간으로부터 자금

을 빌려 쓰는 형태여서 주요 선진국의 '국민은 부유한데 국가는 가난한' 역설이 성립한다.[12]

여기서 각국의 서로 다른 정치체제가 정부규모에 어떠한 영향을 미치는지 의문이 생긴다. 2003년 현재 전세계 국가의 $\frac{2}{3}$ 정도가 민주적 정치체제를 갖고 있으며 나머지 $\frac{1}{3}$ 정도가 비민주적 권위주의 국가이다. 전세계 민주국가의 비율은 1950년 45%였는데 소련의 팽창주의 및 좌·우익 독재국가들의 증가로 계속 하락하여 1970년대 중반 30% 수준까지 하락하였으나 이후 꾸준히 증가해 왔다. 비즐리가 분석한 자료에 따르면 민주적이건 권위주의적이건 1980년대 후반 이후 공공부문의 성장 패턴과 정부규모는 거의 비슷하다. 이는 정부와 공공부문의 확대가 정치체제와 상관없이 세계적 추세라는 방증이다.

1.2.3 정부 확대의 원인[13]

정부규모의 지속적 증가를 설명하려는 시도로 우선 경제발전론적 가설이 있다(Musgrave 1969, Rostow 1971). 경제발전 초기에는 민간부문이 낙후한 반면 국가 주도로 경제운용시스템을 갖추고 사회간접자본을 확충하기 시작하므로 정부투자지출이 증가한다. 경제발전 중기에는 정부투자와 민간투자가 상호 보완적으로 상승작용을 일으키면서 둘 다 증가한다. 선진국에 들어서면 교육, 복지, 문화예술지원 등 공공서비스에 대한 수요 증대가 정부 확대를 견인한다.

경제사회적 변혁기에 정부지출이 껑충 뛰는 경향이 있다(Peacock and Wiseman 1961). 전쟁, 재난, 대공황, 경제위기 등이 일어나면 국민들은 정부의 역할과 지출 그리고 조세가 크게 늘어나는 것을 마지못해서라도 받아들인다. 그렇게 늘어난 정부지출과 세금은 이미 늘어난 공무원 수와 관료권력의 강화로 인하여 원상복구되지 않는 톱니효과(ratchet effect)를 갖는다.

독일 경제학자 바그너(Adolph Wagner, 1835~1917)는 이미 19세기에 유럽국가들, 미국, 일본의 자료를 조사하여 공공부문의 지속적 증가를 예견한 바 있다. 바그너의 법칙(Wagner's law)이라 불리는 이 현상을 설명하기 위하여 바그너는 위에서 설명한 경제발전 요인 이외에 소득에 따른 수요행태를 지적하였다. 공공부문에 의해 공급되는 재화나 서비스(예컨대 교육, 레크리에이

---

12 국가채무란 중앙정부와 지방정부가 직접 갚을 의무가 있는 부채를 말한다. 2017년 현재 GDP 대비 국가채무는 독일 72%, 영국 117%, 프랑스 124%, 미국 136%, 일본 250%이다. 2017년 우리나라의 국가채무는 660.7조원으로 GDP 대비 38.2%이다. OECD 평균이 113%이고 IMF 권고 적정수준은 70%이다. 그러나 국가부채는 국가가 책임져야 하는 실제 부채를 과소평가한다는 비판이 있다. 공공부채(혹은 국가부채)란 국가채무뿐 아니라 공기업 부채, 4대연금 부족액, 민자사업 손실보전액 등 국가가 보증을 선 채무를 포함한다. 2018년 3월 현재 우리나라의 국가부채는 1,556조원, GDP 대비 90%에 달한다.

13 Hindriks and Myles(2013) 123~129쪽 및 나성린·전영섭·홍성훈(2014) 171~173쪽을 참조함.

션, 의료서비스 등)는 사유재에 비해 소득탄력성이 높다. 경제성장으로 소득이 증가하면 공공재 수요는 사유재에 비해 가파른 속도로 늘어나므로 공공부문의 빠른 확대로 연결된다는 것이다. 바그너의 설명은 일리가 있으나 공급 측면은 무시하고 수요 측면에만 초점을 맞추었다는 단점이 있다. 바그너 법칙에 따르면 국민소득의 증가가 공공서비스에 대한 수요 증대 그리고 정부지출의 증가로 이어지므로, 국민소득이 정부지출에 선행한다는 함의를 갖는다. 그러나 케인즈학파를 위시하여 많은 경제학자들은 정부지출이 국민소득 증대에 도움을 준다고 주장하면서 바그너 법칙의 인과관계에 의문을 제시한다.

보몰의 법칙(Baumol's law)은 공공재의 생산 및 공급 측면을 강조한다. 경제발전으로 실질임금이 상승하면 민간부문은 상대적으로 저렴해진 자본으로 노동을 대체하는 경향이 있다. 반면 정부나 공공부문에서는 실질임금이 상승한다고 공무원이나 공기업 직원들을 내보내기 쉽지 않다. 때문에 공공부문은 노동집약적이 될 뿐 아니라 민간부문 대비 규모도 증가한다.

마지막으로 선거와 관련한 정치적 요인이 있다. 민주국가에서의 선거는 일인일표이므로 정당이나 정치인들이 집권하기 위하여 인기영합주의(populism) 정책 공약을 제시하고 시행하려는 경향이 있다. 무상복지, 보조금, 실업급여 등이 증가하며 연금개혁처럼 국가 미래를 위해 꼭 필요하지만 인기 없는 정책은 무작정 연기되거나 보류된다. 이렇게 늘어난 정부지출을 줄이려 하면 이해관계자들의 거센 반발에 직면하게 되는데 개별 정치인들 입장에서 집권이나 정권유지에 도움이 되지 않으므로 개혁을 주도할 동기가 없다. 오히려 중위투표자정리에 의하여 민주선거는 정책의 인기영합적 성격을 날이 갈수록 강화하는 경향을 갖게 된다.

오늘날 지구촌은 대외경제적으로 세계무역기구(WTO, 1995년 출범) 체제와 국가 간 자유무역협정(FTA)이 급속히 확산되어 세계화와 개방화로 향하고 있다. 대내적으로는 산업고도화와 기술진보로 고급인력과 단순노무인력 간의 격차가 벌어지고 있으며 세계화 추세와 맞물려 양극화가 극심해지고 있다. 양극화는 대-중소기업, 중앙-지방, 정규직-비정규직, 보유재산의 다소 등에 따라 동시다발적으로 진행되고 있어 각국의 사회통합이 위협받는 수준에 이르고 있다. 이는 최대 강국인 미국도 예외가 아니다(Bartels 2008). 다른 한편 국제금융이 자유화되고 이동성에 제약이 없어진 결과 투기자본을 포함한 '큰 손'들이 각국의 금융시장을 극도로 불안정하게 만들고 있다. 세계화와 금융자유화로 국내 금리나 환율과 같은 각국의 전통적 통화정책 수단이 미치는 영향은 극히 제한적이다. 양극화, 시장 불안정, 경기침체 등을 해결하기 위하여 각국 정부에게 남은 수단이라고는 재정정책이나 사회복지정책 혹은 유권자들의 표심에 의존한 인기영합적 정책 정도이다.

1.3 정부란 무엇인가?

1.3.1 선한 정부

정부를 바라보는 정치경제학적 시각은 크게 둘로 나뉜다.[14] 한쪽 극단은 공공의 선(善)을 추구하는 시혜적(benevolent) 정부를 강조한다. 구성원들의 복지를 개선하기 위하여 노력하는 정부, 재산권을 보호하고 공정한 사법제도를 구비하여 시장이 제대로 작동할 수 있도록 지지해 주는 정부, 조세부과와 보조금지급을 통해 공해나 빈곤과 같은 시장실패를 보정해주는 정부, 민간이 공급할 유인이 없으나 국민들에게 꼭 필요한 공공재를 공급해주는 정부, 독과점규제를 통해 소비자를 보호해주는 정부 등이다. 후생경제학(Welfare economics)에 기초한 재정학(Public finance)이 여기에 해당한다. 피구(Arthur C. Pigou, 1877~1959)로부터 시작되었다고 해서 피구식(Pigouvian) 정부관(觀)이라고 불리기도 한다.[15]

경제학에서 정부의 실적, 정책, 제도에 대한 평가는 사회후생(social welfare)이라는 개념으로 측정된다. 사회후생을 어떻게 측정할 것인가에 대한 사회적 합의가 이루어지면 과제는 단순해진다. 실현가능한 여러 정책이나 제도 가운데 가장 높은 사회후생을 가져다주는 대안을 선택하는 것이 최선이다. 정부가 유능한지 무능한지도 그러한 규범적 기준에 의해 판단된다. 여기서 실현가능함(feasibility)이란 기술적 제약, 예산조달 범위, 그리고 정부가 국민들에 대하여 무엇을 얼마나 알고 있는지에 관한 정보제약 등에 비추어볼 때 시행할 수 있는 정책이어야 함을 뜻한다.

사회는 여러 개인들로 구성되어 있으므로 개인들의 후생수준을 어떻게 반영하느냐에 따라 사회후생의 개념도 달라진다. 공리주의, 평등주의, 롤스(Rawls) 분배정의 등 수많은 사회후생 기준 가운데 도대체 어느 것을 선택할 것인가? 어느 사회후생함수를 선택할 것인지는 어떤 분배가 사회적으로 가장 바람직한가라는 물음과 직결되므로 사회정의, 즉 가치판단의 문제이다. 이 대목에서 '비인격화'되었던 시장경제론은 자연스럽게 가치판단의 영역으로 되돌아갈 수밖에 없다. 보다 근본적인 문제로 들어가면 여러 개인들의 후생을 제대로 반영한 사회후생함수가 존재

14 본절은 Buchanan and Musgrave(1999), Besley(2006)를 일부 참조하였음.

15 피구, 미드(James Meade), 머스그레이브(Richard A. Musgrave), 멀리스(James Mirrlees) 등이 20세기 재정학의 개척자들이다. 대학교재 수준의 소개서로는 Atkinson and Stiglitz(1980), Rosen and Gayer(9판, 2009), 이준구(3판, 2004), 이만우(2004)를 참조하라.

하기는 하는지 혹은 서로 다른 개인들 간의 행복을 비교할 수 있는지 의문이 생긴다. 이러한 의문은 일찍이 노벨상 수상자 애로우가 정립한 불가능성 정리(Impossibility Theorem)나 역시 노벨상 수상자인 센(Amartya Sen)의 후속 연구에서 다루어졌다. 본서의 제4장에서는 이러한 내용들을 다룬다.

1.3.2 이기적 정부

사회후생 개념에 기초한 공공경제학의 반대편에는 노벨상 수상자 뷰캐넌(James M. Buchanan), 튤록(Gordon Tullock), 크루거(Anne Krueger) 등이 개척한 공공선택론(公共選擇論, Public choice)이 자리잡고 있다. 공공선택론은 후생경제학이 실제 정책과정이나 집행에 관해서는 아무런 설명도 없이 단지 최적의 방안이 무엇인지 제시할 뿐이라고 비판한다. 비록 최선의 정책이 무엇인지 알더라도 현실에서 그 정책이 시행된다는 제도적 보장이 없다면 공허하다. 예컨대, 뷰캐넌과 튤록(Buchanan and Tullock 1962)은 민주적으로 결정된 사회선택이 어떠한 종류의 규범적 기준과도 합치되지 않을 수 있음을 증명하였다. 공공선택의 관점에서는 정치인이나 관료의 선택 동기나 실제 정책 결정과정과 같은 실증적 연구가 훨씬 중요하다.

공공선택론의 첫째 특징은 사익추구의 범위를 경제행위 밖에까지 확장·적용하였다는 데 있다. 국가는 인격이 있는 유기체가 아니라 개인의 총합일 뿐이며 따라서 정치인이나 관료도 민간 경제주체나 다름없이 사익을 추구할 뿐이다. 개인이 경제행위를 할 때는 이기적으로, 정치행위를 할 때는 이타적으로 행동한다는 후생경제학의 입장과는 달리, 개인은 어떤 행위건 이기적으로 행동한다. 과세 권한을 이용해 걷은 세금을 소수 이익집단, 기득권자, 지지자들의 지대 추구를 위해 사용하고 그 대가로 통치권을 유지하려는 정부, 공직 퇴직 후 자리와 복리를 위해 현직에서 왜곡된 정책을 집행하는 관료, 공공부문의 취업 안정성에 안주하여 조직 확대에만 급급하고 대국민 서비스에는 무관심한 공무원이 대표적 사례이다.[16]

공공선택론의 둘째 특징은 헌법(constitution)의 중요성을 강조한 데에 있다. 정치를 개선하기 위해서는 법, 경제체제, 사회제도를 개혁해야 한다. 그런데 소비자, 생산자, 관료, 정치인, 노조원 할 것 없이 모두가 이기적이라면 '양심적인 지도자나 담당자'에게 의존하려는 발상은 어불성

---

16 제리 멀러는 이러한 우려를 명쾌하게 표현한다. "예나 지금이나 마찬가지로 공공정신으로 무장하였을 뿐 아니라, 권력을 무한정 확대하려는 정권의 압력에 굴복하지 않고, 대의민주정치의 뇌물 구조에 유혹되지 않으며, 권력과 통제범위를 확대하려는 공무원의 타고난 성향도 뿌리칠 수 있는 입법의원과 행정관료를 어떻게 하면 가질 수 있는가는 영원한 과제이다"(Muller(2002), Conclusion에서 발췌).

설이다. 민주정치에 따른 비능률을 제거하고 사회의 공동이익을 추구하려면 정책 수립과정에서 경기규칙을 법에 명시해야 한다. 특히 헌법은 모든 법의 상위에 있으므로 주요 원칙과 기준은 헌법에 명시되어야 한다. 이러한 이유로 공공선택론을 '헌법경제학'(Constitutional economics)이라고도 부른다.[17]

공공선택론은 개별 정책의 선악을 판단하는 규범적 기준을 설정함에 있어서도 후생경제학과 완연히 다르다. 대개 어떠한 정책이건 일부 구성원들에게는 혜택을 가져다주지만 다른 구성원들에게는 비용을 가져다주기 마련이다. 후생경제학에 따르면 정책집행 결과 행복해지는 사람들과 불행해지는 사람들의 복리의 총합인 사회후생이 더 커지면 '좋은' 정책이고 그렇지 않으면 '나쁜' 정책이다. 후생경제학의 이 같은 공리주의적 패러다임에 공공선택론은 동의하지 않는다. 대신 로크(John Locke, 1632~1704)로 대변되는 고전적 국가관을 채택한다. 모든 개인들이 자신의 자유의지에 따라 동의하는 계약만이 정당하며 국가의 역할은 철저히 개인의 자유에 기초하여 자발적으로 참여한 사회계약의 집행에만 한정되어야 한다. 후생경제학이 시장실패를 강조하는 데 반해 공공선택론은 정부실패를 강조하므로 민간에 대한 정부 간섭의 최소화와 자연스럽게 맞닿는다.

공공선택론은 개인의 사익추구 동기, 재량(裁量, discretion) 대비 준칙(rule)의 우월성, 최소정부 등을 강조한다는 점에서 시카고학파의 자유주의와 궤를 같이 한다. 그러나 정치와 정책수립 측면에서 갖는 함의는 사뭇 다르다. 베커(Gary Becker), 스티글러(George Stigler), 펠츠먼(Sam Peltzman) 등 시카고학파에 따르면, 정치인들은 선거에서 승리하여 권력을 잡거나 유·무형의 이득을 얻으려는 목적으로 경쟁하며 정책이란 그러한 정치적 경쟁의 부산물에 불과하다. 정치적 자원 배분과정에서 정책이 왜곡될 소지는 없지 않지만 정치인이나 정당 간의 경쟁으로 인하여 결국에는 효율적 정책이 채택된다. 비효율적 정책은 유권자들의 외면을 받을 것이기 때문이다.[18] 시카고학파에 따르면 정부실패가 발생할 개연성은 있지만 정치적 경쟁이 충분하다면 실제로는 정부실패가 발생하지 않게 된다.[19] 따라서 정책수립이나 집행과정의 제도적 차이도 공

17 Buchanan and Tullock(1962), Buchanan(1967), Mueller(1989, 2003)를 참조할 것.

18 Barro(1973)와 Ferejohn(1986)은 게임이론을 적용하여 분석한 현대 정치경제론의 틀에서 시카고학파의 주장을 재구성하였다.

19 본서의 제12장 12.4절에서 살펴볼 티보우모형은 지방자치단체가 공급하는 지방공공재(local public goods) 이론의 효시로서 시카고학파의 철학을 잘 대변한다. 주민들은 각자 가장 선호하는 지방세제와 지방공공재(사회간접자본, 교육제도, 사회복지보조금 등)의 조합을 제공하는 지역으로 이주하거나 정착하기를 원한다. 티보우이론에 따르면, 지방자치단체들은 주민 유치를 위하여 경쟁하며 결국은 가장 효율적인 세제와 공공재의 조합을 제시하게 된다.

공선택론이 주장하는 만큼 중요하지는 않다고 본다.

1.4 범주와 방법론

정치경제학(political economy)이라는 용어는 시대마다 다른 의미로 사용되어 왔다. 앞의 1.1절에서 설명한 바와 같이 애덤 스미스가 근대 경제학을 정립한 이후 리카도, 맬서스(Thomas R. Malthus), 밀, 맑스에 이르기까지 고전학파에게 정치경제학은 경제학과 동의어였다. 19세기 후반 제본스(William S. Jevons), 왈라스(Léon Walras), 멩거(Carl Menger) 등 한계학파(限界學派, Marginalists)가 학문의 수리적·기술적 엄밀성을 강조하면서 경제학은 '정치'로부터 급격히 떨어져 나가기 시작하였다. 경제학을 가치로부터 분리하는 작업은 마샬(Alfred Marshall)에 이르러 정점에 달했고 이후 주류 경제학은 정치학뿐 아니라 모든 인접 학문과 유리된 채 20세기를 풍미했다.

신고전학파 경제학에 정통성을 빼앗긴 정치경제학은 20세기 내내 옛날과는 사뭇 다른 의미로 사용되었다. 20세기 초중반 정치경제학은 자본주의와 사회주의의 장·단점과 진화과정을 비교·분석하는 비교경제체제론(comparative economic system)과 등치되었고 랑게, 폰 하이에크, 슘페터와 같은 오스트리아 제도학파에 의해 집중 연구되었다. 다른 한편 맑스주의자들이 사회주의나 공산주의가 자본주의보다 우월하다고 주장하기 위하여 정치경제학이란 용어를 즐겨 썼다. 이로 인해 오늘날까지 주류 경제학계에서 정치경제학은 맑스주의나 급진경제학(Radical economics)과 동의어로 쓰이고 있다. 정치경제 현상을 좌파의 시각으로 보되 현대적 도구로 분석한 대표 학자로 쉐보르스키(Adam Przeworski)와 로머(John E. Roemer)를 들 수 있다.[20]

주류 경제학에서 비록 정치적 요인은 배제되었지만 정부는 여전히 중요한 연구대상이었다. 20세기 초반 피구(Pigou)는 공공복리를 추구하는 '선한 정부'를 전제하고 사회후생을 극대화하는 정책들을 제시하였다. 앞서 설명한 바와 같이 피구는 '모름지기 선한 정부란 이래야 한다'는 규범적 시각에서 정부와 정책을 바라보았고 현대 후생경제학 및 재정학의 시초가 되었다. 후생경제학은 한계학파 및 마셜의 신고전학파 전통에 입각해 수량적이고 기술적 분석에 주안점을

20 Przeworski(2003)는 주인-대리인모형을 적용하여 생산, 분배, 규제, 사회보험, 정부감시 등에 있어서 국가와 시장의 역할 분담을 연구하였다. Roemer(1998, 2006)는 게임이론을 적용하여 정당들의 내부 권력투쟁과 그에 따라 실현되는 대외민주선거 결과를 분석하고 사회주의 혹은 분배정의를 옹호하는 결론으로 이끌어간다.

두었고 가치판단을 철저히 배제하였다.

영어권의 주류 경제학계에서 경제와 법・정치가 완전히 단절되었던 반면, 유럽대륙에서는 둘 간의 연계가 나름 유지되었다.[21] 유럽대륙의 이러한 지적 유산은 20세기 중엽 미국 경제학자들에게 영향을 미쳤으며 1950년대 버지니아대학을 중심으로 학파가 형성되었다. 특히 뷰캐넌과 튤록의 기념비적 저작 『동의(同意)의 계산법』(*The Calculus of Consent* 1962)을 필두로 공공선택론이 창시되었다. 피구의 규범적 후생경제학과는 반대로 공공선택론은 '정부 운영과 정책 집행과정은 실제로 이러이러하다'는 실증적 시각에 기초하므로 현실세계에서의 법, 정치, 관행과 분리될 수가 없다. 공공선택론의 핵심과 특징에 대해서는 앞서 1.3절에서 설명한 바와 같다.

다운즈(Anthony Downs)의 『민주주의에 관한 경제학적 이론』(*An Economic Theory of Democracy* 1957)은 경제학적 시각에서 정치적 자원배분을 연구한 기념비적 저작이다. 다운즈는 정치인 혹은 정당을 경제학에서의 기업처럼 모형화한 다음 그들 간의 전략적 상호작용에 의하여 정책이 결정된다고 보았다. 게임이론의 개념과 분석도구를 적용하여 중위투표자정리(Median voter theorem, 다운즈정리로도 불림)를 주창하였는데 정당들이나 후보들이 권력쟁취에 지상목표를 두고 있다면 중위유권자가 가장 선호하는 정책이 필연적으로 선택된다는 것이다. 앞으로 제7장에서 자세히 살펴보겠지만 다운즈정리는 여러 비현실적 가정과 제약에도 불구하고 현대 정치학 및 공공경제론에 지대한 영향을 미쳤다.

다운즈는 정작 정치학자들보다는 경제학자들에게 인기가 있었다. 현실정치에서 중위투표자의 선호와 상이한 정책이나 공약을 수없이 보아왔던 정치학자들에게 다운즈정리는 터무니없어 보였기 때문이다. 다운즈가 주장하듯이 중위투표자가 가장 선호하는 정책을 정치인들이 채택한다면 권력구조나 선거제도는 별 의미가 없어야 마땅하다. 그러나 현실에서 정치적 투쟁은 자주 선거제도를 둘러싸고 일어난다. 정책수립에 있어서 단순히 유권자들의 선호 이외의 다른 무엇인가가 작용한다는 사실 역시 상식이다(Persson and Tabellini 2003). 그래서 정치학자들은 의회의 상임위원회별 및 정부부처별 정책결정구조(Shepsle and Weingast 1981), 정당 내부의 권력갈등(Roemer 2006), 의회에서의 의제 선정과정(Romer and Rosenthal 1978) 등 현실 정치제도나 구조의 관점에서 다운즈모형을 확장하거나 발전시켰다.

다운즈의 전통을 이어온 학자들에게는 선거나 투표에 의한 정책결정이 관심사이다. 하지만 현실에서 상당수의 정책은 선거를 통해 결정되기보다 정부나 의회의 각종 위원회 혹은 관료들

---

21 유럽대륙의 지적 유산에 대해서는 Musgrave and Peacock(1958)에 자세히 소개되어 있는데, 스웨덴 경제학자 빅셀(Knut Wicksell, 1851~1926)까지 거슬러 올라간다고 한다.

의 책상에서 결정된다. 정책 결정과정에서 기업, 노조, 협회, 지자체, 시민단체 등 이익집단의 합법적 혹은 불법적 로비가 큰 역할을 하기 마련인데 대개는 국민 다수의 이익에 반하기 마련이다. 그로스만과 헬프만(Grossman and Helpman 2001)은 이익집단에 관한 정치학 및 공공선택론의 연구성과를 집대성하였으며 후속 연구가 활발히 이루어지고 있다.

현대 정치경제론은 1980년대까지는 소수 학자들의 연구대상이었을 뿐 비주류라는 딱지를 벗지 못하였다. 그러나 1980년대 후반 이후 현대 정치경제학은 게임이론에 힘입어 경제학, 정치학, 외교학, 법학 등 여러 분야에서 동반 성장하며 괄목할 성장을 해왔다. 사반 세기가 지난 오늘날 정치경제학은 정치학계는 물론 경제학계에서도 주류 대열에 서있다.

정치적 공공경제론의 분석 대상은 실로 광범위하며 날로 발전하고 있다. 문득 떠오르는 예를 열거하기만도 숨가쁠 정도이다. 정부의 조세, 지출, 연금 등 각종 재정정책(Persson and Tabellini 2000), 정책수립 및 집행과정과 정책결정자의 책임성(Besley 2006), 경제성장을 포함한 거시금융정책(Drazen 2001), 선거가 경기변동에 미치는 영향을 분석한 소위 '정치적 경기변동론(Nordhans 1975, Rogoff 1990, Rogoff and Siebert 1988), 미국과 유럽의 사회경제체제 비교 연구(Alesian and Glaeser 2006), 세계 각국의 정치체제와 경제발전의 상호작용(Acemoglu and Robinson 2005) 등이 대표작들이다. 게임이론을 정치학이나 법학에 적용하여 분석한 분야의 발전도 엄청나다. 모로우(Morrow 1994), 오스텐-스미스와 뱅크스(Austen-Smith and Banks 1999, 2005), 맥카티와 메이로비츠(McCarty and Meirowitz 2007), 쉡슬(Shepsle, 2010)은 게임이론에 기초한 정치학 분야의 역작이며, 베어드, 거트너, 피커(Baird, Gertner and Picker 1994), 쿠터(Cooter 2000)는 게임이론을 법경제학에 적용한 개척자이다.

이 책의 목적은 게임이론 방법론을 적용한 경제정책론과 현대 공공경제학을 소개하는 데 있다. 특히 정책수립이나 집행과정을 이론적으로 분석하고 경제사회에 미치는 영향에 초점이 맞춰진다.

02

CHAPTER

경쟁시장의 자원배분

2.1 선호와 효용
2.2 사익추구와 최적화
2.3 순수교환경제
2.4 생산경제
2.5 일반경쟁균형

Politics & Public Economics:
A Game-Theoretic Approach

2.1 선호와 효용

2.1.1 선택과 선호

경제인(經濟人, homo economicus) 혹은 개인은 자신의 행복이나 이익을 최대로 얻고자 하며 그러한 목적 추구를 위하여 필요한 수단과 방편을 합리적으로 선택한다.

개인이 행복을 추구하기 위해 선택해야 하는 K개의 변수가 있다고 하자. 예를 들어, 빵, 옷, 주거, 자동차, 문화생활, 권력 등이다. 개별 선택 k의 수량이나 수준을 x_k(여기서 $k=1, 2, \cdots, K$)로 나타낸다면 경제인의 선택묶음은 벡터(vector) $x=(x_1, x_2, \cdots, x_K)$로 표기할 수 있다. 예컨대, 소비자가 묶음 $x=(3, 8.4, \cdots, 5)$를 선택한다는 것은 상품 1을 3단위, 상품 2를 8.4단위, $\cdots$, 상품 K를 5단위 소비함을 뜻한다. 또 다른 예로 기업이 선택묶음 $x=(-11, -4, 7)$을 선택한다는 것은 노동 11단위와 자본 4단위를 투입하여 생산물 7단위를 만들어냄을 뜻한다. 이 책에서는 선택변수가 하나($K=1$) 혹은 둘($K=2$)인 단순한 경우를 주로 다루게 된다. 선택변수가 셋 이상($K \geq 3$)인 경우로의 일반화는 고등수학을 요구하나 개념상 $K=2$인 경우와 다르지 않다. 분석의 편의상 모든 선택변수는 아주 작은 단위까지 쪼갤 수 있다고 가정한다. 선택묶음들의 집합을 선택공간(choice space)이라 부르며 대문자 X로 나타낸다. 예컨대, 두 개의 상품을 다루는 소비이론에서 선택공간 X는 2차원 평면의 제1사분면일 것이다.

개인이 선택묶음 $x=(8, 3)$과 $y=(4, 7)$ 중 하나를 선택해야 한다면 어떻게 할 것인가? 만약 묶음 y를 묶음 x가 아니라 묶음 $z=(5, 11)$과 비교한다면 분명 z를 선택할 것이다. 그러나 묶음 x와 y의 비교는 그렇게 단순치 않다. 묶음 x는 y에 비해 상품 1의 수량은 많지만 상품 2의 수량은 적다. 결국 선택은 개인의 취향이나 선호(選好)에 달려있을 텐데 이처럼 개인이 가지고 있는 선호체계를 선호관계(選好關係, preference relation)라고 한다.

개인 앞에 묶음 x와 y가 놓여있다고 하자. 그는 x를 y보다 더 좋아한다고 말하거나 아니면 y를 x보다 더 좋아한다고 분명히 말할 수 있는가? 또 묶음 x를 y보다 더 선호하고 y를 z보다 더 선호하는 개인 앞에 x와 z를 제시한다면 그는 x를 선택할 것인가? 더 나아가 모든 선택묶음들을 선호하는 순서로 나열할 수 있는가? 이러한 질문들에 대한 대답은 개인이 가지고 있는 선호체계의 성질에 달려있다. 두 선택묶음을 좋아하는 순서로 상호 비교할 때 흔히 한 묶음을 다른 묶음보다 '더 선호한다'(is more preferred to)거나 혹은 두 선택묶음 간에 '무차별하다'(is indifferent to)라고 표현한다. 이때 '더 선호하거나 무차별하다'(at least as good as)라는 말 대신에 '≿'라는 기호를 사용한다. 즉, $x \succsim y$는 선택묶음 x를 y보다 더 선호하거나 적어도 무차별하다는 의미이다. 선호와 무차별을 분리하여 '≻'는 강선호(强選好, strict preference)를 나타내고 '∼'는 무차별을 나타내기도 한다.

경제인의 선호가 합리적이라는 것은 그의 선호체계가 완비성(完備性, completeness)과 이행성(移行性, transitivity)이라는 두 성질을 충족함을 의미한다. 완비성이란 어떤 두 선택에 대해서도 어느 묶음을 더 선호하는지 판단할 수 있는 성질로 정의된다. 수학적으로 완비성은 '어떠한 x, $y \in X$에 대해서도 $x \succsim y$이거나 아니면 $y \succsim x$가 성립함'으로 정의된다. 자기 앞에 주어진 두 대안 중 어느 것을 선호하는지 판단 못하는 사람을 사회과학의 분석대상으로 할 수는 없다.

선택묶음 x를 y보다 선호하고 동시에 y를 z보다 선호하는 경제인에게 x를 z보다 더 좋아하는지를 물어볼 수 있다. 만약 이 질문에 항상 "예"라고 대답하는 경제인이 있다면 그의 선호체계는 이행적이라고 말한다. 수학적으로 이행성은 '$x \succsim y$와 $y \succsim z$를 만족하는 어떠한 x, y, $z \in X$에 대해서도 $x \succsim z$가 항상 성립함'으로 정의된다.[1,2]

2.1.2 효용함수

경제인의 선호체계가 완비성과 이행성을 만족한다면 여러 선택묶음들을 좋아하는 순서대로 나열할 수 있으며 따라서 여러 선택묶음들 중에서 어느 묶음을 가장 선호하는지 말할 수 있다. 만약 완비되고 이행적인 선호관계를 함수로 표시할 수 있다면 경제인의 선택행위를 이해하고 분석하는 데 훨씬 편리할 것이다. 효용함수(效用函數, utility function)란 경제인의 선호관계를 이처럼 함수로 표현한 것이다.

1 이행성을 위배하는 선호체계가 비합리적인 이유를 '돈 뽑아내는 기계'(money pump)의 비유로 설명하면 이해하기 쉽다. 철수의 선호체계가 A<B<C<A이며 철수는 물건 A를 보유하고 있다고 가정하자. 영희가 철수에게 물건 A와 더불어 1원을 추가로 받는 대신 물건 B를 제안하면 철수는 이를 수락할 것이다. 다음으로 영희가 B 및 추가 1원을 받는 대신 C를 제시하면 철수는 이를 수락할 것이다. 그 다음으로 영희가 C 및 추가 1원을 받는 대신 A를 제시하면 철수는 이를 수락할 것이다. 영희 입장에서 맨 처음 상황으로 돌아갔는데 수중에 3원이 고스란히 남게 된다. 이 같은 과정을 계속 반복하면 영희는 철수로부터 계속해서 돈을 뽑아낼 수 있고, '멍청이' 철수는 돈만 털리게 된다.

2 독자들은 선호의 이행성이 당연히 만족되지 않겠느냐고 반문할지도 모른다. 그러나 실험경제학이나 심리학 연구에 따르면 선호의 이행성은 현실에서는 자주 위배된다. 예컨대, 벽지 색상을 선택하는 문제에서 진청색을 연분홍보다 약간 더 선호하고 연분홍을 진초록보다 약간 더 선호하는 소비자가 진청색과 진초록을 비교할 때 종종 진초록을 선택하기도 한다.

벤담(Jeremy Bentham, 1748~1832)이 효용이라는 용어를 처음 사용한 이래로 제본스나 왈라스는 개인의 만족수준을 나타내는 효용을 온도나 길이와 마찬가지로 계산하고 측정할 수 있는 객관적 개념으로 간주했다. 또한 개인의 효용을 수치로 측정할 수 있을 뿐만 아니라 개인들 사이의 효용도 서로 비교할 수 있는 것으로 보았다. 이러한 개념을 기수적 효용(基數的 效用, cardinal utility)이라고 한다. 기수적 효용 개념에 따르면 예컨대 소비자가 빵 1개와 옷 1벌(소비묶음 $x=(1, 1)$)로부터 10단위의 효용수준을 얻고 빵 3개와 옷 2벌(소비묶음 $y=(3, 2)$)로부터 20단위의 효용을 얻는다면 후자는 전자에 비교하여 2배의 만족을 준다. 뿐만 아니라 소비자 A와 소비자 B가 빵 1개와 옷 1벌을 소비하였을 때 각각 10단위와 20단위의 효용을 얻는다면 이 소비묶음으로부터 소비자 B는 소비자 A에 비해 2배의 만족을 얻는다고 말할 수 있다.

반면 파레토에 따르면 효용은 개인이 얻는 주관적 만족감을 나타내는 것이기 때문에 객관적 수치로 측정할 수 없다. 개인들의 효용은 서로 비교할 수 없으며 개별 소비자가 서로 다른 선택묶음들을 소비함으로써 얻는 효용도 순서만을 판단할 수 있을 뿐 효용수준을 비교해서는 안 된다고 본다. 예컨대, 묶음 $x=(1, 1)$로부터 얻는 효용이 10단위이고 $y=(3, 2)$로부터 얻는 효용이 20단위라면 이는 단지 y가 x보다 더 높은 만족을 준다는 의미일 뿐 결코 두 배로 만족스럽다는 의미는 아니다.

앞서 살펴본 개인의 선호관계는 선호의 순서만을 판단할 뿐이며 만족수준의 절대크기에 아무런 의미를 부여하지 않는다. 개인이 선호하는 순서대로 선택묶음들을 나열할 수 있다면 가장 선호하는 묶음에 가장 큰 실수(實數)를 부여하고 그 다음으로 선호하는 묶음에 그 다음으로 큰 실수를 부여하는 방식으로 선호관계를 서수화할 수 있다. 예컨대 소비이론에서 개인이 선택할 수 있는 묶음이 $x=(2, 4)$, $y=(1, 3)$, $w=(3, 1)$, $z=(1, 1)$ 네 개가 있다고 하자. 또 이 묶음들에 대한 선호순서는 $x>y\sim w>z$라고 하자. 여기서 x에 80, y와 w에 30, z에 10이라는 수를 부여한다면 이것이 바로 효용함수가 된다. 소비묶음 x의 효용값이 80이고 z의 효용값이 10이라는 것은 x가 z보다 선호된다는 사실만을 말해줄 뿐이지 x를 z보다 8배 더 좋아한다는 의미가 아니다. 경제인의 선호관계를 나타내기 위하여 반드시 x의 효용값이 80이고 z의 효용값이 10일 필요도 없다. 선택 x의 효용값이 10이고, 선택 y와 w의 효용값이 9, z의 효용값이 7이라고 하더라도 이는 동일한 선호관계 $x>y\sim w>z$를 나타내는 효용함수이다.

개인이 더 선호하는 선택묶음에 더 큰 값을 부여한다는 원칙만 지켜진다면 동일한 선호관계를 나타내는 동일한 효용함수이다. 다시 말해서 효용값의 상대적 크기만이 중요한 것이지 절대적 크기는 아무 의미가 없다. 이처럼 선택묶음들에 선호순서에 따라 더 좋아하는 묶음에 더 큰 실수를 부여하는 방식으로 선호관계를 함수화한 것을 효용함수라고 한다.

정의 | 효용함수

개인의 선택공간을 X라 표기하고 실수집합을 $\mathbb{R}$로 표기하자. 어떠한 선택 x, $y \in X$에 대해서도 "$x \succeq y \Leftrightarrow u(x) \geq u(y)$"의 관계를 만족하는 함수 u: $X \rightarrow \mathbb{R}$을 효용함수라 한다.

특정 선호관계를 나타내는 효용함수는 무수히 많다. 앞의 예에서 $X=\{x, y, z, w\}$일 때 선호관계 $x \succ y \sim w \succ z$를 $u(x)=80$, $u(y)=u(w)=30$, $u(z)=10$으로 나타낼 수 있으며 $v(x)=10$, $v(y)=v(w)=9$, $v(z)=7$로 나타낼 수도 있다. 효용함수 u와 효용함수 v는 모두 동일한 선호관계를 나타내며 이외에도 이 선호관계를 나타내는 효용함수는 얼마든지 있다.

선호관계가 완비성과 이행성을 충족한다면 선택묶음들을 좋아하는 순서로 나열을 할 수 있다. 따라서 선택공간이 유한하다면 해당 선호관계를 나타내는 효용함수는 반드시 존재한다. 그러나 선택묶음들이 무수히 많은 경우 소비자의 선호가 완비성과 이행성을 만족한다고 해서 그 선호관계를 나타내는 효용함수가 반드시 존재한다는 보장은 없다. 소비묶음들을 선호하는 순서로 나열할 수 있다고 하더라도 무수히 많은 소비묶음을 그 순서대로 실수와 일대일 대응시킬 수 없을 수도 있기 때문이다.[3] 그러나 선호관계가 완비성 및 이행성에 덧붙여 연속성(連續性, continuity)이라는 성질까지 만족한다면 그 선호관계를 나타내는 효용함수 u가 반드시 존재하며 또 연속함수라는 사실이 증명되어 있다.[4]

앞으로는 소비자의 선호체계를 나타내는 효용함수 $u(x)$가 존재한다고 전제하고 논리를 전개한다. 또한 분석의 편의상 효용함수 u는 연속적일 뿐 아니라 2차 도함수까지 존재하는 미분가능(differentiable) 함수라고 가정한다.

3 사전배열식 선호(辭典配列式 選好, lexicographic preference)의 대표적 예로는 올림픽게임에서 메달수와 순위 간의 관계를 들 수 있다. 은메달이나 동메달의 수에 관계없이 금메달을 하나라도 더 획득한 팀의 순위가 높게 정해지며 금메달 숫자가 동일한 경우에만 은메달 숫자로 순위를 정한다. 사전배열식 선호는 완비성과 이행성을 만족함에도 불구하고 이를 대표하는 효용함수가 존재하지 않는다. 핵심 이유는 사전배열식 선호가 불연속적 성질을 갖기 때문인데 자세한 내용은 학부 중급 혹은 대학원 수준의 미시경제학 교재를 참조하라.

4 선호가 연속적이라는 것은 묶음 x가 y보다 더 선호되는 상황에서 x나 y를 아주 조금씩만 변동하더라도 이전의 선호관계가 여전히 변하지 않음을 의미한다. 다시 말해서 묶음을 조금만 변동시키면 선호관계도 조금씩만 연속적으로 변하는 성질을 연속성이라 부른다.

2.1.3 무차별곡선

합리적 개인은 그가 직면하고 있는 여러 제약조건을 감안하여 효용극대화를 추구한다. 따라서 효용극대화 가설에 입각하여 경제행위를 분석하기 위해서는 효용함수의 모습이나 성질을 알아야 한다. 선택변수가 하나뿐인 경우($K=1$) 효용함수는 가로축에 선택변수를 세로축에 효용값을 대응시킨 그래프로 쉽게 나타낼 수 있다. 경제학은 무한한 욕구를 가진 개인이 희소한 자원을 어떻게 효율적으로 배분하느냐를 다루는 학문이다. 따라서 경제분석의 의미가 있는 영역에서는 '많을수록 좋다'는 단조성(單調性, monotonicity)을 가정한다. 빵, 옷, 자동차, 주택, 헤어커트, 권력 등 경제재는 수량이 많거나 품질이 좋을수록 더 선호되며 이는 원점에서 멀리 떨어질수록 더 높은 효용수준을 나타냄을 의미한다. [그림 2-1](a)는 단조증가하는 효용함수의 전형적 모습 두 가지(실선과 점선)를 나타낸다.

반면 공공경제론이나 정치학에서는 선호의 단조성이 보편적으로 성립하지 않다. 대개 개인이 가장 선호하는 이상점(理想點, ideal point) 혹은 지복점(至福點, bliss point)이 존재하며 그것으로부터 어느 방향으로건 멀어질수록 만족도는 떨어지기 마련이다. 재분배정책을 예로 들어보자. 공동생산 재화를 똑같이 분배하는 순수공산주의체제나 각자의 능력과 노력의 결과로 얻는 소득만으로 먹고살자는 순수자본주의체제를 선호하는 사람은 흔치 않다. 대개는 자신이 가장 이상적이라고 생각하는 재분배정책이 있고 그 상태로부터 왼쪽으로건 오른쪽으로건 멀어질수록 점점 덜 선호한다. [그림 2-1](b)와 같은 효용함수를 가진 개인에게 x가 증가할수록 행복은 커지

그림 2-1 | 선택변수가 하나일 때 효용함수의 전형

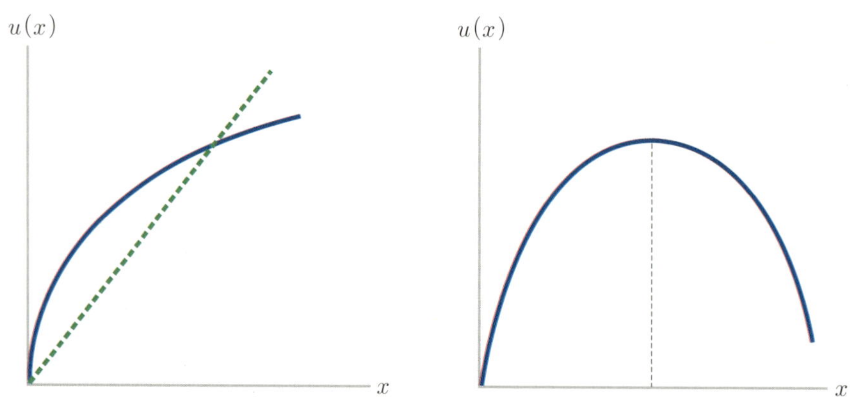

(a) 단조증가 효용함수　　(b) 지복점이 있는 효용함수

며 지복점인 x^*에 달하면 최고조에 달하다가 그 이후로는 x의 증가에 따라 행복이 오히려 낮아진다. 이러한 의미에서 지복점을 포만점(飽滿點, satiation point)이라고도 부른다.

선택변수의 값과 지복점 간의 거리로 효용수준을 측정하면 분석이 단순해지는데 이를 유클리드 선호(Euclidean preference)라 부른다. 수학적으로 $K=1$일 경우 유클리드 효용함수는 $u(x) = -|x - x^*|$이며 지복점 x^*를 중심으로 좌우대칭의 뾰족한 삼각뿔 형태의 효용함수를 갖는다.

선택변수가 두 개 이상인 일반적인 경우 효용함수를 기하학적으로 묘사하기 어렵거나 불가능하므로 대수적으로 분석하는 수밖에 없다. 그러나 선택변수의 수가 두 개인 경우($K=2$)에는 투사(投射, projection)의 개념을 적용하여 그래프로 나타낼 수 있는데 무차별곡선(無差別曲線, indifference curve)이 바로 그것이다.

무차별곡선이란 지도상의 등고선이나 천기도상의 등기압선(等氣壓線)처럼 동일한 효용수준을 가져다주는 선택묶음들을 연결한 곡선이다. 이러한 무차별곡선들을 모아 놓은 그림을 무차별지도(無差別地圖, indifference map)라 부른다. 앞에서 논의한 선호관계로 말하면 무차별곡선은 선호관계에서 무차별 관계 '$\sim$'로 연결될 수 있는 상품묶음들을 모아 놓은 것이다. 경제인의 선호관계를 나타내는 서수적 효용함수 $u(x)=u(x_1, x_2)$를 상정하자. 효용수준 U를 가져다주는 무차별곡선을 집합기호로 나타내면 $\{(x_1, x_2)|u(x_1, x_2)=U\}$인데 [그림 2-2]에서 곡선 I_1, I_2, I_3, I_4는 효용수준 U가 각각 $U_1<U_2<U_3<U_4$ 단위인 경우의 무차별곡선을 나타낸다. 예컨대, 그림

그림 2-2 무차별곡선

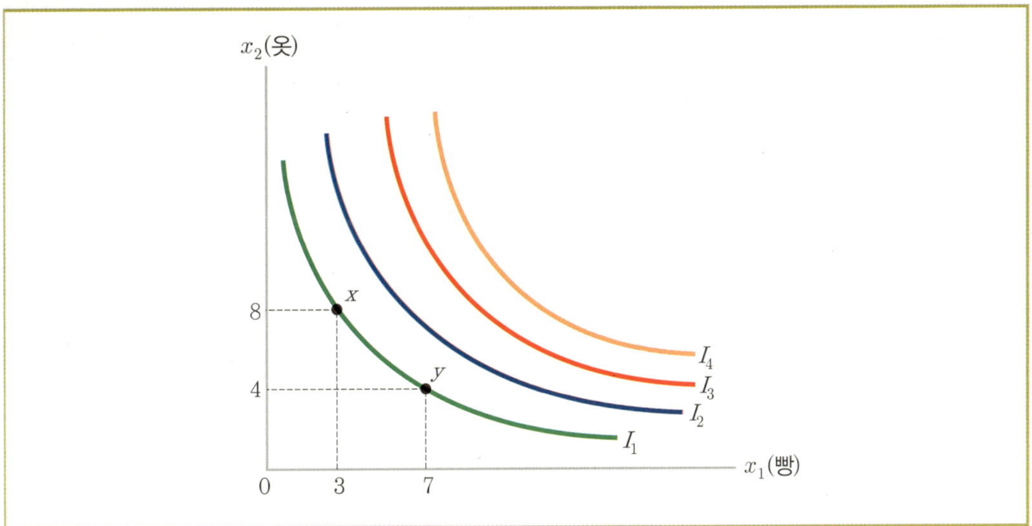

에서 묶음 x(빵 3개와 옷 8벌)와 묶음 y(빵 7개와 옷 4벌)는 똑같이 U_1단위의 효용을 가져다준다.

경제인의 선호체계가 완비되어 있다면 선택공간에 속한 어떠한 선택묶음이건 반드시 그 점을 지나는 무차별곡선이 존재하며 따라서 다른 선택묶음과 비교가능하다. 선호관계가 이행성을 만족한다면 서로 다른 무차별곡선은 교차할 수 없다.[5]

일반적으로 무차별곡선은 원점에 대하여 볼록한 모습을 갖는다. 이는 개인이 극단보다는 절충을 더 좋아하는 성향, 즉 선호의 볼록성(convexity)과 밀접한 관련이 있다. 예컨대, 포도주 1잔과 치즈 9조각(소비묶음 x)이나 포도주 9잔과 치즈 1조각(소비묶음 y)보다는 두 묶음을 평균한 포도주 5잔과 치즈 5조각($z=0.5x+0.5y$)을 더 선호한다는 가정이다. [그림 2-3]에서와 같이 동일한 무차별곡선상에 있는 선택묶음 x와 y보다 그 두 점을 연결한 선분상에 있는 점들(예컨대 s나 w)을 더 좋아하여 x와 y가 속한 무차별곡선보다 원점에서 더 멀리 떨어진 무차별곡선 위에 있도록 한다. 또한 s나 w보다 그 둘을 절충한 점(예컨대 z)을 더 선호한다. 이러한 성질을 만족하면 선호의 볼록성을 만족한다고 하며 무차별곡선이 원점에 대해 볼록한 형태를 갖게 된다.

5 무차별곡선 I와 J가 점 x에서 서로 교차한다고 하자. 무차별곡선 J 위에 두 점 x, y가 있으므로 $x \sim y$이며 무차별곡선 I 위에 두 점 x, z가 있으므로 $x \sim z$이다. 이행성에 의하여 $y \sim z$가 성립하여야 하며 이는 세 점 x, y, z가 동일한 무차별곡선 위에 있어야 함을 의미한다. 그런데 점 y와 z는 서로 다른 무차별곡선 위에 있으므로 이는 모순이다. 따라서 선호관계가 이행성을 만족하는 이상 무차별곡선은 결코 교차할 수 없다.

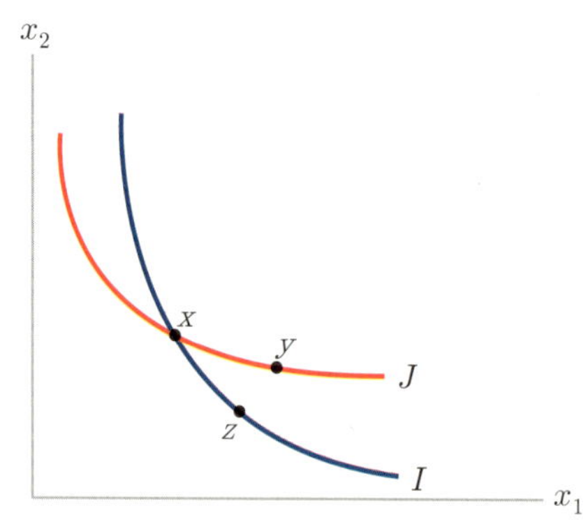

그림 2-3 원점에 대해 볼록

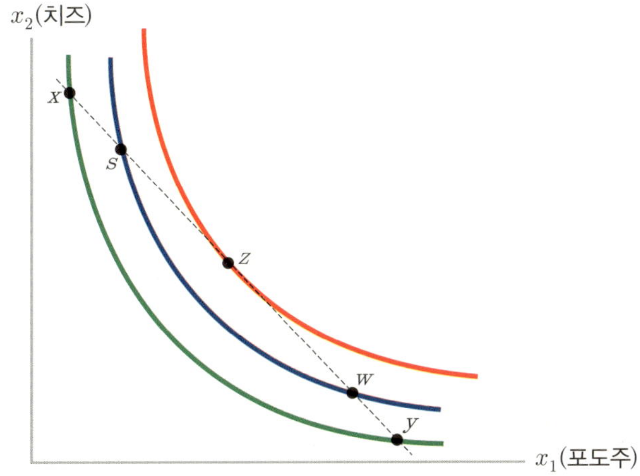

[그림 2-2]와 [그림 2-3]은 모두 선택변수가 두 개일 경우 효용함수가 단조증가한다고 가정하고 무차별곡선을 그린 것이다. 반면 [그림 2-4]는 단조성이 성립하지 않고 이상점 혹은 지복점이 존재하는 효용함수의 무차별지도를 묘사하고 있다. 선택변수 x_1을 재분배정책, 선택변수 x_2를 대북정책이라 놓을 때 점 $x^*=(x_1^*, x_2^*)$는 이 개인이 가장 선호하는 정책묶음이다. 정책

그림 2-4 무차별곡선

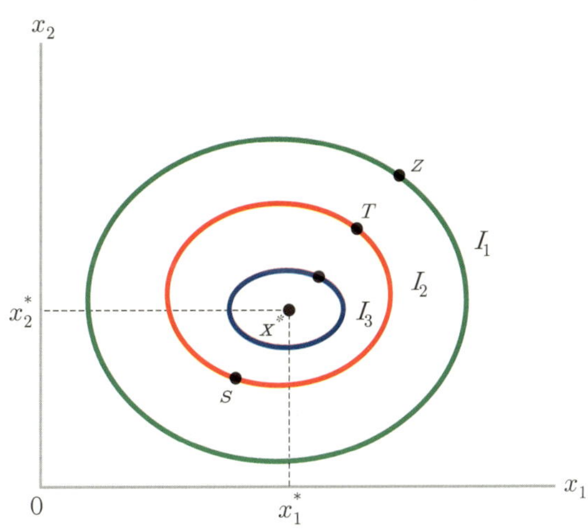

x^*로부터 어느 방향으로건 멀어질수록 점점 더 바깥쪽의 무차별곡선(동심원 형태)에 위치하게 된다. 점 S는 지복점 x^*에 비해 재분배정책과 대북정책 둘 다에서 더 진보적인 반면, 점 T는 x^*에 비해 두 정책 모두에서 더 보수적인 포지션을 의미한다. 그럼에도 불구하고 두 정책 S와 T는 이 유권자에게 동일한 효용수준 U_2를 가져다준다. 또한 무차별곡선 I_3, I_2, I_1로 갈수록 더 낮은 효용수준을 나타낸다.

선택변수의 수 $K=2$일 경우 유클리드 효용함수는 $u(x_1, x_2) = -\sqrt{(x_1 - x_1^*)^2 + (x_2 - x_2^*)^2}$이며, 무차별곡선은 지복점을 중심으로 원형이다.

2.2 사익추구와 최적화

개인 선택의 합리성은 선호체계의 합리성과 최적화라는 두 핵심요소로 구성된다. 우선 개인의 선호체계가 일관성 있고 안정적이어야 한다. 이를 선호체계의 합리성이라 부르는데 앞 절에서 설명한 바와 같이 완비성과 이행성을 요구한다. 즉, 어떠한 두 선택대안을 비교할 때에도 호불호(好不好)가 분명해야 할 뿐 아니라 전체적인 틀에서도 이들 선택대안들 간의 선호배열에 모순이 없어야 한다.

최적화(最適化, optimization)는 합리적 선택의 두 번째 핵심요소이다. 개인은 일관성 있고 안정적인 자신의 선호체계에 비추어 볼 때 여러 대안들 가운데 가장 바람직한 선택지를 정확히 계산하고 실행한다. 다시 말해서 개인은 목적함수(目的函數, objective function)를 극대화 혹은 극소화해주는 행동이나 정책을 선택한다. 흔히 기술적·외부적 제약조건으로 인해 개인의 선택이 일부 제한될 수 있는데, 이를 제약조건이라 부른다.

소비자의 최적 소비행위란 자신의 소득으로 구입할 수 있는 상품묶음들 가운데 자신의 효용을 극대화해주는 상품묶음을 선택하는 것이다. 이때 소비자의 목적함수는 효용함수이며 선택변수는 상품묶음이고 제약조건은 한정된 소득과 상품들의 시장가격이다. 기업은 자신이 생산할 수 있는 수량과 부과할 수 있는 가격 가운데 자기 이윤을 가장 크게 해줄 생산량 및 가격을 선택할 것이다. 이때 기업은 노동, 자본, 토지 등 여러 생산요소를 알맞게 투입하여 가능한 적은 생산비를 들이고도 주어진 수량을 생산할 수 있는 조합을 선택할 것이다. 정당(政黨)은 여러 정책대안들 가운데 가장 많은 유권자들의 지지를 받을 수 있고 그에 따라 집권확률을 극대화해주는 정책조합을 선거공약으로 선택할 것이다. 정부는 법적·제도적·국민정서적 제약하에서 사회 전체의 후생을 극대화해주는 정책을 실행하고자 할 것이다.

최적화는 극대화(maximization) 혹은 극소화(minimization)로 나뉜다. 개인의 목적 함수가 효용, 이윤, 보수, 집권확률, 국민후생처럼 정(+)의 효과를 가져다준다면 극대화를 추구하고 비효용, 손실, 비효율처럼 부(−)의 효과를 가져다준다면 극소화를 추구할 것이다. 그런데 비효용 극소화는 효용극대화, 손실극소화는 이윤극대화, 비효율극소화는 효율극대화와 각각 동일한 개념이므로 동전의 양면에 불과하고 따라서 극대화에 초점을 맞추어도 무방하다.

개별 소비자의 효용극대화 문제를 통해 최적화의 개념을 설명하자. 소비자 i가 상품묶음 $x_i=(x_{i1}, x_{i2}, \cdots, x_{iK})$를 소비함으로써 누리는 효용수준은 연속함수 $u_i(x_i)$로 계산된다고 하자. 생산자가 존재하지 않는 대신 소비자 i는 재화 k를 $\overline{\omega}_{ik}$단위만큼 갖고 태어난다고 가정하자. 다시 말해서 소비자 i의 부존자원 벡터(endowment vector)는 $\overline{\omega}_i=(\overline{\omega}_{i1}, \overline{\omega}_{i2}, \cdots, \overline{\omega}_{iK})$이다. 모든 상품은 완전경쟁적 시장에서 거래되며 시장가격 체계는 $\mathrm{P}=(P_1, P_2, \cdots, P_K)$로 놓자.

소비자 i의 효용극대화 문제는 다음과 같다.

$$\underset{x_i \in X}{\text{극대화}} \quad u_i(x_i)=u_i(x_{i1}, x_{i2}, \cdots, x_{iK}) \tag{2.1}$$

$$\text{예산제약조건} \quad \sum_{k=1}^{K} P_k x_{ik} \le \sum_{k=1}^{K} P_k \overline{\omega}_{ik} \ \text{ 혹은 } \ Px_i \le P\overline{w}_i \tag{2.2}$$

[그림 2-5]는 상품이 둘뿐일 경우($K=2$) 소비자의 예산제약선, 무차별곡선, 그리고 효용극대화 상품묶음 $\mathrm{x}_i^*=(x_{i1}^*, x_{i2}^*)$를 나타낸다. 그림에서 보듯이 무차별곡선이 예산제약선에 접하는 점이 효용을 극대화해주는 소비묶음이다. 소비묶음 (x_{i1}, x_{i2})에서 무차별곡선의 접선의 기울기는 한계대체율(marginal rate of substitution: MRS)이라 부르는데 '재화 2의 수량으로 측정한 재화 1의 주관적 가치'(consumer's subjective evaluation of commodity 1 in terms of commodity 2)로 정의된다. 쉽게 말해서, 소비자 i가—동일한 효용수준에 머물면서—재화 1 한 단위를 더 소비하기 위하여 희생할 용의가 있는 재화 2의 수량을 뜻한다.[6] 다른 한편, 예산제약선의 기울기

6 재화 1의 소비량 x_{i1}이 작고 재화 2의 소비량 x_{i2}이 큰 상태([그림 2-5]의 점 s)에서는 상대적으로 희소한 재화 1을 한 단위 더 소비하기 위하여 재화 2를 상당히 줄여도 이전과 동일한 효용수준을 유지할 수 있다. 즉, 한계대체율이 크며 무차별곡선은 가파르다. 반면 재화 1의 소비량 x_{i1}이 크고 재화 2의 소비량 x_{i2}이 작은 상태([그림 2-5]의 점 T)에서는 상대적으로 풍부한 재화 1을 한 단위 더 소비하기 위하여 재화 2를 약간만 줄여야 동일한 효용수준을 유지할 수가 있다. 즉, 한계대체율이 작으며 무차별곡선은 완만하다. 요약하면, 한계대

그림 2-5 | 소비자 i의 효용극대화

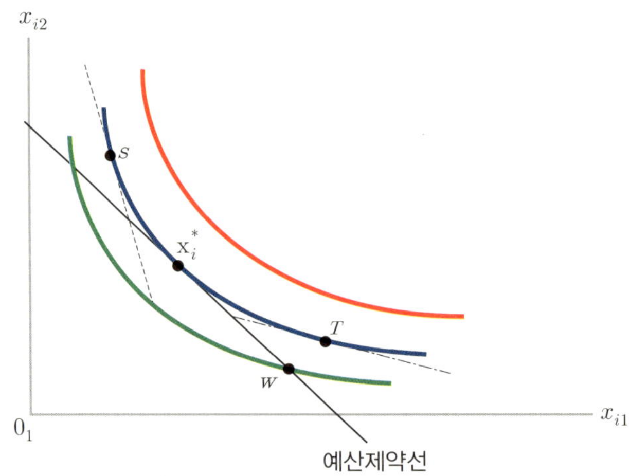

(엄밀하게 말하자면, 기울기의 절대치)는 시장상대가격 $\frac{P_1}{P_2}$ 이므로 결국 효용극대화는 다음의 접점 조건을 요구한다.

$$MRS^i(x_{i1}, x_{i2}) = \frac{P_1}{P_2} \tag{2.3}$$

식 (2.3)의 좌변은 소비자 i가 재화 1의 주관적 가치를 재화 2로 나타낸 값이고, 식 (2.3)의 우변은 소비자 i가 재화 1을 추가로 얻기 위해 희생해야 하는 재화 2의 객관적 기회비용이다. 효용극대화를 위해서는 이 둘이 같아져야 하며, 서로 다를 경우—주어진 예산제약하에서—상품묶음을 조정함으로써 효용을 더 높일 수 있다.

만약 가격벡터가 변하면(P_1이 변하거나 P_2가 변하거나 혹은 둘 다 변하면) 예산제약조건도 변화하고 그에 따라 효용극대화 상품묶음 x_i^*도 달라진다. 이는 x_i^*가 가격벡터 $\mathbf{P}=(P_1, P_2)$에 대응하는 소비자 i의 수요함수임을 의미한다. 결국 소비자 i의 개별수요함수는 $\mathrm{x}_i^*(P_1, P_2) \equiv (x_{i1}^*(P_1, P_2), x_{i2}^*(P_1, P_2))$로 나타난다.

체율이 체감한다는 사실과 무차별곡선이 원점에 대하여 볼록하다는 사실은 동전의 앞뒷면과 같다.

연습문제 >> 2-1 EXERCISES

소비자 A의 효용함수가 $u_A(x_{A1}, x_{A2})=x_{A1}x_{A2}$이며 부존벡터가 $\overline{\omega}_A=(1, 2)$이다. 재화 1 및 재화 2의 시장가격을 각각 P_1, P_2라 놓고 개별수요함수를 구하라.

연습문제 >> 2-2 EXERCISES

소비자 B의 효용함수가 $u_B(x_{B1}, x_{B2})=\beta\ln(x_{B1})+(1-\beta)\ln(x_{B2})$ (여기서, $0<\beta<1$), 부존벡터가 $\overline{\omega}_B=(1,0)$이다. 상품 1 및 2에 대한 개별수요함수를 구하라.

연습문제 >> 2-3 EXERCISES

소비자 C의 효용함수가 $u_C(x_{C1}, x_{C2})=\min\{x_{C1}, x_{C2}\}$이고 부존벡터가 $\overline{\omega}_C=(\overline{\omega}_{C1}, \overline{\omega}_{C2})$일 때 개별수요함수를 구하라.

2.3 순수교환경제

두 개의 재화(k=1, 2)와 두 명의 소비자(i=A, B)만이 존재하는 단순교환경제를 상정하자. 소비자 A와 소비자 B의 효용극대화로부터 개별수요함수를 도출하면 $\mathrm{x}_A^*(P_1, P_2)\equiv(x_{A1}^*(P_1, P_2), x_{A2}^*(P_1, P_2))$와 $\mathrm{x}_B^*(P_1, P_2)\equiv(x_{B1}^*(P_1, P_2), x_{B2}^*(P_1, P_2))$ 형태로 나타난다. 경제에는 두 명의 소비자만이 존재하므로 상품 1과 상품 2에 대한 시장수요함수는 각각 $X_1(P_1, P_2)=x_{A1}(P_1, P_2)+x_{B1}(P_1, P_2)$ 그리고 $X_2(P_1, P_2)=x_{A2}(P_1, P_2)+x_{B2}(P_1, P_2)$이다.

재화 1의 공급 측면에서 볼 때, 생산자는 존재하지 않는 대신 소비자 A와 소비자 B가 각자 $\overline{w}_{A1}$단위 및 $\overline{w}_{B1}$단위를 갖고 태어나므로 재화 1의 시장공급량은 그 둘을 합친 $(\overline{w}_{A1}+\overline{w}_{B1})$이다. 마찬가지 논리로 재화 2의 시장공급량은 $(\overline{w}_{A2}+\overline{w}_{B2})$이다.

일반균형이란 모든 시장에서 수요와 공급이 동시에 일치하는 상태로 정의되므로 아래의 시장청산(market-clearing)조건을 충족해야 한다.

$$\text{상품 1 시장: } X_1(P_1, P_2) \equiv x_{A1}(P_1, P_2) + x_{B1}(P_1, P_2) = \overline{\omega}_{A1} + \overline{\omega}_{B1} \quad \text{(2.4a)}$$

$$\text{상품 2 시장: } X_2(P_1, P_2) \equiv x_{A2}(P_1, P_2) + x_{B2}(P_1, P_2) = \overline{\omega}_{A2} + \overline{\omega}_{B2} \quad \text{(2.4b)}$$

식 (2.4a)와 (2.4b)로 구성된 연립방정식 체계는 방정식의 개수가 2개이고 미지수가 2개이므로 해 (P_1^*, P_2^*)를 갖는데 이를 일반균형가격벡터(general equilibrium price vector)라 부른다.[7] 일반균형가격벡터가 유일하다는 보장은 없고 동태적으로 안정적이라는 보장도 없다. 여하튼 일반균형가격체계는 존재하며, 그때 소비자 A의 소비묶음은 $(x_{A1}(P_1^*, P_2^*), x_{A2}(P_1^*, P_2^*))$이고 소비자 B의 소비묶음은 $(x_{21}(P_1^*, P_2^*), x_{22}(P_1^*, P_2^*))$이다. 무엇보다도 식 (2.3)으로부터 일반균형에서 다음 식이 성립함을 알 수 있다.

$$\text{MRS}^{\text{A}}(x_{A1}^*, x_{A2}^*) = \frac{P_1^*}{P_2^*} = \text{MRS}^{\text{B}}(x_{B1}^*, x_{B2}^*) \quad \text{(2.5)}$$

식 (2.5)는 일반균형에서 시장가격을 매개로 하여 ― 재화 2의 수량으로 측정한 재화 1에 대한 ― 소비자 A의 주관적 가치와 소비자 B의 주관적 가치가 정확히 일치함을 뜻한다.

2.3.1 에지워스 상자(Edgeworth box)

소비자와 상품이 각각 둘씩만 존재하는 단순교환경제에서의 일반균형을 에지워스 상자(Edgeworth box)를 이용하여 설명하자. [그림 2-6]에 나타난 에지워스 상자는 사각형인데 O_A를 원점으로 하여 수평축의 길이는 상품 1의 총부존량 $(\overline{w}_{A1}+\overline{w}_{B1})$이고 수직축의 길이는 상품 2의 총부존량 $(\overline{w}_{A2}+\overline{w}_{B2})$다. 부존점은 $\overline{\boldsymbol{w}}$로 표시한다. 그림에서 O_A는 소비자 A의 관점에서 본 원점이고, O_B는 소비자 B의 관점에서 본 원점이되 거꾸로 돌려서 나타낸 것이다. 따라서 소비자 A의 선호체계를 나타내는 무차별곡선은 O_A에 대해서 볼록하되 O_A로부터 멀어질수록 높

7 2.3.2에서 설명할 왈라스 법칙(Warlas' law)에 따르면, K개의 시장 가운데 $(K-1)$개 시장에서 수급이 일치한다면 나머지 한 시장에서의 수급은 자연히 청산된다. 따라서 두 상품밖에 없는 교환경제에서 시장 1이 청산되면 시장 2는 자동청산되며 반대논리도 성립한다. 결국 식 (2.4a)와 (2.4b)를 풀면 절대가격 P_1^*와 P_2^*가 구해지는 것이 아니라 그 둘 간의 상대가격 $\left(\frac{P_1}{P_2}\right)^*$이 구해진다. 이는 두 식 중 하나만 풀면 충분하다는 의미이다.

그림 2-6 에지워스 상자와 일반균형

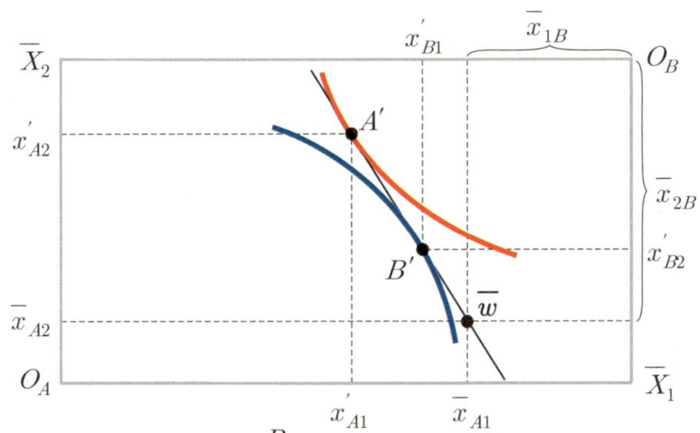

(a) $\frac{P_1}{P_2}$이 너무 높은 경우

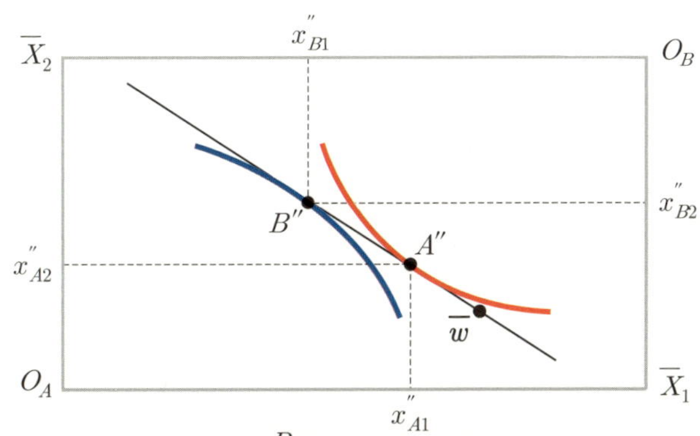

(b) $\frac{P_1}{P_2}$이 너무 낮은 경우

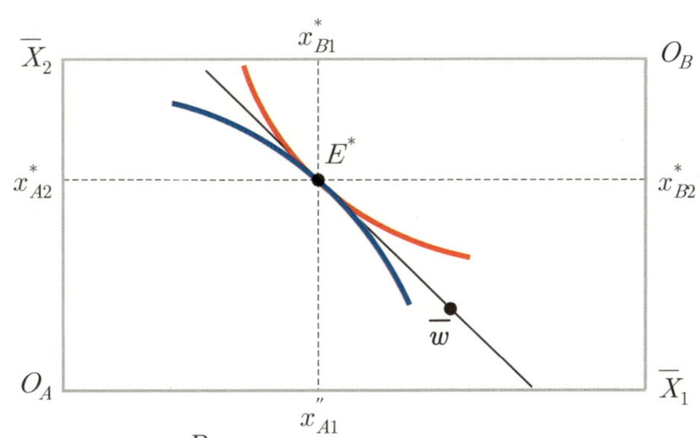

(c) $\frac{P_1}{P_2}$이 일반균형가격과 일치하는 경우

은 효용수준을 나타낸다. 반면 소비자 B의 무차별곡선은 O_B에 대해서 볼록하되 O_B로부터 멀어질수록(O_A에 가까워질수록) 소비자 B에게 높은 효용수준을 나타낸다.

상품 1이 상품 2에 비하여 매우 비싼 경우, 즉 상대가격 $\frac{P_1}{P_2}$가 매우 큰 경우를 살펴보자. [그림 2-6](a)를 참조하라. 소비자 A의 효용극대화 점 A'에서 그는 x'_{A1}단위의 상품 1 그리고 x'_{A2}단위의 상품 2를 수요한다. 소비자 B의 효용극대화 점 B'에서 그는 x'_{B1}단위의 상품 1 그리고 x'_{B2}단위의 상품 2를 수요한다. 상품 1에 대한 시장수요 $X' = x'_{A1} + x'_{B1}$은 상품 1의 시장공급량(수평축의 길이)보다 적으며, 상품 2에 대한 시장수요는 상품 2의 시장공급량(수직축의 길이에 해당)보다 많다. 즉, 상품 1의 초과공급 및 상품 2에 대한 초과수요가 존재한다. 따라서 상품 1의 가격은 하락하고 상품 2의 가격이 상승하여 상대가격 $\frac{P_1}{P_2}$은 하락하게 된다.

[그림 2-6](b)는 상품 1이 상품 2에 비하여 상대적으로 매우 저렴한 상황을 나타낸다. 이 경우 상품 1 시장에서는 초과수요가 존재하고 상품 2 시장에는 초과공급이 존재한다. 따라서 상품 1 가격은 상승하고 상품 2 가격은 하락하게 된다.

[그림 2-6](c)는 상대가격체계$\left(\frac{P_1}{P_2}\right)^*$하에서 두 상품시장이 동시 청산되는 일반균형을 나타낸다. 점 E^*는 일반균형가격체계에서 소비자들의 소비량을 나타내므로 일반균형자원배분에 해당한다. 점 E^*에서는 식 (2.5)가 성립한다.

2.3.2 왈라스 법칙(Warlas' law)

자원의 상대적 희소성을 측정하는 매개체는 상품 간의 상대가격이므로 일반균형자원배분은 절대가격이 아니라 상대가격체계에 의하여 결정된다. 이를 논증하는 데 있어서 핵심인 왈라스 법칙을 살펴보자. 선호체계가 단조성을 갖는다면 소비자는 자신의 소득을 남김없이 활용하여 효용극대화를 추구할 것이다. 따라서 단조적 선호체계를 갖는 소비자 i의 예산제약인 식 (2.2)를 좌변으로 모아 정리하면 아래와 같다.

$$\sum_{k=1}^{K} P_k z_{ik} = 0 \tag{2.6}$$

여기서, $z_{ik} \equiv x_{ik} - \bar{\omega}_{ik}$는 소비자 i의 상품 k에 대한 초과수요

식 (2.6)을 모든 소비자들에 대하여 총합하면 다음을 얻는다.

왈라스 법칙 모든 소비자의 선호가 완비성, 이행성, 연속성, 단조성을 만족한다면 다음 항등식이 성립한다.

$$P_1 Z_1 + P_2 Z_2 + \cdots + P_K Z_K \equiv 0 \tag{2.7}$$

여기서, $Z_k = \sum_{i=1}^{H} z_{ik}$는 상품 k에 대한 시장초과수요

왈라스 법칙에 따르면, K개의 시장 가운데 $(K-1)$개의 시장에서 수급이 일치하면 나머지 한 시장에서는 자동적으로 수급이 일치한다. 따라서 일반균형을 규정하는 방정식 K개 가운데 1개는 나머지 $(K-1)$ 방정식이 성립하면 자동적으로 성립하는 잉여 방정식이다. 미지수는 K개의 상품가격인데 실효 방정식은 $(K-1)$이므로 특정 상품을 기준(numeraire)으로 하는 상대가격만이 계산된다.

연습문제 ≫ 2-4 EXERCISES

단순교환경제에서 소비자 A와 소비자 B의 효용함수 및 부존벡터가 각각 다음과 같다.

$u_A(x_{A1}, x_{A2}) = x_{A1}x_{A2}$, $\overline{\omega}_A = (1, 2)$

$u_B(x_{B1}, x_{B2}) = \ln(x_{B1}) + 2\ln(x_{B2})$, $\overline{\omega}_B = (3, 1)$

경쟁균형가격 및 소비묶음을 구하라.

연습문제 ≫ 2-5 EXERCISES

단순교환경제에서 소비자 A와 소비자 B의 효용함수 및 부존벡터가 각각 다음과 같다.

$u_A(x_{A1}, x_{A2}) = \min\{x_{A1}, x_{A2}\}$, $\overline{\omega}_A = (1, 2)$

$u_B(x_{B1}, x_{B2}) = 2x_{B1} + x_{B2}$, $\overline{\omega}_B = (3, 1)$

경쟁균형가격 및 소비묶음을 구하라.

2.4 생산경제

경제 내에 K개의 상품이 존재할 때 생산기술은 벡터 $y=(y_1, y_2, \cdots, y_K)$로 나타낼 수 있다. 상품 k가 투입물(input)일 경우 수량 y_k는 음(−)수로 나타내고 산출물(output)일 경우 y_k는 양(+)수로 나타낸다. 예컨대, 노동 2단위, 방직기 1대, 실 5뭉치로 스웨터 1벌을 생산한다면 생산벡터 $y=(-2, -1, -5, 1)$로 나타낸다. 생산가능영역을 Y로 나타내자. [그림 2-7]은 단일 투입물, 단일 산출물의 생산가능영역을 예시하고 있다.

생산요소를 투입하여 가장 효율적으로 얻을 수 있는 최대 산출량을 투입물량의 함수로 나타낸 것을 생산함수(production function)라 한다. 예컨대, 생산벡터가 $y=(-1, 1)$, $y=(-4, 2)$, $y=(-9, 3)$ 등이라면 생산함수는 $y_2=\sqrt{-y_1}$이다. 생산벡터가 $y=(-1, 2, -4)$, $y=(-1, 3, -9)$, $y=(-8, 6, -9)$, $y=(-27, 12, -16)$ 등이라면 생산함수는 $y_2=(-y_1)^{\frac{1}{3}}(-y_3)^{\frac{1}{2}}$일 것이다. 생산함수는 생산가능영역 Y의 경계선을 함수로 나타낸 것이므로 [그림 2-7]에서는 굵은 곡선이다.

모든 시장이 완전경쟁적이라면 상품의 시장가격이 $\mathrm{P}=(P_1, P_2, \cdots, P_K)$이 외생적으로 주어진다. 개별 기업이 생산벡터 y를 선택함으로써 얻는 이윤은 $\pi=\mathrm{P}y\equiv\sum_{k=1}^{K}P_k y_k$이다. 예컨대, 노동임금이 단위당 7원이고 산출물의 시장가격이 30원일 경우 생산벡터 $y=(-5, 2)$로부터 얻는 기업이윤은 $\pi=25(=7\times(-5)+30\times 2)$이다.

그림 2-7 생산가능영역, 생산함수, 이윤극대화 공급벡터

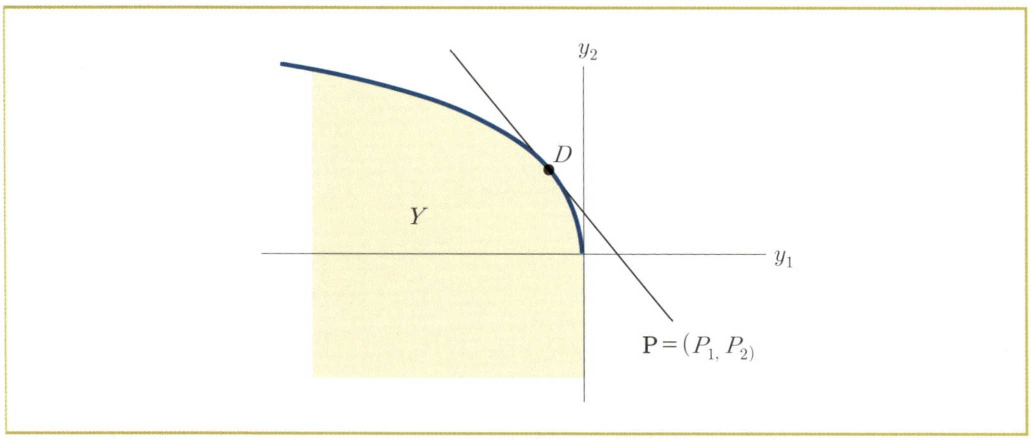

경쟁시장에서 조업하는 기업의 아래 이윤극대화문제를 풀면 개별공급함수 $y(\mathrm{P})$가 도출된다.

$$\underset{y \in Y}{\text{극대화}}\ \pi = \mathrm{P}y$$

시장가격벡터 P하에서 기업의 이윤극대화 생산벡터는 [그림 2-7]의 점 D이다. 시장가격벡터가 변하면 이윤극대화 공급벡터도 달라지므로 개별공급함수는 당연히 시장가격벡터 P의 함수이다.

연습문제 >> 2-6 EXERCISES

경제에는 두 재화만 존재하며 개별 기업의 생산함수는 $y_2 = \sqrt{-y_1}$ 이라 하자. 개별공급함수 및 극대화된 이윤을 시장가격의 함수로 도출하라.

산출물이 둘(y_1, y_2)이라고 가정하자. 생산가능곡선(production possibility curve) $F(y_1, y_2)=0$이란 경제 내의 주어진 자원을 최대한 활용하여 생산가능한 y_1과 y_2의 조합으로 정의된다. 경제 내에 제한된 자원으로 두 상품을 생산하므로 y_1과 y_2의 생산 간에는 상충관계가 있기 마련이고, 따라서 생산가능곡선은 우하향 형태를 갖는다. 한계전환율(marginal rate of transformation) $MRT=\dfrac{\partial F/\partial y_1}{\partial F/\partial y_2}$는 1단위의 y_1을 더 생산하기 위하여 포기해야 하는 y_2의 생산량으로 정의한다. 기하학적으로는 생산가능곡선상의 접선의 기울기(정확히는 기울기의 절대치)이다.

그림 2-8 | 생산가능곡선

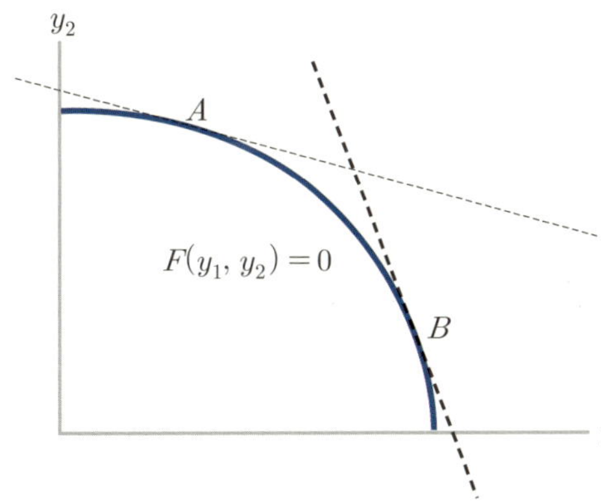

현재의 생산 상태에 따라 MRT는 달라지기 마련인데, 일반적으로 y_1이 클수록(y_2가 작을수록) MRT는 커진다. 가로축을 y_1, 세로축을 y_2라 할 때 이처럼 MRT 체증법칙이 성립하는 생산가능곡선 $F(y_1, y_2)=0$는 [그림 2-8]처럼 원점에 대하여 오목한 형태를 띠게 된다. y_1이 조금 생산되는 반면 y_2는 많이 생산되고 있는 점 A 상태에서 y_1을 1단위 더 생산하려면 y_2를 조금만 줄여 그곳으로부터 풀려나는 생산요소(노동, 자본, 토지 등)를 y_1 생산에 투입해도 충분하다. 한계생산성 체감의 법칙에 의하여 y_1이 적게 생산되는 상태에서는 생산요소를 조금만 추가 투입해도 y_1을 대폭 추가 생산할 수 있기 때문이다. 이는 점 A에서 접선의 기울기가 완만하다는 사실과 일맥상통한다. y_1이 많이 생산되는 반면 y_2가 조금 생산되고 있는 점 B 상태에서는 y_2를 대폭 희생시켜야만 y_1을 1단위 더 생산할 수 있다. 이는 점 B에서 접선의 기울기가 가파르다는 사실에 다름 아니다.

두 생산물 y_1과 y_2의 MRT는 생산기술의 관점에서 y_1의 기회비용을 y_2 수량으로 나타낸다. 다른 한편 상대가격 $\left(\frac{P_1}{P_2}\right)^*$는 경쟁시장에서 y_1 1단위와 교환되는 y_2의 수량이다. 경쟁균형에서는 이 둘이 일치해야 한다. 만약 $MRT>\left(\frac{P_1}{P_2}\right)^*$라면 기업들은 상품 1 생산을 줄이고 상품 2 생산을 늘림으로써 이윤을 높일 수 있다. 상품1 판매를 줄임으로써 감소하는 이윤보다 상품 2 판매를 늘림으로써 증가하는 이윤이 더 크기 때문이다. 반대로 $MRT<\left(\frac{P_1}{P_2}\right)^*$의 경우 상품 1 생산을 늘림으로써 이윤을 높일 수 있다. 결국 경쟁균형에서는 $MRT=\left(\frac{P_1}{P_2}\right)^*$가 성립하는 점에서 y_1과 y_2의 생산량이 결정된다.

상품이 2개 이상인 경우로 일반화하여 임의의 두 상품 k와 l에 대해서도 이상의 논리는 그대로 성립한다. 순수교환경제에서 설명하였듯이 경쟁균형에서 소비자들은 임의의 두 상품 k와 l간의 한계대체율 MRS가 시장 상대가격과 일치하도록 소비묶음을 선택하는 것이 효용극대화 전략이다. 종합하면 소비와 생산이 모두 존재하는 경쟁균형에서 다음이 성립해야 한다.

$$MRS^i_{kl}=\left(\frac{P_k}{P_l}\right)^*=MRT_{kl},\ \ \forall k,\ l=1,\ 2,\ \cdots,\ K,\ \ \forall i=1,\ 2,\ \cdots,\ n \qquad [2.8]$$

2.5 일반경쟁균형

여러 소비자들과 생산기업들과 다수의 상품들로 구성된 경제사회를 고려하자. 경제에는 K개의 상품이 존재하며 각 상품은 완전경쟁시장에서 거래된다. 상품 $k(=1, 2, \cdots, K)$가 거래되는 시장가격 P_k는 일물일가의 법칙에 따라 잘 정의되며, 시장가격체계는 벡터 $\mathbf{P}=(P_1, P_2, \cdots, P_K)$로 나타낸다. 경제는 H명의 소비자들과 J명의 생산자들로 구성되어 있다. 개인(소비자 혹은 생산자)은 주어진 환경에서 자신의 목적함수(효용 혹은 이윤)를 극대화해주는 상품묶음을 선택하려고 한다. 개인의 합리적 선택들을 모두 합하면 '총'(總, aggregate) 혹은 '시장' 개념이 도출된다.

먼저 소비 측면을 살펴보자. 소비자 $i(=1, 2, \cdots, H)$의 목표는 가격벡터 $\mathbf{P}$하에서 자신의 소득 M_i를 활용하여 자신의 효용을 극대화해주는 상품묶음 $x_i=(x_{i1}, x_{i2}, \cdots, x_{iK})$를 선택하는 데 있다. 이 상품묶음을 소비자 i의 개별수요함수(individual demand function)라고 부르는데,[8] 시장가격체계와 자신의 소득에 의존하므로 벡터 $x_i=\mathrm{x}_i(\mathrm{P}, M_i)$로 나타낼 수 있다.[9] 개인 i의 소득 M_i는 자신의 부존자원벡터 $\overline{\omega}_i=(\overline{\omega}_{i1}, \overline{\omega}_{i2}, \cdots, \overline{\omega}_{iK})$를 시장가치로 환산한 금액과 생산자로부터 지급받은 근로소득이나 배당소득 등으로 구성된다. 개인들의 소득$(M_1, M_2, \cdots, M_H)$을 외생변수로 가정하면,[10] 모든 소비자들의 개별수요함수를 총합한 시장수요함수벡터 $X(\mathbf{P})=\sum_{i=1}^{H} x_i(\mathbf{P})$가 도출된다.

다음으로 생산 측면을 살펴보자. 개별 기업 $j(=1, 2, \cdots, J)$의 목표는 주어진 생산기술 및 시장가격벡터 $\mathbf{P}$하에서 이윤을 극대화해주는 생산요소의 투입과 최종생산물의 수량을 선택하는 데 있다. 그렇게 도출된 상품묶음 $\mathrm{y}_j(\mathbf{P})$이 개별공급함수이며 이들을 총합하면 시장공급함수 $\mathrm{Y}(\mathbf{P})=\sum_{j=1}^{J}\mathbf{y}^j(\mathbf{P})$가 가격체계의 함수로 구해진다. 상품 k시장에서 초과수요는 $\mathrm{Z}_k(\mathbf{P})\equiv \mathrm{X}_k(\mathbf{P})-\mathrm{Y}_k(\mathbf{P})$이며 경제 전체의 초과수요 벡터는 $\mathrm{Z}(\mathbf{P})=(Z_1(\mathbf{P}), Z_2(\mathbf{P}), \cdots, Z_K(\mathbf{P}))$이다.

---

8 수학적으로 엄밀하게 말하자면, 함수보다 넓은 개념인 상응(correspondence)이라고 써야 맞다. 함수는 '점에서 점으로의 대응'(point-to-point mapping)이므로 '점에서 집합으로의 대응'(point-to-set mapping)인 상응의 특별한 종류이다. 그러나 본서의 수준에 맞추어 함수로 통일하여 쓰고자 한다.

9 $x_i(\mathrm{P}, M_i)$는 $(x_{i1}(P_1, P_2, \cdots, P_K; M_i), x_{i2}(P_1, P_2, \cdots, P_K; M_i), \cdots, x_{iK}(P_1, P_2, \cdots, P_K; M_i))$를 벡터형식으로 나타낸 것이다.

10 엄밀하게 말해서, 생산경제에서 개인들의 근로소득이나 배당소득 등은 기업들의 이윤극대화 활동 및 생산요소(노동과 자본) 시장에서 결정되므로 외생변수가 아니라 내생변수이다. 하지만 순수교환경제에서는 개인소득이 외생적으로 주어진다.

일반경쟁균형(general competitive equilibrium)이란 가격 P^*와 자원배분 $(X^*(P^*),\ Y^*(P^*))$으로 구성되며 다음과 같이 정의된다.

(i) [소비자의 효용극대화] 소비자는 각자 예산제약하에서 자신의 효용을 극대화해주는 상품묶음을 결정한다.

(ii) [생산자의 이윤극대화] 생산자는 각자의 이윤이 극대화되도록 생산요소를 고용하여 최종 생산물의 공급량을 결정한다.

(iii) [시장청산(market-clearing)] 상품시장에서 수요와 공급이 일치하여 K개의 모든 시장에서 청산조건이 충족된다. 즉, $X(P^*)=Y(P^*)$ 혹은 $Z(P^*)=\mathbf{0}$.[11]

일련의 수학적 조건이 충족되면 일반균형은 반드시 존재한다.

일반균형의 존재[Arrow and Hahn(1971), Debreu(1972)] 아래 조건이 모두 충족되면 일반균형은 반드시 존재한다.

가정(i) 상품공간이 옹골(compact)하고 볼록(convex) 집합이다.[12]

가정(ii) 소비자의 선호는 완비성, 이행성, 연속성, 볼록성을 만족한다.

가정(iii) 모든 시장이 완전경쟁적이다.

가정(iv) 모든 상품의 가격이 완전히 신축적이다.

위 정리는 일정 조건이 충족되면 일반균형이 존재한다는 사실을 말할 뿐 일반균형이 몇 개인지에 대해서는 침묵한다.[13] 위 정리가 의미하는 바는 시장가격벡터와 생산 및 소비의 조합이 일반균형 상태에 있다면 거기서 다른 상태로 무단히 벗어나지 않는다는 것이다. 만약—이유는 알

11 여기서 $\mathbf{0}=(0,\ 0,\ \cdots,\ 0)$임. 시장청산조건을 친절하게 풀어쓰면 다음과 같다.

$$Z_1\ (P_1,\ P_2,\ \cdots,\ P_K)=0$$
$$Z_2\ (P_1,\ P_2,\ \cdots,\ P_K)=0$$
$$\vdots$$
$$Z_K\ (P_1,\ P_2,\cdots,\ P_K)=0$$

12 옹골(compact) 집합이란 쉽게 말해서 위아래로 한계(bounded from above and below)가 있으며 닫힌(closed) 집합을 의미한다.

13 일반균형의 개수가 홀수라는 사실은 증명되어 있으나 유일성(uniqueness)을 보장하기 위해서는 개인의 선호체계에 대한 매우 강한 조건들을 추가로 부과해야 한다.

수 없지만 — 시장가격이 P*였다가 P′(≠P*)로 다소 벗어났거나 일부 상품의 수급 불균형이 발생했다고 하자. 그렇다면 시장기능이 발동하여 불균형 상태가 자연스럽게 해소되어 균형으로 수렴하게 될 것인가? 그러한 안정성이나 복원력에 관해서 위 정리로는 알 수 없고, 합리적 기대(rational expectations) 가설이나 — 거미집(cobweb)으로 대표되는 — 적응적 기대(adaptive expectations) 가설 등에 기초하여 동태적 모색과정을 설정하고 분석해야 한다.

연습문제 >> 2-7 EXERCISES

재화 2개($k=1,\ 2$), 동질적 소비자 H명($h=1,\ 2,\ \cdots,\ H$), 동질적 기업 J개($j=1,\ 2,\ \cdots,\ J$)가 존재하는 완전경쟁시장 경제를 고려하자. 소비자 h의 효용함수는 $u^h(x_{h1,}\ x_{h2})=x_{h1}x_{h2}$이며, 부존점은 $\overline{\omega}^h=(1,0)$이다(따라서 재화 2는 생산에 의해서만 공급된다). 기업 j의 생산함수가 $y_2^j=\sqrt{-y_1^j}$ 이라 하자. 개별 기업의 지분은 H명의 소비자가 똑같이 나누어 보유하고 있어 기업이윤은 H명에게 균등하게 배분된다.

(1) 재화 1과 2의 시장공급함수를 구하라.

(2) 개별 소비자의 개별수요함수를 구하라.

(3) 시장수요함수를 구하라.

(4) 일반균형 가격벡터 및 자원배분을 구하라.

03

CHAPTER

경쟁균형의 효율성

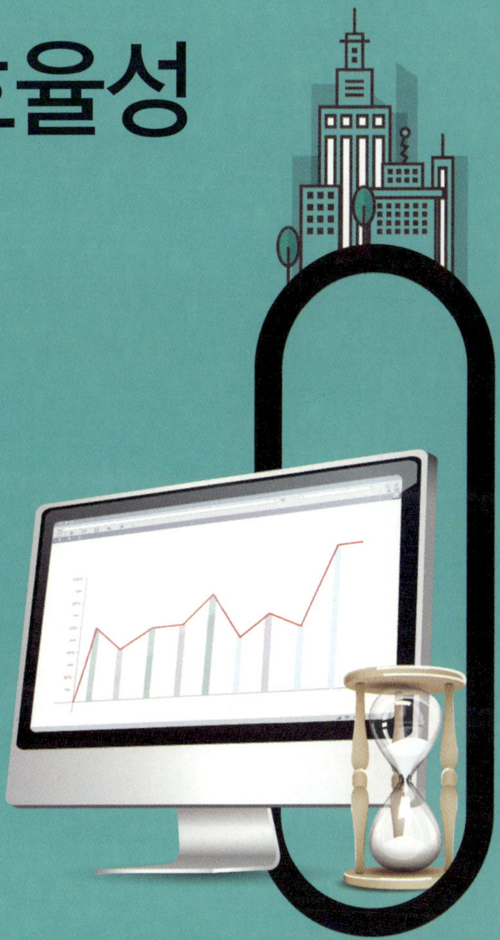

3.1 단일자원의 배분 효율성
3.2 교환경제에서의 효율
3.3 후생경제학의 기본정리
3.4 시장의 실패

3.1 단일자원의 배분 효율성

제2장 2.5절에서 다룬 일반경쟁균형은 소비자나 기업들의 효용이나 이윤을 극대화해주는 행동이 총합된 시장에서 수급이 일치하는 상태로 정의되었다. 경쟁균형에는 가치판단이나 규범이 개입할 여지가 없다. 예컨대, 특정 소비자가 효용극대화를 위하여 빵 7개와 옷 2벌을 구입하는 것이 옳다든지 틀렸다든지 말할 수는 없다. 또한 시장수급의 균형을 이루도록 해주는 빵 가격이 2천원이며 옷 가격이 4만원이라는 사실에 대해서도 선악을 말할 수는 없다. 다른 한편 사회적 자원배분을 다룰 때에는 그것이 얼마나 바람직한지를 판단할 수 있는 규범적 기준이 필요하다. 경제학에서는 그러한 규범적 기준으로 효율성을 가장 우선시한다. 본절에서는 효율성과 관련된 기준들인 파레토최적과 코어를 정의하고 일반균형과의 관계를 살펴본다.

선택변수가 하나밖에 없는($K=1$) 단순 모형을 가정하자. 선택변수 x는 맥락에 따라 소비, 돈, 권력 등 다양하게 해석할 수 있으나 설명의 편의상 소비로 통일해서 부르기로 하자. 사회는 로빈슨 크루소(개인 A)와 프라이데이(개인 B) 두 사람만으로 구성되어 있다. 개인 A가 x_A단위를 소비함으로써 얻는 효용수준을 $u_A(x_A)$라 하고 개인 B의 효용함수를 $u_B(x_B)$라 하자. 이제 개인 A와 개인 B가 100단위의 소비재를 배분하는 문제를 고려하자. 또 초기 부존량 100단위 가운데 애당초 개인 A가 10단위에 대한 권리를 갖고 개인 B가 30단위에 대한 권리를 갖고 있었다고 하자.

3.1.1 파레토최적

파레토최적(Pareto optimum)이란 어느 한 개인을 더 행복하게 해주기 위해서는 다른 누군가가 반드시 불행해져야만 하는 자원배분 상태로 정의된다. 두 사람 A와 B가 100단위를 나누는 문제에서 각자 50단위씩 나누어 갖는 것은 파레토최적이다. 둘 중 한 사람이 더 행복해지기 위해서는 반드시 상대방으로부터 돈을 빼앗아야만 하므로 상대방은 불행해질 수밖에 없기 때문이다. 동일한 논리로 두 사람이 어떠한 비율로 나누어 갖든지 100단위를 다 나누어 갖기만 한다면 이는 파레토최적 자원배분이다. 반면 개인 A가 40원을 갖고 개인 B가 30원을 갖는 자원배분은 파레토최적이 아니다. 부존량 100단위 가운데 아직 나누어 갖지 않은 30단위의 일부 또는 전부를 개인 A에게 배분한다면 개인 B를 불행하게 만들지 않고도 개인 A는 더 행복해지기 때문이다.

파레토최적 자원배분을 그래프로 나타낸 것을 계약곡선(契約曲線, contract curve) 또는 효율곡선(efficiency locus)이라고 부른다. 계약곡선상에서 한 개인이 자신의 후생수준을 높이려면 반드시 상대방을 희생시켜야 하므로 결국 개인의 후생 향상은 그의 계약능력에 달려있다는 의미이다. 부존량 100단위를 개인 A와 개인 B가 나누는 자원배분 문제에서 계약곡선은 식 $x_A+x_B=100$임을 쉽게 알 수 있다.

교환에 있어서 파레토최적이란 경제 내의 다른 구성원의 후생을 감소시키지 않고서는 일부 구성원의 후생을 증대시킬 수 없을 정도로 자원이 효율적으로 배분되고 있는 상태를 일컫는다. 교환의 최적이 달성되도록 부존량 100단위를 개인 A와 개인 B에게 배분한다고 할 때, 그들이 얻을 수 있는 최대한의 효용수준의 조합을 효용공간에 나타낸 것을 효용가능곡선(效用可能曲線, utility possibility curve)이라고 한다. 또한 부존량의 일부를 낭비하는 비효율적 자원배분을 포함하여 부존량 100단위로부터 두 사람이 얻을 수 있는 가능한 모든 효용조합을 표시한 영역을 효용가능집합(效用可能集合, utility possibility set)이라 한다. 효용가능곡선은 당연히 효용가능집합의 일부분이다.

구체화를 위해 개인 A의 효용함수를 $u_A(x_A)=\sqrt{x_A}$, 개인 B의 효용함수를 $u_B(x_B)=\frac{x_B}{5}$ 라고 가정하자. 개인 A가 100단위를 갖고 개인 B가 하나도 갖지 못하는 자원배분($x_A=100$, $x_B=0$)에서 개인 A는 10($=\sqrt{100}$)단위의 효용을 얻고 개인 B는 $0\left(=\frac{0}{5}\right)$의 효용을 얻는다. 자원배분 $x_A=25$, $x_B=75$에서는 $u_A=5$, $u_B=15$단위이고, 자원배분 $x_A=0$, $x_B=100$에서는 $u_A=0$, $u_B=20$단위이다. 이러한 조합들의 점들을 효용공간 (u_A, u_B)에 나타내면 [그림 3-1]과 같다. 수학적으로 파레토최적 자원배분이 만족해야 하는 식 $x_B=(100-x_A)$를 두 사람의 효용함수에 대입한 다음 x_B를 소거하고 정리하면 아래 식 (3.1)을 얻는다. 이 식을 효용공간 (u_A, u_B)에 나타낸 것이 바로 [그림 3-1]에 묘사된 효용가능곡선이며 가로축, 세로축, 효용가능곡선에 둘러싸인 음영 영역이 효용가능집합이 된다.

$$u_B=20-\frac{1}{5}(u_A)^2 \qquad (3.1)$$

파레토최적은 효율성만을 고려한 자원배분의 기준이다. [그림 3-1]에서 점 F는 효용가능곡선에 위치하므로 파레토최적 자원배분이다. 반면 점 G는 효용가능곡선을 벗어나 효용가능집합의 내부에 위치하므로 파레토최적이 달성되지 못하는 자원배분이다. 따라서 효율의 관점에서만

그림 3-1 | 효용가능집합과 효용가능곡선

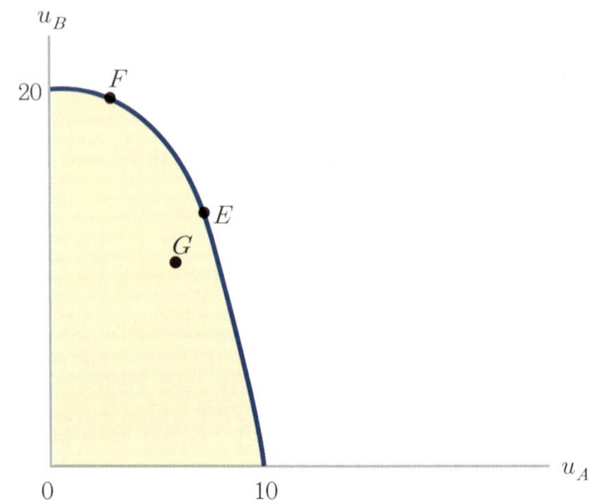

본다면 점 F가 점 G보다 낫다. 그러나 점 F 상태에서 개인 2의 효용수준은 매우 높은 반면 개인 1의 효용수준은 매우 낮으나, 점 G 상태에서는 두 사람 모두 어느 정도의 효용수준을 누린다. 따라서 효율과 함께 평등(equity)도 바람직한 자원배분의 기준으로 추가한다면 점 F가 G보다 반드시 낫다고 할 수는 없다. 이 문제는 사회후생함수라는 주제로 뒤에서 자세히 다루게 된다.

3.1.2 코어

코어(core)란 파레토최적 자원배분들 가운데 각 개인이 처음부터 가지고 있었던 최초 부존량 이상을 얻어야 한다는 조건을 만족하는 자원배분을 일컫는다. 만일 어떠한 자원배분 상태에서 한 개인이 얻을 효용수준이 자신의 부존점을 소비함으로써 얻을 효용보다 낮다면 그는 그러한 교환에 자발적으로 응하지 않을 것이다. 이를 개인합리성(individual rationality) 또는 참여조건(participation condition)이라 부른다. 즉, 코어는 모든 소비자들에게 개인합리성조건이 충족되는 파레토최적 자원배분점들을 말한다.

두 사람 A와 B가 100단위의 소비재를 나누는 자원배분 문제를 생각하자. 개인 A와 개인 B는 각각 10단위와 30단위의 소유권이 있고 그들의 효용함수가 각각 $u_A(x_A)=\sqrt{x_A}$ 와 $u_B(x_B)=\dfrac{x_B}{5}$

인 앞의 예로 돌아가자. 이 문제에서는 두 사람이 나머지 60단위(=100−10−30)를 어떻게 나누느냐가 관건이다. 예컨대, 자원배분 (80, 20)은 파레토최적이지만 개인 B가 결코 응하지 않을 교환조건이므로 코어에 속하지는 않는다. 결론적으로 코어는 개인 A가 x단위($10 \leq x \leq 70$)를 갖고 개인 B는 나머지 $(100-x)$단위를 갖는 자원배분만으로 구성된다. 자원배분 (10, 90)에서 개인 A는 3.2($\approx\sqrt{10}$)단위의 효용을 얻고 개인 B는 18단위의 효용을 얻게 되는데 [그림 3−2]에서 점 x에 해당한다. 반면 자원배분 (70, 30)에서 개인 A는 8.4($\approx\sqrt{70}$)단위의 효용을 얻고 개인 B는 6단위의 효용을 얻게 되는데 이는 [그림 3−2]에서 점 y이다.

[그림 3−2]에서 색칠 부분은 개인 A와 개인 B 모두 초기부존점과 비교하여 적어도 어느 한 개인의 효용수준을 낮추지 않고 다른 개인의 효용수준이 향상될 수 있는 영역을 나타내고 있다. 그 가운데서 파레토 개선(改善)[1]이 더 이상 불가능한 효용가능곡선과 겹치는 부분이 바로 코어인데 그림에서 굵은 선으로 표시되어 있다.

일반적으로 다수의 구성원들로 구성된 사회에서 코어는 다음과 같이 정의된다. 자원배분 x가 코어에 속해있다는 것은 일부 구성원들이 연합하여 기존 x 대신 새로운 대안 y로 이행할 유인이 없음을 의미한다. 즉, 주어진 자원배분 x하에서 일부 구성원들이 결탁한 '승리연합'(winning coalition)이 존재하지 않아야 한다.

그림 3-2 | 코어

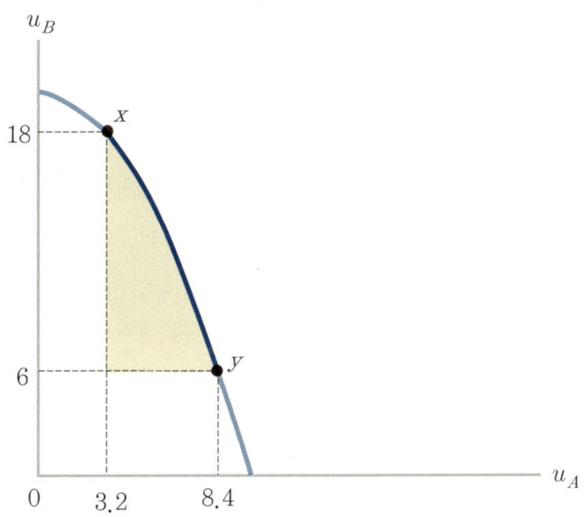

1 파레토 개선(Pareto improvement)이란 다른 사람의 효용을 낮추지 않으면서 특정 개인의 효용을 증대시키는 자원의 재배분을 말한다.

예를 들어보자. 삼형제로 구성된 공동체에서 10만원을 장남, 차남, 삼남이 나누되 초기부존점은 (1, 1, 1)이라 가정하자. 다수결로 재산분할을 결정한다고 할 때 자원배분 x=(5, 3, 2)는 코어의 원소가 아니다. 차남과 삼남이 결탁하여 y=(3, 4, 3)으로 이행할 유인이 존재하기 때문이다.[2] y=(3, 4, 3)도 코어에 속하지는 않는다. 예컨대, 장남과 차남이 힘을 합쳐 z=(4, 5, 1)로 이행할 승리연합을 결성할 수 있기 때문이다. 이 같은 순환(cycling) 과정은 멈추지 않고 계속될 수 있으며, 다음 명제로 정리된다.

명제

세 명 이상의 구성원으로 이루어진 사회에서 고정된 자원을 다수결 투표에 의해 분배하는 경우, 코어에 속하는 자원배분은 존재하지 않는다. 즉, 코어는 공집합(ϕ)이다.

자원배분을 결정하는 규칙이 다수결 투표가 아니라 만장일치 제도라면 일부 구성원들 간의 어떠한 결탁이나 연합도 자원배분 x를 깨뜨릴 수 없으므로 x는 코어에 속한다. 예컨대, 현재 배분을 x=(5, 3, 2)라 할 때 대안 y=(3, 4, 3)은 장남이 반대할 것이므로 차남과 삼남의 승리연합은 성립되지 않는다. 동일한 논리로 다른 어떠한 대안도 삼형제 중에 누군가는 반대할 것이므로 기존 자원배분 x를 깨뜨릴 수 없다.

일반적으로 만장일치제, 절대다수결, 다수결, 최다득표제로 갈수록 구성원들 간의 거래·협상비용은 낮아진다. 반면 소수자 이익이 침해될 가능성이 높아지므로 그로 인한 전략적 행태가 나타나는 경향도 짙어진다. 즉, 사회적 조정비용과 구성원들의 전략적 행태 간에는 상충관계가 존재한다. 민주사회의 자원배분을 결정하는 규칙이 다수결일 경우에 비해 만장일치일 경우 기존 질서의 유지나 기득권의 보호가 쉬운 반면 경직적 사회체제를 갖기 십상이다. 유엔(UN)안전보장이사회나 소규모 학과의 교수채용인사위원회처럼 구성원의 수가 작은 사회에서는 만장일치제를 채택하는 경향이 있고 지역적 혹은 국가적 수준의 선거처럼 구성원의 수가 많은 곳에서는 최다득표제를 채택하는 경향이 있다.

---

2 자원배분 x=(5, 3, 2)를 무너뜨릴 승리연합은 (3, 4, 3)뿐 아니라 (6, 3, 1), (7, 1, 2), (2, 4, 4) 등 수없이 많다. 그러나 자원배분 x 내에서 최소한 한 개의 승리연합만 존재해도 x는 코어에 속하지 않으므로 이것저것 다 따질 필요가 없다.

3.2 교환경제에서의 효율

3.1절에서처럼 선택변수(소비, 돈, 권력 등)가 하나만 있을 경우 경제인들 간의 교환을 다룰 수 없다는 한계가 있다. 여기에서는 제2장 2.3절에서 상정했던 순수교환경제에서 자원배분의 효율 기준을 설명해보자.

3.2.1 파레토최적

H명의 경제인들이 존재하는 경제에서 개인 $i(=1, 2, \cdots, H)$의 선호를 $\succsim_i$라 놓고 강선호를 $\succ_i$라 표기하자. 특정 자원배분 x가 효율적인지는 다음과 같이 정의된다. 모든 개인 i에 대하여 y $\succsim_i$ x이며 최소 1명 이상의 i에 대하여 y $\succ_i$ x인 대안 y가 존재하지 않으면 x를 파레토최적(Pareto optimal) 혹은 파레토효율(Pareto efficient)이라 부른다. 다시 말해서 파레토최적 자원배분 x 상태에서 한 개인을 더 행복하게 만들기 위해서는 다른 누군가가 반드시 불행해질 수밖에 없다.

두 명의 소비자와 두 개의 상품이 존재하는 교환경제를 상정하자. 소비자 $i(=A, B)$가 소비하는 상품 $k(=1, 2)$ 양을 x_{ik}라 표기한다. 소비자 i의 효용함수는 $u_i(x_{i1}, x_{i2})$이며, 초기부존량으

그림 3-3 에지워스 상자와 계약곡선

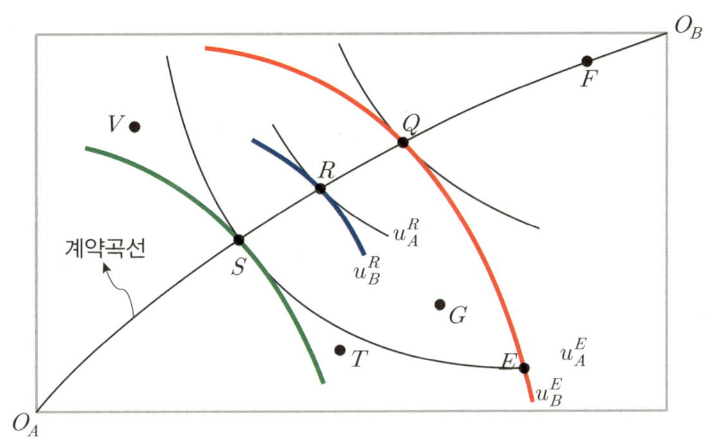

로 $\overline{\omega}_i \equiv (\overline{\omega}_{i1}, \overline{\omega}_{i2})$의 상품묶음을 갖고 태어났다고 하자. [그림 3-3]의 에지워스 상자에서 점 O_A와 점 O_B는 각각 소비자 A와 B의 원점이다.

[그림 3-3]의 점 E에서처럼 소비자 A의 MRS_{12}^A가 소비자 B의 MRS_{12}^B보다 작다면 소비자 A가 주관적으로 평가하는 상품 1의 가치가 소비자 B의 그것보다 작음을 의미한다. 이 경우 소비자 A는 소비자 B에게 상품 1을 제공하고 그 대가로 소비자 B는 소비자 A에게 상품 2를 제공함으로써 두 사람의 효용수준은 모두 높아질 수 있다. 그러므로 E는 파레토최적 자원배분이 아니다.

이제 자원배분점이 곡선 O_ASRQO_B상에 있다고 하자. 이 경우 두 소비자의 한계대체율(상품 2의 수량으로 나타낸 상품 1에 대한 주관적 가치)이 동일하므로 어떠한 교환도 둘 중 어느 한 사람을 희생시키지 않고는 다른 사람의 효용을 증대시킬 수가 없다. 예컨대 자원배분을 점 S로부터 오른쪽 위로 옮긴다면 소비자 A는 더 좋아지겠지만 소비자 B는 불행해진다. 반대로 자원배분을 점 S로부터 왼쪽 아래로 옮긴다면 소비자 A가 불행해진다. 자원배분을 점 S로부터 점 T나 V로 옮긴다면 두 사람 모두의 효용이 감소한다. 자원배분이 점 S 상태에 있는 경우 한 사람을 행복하게 만들어주기 위해서 상대방은 반드시 불행해져야 하므로 점 S는 파레토최적이다. 동일한 논리로 곡선 O_ASRQO_B상의 점은 전부 소비 측면에서의 적정조건 $MRS_{12}^A = MRS_{12}^B$를 충족하는 파레토최적 자원배분이다. 곡선 O_ASRQO_B를 계약곡선 또는 효율곡선이라 부른다.

요약하면, 순수교환경제에서 파레토최적 자원배분은 다음 조건이 성립하는 자원배분으로 정의된다.

$$MRS_{12}^A = MRS_{12}^B \tag{3.2}$$

파레토최적 상태에서 소비자들이 얻는 최대 효용수준의 조합을 효용공간 (u_A, u_B)에 나타낸 곡선을 효용가능곡선(效用可能曲線, utility possibility curve)이라고 한다.

[그림 3-4]의 곡선 ab는 [그림 3-3]에 그려진 에지워스 상자의 계약곡선과 일대일 대응하는 효용가능곡선이다. 예컨대 [그림 3-3]에서 자원배분점이 R이면 소비자 A는 u_A^R의 효용수준을 누리고 소비자 B는 u_B^R의 효용수준을 누리게 되는데, 이는 [그림 3-4]에서 점 $\hat{R}$에 대응한다. 마찬가지 논리로, 에지워드 상자에서 점 S와 점 Q에 대응하는 효용가능곡선의 점은 각각 $\hat{S}$ 및 $\hat{Q}$이다. 세 점 $\hat{S}$, $\hat{Q}$, $\hat{R}$은 모두 효용가능곡선상에 위치하는데, 이는 이 자원배분들이 파레토최적이므로 두 소비자의 후생을 모두 증가시킬 방법이 없다는 사실과 일맥상통한다. 반면 점 E

그림 3-4 효용가능곡선

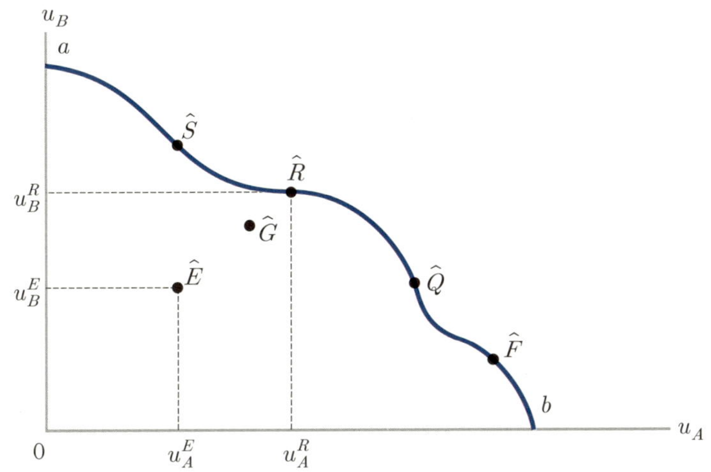

에서 두 소비자의 효용수준은 u_A^E 및 u_B^E이며, 적절한 교환으로 두 소비자의 효용을 모두 증가시킬 방법(예컨대, 점 R)이 존재한다. 따라서 점 E에 대응하는 효용수준의 조합 $\hat{E}$는 효용가능곡선과 원점 사이의 내부에 위치하게 된다.

계약곡선상에 있는 모든 점에서는 두 사람의 무차별곡선이 접하므로 양자의 한계대체율이 똑같다. 그러므로 두 소비자의 한계대체율이 일치하는 파레토최적점들의 집합인 계약곡선을 효용공간으로 옮겨놓은 것이 효용가능곡선이다.

3.2.2 코어

코어(core)란 3.1.2에서 설명한 바와 같이, 모든 소비자들이 교환에 자발적으로 참여할 유인이 있도록 해주는 파레토최적 자원배분으로 정의된다. [그림 3-5]의 에지워스 상자에서 코어를 찾아보자. 먼저 음영부분은 두 소비자 A와 B 둘 다 부존점 $\overline{\omega}$보다 선호하는 자원배분들을 나타낸다. 개인합리성을 만족하면서 동시에 파레토최적인 자원배분들은 계약곡선의 부분집합인 SQ이다. 예컨대 소비점이 점 $\overline{\omega}$로부터 점 G로 이동하면 두 소비자의 효용수준은 높아진다. 그러나 점 G는 계약곡선 O_ASRQO_B 밖에 위치하므로 점 G에서 두 사람의 무차별곡선은 서로 접하지 않는다. 이는 점 G에서도 점 $\overline{\omega}$에서와 마찬가지로 자발적 교환에 의한 효용수준의 향상이

그림 3-5 코어

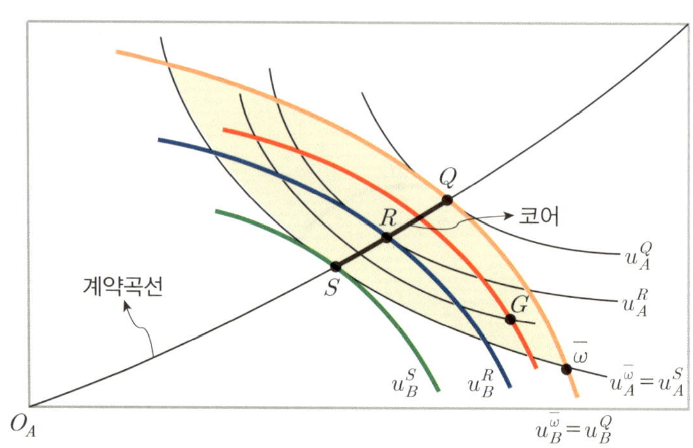

여전히 가능함을 뜻한다.

두 소비자가 교환을 통해 자원배분점이 곡선 SQ상에 도달하게 되면 추가적 교환에 의해 효용수준이 향상될 수 있는 여지는 더 이상 존재하지 않는다. 이제는 어느 한 소비자를 희생시키지 않고서는 다른 소비자의 효용수준이 향상될 수 없기 때문이다. 예컨대, [그림 3-5]에서 자원배분이 부존점 $\bar{\omega}$에서 점 R로 옮겨지는 경우 소비자 A의 효용은 $u_A^{\bar{\omega}}$에서 u_A^R로 커지고 소비자 B의 효용은 $u_B^{\bar{\omega}}$에서 u_B^R로 커진다. 뿐만 아니라 점 R에서는 추가적 교환을 통해 한 소비자의 효용수준을 높이려면 나머지 소비자의 효용수준이 낮춰지지 않고는 불가능하다.

결론적으로 소비자 A와 B가 교환을 통해 초기 부존점과 비교할 때 어느 한 소비자를 희생시키지 않더라도 다른 소비자의 효용수준이 향상될 수 있는 교환범위는 음영 영역이며, 그 중에서 더 이상의 파레토 개선(改善)이 불가능한 영역이 바로 코어이다.

정의 | 교환경제에서의 코어

① [파레토최적] 소비자 A의 한계대체율=소비자 B의 한계대체율

② [개인합리성] 소비자 A의 효용수준$\geq u_A^{\bar{\omega}}$이며 동시에 소비자 B의 효용수준$\geq u_B^{\bar{\omega}}$

연습문제 >> 3-1 EXERCISES

단순교환경제에서 소비자 A와 B의 효용함수가 각각 다음과 같다.

$u_A(x_{A1}, x_{A2}) = x_{A1}x_{A2}$, $\overline{\omega}_A = (1, 2)$

$u_B(x_{B1}, x_{B2}) = \ln(x_{B1}) + 2\ln(x_{B2})$, $\overline{\omega}_B = (3, 1)$

(1) 파레토최적 자원배분을 구하라.

(2) 코어를 구하라.

연습문제 >> 3-2 EXERCISES

단순교환경제에서 소비자 A와 소비자 B의 효용함수 및 부존벡터가 각각 다음과 같다.

$u_A(x_{A1}, x_{A2}) = \min\{x_{A1}, x_{A2}\}$, $\overline{\omega}_A = (1, 2)$

$u_B(x_{B1}, x_{B2}) = 2x_{B1} + x_{B2}$, $\overline{\omega}_B = (3, 1)$

(1) 파레토최적 자원배분을 구하라.

(2) 코어를 구하라.

3.3 후생경제학의 기본정리

3.3.1 후생경제학의 제1기본정리

개인들의 합리적 선택으로부터 도출된 일반균형, 그리고 효율성을 근거로 정의된 규범적 기준 간에 어떠한 관계가 있는가. 먼저 순수교환경제 틀에서 설명하자. 두 명의 소비자와 두 개의 상품이 존재하는 순수교환경제에서 일반균형가격체계는 제2장 2.3절의 식 (2.5)를 충족함을 살펴보았다. 이를 여기에 다시 써보면,

$$MRS_{12}^A = \left(\frac{P_1}{P_2}\right)^* = MRS_{12}^B \tag{3.3}$$

이는 일반균형자원배분에서 한계대체율(상품 2의 양으로 표시한 상품 1에 대한 주관적 가치평가)이 모든 소비자에게 동일함을 의미한다. 만일 소비자 A의 한계대체율이 소비자 B의 한계대체율보

그림 3-6 | 순수교환경제에서 일반균형, 파레토최적, 코어의 관계

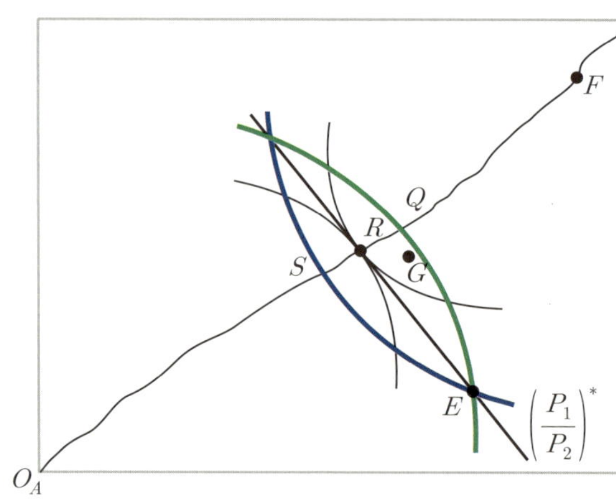

다 더 크다고 하자. 이는 소비자 A가 상품 1 한 단위를 추가적으로 얻기 위하여 포기할 용의가 있는 상품 2의 양이 소비자 B의 그것보다 큼을 의미한다. 따라서 소비자 A는 소비자 B에게 상품 2를 주고 그 대가로 소비자 B는 소비자 A에게 상품 1을 제공하는 교환을 함으로써 두 사람 모두의 효용을 높일 수 있다. 물론 이때 교환비율은 두 상품 간의 상대가격인 $\left(\frac{P_1}{P_2}\right)^*$이어야 한다.

다른 한편 자원배분의 효율성을 규범적으로 정의한 파레토최적은 식 (3.2)와 같다. 그런데 순수교환경제에서의 일반균형 조건인 식 (3.3)이 성립하면 파레토최적 조건식 (3.2)는 당연히 성립한다. [그림 3-6]은 일반균형이 파레토최적일 뿐 아니라 더 나아가 코어에 속한다는 사실을 에지워스 상자에서 보여준다.

일반균형은 파레토 효율적일 뿐 아니라 코어에 속한다는 명제는 순수교환경제에서 뿐 아니라 다수의 경제인과 다수의 상품이 존재하고 심지어 생산기업들까지 존재하는 일반적인 상황에도 성립한다. 이것이 신고전학파 경제학의 백미라 할 수 있는 후생경제학의 제1기본정리(the first fundamental theorem of welfare economics)이다.

후생경제학의 제1기본정리 경제인의 선호체계가 완비성, 이행성, 연속성을 만족한다고 가정하자. 또한 모든 시장들이 완전경쟁적이며 가격이 신축적이라고 가정하자. 일반경쟁균형 자원배분은 반드시 파레토최적이며 더 나아가 코어에 속해있다.

효율성이란 서로 다른 자원배분을 비교하여 평가하는 하나의 기준이다. 일부 경제주체의 후생을 증대시키기 위해서는 다른 경제주체들의 후생을 감소시키지 않으면 안 되는 경우 경제는 파레토최적이라는 기준에서 효율적이다. 반면 일부 경제주체들의 후생을 감소시키지 않으면서도 다른 경제주체들의 후생을 증대시킬 수 있는 여지가 존재한다면, 이는 경제에 낭비가 존재하고 있음을 뜻하므로 비효율적인 상태에 놓여 있다.

경제가 완전경쟁적 시장 조직을 가지고 있고 그 속에서 모든 개별 경제주체들이 각자의 목적을 달성하면서 시장들이 청산되는 일반균형 상태는—아무런 경제계획이나 감독 없이도—가장 효율적인 자원배분이 된다는 것이 제1기본정리의 핵심이다. 일단 경제가 효율적 상태에 도달하게 되면 구성원들 중 어느 누구의 후생도 다른 구성원들의 후생을 희생시키지 않고는 증대될 수 없게 된다. 제1기본정리는 경제주체들의 이기적 동기에 의한 행위와 시장의 자율적 기능, 이른바 애덤 스미스가 말한 '보이지 않는 손(invisible hand)'이 가장 효율적인 자원배분을 달성한다는 철학에 기초한다.

연습문제 >> 3-3 EXERCISES

연습문제 3-1의 상황에서 후생경제학의 제1기본정리가 성립함을 보여라.

연습문제 >> 3-4 EXERCISES

연습문제 3-2의 상황에서 후생경제학의 제1기본정리가 성립함을 보여라.

3.3.2 후생경제학의 제2기본정리

일반균형에 의하여 달성되는 자원배분이 단지 효율적이라는 것일 뿐 정말로 '바람직한' 자원배분인가는 별개의 문제이다. [그림 3-6]의 자원배분 F와 R의 비교는 이를 잘 보여준다. 효율성을 바람직한 자원배분의 유일한 기준으로 삼는다면 점 F는 이 기준에 따라 완전한 자원배분이다. 그러나 효율성과 함께 사회구성원 간의 형평성도 중요하다면 점 F처럼 극단적 자원배분은 사회적으로 바람직하다고 말할 수 없을 것이다. 만약 효율성과 형평성을 동시에 고려할 때 가장 바람직한 자원배분점이 점 R이라는 사회적 합의가 있다고 가정하자. 그러한 자원배분 R은 어떻게 달성될 수 있을까? 이 문제에 답하기 위해서는 후생경제학의 제2기본정리(the second fundamental theorem of welfare economics)를 이해해야 한다.

제2기본정리는 제1기본정리의 역(逆)이다. 즉, 임의의 파레토최적 자원배분을 일반균형 상태로 달성되도록 해주는 재분배정책 및 가격체계가 존재한다. [그림 3-6]에서 초기 부존점이 E라면 두 구성원 간의 자율적 협상이나 합의에 의하여 일반균형점 R이 달성될 수 있으며 이 자원배분은 파레토최적이다. 만약 초기 부존점이 E가 아니라 F라면 문제가 복잡해진다. 국가가 개입하여 F에서 R로 곧바로 옮겨주는 정책이 여러 제약으로 인하여 불가능하다면 더욱 복잡해진다. 제2기본정리에 의하면 정부가 재분배정책을 통하여 F에서 E로 옮긴 후에 시장기능에 맡겨두면 '바람직한' 자원배분 R이 궁극적으로 달성된다.

후생경제학의 제2기본정리 경제인의 선호체계가 완비성, 이행성, 연속성, 볼록성을 만족한다고 가정하자. 어떠한 파레토최적 자원배분도 정부의 재분배정책 및 시장기구에 의하여 일반균형 자원배분으로서 달성가능하다.

제2기본정리의 함의는 다음과 같다. 정부는 부유한 사람으로부터 상품이나 현금을 징발해서 이를 직접 가난한 자에게 나눠주고 그 다음은 경제주체들의 자발적 거래동기 및 시장기구에 맡겨둠으로써 사회적으로 바람직한 자원배분을 궁극적으로 달성할 수 있다. 가격체계를 왜곡하지 않는 이상 그 과정에서 비효율성은 발생하지 않는다. 제1기본정리와는 달리 제2기본정리는 정부 개입의 논리적 근거를 제공하지만 정부개입이 조격체계의 왜곡이 수반해서는 안 된다는 비현실적 전제가 숨어 있다.

그림 3-7 ▌볼록성을 위배하는 선호체계와 후생경제학의 제2기본정리

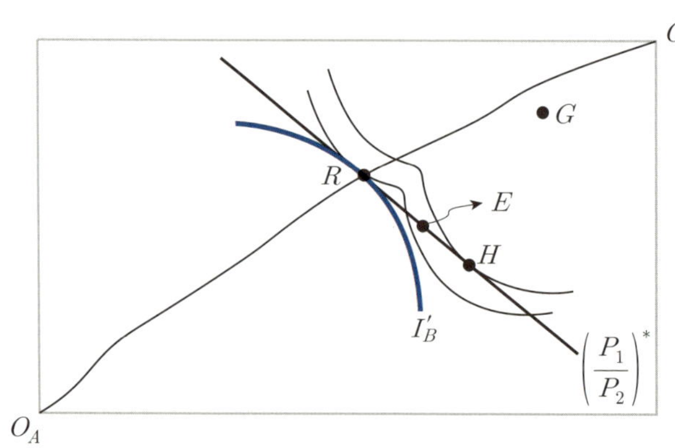

후생경제학 제2기본정리는 제1기본정리와는 달리 모든 소비자의 무차별곡선이 볼록해야 한다는 추가적인 가정이 요구된다. [그림 3-7]은 한 소비자의 무차별곡선이 볼록하지 않은 경우 제2기본정리가 성립하지 않을 수 있음을 보여준다. 자원배분 R의 달성을 목표로 하는 정부가 재분배정책을 통하여 부존점을 G에서 E로 옮겼다고 하자. 재분배 후 두 무차별곡선이 접하는 R점에서의 한계대체율에 해당하는 상대가격 $\left(\frac{P_1}{P_2}\right)^*$ 하에서 소비자 A는 점 R를 선택하겠지만 소비자 B는 점 H를 선택할 것이다. 이 경우 정부가 재분배정책의 목표로 삼았던 자원배분점 R은 일반균형으로서 달성될 수 없다. 이러한 문제는 소비자 A의 무차별곡선이 원점에 대해 볼록하지 않기 때문에 발생한다.

연습문제 >> 3-5 EXERCISES

단순교환경제에서 소비자 A와 B는 동일한 효용함수 $u_i(x_{i1}, x_{i2}) = x_{i1}x_{i2}$를 갖고 있지만 부존점이 각각 $\bar{\omega}_A = (9,7)$, $\bar{\omega}_B = (1,3)$으로 다르다.

(1) 일반균형가격 및 자원배분 그리고 효용수준을 구하라.

정부는 소비자 B도 최소 16단위의 효용수준은 누리도록 해주고자 하지만 시장왜곡이 발생하는 것은 원치 않는다. 구체적으로 정부는 A의 부존 재화 1과 재화 2를 각각 t단위씩 거두어 B에게 고스란히 이전한 다음 후속 자원배분은 시장기능에 맡기려고 한다.

(2) 정부의 목표를 달성하도록 해주는 t를 구하라.

3.4 시장의 실패

경제주체들의 이기주의에 바탕을 둔 자유시장 경제체제에 자원배분을 맡겨둘 경우 '보이지 않는 손'으로 지칭되는 가격기구에 의하여 효율성이 담보된다. 그러나 경쟁적 시장기능 및 신축적 가격체계가 작용하는 일반균형자원배분은 이상에 불과하다. 현실적으로 시장은 불완전할 뿐 아니라 파레토 효율적 자원배분이 달성하지 못하도록 방해하는 수많은 요인들이 있다. 시장기구에 의한 자원배분이 효율적이지 못하게 되는 현상을 시장실패(market failure)라고 부른다.

다음은 시장기구에 의한 자원배분이 효율성을 만족하기 위한 조건들이다. 이 조건들 중의 하나 혹은 일부가 충족되지 않는다면 일반균형이 존재하지 않거나, 비록 일반균형이 존재한다 하더라도 그 자원배분은 효율적이지 못하다. 즉, 시장실패가 발생한다.

첫째, 모든 시장은 완전경쟁적이다. 모든 상품시장에 존재하는 모든 경제주체들이 시장가격을 주어진 외생변수로 받아들이고 자신의 효용이나 이윤을 극대화하고자 한다는 가격순응(price taking)이 일반균형의 효율성을 보장해주는 필수 가정이다. 만일 일부 시장에서 가격을 자기 마음대로 결정할 수 있는 가격결정자(price-maker)가 존재한다면 시장은 실패한다. 독점이나 과점시장은 가격결정자가 존재하는 대표적 시장이다.

둘째, 모든 경제주체는 시장과 다른 경제주체들에 관한 완전한 정보를 가지고 있다. 개별 경제주체는 자신의 효용이나 이윤에 직접적으로 영향을 미치는 다른 경제주체들의 행동을 정확히 관찰할 수 있으며 그들의 유형이나 특징을 정확히 알고 있어야 한다. 정보가 불완전하거나 미비한 상황에서 시장기구에 자원배분을 맡긴다면 도덕적 해이(道德的 解弛, moral hazard)와 역선택(逆選擇, adverse selection)으로 인하여 자원이 효율적으로 배분되지 못한다.

셋째, 외부효과(外部效果, external effect 혹은 externalities)가 전혀 없다. 어떤 경제주체의 행동이 다른 경제주체들에게 이익이나 손해를 가져다줌에도 불구하고 이에 대한 대가를 받지도 주지도 않을 경우에 외부효과가 존재한다고 일컫는다. 예컨대, 어머니의 효용이 자신의 소비뿐 아니라 자식들의 소비에도 영향을 받는다면 소비의 외부경제(external economies)가 존재하게 된다. 상류에서 오염수를 배출하는 염색공장 때문에 하류에 위치한 음료공장이 악영향을 받는데 염색공장이 음료공장에게 아무 대가도 지불하지 않는다면 생산의 외부불경제(external diseconomies)가 존재하게 된다. 이처럼 외부효과가 일부라도 존재하는 경제에서는 일반균형이 부존재할 수 있고 설령 일반균형이 존재하더라도 효율적이지 않다.

넷째, 모든 상품은 사유재(private goods)이다. 사유재란 어느 한 경제주체가 상품을 소비할 경우 다른 경제주체는 그 상품의 소비로부터 배제되는 성격을 갖는 상품을 일컫는다. 빵 하나를 여러 사람이 동시에 모두 하나씩 먹기는 불가능하므로 빵은 사유재이다. 사유재와는 대조적으로 공공재(public goods)란 비경쟁성(non-rivalry) 및 비배제성(non-excludability)을 특징으로 하는 상품이다. 비경쟁성이란 여러 경제인이 동시적으로 사용할 수 있는 성질이다. 비배제성이란 대가를 치르지 않은 사람이라 하더라도 소비를 배제할 수 없는 성질이다. 공공재는 사유재와 구분되는 특수한 성격상 효율적 자원배분을 위한 조건도 사유재와는 다르다. 뿐만 아니라, 비배제성의 성격으로 인하여 경제주체들이 공공재를 건설하는 데 필요한 비용은 부담하지 않고 공공재가 건설된 후의 이득만을 챙기려고 하는 무임승차(free-riding)의 문제가 발생하게 된다. 공공재가 존재하는 경우에도 시장은 실패한다.

다섯째, 모든 상품에 대하여 시장이 완비되어 있다. 앞의 제2장에서 살펴본 일반균형은 개별 경제주체의 입장에서 볼 때 불확실성이 전혀 존재하지 않는다는 가정하에 도출되었다. 비록 불확실성이나 위험이 존재한다고 하더라도 현재 존재하는 모든 상품뿐만 아니라 미래에 발생할 가능성이 있는 모든 상태에 대해서도 그 상황에 따른 상품시장이 존재한다면 자원배분의 효율성이 담보된다. 발생가능한 모든 상황에서 조건부(contingent) 상품이 거래되는 완비시장(complete market)에서 소비자는 그러한 조건부 상품을 구입함으로써 불확실성을 제거할 수 있다. 현실세계에서 보험은 조건부 상품의 대표적 사례이다. 하지만 시장의 완비성은 비현실적이다. 현재와 미래에 발생가능한 모든 상황에 따른 상품시장이 형성되어 있지도 않을 뿐 아니라 그러한 시장을 형성하는 것도 불가능하기 때문이다. 일부 상품이나 미래 상황에 대한 시장이 존재하지 않는 '유실된 시장'(missing market) 혹은 '미비시장'(incomplete market)에서는 시장이 실패할 수 있다.

여섯째, 시장불균형이 존재할 경우 시장가격이 신축적이고 신속하게 움직여서 균형 상태를 회복하고 유지한다. 현실세계에서는 수많은 상품의 가격을 그때그때의 수급상황에 맞춰 뻰질나게 바꿔댈 경우 들게 되는 메뉴비용(menu cost)으로 인하여 가격이 단기적으로나마 수급불균형을 해소하지 못하는 경우도 많다. 또한 노조의 압력이나 정부규제 등으로 인하여 일단 인상된 명목임금은 경기상황이 나빠져도 내리기 어려운 하방경직성(downward stickiness)을 갖기도 하는데, 이 경우 노동시장의 수급이 불일치하여 비자발적 실업을 초래하기도 한다.

이상을 요약하면 시장실패의 주요 원인으로서 ① 불완전경쟁, ② 불완전정보, ③ 외부효과, ④ 공공재, ⑤ 시장미비, ⑥ 가격경직성 등을 들 수 있다. 이들 중 일부는 시장에 대한 적절한 정책적 개입을 통해 해결될 수도 있으나, 애당초 시장 기구를 활용하는 것이 불가능하거나 별도의 사회적 결정기구에 의해 자원을 배분해야 하는 경우도 있다. 불완전경쟁과 불완전정보를 분석함에 있어서 경제인들 간의 전략적 상호작용이 핵심이므로 게임이론을 분석틀로 활용한다. 이 책의 여러 주제에 걸쳐 게임이론을 적용하여 공공선택과 정치경제 현상을 분석한다. 외부효과와 공공재로 인한 시장실패와 그 해결책에 대하여는 본서의 10, 11, 12장에서 집중적으로 다루게 된다.

04

CHAPTER

사회적 선택

4.1 사회적 선호
4.2 애로우의 불가능성 정리
4.3 사회후생함수
4.4 공리주의
4.5 롤스의 분배정의
4.6 여타 사회후생함수
4.7 최적 사회선택

4.1 사회적 선호

효율이 바람직한 자원배분의 중요한 기준임은 자명하지만 유일한 기준이라고 말하기는 어렵다. 효용가능곡선은 주어진 부존자원들을 효율적으로 배분함으로써 경제주체들이 얻을 수 있는 효용수준의 조합들을 나타낸다. 효용가능곡선상의 모든 점이 효율성을 만족하기는 하지만 그것들이 모두 사회적으로 바람직하다고 결론을 내리기는 무리이다. 예컨대, [그림 3-1]에서 점 F는 계약곡선에 위치하므로 효율적 자원배분이다. 그러나 이 상태에서 개인 A는 매우 행복한 반면 개인 B는 매우 낮은 효용수준을 얻고 있으므로 효율뿐 아니라 평등까지 자원배분의 기준으로 추가된다면 점 F는 바람직하다고 보기 힘들다. 오히려 다소의 비효율은 있으나 두 경제주체들 간에 불평등이 훨씬 작은 점 G가 더 바람직할 수 있다.

특정 자원배분이 사회 전체적으로 바람직한가를 판별하기 위하여 구성원들의 다양한 선호체계를 종합하여 하나의 단일화된 사회적 선호체계로 나타낼 필요가 있다. 사회후생함수(社會厚生函數, social welfare function)란 구성원 각자가 누리게 되는 효용의 구조를 적절히 반영하여 사회 전체의 관점에서 소망스러운 순서에 따라 수치화한 함수이다. 사회후생함수의 값이 클수록 공동체 전체의 입장에서 더 바람직한 자원배분 상태로 간주된다. 효용함수가 개인의 만족도를 수치로 측정하듯이 사회후생함수는 사회 전체의 만족도를 수치로 측정하는 개념이다.

두 명의 유권자 A, B와 세 명의 후보 x, y, z가 있는 선거를 예로 들어보자. 유권자 A는 후보 x를 가장 좋아하고 후보 y를 그 다음으로 좋아하며 후보 z를 가장 싫어한다고 하자. 즉 유권자 A의 선호관계는 $x \succ_A y \succ_A z$이다. 또 유권자 B의 선호관계는 $y \succ_B z \succ_B x$라고 하자. 두 유권자의 선호를 종합한 사회적 선호관계 $\succsim$는 어떻게 결정되는가? 그러한 사회적 선호관계가 존재하기는 하는 걸까? 만약 존재한다면 사회적으로 x, y, z 간에 어떠한 순서로 선호한다고 말할 수 있는가? 예컨대, 사회적 선호관계가 $z \succ y \succ x$는 분명 아닐 것이다. 유권자 A가 후보 z보다 y를 더 좋아하고 유권자 B도 z보다 y를 더 좋아하는데 A와 B 두 사람으로 구성된 사회는 y보다 z를 더 좋아한다는 것은 비논리적이기 때문이다. 그렇다면 $x \succ y \succ z$, $y \succ x \succ z$ 혹은 $y \succ z \succ x$는 받아들일 수 있는가? 이에 대한 답은 개인들의 선호체계를 사회적으로 종합하는 방식과 개념에 달려있다.

구성원이 A와 B 둘뿐이고 사회적으로 달성가능한 자원배분들의 집합은 $X=\{x, y, z\}$인 공동체를 상정하자. 개인 A와 B는 각자 이들 자원배분 상태에 대하여 합리적 선호관계 $\succ_i$ $(i=A, B)$

를 갖고 있다. 개인이 세 대안들에 대하여 가질 수 있는 선호관계들의 집합을 $P(X)$라고 나타내자. 집합 $P(X)$는 6가지의 선호관계를 원소로 가진 집합이며[1] 개인 A와 B의 선호관계는 각각 $P(X)$의 한 원소가 된다. 사회후생함수 W는 개인 A의 선호체계와 개인 B의 선호체계가 주어질 때 하나의 사회적 선호관계를 나타내는 대응관계이므로 $W: P(X)\times P(X) \rightarrow P(X)$로 정의된다. 예컨대, 개인 A의 선호체계는 $x >_A y >_A z$이고 B의 선호관계는 $y >_B z >_B x$라고 하자. 사회후생함수에 의한 사회적 선호관계가 $y>x>z$라면 $W((x >_A y >_A z), (y >_B z >_B x))=(y>x>z)$라고 쓸 수 있다. 이는 사회적으로 y가 가장 바람직한 자원배분이고 z가 가장 덜 바람직한 자원배분임을 의미한다. 사회후생함수는 여러 구성원들의 선호관계들의 집합에 일대일(一對一)로 대응하는 사회적 선호관계를 명시해야 한다. 즉, 두 사람의 선호체계로 가능한 시나리오 36가지(=6×6) 각각에 대해 하나의 사회적 선호체계가 대응되어야 한다.

이상의 논의를 일반화하자. 경제사회는 n명의 개인으로 이루어져 있으며 사회적으로 달성가능한 자원배분들의 집합 X는 K개의 원소로 구성되어 있다고 하자. 개인이 K개의 선택지들에 대하여 가질 수 있는 선호관계는 $K!$(階乘, factorial)개가 있으며 이것들을 모두 원소로 포함한 집합을 $P(X)$로 나타내자. 예컨대, $K=3$인 경우 $P(X)$는 6(=3!)가지의 개인 선호체계로 구성된 집합이다. 사회후생함수 W는 n명의 선호체계에 대하여 하나의 사회적 선호체계를 대응시켜주는 함수 $W: (P(X))^n \rightarrow P(X)$이다.

4.2 애로우의 불가능성 정리

사회후생함수가 만족하여야 할 성격들은 어떠한 것들이 있을까? 이러한 성격들을 모두 만족하는 사회후생함수는 존재하는가? 노벨상 수상자인 애로우(Kenneth Arrow, 1921~2017)는 사회후생함수가 갖추어야 할 바람직한 다섯 공리(公理)를 제시하였다. 또한 이 다섯 공리를 모두 충족시키는 사회후생함수란 존재할 수 없음을 증명하였는데 이를 불가능성 정리(不可能性 定理, Impossibility Theorem)라고 부른다.

1 $P(X)=\{x>y>z, x>z>y, y>x>z, y>z>x, z>x>y, z>y>x\}$. 엄밀하게는 강선호 $>_i$보다 넓은 약선호 $\geq_i$를 쓰는 것이 맞고 이때 개인선호체계집합 $R(X)$는 6개가 아니라 13개의 원소로 구성된다. 하지만 무차별관계 $\sim_i$를 포함해봤자 논의만 복잡해지고 실익이 별로 없어 본장에서는 강선호를 가정한다.

4.2.1 애로우의 다섯 공리

선택집합 X 위에 형성된 n명의 개인들의 선호체계 $\succ \equiv (\succ_1, \succ_2, \cdots, \succ_n)$가 주어져 있다고 하자. 이들 n명으로 구성된 공동체의 사회선호 $\succ$가 충족해야 할 바람직한 성질로서 애로우가 제시한 다섯 공리를 열거하고 설명하자.[2]

정합성(coherence)

(i) [완비성] 여하한 두 선택지 x와 y에 대하여, $x \succ y$ 혹은 $y \succ x$여야 한다.

(ii) [이행성] 여하한 세 선택지 x, y, z에 대하여, 만약 $x \succ y$이고 $y \succ z$이면 $x \succ z$여야 한다.

정합성 공리는 제2장 2.1절에서 다룬 개인선호의 합리성(완비성 및 이행성)이 사회적 차원에서도 성립해야 함을 뜻한다. 만약 사회적 선호체계가 비이행적이라면 다수의 의지나 정치적 대표성을 갖는 자들의 의도라는 개념이 모호해져 버린다. 사회적으로 정책 x를 y보다 선호하고 y를 z보다 선호하는데 z를 x보다 선호한다면 공동체의 선호가 도대체 무엇인지 말할 수 없게 된다.

보편성(universality) 사회후생함수 W의 정의역(domain)은 $(P(X))^n$ 전체집합이다.

보편성 공리는 개별 구성원의 선호에 관하여 아무런 사전적(事前的) 제약이 없음을 의미한다. 즉, 구성원들의 선호체계가 어떠한 형태를 갖더라도 이를 대표하는 사회적 선호체계를 도출할 수 있어야 한다. 예컨대, 2명의 유권자와 3명의 후보가 있는 4.1절의 예시에서, 실현가능한 36가지의 모든 개인선호체계에 대하여 각각 사회선호가 규정되어야 한다.

만장일치성(unanimity) 조건 $[x \succ_i y, \ \forall i]$를 충족하는 여하한 x, y 쌍에 대하여, 반드시 $x \succ y$여야 한다.

만장일치성은 모든 구성원들이 자원배분 x를 y보다 더 선호한다면 사회적으로도 x를 y보다 더 선호해야 한다는 직관적이고 명백한 요건이다. 예컨대, 두 명의 유권자와 세 명의 후보가 있는

---

2 개인 i의 선호는 $\succ_i$, 사회전체의 선호는 $\succ_S$(하첨자 S는 Society의 두문자)로 나타내기도 한다. 하첨자의 남용이 혼란을 가져올 수 있어 본서에서는 사회선호를 하첨자 없이 표기하기로 한다.

4.1절의 투표문제에서 $W((x >_A y >_A z),(y >_B z >_B x))$가 $(z > y > x)$이거나 $(z > x > y)$이거나 $(x > z > y)$여서는 안 된다. 만장일치성은 파레토 기준(Pareto Criterion)이라고 불리기도 한다.

독립성(independence of irrelevant alternatives) 두 선호체계 $(>_1, >_2, \cdots, >_n)$와 $(>'_1, >'_2, \cdots, >'_n)$를 고려하자. 조건 $[x >_i y$인 모든 i에 대하여 $\Leftrightarrow x >'_i y]$을 충족하는 두 선택지 x, y가 존재한다면, $x > y \Leftrightarrow x >' y$여야 한다.

독립성 공리에 따르면, 두 자원배분 x와 y를 비교할 때 그 둘과 무관한 대안 z이 x와 y 간의 사회적 선호 서열에 영향을 주지 않아야 한다. 쉽게 말해서, 두 대안에 대한 사회선호의 서열이 그 두 대안에 대한 구성원들의 선호체계에만 의존해야지 제삼의 대안에 대한 구성원들의 선호에 영향을 받아서는 안 된다. 예컨대, 두 명으로 구성된 사회에서 $x >_A y$이고 $y >_B x$이면 사회선호가 $x > y$라고 하자. 여하한 제삼의 대안 z에 대하여, (i) $x >_A y >_A z$, $z >_B y >_B x$이건 (ii) $z >_A x >_A y$, $y >_A z >_A x$이건 사회선호는 $x > y$여야지 만약 (i)의 경우 $x > y$인데 (ii)의 경우에는 $y > x$라면 독립성을 위배하는 것이다.

비독재성(non-dictatorship) 여하한 x, y에 대해서도 $x >_i y \Rightarrow x > y$인 개인 i는 존재하지 않는다.

사회선호 체계가 다른 구성원들의 선호와는 관계없이 특정 구성원의 선호와 항상 일치하는 경우 그 특정인을 독재자(dictator)라 부른다. 비독재성이란 그러한 독재자가 존재해서는 안 된다는 요건이다.

4.2.2 불가능성 정리

위의 다섯 공리를 모두 충족하는 사회적 선호체계가 존재하는가? 애로우는 부정적 답변을 제시한다.

불가능성 정리 선택대안이 3개 이상인 사회에서 다섯 공리(정합성, 보편성, 만장일치성, 독립성,

비독재성)을 모두 충족하는 사회후생함수는 존재할 수 없다.

정합성, 보편성, 독립성 공리는 사회선호 자체의 일관성 및 개인선호와 사회선호 간의 일관성을 요구하는 조건이다. 만장일치성과 비독재성은 사회선호의 공정성(fairness)과 밀접하게 연관되어 있다. 모든 구성원들이 자원배분 x를 y보다 더 선호하는데 사회적으로는 y를 x보다 더 선호한다면(만장일치성 공리가 위배된다면) 이는 불공정한 것이다. 다른 구성원들의 선호는 무시된 채 특정인의 입맛에만 맞게 집단 전체의 자원배분이 결정된다면(비독재성 공리가 위배된다면) 이 역시 불공정한 것이다. 결국 불가능성 정리에 따르면 사회선호가 일관성과 공정성을 동시에 충족시킬 수는 없는 상황이 반드시 존재한다.

따름정리 선택대안이 3개 이상인 사회에서 정합성, 보편성, 만장일치성, 독립성 공리를 모두 충족시키는 사회후생함수는 반드시 비독재성을 위배한다.

네 공리를 충족하는 사회후생함수는 민주적일 수 없으며 반드시 독재자가 존재해야만 성립한다. 독재자에게 권력이 집중된 조직이나 공동체에서는 독재자의 입맛대로 사회적 자원배분의 순위를 정하면 되므로 사회선호체계에 일관성을 갖게 된다. 반면 권력이 분산되어 민주적으로 자원배분이 결정되다 보면 사회선호의 일관성이 성립할 수 없는 상황이 존재한다. 다시 말해서, 따름정리는 사회선호의 합리성과 권력집중 간에 상충관계를 보여준다.

불가능성 정리의 함의를 이해하기 위해 다음 질문을 던져보자. 법원에서 판사들이 판결할 때 법률을 문자 그대로 축자적(逐字的)으로만 해석하는 것이 옳은가? 아니면 국회의 입법 취지를 충분히 고려하여 판결을 내리는 것이 옳은가? 보수주의자들은 대개 법률의 축자적 적용을 지지하는 반면 자유주의자들은 입법 취지를 감안한 법 해석을 지지한다. 불가능성 정리에 따르면, 개인 각자가 합리적 선호체계를 갖고 있더라도 그들로 구성된 집단이나 조직의 선호체계는 합리적이지 않거나 일관성이 결여될 수 있다. 이를 입법과정에 적용하면 국회의원이 각자 합리적 취지나 의도를 갖고 있다고 하더라도 상임위원회 혹은 국회 전체가 합리적 취지나 의도를 반드시 갖는다고 볼 수는 없다. 다시 말해서 국회의원 개인의 입법 의도는 있겠으나 국회 차원의 '입법 취지'란 정의될 수 없는 상황이 비일비재하다. 애로우의 입장에서 볼 때 이처럼 의회의 입법 취지라 불리는 공허한 개념에 판사들의 판결이 좌지우지되는 것은 어불성설이므로 법률은 축자적으로 적용해야 마땅하다.[3]

애로우의 불가능성 정리는 구성원들이 각자의 선호를 밝히면 가상의 사회설계자(the social planner)가 이를 종합하여 사회선호체계를 결정하는 구조를 갖고 있다. 이때 핵심 전제는 구성원들이 각자의 선호를 '있는 그대로' 진실하게 밝힌다는 가정이다. 그러나 진실현시는 지나치게 강한 가정이다. 구성원(들)이 사회설계자의 의도를 합리적으로 역산하여 자신의 개인선호를 전략적으로 거짓 제출할 유인이 존재하기 때문이다. 물론 사회설계자도 구성원들의 허위보고 유인을 미리 고려하여 사회후생함수를 설계해야 할 것이다. 기버드(Gibbard 1973)와 새터스웨이트(Satterthwaite 1975)는 애로우의 불가능성 정리를 이처럼 구성원들이 전략적 조작을 할 수도 있는 상황으로 확장하였다. 이 책의 제6장 6.5절과 제16장 16.4절 및 16.5절에서는 기버드·새터스웨이트의 불가능성 정리를 깊이 있게 다룬다.

4.2.3 불가능성 정리의 증명

불가능성 정리의 엄밀한 증명은 이 책의 목적을 벗어나므로 포함하지 않았다. 관심 있는 독자는 Austen-Smith and Banks(1999) 제2장이나 Kreps(2013) 166~172쪽을 참조하라. 여기서는 구성원 2명(A, B)과 선택지 3개(x, y, z)가 존재하는 단순한 상황을 예시로 보여주고자 한다.

[표 4-1]의 행(row)과 열(column)에는 각각 개인 A와 B가 가질 수 있는 선호체계가 나열되어 있다. 예컨대, 둘째 행인 xzy는 구성원 A의 선호가 $x > z > y$임을 의미한다. 개인은 선택지들

표 4-1 ▌ 개인 2명이 선택지 3개에 대하여 가질 수 있는 선호체계

		개인 B					
		xyz	xzy	yxz	yzx	zxy	zyx
개인 A	xyz						
	xzy						
	yxz						
	yzx						
	zxy						
	zyx						

3 Shepsle(2010), 74-76쪽의 사례 4.2 참조.

에 대하여 항상 강선호(strict preference)를 갖는다고 가정하면 무차별 관계는 제외되므로, [표 4-1]의 36개의 방(cell)은 사회적으로 실현가능한 모든 선호체계를 포함한다. 따라서 36개의 모든 방을 다루는 이상 보편성 공리는 충족된다. 표에서 i번째 행, j번째 열에 해당하는 방을 ρ_{ij}로 나타내자.

첫 번째 단계로 만장일치성 공리를 적용하자. 개인 A와 B의 선호체계가 xyz로 똑같다면 (ρ_{11}) 사회선호관계는 $xyz(x > y > z)$임에 자명하다. 다음으로 개인 A의 선호체계가 xyz이고 개인 B의 선호체계가 xzy이라면(ρ_{12}) 두 사람 모두 x를 y보다 선호하므로 사회선호관계는 xy여야 하며 또한 두 사람 모두 x를 z보다 선호하므로 사회적으로 xz여야 한다. 그러나 y와 z 간의 사회선호관계는 개인 A와 B 간에 이해상충이 있으므로 현 단계에서 확정할 수 없다. 이러한 논리를 36개 모든 경우에 적용하면 [표 4-2]와 같다. 만장일치성 공리를 적용하더라도 사회선호관계를 전혀 좁힐 수 없는 방들은 빈 칸으로 놔두었다.

표 4-2 ▮ 만장일치성 공리를 충족하는 사회선호관계

		개인 B					
		xyz	xzy	yxz	yzx	zxy	zyx
개인 A	xyz	xyz	xy, xz	xz, yz	yz	xy	
	xzy	xy, xz	xzy	xz		xy, zy	zy
	yxz	xz, yz	xz	yxz	yz, yx		yx
	yzx	yz		yz, yx	yzx	zx	yx, zx
	zxy	xy	xy, zy		zx	zxy	zx, zy
	zyx		zy	yx	yx, zx	zx, zy	zyx

이제 개인 A의 선호가 xyz이고 B의 선호가 yzx인 경우(ρ_{14}) 사회선호를 $x > y$라고 가정하자. 즉, A는 x를 y보다 선호하고 B는 y를 x보다 선호하여 이해상충이 존재하는 경우 사회적으로는 A의 선호를 존중한다고 가정하자. 독립성 공리에 따르면, A와 B의 선호가 각각 xy 및 yx인 경우 제3의 대안 z가 어디에 위치하건 상관없이 사회선호가 항상 xy여야 한다. 예컨대, A의 선호가 xyz이고 B의 선호가 zyx인 경우(ρ_{16}) 사회선호는 xy여야 한다. 이러한 논리는 8개의 선호체계 ρ_{13}, ρ_{16}, ρ_{23}, ρ_{24}, ρ_{26}, ρ_{53}, ρ_{54}, ρ_{56}에 모두 적용되며 [표 4-3]은 그 결과를 나타낸다.

표 4-3 ▌방 ρ_{14}의 사회선호를 xy라고 가정하고 독립성 공리를 적용한 결과

		개인 B					
		xyz	xzy	yxz	yzx	zxy	zyx
개인 A	xyz	xyz	xy, xz	xyz	xyz	xy	xy
	xzy	xy, xz	xzy	xy, xz	xy	xy, zy	xy, zy
	yxz	xz, yz	xz	yxz	yz, yx		yx
	yzx	yz		yz, yx	yzx	zx	yx, zx
	zxy	xy	xy, zy	xy	zxy	zxy	zxy
	zyx		zy	yx	yx, zx	zx, zy	zyx

[표 4-3]의 선호체계 ρ_{14}에서 만장일치성 공리에 의하여 yz이고 독립성 공리에 의하여 xy이므로 이행성 공리를 적용하면 사회선호는 xyz로 확정된다. 그런데 ρ_{14}에서 개인 A는 x를 z보다 선호하는 반면 B는 z를 x보다 선호하는데 사회선호는 xz임에 유의하라. 이는 대안 x와 z를 두고 두 사람 사이에 이해상충이 존재할 경우 A의 선호가 존중됨을 의미한다. 따라서 독립성 공리를 또다시 적용하면 A의 선호가 xz이고 B의 선호가 zx일 경우 제3의 대안 y가 어디에 위치하건 사회선호는 항상 $x > z$여야 한다. 이 논리는 8개의 선호체계 ρ_{15}, ρ_{16}, ρ_{24}, ρ_{25}, ρ_{26}, ρ_{34}, ρ_{35}, ρ_{36}에 모두 적용된다.

표 4-4 ▌[표 4-3]에서 x와 z쌍에 대하여 독립성 공리를 적용한 결과

		개인 B					
		xyz	xzy	yxz	yzx	zxy	zyx
개인 A	xyz	xyz	xy, xz	xyz	xyz	xy, xz	xy, xz
	xzy	xy, xz	xzy	xy, xz	xy, xz	xzy	xzy
	yxz	xz, yz	xz	yxz	yxz	xz	yxz
	yzx	yz		yz, yx	yzx	zx	yx, zx
	zxy	xy	xy, zy	xy	zxy	zxy	zxy
	zyx		zy	yx	yx, zx	zx, zy	zyx

[표 4-4]의 방 ρ_{54}에서 사회선호는 만장일치성, 독립성, 이행성 공리를 차례로 적용한 결과 zxy로 확정되었다. 이는 대안 y와 z를 두고 A와 B 간에 이해상충이 있는 경우 사회선호는 A의 선호를 따라 결정됨을 의미한다. 즉, 개인 A의 선호는 zy이고 B의 선호는 yz인 경우 제3의 대

안 x의 위치에 상관없이 사회선호는 항상 zy여야 한다는 독립성 공리를 선호체계 ρ_{21}, ρ_{23}, ρ_{24}, ρ_{51}, ρ_{53}, ρ_{61}, ρ_{63}, ρ_{64}에 적용한다.

이상과 동일한 논리와 방법을 ρ_{36}의 yz, 그 다음 ρ_{63}의 zx, 그 다음 ρ_{45}의 yx에 차례로 적용하면 최종적으로 [표 4-5]를 얻는다.

표 4-5 ▌최종 결과

		개인 B					
		xyz	xzy	yxz	yzx	zxy	zyx
개인 A	xyz	xyz	xyz	xyz	xyz	xyz	xyz
	xzy	xzy	xzy	xzy	xzy	xzy	xzy
	yxz	yxz	yxz	yxz	yxz	yxz	yxz
	yzx	yzx	yzx	yzx	yzx	yzx	yzx
	zxy	zxy	zxy	zxy	zxy	zxy	zxy
	zyx	zyx	zyx	zyx	zyx	zyx	zyx

[표 4-5]로부터 우리는 사회선호가 개인 A의 선호와 정확히 일치함을 알 수 있다. 다시 말해서, 개인 A가 독재자처럼 사회선호를 결정하는 것과 마찬가지이다. 여기서 유의할 점은 이 결과가 만장일치성 공리를 적용한 [표 4-2]에서 ρ_{14}의 사회선호가 xy라고 가정하고 얻은 것이라는 사실이다. 만약 ρ_{14}의 사회선호가 yx라고 가정하였더라면—대칭적 논리와 방법에 의해—개인 B가 독재적임을 도출했을 것이다. 결론적으로 정합성, 보편성, 만장일치성, 독립성의 네 공리를 충족하는 사회선호는 독재적일 수밖에 없다.

4.3 사회후생함수

불가능성 정리는 현실에서 관찰되는 사회선호함수가 애로우의 공리 가운데 적어도 하나는 위배하기 마련이라는 함의를 갖는다.

정치적 의사결정에 자주 적용되는 다수결 규칙(majority rule)을 살펴보자. 다수결이란 두 선택지 x와 y에 대하여 절반 이상의 구성원 i가 $x \succsim_i y$의 개인선호를 갖고 있다면 사회선호는

$x \succsim y$라는 사회선호함수이다. 다수결 제도하에서 어떠한 개인이건 소수그룹에 속한다면 자신의 개인선호와 사회선호(다수결에 따른 선택)가 달라지므로 다수결 제도는 명백히 비독재적이다. 두 선택지 x와 y를 다수결에 부치더라도 절반 이상의 구성원이 x를 선호하거나 아니면 y를 선호할 수밖에 없으므로 완비성도 갖는다. 만장일치성과 독립성도 충족함을 쉽게 보일 수 있다. 반면 다수결에 따른 사회선택함수는 이행성을 위배한다. 간단한 예를 들어, 세 명의 구성원 1, 2, 3이 세 선택지 x, y, z에 대하여 선호체계 $x \succ_1 y \succ_1 z$, $y \succ_2 z \succ_2 x$, $z \succ_3 x \succ_3 y$를 갖는다고 하자. 선택지들을 둘씩 짝지어 다수결 투표에 부칠 경우 사회선택은 $x \succ y \succ z \succ x$가 되어 이행성을 위배한다.[4]

초다수결(supermajority)이나 가중투표(weighted voting)처럼 다수결을 다소 변형한 사회선호함수들 역시 만장일치성, 독립성, 비독재성을 충족한다. 예컨대, 두 선택지 x와 y에 대한 사회선택은 개인들의 x와 y에 대한 호불호만으로 판가름나므로 제3의 대안 z가 영향을 미칠 여지가 없으며 따라서 독립성이 충족된다. 또한 모든 구성원들이 x를 y보다 더 선호하는데 사회적으로는 y를 채택하는 투표제도는 상상하기 어려우므로 만장일치성도 충족된다. 반면 완비성이나 이행성은 깨어지는 상황이 존재한다.

연습문제 >> 4-1 EXERCISES

국제행사 장소를 x, y, z 세 도시 가운데 한 곳을 선정하기 위하여 15명으로 구성된 위원회를 만들었다. 개별 위원은 세 도시를 선호 순서대로 동시에 제출한다. 사회후생함수는 다음과 같다. 만약 x를 최적 위치로 지목한 위원이 5명 이상이면 위원회 전체 의견으로 x가 최상위를 차지한다. 만약 5명 미만이 x를 최적 위치로 지목하고 5명 이상이 y를 최적 위치로 지목하면 위원회 전체 의견으로 y가 최상위를 차지한다. 만약 x와 y를 최적 위치로 지목한 위원이 각각 5명 미만이면 z가 최상위를 차지한다. 이렇게 위원회 전체 의견으로 최상위가 정해지면 나머지 두 곳은 다수결에 따라 2위, 3위를 차지한다. 이 사회후생함수는

(1) 독재적인가?

(2) 만장일치성을 충족하는가?

(3) 독립성을 충족하는가?

애로우의 불가능성 정리에 의하면 구성원 모두의 선호체계를 반영하는 합리적이고 민주적인 사회후생함수는 존재하지 않는다. 그러나 다섯 공리 가운데 하나를 완화할 경우 사회후생함수

4 합리적 개인들로 구성된 사회에서 다수결로 의사결정을 할 때 사회선택이 이행성을 위배하는 이러한 상황을 콩도르세 역설(Condorcet paradox)이라 부른다.

를 도출할 수 있다. 특히 독립성 공리는 실제 경제주체들의 의사결정에서 자주 위배되므로 현실성에 의문이 있는 공리이다. 앞으로 다루게 될 사회후생함수들도 대개는 독립성을 위배함을 미리 밝혀둔다.

개인 A와 B로 이루어진 공동체에서 사회후생함수는 $W=W(u_A, u_B)$로 정의된다. 여기서 u_A와 u_B는 각각 A와 B의 효용수준을 나타낸다. 예컨대, 자원배분 x에 있어서 개별 경제주체들의 효용수준이 $u_A(x)=2$, $u_B(x)=3$이고 사회후생수준이 6단위라면 $W(u_A(x), u_B(x))=W(2, 3)=6$으로 나타낸다.

사회후생함수란 개별 구성원들의 효용수준을 종합하여 단일한 체계로 나타내는 것이다. 따라서 구성원 개개인들의 효용수준을 사회적으로 얼마나 중요하게 평가하느냐에 따라 사회후생함수의 형태는 달라진다. 개별 경제인의 무차별곡선을 개인 효용함수로부터 도출한 것과 똑같은 논리로 사회무차별곡선(社會無差別曲線, social indifference curve)을 사회후생함수로부터 도출할 수 있다. 즉, 동일한 사회무차별곡선에 위치한 점들은 사회 전체의 관점에서 동일하게 바람직하다. 다만 개별 경제인의 무차별곡선은 선택묶음 (x_1, x_2) 공간에 그려진 데 반해, 사회무차별곡선은 개인들의 효용수준을 나타내는 효용조합 (u_A, u_B) 공간에 그려진다는 사실만 다르다.

다른 사람들의 효용수준을 일정하게 고정한 상태에서 어느 한 개인의 효용수준이 커지면 사회 전체의 후생값도 증가하도록 설정된 함수를 베르그송・사뮤엘슨(Bergson-Samuelson) 사회후생함수라고 한다.[5] 모든 구성원들의 효용수준이 일제히 높아지는 방향으로 자원배분이 바뀐다면 베르그송・사뮤엘슨 사회후생함수의 값은 당연히 증가한다. 개인 A는 x를 y보다 더 낫다고 평가하는 반면 B는 y를 x보다 더 낫다고 평가할 두 자원배분 x와 y를 고려하자. 이 경우 베르그송・사뮤엘슨 사회후생함수가 y보다 x에 더 큰 값을 책정한다면 이 사회후생함수는 y를 x로 전환시킬 때 발생하는 B의 효용 감소분보다 A의 효용 증가분을 사회적으로 더 중요하다고 판단한다. 이처럼 사회후생함수는 개인들의 효용수준을 상호 비교할 수 있음을 전제하는데 본질적으로 주관적 가치인 개인의 효용 크기가 객관적으로 비교가능한지에 대하여 자주 비판받는다.

4.4절부터 4.6절까지는 대표적인 사회후생함수와 그에 대응되는 사회무차별곡선에 대해 설명한다. 4.4절에서는 공리주의적 사회후생함수, 그리고 4.5절에서는 롤스(John Rawls)의 분배 정의를 다루고 비교분석한다. 4.6절에서는 공리주의와 롤스의 절충안으로서 평등주의, 공리주

5 베르그송・사뮤엘슨 사회후생함수 $W(u_1, u_2, \cdots, u_n)$란 미분가능하며 모든 개인 i에 대하여 $\frac{\partial W}{\partial u_i}>0$ 조건이 성립하는 함수로 정의된다.

의 철학과 궤를 같이 하는 칼도어·힉스 기준과 총부 극대화, 그리고 롤스의 대척점에 있는 자유주의 철학을 차례로 소개한다.

4.4 공리주의

벤담(Jeremy Bentham, 1748~1832)이 주창하고 시지윅(Henry Sidgwick, 1838~1900)이 체계화한 공리주의(公利主義, utilitarianism)에 따르면 사회후생은 개별 구성원들의 효용수준을 단순히 합한 값이다.

$$W(u_A,\ u_B) = u_A + u_B$$

[그림 4-1](a)는 공리주의적 사회후생함수에 대응하는 사회무차별곡선을 나타내고 있다. 여기서 사회무차별곡선은 기울기가 절대치로 1인 직선이다.

공리주의의 특징은 다음과 같다. 첫째, 선(善, the good)과 정의(正義, the just)를 이분법적으로 분리하는 목적론적(teleological) 가설이다. 공리주의 철학에 따르면, 좋고 나쁜 것(선악 혹은 호불호)은 외생적으로 주어져 있으며 그 자체로 옳고 그름을 판단할 수 없다. 정의란 선(善) 혹은 선호(選好)를 극대화한다는 목적 달성의 수단에 불과하다. 경제학, 경영학, 행정학은 공리주의의 기반 위에 서 있는 대표적 학문이다. 예를 들어보자. 개인의 선호는 태생적으로 주어져 있으므

그림 4-1 | 사회무차별곡선

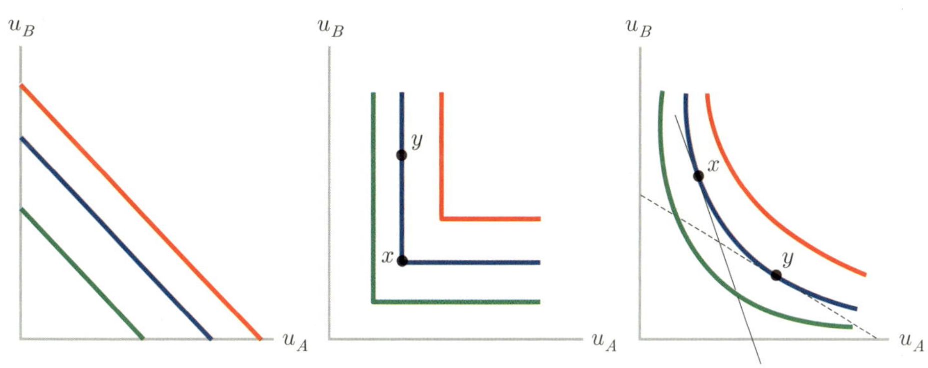

(a) 공리주의 (b) 롤스 (c) 평등주의

로 '나는 와인 5잔과 치즈 3조각을 와인 3잔과 치즈 6조각보다 더 좋아한다'는 선호체계가 올바르다거나 틀렸다고 말할 수 없다. 더불어 그 소비자에게 정의란 소비로부터의 즐거움 혹은 효용(선)을 극대화하는 것일 뿐이다. 그가 태생적으로 주어진 선호체계하에서 자신의 호주머니 사정을 고려하여 '오늘 와인 5잔과 치즈 3조각을 먹어야지'라고 결론을 내렸다면 그 자체로 올바른 판단, 즉 정의이다. 그에게 와인 5잔과 치즈 3조각을 먹는 행위가 자신의 효용(선)을 극대화하는 것임에도 불구하고 이런저런 이유 때문에 와인 3잔과 치즈 6조각을 선택했다면 그야말로 정의롭지 못한 것이다. 이러한 공리주의적 논리는 사회후생(선)과 후생극대화(정의), 비용(악)과 비용극소화(정의), 이윤(선)과 이윤극대화(정의) 등 경제학의 모든 문제에 그대로 적용된다.

둘째, 공리주의는 사회를 개인의 연장선에서 바라본다. 개인이 치즈 1조각을 포기하는 대신 와인 1잔을 더 마심으로써 효용수준을 높일 수 있다면 그런 선택은 옳다. 개인이 오늘 100만원어치의 소비를 희생하고 저축하여 내년에 107만원어치를 소비함으로써 더 높은 생애(生涯) 효용수준을 얻을 수 있다면 그러한 행위 역시 옳다. 이러한 논리를 여러 개인들로 구성된 사회로 확대해보자. 개인 A가 100만원 만큼 손해보는 대가로 개인 B가 107만원어치의 이득을 얻는다면 이를 사회적으로 더 바람직 혹은 정의롭다고 말할 수 있는가? 다수의 생존과 복리를 위해 필요하다면 소수의 안전이나 자유를 제한할 가치가 있는가? 공리주의에 따르면 분명 그렇다. 일부 구성원들의 희생을 대가로 나머지 구성원들이 더 많은 이득을 얻을 수 있다면 경제적 재분배나 정치적 협상을 통해서 그렇게 되어야 마땅하다.

공리주의적 사회후생은 구성원들 간에 효용수준이 어떻게 배분되는가에 상관없이 단지 그 총합에 의해서만 결정된다. 국가의 목적은 사회의 총부(總副)를 극대화하는 데 있으며, 사회적 부를 개인들이 어떻게 분배하며 어떻게 활용하는지는 전적으로 개인들에게 맡겨야 한다. 예컨대, 개인 A의 효용수준이 9단위이고 개인 B의 효용수준이 1단위가 되도록 해주는 자원배분은 개인 A와 개인 B가 5단위씩의 효용수준을 누리도록 해주는 자원배분과 똑같은 정도로 바람직하다고 본다. 여기서 공리주의의 역설을 볼 수 있다. 공리주의는 한편으로 개인의 논리를 사회로 단순 확장하고 있지만 다른 한편으로는 다수를 위해 희생당하는 소수에 대해서는 침묵하기 때문에 개인주의(individualism)와 상충되는 측면이 있다.

셋째, 경제학을 위시한 공리주의 기반의 학문에 있어서 최우선 과제는 효율적 자원배분 혹은 효율적 관리행정(administration)이다. 이는 사회 정의를 외생적으로 주어진 선이나 선호의 극대화로 파악하며 동시에 사회선택을 개인선택의 단순한 연장으로 간주하는 공리주의 철학의 자연스러운 귀결이다. 또한 공리주의 기반 학문에서 자주 중립적 설계자(social planner 혹은

impartial spectator)를 상정하고 그가 효율적 자원관리를 담당한다고 가정하는 분석 방식과 일맥상통한다. 여기서 중립적 설계자는 사회 전체의 후생 극대화를 목표로 하되 모든 사회구성원들에 대해 불편부당한 위치에 서 있는 가상인물을 의미한다. 효율적 자원관리에는 주관적 가치판단이 개입할 여지가 없으므로 공리주의 기반 학문들은 대개 가치중립적 성격을 가진다.

공리주의와 다음 절에서 설명할 롤스의 분배정의론은 대척점에 있는 대표적 사회후생함수이므로 비교할 필요가 있다. [표 4-6]은 공리주의와 롤스 그리고 여타 사회후생함수의 특징들을 정리해 놓았다.

표 4-6 ▌사회후생함수들의 비교

	공리주의	롤스
사회후생함수 $W(u_1, u_2, \cdots, u_n)$	$=u_1+u_2+\cdots+u_n$	$=\min\{u_1, u_2, \cdots, u_n\}$
기본철학	목적론(teleology) • 선과 정의의 이분법 • 선은 주어진 외생변수 • 정의는 선을 추구하는 수단	의무론(deontology) • 정의 자체가 목적 • 정언명령[6] • 불의가 선을 훼손할 수 있어
설계주체	중립적 사회설계자 • 개인의 논리를 사회로 확장 • 최대 다수의 최대 행복	합리적 개인들 간의 사회계약 • 원초상태 • 무지의 장막 한 명이라도 부동의할 사회계약은 무효
주요원칙	다수를 위해 소수의 희생 가능	자유원칙 기회균등원칙 차등원칙
기반학문	경제학, 경영학, 행정학	사회복지학, 정치학
실례	모병제, 병역특례확대 주식 수에 따른 의결권 기여입학제(+장학금 대폭 확충) 오염허가증의 시장 거래 야생동물사냥권(+토착민소득증대)	징병제, 병역특례폐지 일인일표의 보통선거권 지역균형선발, 기초생활수급자우대 기업별 오염배출 상한 규제 야생동물사냥 금지
절충안	평등주의 $W=u_1u_2\cdots u_n$	
비고	칼도어·힉스 기준 총부 극대화	자유주의는 롤스를 신랄하게 비판 • 밀(Mill), 포퍼, 하이에크 • 노직(Nozick)의 보유자격원칙

6 정언명령(定言命令, kategorischer Imperativ)이란 "네 의지의 준칙(rule)이 언제나 보편적 법칙을 따르도록 행동하라"로 요약된다. 예컨대, 급전이 필요한 사람이 친구에게 돈을 꾸려는 상황을 고려하자. 돈 갚기 어려울

4.5 롤스의 분배정의

롤스(Rawls 1971)는 사회에서 가장 생활수준이 낮은 구성원들의 효용을 가장 크게 증가시키는 방향으로 분배가 이루어지는 것이 공정한 분배라고 주장하였다. 롤스의 분배정의(distributive justice)에 따른 사회후생함수는 다음과 같다.

$$W(u_A,\ u_B)=\min\{u_A,\ u_B\}$$

[그림 4-1](b)는 롤스의 사회후생함수에 근거한 사회무차별곡선을 나타낸다. 그림은 한 사람의 효용증가만으로는 사회후생이 증가하지 않음을 보여준다. 자원배분점 y는 점 x에 비하여 개인 A의 효용수준은 똑같은데 개인 B의 효용수준만 높은 상태를 나타낸다. 그럼에도 불구하고 롤스의 가치기준에 따를 경우 점 y는 점 x에 비해 사회적으로 더 나을 것이 없다. 이처럼 롤스의 사회후생함수는 극단적 평등주의의 철학을 반영한다.

롤스의 정의론은 공리주의와 대척점에 서 있다. 첫째, 롤스주의는 선이나 선호에 앞서 정의가 우선되어야 하며 따라서 정의롭지 못한 선택지는 처음부터 아예 배제되어야 한다는 칸트(Immanuel Kant, 1724~1804)의 순수이성 윤리학에 기반을 둔다. 이는 선이나 선호가 옳고 그름과 무관하게 외생적으로 주어져 있으며 정의란 그렇게 주어진 선이나 선호의 극대화일 뿐이라는 공리주의 철학과 정면으로 배치된다. 다시 말해서 공리주의가 정의란 선(선호)을 추구하는 수단에 불과하다고 보는 목적론적 가설인 데 반해 롤스주의는 정의의 추구가 선에 우선한다는 의무론적(deontological) 가설이다.[7]

줄 이미 알고 있으면서 충분히 갚을 수 있다고 거짓말하려는 행위가 옳은지를 판단하려면 이를 보편적으로 확장하여 "누구나 거짓말을 해도 좋다"는 법칙이 유효한지를 판단해야 한다. 금전거래에서 누구나 거짓말을 해도 좋다면 아무도 돈을 빌려주려 하지 않을 것이고 따라서 내가 친구에게 돈을 꾸려는 바로 이 상황도 애당초 성립할 수 없게 된다. 결국 "금전거래에서 거짓말을 해도 좋다"는 준칙은 보편적 법칙에 위배되므로 불의한 것이다.

7 칸트는 목적론과 의무론을 극명하게 보여주는 다음 예시를 제시하고 있다(칸트의 『실천이성비판』에 나오는 예시를 Cooter(2000), 203쪽에서 인용한 내용을 재인용함). 한 사람이 다급하게 뛰어들어오면서 살해 위협을 받고 있으니 숨겨달라고 간청하면 부탁을 받은 사람 입장에서 그를 숨겨줄 의무가 있다. 잠시 후에 칼을 든 강도가 뛰어들어와 도망자를 보지 못했느냐고 묻는다면 어떻게 해야 하나? 칸트의 의무론에 따르면, 도망자를 어디에 숨겨줬는지 강도에게 정직하게 말해줘야 옳다. 도망자는 살해당하겠지만 행위의 선악은 그 자체로 판단되어야지 그 행위가 초래할 결과를 고려해서는 안 된다는 것이다. 이러한 의미로 의무론을 비결과주의(非結果主義, non-conseqentialism)라고 부르기도 한다. 반면 공리주의적 목적론에 따르면, 은닉 장소를 말해주는 행위가 가져올 결과를 종합적으로 판단하여 모른다고 거짓말을 하는 것이 바람직할 수 있다.

둘째, 롤스주의는 합리적 구성원들이 애당초 사회를 만들 당시 동의하였음직한 구조가 어떠한 모습일까에 대한 사회계약론적 물음에서 출발한다. 사회계약론은 모든 구성원들의 '자발적' 동의를 전제로 하므로, 중립적인 중앙 설계자를 상정하고 효율적 자원배분이나 관리행정을 다루는 공리주의를 원천적으로 거부한다.[8]

셋째, 단 한 사람이라도 자발적으로 수락하지 않을 자원배분이나 정치적 협상은 아예 처음부터 논의에서 제외되어야 한다. 이는 일부 구성원들의 희생을 대가로 나머지 구성원들이 행복해질 수 있고 후자가 전자보다 크다면 그러한 자원배분은 정당하다는 공리주의와 정반대의 입장이다.

롤스는 로크(John Locke)와 루소(Jean-Jacques Rousseau)로부터 출발한 사회계약론을 발전시켜 원초상태(原初狀態, original position)와 무지의 장막(veil of ignorance)이라는 가상의 개념을 도입하였다. 원초상태란 어떠한 사회구조도 정해지지 않았고 어느 누구도 미래에 대해서 알지 못하는 불확실한 상황, 즉 무지의 장막에 가려 있는 상태로 정의된다. 롤스는 개인들이 무지의 장막 뒤로 들어가서 원초상태에서 사회제도의 원리를 고민한다면 정의로운 제도가 무엇인지에 대하여 만장일치의 합의를 볼 수 있었으리라 주장한다.

롤스의 분배정의는 최소극대(最小極大, maxi-min)의 원칙으로 종종 설명되는데, 원초상태에서 사회구성원들이 매우 위험회피적이라면 최소극대 원칙에 따라서 사회의 틀을 형성했을 것임에 틀림없다.

원초상태에서 형성될법한 정의로 우선 어느 누구건 똑같은 기본적(basic) 자유와 기초재(primary goods)에 대한 권리를 가져야 한다는 자유원칙(自由原則, Liberty Principle)이 있다. 기본적 자유에는 양심의 자유, 집회결사의 자유, 표현의 자유, 그리고 민주적 의사결정의 자유 등이 있다. 절대빈곤에 허덕이는 사람에게 정치적 결사와 집회의 자유는 별 의미가 없다. 따라서 사회경제적 자원이 지나치게 희소하지는 않다는 전제하에 분배나 배려를 통하여 모든 사람들에게 기본권이 의미 있도록 해주는 최소한의 생활수준을 보장할 수 있다면 응당 그렇게 되어야 한다.[9]

---

8 현실세계에 운용되는 사회제도는 공리주의와 칸트-롤스를 양극단으로 하여 다양한 스펙트럼을 갖고 있다. 예컨대, 1인1표를 천부적 권리로 규정하고 투표권의 매매를 엄단하는 민주정치 체제는 칸트-롤스의 개념에 가깝다. 오늘날 징병제는 칸트-롤스에 가깝지만 미국 남북전쟁 당시 군역을 합법적으로 사고팔 수 있었던 제도는 다분히 공리주의적이다. 소수 부유층에게 조세를 부과하고 그 재원으로 다수의 저소득층에게 보조금을 지급하는 단순 재분배는 공리주의적 정책수단이라 볼 수 있다. 한계효용체감의 법칙이 성립한다면, 저소득층들이 추가로 누리게 되는 한계효용은 부유층들이 희생하는 한계효용을 능가할 것이기 때문이다. 사회정의에 관련한 다양한 사례에 대해서는 Sandel(2010)을 참조할 것.

원초상태에서 형성되었을법한 정의의 두 번째 원칙은 다음과 같다. 사회불평등은 허용될 수는 있으나 두 가지 전제조건을 충족해야 한다. 즉, (a) 사회적 지위나 경제적 이득을 얻는 기회가 모든 구성원들에게 공평하게 개방되어야 하고, (b) 모든 구성원들에게 이득이 되는 방향으로 작용하리라고 합리적으로 예상되어야 한다.

만약 정의의 대원칙인 자유원칙과 불평등 허용과 관련된 둘째 원칙이 충돌한다면 어떻게 할 것인가? 롤스는 그 둘 간의 우선순위를 가리기 위해 사전배열(lexicographic) 방식을 적용하였다. 즉, 자유원칙은 신성불가침이므로 그 원칙이 지켜진다는 전제하에서만 둘째 원칙을 적용할 수 있다. 예컨대, 자유민으로만 구성된 사회 F에 비해 70%의 자유민과 30%의 노예로 구성된 사회 S가 생산력 증대를 통해 더 많은 부와 소득을 창출한다고 가정하자. 또한 사회 S에서는 노예제를 통해 증대된 부와 소득의 상당 부분을 노예들에게 나눠줌으로써 자유민과 노예 누구나 사회 F에 살았었더라면 누렸을 효용보다 더 높은 효용을 누릴 수 있다고 하자. 사회 S는 정의의 둘째 원칙을 모두 충족하고 있으나 노예민의 기본권을 침해하므로 자유원칙을 위배한다. 롤스에 따르면 사회 S는 제아무리 물질적으로 풍요롭더라도 결코 정의롭지 못하다.

사회불평등의 허용을 위한 전제조건 (a)는 기회균등(Equality of fair opportunity) 원칙이라 불린다. 특별한 재능, 능력, 열정, 자산을 타고난 사람은 경제사회 활동을 통해 남보다 더 많은 소득이나 성공을 거둘 수 있다. 반면 개인의 물질적, 신체적, 정신적, 성격적 특성이 사회에서 요구하는 것들과 거리가 멀다면 그런 개인은 노력 여하에 상관없이 성공하기 쉽지 않다. 더구나 이러한 불평등이 가족이나 집단을 통해 대물림되는 체제에서 불평등은 갈수록 고착화되고 심화된다. 이처럼 우연적인 요소에 의해 개개인의 운명이 결정되는 구조는 도덕적으로 정의롭지 못하다고 롤스는 주장한다. 장애인 의무고용제, 특정 성의 최소 비율을 강제하는 양성평등법, 최저생계보장제도 등 현대 사회복지제도 대부분은 기회균등을 실질적으로 보장하려는 롤스주의적 제도이다.

롤스에게 평등은 사회의 모든 구성원들에게 의미 있는 선택권을 제공하는 자유를 보장하고 분배정의를 실현하기 위한 것이다. 물론 이처럼 모든 사람들이 실질적으로 동등한 기회를 누리려면 만인이 동등하게 누리고자 하는 자유 그 자체가 일부 제한받을 수 있다. 예컨대, '가진 자'의 소득이나 재산이 '못 가진 자'에게로 이전되면 '가진 자'의 자유는 일부 침해받게 된다. 또 다른 예로, 장애인 의무고용제나 여성할당제가 실시되면 비장애인이나 남성은 불이익을 받게

9 롤스는 개인재산권(personal property right)도 기본자유에 포함시켰으나 개인의 도덕적 능력과 자아존중의 측면에서의 소극적 옹호일 뿐 자유주의자들이 주장하는 것처럼 사유재산권에 대한 천부적 권리를 의미하는 것은 아니다.

된다. 그럼에도 불구하고 우리의 자유의 최소한의 정당한 가치는 보장되어야 한다. 다시 말해서, 원초상태에서 각자가 어떠한 상황에 처하게 되건 사회는 살만한 곳이어야 하며 개인의 자유가 진정 의미 있도록 해줄 실질적 조치들이 담보되어야 한다.

롤스가 제시한 사회불평등 허용의 두 번째 조건 (b)는 차등원칙(差等原則, difference principle)이라 불린다. 차등원칙에 따르면 엇비슷한 재능과 동기를 가진 사람들은 엇비슷한 삶의 기회를 가져야 하며 사회불평등은 가장 열악한 삶을 사는 구성원들에게 이득이 될때에만 허용되어야 한다. 모든 구성원들에게 기회가 공평하게 열려 있다면 그렇게 초래된 불평등은 기회균등원칙에 의하여 인정할 수 있지만 반드시 모든 구성원들(특히 최하층이나 최빈층)에게 이득이 되어야 한다는 전제가 있어야 한다. 왜 하필이면 최하층인가? 상류층과 최하층의 삶이 동시에 더 나아지도록 하는 사회구조나 제도 변화는 대개 중간계층의 삶도 개선하기 마련이기 때문이라고 롤스는 설명한다. 이처럼 롤스주의는 한편으로는 극단적 평등주의를 지향하고 있지만 다른 한편으로는 조건부 불평등도 인정한다.

롤스의 최소극대화 원리는 사회구성원들이 극단적으로 위험회피적이라는 가정에 기초한다는 비판이 있다. 이를 이해하기 위하여 다음 상황을 고려하자. 인구 100명으로 구성된 사회가 있다. 원초상태에서 정상인으로 태어날 확률이 99%이고 정신지체자로 태어날 확률이 1%라고 하자. 편의상 정신지체자의 생산성은 0이라고 가정하자. 정상인의 생산성은 사회제도에 따라 달라지는데, 완전평등사회에서 정상인의 생산성은 100단위지만 완전경쟁사회에서 정상인의 생산성은 500단위라고 가정하자. 이러한 생산성의 차이는 열심히 일하도록 유도하는 동기의 차이로 인하여 발생한다. 완전평등 사회에서 정상인이건 정신지체아건 상관없이 개별 구성원은 99단위의 소득을 누리게 된다. 반면에 완전경쟁사회에서 정상인은 500의 소득을 누리고 정신지체자는 0의 소득을 누리게 된다고 가정하자. 구성원 누구나 99단위를 보장받는 제도를 더 선호할 것인가, 혹은 99%의 확률로 500단위를 벌고 1%의 확률로 0을 버는 제도를 더 선호할 것인가? 대답은 사회구성원이 얼마나 위험회피적인가에 달려있다. 위험회피도가 매우 크다면 전자를 후자보다 더 선호할 것이다. 반면 위험회피도가 극단적으로 크지 않다면 전자보다 후자를 더 선호할 가능성이 높다. 결국 사회구성원들이 극단적인 위험회피자가 아니라면 원초상태에서조차 최소극대 원칙을 선택할 가능성은 낮을 것이다. 그러나 이러한 경제학적 재해석과 비판에 대하여 롤스는 극단적 위험회피가 분배정의의 필요조건이 아니라고 분명히 선을 그을 뿐 아니라, 최소극대라는 표현도 분배정의론의 개념을 오도하므로 거부한다고 선언한다.[10]

10 Rawls(1999)[1971], pp.72~73, pp.144~153.

4.6 여타 사회후생함수

4.6.1 평등주의

평등주의(平等主義, egalitarianism)는 공리주의와 롤스주의를 절충한 개념이다. 일반적으로 소득수준이 높아질수록 한계효용은 감소한다. 따라서 부자의 소득을 빈자(貧者)에게 이전해줄 경우 부자가 희생하는 효용 감소분보다 빈자가 추가로 누리는 효용 증가분이 크다. 평등주의는 이처럼 높은 효용수준을 누리는 구성원의 효용에는 상대적으로 낮은 가중치를 부여하는 반면 낮은 효용수준을 누리는 구성원의 효용에는 높은 가중치를 부여하여 사회후생을 평가한다.

$$W(u_A,\ u_B)=u_A u_B$$

[그림 4-1](c)는 평등주의적 사회후생함수로부터 도출되는 사회무차별곡선들을 나타내고 있다. 그림에서 주어진 사회무차별곡선을 따라 우하향으로 내려갈수록 곡선의 기울기가 완만해지는 것을 알 수 있다. 점 x로부터 점 y로 내려가면서 사회무차별곡선의 기울기의 절댓값이 작아지는 것은 개인 A의 효용이 증가하고 개인 B의 효용이 감소함에 따라 개인 A의 사회적 중요도가 상대적으로 감소함을 의미한다.

공리주의적 관점에서 볼 때 개인 A가 9단위의 효용을 누리고 개인 B가 1단위의 효용을 누릴 경우 사회후생은 각자가 5단위씩의 효용을 누릴 경우의 사회후생과 똑같이 10단위였다. 그러나 평등주의적 철학으로 볼 때 전자의 자원배분으로부터 얻는 사회후생이 9단위에 불과한 데 반해 후자의 자원배분으로부터 얻는 사회후생은 25단위에 달한다. 다시 말해서 효용의 총합이 비슷하다고 가정할 경우 구성원들 간의 공평한 분배가 불공평한 분배보다 사회적으로 우월하다는 가치판단에 근거한다. 원칙적으로는 평등주의적 국가도 공리주의적 국가와 마찬가지로 소득은 재분배하되 이후 선택은 전적으로 개인의 자유에 맡길 수 있다. 그러나 현실에 있어서 평등주의 철학에 근거한 재분배정책은 사치재에 높은 세율을 적용하는 사례처럼 대체로 개인 선택에 대한 규제를 동반하는 경향이 있다.

4.6.2 칼도어 · 힉스 기준과 총부극대화

효율을 사회선택의 유일한 기준으로 받아들인다고 하더라도 대부분의 정책이나 자원배분의 경우 이익 보는 사람이 있으면 손해 보는 사람도 있기 마련이다. 따라서 수많은 파레토최적 자원배분 가운데 어느 것이 사회적으로 더 바람직한지는 여전히 미지수이다.

파레토 효율성을 다소 변형한 개념으로 칼도어(Nicholas Kaldor)와 힉스(John Hicks)가 정립한 총부극대화(wealth maximization) 개념을 들 수 있다. 이 기준에 따르면 비록 정책 변화로 이익을 보는 구성원들과 손해를 보는 구성원들이 동시에 생기더라도 이익 증가분이 손해 증가분을 능가하여 사회적 총부(總富)가 늘어난다면 문제가 되지 않는다. 세금, 보조금, 사회복지와 같은 재분배정책이나 각종 행정규제를 사용하여 이익을 일부 회수하고 이를 손해본 구성원들에게 보상해주면 되기 때문이다.

문제는 정책이 시행된 후에 이해당사자들 간에 이익을 어떻게 공유하고 보상해줄 것인가를 정책 도입 이전에 결정해야 한다는 데 있다. 사후이익 공유의 방식과 불확실성에 따른 위험회피 성향으로 인하여 정치적 협상은 파행을 겪기 일쑤이다. 극심한 사회갈등은 엄청난 거래비용을 요구하기도 한다. 만약 협상과정에 소요되는 사회적 비용이 순부를 능가할 정도로 크다면 칼도어 · 힉스 기준은 근본적인 한계를 갖게 된다.

자유무역 추진과 시장개방의 예를 들어보자. 자유무역으로 시장규모가 커지면 산업경쟁력과 이윤이 증가되고 소비자 후생이 크게 늘어나는 반면 시장개방으로 타격이 큰 농어민, 중소제조업 근로자, 금융산업 종사자 등은 극렬 반대하기 마련이다. 자유무역 협정 추진을 위한 대국민 설득 논리는 이익 보는 개인 · 기업 · 산업으로부터 손해 보는 개인 · 기업 · 산업에게로 부를 이전함으로써 궁극적으로 모두에게 이득이 되도록 한다는 것이었다. 실제 농업부문의 대폭적인 개방을 골자로 하는 우루과이라운드(Uruguay Round)를 앞두고 농어민에게 다년간에 걸친 천문학적 지원을 약속하였고 정부는 이를 이행하였다. 그러나 정부와 국회가 농어민 소득보전과 함께 기대했던 농업구조조정과 농어업 경쟁력 향상은 지지부진한 채 세월과 국고만 허비한 바 있다.

엄밀하게 말해서 칼도어 · 힉스 기준과 총부극대화는 다르다. 전자는 개인들의 효용을 바탕으로 파레토 기준에 잠재적 보상가능성을 가미한 개념인 반면 후자는 화폐 단위로 표시된 부의 극대화를 지향하는 개념이다. 총부극대화 원리와 관련하여 사회후생을 과연 화폐 단위로만 따질 수 있느냐는 반론이 있으나, 공리주의나 칼도어 · 힉스 기준처럼 관찰가능하지도 않은 효용함수란 개념에 기초를 두는 개념보다 명쾌하다는 장점이 있다. 포스너(Posner 2011[1973])와 같은 보수주의자들은 총부극대화가 보통법 체계에서 법원의 판결원리 진화과정을 잘 나타내준다고 주장하면서 정부정책의 결정 원리로 옹호한다.

4.6.3 자유주의

사회후생과 분배정의를 다루는 데 있어서 자유주의적(libertarian) 철학도 빼놓을 수 없다. 자유주의의 스펙트럼은 매우 넓기 때문에 기원을 찾기는 애매하지만 밀(John Stuart Mill, 1806~1873)이 『자유론』(*On Liberty*, 1859)에서 가장 견고한 토대를 제공했다는 데에는 이견이 없다. 국가권력도 법률을 통해서만 행사되어야 한다는 로크의 법치주의 그리고 인민의 뜻을 거스르는 정치권력은 전복될 수 있다는 루소의 사회계약론에서 밀은 한 발 더 나아갔다. 밀은 개인의 자유를 침해할 단 하나의 명분은 자기보호뿐이라고 주장했다. 다시 말해서, 다른 구성원들에게 해를 끼치는 것을 막기 위해서 공동체가 특정 구성원을 제약하는 것은 정당하지만, 그 외의 어떠한 경우에도 개인의 자유는 불가침이라는 것이다.

현대 자유주의의 대표 사상가로 포퍼(Karl R. Popper), 하이에크(Friedrich A. von Hayek), 노직(Robert Nozick) 등이 있다. 포퍼(Popper 1945)는 집단주의나 전체주의를 반대하고 개인의 자유를 최우선에 두었다. 다만 무제한의 자유를 허용하면 타인의 자유가 침해당하는 경우가 다반사이기 때문에 공동체가 개입하여 경제사회적 약자를 보호할 필요는 있다고 보았다. 그마저도 맑스-엥겔스 식의 급진적 혁명이 아니라 '점진적 공학'(piecemeal engineering)에 따른 사회개혁이 바람직하다고 주장했다.

하이에크(Hayek 1944)는 시장과 경쟁이라는 자연발생적 힘에만 의존하고 인위적인 규제나 간섭은 사실상 철폐해야 한다고 주장한다. 자본주의 체제에서 개인에 대한 보상은 도덕적 기준이 아니라 수요공급에 따라 이루어진다. 예컨대, 걸그룹 멤버의 수입이 교사나 소방관보다 높은 것은 그것이 바람직해서가 아니라 사람들이 걸그룹 공연에 훨씬 더 많은 돈을 기꺼이 지불하기 때문이다. 그러므로 시장 메커니즘에 가치를 연결시키려는 시도는 엉터리없는 짓이다. 사회란 다양한 선호를 가진 수많은 개인들이 각자의 행복을 추구하는 곳이므로 누가 주장하느냐에 따라 주관적일 수밖에 없는 '사회정의'라는 잣대를 모두에게 들이대서는 안 된다. 공동체의 이름으로 분배정의의 기준을 설정하고 개선하려는 시도 자체가—극좌건 극우건—전체주의로 빠지기 십상이다. 사회정의니 분배정의니 하는 것들은 그 개념적 모호성 때문에 조직적 이익집단들,

특히 노동조합이 집단이기주의를 추구하는 데 있어 다목적의 효과적인 이념도구의 역할을 할 뿐이다.

노직(Nozick 1974)은 개인들의 모든 특성들을 무시하는 무지의 장막 뒤에서 개인들의 합리적 선택과 동의에 의해 사회제도가 형성된다고 보는 롤스적 사회계약론은 필연적으로 정의의 기준을 분배결과에만 두게 된다고 비판한다. 다시 말해서 롤스적 분배정의는 결과론적 평등으로 자연스럽게 귀결된다는 것이다. 노직은 공정한 경쟁과 절차에 의해 정당하게 얻은 권리는 정의롭다는 보유자격원칙(entitlement principle)을 주장한다. 다시 말해서, 분배정의는 분배의 결과에 달려있지 아니하며 사회적 합의에 의해 공정한 경쟁과 절차를 결정하고 난 뒤 그로부터 초래된 결과는—극단적 불평등이라고 하더라도—모두 정당하다. 가족, 이웃, 지역공동체, 국가를 포함한 어느 누구도 본인의 동의 없이 개인의 권리를 침해해서는 안 되며, 이는 개인 권리의 침해가 사회 전체적으로 명백한 이득이 되는 경우에도 마찬가지이다. 자유주의 철학을 공공선택의 측면에서 보면 정부의 간섭 없이 자유시장 원리에 의하여 결정된 분배상태가 가장 바람직하다.[11]

4.7 최적 사회선택

사회의 최적 선택은 달성가능한 자원배분들 가운데서 사회후생을 극대화해주는 자원배분을 선택하는 문제이다. 여기서 '달성가능'이란 효용가능곡선 혹은 그 내부에 있는 자원배분임을 뜻하며 사회후생의 극대화 정도는 사회후생함수로 측정된다. 앞서 제3장 3.2절에서 살펴본 효용가능곡선은 강제수탈, 세금, 보조금 등 국가의 개입이 전혀 없는 순수교환경제를 상정하고 도출된 것이다. 조세, 보조금, 복지, 사유재산권 보호 등 현실 국가체제를 상정하면 효용가능곡선의 형태나 위치는—원래의 효용가능영역을 벗어날 수는 없겠지만—달라진다.

[그림 4-2]의 곡선 DD'는 현행 국가체제나 정책하에서 공동체 구성원들이 달성할 수 있는 효용가능영역을 나타내고 있다. 그림에서 곡선 RM 영역은 파레토최적 자원배분들의 집합이다. 개인 A를 더 행복하게 만들기 위해서는 개인 B가 불행해질 수밖에 없고 개인 B를 더 행복하게 만들기 위해서는 개인 A가 필연적으로 불행해져야 하기 때문이다. 그림에서 RM 곡선 이외의

11 하이에크에 관한 내용은 Muller(2002) 제13장을, 노직에 관한 내용은 나성린 외(2014) 34~35쪽을 일부 참조하였다. 포퍼의 철학은 유시민(2011) 제6장을 일부 인용함.

그림 4-2 주어진 국가체제에서의 효용가능곡선 DD'

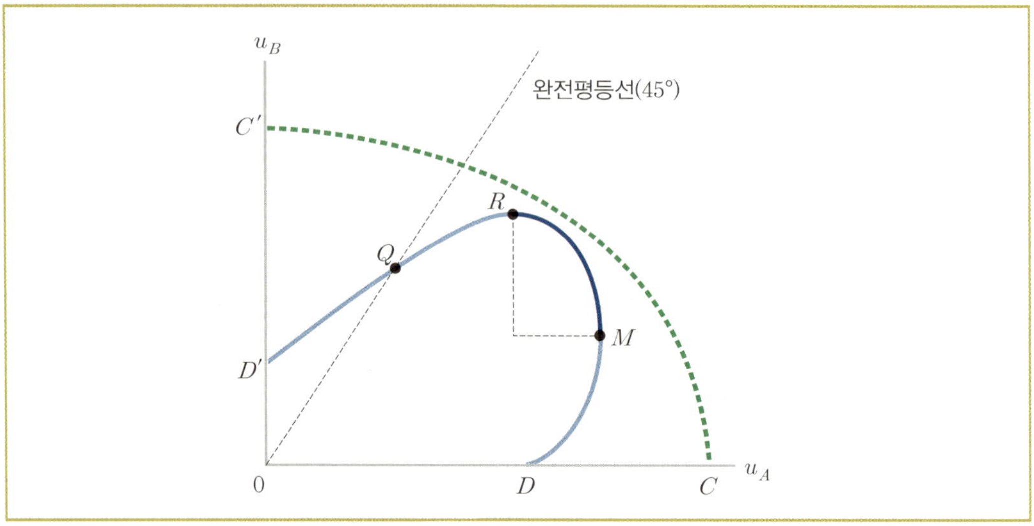

① 파레토최적 자원배분점들은 점 R과 점 M 사이의 굵은 곡선
② 이상적인 순수교환경제에서의 효용가능곡선 CC'
③ 점 Q: 달성가능하면서 완전평등한 자원배분

영역은 파레토 비효율적 자원배분을 나타낸다. 예를 들어, 점 Q는 개인 A와 개인 B가 똑같은 효용을 누리므로 완전평등을 나타낸다. 그러나 점 Q에서 R로 이동하면 두 사람 모두 더 높은 효용을 얻을 수 있으므로 Q는 파레토 비효율적이다. 물론 Q에서 R로 옮기면 두 사람 간에 불평등은 발생하게 되지만 말이다.

국가가 지나치게 누진적인 근로소득세제를 채택한다면 근로능력이 높은 사람은 뼈 빠지게 일하고 소득의 상당 부분을 세금으로 내느니 여가를 좀 더 즐기고 적당한 소득을 올리는 편이 낫다. 이처럼 근로소득세가 너무 높아 능력이 우월한 사람의 근로의욕이 낮아지거나 무상복지의 과도한 확대로 저소득층의 도덕적 해이가 늘어나면 공동체 전체의 국부가 크게 감소할 수 있다. 또한 자본소득에 지나치게 높은 세율을 매길 경우 자본의 해외도피나 탈세로 인하여 공동체의 효용가능영역이 축소될 수 있다. 그림에서 DM이나 $D'R$처럼 정(+)의 기울기를 갖는 영역은 이처럼 정책의 부작용이 순기능보다 큰 영역에 해당한다.

이제 4.4~4.6절에서 설명한 사회후생함수와 위에서 설명한 효용가능곡선을 결합하여 최적사회선택을 구해보자. [그림 4-3]에서 점 M은 주어진 국가체제에서 달성가능한 효용가능영역 가운데 최대극대(maximax), 즉 돈 있고 힘 있는 사람(들)의 후생을 극대화하는 자원배분을 나타낸다. [그림 4-3](a)의 점 T는 효용가능영역 RM 가운데 공리주의적 사회후생 $W=u_A+u_B$를 극

그림 4-3 ▌사회후생함수에 따라 달라지는 최적 사회선택

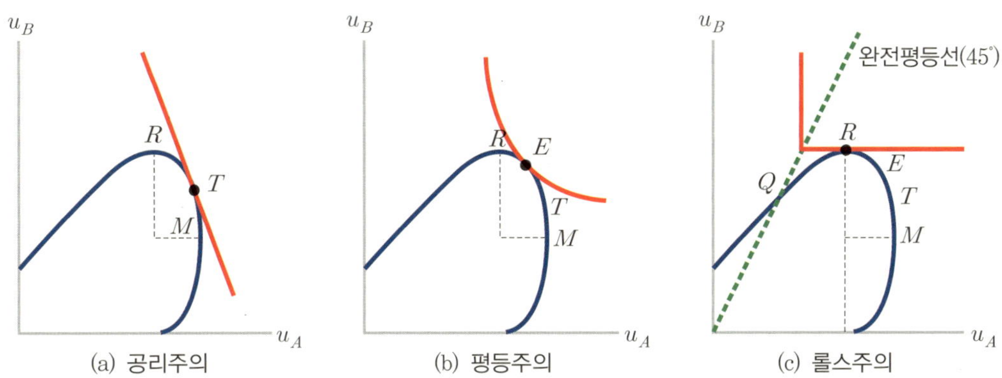

점 R: 롤스의 분배정의에 따른 선택
점 T: 공리주의적 최적 사회선택
점 E: 평등주의적 최적 사회선택
점 M: 부유층의 후생을 극대화하는 사회선택
점 Q: 달성가능하면서 완전평등한 자원배분

대화하는 자원배분이다. [그림 4-3](b)에서 점 E는 평등주의적 사회후생 $W=u_Au_B$를 극대화해주는 사회선택이다.

마지막으로 [그림 4-3](c)에서 점 R은 롤스의 최소극대 분배정의를 달성하게끔 해주는 자원배분이다. 점 R에서는 개인 A가 개인 B에 비해서 높은 효용을 누리므로—점 Q와 비교할 때—사회불평등이 분명 존재한다. 그러나 이 불평등은 가장 열악한 상태에 놓여 있는 구성원(개인 B)에게 이득을 주는 범위에서 허용된 것이므로 차등원칙에 부합하며 완전평등 상태인 Q보다 우월하다. 그림에서 R에서의 사회후생수준 $W(R)$이 Q에서의 사회후생수준 $W(Q)$보다 큼에 유의하라.

연습문제 >> 4-2 EXERCISES

두 명으로 구성된 사회에서 효용가능곡선이 다음과 같다고 가정하자.

$$u_B=-\frac{2}{27}(u_A-9)^2+7$$

(1) 효용가능곡선과 완전평등선을 그림으로 나타내라.
(2) 최대극대, 공리주의, 평등주의, 최소극대 자원배분을 각각 구하라.
(3) 완전평등 사회에서 달성가능한 가장 높은 사회후생수준을 구하라.
(4) 파레토최적 자원배분을 구하라.

05

CHAPTER

게임이론의 기초

5.1 게임의 구성요소

5.2 게임의 형태

5.3 게임의 해

5.4 우월전략과 열등전략

5.5 강열등전략의 단계적 소거

5.6 순수전략 내쉬균형

5.7 여러 2×2 전략형게임

5.1 게임의 구성요소

본절과 다음 절에서는 게임의 구성요소와 형태를 개략적으로 살펴보고자 한다. 게임의 구성요소는 다음의 여섯 가지이다.

① 경기자
② 경기의 순서
③ 게임 도중 각 경기자가 알고 있는 지식과 정보
④ 매 시점에 각 경기자가 취할 수 있는 행동 혹은 전략
⑤ 경기자들의 행위에 따라 생길 수 있는 결과
⑥ 결과의 실현으로 각 경기자가 누리게 되는 보수

이 가운데 게임의 규칙에 관한 구성요소는 ①, ②, ③이며, 전략에 관한 요소는 ④, 그리고 결과에 관한 요소는 ⑤와 ⑥이다. 게임이란 이상에서 언급한 여섯 개의 구성요소를 모두 갖춘 전략적 상호작용의 상황으로 정의된다.

이제 각각의 구성요소에 대하여 상세히 알아보자.

5.1.1 경기자

게임에서 경기자(player)는 의사결정의 주체이다. 과점시장에서는 기업들이 모두 경기자이며, 임금협상에서는 노동조합과 사용자가 경기자이다. 경기자의 명칭은 대개 자연수로 나타내며, 대표적 경기자의 이름은 소문자 i로 나타낸다. 예컨대, 경기자 1과 경기자 2가 참여하는 2인(人) 게임에서 각자의 성명은 $i=1$와 $i=2$로 표시한다.

경제학의 기본 패러다임 중 하나는 경제행위의 주체가 합리적 의사결정을 한다는 것이다. 합리성(合理性, rationality)이란 두 요건으로 정의된다. 첫째, 의사결정에 있어서 항상 일관성(consistency) 있는(즉 완비성과 이행성을 충족하는) 선택을 한다. 둘째, 다른 사람들이야 어떻게 되든 상관없이 철저히 사익(self-interest)을 추구한다. 게임이론에서는 게임의 주체인 경기자의 합리성에 더 강한 가정을 요구하는데, 이는 모든 경기자의 합리성이 주지사실(周知事實, common knowledge)이라는 것이다. 경기자의 합리성이 주지사실이라는 것은 다음의 무한명제

'당신이 합리적이라는 사실을 나는 알고 있다.
당신이 합리적이라는 사실을 내가 안다는 사실을 당신이 알고 있다.
당신이 합리적이라는 사실을 내가 안다는 사실을 당신이 안다는 사실을 나는 알고 있다.
……'

와 대칭적 무한명제

'내가 합리적이라는 사실을 당신은 알고 있다.
내가 합리적이라는 사실을 당신이 안다는 사실을 나는 알고 있다.
내가 합리적이라는 사실을 당신이 안다는 사실을 내가 안다는 사실을 당신도 알고 있다.
……'

가 모두 참(true)임을 뜻한다.

게임이론에서는 전략적 의사결정을 하는 경기자들 이외에도 '자연법칙'(Nature) 혹은 '하나님'(God)이라 불리는 비(非)전략적 경기자의 존재를 가정한다. 경제학에서 경제주체가 불완전한 정보를 갖고 있는 상황은 확률변수로 모형화된다. 예컨대, 주식투자자가 내일의 주가가 상승할지 혹은 하락할지 모른다고 하자. 이 경우 내일 주가는 주어진 확률분포에 따라 실현된다고 본다. 확률분포 중 어떤 값이 실제로 실현되는가 하는 것은 자연법칙에 의해 무작위로 선택되며 경제인이 통제하지 못한다. 예컨대 비가 내릴 확률이 60%라는 것은 이 사실을 경기자들이 정확히 알고 있을 뿐 아니라 실제로 자연법칙이 60%의 확률로 비를 내린다는 것을 의미한다. 비전략적이라는 것은 자연법칙이 경기자들의 예상을 뒤집기 위해 60% 대신, 예를 들면 20%의 확률로 비를 내리게 하는 식의 전략적 행동을 취하지 않음을 뜻한다.

5.1.2 의사결정의 순서

의사결정이 순차적으로 이루어지는 게임을 순차게임(順次게임, sequential move game)이라고 부르며, 모든 경기자의 의사결정이 동시에 이루어지는 게임을 동시게임(simultaneous move game)이라고 부른다. 예컨대 바둑이나 장기는 순차게임이며, 밀봉입찰경매(sealed-bid auction)나 특허취득경쟁은 동시게임이다. 동시게임의 핵심은 경기자가 자신의 전략을 선택하는 순간에 상대방이 어떤 전략을 선택했는지 알 수 없다는 데 있다. 따라서 동시게임에서 '동시'는 경기자들이 시간적인 의미라기보다는 상대방이 어떤 전략을 선택할지 모르는 상태에서 자신의 전략을 선택해야 한다는 의미에 가깝다.

순차게임에서는 한 경기자가 먼저 행동을 취하고 다른 경기자가 뒤이어 선택을 한다. 순차게임의 특징은 나중에 행동하는 경기자가 선행 경기자의 선택 사실이나 선택지에 관한 정보를 알고 있는 상태에서 자신의 전략을 택한다는 데 있다. 따라서 순차게임에서 '순차'도 시간적인 의미라기보다 정보의 상태에 관한 개념이다. 당연히 순차적 의사결정과 동시적 의사결정이 혼재된 게임도 많이 있다.

5.1.3 정보의 묘사

이 책에서 다루는 게임은 경기자들이 자신이 이전에 습득한 정보를 결코 잊어버리지 않는 완전회상(完全回想, perfect recall)하의 게임이다. 화투를 예로 들면, 주어진 판에서 자신이 원래 가지고 있었던 패와 전에 냈던 화투장들 및 그 순서 등을 모두 기억하고 있을 뿐 아니라, 여태껏 상대방들이 노출했던 모든 정보(예컨대, 상대방이 내려놓았던 화투장, 뒤집어서 가져간 화투장 등)를 모두 기억하고 있음을 뜻한다.[1]

게임이론에 있어서 지식(knowledge)의 역할과 모형화는 매우 중요하다. 예컨대, 특정 기업의 주가가 상승할 것이라는 정보를 갖고 있는 주식투자자 A가 주식을 매각하려는 주주 B를 만났다고 하자. 투자자 A는 주식을 매각하려는 B가 제정신이 아니라고 생각하고 그냥 주식매수를 추진할 수도 있다. 그러나 B의 합리성을 믿어 의심치 않는다면, 투자자 A는 B가 주가 하락에 관한 그 나름의 정보를 근거로 매각결정을 내렸을 것임을 추론할 수 있다. 상대방으로 하여금 주식매각을 결정하도록 유도한 내용도 ― 무슨 내용인지는 몰라도 ― 주가변동에 대한 유용한 정보일 것이다. 따라서 투자자 A는 주가 상승을 예측하도록 유도했던 자신의 원래 정보를 수정할 필요를 느낄 것이다. 즉, 상대방 주식매각 희망자가 갖고 있으리라고 합리적으로 추론할 수 있는 정보까지 고려하여 여전히 주식매입이 바람직한가를 재고해야 한다.

합리적 경제인들은 '의견 불일치에 동의'(agree to disagree)할 수 있는가? 예컨대, 합리적 경제인들이 주식시장에서 투기를 할 것인가? 주지사실(common knowledge)이라는 개념은 이러한 문제를 분석하는 데 결정적으로 중요한 역할을 한다. 어떤 사건(event) E가 두 경제인 간에 주

---

1 불완전회상(imperfect recall)게임은 분석하기가 난해한데, 가장 간단한 형태의 '음주운전자의 고민'(absent-minded driver's problem)조차도 완전회상 게임에서는 나타나지 않는 복잡한 쟁점들이 발생한다. 관심 있는 독자는 *Games and Economic Behavior*(1997) 제20권 특집호나 Rubinstein(1998) 저서를 참조.

지사실이라는 것은 사건 E가 발생했음을 각자가 알고 있을 뿐 아니라 다음의 두 무한명제가 모두 참(true)임을 의미한다.

무한명제

'사건 E가 발생했음을 당신이 안다는 사실을 나는 알고 있다.

사건 E의 발생을 당신이 안다는 사실을 내가 안다는 사실을 당신이 알고 있다.

……'

대칭적 무한명제

'사건 E가 발생했음을 내가 안다는 사실을 당신은 알고 있다.

사건 E의 발생을 내가 안다는 사실을 당신이 안다는 사실을 내가 알고 있다.

……'

이처럼 주지사실은 지식에 대한 추론의 무한 사슬로 정의된다.[2]

게임이론에서는 경기자들이 갖고 있는 정보의 종류에 따라 완전정보와 불완전정보, 그리고 완비정보와 미비정보로 구분한다. 완전정보(完全情報, perfect information)나 불완전정보(不完全情報, imperfect information)란 각 경기자가 자신의 전략을 선택할 때 상대방이 어떠한 행동을 취했는지 알고 있느냐 모르고 있느냐에 따른 구분이다. 예컨대 바둑은 상대방과 내가 여태껏 두었던 수가 무엇인지를 알고 있는 상태에서 나의 다음 수를 두므로 완전정보하의 게임이다. 반면에 가위바위보는 상대방이 무엇을 낼지 모르는 상태에서 나의 대안을 선택해야 하므로 불완전정보하의 게임이다.

완비정보(完備情報, complete information)와 미비정보(未備情報, incomplete information)는 상대방 경기자의 특성(characteristic) 혹은 유형(類型, type)을 알고 있느냐 모르고 있느냐에 따른 구분이다. 예컨대, 어떤 대기업이 신입사원을 공개채용할 때 기업은 생산성이 높은 응시자를 신입사원으로 뽑고 싶을 것이다. 그런데 기업이 지원자 개개인의 생산성이 높은지 낮은지 알 수가 없다면 기업은 지원자의 유형을 모르고 있는 것이므로 미비정보하의 게임이다. 제15장에서 상세히 설명하겠지만 불완전정보하의 게임과 미비정보하의 게임은 정보집합(information set)이라는 개념을 사용하여 묘사된다.

---

2 아우만(Aumann 1976)은 주지사실을 경제학과 게임이론에 도입하여 정형화하였다.

5.1.4 행동과 전략

의사결정의 상황에서 경기자가 선택할 수 있는 대안들을 행동(行動, action)이라 부른다. 어떤 경기자가 '아무 행동도 취하지 않는 선택'을 할 수 있다면 이것까지도 행동의 하나로 포함되어야 한다. 순수전략(純粹戰略, pure strategy)이란 일어날 개연성이 있는 모든 경우에 대해서 해당 경기자가 취할 행동의 완전한 계획(complete contingent plan)으로 정의된다.

순수전략의 개념을 이해하기 위하여 다음의 예를 생각해보자. 남북문제에 있어서 남한의 선택은 평화회담 추진 혹은 냉각상태 유지 두 가지라고 가정하자. 남한의 요청에 대한 북한의 선택은 우호적 수락 혹은 묵살의 두 선택지가 있다. 북한이 어떠한 태도를 취하든 남한은 또다시 대북제재 유지 혹은 대대적 남북경협 중 하나를 선택할 수 있다. 남한의 순수전략이란 남한의 초기제안뿐 아니라 북한의 수락 여부 및 그에 대응하는 남한의 행동을 포함하는 계획을 의미한다. 예를 들어 '평화회담을 요청한다. 북한이 평화회담 요청을 수락한다면 남북경협을 추진하고 거절한다면 대북제재를 유지한다'는 계획은 남측의 순수전략 가운데 하나이다. 반면 '평화회담을 요청한다. 북한이 거절할 경우 대북제재를 유지한다'는 순수전략이 될 수 없다. 북한이 평화회담 요청을 수락할 경우 남한이 어떻게 대응한다는 내용이 빠져있기 때문이다.

혼합전략(混合戰略, mixed strategy)이란 경기자가 여러 선택지 가운데 하나를 선택하되 자신이 설정한 확률분포에 따라 무작위로 선택하는 것을 뜻한다. 남북문제의 예에서 북한이 70%의 확률로 요청을 수락하고 나머지 30%의 확률로 거절한다면 이는 혼합전략이다.

5.1.5 결과와 보수

게임의 결과(outcome)란 모든 경기자들이 규칙에 따라 전략을 선택함으로써 실현되는 최종상태를 뜻한다. 보수(報酬, payoff)란 주어진 게임에서 경기자가 궁극적으로 얻고자 하는 금액 혹은 효용으로 정의된다. 권투경기의 승패에 따라 달라지는 대전료 및 승리감, 주식투자를 통해 얻는 매매차익, 시장점유율의 상승을 통해 얻는 추가 이윤 등이 각 게임에 참여한 경기자가 추구하는 보수이다.

경기자의 보수는 폰 노이만과 모르겐슈테른에 의해 정립된 기대효용가설(期待效用假說, expected utility hypothesis)에 의하여 계산된다. 설명의 편의상 어떤 선택의 결과로 화폐금액 x원을 얻거나 혹은 y원을 얻는 둘 중 하나의 상태만이 실현된다고 가정하자. 여기서 x원을 얻을 확률이 p이고, y원을 얻을 확률이 나머지 $(1-p)$라 하자. 효용함수가 $u(x)$인 의사결정자가 이 선택으로부터 얻는 효용은 식 (5.1)과 같은데, 이렇게 계산된 효용을 기대효용(expected utility)이라 부른다.

$$Eu = p \times u(x) + (1-p) \times u(y) \tag{5.1}$$

식 (5.1)을 여러 상태가 존재하는 경우로 일반화하면 기대효용은 각 상황에서 실현될 보수가 가져다주는 효용을 각 상황이 일어날 확률로 곱한 후 이를 발생할 가능성이 있는 모든 상황에 대하여 합하여 계산된다.[3]

게임이론에서 보수는 폰 노이만·모르겐슈테른 기대효용이다. 즉, 주어진 게임에 적힌 보수는 전략이나 행동을 선택한 결과로 얻을 금액을 경기자의 효용함수에 대입하여 얻은 효용수준을 나타낸다. 경기자들의 보수를 벡터형식으로 표시한 것을 보수벡터(payoff vector)라 부르는데, 보수벡터의 차원은 당연히 경기자들의 수와 일치한다.

5.2 게임의 형태

5.2.1 전개형

전개형(展開型, extensive-form)게임이란 앞 절에서 열거한 게임의 여섯 구성요소를 모두 명시한 게임나무(game tree)로 정의된다.[4] 게임나무는 마디(node)와 가지(branch)로 이루어진 그래프의 일종이다. 게임나무에서 마디는 크게 의사결정마디(decision node)와 종결마디(terminal node)로 분류된다. 의사결정마디란 경기자 중 누군가가 자신이 취할 행동을 결정해야 하는 상태이며, 종결마디는 게임의 최종결과가 실현되어 모든 경기자들에게 결과에 상응하는 보수가 지불되는 상태를 뜻한다. 게임이 최초로 시작되는 뿌리(initial node)는 의사결정마디 가운데 하나임은 말할 나위 없다. 각 가지는 하나의 마디로부터 출발하여 다른 마디에 도착하는 실선으로

3 기대효용 가설 및 위험에 대한 태도에 관하여는 본서의 부록 A.1에 소개되어 있다.
4 전개형 대신 확장형으로 번역하기도 하지만, 본서에서는 전개형으로 용어를 통일한다.

나타낸다. 하나의 가지가 출발하는 마디를 도착하는 마디의 선도마디(先導마디, precedent)라고 부르며, 반대로 그 가지가 도착하는 마디를 출발하는 마디의 후계마디(後繼마디, successor)라고 부른다.

게임나무란 다음의 성질을 갖고 있는 단방향 그래프이다.

첫째, 모든 마디는 한 개 이하의 선도마디를 갖는다. 또한 선도마디와 연결되는 가지는 단 하나이다. 둘째, 한 가지의 출발마디와 도착마디가 동일한 마디일 수 없다. 셋째, 임의의 마디에서 시작하여 거꾸로 거슬러 올라가면 궁극적으로 단 하나의 뿌리를 만난다. 넷째, 게임나무의 뿌리는 단 하나이다.

[그림 5-1]의 전개형게임은 경기자 1과 경기자 2가 참여하는 순차게임의 단순한 예를 보여준다. 먼저 경기자 1은 L과 R 둘 중 하나의 행동을 취한다. 그 다음으로 경기자 2는 경기자 1이 L과 R 가운데 어느 것을 선택했는지 알고 있는 상태에서 ℓ과 r 중 하나의 행동을 취한다. 게임나무의 마지막 가지 끝인 종결마디에는 각 경기자가 선택한 행동들의 조합에 따른 보수벡터를 적는다. 보수벡터에서 앞 숫자는 먼저 행동한 경기자 1의 보수이고 쉼표 다음 숫자는 경기자 2의 보수이다. 예컨대, 경기자 1이 R을 선택한 다음 경기자 2가 ℓ을 선택한다면 경기자 1은 3단위의 보수를 얻고 경기자 2는 7단위의 보수를 얻게 됨을 나타내고 있다.

위험(risk)이 존재하는 상황에서 개인이 — 다른 사람들과는 무관하게 — 의사결정(decision-making)을 내리는 상황은 게임의 특별한 예이다. 구체적으로 의사결정 문제는 의사결정자와 비

그림 5-1 게임나무의 단순한 예

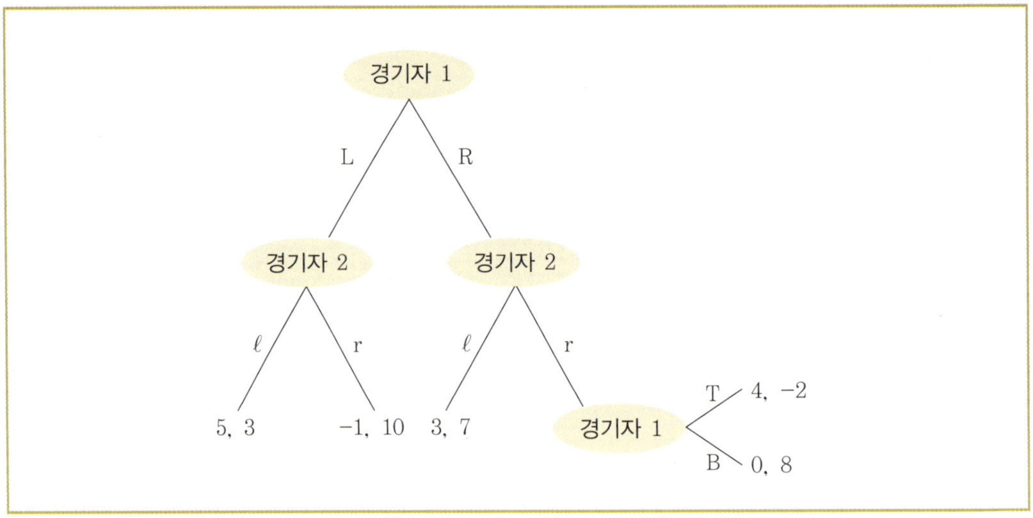

전략적 경기자인 자연법칙(N) 간의 2인게임으로 구성한다.

연습문제 >> 5-1 EXERCISES

진호는 100억원으로 주식, 골드바(gold bar), 정기예금 중 하나에 투자하려고 한다. 주식에 투자하면 60%의 확률로 주가가 50% 오르고 40%의 확률로 투자금 전액을 날린다. 골드바를 구입하면 30%의 확률로 금값이 20% 상승하고 70%의 확률로 금값이 10% 하락한다. 마지막으로 정기예금에 넣어두면 7%의 확정금리를 받게 된다. 이를 전개형게임으로 구성하라.

5.2.2 전략형

전략형(戰略型, strategic-form) 또는 정규형(正規型, normal-form)게임은 전 절에서 설명한 게임의 구성요소 가운데 경기자, 전략, 보수의 세 요소만을 갖춘 형태이다.[5] 즉, 전략형게임에서는 선택의 순서나 정보의 완전성 여부는 무시된다.

경기자 1은 U와 D 둘 중 하나의 순수전략을 취할 수 있고, 경기자 2가 L과 R 중 하나를 선택할 수 있다고 하자. 경기자 1과 경기자 2가 각자의 순수전략을 선택한다면 그 결과로 순수전략조합(pure strategy profile)이 실현된다. 여기서 경기자 1과 경기자 2의 순수전략이 각각 두 개씩이므로 실현가능한 순수전략조합은 (U, L), (U, R), (D, L), (D, R)의 네 가지이다. 개별 경기자의 보수는 모든 경기자들이 선택한 전략의 조합에 의하여 결정된다. 경기자가 두 명인 전략형게임은 [그림 5-2]처럼 보수행렬(報酬行列, payoff matrix)의 형태로 나타낸다. 경기자 1은 행(row)에 나열된 순수전략 중 하나를 선택하고 경기자 2는 열(column)에 나열된 전략 중 하나를 선택한다. 경기자 1의 전략과 경기자 2의 전략이 만나는 각 방(房, cell)에는 전략조합에 의하

그림 5-2 | 단순한 전략형게임의 예

		경기자 2	
		Left	Right
경기자 1	Up	20, 30	30, 20
	Down	30, 10	50, 15

5 정규형보다는 전략형이 더 널리 쓰이고 의미전달도 분명하므로 본서에서는 전략형으로 용어를 통일한다.

여 경기자들이 얻게 될 보수벡터를 적는다. 이때 경기자 1의 보수를 먼저 쓰고 쉼표 다음에 경기자 2의 보수를 쓴다. 예컨대, 경기자 1이 순수전략 D를 택하고 경기자 2가 순수전략 R을 택할 경우 경기자 1은 50단위의 보수를 얻고 경기자 2는 15단위의 보수를 얻는다.

일반적인 n인(人) 전략형게임에서, 경기자 i가 선택할 수 있는 순수전략은 s_i로 표기한다. 또한 경기자 i가 선택할 수 있는 순수전략을 전부 모아놓은 집합을 순수전략집합(the set of pure strategies)이라 하는데, 대문자 S_i로 표기한다. 경기자 1은 s_1를 택하고, 경기자 2는 s_2를 택하며, …, 경기자 n은 s_n을 선택한다면 그 결과로 순수전략조합 $s=(s_1, s_2, \cdots, s_n)$이 실현될 것이다. 물론 이 순수전략조합은 가능한 모든 순수전략조합들의 집합인 $S=S_1\times S_2\times\cdots\times S_n$의 한 원소이다. [그림 5-2]의 전략형게임을 예로 들면, 순수전략조합집합 S는 {{U, L}, {U, R}, {D, L}, {D, R}}이다.

개별 경기자의 보수는 모든 경기자가 선택한 전략의 조합에 의하여 결정된다. 경기자 i의 보수함수 u_i: $S\rightarrow IR$는 특정한 순수전략조합이 실현되었을 때 경기자 i가 얻는 기대효용을 나타낸다. 또한 보수벡터는 주어진 순수전략조합 s에 대하여 경기자들의 보수를 배열해 놓은 벡터 $u(s)=(u_1(s), u_2(s), \cdots, u_n(s))$이다. 예컨대 [그림 5-2]에서 경기자 1은 U를 선택하고 경기자 2는 R을 선택하는 경우 두 경기자는 보수벡터 u(U, R)=(30, 20)에 따라 최종적인 효용을 얻는다.

5.3 게임의 해

합리적인 경기자들이 전략형게임에 직면하고 있다고 하자. 개별 경기자는 자신이 택할 수 있는 전략과 행동들은 물론 상대방이 택할 수 있는 전략의 종류에 대해서도 정확히 알고 있다. 예컨대 나는 전략 U를 택하고 상대방은 전략 L을 택할 경우 내 자신이 얻게 될 보수와 상대방이 얻게 될 보수가 얼마인지 정확히 안다. 이러한 상황에서 개별 경기자는 어떠한 전략을 택하는 것이 최선일 것인가? 말할 나위 없이 내가 어떠한 전략을 취하는 것이 최선인지는 상대방이 어떠한 전략을 취할 것인가에 달려있다. 그런데 상대방이 어떠한 전략을 취하는 것이 그에게 최선인가는 역으로 내가 어떠한 전략을 취하는가에 달려있다.

따라서 경기자들이 각자 어떠한 전략을 선택할 것인가 혹은 게임의 결과로 어떠한 상태가 실현될 것인가를 예상하는 것은 게임을 분석하는 데 있어서 핵심과제이다. 주어진 게임에 있어서 해(解, solution)란 그 게임에 참여하는 '합리적인' 경기자가 선택하리라 예상되는 전략조합 혹은 결과로 정의된다.

합리적 경기자가 선택하리라 예상되는 설득력 있는 전략으로 우월전략(dominant strategy)이 있다. 또한 합리적 경기자가 절대로 선택하지 않을 전략으로 열등전략(dominated strategy)이 있다. 5.4절과 5.5절에서는 먼저 우월전략 및 열등전략의 개념을 소개하고, 열등전략이 존재하는 게임에 적용할 수 있는 해의 개념을 설명한다. 다음으로 5.6절에서는 열등전략의 존재 여부와 상관없이 어떠한 게임에도 적용할 수 있는 일반적 해의 개념인 내쉬균형을 설명하고자 한다. 마지막으로 5.7절에서는 재미있는 간단한 2×2 전략형게임들을 소개한 다음 게임의 해를 구하는 방법과 해석을 보여준다.

5.4 우월전략과 열등전략

5.4.1 죄수의 딜레마

먼저 우월전략 및 열등전략의 개념을 이해하기 위하여 경제학, 경영학, 사회학, 생물학 등 수많은 분야에서 연구되어 온 죄수의 딜레마(Prisoners' dilemma) 게임을 살펴보자. 공범으로 보이는 두 명의 용의자가 검거되어 독방에서 취조당하고 있다. 두 용의자가 모두 범행을 자백할 경우 이들은 각각 징역 4년을 선고받는다. 두 용의자가 끝까지 범행을 부인할 경우 증거 불충분으로 각각 징역 2년을 선고받는다. 한 명은 범행을 부인하고 다른 한 명은 범행을 자백할 경우 범행을 부인한 용의자는 위증죄가 추가되어 징역 5년을 선고받으나 범행을 자백한 용의자는 정상이 참작되어서 집행유예로 풀려난다.

[그림 5-3]은 죄수의 딜레마를 나타낸다. 원래 징역연수에 음(−)의 부호를 붙인 숫자가 용의자의 보수여야 하겠으나 개별 경기자의 보수에 5씩을 더하여 알기 쉽게 양(+)수로 만들었다. 예컨대, 두 용의자가 모두 자백을 하는 경우 각 용의자의 보수 −4에 5를 더하여 1단위가 되도록 만든 것이다.[6]

6 동족변환(同族變換, affine transformation)이란 주어진 함수에 양수를 곱하고 임의의 실수를 더하거나 빼는

그림 5-3 | 죄수의 딜레마게임

		용의자 2	
		부인	자백
용의자 1	부인	3, 3	0, 5
	자백	5, 0	1, 1

죄수의 딜레마게임에서 용의자 2가 자백을 한다고 가정할 때 용의자 1이 자백을 하면 용의자 1은 1단위의 보수를 얻게 되고 부인하면 0단위의 보수를 얻게 된다. 그러므로 용의자 2가 '자백'이라는 전략을 택한다면 용의자 1도 전략 '자백'을 택하는 것이 최선이다. 만약 용의자 2가 범행을 부인한다고 가정하자. 이때 용의자 1이 자백하면 5단위의 보수를 얻게 되고 부인하면 3단위의 보수를 얻게 된다. 그러므로 용의자 2가 부인한다고 하더라도 용의자 1은 자백하는 것이 최선이다. 이상의 논리를 종합하면 용의자 1은 공범인 용의자 2가 자백할지 혹은 끝까지 범행을 부인하고 의리를 지킬는지 알 수 없으나 어떤 경우건 상관없이 용의자 1에게 자백은 부인보다 항상 높은 보수를 가져다주는 전략이다.

상대방이 어떠한 전략을 선택하든지 상관없이 내 자신의 전략 중에서 가장 높은 보수를 가져다주는 전략을 강우월전략(强優越戰略, strictly dominant strategy)이라고 부른다. 반면, 특정 선택지 D가 강열등전략(强劣等戰略, strictly dominated strategy)이라는 것은 상대방이 어떠한 전략을 택하든지 상관없이 전략 D보다 더 높은 보수를 가져다주는 대안 전략이 존재함을 뜻한다. 죄수의 딜레마게임에서 '자백'은 강우월전략이며 '부인'은 강열등전략이다.

죄수의 딜레마게임에서 합리적 경기자는 절대로 강열등전략인 '부인'을 선택하지 않는다. 즉, 용의자 1은 용의자 2의 전략에 상관없이 자백할 것이다. 동일한 논리로 용의자 2도 역시 용의자 1의 전략에 상관없이 자백할 것이다. 결국 두 용의자는 범행 일체를 자백하고 각각 4년씩의 징역형을 살게 된다. 즉, 죄수의 딜레마게임에 있어서 유일한 해는 (자백, 자백)이라 보는 것이 타당하다.

두 용의자 모두가 더 행복해지는 길이 있다. 즉, 둘 다 끝까지 범행을 부인하고 증거불충분으

변환으로 정의된다. 수학적으로 함수 f와 함수 g 사이에 $g(x)=af(x)+b$(여기서 $a>0$이며 b는 임의의 실수)의 관계가 성립하면 이 둘을 동족변환이라 한다. 주어진 기대효용함수와 이를 동족변환하여 만든 새로운 기대효용함수는 정확히 똑같은 성질을 갖는다. 따라서 게임이론에서 주어진 보수행렬과 이를 동족변환하여 만든 새로운 보수행렬은 본질적으로 동일하다.

로 2년씩만 징역을 사는 길이다. 다시 말해서 (부인, 부인)이 (자백, 자백)보다 두 용의자 모두에게 더 높은 보수를 가져다준다. 그러나 상대방이 합리적이라는 전제가 있는 이상 그를 믿을 수 없고 따라서 (부인, 부인)은 결코 달성될 수 없다. 죄수의 딜레마는 경제주체가 각자 자신의 개인이익을 극대화함으로써 달성되는 균형 자원배분이 사회적으로는 비효율적일 수 있다는 평범한 진리를 잘 표현하고 있다. 한마디로 죄수의 딜레마는 사적(私的) 이익을 극대화하는 경쟁적 균형과 공동체 전체적으로 가장 바람직한 사회적 최적 간의 괴리로 요약된다.

현실에서 문제의 핵심이 죄수의 딜레마게임으로 묘사될 수 있는 현상은 수없이 많다. 둘 이상 소수의 경기자들이 전략적으로 상호작용하면서 경쟁하는 과점시장이나 정치적 의사결정이 대표적이다. 리처드슨(Richardson 1960)은 군비경쟁에 참여하는 국가들의 예산 편성 과정과 군비확장을, 하딘(Hardin 1982)은 집단복지를 위한 집단행동 양식을, 라이커와 브램스(Riker and Brams 1973)는 국회의원들 간의 투표교환(vote trading)을 죄수의 딜레마로 풀어내었다. 또 중앙아시아에서 나타난 서구화의 영향(Bethlehem 1975), 성공지향적 여성에게 드러나는 적극성(Baefsky and Berger 1974), 추상적 사고방식과 구체적 사고방식이 만들어내는 결과의 차이(Nydegger 1978) 등 수많은 사회심리학 연구는 죄수의 딜레마를 분석도구로 쓰고 있다.[7]

연습문제 >> 5-2 EXERCISES

두 맥주회사 A와 B가 있다. 각 회사는 TV광고를 하느냐 하지 않느냐를 결정해야 한다. 즉, 각 회사는 TV 광고의 자제 혹은 대대적 공세 중 선택한다. 두 기업이 모두 광고를 하지 않을 경우 각 기업은 50억원의 순이익을 올린다. 한 기업이 맥주광고를 하는데 다른 기업은 하지 않을 경우, 광고를 한 기업의 매출은 70억원으로 증가하지만 이 가운데 광고비로 10억원을 지출하면 결국 60억원의 순이익을 올린다. 반면 광고를 하지 않은 기업의 매출은 대폭 감소하여 20억원의 순이익만을 올릴 수 있다. 두 기업이 모두 경쟁적으로 TV광고를 할 경우, 시장점유율은 변함없는 반면 막대한 광고비를 지출해야 하므로 각자의 순이익은 30억원에 머문다. 이와 같은 맥주광고전쟁의 상황을 전략형게임으로 나타내고 죄수의 딜레마임을 보여라.

5.4.2 우월전략과 열등전략

죄수의 딜레마게임에서 '자백'은 강우월전략이다. 반면 '부인'은 상대방의 전략이 무엇이든 상관없이 항상 더 높은 보수를 보장하는 대안(자백)이 존재하므로 강열등전략이다. 강우월전략과 강열등전략의 정의는 다음과 같다.

7 죄수의 딜레마의 응용 사례에 관한 문헌은 Axelrod(2006)의 제2장에서 따왔다.

정의 5.1

① 경기자 1의 어떠한 전략 $s_1(\neq s_1^*)$과 경기자 2의 어떠한 전략 s_2에 대해서도 $u_1(s_1^*, s_2) > u_1(s_1, s_2)$을 만족하는 전략 s_1^*을 경기자 1의 강우월전략이라 정의한다.

② 경기자 2의 어떠한 전략 s_2에 대해서도 $u_1(\hat{s}_1, s_2) < u_1(s_1', s_2)$을 만족하는 s_1'가 존재하면 전략 $\hat{s}_1$을 경기자 1의 강열등전략이라 정의한다.

경기자 2에 대해서도 대칭적으로 정의할 수 있다.

특정한 전략 A가 강우월전략이기 위해서는 전략 A를 선택할 경우의 보수가 다른 어떠한 대안을 선택할 경우의 보수보다 더 커야 한다. 예를 들어 [그림 5-4]에 나타난 3×2게임을 보자.[8] 경기자 1이 Top을 선택할 경우 얻는 보수가 Bottom을 선택할 경우 얻는 보수보다 경기자 2의 전략에 상관없이 항상 크다(왜냐하면 3>2이고 4>0). 그러나 T는 경기자 1의 강우월전략이 될 수 없다. 왜냐하면 T는 B보다는 항상 우월하지만 M보다 항상 우월하지는 않기(3>1이지만 4<5) 때문이다. 한편 B에 대해서는 더 우월한 대안 T가 존재하므로 B는 강열등전략이다. 요약하면 [그림 5-4]의 게임에서 강우월전략은 존재하지 않으며 강열등전략은 경기자 1의 Bottom 하나뿐이다.

전략의 우월을 판단하는 데 있어서 강우월 혹은 강열등전략보다 약한 개념도 정의할 수 있다. 상대방의 전략이 무엇이든 상관없이 자신의 전략 중 어느 특정 전략 W를 선택할 경우의 보수가 다른 어떠한 전략을 선택할 경우의 보수보다 더 크거나 혹은 동일하다면 전략 W를 약우월전략(弱優越戰略, weakly dominant strategy)이라고 부른다. 반대로 상대방이 어떠한 전략을 택하든

그림 5-4 | 단순한 3×2 전략형게임

		경기자 2	
		Left	Right
경기자 1	Top	3, 5	4, 4
	Middle	1, 8	5, 7
	Bottom	2, −1	0, 9

8 이 책에서 상황 설명 없이 등장하는 게임의 전략과 보수는 설명을 위해서 임의로 만들어낸 것이다.

그림 5-5 | 약우월전략과 약열등전략이 존재하는 게임

		경기자 2	
		Left	Right
경기자 1	Up	4, 7	3, 6
	Down	1, 5	3, 2

상관없이 내 자신이 특정한 전략 D를 택함으로써 얻는 보수보다 더 크거나 혹은 동일한 보수를 낳는 대안 전략이 존재할 경우 원래의 전략 D를 약열등전략(弱劣等戰略, weakly dominated strategy)이라고 부른다. 수학적으로는 앞의 정의 5.1 ①에서 부등호 >를 ≥로 대체하면 약우월전략이고 ②에서 부등호 <를 ≤로 대체하면 약열등전략의 정의가 된다.

강우월전략과 약우월전략의 차이를 이해하기 위하여 [그림 5–5]에 그려진 전략형게임을 고려하자. 이 게임에서 경기자 2에게 Left는 강우월전략이며 Right는 강열등전략이다(왜냐하면 7>6이고 5>2이기 때문). 그러나 경기자 1에게 전략 Up은 약우월전략일뿐 강우월전략은 될 수 없다(왜냐하면 4>1이고 3=3이므로).

5.5 강열등전략의 단계적 소거

합리적 경기자는 결코 강열등전략을 선택하지 않는다. 죄수의 딜레마게임에서 용의자 1은 강열등전략인 '부인'을 결코 선택하지 않을 것이다. 또한 용의자 1이 합리적이라는 사실을 용의자 2가 아는 한 용의자 2는 용의자 1이 자백하리라는 것을 예측할 수 있다. 따라서 용의자 2는 용의자 1이 부인을 선택할 가능성을 아예 소거해 버릴 수 있으며, 이는 [그림 5–6]에서 섹션 ①로 나타난다. 대칭적 논리에 의하여 용의자 2가 합리적 경기자라는 사실을 용의자 1이 아는 한 용의자 1은 용의자 2가 부인하지 않으리라는 것을 예측할 수 있다. 따라서 용의자 1은 용의자 2가 부인할 가능성을 아예 배제해 버릴 수 있으며, 이는 [그림 5–6]에서 섹션 ②로 나타난다. 이처럼 강열등전략을 경기자 1에게 있어서 한 번 그리고 경기자 2에게 있어서 한 번씩 소거하고 나면, 두 경기자 공히 자백을 택하는 가능성만이 유일하게 남는다.

이처럼 강열등전략을 하나씩 소거해 나가는 과정을 강열등전략의 단계적 소거(强劣等戰略의 段

그림 5-6 죄수의 딜레마에서 강열등전략의 소거

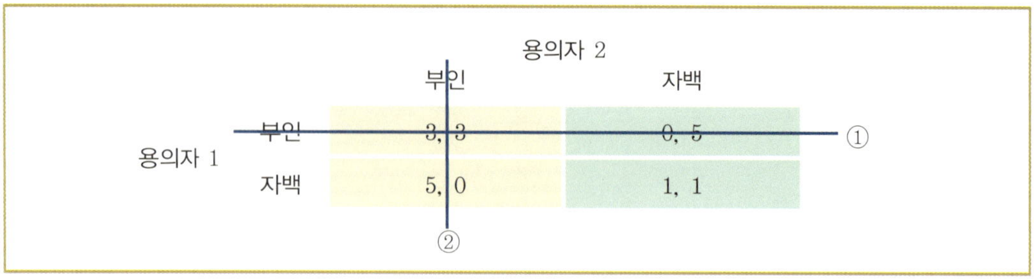

階的 消去, Iterated deletion of strictly dominated strategies) 혹은 줄여서 강단계소거(Strict iterative dominance)라 부른다. 강열등전략을 단계적으로 소거한 후 최후까지 남는 전략을 합리화전략(rationalizable strategies)이라 부르기도 한다. 강열등전략을 단계적으로 소거한 후 최후까지 남는 순수전략조합이 단 하나밖에 없다면 그러한 게임을 우월전략해가 존재하는 게임(dominant solvable game)이라 부른다.[9]

죄수의 딜레마는 우월전략해가 존재하는 게임의 대표적 게임이다. 이 게임에서 암시한 바와 같이, 강열등전략의 단계적 소거를 적용하기 위해서는 각 경기자가 합리적이며 모든 경기자가 합리적이라는 것이 주지사실로 전제되어야 한다. 예컨대 강열등전략의 단계적 소거를 2단계 적용하기 위해서는 경기자 1이 합리적이라는 사실을 경기자 2가 알고 있으며, 이 사실을 다시 경기자 1이 알고 있다는 가정이 있어야 한다. 본서에서는 경기자의 합리성을 주지사실이라고 가정하므로 몇 단계에 걸쳐서 강열등전략을 소거하든 아무 문제가 없다.

이해를 돕기 위하여, [그림 5-7]의 3×2 전략형게임을 상정하자. 경기자 1에게 있어서 B는 T보다 강열등전략이므로 그가 합리적이라면 결코 B를 선택하지 않을 것이다. 경기자 1이 합리적이라는 사실을 경기자 2가 안다면 경기자 2는 경기자 1이 결코 B를 택하지 않을 것을 안다. 따라서 제1단계에서 경기자 2는 경기자 1이 B를 택할 가능성을 섹선 ①처럼 제거할 수 있다. 이제 경기자 1의 B를 제거한 후 남는 2×2게임에서 경기자 2는 Left보다 강열등한 Right를 선택하지 않을 것이다. 따라서 제2단계에서 경기자1은 경기자 2가 Right를 택할 가능성을 섹선 ②처럼 소거할 수 있다. 강열등전략의 순차적 소거를 두 단계에 걸쳐 실시한 후 남은 2×1게임에서 경기자 1은 T보다 강열등한 M을 선택하지 않을 것이다. 결국 제3단계에서 섹선 ③처럼 M을 제거한 후에는 단 하나의 전략조합 (Top, Left)만이 남게 되므로 이 게임에는 우월해가 존

9 강열등전략보다 약한 개념인 약열등전략을 정의할 수 있었듯이, 강열등전략의 단계적 소거보다 강한 개념인 약열등전략의 단계적 소거도 정의할 수 있다.

그림 5-7 ▌간단한 3×2게임에서 강열등전략의 단계적 소거

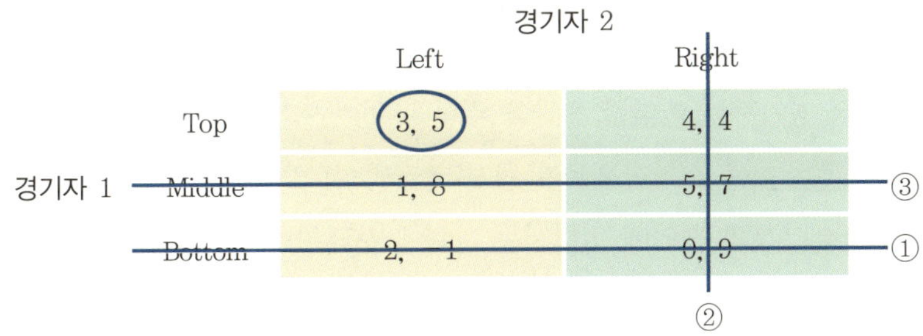

재한다. 다시 말해서 경기자 1의 합리화전략은 T밖에 없으며 경기자 2의 합리화전략은 L밖에 없다. 결국 경기자 1은 T를 선택하고 경기자 2는 L을 선택한다고 보는 것이 이 게임의 해에 대한 합리적인 예측이 된다. 이 우월해에서 보수벡터는 (3, 5)이다.

약열등전략의 단계적 소거(Iterated deletion of weakly dominated strategies) 혹은 줄여서 약단계소거(Weak iterative deletion)도 생각할 수 있으나 결정적 단점이 있다. 약단계소거는 소거 순서에 따라 최종 결과가 달라질 수 있어 일관성 있는 예측이 어렵다. 연습문제 5-3은 그러한 예를 보여준다. 약단계소거와는 달리 강단계소거는 어느 경기자의 어느 강열등전략을 먼저 소거하느냐에 따라 최종 결과가 달라지지 않는다. 예컨대, 죄수의 딜레마에서 경기자 1의 강열등전략을 먼저 소거하건 경기자 2의 강열등전략을 먼저 소거하건 최종결과는 똑같다.

연습문제 >> 5-3 EXERCISES

아래 전략형게임에 약단계소거를 적용하여 구할 수 있는 해를 모두 구하라.

		경기자 2		
		L	M	R
경기자 1	T	1, 1	1, 1	0, 0
	B	0, 0	1, 2	1, 2

약단계소거의 이 같은 약점에도 불구하고 정치학이나 공공경제론에서 자주 —특히 투표에 의한 사회선택을 다룰 때— 적용한다. 나중에 여기저기서 설명하겠지만 약단계소거를 적용하면 엄청나게 많은 수의 비직관적인 해를 대폭 줄여 예측력을 높일 수 있기 때문이다.

5.6 순수전략 내쉬균형

게임에서 합리적 경기자는 어떠한 전략을 취할 것인가? 죄수의 딜레마처럼 열등전략이 존재하는 게임에 있어서는 이를 소거함으로써 쉽게 가려낼 수 있다. 하지만 우월전략이나 열등전략이 존재하지 않는 대부분의 게임에 있어서는 난관에 부딪친다. 따라서 어떠한 게임에나 보편적으로 적용할 수 있는 개념이 필요한데 이를 내쉬균형(내쉬均衡, Nash equilibrium)이라고 부르기도 하고 줄여서 균형이라고 부르기도 한다.

루소(Jean-Jacques Rousseau)의 『사회계약론』(*The Social Contract* 1762)에 나오는 사슴사냥게임(Stag-hunt game)을 고려해보자. 두 사냥꾼 A와 B가 토끼를 쫓을 것인가 사슴을 쫓을 것인가를 각자 독립적으로 정한다. 토끼를 사냥할 경우 상대방의 선택과 무관하게 토끼포획에 성공하여 1단위의 효용을 얻는다. 한 사냥꾼만이 사슴을 쫓는 경우 그는 사슴을 놓치게 되고 0단위를 얻는다. 두 사냥꾼이 모두 사슴을 공격할 경우 사슴포획에 성공하게 되고 사냥물을 반씩 나누어 각자 v만큼의 보수를 얻는다(여기서, $v>1$). 사슴사냥게임의 전략형은 [그림 5-8]이고, 이것은 공조게임(共助게임, coordination game)의 특별한 예이다.

사슴사냥게임에는 열등전략이 존재하지 않으므로 열등전략의 단계적 소거법으로는 해를 구할 수 없다. 반면 나 이외의 다른 경기자가 현재 전략을 고수한다는 가정하에 내가 현재의 전략을 다른 전략으로 바꿀 유인(誘引, incentive)이 있느냐 하는 질문을 던질 수 있다. 만일 경기자들 중 누군가에게 현재의 전략을 버리고 다른 전략을 취함으로써 자신의 보수를 높일 수 있다면 현재 상태는 전략적으로 불안정할 것이다. 반면 아무에게도 현재 전략으로부터 이탈할 유인이 없다면 이들 전략의 결과인 현재 상태는 안정적일 것이다. 이처럼 다른 경기자들이 현재 전략을 유지한다는 가정하에 어떠한 경기자도 이탈할 유인이 없는 안정적 상태를 내쉬균형이라 부른다.

그림 5-8 | 사슴사냥게임(여기서, $v>1$)

		사냥꾼 을	
		사슴	토끼
사냥꾼 갑	사슴	v, v	0, 1
	토끼	1, 0	1, 1

정의 5.2

[2인게임] 다음 조건을 만족하는 순수전략조합 (s_1^*, s_2^*)을 순수전략 내쉬균형이라고 한다.
어떠한 $s_1 \in S_1$에 대하여도 $u_1(s_1^*, s_2^*) \geq u_1(s_1, s_2^*)$이면서,
동시에 어떠한 $s_2 \in S_2$에 대하여도 $u_2(s_1^*, s_2^*) \geq u_2(s_1^*, s_2)$

경기자 1의 전략 s_1^*가 경기자 2의 전략 s_2^*에 대한 최선응수(best response)이고, 동시에 경기자 2의 s_2^*가 경기자 1의 전략 s_1^*에 대한 최선응수이면 전략조합 (s_1^*, s_2^*)를 내쉬균형이라 부른다. 경기자 1의 전략 s_1에 대한 경기자 2의 최선응수를 $\mathrm{BR}_2(s_1)$으로 표기하고 경기자 2의 전략 s_2에 대한 경기자 1의 최선응수를 $\mathrm{BR}_1(s_2)$로 표기하자. 정의 5.2를 달리 표현하면 내쉬균형 (s_1^*, s_2^*)이란 두 조건 $s_1^* = \mathrm{BR}_1(s_2^*)$와 $s_2^* = \mathrm{BR}_2(s_1^*)$을 동시에 충족하는 전략조합이다.[10]

내쉬균형은 일반적인 n인(人)게임에서도 잘 정의된다.

정의 5.3

[n인게임] 다음 조건을 만족하는 순수전략조합 $s^* = (s_1^*, s_2^*, \cdots, s_n^*)$을 순수전략 내쉬균형이라고 한다.
모든 $i = 1, 2, \cdots, n$과 어떠한 $s_i \in S_i$에 대해서도 $u_i(s_i^*, s_{-i}^*) \geq u_i(s_i, s_{-i}^*)$
여기서 $s_{-i} = (s_1, \cdots, s_{i-1}, s_{i+1}, \cdots, s_n)$는 경기자 i를 제외한 나머지 경기자들이 선택하는 전략조합

내쉬균형이 하나만 존재할 이유는 없다. 예컨대, 사슴사냥게임에는 두 개의 내쉬균형이 존재한다. 첫 번째 내쉬균형은 두 사냥꾼이 모두 사슴을 쫓는 (사슴, 사슴)의 전략조합이며 이 균형에서 각 사냥꾼은 v단위씩의 보수를 얻는다. 사냥꾼 A가 사슴을 쫓는 전략을 고수한다는 가정하에서 사냥꾼 B는 '사슴'이라는 현재 전략으로부터 v단위의 보수를 얻고 '토끼'라는 대안전략으로부터 1단위의 보수를 얻는다. 그런데 v는 1보다 크므로 사냥꾼 A가 '사슴'을 택할 때 사냥꾼 B는 사슴에서 토끼로 전략을 바꿀 이유가 없다. 대칭적 논리에 의하여 사냥꾼 B가 사슴을 쫓는다는 가정하에 사냥꾼 A는 사슴을 쫓는다는 현재 전략을 다른 전략으로 바꿀 이유가 없다. 이상의 논리를 정의 5.2에 맞추어 써보면 다음과 같다.

10 이를 벡터 형식으로 쓰면 $(s_1, s_2) = (\mathrm{BR}_1(s_2), \mathrm{BR}_2(s_1)) \equiv \mathrm{B}(s_1, s_2)$이 된다. 이는 내쉬균형이 최선응수 상응(相應, correspondence) B의 정점(定點, fixed point)임을 의미하는데, 수학적 정의와 개념은 졸저 『게임이론』(2018)의 부록 A.5에 설명되어 있다.

$$u_{갑}(\text{사슴, 사슴}) = v > 1 = u_{갑}(\text{토끼, 사슴})$$
$$u_{을}(\text{사슴, 사슴}) = v > 1 = u_{을}(\text{사슴, 토끼})$$

따라서 (사슴, 사슴)은 내쉬균형이며, 이 균형에서의 보수조합은 (v, v)이다.

두 번째 내쉬균형은 두 사냥꾼 모두 토끼를 쫓는 전략조합 (토끼, 토끼)이다. 이 균형에서 사냥꾼 각자가 얻는 효용은 1단위이다. 어느 사냥꾼이든 상대방이 토끼를 잡으러 간다면 자신도 토끼를 잡는 것이 최선이다. 상대방이 토끼를 잡으러 가는데 사슴을 쫓는다면 사슴사냥은 실패하게 되고 나는 0의 보수를 얻게 될 것이지만, 나도 토끼를 사냥하면 1단위의 보수를 얻을 수 있기 때문이다. 결론적으로 사슴사냥게임에는 두 개의 내쉬균형 (사슴, 사슴)과 (토끼, 토끼)가 존재한다. 사슴균형하에서 사냥꾼 각자는 v단위씩의 보수를 얻고, 토끼균형에서 사냥꾼 각자는 1단위씩의 보수를 얻게 된다.[11]

죄수의 딜레마게임에서 유일한 내쉬균형은 두 용의자 모두 범행을 털어놓는 (자백, 자백)이다. 각 용의자는 상대방이 자백한다는 가정하에 자신도 자백하는 것이 최선이다. 다른 세 전략조합 (자백, 부인), (부인, 자백), (부인, 부인)에서 최소한 한 용의자는 다른 전략으로 이탈할 유인이 존재하므로 균형이 될 수 없다.

연습문제 >> 5-4 EXERCISES

[이타적 죄수의 딜레마] 죄수의 딜레마게임 [그림 5-3]을 변형하여, 경기자는 자기자신의 보수뿐 아니라 상대방의 보수에도 영향을 받는 이타적(altruistic) 선호를 갖는다고 하자. 구체적으로 경기자 i의 보수함수를 $u_i(s_1, s_2) + \alpha u_j(s_1, s_2)$라고 가정하자(여기서, 경기자 j는 i의 상대방을 나타내며, $\alpha \geq 0$는 매개변수).

(1) 이 게임의 전략형을 나타내라.

(2) 이 게임이 죄수의 딜레마 성격을 가지려면 매개변수 α가 어떠한 범위에 있어야 하는가?

(3) 매개변수 α가 위의 (2)에서 구한 범위 밖에 있는 경우 내쉬균형을 구하라.

---

11 흔히 다음과 같은 질문을 한다. 즉, 사슴사냥게임처럼 균형이 두 개일 경우 사냥꾼들은 둘 중 어느 균형이 실현될지 모르므로 사냥꾼 갑이 (사슴, 사슴)균형을 염두에 두고 사슴을 쫓을 때 사냥꾼 을은 (토끼, 토끼)균형을 염두에 두고 토끼를 쫓는다면 균형이 아닌 (사슴, 토끼) 전략조합도 실현가능하지 않겠는가 하는 것이다. 이는 애당초 어떻게 (사슴, 사슴) 또는 (토끼, 토끼)균형에 도달하게 되었는가라는 질문에 다름 아니다. 그러나 균형 — 내쉬균형뿐 아니라 어떠한 균형 개념이건 — 이란 현재 균형상태에 있다면 어느 누구도 다른 전략이나 행동으로 바꿀 유인이 없다는 정태적 개념일 뿐이다. 균형 달성 과정에 대해서는 동학(dynamics), 진화(evolution), 또는 안정성(stability) 등의 기법을 적용하여 별도로 모형화하고 분석해야 한다.

5.7 여러 2×2 전략형게임

5.7.1 겁쟁이게임

1950년대 헐리우드 영화 '이유 없는 반항'(Rebel Without a Cause)에 보면 두 그룹의 십대들 간에 누가 담력이 큰지를 겨루는 겁쟁이게임(Chicken game)이 나온다. 두 명의 십대가 각자의 차를 몰고 직선 거리의 양쪽 끝에서부터 전속력으로 마주 보고 달려온다. 둘 중에 충돌을 피하기 위하여 먼저 자동차 핸들을 트는 사람은 겁쟁이(chicken)로 찍히는 반면 계속 직진한 상대방은 영웅 대접을 받게 된다. 이 경우 겁쟁이로 낙인찍힌 십대는 −4단위의 보수를 얻고 영웅이 된 십대는 4단위의 보수를 얻는다고 하자. 둘 다 핸들을 틀어 두 그룹 간에 무승부가 되면 각각 0씩의 보수를 얻는다. 마지막으로 둘 다 돌진하면 대형사고가 일어나 차는 완파되고 두 사람은 중상을 입어 큰 손실을 입는다. 이 경우 각자가 얻는 보수를 −7단위라 가정하자.

겁쟁이게임의 두 경기자를 '막가파'와 '서방파'에서 나온 행동대원이라 하고 전략형게임으로 나타내면 [그림 5-9]와 같다. 이 게임은 매-비둘기(Hawk-Dove)게임이라고도 불리는데, '매'와 '비둘기'는 각각 강경전략인 '돌진'과 온건전략인 '회피'를 뜻한다.

겁쟁이게임에는 우월전략이나 열등전략이 존재하지 않으므로 열등전략의 순차적 소거로는 해를 구할 수 없다. 이 게임에는 두 개의 순수전략 내쉬균형이 존재하는데, (돌진, 회피)균형과 (회피, 돌진)균형이 그것이다. 첫 번째 균형 (돌진, 회피)에서 영웅 대접을 받는 막가파 대표는 4단위의 보수를 얻고 겁쟁이로 낙인찍힌 서방파 대표는 −4단위의 보수를 얻는다. 막가파 대표가 돌진 전략을 고수한다고 가정할 때 서방파 대표는 현재의 전략(회피)으로부터 −4단위의 보수를 얻지만, 만약 돌진으로 전략을 바꿀 경우 −7단위의 보수를 얻게 되어 더 불행해지므로 전략을 바꿀 유인이 없다. 막가파 대표 역시 서방파가 회피 전략을 선택한다는 가정하에 현재의

그림 5-9 | 겁쟁이게임

		서방파	
		회피	돌진
막가파	회피	0, 0	−4, 4
	돌진	4, −4	−7, −7

전략(돌진)을 고수하면 4단위의 보수를 얻지만, 회피로 바꾸는 경우 0단위의 보수밖에 얻지 못하므로 전략을 바꿀 유인이 없다. 결국 (돌진, 회피)는 전략적 안정성을 가진 내쉬균형이다. 비슷한 논리로 전략조합 (회피, 돌진) 역시 내쉬균형임을 보일 수 있다.

막가파는 두 개의 균형 가운데 (돌진, 회피)를 더 선호한다. 즉, 상대방이 피해주기를 바라며 돌진하고 실제로 상대방이 핸들을 틂으로써 4단위의 높은 보수를 얻어 승리하는 상태를 바랄 것이다. 정확히 반대의 논리로 서방파는 (회피, 돌진)균형을 더 선호한다. 그렇다면 이 두 균형 가운데 어느 것이 실현될 것인가? 현재로서는 둘 다 가능하다는 대답을 할 수 있을 뿐이다. 향후 공약과 신빙성의 문제를 설명할 때 재론되겠지만 어느 한 편이 상대방에게 자기편의 자동차가 돌진할 것이라는 신빙성 있는 확신을 줄 수만 있다면 자기에게 유리한 균형이 실현되도록 만들 수 있다. 예컨대, 막가파의 두목은 자기편의 자동차 핸들을 밧줄로 고정하고 가속페달 위에 무거운 돌을 얹고 고정한 다음 자기편 부하를 태운다고 하자. 상대방 운전자가 이 광경을 보았으나 시간 관계상 게임을 시작할 수밖에 없었다면 우리는 (돌진, 회피)균형이 실현될 것이라고 예상할 수 있다. 서방파 운전자 입장에서 판단할 때 상대방의 차는 직진 이외에 다른 선택이 없으니 자신이 핸들을 트는 전략이 최선이다. 또한 막가파는 이러한 사실을 합리적으로 추론해 낼 수 있으므로 처음부터 핸들·가속페달 고정 전략을 선택하려 할 것이다.

5.7.2 성대결게임

성대결게임(性對決게임, Battle-of-the-sexes game)은 남편(경기자 1)과 아내(경기자 2) 간의 2×2 전략형게임이다. 남편과 아내는 데이트를 하려고 한다. 두 사람은 약속시간은 정했지만 깜빡 잊고 약속장소를 정하지 않은 채 각자 직장과 집을 나섰다. 각자가 선택할 수 있는 대안은 '미술관'과 '야구장'의 두 가지이다. 두 사람이 서로 다른 장소로 가는 경우 데이트가 이루어지지 않으므로 각자는 0의 보수를 얻는다. 반면 남편과 아내가 모두 같은 장소로 간다면 데이트가 이루어지므로 양(+)의 보수를 얻는다. 그러나 만난 장소가 어디냐에 따라 두 경기자의 보수는 달라진다. 구체적으로 그들이 미술관에서 만났다면 남편은 3단위의 보수를 얻고 아내는 7단위의 보수를 얻는다. 반면 야구장에서 만났다면 남편은 7단위의 보수를 얻고 아내는 3단위의 보수를 얻는다. 이상에 묘사된 성대결게임은 [그림 5-10]에 나타나 있다.

성대결게임에는 우월전략이나 열등전략이 존재하지 않으므로 우월전략해를 구할 수 없다. 한편 이 게임에는 두 개의 순수전략 내쉬균형이 존재한다. 첫째, 남편과 아내가 모두 미술관 앞에

그림 5-10 성대결게임

		아내	
		미술관	야구장
남편	미술관	3, 7	0, 0
	야구장	0, 0	7, 3

서 기다리는 (미술관, 미술관)균형에서 남편은 3단위의 보수를, 아내는 7단위의 보수를 얻는다. 둘째, 남편과 아내가 야구장 앞에서 기다리는 (야구장, 야구장)균형에서 남편은 7단위의 보수를 아내는 3단위의 보수를 얻는다. 성대결게임에서 두 당사자는 상대방을 같은 장소에서 만나는 것이 서로 다른 장소에 가는 것보다 모두에게 우월하므로 공조(coordination)를 통한 이해공유(common interest)가 존재한다. 그러나 남편은 (야구장, 야구장)균형을 선호하고 아내는 (미술관, 미술관)균형을 선호한다는 점에서 겁쟁이게임과 유사한 특징이 있다. 다만 겁쟁이게임에서는 둘 중에 한 사람이 균형상태보다 불균형상태를 더 선호하지만 성대결게임에서는 두 경기자 모두가 균형상태를 불균형상태보다는 더 선호한다는 점이 다르다.

성대결게임에서 두 균형 가운데 어느 것이 실현될 것인가, 즉 두 경기자가 어느 전략에 조정할 것인가는 주어진 전략형게임에는 포함되지 않은 요인들에 의하여 결정된다. 남편과 아내 가운데 평소 누가 주도권을 잡고 있는가가 대표적 요인 중 하나이다. 예컨대, 두 장소를 한 번씩 번갈아 가는 것이 부부 간의 관례라면 지난번 데이트 장소가 어디였는지가 중요한 역할을 할 것이다.

5.7.3 순수공조게임

중앙선이 없는 시골 도로에 두 대의 자동차가 서로 마주 보고 달려오고 있다고 하자. 이 두 대의 자동차 모두 자신의 우측이든 좌측이든 동일한 방향을 택하면 두 자동차는 충돌 없이 무사히 지나게 되며 이때 운전자는 각자 1단위의 보수를 얻는다. 그러나 한 운전자는 우측으로 주행하는데 상대방이 좌측으로 주행하면 충돌하고 운전자 각자는 0단위의 보수를 얻는다. 이러한 상황을 순수공조게임(純粹共助게임, Pure coordination game)이라 부르며, 전략형게임은 [그림 5-11]에 그려져 있다. 순수공조게임에는 두 개의 내쉬균형이 있다. 즉, 두 운전자가 모두 좌측

그림 5-11 | 순수공조게임

		운전자 2	
		좌측주행	우측주행
운전자 1	좌측주행	1, 1	0, 0
	우측주행	0, 0	1, 1

으로 주행하는 (좌측주행, 좌측주행)균형과 모두 우측으로 주행하는 (우측주행, 우측주행)균형이 그것이다.

차선선택게임의 두 내쉬균형 가운데 어느 것이 실제로 실현되는가는 역사적 진화과정과 사회적 전통에 따라 결정된다. 로마제국 이래 유럽의 마차는 좌측통행이 대세였다. 1756년 영국은 런던교(London Bridge)를 건설하면서 좌측통행을 실시하였고 이후 영국표준으로 자리잡았다. 반면 18세기 말 나폴레옹은 우측통행을 정착시키기 위하여 혼신의 힘을 다했다. 프랑스 국내에서는 물론 유럽 전역을 정복하면서도 가는 곳마다 우측통행 정착에 노력하였다. 나폴레옹이 우측통행에 집착한 이유는 알려지지 않았으나 아무튼 그 덕택에 다수의 유럽대륙 국가들에서는 우측통행이 자리잡았다. 유럽 대륙에서 유일하게 좌측통행을 시행했던 오스트리아-헝가리 제국은 제1차 세계대전 패전으로 해체되면서 속속 우측통행으로 전환하였다. 우측통행은 마침내 1920년 파리회의에서 유럽 대륙의 표준으로 정해졌다. 영국도 1960년대에 우측통행을 검토했으나 결국 좌측통행을 고수하기로 결정하였다.[12]

유럽과는 바다 건너 떨어져 있던 미국에서는 굳이 우측통행일 필요가 없었다. 그런데 19세기 후반 짝수의 말이 2열 종대로 끌고 가는 마차가 북미 지역에 보편화되면서 우측통행 관행이 자리잡았다. 마부는 마차와 가장 가까운 왼쪽 열의 말 위에 앉아서 채찍을 휘두르며 운전했는데 우측통행을 해야 맞은편에서 오는 마차의 마부 채찍과 부딪치지 않기 때문이었다.

우리나라는 일제 강점기에 좌측통행이었지만 해방 후 남한은 미군정에 의해 그리고 북한은 소련과 중국의 영향으로 우측통행으로 바꾸었다. 역사적으로 영국의 영향을 많이 받은 아일랜드와 일본 그리고 영국 식민지였던 인도, 파키스탄, 오스트레일리아, 남부 아프리카 등은 모두 좌측통행을 고수하고 있다. 현재 유엔 회원국 194개 중 140개국이 우측통행, 나머지 54개국이 좌측통행을 실시하고 있다.[13]

12 송병건(2016) 제22장을 참고함.

연습문제 >> 5-5 EXERCISES

[공공재 건설] 어떤 지역에서 복개천을 복구하고 주변 자연경관을 되살리는데 n명의 주민들이 각자 1백만원씩의 기부금을 낼지 말지를 결정한다.
이들 n명 가운데 k명 이상이 후원금을 낼 경우에만 사업이 시행된다(단, $2 \le k \le n$). 그러나 후원금이 모자라 사업이 무산되더라도 이미 낸 기부금을 돌려받을 수는 없다. 공공사업이 성공하면 모든 지역주민에게 각각 B백만원($B>1$)의 편익이 발생한다.
(1) 전략형게임을 구성하라.
(2) 순수전략 내쉬균형을 구하고 경제적 의미를 해석하라.

연습문제 >> 5-6 EXERCISES

[버스좌석쟁탈게임] 한 좌석이 비어있는 버스에 두 명의 승객 1과 2가 동시에 올라탔다. 좌석은 한 명이 앉기에는 좀 넓고 두 명이 앉기는 빡빡하다. 둘 다 좌석에 앉으면 각자 2단위씩의 효용을 얻고, 좌석을 비워둔 채 둘 다 서있다면 각자 1단위씩의 보수를 얻는다고 하자. 둘 중 하나만 앉을 경우 그는 3단위의 효용을 얻지만 서있는 승객은 0단위의 효용을 얻는다고 하자.
(1) 전략형게임을 구성하고 내쉬균형을 구하라.
(2) 두 승객 모두 '상대방에게 공손하게 양보하는' 착한 심성을 가진 사람이라고 가정하자. 구체적으로 둘 중 하나만 앉을 경우 그는 −1단위의 효용을 얻지만 서있는 승객은 4단위의 높은 효용을 얻는다고 가정하자. 전략형게임과 내쉬균형을 구하라.
(3) 선한 사람들로만 구성된 사회가 이기적인 사람들로만 구성된 사회에 비해 더 살만하고 행복할 것인가에 대해 논증하라.

13 스웨덴은 통행방향과 관련하여 매우 흥미로운 사례이다. 좌측통행 국가였던 스웨덴은 1967년 9월 3일 일요일 새벽 5시를 기해 일제히 우측통행으로 변경하였다. 당시 유럽 대륙은 물론 스칸디나비아의 이웃 국가들도 우측통행이었다. 다른 한편 스웨덴의 운전 방향은 좌측주행이었으나 이상하게도 스웨덴 차량들 대부분은 좌핸들이어서 교통사고의 위험이 컸다. 1960년대 이후 마이카 붐이 불고 차량 통행 및 여행이 빈번해지면서 혼란이 커지자, 1955년 우측통행 전환을 골자로 하는 국민투표를 실시하였으나 83%의 반대로 부결되었다. 하지만 정부의 끈질긴 노력과 설득 끝에 1967년 우측통행을 전격 시행하였다. 우측통행 전환 다음날인 월요일의 사고 건수는 125건으로 시행 전 월요일의 130~198건보다 오히려 적었다. 스웨덴과는 정반대로 사모아(Samoa)는 우측통행이었으나 이웃 남태평양 섬들에 맞추어 2009년 좌측으로 바꾸었다.

06

CHAPTER

투표

6.1 사회선택함수로서의 투표제도
6.2 다수결 투표
6.3 다양한 투표제도
6.4 형사재판 제도와 피의자의 운명
6.5 전략투표와 사회선택

Politics & Public Economics:
A Game-Theoretic Approach

6.1 사회선택함수로서의 투표제도

다수의 합리적 개인들이 셋 이상의 대안들에 대하여 사회적 선택을 해야 하는 상황을 고려하자. 애로우의 불가능성 정리에 따르면 모든 구성원들의 선호체계를 민주적으로 반영함과 동시에 어떠한 상황에서도 항상 일관성을 갖춘 사회후생함수(social welfare function)는 존재할 수 없다. 그런데 현실세계에서 모든 선택대안들에 대하여 사회적으로 바람직한 정도에 따라 순위를 매기는 경우는 극히 드물며, 여러 대안들 가운데 최선안을 제시하면 충분한 경우가 훨씬 많다. 대통령이나 국회의원의 선출, 중요 안건에 대한 투표, 경제상황을 고려한 금융통화위원회의 기준금리 책정, 가족구성원들의 합의에 의한 TV채널 선택 등이 대표적 사례이다.

사회선택함수(social choice function)란 개인들의 선호체계에 대응하여 그들로 구성된 사회가 가장 바람직하다고 평가하는 선택지 하나를 제시하는 함수이다. 선택지들의 집합을 X라 할 때 이들 선택지들에 대한 개인의 선호체계들의 집합을 $P(X)$라 하자. 구성원이 n명이면 모든 사람들의 선호체계들의 집합은 $(P(X))^n$일 것이다. 사회선택함수 G: $(P(X))^n \rightarrow X$는 사회적으로 가장 바람직한 대안 하나를 고르도록 요구하는 함수이다. 사회후생함수 W: $(P(X))^n \rightarrow P(X)$는 모든 선택지들을 사회적 우열에 따라 순서대로 나열하도록 요구하는데, 그에 비해 사회선택함수는 부담이 훨씬 작다. 투표제도는 사회선택함수의 대표적 사례이면서 가장 깊이 있게 연구된 제도이다.

현대 국가는 법을 제·개정하거나 세금을 징수할 수 있는 권한을 포함하여 독점적 권력을 보유한다. 민주주의 국가에서 이러한 통치권은 국민 대중이 비차별적으로 참여하는 선거를 통하여 배분되고 행사된다. 마치 경쟁 시장이 기업들로 하여금 소비자들의 요구에 반응하도록 만들듯이 민주 선거는 정부로 하여금 국민들의 요구에 반응하도록 만든다. 정당들이나 후보들은 정권과 공직을 놓고 경쟁하며, 유권자들은 투표를 통해 승자를 선택한다. 국가나 지역보다 좁은 의미의 국회, 정부위원회, 사법부(대법원, 헌법재판소) 등에서도 투표는 유사한 역할을 수행한다.

투표의 방식은 다양하다. 다수결 제도(majority rule)에서는 절반을 넘는(過半) 지지를 얻는 후보가 선택되며, 초다수결제(super-majority rule)에서는 $\frac{2}{3}$ 혹은 그 이상의 지지를 얻어야 당선된다. 최다득표제(plurality rule)는 여러 후보 가운데 가장 많은 표를 얻는 대안이 선택된다. 결선투표제(run-off voting)란 첫 단계에서 가장 많은 표를 얻은 두 후보만을 놓고 최종 다수결 투표로 결정하는 방식이다. 이상에서 제시한 여러 투표방식들은 승자독식(勝者獨食, winner-takes-all)의 택일제도인 데 반해 비례대표제(proportional representation)는 득표비율에 따라 권력이나 공직을 배분하는 방식이다.

다양한 선거제도의 이론과 실제를 포괄적으로 다루는 과제는 본서의 목적과 거리가 있다. 본 장에서는 각각의 투표방식하에서 합리적 유권자라면 어떠한 선택을 할지 또한 그 결과 어떠한 집단선택이 도출되는지를 설명하고자 한다.

6.2 다수결 투표

다수가 소수를 규율하는 다수결 규칙을 민주주의의 기본철학으로 보는 시각은 계몽주의까지 거슬러 올라간다. 루소(Jean-Jacques Rousseau, 1712~1778)는 다수의 의견이 공동체의 일반의지(general will)를 의미하므로 소수자들은 자신들의 의견이 — 일반의지와 거리가 먼 — 오류임을 받아들이고 순순히 다수에 따르는 것이 마땅하다. 콩도르세는 아무도 객관적 진실은 알 수 없으나 다수 의견이 소수 의견에 비해 옳을 확률이 대수의 법칙에 비추어 볼 때 더 높다고 주장하였다. 배심원 정리(Jury Theorem)라 불리는 콩도르세의 논리는 오늘날에도 많은 연구대상이 되고 있다.

6.2.1 메이의 정리

합리적 개인들로 이루어진 사회에서의 공공선택 문제를 고려하자. 애로우의 불가능성 정리에 따르면 선택지가 셋 이상일 경우 어떠한 상황에도 적용할 수 있는 일관성을 가지면서 모든 구성원들의 선호체계를 충분히 반영하는 사회후생함수란 존재하지 않는다. 그러나 선택대안이 두 개만 있는 경우에는 문제가 되지 않는다. 메이(May 1952)는 선택대안이 두 개인 경우 사회선택의 바람직한 성질들을 갖춘 유일한 제도가 다수결임을 밝혔다.

메이가 제시한 바람직한 성질들을 먼저 살펴보자.

첫째, 모든 개인들이 동등하게 취급받아야 한다는 익명성(anonymity)이다. 애로우의 불가능성 정리에서 요구하는 비독재성은 사회적 선호가 특정 개인의 선호에 따라 좌지우지되지 않아야 한다는 요건이므로 매우 느슨한 의미의 민주주의 개념이다. 반면 익명성은 독재자가 있어서는 안 됨은 물론 모든 구성원들이 똑같이 대접받아야 한다는 요건이므로 가장 강력한 민주주의 개념이다.

둘째, 모든 선택지들은 똑같이 취급되어야 한다는 중립성(neutrality)이다. 즉, 특정 선택지가 다른 대안들보다 사전적으로 더 지지를 받아서는 안 된다.

셋째, 선택지들 가운데 사회적으로 가장 바람직한 승자를 반드시 골라내야 한다는 확정성(decisiveness)이다. 사회선택함수의 확정성은 애로우의 보편성 공리와 궤를 같이한다.

넷째, 특정 선택지를 호의적으로 생각하는 투표자가 많아질수록 그 선택지가 투표의 승자가 될 가능성이 커져야 한다는 양성감응성(陽性感應性, positive responsiveness)이다. 이는 언뜻 보면 당연하지만 선택지가 셋 이상일 경우 여러 사회선택 기준이 양성감응성을 위배함은 뒤에서 살펴볼 것이다. 양성감응성은 애로우의 독립성 공리와 밀접한 관계가 있다. 구체적으로 양성감응성이 위배되면 애로우의 독립성 공리가 성립하지 않는다.

메이의 정리는 다음과 같다.

정리 6-1 | 메이

선택대안이 두 개만 존재($K=2$)하는 경우 익명성, 중립성, 확정성, 양성감응성을 모두 충족하는 사회선택함수가 단 하나 존재한다. 다수결 제도가 바로 그것이다.

선택대안이 두 개뿐이고 다수결 제도를 선택하는 현실 사례는 많다. 양당제 국가에서 치러지는 선거가 대표적이다. 개헌이나 수도이전과 같은 국가적 사안에 대해 찬반을 묻는 국민투표 혹은 특정 후보를 놓고 가부(可否)를 묻는 인사위원회의 채용투표도 좋은 예이다.

6.2.2 콩도르세의 역설

메이가 증명한 바와 같이 선택대안이 둘뿐인 경우 다수결 제도가 가장 단순하고 합리적인 사회선택의 방식이다. 하지만 선택대안이 셋 이상인 경우는 간단치 않다. 예를 들어보자. 세 후보 a, b, c와 세 명의 투표자 1, 2, 3이 있으며, 후보들에 대한 투표자의 선호가 다음과 같다고 하자.

투표자 1: $a > b > c$

투표자 2: $b > c > a$ (6.1)

투표자 3: $c > a > b$

후보를 둘씩 짝지워 다수결로 승자를 결정한다고 하자. 후보 a와 b가 출마하는 선거에서 a는 두 표(투표자 1과 3)를 얻고 b는 한 표(투표자 2)를 얻어 a가 우월하다. 후보 b와 c가 출마하는 선거에서는 b가 우월하고, 후보 a와 c가 경쟁하는 선거에서는 c가 이긴다. 결과적으로, $a > b > c > a$라는 순환논리로 인해 사회적으로 가장 선호하는 후보를 골라낼 수가 없다. 이 예는 모든 개인들의 선호체계가 모두 합리적일지라도 다수결을 사회선택 기준으로 삼는다면 사회선호체계는 합리성(특히 이행성)을 위배할 수 있음을 보여준다. 이러한 현상은 발상자인 콩도르세(Marquis de Condorcet, 1743~1794)의 이름을 따서 '콩도르세 역설'(Condorcet paradox)이라 불린다.

선택대안들을 둘씩 짝지워(pairwise) 다수결 투표를 부친다고 할 때 다른 모든 대안들을 물리치는 선택지가 존재한다면 그것을 '콩도르세 승자'(Condorcet winner)라고 부른다. 반대로 '콩도르세 패자'(Condorcet loser)란 선택대안들을 둘씩 짝지워 다수결 투표를 부칠 때 다른 모든 대안들에게 지는 선택지를 의미한다.

콩도르세 승자가 존재하는 예시를 들어보자.

투표자 1: $a > b > c$

투표자 2: $b > a > c$ (6.2)

투표자 3: $c > b > a$

식 (6.2)의 사회에서 대안 a와 b의 승자는 b, 대안 a와 c의 승자는 a, 그리고 대안 b와 c의 승자는 b이므로 결국 대안 b가 콩도르세 승자이다.

콩도르세 승자 s는 다른 어떠한 대안 s'와 다수결로 맞붙여도 s가 승리하는 선택으로 정의된다. 다시 말해서, 대안 s'이 s를 누르고 이기도록 승리연합(winning coalition)을 구성하는 것은 불가능하다. 예컨대, 식 (6.2)에서 투표자 3이 b 대신 c를 선택하자고 제안해도 투표자 1과 2 어느 누구도 응하지 않을 것이므로 승리연합을 만들어낼 수 없다. 또한 투표자 1이 b 대신 a를 채택하자고 제안해도 나머지 두 명이 반대할 것이므로 b를 뒤엎는 연합은 성립할 수 없다. 이는 다음 명제로 정리된다.

정리 6-2

콩도르세 승자는 반드시 코어에 속한다.

그렇다면 어떤 상황에서는 다수결 투표에 따른 콩도르세 승자가 존재하고 어떤 상황에서는 존재하지 않을까? 세 개의 선택대안이 존재할 때 개인이 가질 수 있는 선호의 경우의 수는 6가지(=3!)이다.[1] 따라서 세 명의 개인으로 구성된 사회가 가질 수 있는 선호체계의 경우의 수는 216가지($=6^3$)이다. 예컨대, 식 (6.1)이나 식 (6.2)는 실현가능한 216가지의 상황 가운데 두 가지이다. 라이커(Riker 1982)의 분석에 따르면 이들 216가지 가운데 204개 상황에서는 식 (6.2)에서처럼 콩도르세 승자가 존재하고 나머지 12개 상황에서는 식 (6.1)에서처럼 콩도르세 역설이 발생한다. 실현가능한 전체 경우의 수 대비 콩도르세 승자가 존재하는 경우의 수 간에 비율을 구하면 94.4%($=\frac{204}{216}$)로 상당히 높다.

이제 선택대안의 수를 K 그리고 구성원의 수를 n으로 일반화하자. 개인이 지닐 수 있는 선호체계의 경우의 수는 $K!$이다. 구성원이 n명이므로 이들로 구성된 집단이 지닐 수 있는 선호체계의 경우의 수는 $(K!)^n$가지이다. 이 중에 콩도르세 승자가 존재하는 경우의 수는 얼마나 될까? 라이커는 다음 계산결과를 제시한다. 첫째, 대안의 수 K가 고정되어 있을 때 구성원의 수 n이 커지면 콩도르세 승자가 존재할 확률도 점점 낮아진다. 예컨대, $K=6$일 때 $n=3$이면 콩도르세 승자가 존재할 확률은 79.8%이지만 $n\to\infty$이면 68.5%로 낮아진다. 둘째, 구성원의 수 n에 관계없이 대안의 수가 커지면($K\to\infty$) 콩도르세 승자가 존재할 확률이 0에 가까워진다. 요약하면 선택지의 수와 구성원의 수가 많아질수록 콩도르세 승자가 존재할 확률은 작아지고 콩도르세 역설이 발생할 확률은 높아지며 심지어 100%에 근접하기도 한다.[2]

1 $a>b>c,\ a>c>b,\ b>a>c,\ b>c>a,\ c>a>b,\ c>b>a$

2 이 계산에는 중요한 전제가 깔려 있다. 개인선호가 똑같은 확률로 실현가능하며 개인 간의 선호체계도 완전히 독립적으로 분포한다는 가정이 그것이다. 즉, $(K!)^n$개의 사회적 선호체계가 똑같은 확률 $\frac{1}{(K!)^n}$로 실현된다고 가정한다. 그러나 현실세계에서 동일한 사회의 구성원들은 인종적, 역사적, 문화적으로 형성된 유사한 선호를 갖고 있을 개연성이 높다. 개인들 간의 선호에 상관관계가 있다고 가정하면 콩도르세 승자가 존재할 확률은 본문에서 계산한 값보다는 높을 것이다. 그럼에도 불구하고 이는 정도 차이일 뿐 구성원의 수 n과 대안의 수 K가 매우 클 경우 콩도르세 승자가 존재할 가능성이 매우 낮다는 결론이 근본적으로 달라지지는 않는다.

6.3 다양한 투표제도

이론적으로 생각할 수 있는 투표방식은 수없이 많다. 현실세계에서도 다수결, 최다득표제, 비례대표제 등 이미 언급된 표준화된 방식 이외에 점수투표제, 승인투표제, 결선투표제 등도 종종 적용된다. 독특한 선거방식도 심심찮게 찾아볼 수 있다. 아일랜드의 의회 데일(Dail)이나 오스트레일리아의 상원에서 적용하는 단수이양식(單數移讓式, single transferable) 방식에서는 특정 후보가 사전에 정해진 쿼터(quota)를 넘으면 당선되는데 그 쿼터를 넘는 표는 자기가 지정하는 타 후보에게 이양해줄 수 있다. 본절에서는 가장 전형적인 형태의 최다득표제, 점수투표제, 승인투표제, 결선투표제에 대하여 차례로 다루기로 하자.[3]

6.3.1 최다득표제

최다득표제(最多得票制, plurality voting)에서 개별 투표자는 자신이 가장 선호하는 후보나 대안을 딱 하나씩 고르고 그 가운데 최다득표를 한 것이 사회선택된다. 개별 투표자 입장에서 자신이 가장 선호하는 대안 이외에 나머지 대안들은 사회선택에 아예 반영되지 않는다. 한마디로 최다득표제하에서는 가장 많은 수의 투표자들이 가장 선호하는 대안이 승자가 된다.

최다득표제의 최대 장점은—메이의 정리가 보여주듯이—선택대안의 수가 둘일 경우 합리적 사회선택을 보장하는 유일한 방식이라는 것이다. 그러나 선택대안의 수가 셋 이상일 경우 최다득표제는 여러 문제를 초래할 수 있다.

첫째, 콩도르세 승자가 존재하더라도 그것이 최다득표제하에서의 사회선택과 다를 수 있다. 구체적으로 살펴보기 위해 아홉 명의 유권자가 있으며 이들의 선호체계가 식 (6.3)인 공동체를 상정하자.

$$
\begin{aligned}
&\text{Abc유형(2명)}: a>b>c\\
&\text{Bac유형(3명)}: b>a>c \qquad (6.3)\\
&\text{Cab유형(4명)}: c>a>b
\end{aligned}
$$

3 본절의 일부 내용은 Hindriks and Myles(2006), 제10장 제5절을 참조하였다.

선택대안을 둘씩 짝지워 다수결 투표에 부친다고 할 때 사회선호는 $a>b>c$로 대안 a가 콩도르세 승자이다. 그러나 최다득표제에서는 사회적 선호의 순서가 $c>b>a$가 되어 대안 c가 이기게 된다. 이는 개별 투표자가 최고로 선호하는 대안만 반영될 뿐 나머지 대안들에 대한 선호 정보는 깡그리 무시되기 때문이다.

라이트와 라이커(Wright and Riker 1989)에 따르면, 투표방식이 주어진 후보군 가운데 당선자를 결정하는데 미치는 영향뿐 아니라 후보들의 입후보 과정에 미치는 영향까지 내생적으로 고려한다면 최다득표제와 콩도르세 방식 간의 충돌은 그리 크지 않다. 최다득표제하에서는 대개 3위 이하의 지지를 얻는 대안들은 아예 입후보하지 않을 유인이 크며 따라서 최상위 두 명만이 후보로 나설 가능성이 높다. 그런데 후보가 둘인 경우 최다득표제는 일반적으로 콩도르세 승자와 일치하므로 두 방식 간의 상충은 별로 크지 않다.

전략투표와 내쉬균형

최다득표제의 두 번째 문제는 투표자들의 전략행위에 취약하다는 것이다. 여태껏 우리는 투표자들이 진실하게 투표한다고(sincere voting) 암묵적으로 가정하였다. 예컨대, 식 (6.3)에서 Abc유형 2명, Bac유형 3명, Cab유형 4명은 각각 자신들이 가장 선호하는 대안 a, b, c를 정직하게 보고한다고 가정하였다. 그러나 투표자들은 결과를 미리 합리적으로 예상할 수 있으므로 자신의 선호에 거슬러 거짓 투표함으로 궁극적으로 자신이 더 선호하는 사회선택을 이끌어낼 수 있다면 당연히 그러한 전략투표(strategic voting)의 유인을 갖게 된다. 예컨대, Abc유형 가운데 1명이 a 대신 b를 가장 선호한다고 허위보고한다면 b와 c가 채택될 확률이 반반이므로 진실투표의 결과인 c보다는 나을 것이다. 게임이론의 표현을 빌리면 식 (6.3)의 선호체계와 최다득표제하에서 개인의 진실투표 행위는 내쉬균형 전략일 수가 없다.

식 (6.3)의 게임에는 엄청나게 많은 내쉬균형이 존재한다. 예컨대, 모든 투표자들이 예외 없이 a를 선택하는 것은 내쉬균형이다. Abc유형은 물론 Bac나 Cab유형의 투표자도 자신을 제외하고 나머지 8명이 a를 선택한다는 가정하에 자신의 선택을 a에서 b 혹은 c로 바꿔봤자 결과에 영향을 미치지 못하고 따라서 이탈 유인이 없기 때문이다. 마찬가지 논리로 모든 투표자들이 b를 선택하는 상태도 내쉬균형이다. 또 다른 예시로, Bac유형 가운데 1명만 b를 선택하고 나머지 8명 모두 c를 선택하는 상태도 내쉬균형이다.

다수의 내쉬균형 가운데 설득력이 떨어지는 것들을 솎아낼 수는 없을까? 이를 위해 다음과 같은 가정을 추가해보자. 개인의 선택이 어차피 투표결과에 영향을 미치지 않으며 따라서 무차별한 대안들이 여러 개인 경우 자신이 가장 선호하는 대안이 나머지 대안들보다 미세하게 더 높은 보수($\varepsilon>0$)를 준다고 가정하자. 이 가정하에서는 예컨대 9명 모두 a를 선택하는 내쉬균형은 배제된다. 개별 Cab유형 입장에서 a나 c가 모두 무차별하지만 후자가 ε만큼 높은 보수를 가져오기 때문이다. 추가적인 가정하에 구한 내쉬균형은 다음 두 개밖에 없다.

(i) Abc유형과 Bac유형은 모두 a에 투표하고 Cab유형은 모두 c에 투표하여 a가 사회선택
(ii) Abc유형과 Bac유형은 모두 b에 투표하고 Cab유형의 모두 c에 투표하여 b가 사회선택

위 (i)이 강내쉬균형임을 보이고, (ii)는 독자에게 맡기기로 한다. 첫째, Abc유형 입장에서는 자신이 가장 선호하는 a가 사회선택될 터인데 b나 c로 바꿔봤자 아무 이득이 없으므로 이탈 유인이 없다. 둘째, Bac유형도 a에서 b나 c로 이탈할 유인이 없다. 만약 b로 이탈하면 선거결과가 a에서 $\frac{1}{2}a+\frac{1}{2}c$($\frac{1}{2}$의 확률로 a, $\frac{1}{2}$의 확률로 c가 사회선택)로 바뀌어 더 불행해지고, 만약 c로 이탈하면 선거결과가 a에서 c로 바뀌어 더 불행해지기 때문이다.[4] 셋째, Cab유형도 c에서 a나 b로 이탈할 유인이 없다. 두 경우 모두 선거결과(a)를 바꾸지도 못하면서 자신이 선호하는 c를 버리고 a나 b를 선택하는 꼴이므로 위에 도입한 조건을 위배하기 때문이다.

6.3.2 점수투표제

최다득표제는 개인이 가장 선호하는 선택지 하나만 밝히고 나머지는 깡그리 무시되므로 개인 선호의 강도가 사회선호의 취합 과정에 전혀 반영되지 않는다. 예컨대, 사회구성원의 정확히 절반은 a를 b보다 선호하고 나머지 절반은 b를 a보다 선호한다고 하자. 또한 전자의 구성원들은 a를 b보다 훨씬 더 선호하는 반면 후자의 구성원들은 b를 a보다 조금만 더 선호할 뿐이라고 가정하자. 최다득표제를 사회선택함수로 채택한다면 a와 b는 사회적으로 무차별하다. 그러나 선호의 강도를 감안하면 a가 b보다 사회적으로 우월하다고 보는 것이 타당하다. 점수투표제는 이처럼 개인선호의 강도를 고려한 사회선택함수의 일례이다.

4 전략형게임에서 내쉬균형은 개별 경기자의 차원에서 전략을 바꿀 유인이 있느냐 없느냐를 따지는 것이다. 그러므로 Bac유형 1명이 a로부터 이탈할 유인이 있느냐를 따져야지 Bac유형 3명이 한꺼번에 집단적으로 이탈할 유인을 따지는 것이 아님에 유의하라.

점수투표제에서는 개인의 선호순서에 따라 서로 다른 점수를 부여한다. 구체적으로 K개의 선택대안이 있을 때 투표자는 자신이 가장 선호하는 대안에 K점, 그 다음으로 선호하는 대안에 $(K-1)$점, 그리고 가장 덜 선호하는 대안에 1점을 부여하는 방식이다. 최고점을 얻은 대안이 사회적으로 채택되며 이는 '보르다 셈법'(Borda count)이라고도 불린다. 보르다 방식에서는 유권자별로 각자 모든 선택대안에 대하여 지니는 선호의 순서를 온전히 표출하게 하고 이것을 공공선택에 반영한다. 이는 유권자별로 가장 선호하는 후보 한 사람만 선택하게 하고 나머지 후보들에 대한 선호는 깡그리 무시해 버리는 최다득표제에 비해 점수투표제가 갖는 장점이다. 반면 선호 대안별 가중치를 1, $\frac{1}{2}$, $\frac{1}{3}$, $\cdots$, $\frac{1}{K}$ 혹은 K^2, $(K-1)^2$, $\cdots$, 2^2, 1 혹은 K, $(K-1)$, $\cdots$, 1인지에 따라 결과가 달라진다는 단점이 있다.

점수투표제는 심지어 콩도르세 승자가 존재하지 않는 상황에서조차 거의 항상 사회선택의 승자를 골라낼 수 있다. 이는 애로우의 불가능성 정리가 점수투표제에 적용되지 않음을 의미한다. 따라서 자연스러운 질문은 점수투표제가 애로우의 다섯 공리 가운데 어느 것을 위배하는지에 있다.

일곱 명의 투표자와 세 개의 선택대안(a, b, c)이 있는 상황에서 투표자들의 선호체계는 아래와 같다고 하자.

Abc유형(3명): $a > b > c$
Bca유형(2명): $b > c > a$ (6.4)
Cab유형(2명): $c > a > b$

다수결 투표를 실시한다면 콩도르세 승자는 존재하지 않는다. 두 대안씩 짝지워 다수결 투표에 부칠 경우 사회적으로 $a > b > c > a$로 이행성을 위배하게 된다. 반면 점수투표제를 도입하면 대안 a는 15점(=3명×3점+2명×1점+2명×2점)을 받음으로써 총점이 각각 14점과 13점인 b와 c를 물리치고 채택된다. 즉, 사회적으로 $a > b > c$가 성립된다.

이제 새로운 선택대안 d를 추가하자. 모든 사람들이 대안 d를 a보다 약간 더 좋아한다고 가정하면 선호체계는 아래처럼 나타날 것이다.

Dabc유형(3명): $d > a > b > c$
Bcda유형(2명): $b > c > d > a$ (6.5)
Cdab유형(2명): $c > d > a > b$

점수투표제를 적용하면 새로운 대안 d가 총점 22점(=3명×4점+2명×2점+2명×3점)을 얻어 대안 c(17점), b(16점), a(15점)를 누르고 보르다 승자(Borda winner)가 된다. 주목할 점은 $a>b>c$였던 사회선호가 새로운 독립적 대안 d를 도입하였더니 $c>b>a$로 바뀌었다는 것이다. 요약하면, 점수투표제는 애로우의 공리 가운데 독립성을 위배한다.

점수투표제도 최다득표제와 마찬가지로 투표자들의 전략행위에 취약하다. 구체적 예시는 6.5절에서 자세히 다루겠지만 논리는 자명하다. 진실하게 선호를 밝힐 경우 자신이 싫어하는 후보가 당선되리라 예상된다고 하자. 그러면 자신이 가장 선호하지는 않지만 그나마 당선가능성이 높은 후보에 높은 점수를 주고 자신이 싫어하는 후보에게 일부러 매우 낮은 점수를 줌으로써 결과를 뒤집으려는 유인이 있다.

6.3.3 승인투표제

최다득표제나 점수투표제의 최대 단점은 투표자(들)이 거짓으로 자신의 선호를 나타내는 전략행위의 위험이 있다는 것이다. 브램스와 피시번(Brams and Fishburn 1978)은 일부 투표자에 의한 전략적 조작(strategic manipulation)을 배제하기 위하여 승인투표(承認投票, approval voting) 방식을 제시하였다. 이 방식에서 개별 투표자는 자신이 원하는 만큼 모든 대안을 승인할 수 있다. 점수투표제에서 개별 투표자는 선호의 강약에 따라 차별화된 점수를 부여하지만 승인투표제에서는 개인이 승인한 모든 대안들이 똑같이 취급된다.

점수투표제나 최다득표제에서 정직하게 투표할 경우 자신이 가장 선호하는 대안이 채택될 가능성이 없는 투표자는 덜 선호하는 대안에 더 높은 점수를 부여하거나 선택함으로써 최악의 결과를 피하고자 하는 유인이 있다. 그런데 승인투표에서는 누구든 자신이 원하는 만큼의 대안을 승인할 수 있으므로 점수투표제나 최다득표제에서 나타날 수 있었던 허위투표 유인이 줄어들게 된다. 예컨대, 식 (6.3)의 상황에서 승인투표를 실시할 때 모든 투표자들이 상위 두 대안씩(Abc유형은 a와 b, Bac유형은 b와 a, 그리고 Cab유형은 c와 a)을 승인하는 것은 내쉬균형이다. 이 균형에서 대안 a는 9점, b는 5점, c는 4점을 얻어 a가 승자가 되는데 이는 콩도르세 승자와 일치한다. 어떠한 투표자도 자신이 승인하는 대안의 수를 두 개에서 하나로 줄이거나 세 개로 늘릴 유인이 없다. 또 승인 대안의 구성을 왜곡할 유인도 없다.

연습문제 >> 6-1 EXERCISES

식 (6.3)의 상황에서, Abc유형 2명과 Bac유형 3명은 2개씩 승인하고 Cab유형 4명은 c 한 개만 승인하는 것은 내쉬균형이 아님을 보여라.

승인투표도 단점이 있다. 콩도르세 승자가 존재함에도 불구하고 승인투표는 다른 결과를 낼 수도 있다는 것이다. 아래 선호체계를 보자.

$$\begin{aligned} &\text{Abc유형(7명)}: a>b>c \\ &\text{Bac유형(2명)}: b>a>c \\ &\text{Cba유형(2명)}: c>b>a \end{aligned} \tag{6.6}$$

다수결 투표에 부칠 경우 사회선호는 $a>b>c$로서 후보 a가 콩도르세 승자이다. 이는 유권자들이 진실하게 투표하건 전략적으로 투표하건 마찬가지이다. 최다득표제나 점수투표제하의 사회선택도 콩도르세 승자와 동일하다. 승인투표제하에서 유권자들이 각자 선호하는 상위 두 개씩을 승인하는 것은 내쉬균형이다. 이 경우 사회선호는 $b>a>c$가 되어 b를 채택하게 되는데 이는 콩도르세 승자 a와 다르다.

이처럼 예외는 있지만 일반적으로 콩도르세 승자가 존재하는 경우 승인투표제는 최다득표제나 점수투표제에 비해 콩도르세 승자를 채택할 확률이 높다(Brams and Fishburn 1978). 식 (6.6)에서 모든 투표자들이 자신이 가장 선호하는 후보 하나씩만 승인하는 것도 내쉬균형인데 이 경우 a가 사회선택된다. 즉, 승인투표제하에서 사회선택 결과가 콩도르세 승자와 일치하는 내쉬균형도 존재하는 것이다.

6.3.4 결선투표제

결선투표(決選投票, run-off voting)란 매 단계 가장 적은 표를 얻은 후보를 탈락시켜가면서 과반수를 얻는 후보가 출현할 때까지 투표하는 방식이다. 결선투표제를 약간 변형한 '최다득표 결선투표제'(plurality run-off voting)에서는 두 단계에 걸쳐 승자가 결정된다. 첫 단계에서 특정 후보가 사전에 정해진 수준 이상(과반수 혹은 $\frac{2}{3}$) 득표하면 그가 승자로 결정된다. 만약 첫 단계투표에서 일정수준 이상 득표자가 없다면 두 번째 단계로 들어가되 첫 단계에서의 최다득표자 2명만이 후보로 남는다. 결선투표 방식은 프랑스를 위시한 여러 국가의 공직선거와 카톨릭 교회의 교황 선출에 적용된다.

결선투표제는 두 개의 단점을 갖는다. 첫째, 콩도르세 승자가 존재하는 상황에서 결선투표 방식을 통해 선택되는 대안이 콩도르세 승자와 다를 수가 있다. 식 (6.3)에 결선투표를 적용하면 첫 회에서 2표를 얻은 a가 탈락되고 둘째 회에서 4표를 얻은 c를 누르고 5표를 얻은 b가 승리한다. 이는 콩도르세 승자 a와 다른 사회선택이다.

둘째, 민주적 의사결정의 핵심 요건인 양성감응성을 위배할 수 있다. 다음 상황을 고려하자.

$$\begin{aligned} &\text{Abc유형(6명)}:\ a > b > c \\ &\text{Cab유형(5명)}:\ c > a > b \\ &\text{Bca유형(4명)}:\ b > c > a \\ &\text{Bac유형(2명)}:\ b > a > c \end{aligned} \tag{6.7}$$

결선투표의 첫 회에서 5표를 얻는 c는 각 6표를 얻은 a와 b에 밀려 탈락된다. 두 번째 회에서 Cab유형 5명이 후보 a로 몰려가므로 b가 탈락하고 a가 사회선택된다. 이제 식 (6.7)의 마지막 줄 Bac유형 2명을 없애고 Abc유형 2명으로 대체해보자. 즉, 후보 a를 더 선호하는 투표자가 더 많아졌다. 결선투표의 첫 회에서 4표를 얻은 b가 탈락한다. 후보 a와 c 중 과반수 득표자가 없으므로 두 번째 결선투표를 실시하면 후보 a가 탈락하고 c가 당선된다. 첫 회에 탈락한 후보 b의 지지자들이 c로 몰려가기 때문이다. 식 (6.7)에 나타난 원래 상황에서 결선투표는 a를 선발하는 데 반해 a를 선호하는 유권자가 더 많아진 새로운 상황에서 b를 사회선택하는 이변이 발생한다.

6.3.5 종합과 시사점

다양한 투표제도에 대한 이해를 돕기 위해 다음 연습문제를 풀어보자.[5]

5 연습문제 6.3~6.5는 Hindriks and Myles(2013), Ch.11 Exercise 11.17~11.19를 변형한 것이다.

연습문제 >> 6-2 EXERCISES

선택대안 a, b, c, d에 대하여 19명의 구성원이 다음 선호체계를 갖고 있다.

I유형(9명) $a > d > c > b$

II유형(6명) $b > d > c > a$

III유형(4명) $c > b > d > a$

진실투표의 가정하에 콩도르세, 최다득표제, 점수투표제, 결선투표제에 따른 결과를 계산하라.

연습문제 >> 6-3 EXERCISES

이양투표제(transferable voting system)에서는 투표자들이 적어낸 선호순서 가운데 최상위(the first choice) 표를 가장 적게 받은 선택지를 지우고 그 표를 차상위(the second choice)로 이양해준다. 이러한 절차는 과반수를 획득한 선택지가 나올 때까지 진행된다.

(1) 콩도르세 승자가 이양투표제의 최종 승자가 되지 않을 수 있는가?

(2) 어느 누구도 최상위로 선호하지 않는 선택지가 이양투표제의 승자가 될 수 있는가?

(3) 이양투표제는 전략행위에 노출되기 쉬움을 예시를 통해 설명하라.

연습문제 >> 6-4 EXERCISES

토머스 해어(Thomas Hare)가 1861년 고안한 투표제는 단수이양투표제(single transferable voting system)이라고도 불린다. 참고로 해어투표제는 오스트레일리아, 몰타(Malta), 아일랜드 등에서 공무원 선출 시 적용하고 있다. 콩도르세 승자가 존재하면 그것을 선택한다. 콩도르세 승자가 존재하지 않으면 최상위 선택지들 가운데 가장 적은 표를 얻는 대안(들)을 탈락시키고 남은 선택지들만을 고려한다. 그 중에 콩도르세 승자가 존재하면 그것을 선택하며, 콩도르세 승자가 존재하지 않으면 위의 탈락과정을 한 번 더 적용한다. 이런 방식으로 콩드르세 승자가 존재할 때까지 진행한다.

(1) 선호체계가 다음과 같을 때 해어투표제의 승자를 구하라.

$a > b > e > d > c$

$b > c > a > d > e$

$c > b > e > d > a$

$d > c > a > e > b$

$e > d > c > a > b$

(2) 해어투표제는 애로우의 다섯 공리 가운데 어느 것을 위배하는지를 다음 선호체계에서 예시하라.

$a > b > c$ 2명

$b > c > a$ 1명

$c > b > a$ 1명

연습문제 >> 6-5 EXERCISES

클라이드 쿰스(Clyde Coombs)가 고안한 투표제는 해어투표제와 정확히 반대 절차로 진행된다. 콩도르세 승자가 존재하면 그것을 선택한다. 콩도르세 승자가 존재하지 않으면 최하위 선택지들 가운데 가장 많은 표를 얻은 대안(들)을 탈락시키고 나머지 선택지들만을 고려한다. 이러한 방식으로 콩도르세 승자가 존재할 때까지 과정을 적용한다. 연습문제 6-4 (1)의 선호체계에서 쿰스투표제의 승자를 구하라.

이상의 논의와 연습문제가 보여주듯이 투표방식에 따라 서로 다른 최종 결과가 나올 수 있다. 이는 투표방식을 설계하고 확정하는 시점에서부터 이해관계자들의 갈등과 대립이 첨예하게 대립할 수 있음을 의미한다. 그러나 이보다 훨씬 심각한 철학적 문제가 있다. 현실에서는 투표의 대상이 단순히 직위뿐 아니라 위원회(여러 위원으로 구성), 법안(다수 조항으로 구성), 배심원단일 수도 있고 더 나아가 공동선, 사회적 합의, 집단의지 등인 경우도 많다. 선택대안 뿐 아니라 구성원 개개인의 선호체계도 고정되어 있다면 공동선, 사회적 합의, 집단의지는 상당히 명확해야 마땅하다. 그런데 단지 투표방식만 바꾸었을 뿐인데 사회선택 결과가 그처럼 달라진다면 본질이 방법론에 좌우된다는 해괴한 결론에 이르게 된다.

본절에서 우리는 선택대안과 선호체계가 외생적으로 주어져 있다는 전제하에 여러 투표제도의 장·단점을 다루었다. 그러나 외생성 가정을 완화한다면 투표방식에 따른 장·단점도 달라질 수 있다. 앞서 살펴본 바와 같이 점수투표제는 일부 투표자의 전략적 행위에 취약한 반면 승인투표제는 그렇지 않다는 장점이 있다. 하지만 의제설정자나 후보들이 투표방식에 적응하여 선택대안을 내생적으로 바꾸어간다면 사정은 달라진다. 승인투표제에서 후보들은 소수 유권자들로부터 최상의 대안으로 지지받기보다 다수 유권자들로부터 '그다지 나쁘지 않은' 대안으로 승인받는 편이 훨씬 낫다. 따라서 유권자뿐 아니라 후보도 전략적으로 행동할 가능성을 열어둔다면 승인투표제도 점수투표제 못지않게 유권자의 전략행위에 노출될 가능성이 크다.

6.4 형사재판 제도와 피의자의 운명

사법제도에서 형법을 어떻게 설계하느냐는 매우 중요하다. 경미하거나 명백한 범죄일수록 한 명의 판사가 자신의 양심에 따라 판결을 내리는 단독 재판부를 구성한다. 반면 중대한 범죄이거나 논란의 여지가 많은 재판일수록 여러 판사가 합의하여 최종 결정을 내리는 합의부를 구성하는 것이 일반적이다. 여기서는 합의부 재판에서 3명 판사들이 전략적으로 행동할 경우 피고인의 운명이 죽음과 삶, 유죄와 무죄를 어떻게 오갈 수 있는지를 살펴보자.[6]

세 명의 판사 A, D, J는 피고인의 죄에 대하여 아래와 같은 선호를 갖고 있다고 하자. 예컨대, 판사 J는 피고를 징역형에 처하는 것이 마땅하다고 판단한다. 하지만 사형 평결에 대한 좋지 않은 기억 때문에 피고를 사형시키느니 차라리 무죄로 풀어주는 편이 낫다고 생각한다. 여기서 알파벳 'a'는 무죄방면(acquittal), 'd'는 사형(death penalty), 'j'는 징역형(jail)을 나타낸다.

$$\begin{aligned} &\text{판사 A: } a > d > j \\ &\text{판사 D: } d > j > a \\ &\text{판사 J: } j > a > d \end{aligned} \tag{6.8}$$

본절의 예시는 형법과 관련하여 설명되지만 동일한 논리를 정치적 측면에도 응용할 수 있다. 예컨대 판사 A, D, J를 각각 진보좌파, 보수우파, 자유주의적 성향을 갖는 것으로 보고, 판결 a, d, j를 각각 인권, 공익, 사유재산권이라고 보면, 합의제의 유형에 따라 결론이 얼마나 달라지는지를 설명할 수 있다.

식 (6.8)에서는 식 (6.1)과 똑같은 논리에 의하여 콩도르세 역설이 발생함을 보일 수 있다. 즉, 사형(d) > 징역형(j) > 무죄방면(a) > 사형(d)이 되어 순환고리에 빠지게 된다.

이제 합의재판부의 세 판사들이 다수결 투표에 의해 형량을 결정한다고 하자. 재판 결과는 제도에 따라 달라진다. 여기서는 현대 미국의 제도, 강제양형 제도, 고대 로마의 제도에 대하여 차례로 살펴보자.

6.4.1 미국의 사법절차

미국의 전형적인 사법제도에서는 유죄 혹은 무죄 여부를 먼저 결정하고 유죄로 판결이 날 경우 그에 맞는 적절한 형벌을 정한다.

판사들이 자신의 선호를 정직하게 밝히는 진실투표를 한다고 가정하자. 유・무죄 판결에서 판사 D와 J가 유죄를 선택하고 판사 A가 무죄를 선택할 것이므로 먼저 유죄가 선택된다. 일단

6 Arrow(1970)와 Dixit and Nalebuff(2009) 제12장을 참조함.

유죄가 확정된 상태에서 사형과 징역형 사이에서는 사형이 선택된다.

판사들이 전략적으로 투표한다면 결과가 어떻게 될 것인가? 위 문단으로부터 판사 J는 진실하게 자신의 선호를 밝힐 경우 자신이 최악이라고 생각하는 사형이 선고될 것임을 미리 예상한다. 따라서 판사 J는 유·무죄를 판단하는 최초 평결에서 무죄 의견을 밝히게 되고 그 결과 피고는 풀려난다. 물론 판사 A나 D는 판사 J의 그러한 부정직한 의사표현을 합리적으로 예측할 수 있지만 자신들의 전략을 바꿀 유인이 없다.

6.4.2 강제양형제도

강제양형제도(强制量刑, Mandatory Sentencing)에서는 형벌 수위를 먼저 정해둔 다음 피고가 유죄판결을 받아야 하는지 결정한다. 즉, 재판과정이 미국식 제도와는 반대로 구성된다.

판사들이 진실하게 투표한다면 피고는 징역형을 살게 된다. 형벌을 사형으로 정해놓았다면 판사 A와 J가 무죄를 선택할 것이기에 무죄방면이 선고될 것이다. 형벌을 징역형으로 정해놓았다면 D와 J가 유죄를 선고할 것이므로 징역형으로 확정될 것이다. 따라서 어떤 형벌을 선택할 것인가는 무죄방면과 징역형의 양자택일 문제로 좁혀진다. 그런데 판사 D와 J는 징역형을 선호하고 판사 A만이 무죄방면을 선호하므로 결국 징역형으로 확정된다.

강제양형제도하에서 판사들이 전략적으로 투표한다면 다음과 같은 논리에 의하여 무죄방면이 선택된다. 우선 판사 A는 진실투표의 결과인 징역형에 대하여 매우 불만일 것이므로 맨 처음 사형 여부를 물을 때 무죄방면보다는 사형을 선호한다고 허위보고한다. 그러면 형벌을 사형으로 정해놓을 경우 무죄방면이 아니라 사형이 선택된다. 반면 형벌을 징역형으로 정해놓았다면 여전히 D와 J는 유죄를 선고하고 A는 무죄방면을 선택할 것이므로 징역형이 선택된다. 최종판결은 사형과 징역형 가운데 내려지게 되는데 A와 D는 사형을 지지하고 J만 징역형을 지지할 것이므로 결국 사형으로 확정된다. 판사 A는 진실하게 대답하였을 경우 최종판결인 징역형보다 허위보고의 결과로 채택될 사형을 더 선호하므로 그렇게 할 유인이 있다.

그러나 이러한 결과에 대해서 판사 J가 매우 불만족할 것이므로 이번에는 J가 허위보고할 유인이 있다. 판사 J는 형벌을 징역형으로 정해놓았을 때 무죄방면을 더 선호한다고 거짓보고한다고 하자. 형벌을 사형으로 정해놓았을 때 판사 A(허위보고)와 D(진실보고)에 의하여 사형이 선택됨은 위 문단과 같다. 결국 최종판결은 무죄방면으로 확정된다. 이 상태에서는 더 이상 아무도 추가로 허위보고할 유인이 없다.

6.4.3 고대 로마의 재판절차

고대 로마의 사법제도에 따르면 재판부는 증거를 청취한 다음 가장 가혹한 형벌로부터 시작해서 점점 약한 처벌로 내려간다. 사형을 선고할지 결정하고 사형이 타당하지 않다면 그 다음 종신형의 적절성 여부를 판단한다. 이런 식으로 내려가다가 모든 형벌이 다 타당하지 않다고 판단되면 무죄로 풀려난다.[7]

진실투표를 가정하자. 먼저 사형 판단 여부를 놓고 판사 D만 타당하다고 주장하게 되어 사형은 제외된다. 그 다음 징역형의 타당성 여부에 대해서는 판사 D와 J가 찬성하게 되어 결국 징역형이 내려진다.

전략투표를 가정하자. 판사 A는 자신의 선호를 진실하게 밝힌다면 최악인 징역형이 선고될 것임을 예상할 수 있다. 따라서 A는 맨 처음 사형집행의 타당성 여부를 놓고 의견을 물을 때 진심과는 달리 사형을 주장할 유인이 있다. 결국 고대 로마의 합의재판부에서 전략투표를 한다면 피고는 사형을 당하게 된다.

요약하면 판사들이 진실하게 투표한다면 현대 미국에서는 사형을 당하고, 강제양형제나 고대 로마하에서는 징역형을 살게 된다. 판사들이 전략적으로 투표한다고 가정할 경우 똑같은 죄를 지은 피고가 현대 미국 및 강제양형제도하에서는 무죄로 풀려나고, 고대 로마였다면 사형에 처해진다. 재판절차에 따라 선고결과가 달라짐은 물론 그에 따른 범죄방지 효과도 달라진다. 따라서 사회적으로 가장 바람직한 사법제도는 재판과정에서 검사, 변호사, 판사의 권한이나 의무뿐 아니라 판사들의 전략적 행위도 고려하여 설계되어야 한다.

6.5 전략투표와 사회선택

개인들의 선호체계가 합리적이기만 하다면 어떠한 형태를 갖든지 상관없이 그것들을 민주적으로 종합하면서 그 자체로 일관성 있는 사회적 선호체계는 항상 존재하는가? 애로우의 불가능성

---

7 기원후 100년경 로마의 트리야누스(Trajan) 황제의 변호사 플리니우스 2세(Pliny the Younger)가 직면했던 딜레마를 Arrow(1970)가 재구성한 실화이다.

정리에 따르면 이 질문에 대한 답은 부정적이다. 그런데 애로우의 정리에 대하여 흔한 오해가 있다. 개인들의 선호체계가 특정하게 주어졌을 때 그것들을 민주적으로 취합하면서 나름 일관성을 갖춘 사회선호체계란 존재할 수 없다는 오해이다. 애로우의 정리가 주장하는 바는 개인들의 선호체계가 '임의의 어떠한' 모습을 갖더라도 그 모든 상황에 공통적으로 적용되는 사회적 후생함수는 존재할 수 없다는 것이다. 따라서 개인들의 선호체계를 민주적으로 종합하면서 일관성을 갖춘 사회후생함수가 존재하는 상황(구성원들의 선호체계)은 얼마든지 있을 수 있다. 예컨대 개인들의 선호체계가 식 (6.2)와 같고 사회선택함수가 점수투표제라면 사회적 선호체계는 $b>a>c$로 잘 정의된다.

애로우의 불가능성 정리는 개인들이 자신의 선호체계를 정직하게 표시한다는 전제를 깔고 있다. 이제 개인들이 궁극적으로 자신이 더 선호하는 공공선택 결과를 얻기 위하여 자신의 선호체계를 전략적으로 허위보고할 유인이 있다면 어떻게 될 것인가? 결론부터 말하자면, 개인들이 정직하게 보고한 선호체계를 민주적으로 종합하면서 일관성을 갖춘 사회후생함수가 존재하는 상황에서조차 만약 전략적 허위보고가 허용된다면 합리적 사회선택이 불가능할 수 있다. 이해를 돕기 위하여 다음 예시를 들어보자.[8]

어떤 학과에 다섯 개의 전공분야 a, b, c, d, e가 있으며 각 분야마다 한 명씩의 교수가 재직하고 있다. 이 학과에서 신임교수 채용을 위한 회의를 개최한다. 교수 개개인의 분야별 선호는 다음과 같다.

$$\begin{aligned}
&\text{교수 A: } a>d>e>c>b \\
&\text{교수 B: } b>e>c>d>a \\
&\text{교수 C: } c>b>e>d>a \\
&\text{교수 D: } d>a>b>e>c \\
&\text{교수 E: } e>c>b>a>d
\end{aligned} \tag{6.9}$$

먼저 콩도르세 승자가 존재하는지 알아보자. 두 분야씩 짝지워 다수결 투표를 부칠 경우 다음의 결과를 얻는다. 분야 a는 b, c, d, e에 의해 각각 3:2로 패한다. 분야 d는 a에게만 이기며 나머지 b, c, e에는 각각 3:2로 패한다. 나머지 세 분야 b, c, e 간에는 사회적 선호의 이행성을 위배한다. 분야 b와 c 간의 다수결 투표에서는 c가 3:2로 이기고 c와 e 간의 투표에서는 4:1로

8 McCarty and Meirowitz(2009). 제4장 제1절을 재구성하였음.

e가 이기며 분야 b와 e 간의 투표에서는 3:2로 b가 선택된다. 결론적으로 콩도르세 승자는 존재하지 않는다.

점수투표제로 채용분야를 결정한다고 하자. 교수들이 진실하게 투표한다면 순위는 e(17점) > b(16점) > c(15점) > d(14점) > a(13점)으로서 대안 e가 보르다 승자가 된다. 다시 말해서, 식 (6.9)의 선호체계는 진실투표를 가정한 애로우의 틀 안에서 사회선호함수가 잘 적용되는 예에 해당한다.

하지만 교수들에게는 전략투표 유인이 있다. 예컨대, 교수 D는 진실투표하에서 자신이 거의 최악이라고 생각하는 분야로 결정되리라 예상한다. 다른 교수들이 모두 진실하게 자신들의 선호를 보고한다는 가정하에 교수 D가 자신의 선호를 사실대로 밝히지 않고 $b > d > a > c > e$로 허위보고한다고 하자. 그러면 점수투표제의 결과는 b(18점) > c(16점) = e(16점) > d(13점) > a(12점)로 분야 b가 선택될 것이다. 교수 D는 분야 e보다 b를 더 선호하므로 교수 D에게는 그러한 허위보고의 유인이 있다.

이제 교수 A, B, C가 정직하게 자신의 선호를 밝히고 교수 D는 $b > d > a > c > e$라고 허위보고한다는 가정하에 이번에는 교수 E가 허위보고할 유인이 있다. 교수 E가 자신의 선호를 $c > e > a > d > b$라고 허위보고한다면 점수투표제의 결과는 c(17점) > b(16점) > e(15점) > d(14점) > a(13점)가 되어 c가 채택될 것이다. 그런데 교수 E는 c를 b보다 선호하므로 이처럼 허위보고의 유인이 있다.

이 같은 방식으로 세 번째 단계에서는 교수 B가 $b > e > d > a > c$로 허위보고할 유인이 있고, 네 번째 단계에서는 교수 A가 $a > c > e > d > b$로 허위보고할 유인을 갖는다. 그렇다면 이런 패턴이 어디까지 진행되면 더 이상 아무도 전략적으로 행동할 유인이 없어질 것인가? 다시 말해서, 점수투표제하에서 전략투표를 가정할 경우 어떠한 경기자도 조작할 유인이 없는 확고한(robust) 균형상태가 존재하는가?

이는 기버드(Gibbard 1973)와 새터스웨이트(Satterthwaite 1975) 이후 공공선택과 게임이론에서 매우 중요한 주제이다. 결론부터 말하자면, 균형이 존재할 수도 있고 존재하지 않을 수도 있다. 핵심은 이것이다. 구성원들의 선호체계가 어떠한 형태를 갖건 항상 전략적 조작 유인이 전혀 존재하지 않는 사회선택제도란 존재할 수 없다.

정리 6-3 | 기버드 · 새터스웨이트

선택대안이 세 개 이상($K \geq 3$)이며 어떠한 선호체계에 대해서도 구성원(들)에 의해 사회선택함수가 전략적으로 조작될 수 없다고 하자. 그렇다면 사회선택이 항상 특정 개인이 가장 선호하는 대안과 일치하는 독재자가 반드시 존재할 수밖에 없다.

일부 유권자(들)가 자신의 선호를 부정직하게 표출함으로써 최종 승자의 결정에 영향을 미치려는 전략적 조작으로부터 완전히 자유로운 투표방식은—사회선택이 특정인의 선호와 완전히 일치하는—독재체제밖에 없다. 다시 말해서 최다득표제나 점수투표제를 포함하여 웬만한 합리적 사회선택함수는 전략적 조작에 취약하여 누군가는 거짓으로 행동함으로써 이득을 얻을 여지가 있는 상황이 존재한다. 대우명제로 말하자면, 개인들의 선호를 민주적으로 취합한 사회선택 기준은 반드시 일부 구성원(들)의 전략적 행동에 취약한 상황이 존재한다.

전략투표가 왜 문제인가? 투표 참여자들이 자신의 선호를 진실하게 밝히지 않고 전략적으로 투표하는 경우 투표결과로부터 유권자들의 정확한 선호를 읽어내기가 어렵다. 유권자들의 정확한 선호에 기반을 두지 않은 공공선택이나 정책은 사회후생 극대화를 왜곡하므로 유권자들이 가능한 진실하게 투표할 유인을 갖도록 제도를 설계하는 것이 중요하다. 이 대목에서 기버드·새터스웨이트 정리는 다음과 같은 함의를 갖는다. 선택지에 득표나 득점순서를 매겨 승자를 선출하는 한 어떠한 상황에서도 유권자가 전략행위를 할 유인이 없도록 만들어주는 제도를 설계하기는 불가능하다.

선택대안이 두 개인 양당제에서는 전략투표의 유인이 존재하지 않는다. 이것이 기버드·새터스웨이트 정리에서 선태대안이 3개 이상인 상황을 가정하는 이유이기도 하다. 선택대안이 매우 많으며 각 대안은 득표수에 비례하여 자원을 배분받는 비례대표제하에서도 전략적 투표의 유인은 매우 약하다. 전략행위의 가능성은 선택대안이 3개 이상 대여섯 개 이하의 소수일 경우 가장 높고, 선택지의 수가 그보다 작아지거나 점점 커질수록 줄어든다.

기버드·새터스웨이트는 진실현시를 전제로 하는 애로우의 불가능성 정리를 경기자들이 전략적으로 행동한다고 가정하고 사회선택함수의 존재 불가능성을 입증하였다. 사실 기버드·새터스웨이트의 불가능성 정리를 제대로 이해하기 위해서는 개별 경기자의 선호체계를 다른 사람들은 알지 못한다는 미비정보하의 게임에서 베이즈내쉬균형이라는 개념과 메커니즘 설계에 대하여 알아야 한다. 이는 본서의 제16장 16.4절과 16.5절에서 상세히 다루기로 한다.

07

CHAPTER

중위투표자정리

7.1 선호의 제약

7.2 중위투표자정리

7.3 중위투표자정리와 사회후생

7.4 선거와 공약의 실제

Politics & Public Economics:
A Game-Theoretic Approach

7.1 선호의 제약

다수결 투표제도는 개인들의 선호체계로부터 집단 혹은 사회의 선호를 도출해내는 전형적인 사회선택함수이다. 구성원의 수가 n이고 대안의 수가 K인 경우 개인선호의 보편성 공리에 따르면 실현가능한 $(K!)^n$가지의 상황 하나하나마다 사회적 선택을 도출할 수 있어야 한다. 그러나 제6장 6.2절에서 살펴본 바와 같이, $n=3$, $K=3$의 경우 216가지 실현가능한 상황 가운데 12가지에서처럼 이는 사실이 아닐뿐더러 n과 K가 커질수록 더욱 어려워진다.

따라서 다수결 제도가 사회후생함수로서 어떠한 상황에서건 보편적으로 작동하려면 애로우의 공리 가운데 일부를 완화하는 수밖에 없다. 다수결 투표와 관련하여 그러한 완화의 대표적인 개념이 바로 단봉선호(single-peaked preference)이다. 즉, 보편성 공리를 완화하여 '단봉'이라는 요건을 갖춘 개인선호만을 허용하는 것이다.

7.1.1 단봉선호

블랙(Black 1948)은 모든 개인들의 선호체계가 단봉조건을 충족한다면 다수결 투표제도에서 콩도르세 역설이 결코 발생하지 않음을 보였다. 단봉선호의 정의는 다음과 같다.

정의 7-1 | 단봉선호조건

어떠한 세 선택지를 고려하더라도 그 가운데 아무도 최악이라고 생각하지 않는 선택지가 존재한다면 단봉선호조건을 충족한다고 말한다.

다시 말해서, 세 선택지 각각에 대하여 누군가는 최악이라고 여긴다면 단봉조건은 위배된다. 식 (6.1)의 상황에서 a, b, c 각각에 대하여 최소한 한 투표자는 최악이라고 생각하므로 단봉조건이 위배된다. 선택지 a는 투표자 2가 가장 싫어하며, 선택지 b는 투표자 3이 가장 싫어하고, 선택지 c는 투표자 1이 가장 싫어하기 때문이다. 반면 식 (6.2)의 상황에서는 어느 누구도 b를 최악이라고 생각하지 않으므로 단봉조건을 충족한다.

[그림 7-1]은 네 투표자 1~4가 다섯 정책 a~e에 대하여 각자 선호체계를 갖는 상황을 예시

그림 7-1 | 개인 4명과 선택지 5개의 상황에서 단봉선호조건을 충족하는 예시

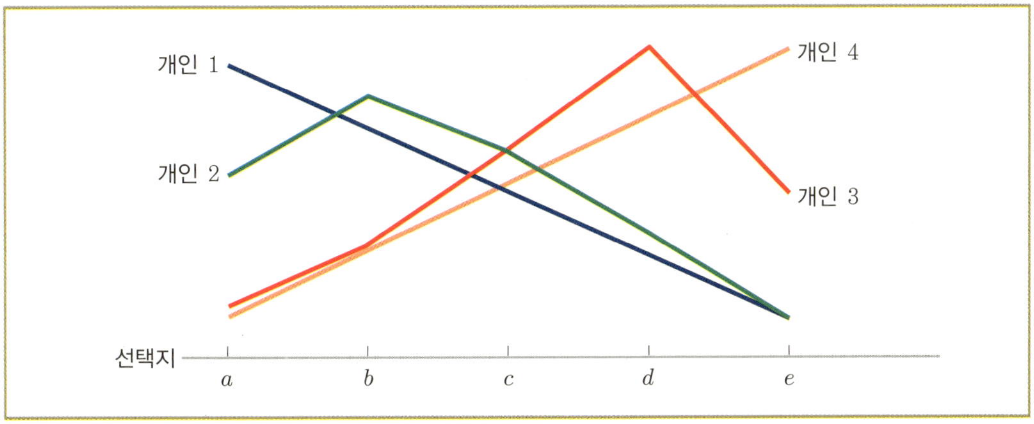

하고 있다. 세 정책 a, b, c를 고려할 때 a에 대해서는 투표자 3과 4가 최악이라고 생각하지만 b나 c에 대해서는 아무도 최악이라고 생각하지 않는다. 또한 a, d, e를 고려할 때ㅡ정책 a에 대해서는 투표자 3과 4는 최악이라고 생각하고 정책 e에 대해서는 투표자 1과 2가 최악이라고 생각하지만ㅡ정책 d에 대해서는 아무도 최악이라고 생각하지 않는다. 이와 같은 방식으로 어떠한 세 정책을 고려하더라도 그 중에는 투표자 어느 누구도 최악이라고 생각하지 않는 대안(들)이 존재한다. 이러한 조건을 충족하는 선호체계를 단봉선호라 한다.

모든 구성원이 단봉선호를 갖는 경우 개인별로 가장 선호하는 정책대안을 최고봉으로 하여 양쪽 어느 방향으로든 멀어질수록 효용이 낮아지도록 선택지들을 재배열할 수 있다. [그림 7-1]은 다섯 대안들을 이미 재배열한 다음 네 사람의 효용수준을 나타낸 그래프이다. 이에 착안하여 단봉선호를 다음과 같이 정의할 수도 있다.

정의 7-2

투표자 i가 가장 선호하는 선택지 x에 대하여 다음 조건 [$x<y<z$인 여하한 y와 z에 대해서도 $u_i(y)>u_i(z)$이며, $z<y<x$인 여하한 y와 z에 대해서도 $u_i(y)>u_i(z)$]을 충족하면 효용함수 u_i: X→R은 단봉을 갖는다고 말한다.

개별 투표자가 가장 선호하는 선택지를 그의 지복점(bliss point) 혹은 이상점(ideal point)이라 부른다. 예를 들어, 저소득층에 대한 재분배정책을 투표로 결정하는데 극좌, 좌, 중도, 우, 극우의 다섯 정책대안이 있다고 하자. 이러한 정책 스펙트럼 중에서 우를 가장 선호하는 투표자를 생각해보자. 이 투표자의 선호체계가 단봉조건을 충족하려면 그는 극좌보다는 좌를, 좌보다는 중도를, 중도보다는 우를 더 선호해야 한다. 동시에 극우보다는 우를 더 선호해야 한다. 만약 그가 모든 정책대안 가운데 우를 가장 선호하기는 하되 좌를 중도보다 더 선호한다면 그의 선호체계는 단봉조건을 만족하지 않는다.

7.1.2 단일교차조건

개인선호의 보편성을 제약하는 조건으로 단봉선호 대신 단일교차(single-crossing) 조건을 사용하기도 한다. 선택대안들을 왼쪽(좌)에서 오른쪽(우)으로 쭉 늘어놓고, 투표자들도 정치이념에 따라 왼쪽(좌)에서 오른쪽(우)으로 배열하자. 임의의 두 선택지 x와 y에 대하여, 투표자 i가 투표자 j보다 좌측에 있다는 것($i<j$)은 i가 x를 y보다 상대적 더 선호하는 반면 j는 y를 x보다 상대적으로 더 선호함을 의미한다.

> **정의 7-3 | 단일교차조건**
> 여하한 두 정책 x, $y \in X$ (단, $x<y$)에 대하여도 조건[투표자 1, 2, …, k는 x를 y보다 선호하고, 투표자 $(k+1)$, …, n은 y를 x보다 선호]을 충족하는 $k \in \{0, 1, \cdots, n\}$이 항상 존재하면 단일교차선호라 부른다.[1,2]

쉽게 말해서, 우익 j가 좌편향정책 x를 그보다 우편향정책 y보다 선호한다면 j보다 좌익인 i는 당연히 x를 y보다 더 좋아하고, 좌익 i가 우편향정책 y를 좌편향정책 x보다 더 선호한다면 i보다 우익인 j는 말할 것도 없이 y를 x보다 더 선호한다는 지극히 직관적인 요건이다.

단일교차조건은 단봉조건과 논리적으로 아무 연관이 없다. 예컨대, [그림 7-2]에 나타난 상황에서 단봉조건(특히 투표자 2)은 위배되지만 단일교차조건은 성립한다. 투표자 2가 정책 a를 b보다 선호하는데 그보다 좌편향인 투표자 1도 a를 b보다 더 선호한다. 또한 투표자 2가 정책 c를 b보다 더 선호하는데 그보다 우편향인 투표자 3 역시 c를 b보다 더 선호한다. 이 같은 논리

1 $k=0$이라는 것은 n명이 모두 y를 x보다 선호함을 뜻하고, $k=n$이라는 것은 n명이 모두 x를 y보다 선호함을 뜻한다.

2 단일교차선호를 다음과 같이 정의하기도 한다. 여하한 두 정책 x, $y \in X$(단, $x<y$)와 임의의 두 투표자 i, $j \in N$ $(i<j)$에 대하여 다음 조건 [만약 $u_j(x)>u_j(y)$이면 $u_i(x)>u_i(y)$이며, 만약 $u_i(y)>u_i(x)$이면 $u_j(y)>u_j(x)$]이 항상 성립한다면 효용함수 u_i: $X \rightarrow R$은 단일교차조건을 충족한다고 말한다.

그림 7-2 ▮ 단봉조건을 위배하지만 단일교차조건은 충족하는 선호체계

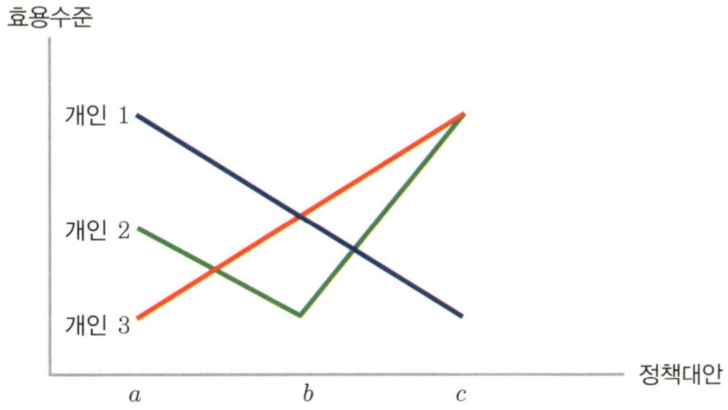

는 모든 정책조합 및 투표자조합에 대해서도 다 성립하므로 단일교차선호조건을 충족한다.

단봉선호이지만 단일교차조건을 위배하는 예도 구성하기 어렵지 않다. 네 명의 투표자(1, 2, 3, 4)가 네 개의 선택지(a, b, c, d)에 대하여 식 (7.1)에 나타난 선호체계를 갖고 있다고 하자.

$$
\begin{aligned}
&\text{투표자 1: } b > c > a > d \\
&\text{투표자 2: } b > c > d > a \\
&\text{투표자 3: } c > b > a > d \\
&\text{투표자 4: } c > b > d > a
\end{aligned}
\tag{7.1}
$$

단일교차조건이 성립하기 위해서는 선택지 b와 c를 고려할 때 투표자 1과 2가 이웃해야 하며 투표자 3과 4가 이웃해야 한다. 또한 선택지 a와 d를 고려할 때 투표자 1과 3은 이웃해야 하며 투표자 2와 4는 이웃해야 한다. 이 조건이 모두 충족되기는 불가능하므로 식 (7.1)의 선호체계는 단일교차조건을 위배한다. 반면 단봉조건을 충족함을 쉽게 보일 수 있다.

이처럼 논리적 연관성이 없는 두 개념으로부터 뒤에 살펴볼 중위투표자정리가 각각 똑같이 도출되는 것은 신기한 일이다.

7.2 중위투표자정리

상당수의 민주국가들, 특히 미국과 같이 양당제 국가에서는 대개 정당들의 선거공약이나 정책강령이 분간이 되지 않을 정도로 비슷하다. 미국의 경우 공화당과 민주당은 이상적이거나 극단적인 선거공약 대신 매우 절충적이고 애매한 선거공약을 내건다. 만일 민주당이 좌파적인 선거공약을 내건다면 공화당은 중도성향의 선거공약을 공포하는 것이 선거에 승리하는 전략이 될 수 있다. 그렇게 할 경우 민주당은 좌파성향의 유권자는 확실히 잡을 수 있겠지만 그 대가로 우익성향의 유권자 및 심지어 중도적 성향을 가진 유권자도 빼앗길 것이기 때문이다.

이는 미국뿐 아니라 실질적으로 양당제에 가까운 다른 나라에도 적용된다. 대통령선거나 국회의원선거에서 유권자들은 흔히 각 당의 선거공약이 너무나 같다고 불만을 토로한다. 그러나 막상 특정 정당에서 좌파적 정책의 청사진을 제시하면 소수의 좌파성향 유권자를 제외하고는 그 당 후보를 선택하지 않는다. 때문에 객관적 사실 여부에 상관없이 지나치게 좌나 우로 치우쳐 있다는 인식이 있는 정당은 선거에 승리하기 위해서 그러한 인식을 불식시킬 필요가 있다. 대선, 총선, 지자체 선거마다 각 정당의 선거공약을 보면 복지정책, 농가부채 탕감, 개발제한지역 해제, 공교육 정상화, 관치금융 근절 등 주요 정책에 있어서 대동소이하다. 사실 정당의 이름을 가려놓고 공약만 보면 어느 당의 공약인지 알 수 없을 정도이다.

선거에 이기기 위하여 절충적 행태를 보이는 현상은 비단 선거공약이나 정책입안에서뿐 아니라 정당이나 후보의 이합집산에서도 잘 나타난다. 다수 정당이 경쟁하는 유럽의 대륙 국가들은 물론 우리나라의 경우에도 굵직굵직한 선거마다 몇몇 정당이나 후보들이 자신의 편향적 색채를 보완하기 위해 성격이 전혀 다른 정당이나 후보와의 연합도 빈번하게 이루어진다.

정치학자 다운즈(Downs 1957)는 경제학자 호텔링(Hotelling 1929)의 모형을 원용하여 민주 사회에서의 선거제도를 분석하였다. 중위투표자정리(中位投票者定理, Median voter theorem)로 불리는 다운즈 가설을 이해하기 위해서는 우선 중위투표자라는 용어를 알아야 한다. 중위투표자란 전체 유권자의 성향으로 볼 때 한가운데에 위치한 유권자로 정의된다. 예컨대, 좌파성향 4명, 중도 5명, 우파 4명으로 구성된 위원회에서 중위투표자(7번째 투표자)는 중도성향을 가지고 있다. 따라서 투표에서 이기기 원하는 사람은 중도성향에 꼭 맞는 공약을 내걸거나 중도 색채의 노선을 지향해야 한다. 반면 좌파성향 2명, 중도 3명, 우익 8명으로 구성된 위원회에서 투표에 이기려면 중위투표자에 맞는 우파적 공약을 제시해야 한다. 제2차 세계대전 이후 대부분 기간

유지되고 있는 자민당의 장기집권과 일본 국민의 우익성향이 대표적 사례이다.

중위투표자정리란 단봉선호 및 단일(單一) 사안이라는 조건이 충족된다면 중위투표자가 가장 선호하는 정책이 다수결 제도의 콩도르세 승자임을 의미한다. 이를 양당이 정책강령을 놓고 치르는 경쟁(platform competition)에서 내쉬균형을 구한다는 시각에서 보면 다음과 같다.

정리 7-1 | 중위투표자정리

가정 (i) 정책사안이 단일(uni-dimensional policy space)하다.
가정 (ii) 모든 유권자들이 단봉선호를 갖는다.
가정 (iii) 양당(bi-partisan) L과 R이 정책공약을 제시하고 유권자들의 다수결 투표로 승패가 결정된다.
가정 (iv) 정당의 목적은 집권(office-seeking)이다.
이 선거게임에는 단 하나의 내쉬균형이 존재한다. 양당 공히 중위투표자가 가장 선호하는 정책을 선거공약으로 제시하는 것이다.

정책집합 $[0,1]$ 구간에서 다수결 투표에 의해 결정되는 상황을 고려하자. 단봉선호조건에 의하여 유권자들은 각자 가장 이상적이라고 생각하는 정책(지복점)을 봉우리로 하는 선호체계를 갖고 있다. 특정 유권자가 가장 선호하는 이상적 정책대안, 즉 지복점을 $x \in [0,1]$라 할 때 그를 유권자 x라고 부르자. 중위투표자를 m이라 놓으면, 정의상 m의 왼편과 오른편에 각각 정확히 $\frac{1}{2}$만큼의 유권자가 포진하고 있다.

정당의 목적은 집권에 있으므로 개별 정당이 집권에 성공하면 1단위의 보수를 얻고 실패하면 0단위의 보수를 얻는다고 하자. 만약 양당이 똑같이 득표하면 각자 $\frac{1}{2}$단위의 보수를 얻는다고 하자.

증명 | 중위투표자정리의 증명

정당 L과 R이 제시하는 정책이 각각 x와 y라 놓자.
첫째, 두 정당 모두 m 이외의 다른 정책을 채택하는 상태는 균형일 수 없다. 예컨대, 정당 L은 정책 $x(<m)$을 채택하고 R은 정책 $y(>m)$을 선택하는 상태는 균형이 아니다. 정당 L이 공약을 m과 y 사이로 바꿈으로써 확실히 승리할 수 있기 때문이다. 또 $x \leq y < m$이거나 $x \geq y > m$인 경우에도 적어도 한 정당은 자신의 정책을 바꿈으로써 집권확률을 높일 수 있다. 따라서 내쉬균형에서 최소한 한 정당은 m을 선택한다.
둘째, 정당 L이 정책 m을 선택한다고 가정할 때 정당 R의 최선응수는 m뿐이다. 만약 정당 R은 m

보다 오른편에 있는 정책 y를 선택한다면 중위투표자 m 왼편에 위치하고 있는 유권자들 및 m과 y 사이에 있는 유권자의 절반이 정당 L을 지지할 것이다. 만약 정당 R은 m보다 더 왼편에 있는 정책 y를 선택한다면 위와 대칭적인 논리에 의하여 L이 과반수를 득표하게 되고 R이 패배할 것이다. 그런데 R이 정확히 L과 똑같이 m을 채택한다면 반반의 확률로 승리하게 되므로 앞의 두 경우보다는 낫다. 또 이상과 똑같은 논리로 R이 정책 m을 채택한다고 가정할 때 L의 최선응수도 m임을 보일 수 있다.

결론적으로 (m, m)만이 내쉬균형이다.

정리 7-1에서 유권자들의 선호가 '단봉' 대신 '단일교차'조건을 충족한다고 바꿔 넣어도 성립한다. 관심 있는 독자는 Hindriks and Myles(2006) 310~312쪽을 참조하라.

일부 투표자가 단봉선호를 갖지 않을 경우 중위투표자정리가 성립하지 않을 수 있다. 가장 간단한 예가 콩도르세의 역설이다. 앞의 제6장 6.2.2에서 설명한 바와 같이 식 (6.1)의 상황에서 유권자 1과 유권자 2는 단봉선호를 갖지만 유권자 3의 선호는 단봉조건을 충족하지 않는다. 바로 그 때문에 사회선호의 순환논리가 생겼고 콩도르세 승자가 부존재하였던 것이다. 중위투표자정리가 성립하기 위해서는 개인선호가 '단봉' 혹은 '단일교차'라는 요건만 중요할 뿐 선택지들에 대한 선호강도가 어떤지는 상관없다.

연습문제 >> 7-1 EXERCISES

유권자들의 지복점은 [0,1] 구간에서 균등분포한다. 개별 유권자는 자신이 가장 선호하는 정책보다 우(right)성향 정책에 대해서는 자신의 선호보다 좌(left)성향 정책에 대해서보다 두 배만큼 관대하다고 가정하자.

(1) 개별 정당의 최선응수를 구하라.

(2) 내쉬균형을 구한 다음 그 의미를 해석하라.

7.3 중위투표자정리와 사회후생

선거결과는 유권자들의 정보와 무지, 지지자들의 정당 충성도, 선거운동(campaign)에 들인 비용과 홍보내용, 후보 개인의 호감도 등에 영향을 받는다. 중위투표자 정리는 여러 사회・심리적 요인을 제거하고 유권자들의 합리적 선택을 분석하면 선거 결과가 어떻게 나타날지를 보여주는 준거틀이다. 다운즈정리는 일부 가정의 비현실성에도 불구하고 20세기 중반 이후 정치학 및 공공경제학에 지대한 영향을 미치고 있다.

중위투표자정리를 다시 요약하면 단봉선호, 단일사안, 양당제, 집권확률 극대화의 조건이 충족될 경우 개별 정당의 내쉬균형 전략은 중위투표자가 가장 선호하는 정책을 제시하는 것이다. 중위투표자정리의 최대 장점은 개인선호의 강도에 영향을 받지 않는다는 것이다. 예컨대, 유권자의 60%가 연금개혁을 약간 선호하고 나머지 40%는 이를 극렬하게 반대하는 상황이건 혹은 유권자의 51%가 연금개혁을 강렬하게 선호하고 나머지 49%가 거의 무차별하다고 느끼건 다수결 투표결과는 동일하다. 따라서 개별 유권자에게는 자신의 선호를 왜곡하여 전략적으로 투표할 유인이 없으며 오직 진실한 투표가 최선이다. 전략투표의 유인이 작으므로 유권자들의 선호와 민의(民意)가 선거 과정에서 왜곡되지 않고 정확하게 선거 결과에 반영된다. 이는 정치인, 정당, 여론 입장에서 선거 결과를 액면 그대로 믿고 그에 부합하는 정책들을 펴나가도 무리가 없음을 의미한다.

중위투표자정리는 극단적 성향의 구성원들(극우 파시스트나 극좌 볼셰비키)보다는 중도적 성향의 유권자들(소위 '말 없는 다수')의 선호에 맞는 정책이 구현되는 경향이 있다는 함의를 갖는다. 이는 양당제-최다득표제를 근간으로 하는 정치제도가 체제의 안정성 측면에서 가장 유리함을 의미한다.

사회후생의 측면에서 중위투표자정리를 평가해보자. 모든 유권자들의 선호가 단봉조건을 충족한다면 중위투표자의 지복점은 파레토최적을 만족하며 따라서 사회적 효율성이 달성된다. 설명의 편의상 유권자가 세 명인 사회를 상정하자. [그림 7-3]에서 세 유권자는 모두 단봉선호체계를 갖고 있으며 유권자 1, 2, 3이 이상적으로 생각하는 지복점은 각각 x_1, m, x_3이다. 중위투표자정리에 따르면 양당제-최다득표제하에서 유일한 내쉬균형은 두 정당이 모두 중위투표자인 유권자 2의 이상점 m을 공약으로 제시하는 것이다.

[그림 7-3]에서 구간 $[x_1, x_3]$ 사이에 있는 어떠한 정책도 파레토최적이다. 예컨대, 정책 y가 파레토최적임을 논증하자. 정책 y에서 왼편으로 옮기면 유권자 1은 더 행복해지는 반면 유권자 2와 유권자 3은 불행해진다. 정책 y에서 오른편으로 옮기면 유권자 2와 유권자 3은 행복해지지만 유권자 1은 불행해진다. 사회구성원들 가운데 누군가를 더 행복하게 해주기 위해 정책 y로부터 좌우 어느 방향으로건 정책을 변경하는 순간 다른 구성원(들)이 불행해질 수밖에 없다. 따라서 정책 y는 파레토최적이다. 이와 같은 논리는 구간 $[x_1, x_3]$ 사이에 있는 어떠한 정책에도

그림 7-3 ▌중위투표자, 파레토최적, 칼도어 · 힉스 기준

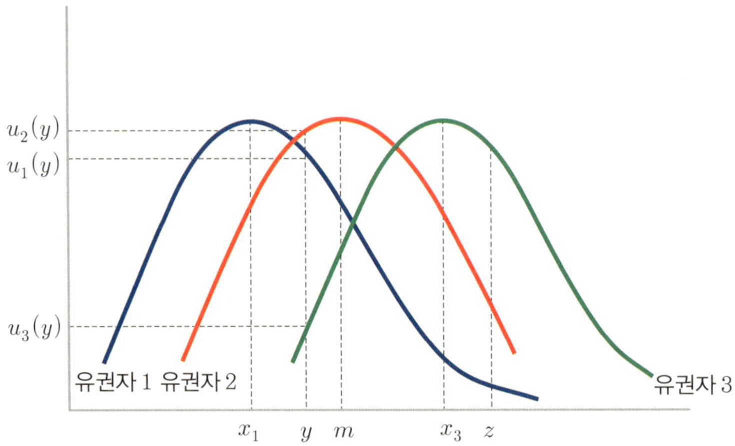

적용된다. 반대로 구간 $[x_1, x_3]$ 밖에 있는 어떠한 정책도 파레토최적이 아니다. 예컨대, 정책 z의 경우 정책을 왼편으로 옮기면 세 유권자 모두가 더 행복해진다. 즉, 특정 구성원을 더 행복하게 만들기 위해 다른 사람을 불행하게 만들지 않아도 되므로 파레토 비효율적이다.

이상의 논리는 유권자의 수가 3명이 아니라 여럿인 경우로 일반화하더라도 변함없다. 결론적으로 유권자들이 선호체계가 단봉조건을 충족할 경우 중위투표자가 가장 선호하는 정책은 반드시 파레토최적이다.

이제 공리주의적 사회후생함수를 기반으로 하는 칼도어 · 힉스 기준을 적용해보자. 각 정책의 시행으로부터 유권자들이 얻는 효용들을 합하면 사회후생이라 할 수 있다. 예컨대, 공리주의적 관점에서 정책 y로부터 얻는 사회후생은 [그림 7-3]에서 $u_1(y)+u_2(y)+u_3(y)$이다. 이들 기준에 따르면 사회후생 $u_1(y)+u_2(y)+u_3(y)$를 극대화해주는 정책 y를 선택하는 것이 가장 바람직하다. 칼도어 · 힉스 기준에 따라 선택되는 정책은 중위투표자의 지복점과 우연의 일치 이외에는 다르다.

중위투표자정리나 파레토최적은 사회구성원들의 선호의 강도에 영향을 받지 않으나 칼도어 · 힉스 기준은 그것에 민감하게 영향을 받는다. [그림 7-4]는 [그림 7-3]과 다른 모든 면은 똑같고 유권자 3의 선호체계만 다른 상황을 그린 것이다. [그림 7-4]에서 유권자 3의 효용수준은 [그림 7-3]에서와는 달리 이상점 x_3로부터 조금만 멀어져도 급속히 낮아지는 형태를 갖는다. 새로운 상황에서 중위투표자의 이상점은 여전히 m이며 파레토최적 정책은 구간 $[x_1, x_3]$이다.

그림 7-4 ▌ 선호의 강도에 영향을 받는 칼도어·힉스 기준

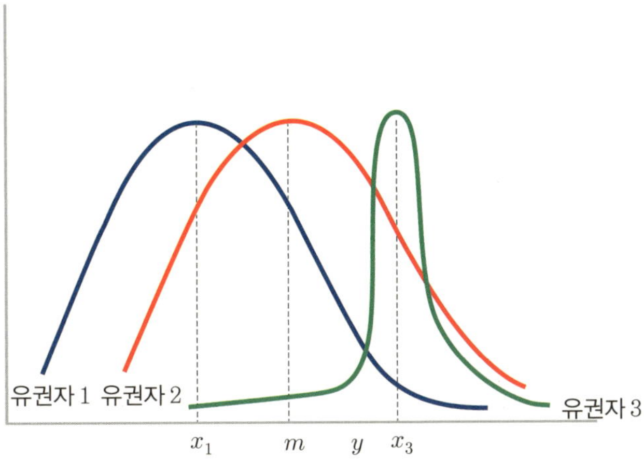

반면 칼도어·힉스 정책은 이전보다 훨씬 더 오른쪽으로 이동하여 정책 x_3에 상당히 가까운 지점에 위치하게 된다.

연습문제 >> 7-2 EXERCISES

세 유권자 1, 2, 3으로 구성된 양당제 사회가 있다. 정책 $x=0,\ 1,\ 2,\ 3$ 중에 선택가능하다고 할 때 효용함수는 각각 다음과 같다.

$u_1(x)=6-x$

$u_2(x)=5+2x-x^2$

$u_3(x)=2+4x-x^2$

(1) 단봉선호조건을 만족하는가?

(2) 단일교차조건을 만족하는가?

(3) 중위투표자의 이상점, 파레토최적 정책, 칼도어·힉스 정책을 각각 구하라.

(4) 유권자 2와 3의 선호는 이전과 동일하고 유권자 1의 선호만 $u_1(x)=6-3x$로 바뀌었다고 할 때, 위 (3)에 해당하는 정책을 각각 구하라.

7.4 선거와 공약의 실제

7.4.1 실증연구

중위투표자정리의 현실 설명력에 대해서는 찬반양론이 팽팽하다. 정당 내의 경선과 일반국민을 상대로 치르는 본선에서 후보들의 공약을 비교해보면 다운즈 가설은 확실히 일리가 있다. 보수정당의 당내 경선에 맞붙은 후보들은 우파적 공약을 제시하고 일반인들 입장에서는 몰상식적이라고 보일만큼 보수적인 발언을 쏟아낸다. 반대로 진보정당의 당내 경선에는 좌파적 공약과 발언이 난무한다. 그런데 일단 당내 경선에서 후보로 선출되어 본선거에 진출하면 똑같은 정치인인지 의심스러울 정도로 중도적이며 온화한 공약으로 바꾼다. 이는 보수(진보)정당의 당내 경선에서는 중위투표자가 상당히 우측(좌측)에 위치하고, 본선거에서는 중위투표자가 비교적 중간지역에 위치하기 때문이다.

쉡슬(Shepsle 2010, p.117)은 선거 패배 정당이 어김없이 집권당의 노선이나 공약을 모방했던 20세기 후반 영국 정치사가 다운즈 예측에 잘 들어맞는다고 지적한다. 제2차 세계대전을 승리로 이끌었던 총리 처칠(Winston Churchill, 1940~1945 및 1951~1955 총리직)이 전쟁 직후 노동당에 패하자 보수당은 노동당의 복지국가 모델을 상당히 수용했고 그 결과 처칠은 1951년 재집권에 성공한 바 있다. 반면 20세기 후반 노동당은 사회주의 색채를 대폭 약화시킴으로써 보수당의 대처(Margaret H. Thatcher, 1979~1990 총리)와 메이저(John C. L. Major, 1990~1997 총리)를 모방하려 애썼고 마침내 '노동당 내의 보수당원'이라 불리기도 했던 블레어(Anthony Blair, 1997~2007 총리)가 집권에 성공하기도 하였다.

풀·로젠탈(Poole and Rosenthal 1984)이 미국 상원의 자료를 분석한 결과 두 상원의원이 같은 주(州, state) 출신이라고 하더라도 정당이 다르면 법안 투표에서 다른 행태를 보인다. 스나이더·그로스클로즈(Snyder and Groseclose 2000)는 미국 하원의 점호투표(roll-call votes)에서 개별 의원이 어느 정당 소속인가가 찬반 여부에 유의적으로 중요한 요인이라는 추정결과를 내놓았다. 점호투표란 추첨에 의해 선정된 순서에 따라 의장이 의원을 차례로 호명하면 해당자가 찬성, 반대, 기권의사를 표시하는 공개투표 방식이다. 레빗(Levitt 1996) 및 스나이더·팅(Snyder and Ting 2003)에 따르면 유권자의 이념과 후보의 이념은 선거구별 혹은 시기적으로 선거공약을 결정짓는 핵심 요인이다. 그러나 이들 연구결과가 반드시 다운즈 가설을 부정한다고 볼 수는 없다. 왜냐하면 선거구별 혹은 시기별로 후보가 가장 선호하는 지복점이 서로 다를 수 있으므로 후보의 이념이 선거구별 혹은 시대별로 다르다는 사실은 단지 서로 다른 지복점을 반영하는 것일 수도 있기 때문이다.

중위투표자정리에는 선거에 승리한 후보가 선거과정에서 제시한 공약을 그대로 이행한다는 구속(binding commitment)의 가정이 숨어있다. 그러나 다운즈 모형의 전제조건인 공약의 구속성에 의문을 제기하는 연구들이 적지 않다. 비즐리·케이스(Besley and Case 2003)에 따르면 현실세계의 정치인이나 정당은 선거공약을 번복하거나 변경하기 일쑤이다. 알레시나(Alesina 1988)는 선거를 일회게임이 아니라 정당들 간의 반복게임으로 모형화하였는데, 다운즈 정리에서처럼 양당 정책이 유사해지는 경우도 있지만 반대로 양극단으로 갈라질 가능성도 있음을 증명하였다. 본서의 제22장에서는 반복게임을 자세히 다루면서 공약의 완전 수렴에서부터 완전 발산(complete divergence)까지 수많은 상태가 반복게임의 균형이 될 수 있음을 설명할 것이다. 따라서 알레시나의 반복게임 모형도 다운즈 가설을 포함하여 다양한 가능성을 제시할 뿐 중위투표자정리를 아예 부정하지는 않는다.

리·모레티·버틀러(Lee, Moretti and Butler 2004)는 미국 하원의 점호투표 결과와 민간 이익단체 '민주행동을 위한 미국인'(Americans for Democratic Action: ADA)이 하원의원 개개인의 이념성향을 분석한 기초자료를 사용하여 중위투표자정리를 검정하였다. 이들의 분석에 따르면, 미국 유권자들은 선거공약이나 정당정책에 영향을 전혀 미치지 못하며 다만 어느 정당에 투표할 것인가를 선택할 뿐이다. 특히 민주당이나 공화당 후보의 총선 승리확률이 선거공약 이외의 외생변수에 의하여 갑자기 상승하거나 하락한 경우에도 의원들은 법안투표에서 자신의 입장을 거의 바꾸지 않았다. 이러한 연구결과는 ADA 이외의 다른 여러 이익단체들의 이념성향 지수나 맥카티·풀·로젠탈(McCarty, Poole and Rosenthal 1997)이 개발한 지수를 사용하더라도 별 차이가 없었다.

구체적으로 리·모레티·버틀러는 미국 1946~1995년의 50년 기간 동안 미국 전역의 선거구 13,413개 가운데 민주당 후보의 득표율과 공화당 후보의 득표율이 ±2% 범위 내의 접전을 벌인 곳을 분석대상으로 하였다. 이들 접전지역은 지리적 특성, 소득수준, 인구수, 유자격 유권자비율, 고등학교 졸업자비율, 도시화 정도, 흑인인구비율 등 거의 모든 측면에서 별 차이가 없었던 반면 민주당 후보가 당선되었느냐 공화당 후보가 당선되었느냐에 따라 하원 법안투표에서는 유의적으로 큰 격차를 나타냈다. 즉, 이들 접전지역에서는 누가 당선이 되었든 간에 그야말로 박빙(薄氷)으로 간신히 당선되었음에도 불구하고 차기 당선을 위해 의정활동에서 자신의 이념이나 철학을 바꾸지 않았으며 유권자들 역시 이러한 정치특성을 합리적이고 정확히 예측하였다.

결론적으로 유권자들은 정치인이 중위투표자에 호소하는 중도적 공약을 제시하더라도 이를 신빙성이 없는 것으로 예측하고 일단 뽑아주면 후보 자신이나 후보의 소속정당이 추구하는 이념에 충실할 것으로 합리적으로 예측한다. 이 결과가 갖는 중요한 함의는 특정 후보의 상대적 인기가 갑자기 높아진다고 하더라도 그 후보나 경쟁후보의 정책 포지션에는 영향을 미치지 못한다는 것이다. 유권자들이 후보의 정책에 영향을 미치지 못하며 그저 정당이나 정치인을 선택할 뿐이라는 사실은 국회의원이 선거구민의 선호를 대표해야 한다는 대표성과 상충되는가? 반드시 그렇지는 않다. 예컨대, 대표성 개념을 정치인이 자신의 열렬 지지자의 선호를 대표한다는 의미로 정의한다면 민주당 후보는 민주당 지지자들의 선호를 충실히 반영하고 공화당 후보는 공화당 지지자들의 선호를 충실히 반영한다는 의미에서 대표성을 갖는다고 말할 수 있다. 그러나 어떤 경우건 정치인의 최적 전략이 선거구민 전체를 염두에 두고 중위투표자의 선호에 맞는 선거공약이나 정책을 선택한다는 다운즈 가설은 기각된다.

이를 우리 정치에 적용해보면 다음과 같은 시사점을 갖는다. 이승만, 박정희, 전두환에 이르는 권위주의 정권을 거쳐 민주화 이후 노태우, 김영삼에 이르기까지 보수 혹은 중도우파 정권이 지속되어 왔다. 그러다가 김대중 정부(1998~2003)와 노무현 정부(2003~2008)는 모두 중도 혹은 중도좌파 성향이었는데 이들의 대선 승리는 타협의 산물이라는 주장이 있다. 특히 다운즈 가설을 지지하는 학자들은 김대중 후보가 우익 색채의 김종필 총재와 연대하고 노무현 후보가 보수 색채의 재벌2세 정몽준 후보와의 연대로 자신들의 진보 이미지를 상당히 희석했다고 본다. 반면 리·모레티·버틀러가 암시하는 바에 따르면, 대선 후보들이 선거전에서 어떠한 행보나 발언을 했건 상관없이 유권자들은 후보들이나 대선캠프에서 일하는 핵심들의 성향이나 이념에 대해 합리적이고 정확히 예측하고 선택했다. 유신시대와 전두환 정부 당시 청년기를 보냈던 베이비붐 세대가 우리 사회의 주축이 되기 시작하면서 유권자들의 성향 자체가 보수에서 중도로 옮겨왔다. 이는 보수 정당이 집권하려면—단지 말뿐인 중도가 아니라—복지, 성장, 교육 등 핵심 정책사안에 있어서 실제로 중도를 지향해야 한다는 함의를 갖는다.

7.4.2 정책 경쟁과 합리적 유권자에 대한 의문

중위투표자정리는 유권자의 합리성을 전제로 하고 있는데, 일부 학자들은 합리성 패러다임

자체에 의문을 제기한다. 캐플란(Caplan 2007)에 따르면, 다수 유권자는 무지할 뿐 아니라 비합리적인데 정치인들은 그러한 유권자들을 상대로 집권을 겨냥한 공약을 내고 정치적 행보를 할 수밖에 없으므로 비효율적인 정책들이 양산되고 지속된다. 유권자 입장에서는 자신의 한 표나 행동이 사회 전체를 바꿀 가능성이 없으므로 굳이 자신의 아집이나 신념을 바꿀 이유가 없다. 즉, 합리적 무시가 존재한다. 게다가 개인은 — 심리학이나 사회학에서 주장하는 바처럼 — 비합리성이나 대중심리를 갖고 있으므로 그러한 '멍청이' 유권자를 가정하고 정치경제적 현상이나 정책효과를 분석해야 정확한 예측이 가능하다. 민주국가에서 반복되고 지속되는 정책실패는 — 무식하고 객관적 사실을 무시하는 — 다수 유권자들이 원하기 때문에 발생하는 것이지, 유권자들은 원치 않는데 정치인들이 속이거나 잘못해서 발생하는 것은 아니다. 캐플란은 이를 해결하기 위하여 정치나 선거 대신 시장원리를 최대한 활용하는 사회경제시스템으로 전환해야 한다고 주장한다.

아헨 · 바텔스(Achen and Bartels 2016)도 유권자들의 합리적 선택과 정당(정치인)들의 수동적 정책플랫폼 경쟁을 분석기반으로 삼는 모형을 날카롭게 비판한다. 유권자들은 후보들의 역량, 과거실적, 정책플랫폼 등을 면밀히 분석할만한 정보가 부족함은 물론 그럴 시간과 관심도 없다. 대다수 유권자들은 자신의 인종, 종교, 지역, 가족분위기 등에 따라 투표할 뿐이며 따라서 정체성(identity)과 소그룹주의가 가장 중요한 동인이다.

자유주의의 거성 하이에크(Hayek 1944)는 민주적 보통선거가 빈번하게 종교, 인종, 노동조합으로 대표되는 특수이익집단 등이 공권력을 등에 업고 개념도 애매한 '사회정의'를 부르짖으며 자신들의 이익을 챙기는 통로가 된다고 지적한다. 다양한 경제적 이익집단들은 자신들의 삶과 소득의 원천이 — 사회적으로 비효율적이거나 바람직하지 않음에도 불구하고 — 유지되도록 '표'를 매개체로 정치권에 끊임없이 요구함으로써 경제사회를 망가뜨린다. 하이에크는 자유주의적 민주주의가 존속하기 위해서는 정치과정에 의해 결정되는 문제의 범위를 엄격하게 제한해야 한다고 주장했다. 경제와 시장의 문제를 정치나 선거로부터 최대한 독립시킴으로써 막강한 권력을 쥔 선출 권력이 이익집단들의 지지 확보를 위하여 경제를 망가뜨리지 않도록 하자는 것이다.

08

CHAPTER

정치과정과 정책결정

8.1 이념추구 정당
8.2 중위투표자에 대한 불확실성
8.3 다중정책사안
8.4 양당제와 다당제
8.5 투표제도와 정당의 수

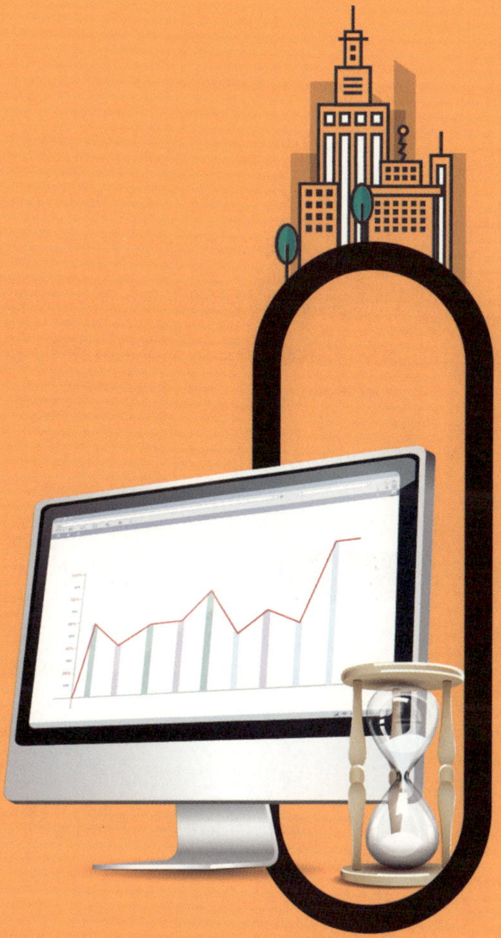

Politics & Public Economics: A Game-Theoretic Approach

다운즈의 중위투표자정리가 성립하기 위해서는 다음과 같은 조건들이 충족되어야 한다. 첫째, 정책대안들의 집합이 단일 차원(uni-dimensional policy space)이다. 예컨대, 소득세율이면 소득세율, 대북관계면 대북관계 하나씩만이 고려대상이며 소득세율과 대북관계를 동시에 투표로 결정해야 하는 다중 정책공간(multi-dimensional policy space)은 배제된다. 둘째, 모든 유권자가 예외 없이 단봉선호체계를 갖고 있어야 한다. 다시 말해서, 개별 유권자에게는 자신이 가장 선호하는 이상적 정책이 존재하며 그것으로부터 어느 방향으로건 멀어질수록 점점 더 불만족해진다. 모든 유권자들의 선호가 단봉조건을 충족하면 다른 어떠한 대안이나 공약과 맞붙더라도 더 많이 득표할 수 있는 선택지(콩도르세 승자)가 존재한다. 셋째, 오직 집권만을 목표로 하는 두 정당(후보)이 서로 경쟁하는 양당제를 가정한다. 넷째, 정당이나 후보는 선거 과정에서 내놓은 공약을 당선 후에도 그대로 지키며, 후보들의 이러한 공약 준수에 대하여 유권자들은 온전한 신뢰를 갖고 있다.

본장에서는 중위투표자정리의 기본가정을 하나씩 완화하여 선거게임을 분석하고 현실설명력을 제시하고자 한다. 8.1절에서는 정당들이 오직 집권만을 목표로 하지 않고 나름 이념적 성향을 갖고 있다면 정치적 균형이 어떻게 형성될 것인가를 다룬다. 8.2절에서는 정당(후보) 입장에서 중위투표자가 누군지에 대하여 불확실성이 존재할 경우 정치적 균형을 구하고 해석한다. 8.3절은 정책사안이 두 개 이상인 다중 정책공간의 상황을 분석하고 현실정치에의 함의를 제시한다. 8.4절은 양당제(혹은 두 명의 후보)가 아니라 다당제(혹은 셋 이상 여러 명의 후보)일 경우 정치적 균형을 다루고 민주국가들의 정당제도와 접목시켜 설명하고자 한다. 8.5절에서는 투표제도와 정당 수의 관계를 듀버거 법칙과 진입-퇴출 관점에서 차례로 다룬다.

8.1 이념추구 정당

중위투표자정리에서는 정당의 유일한 목적이 집권에 있다고 가정한다. 정당 목표가 집권이 아니라—누가 집권하든 간에—최종적으로 시행되는 정책이라면 어떻게 될 것인가? 다시 말해서 두 이념정당(ideological party)이 존재하는 양당제에서 선거결과는 어떻게 되겠는가? 놀랍게도 중위투표자정리의 결론은 변하지 않는다. 개별 정당은 집권이 아니라 이념을 추구하더라도 중위투표자 m이 가장 선호하는 정책을 선택하는 것이 유일한 내쉬균형 전략이다. 이는 정당목표가 집권인 표준모형에서와 동일한 결과이다.

유권자들의 지복점은 [0,1] 구간에 균등분포하며 중위투표자 $m=\frac{1}{2}$는 양당에게 정확히 알려져 있다. 개별 유권자의 선호는 자신의 지복점을 중심으로 좌우대칭 형태를 갖는 단봉조건을 충족한다고 가정하자. 정당 L은 극좌(0) 이념을 추구하므로 최종적으로 집행되는 정책이 0으로부터 멀어질수록 보수가 하락한다. 반대로 정당 R은 극우(1) 이념을 추구하므로 최종 정책이 1로부터 멀어질수록 불행해진다. 구체적으로 최종시행 정책을 z라 할 때 정당 L과 R의 보수는 각각 $-z^2$와 $-(1-z)^2$이라 가정하자. 선거에서 중위투표자에 가까운 정책을 제시한 정당이 승리하며 집권당의 공약이 그대로 시행된다.

정당 L이 공약 x를 제시하고 정당 R이 공약 y를 제시한다고 하자. 양당의 전략에 따라 달라지는 선거결과, 채택정책, 그리고 정당들의 보수는 [표 8-1]과 같다.

표 8-1 ▌이념정당들의 선거게임

경우		승리정당	채택정책	정당 L의 보수 $u_L(x, y)$	정당 R의 보수 $u_R(x, y)$
$x<y$	$\frac{x+y}{2}>m$	L	x	$-x^2$	$-(1-x)^2$
	$\frac{x+y}{2}<m$	R	y	$-y^2$	$-(1-y)^2$
$x>y$	$\frac{x+y}{2}>m$	R	y	$-y^2$	$-(1-y)^2$
	$\frac{x+y}{2}<m$	L	x	$-x^2$	$-(1-x)^2$
$x=y$ 혹은 $\frac{x+y}{2}=m$		확률 반반	확률 반반	$-\frac{1}{2}x^2-\frac{1}{2}y^2$	$-\frac{1}{2}(1-x)^2-\frac{1}{2}(1-y)^2$

8.1.1 직관적 설명

내쉬균형을 엄밀하게 계산하기 전에 직관적 논리를 먼저 설명해보자. 정당 L은 자신의 지복점인 $x=0$를 선택하고 정당 R은 자신의 지복점 $y=1$을 선택하는 상태에 있다고 하자. 이때 $\frac{1}{2}$의 확률로 L이 집권하여 $x=0$이 실현되고 나머지 $\frac{1}{2}$의 확률로 R이 집권하여 $y=1$이 실현될 것이므로 정당 L의 기대보수는 $-\frac{1}{2}$단위$(=-\frac{1}{2}\times(-0^2)-\frac{1}{2}\times(-1^2))$이다. 반면 정당 L이 공약 x를 오른쪽으로 미세하게 옮기면($x=\varepsilon$) 100% 확실히 집권하여 자신의 정책 $x=\varepsilon$가 실현될 것이므로 정당 L의 보수는 $-\varepsilon^2$이 된다. 그런데 $-\varepsilon^2$은 $-\frac{1}{2}$보다 훨씬 크므로 정당 L은 $x=0$으로부터 $x=\varepsilon$으로 이탈할 유인이 있다.

그렇다면 ($x=\varepsilon$, $y=1$)은 내쉬균형인가? 아니다. 이번에는 정당 R이 왼편으로 2ε만큼 옮김으로써 확실히 집권하고 자신의 정책 $y=(1-2\varepsilon)$을 시행함으로써 기대보수를 대폭 높일 수 있다. 정당 L은 공약 x를 조금씩 오른쪽으로 움직이고 그에 반응하여 R은 공약 y를 조금씩 왼편으로 옮길수록 더 유리하게 되므로 종국에는 중위투표자의 지복점 $m=\frac{1}{2}$에 이른다.

8.1.2 내쉬균형의 계산

정당 R의 공약 y에 대하여 정당 L의 최선응수 $BR_L(y)$를 구해보자. 중위투표자 $m=\frac{1}{2}$와 확률 $\frac{1}{2}$이 헷갈릴 우려가 있으므로 중위투표자는 m으로 표기한다.

(i) $y=m$이라면 $BR_L(y)=[0, 1]$

정당 L이 $x=m$을 선택하면 선거에 이길 확률이 $\frac{1}{2}$이며 그의 보수는 $-m^2$단위($-\frac{1}{2}m^2-\frac{1}{2}m^2$)이다. 반면 L이 m 이외의 어떠한 정책을 선택하건 무조건 패배하며 승자 R의 정책 m이 채택될 것이므로 L의 보수는 $-m^2$단위이다. 결국 $y=m$에 대한 L의 최선응수는 구간 $[0,1]$이다.

(ii) $y>m$이라면 $BR_L(y)=\varnothing$

이해를 돕기 위해 [그림 8-1]을 참조하라. 첫째, 정당 L은 $(1-y)$보다 크고 y보다 작은 어떠한 x를 공약으로 채택하더라도 선거에 이긴다. 또 x가 $(1-y)$에 가까울수록 L의 보수는 커진다. 둘째, 정당 L이 $x=(1-y)$를 선택하면 선거에 이길 확률이 $\frac{1}{2}$이며 그의 보수는 $-\frac{1}{2}(1-y)^2-\frac{1}{2}y^2$로 뚝 떨어진다. 셋째, 정당 L이 $(1-y)$ 미만 혹은 y보다 큰 x를 공약으로 선택하면 R이 승리하게 되고 L의 보수는 $-y^2$로 형편없이 낮아진다. 결국 R의 정책 $y>m$에 대한 L의 최선응수 $BR_L(y)$는 $(1-y+\varepsilon)$(여기서 ε은 임의의 작은 양수)인데 이러한 실수는 정의할 수 없다. 따라서 $BR_L(y)=\varnothing$이다.[1]

1 최선응수가 존재하지 않는 이유는 선택집합 $[0,1]$이 무한집합이기 때문이다. 선택집합을 $\{0, \Delta, 2\Delta, \cdots, (1-\Delta), 1\}$

그림 8-1 ▮ $y>m$일 경우 x 선택에 따른 L의 보수

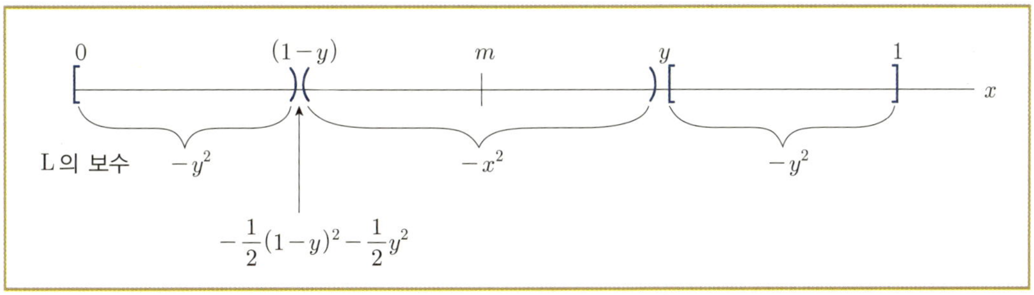

(iii) $y<$m이라면 $BR_L(y)=[0, y]\cup(1-y, 1]$

이해를 돕기 위해 [그림 8-2]를 참조하라. 첫째, 정당 L이 $x\leq y$인 공약을 채택하면 R이 승리하고 L은 $-y^2$단위의 보수를 얻게 된다. 둘째, 정당 L은 $y<x<(1-y)$인 어떠한 정책 x도 선택할 유인이 없다. 비록 선거에는 승리하겠지만 보수는 첫째 경우에 비해 낮기 때문이다. 셋째, L이 $x=(1-y)$를 선택할 유인도 없다. 왜냐하면 선거에 이길 확률은 $\frac{1}{2}$인데 그의 보수는 $-\frac{1}{2}(1-y)^2-\frac{1}{2}y^2$로 역시 첫째 경우에 비해 낮기 때문이다. 넷째, L이 $(1-y)$보다 큰 x를 선택하면 R이 이기게 되고 L의 보수는 $-y^2$이 된다. 결국 R의 정책 $y<m$에 대한 L의 최선응수는 $[0, y]$ 혹은 $(1-y, 1]$의 구간에 있는 모든 x이다.

이상과 같은 대칭 논리에 의하여 정당 L의 정책 x에 대한 정당 R의 최선응수 $BR_R(x)$는 다음과 같이 구해진다.

그림 8-2 ▮ $y<m$일 경우 x 선택에 따른 L의 보수

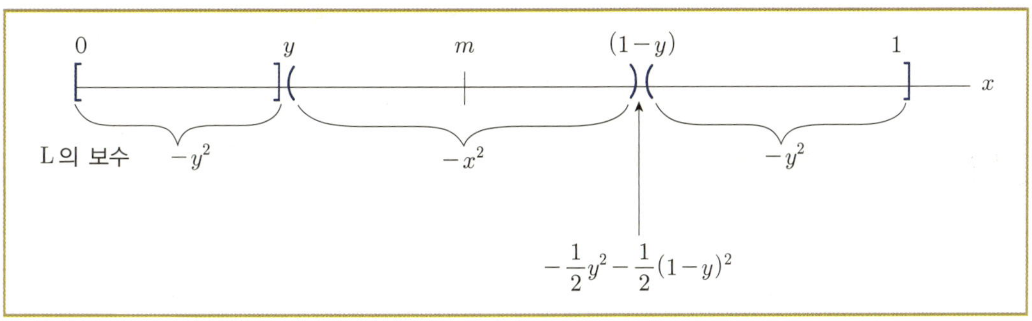

(여기서 Δ는 매우 작은 상수)로 유한하게 놓는다면 최선응수는 $BR_L(y)=1-y+\Delta$가 될 것이다. 그 다음 내쉬 균형을 구해도 결과는 본문과 마찬가지가 된다.

그림 8-3 정당 L의 최선응수 $BR_L(y)$, 정당 R의 최선응수 $BR_R(x)$ 및 내쉬균형 NE

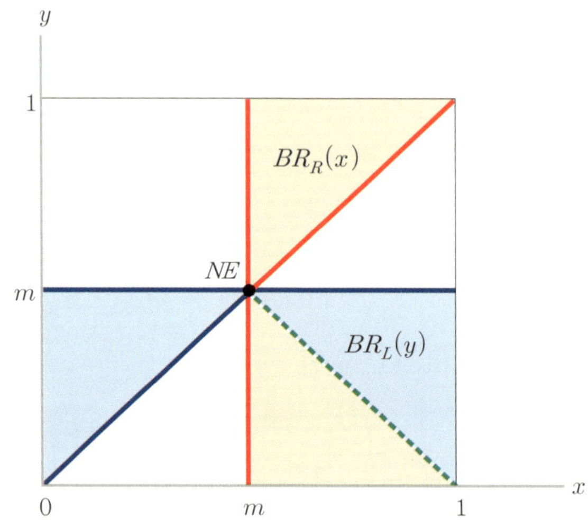

(i′) $x=m$이라면 $BR_R(x)=[0,1]$

(ii′) $x<m$이라면 $BR_R(x)=\varnothing$

(iii′) $x>m$이라면 $BR_R(x)=[0,1-x)\cup[x,1]$

[그림 8-3]의 파란색 부분은 $BR_L(y)$를 나타내고 노란색 부분은 $BR_R(x)$를 나타낸다. 내쉬균형 (x^*, y^*)은 $x\in BR_L(y)$ 동시에 $y\in BR_R(x)$를 만족하는 (x, y)의 조합으로 정의됨을 기억하라. 위에서 구한 두 정당의 최선응수를 연립하여 풀면 내쉬균형은 $(m, m)=\left(\frac{1}{2}, \frac{1}{2}\right)$밖에 없다. [그림 8-3]에서 양당의 최선응수집합이 동시에 만나는 점이 (m, m)밖에 없음은 이를 보여준다. 결론적으로 정당들이 집권이 아니라 이념을 추구한다고 가정하더라도 양당제에서는 두 정당 모두 중위투표자를 겨냥하여 공약을 제시하는 전략이 최선이다.

연습문제 >> 8-1 일반모형 EXERCISES

유권자들의 지복점 β는 정책공간 $[0,1]$ 구간에서 누적확률분포함수 $F(\beta)$에 따라 분포하며, 중위투표자의 지복점 m은 주지사실이다. 개별 유권자의 선호는 단봉조건을 만족한다(본문의 모형은 지복점들이 균등분포($F(\beta)=\beta$)하는 특별한 경우에 해당한다). 이념성향이 $x=0$인 정당 L과 이념성향이 $x=1$인 정당 R의 보수함수는 [표 8-1]과 같다.

(1) 함수 $h(x)\equiv F^{-1}(1-F(x))$라 놓고, 정당 L의 공약 x에 대한 정당 R의 최선응수 $BR_R(x)$을 구하라.

(2) 정당 R의 공약 y에 대한 정당 L의 최선응수 $BR_L(y)$을 구하라.

(3) 내쉬균형을 구하고 해석하라.

8.2 중위투표자에 대한 불확실성

여태까지의 논의는 중위투표자가 확실히 알려져 있다는 전제하에 이루어졌다. 중위투표자가 어디에 위치하는지 정확히 알지 못한다는 가정을 도입하면 중위투표자정리가 어떻게 달라지는지 살펴보자(Calvert 1985). 두 정당 L과 R은 중위투표자 m의 위치가 $[0, 1]$ 구간에서 균등분포에 따라 결정된다는 사실만 알 뿐 정확히 어느 위치에 있는지는 모른다고 하자.[2] 더불어 양당의 목적함수는 집권이 아니라 이념추구에 있다고 하자.

정당 L이 정책 x를 선택하고 정당 R이 정책 y를 선택할 때($x \leq y$라 가정해도 무방함) 중위투표자 m에 가까운 정당이 승리하며 집권정당의 정책이 시행될 것이다. 만약 x가 y보다 m에 가깝다면($m < \frac{x+y}{2}$이라면) 정당 L이 승리하고 x가 최종 정책으로 채택된다. 반대로 y가 x보다 m에 가깝다면($m > \frac{x+y}{2}$이라면) 정당 R이 승리하고 y가 시행된다. 그런데 정당들의 관점에서 볼 때 m은 $[0, 1]$ 구간에서 균등분포를 따르는 확률변수이므로 전자가 발생할 확률은 $\frac{x+y}{2}$(후자가 발생할 확률은 당연히 $\left[1-\frac{x+y}{2}\right]$)이다. 이를 염두에 두고 정당 L과 R의 기대보수를 쓰면 각각 다음과 같다.

$$Eu_L(x, y) = -\left[\frac{x+y}{2}\right]x^2 - \left[1-\frac{x+y}{2}\right]y^2 \quad (8.1)$$

$$Eu_R(x, y) = -\left[\frac{x+y}{2}\right](1-x)^2 - \left[1-\frac{x+y}{2}\right](1-y)^2 \quad (8.2)$$

정당 L의 기대보수 극대화의 일계조건은 Eu_L을 x에 대하여 편미분한 다음 영(0)으로 놓음으로써 구해지는데 이로부터 식 $y=3x$를 얻는다. 또 Eu_L을 x에 대하여 이차 편미분하면 항상 음(−)수를 가지므로 극대화의 이계조건도 성립한다. 대칭적인 논리에 의해 정당 R의 기대보수 극대화의 일계조건으로부터 $3y=x+2$를 얻으며 이계조건 역시 항상 충족함으로 보일 수 있다. 양당의 보수 극대화의 일계조건을 연립하여 풀면 내쉬균형 $x^* = \frac{1}{4}$, $y^* = \frac{3}{4}$이 구해진다. 각 당의 균형 승리확률은 반반이다.

---

2 본절의 모형을 8.1절 모형과 혼동해서는 안 된다. 8.1절에서는 유권자들의 지복점들이 $[0, 1]$ 구간에 균등하게 분포하고 있다고 가정했으며 따라서 중위투표자 m의 지복점은 $\frac{1}{2}$이었음이 알려져 있었다. 본절에서는 중위투표자의 지복점 m이 정확히 어딘지 모르고 $[0, 1]$ 구간에서 균등분포로 무작위 추출되는 위치에 있다고 가정하고 있다.

중위투표자가 m임이 확실히 알려진 완비정보하에서는 양당의 균형 공약이 모두 m인 중위투표자정리가 성립하였다. 특정 정당이 자신의 선거공약을 중위투표자로부터 약간만 벗어나도 감표가 확실하기 때문이다. 반면 중위투표자가 어느 위치에 있는지 불확실한 미비정보하에서는 특정 정당이 중위투표자로부터 다소 벗어난 공약을 제시하더라도 감표될 확률만 올라갈 뿐이다. 중위투표자로부터 벗어남으로써 올라갈 감표 확률과 최종적으로 자신의 이념에 보다 가까운 정책이 시행됨으로써 올라갈 기대보수 간의 상충을 감안하여 적절히 대응하게 된다.

연습문제 >> 8-2 EXERCISES

정책공간은 실수집합이다. 정당 L이 추구하는 이념은 -1이고 정당 R이 추구하는 이념은 +1이라 하자. 중위투표자의 이상점 m의 위치는 불확실지만 평균이 0이고 표준편차가 σ인 정규분포를 따른다고 알려져 있다(이러한 정규분포의 확률분포함수는 $f(m)=\frac{1}{\sqrt{2\pi\sigma^2}}e^{-\frac{m^2}{2\sigma^2}}$이며, 그 누적확률분포는 $F(m)$으로 표기하자). 정당 L의 정책을 x, 정당 R의 정책을 y라고 놓고, 다음 과정에 따라 내쉬균형을 구하고 의미를 해석하라.

(1) 정당 L과 R의 보수함수를 각각 구하라.

(2) 각 정당의 보수극대화 문제를 풀어 최선응수를 구하라.

(3) 모든 상황이 대칭적이므로 이제 $x=-y$라고 놓자. 당연히 $\frac{x+y}{2}=0$이며 정규분포가 0을 중심으로 좌우대칭임을 이용하여 내쉬균형을 구해보라.

(4) 표준편차 σ가 0에 가까울수록 양당의 정책은 어디로 수렴하는가를 계산하고 의미를 해석하라. 반대로 표준편차 σ가 매우 커질수록 양당의 정책은 어디로 수렴하는지 계산하고 의미를 해석하라.

8.3 다중정책사안

8.3.1 일괄타결 vs 분리협상

여러 사안의 일괄타결(splicing)

중위투표자정리가 성립하기 위해서는 투표의 대상이 되는 사안이 하나여야 한다는 단일사안 가정도 필수적이다. 투표자들이 둘 이상의 사안들을 동시에 고려하여 다수결로 결정해야 하는 다중정책공간의 경우, 유권자들이 모두 단봉선호를 갖고 있더라도 중위투표자정리가 성립하지

그림 8-4 사안이 두 개이며 단봉선호를 갖는 경우

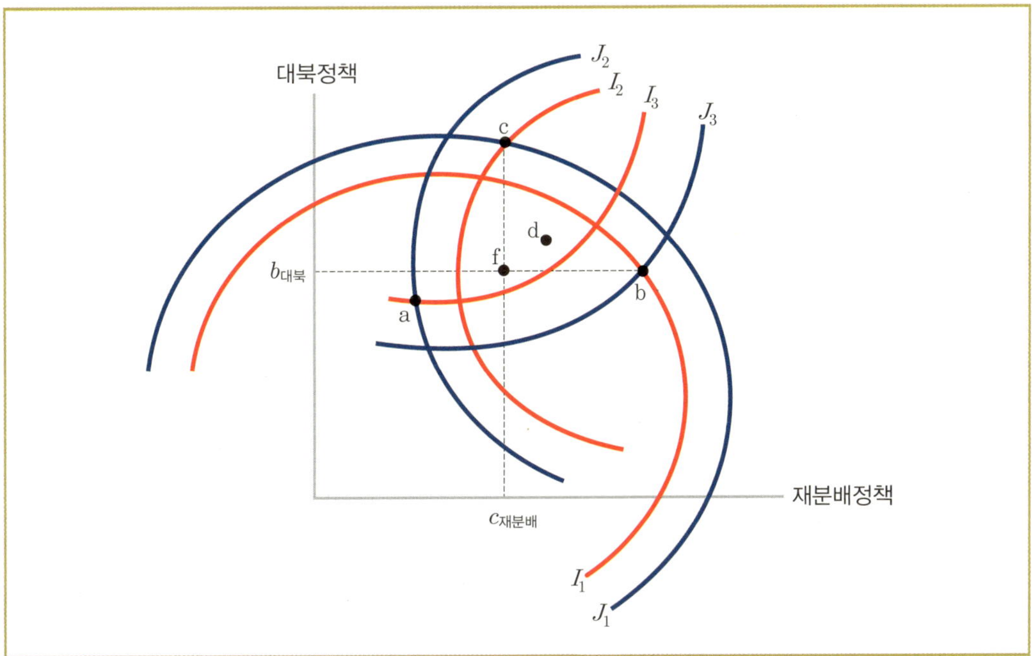

않을 수 있다. 플롯(Plott 1967)이나 맥켈비와 웬델(McKelvey and Wendell 1976)에 따르면 심지어 균형이 부존재할 수도 있다.[3]

설명의 편의를 위해 정책변수가 재분배정책과 대북정책인 경우를 상정하자. 정책 a, b, c는 두 정책의 묶음으로 나타나며 그 세 정책묶음에 대한 세 유권자 1, 2, 3의 선호는 각각 a>b>c, b>c>a, c>a>b라고 하자. [그림 8-4]에 나타난 정책묶음과 무차별곡선들은 세 유권자의 선호가 모두 단봉조건을 충족하는 상황을 나타내고 있다. 유권자 1은 정책묶음 a가 시행될 경우 가장 높은 보수를 얻으며 정책 b가 실현되면 I_1단위의 보수를 얻고 정책 c가 실현되면 J_1단위의 보수를 얻게 된다(여기서, $I_1>J_1$). 유사한 논리로 유권자 2와 유권자 3의 지복점은 각각 정책묶음 b와 c이며 자신의 지복점으로부터 멀어질수록 낮은 효용수준을 얻게 된다(즉, $I_2>J_2$ 및 $I_3>J_3$).

---

3 Plott(1967)은 정책사안이 여럿이더라도 개인선호가 방사대칭형(radial symmetry)으로 분포한다면 중위투표자정리가 성립함을 보였다. 그러나 McKelvey(1976)는 개인선호가 플롯의 가정처럼 방사대칭으로 분포할 가능성은 희박(확률 0)할 뿐 아니라 설령 우연히 방사대칭형으로 분포하더라도 한두 구성원의 선호만 약간 바뀌어도 중위투표자정리가 깨어짐을 증명하였다. 혼돈정리(chaos theorem)라고도 불리는 맥켈비정리에 따르면 정책사안이 여럿일 경우 일반적으로 균형이 부존재하며 따라서 중위투표자정리는 성립할 수 없다.

두 정당 L과 R이 집권을 목표로 경쟁한다면 이 선거게임에 내쉬균형이 존재하지 않는다. 예컨대, 정당 L은 정책묶음 c를 선택하고 정당 R은 a를 선택하는 것은 균형이 아니다. 이 상황에서 정당 L은 두 표(유권자 2와 3)를 얻고 R은 한 표(유권자 1)를 얻어 R이 패배하게 되어 있다. 그런데 정당 R이 선거공약을 a에서 d로 바꿀 경우 두 표(유권자 1과 2)를 얻어 승리하게 되므로 R로서는 그렇게 이탈할 유인이 있다. 이와 비슷한 논리로 어떠한 정책묶음의 조합에서도 최소한 한 정당은 공약을 바꿈으로써 선거 패배를 승리로 전환할 수 있다.

맥켈비(McKelvey) 정리를 좀 더 구체화하면 다음과 같다. 두 정책묶음 x와 y를 고려하자. 다수결 제도에서 x보다 많은 표를 얻어 승리하는 정책묶음 z_1, 그리고 z_1을 이기는 z_2, 그리고 z_2를 이기는 z_3, …, 그리고 z_{M-1}을 이기는 z_M, 그리고 z_M을 이기는 y가 성립하도록 만들어주는 정책묶음들의 배열 z_1, z_2, …, z_{M-1}, z_M을 항상 제시할 수 있다. 다시 말해서, 현재의 정책묶음 x가 무엇이건 상관없이 의제설정자(agenda setter)는 다수결 투표를 $(M+1)$번 시행함으로써 궁극적으로 자신이 가장 원하는 정책 y가 채택되도록 유도할 수 있다.

[그림 8-4]에서 현재 정책이 c이고 유권자 1이 의제설정자로 선정되었다고 가정하자. 의제설정자가 먼저 정책 c와 b를 다수결 투표에 부치면 b가 2:1로 승리한다. 그 다음 b와 a를 다수결 투표에 부치면 a가 2:1로 승리한다. 결국 의제설정자인 유권자1은 두 번의 다수결 투표를 부쳐 현재 상태 c로부터 자신이 가장 선호하는 정책조합인 a로 옮겨가도록 조작할 수 있다. 현재의 정책묶음 x와 의제설정자가 가장 선호하는 정책묶음 y가 무엇이건 상관없이 이상의 논리가 적용되므로 누가 의제설정자가 되더라도 자신이 원하는 결과를 이끌어낼 수 있다. 이러한 이유로 맥켈비의 혼돈정리(McKelvey's Chaos Theorem)로도 불린다.

셋 이상의 정당이 경쟁하며 다수결로 의사결정을 하는 경우 기존 질서를 깨뜨릴 수 있는 연합을 항상 구성할 수 있으므로 정치체제가 매우 불안한 경향이 있다. 이는 제3장 3.1절에서 살펴본 코어부존재 정리로 잘 설명된다. 정당이 둘 뿐이더라도 정책사안이 복수인 경우 의제설정자는 자신이 원하는 결과는 무엇이든 이끌어낼 수 있다. 따라서 누가 의제설정자가 되느냐를 놓고 양당 간의 투쟁이 격화된다. 이는 위에서 설명한 혼돈정리가 갖는 시사점이다. 요약하면, 정당이 셋 이상 존재하거나 정책사안이 둘 이상인 경우 정치적 협상과정에서 손실이 크며 끝내 결렬되어 공멸할 가능성도 있다.

반면 협상당사자들이 상호 공생하는 협조적 관계라면 중위투표자의 선호를 어느 정도 존중하는 의사결정이 가능하다. 여러 사안을 한꺼번에 일괄하여 협상하면 어느 사안에서는 양보하되 다른 사안에서는 양보를 얻어내는 방식으로 타결이 가능하기 때문이다. 예컨대, 보수정당은 복지지출 확대 및 증세를 적정선에서 수용하는 대가로, 진보정당은 대기업 규제 완화 및 국방비 증액을 수용함으로써 '주고받기'식 타협을 할 수 있다. 이렇게 일괄타결된 결과에 대하여 중위투표자는 복지 지출과 대기업 규제를 따로 떼어놓고 보면 완전히 만족하지는 않으나 종합적으로 볼 때 어느 정도 만족할 수 있다.

사안별 분리협상(factoring)

정책사안이 여럿일지라도 사안별로 분리하여 독립적인 다수결 투표로 결정한다면 내쉬균형의 부존재 문제는 해결된다. 중위투표자정리가 다시 위력을 발휘하기 때문이다. 사안별 투표(item-to-item voting) 혹은 분리(factoring)는 현실에서 자주 관찰된다. 예컨대, 국회에서 재분배정책은 기획재정위원회에서 결정하며 대북정책은 통일외교통상위원회에서 결정한다. 사안별 투표의 결과 재분배정책은 해당 사안에 있어서 중위투표자(유권자 3)가 가장 선호하는 정책 $c_{재분배}$가 채택되고 대북정책은 해당 사안에 있어서 중위투표자(유권자 2)가 가장 선호하는 정책 $b_{대북}$이 채택된다. 이는 [그림 8-4]에서 점 f에 해당하는데 세 유권자 어느 누구도 완전히 만족하지 못하고 다소의 불만이 있는 상태임에 유의하라. 결론적으로 양측이 사안별로 분리하여 협상하는 경우 비용이나 기간은 현저히 줄일 수 있는 반면 중위투표자의 입장에서 볼 때 이도 저도 아닌 애매한 정치적 협상결과에 도달할 가능성이 높다.

현실세계에서는 비록 사안별 분리협상을 채택한다고 하더라도 일괄타결이나 종합판단과 떼기 어려운 경우도 많다. 행정부의 기획재정부, 국회 예산결산위원회, 민간기업의 기획실처럼 예산배정권을 갖고 있는 경우 특히 그러하다. 예산 총액은 한정되어 있고 여러 부처나 여러 기관들이 상호 연계되기 마련이므로 예산배정권을 가진 기관으로서는 불가피하게 종합적 판단에 따라 배분해야 한다.

예시 및 사례[4]

보수당과 사회당으로 구성된 양당제 국가에서 기업규제완화와 복지확대라는 두 정책사안이 쟁점이 되었다고 하자. 유권자는 성향에 따라 세 그룹으로 나뉘는데 R(우파)은 규제완화를 선호하고, L(좌파)은 복지확대를 선호하며, M(중도파)은 중용적 정책을 선호한다. 구체적으로 각 정

4 이 예시는 Cooter(2000)의 제5장에 나오는 내용을 약간 변형한 것임.

표 8-2 분리협상하에서 유권자 성향에 따른 효용수준

		기업규제		복지지출	
		강화	완화	축소	확대
유권자 성향	R(우)	0	5	1	0
	M(중도)	3	0	2	0
	L(좌)	1	0	0	5
총계		4	5	3	5

표 8-3 일괄타결에 따른 유권자 성향별 효용수준

		규제강화 복지축소	규제강화 복지확대	규제완화 복지축소	규제완화 복지확대
유권자 성향	R(우)	1	0	6	5
	M(중도)	5	3	2	0
	L(좌)	1	6	0	5
총계		7	9	8	10

책으로부터 유권자가 얻는 효용은 [표 8-2]와 같다고 하자.

분리협상의 경우 기획재정위원회에서는 기업규제 강화로 타결되며 보건복지위원회에서는 복지지출 축소로 결론을 맺게 된다. 각각의 사안에 대하여 중위투표자인 중도파의 선호를 존중하게 되기 때문이다. 또한 이 경우 사회후생수준은 7단위(=(0+3+1)+(1+2+0))이다.

[표 8-2]의 상황에서 양당이 일괄타결을 시도한다고 하자. [표 8-3]은 일괄협상 결과 및 유권자 성향에 따라 달라지는 유권자 그룹별 효용수준을 계산한 것이다. 어떻게 타결되더라도 사회후생수준은 7단위보다는 크다. 그러나 앞서 코어부존재나 의제설정 혼돈정리가 의미하는 바와 같이 양당은 네 가지 타협안을 놓고 밀고 당기는 순환고리에 빠질 가능성이 있다. 이 과정에서 정치권의 투쟁과 협상 지연에 따른 비용이 발생하는 것은 물론 대기업협회나 장애인단체 등 이익집단들이 끼어들어 로비와 계층 간의 갈등이 격화되기 일쑤이다. 이러한 사회적 비용이 매우 크다면(3단위 이상이라면) 차라리 분리협상하는 것만도 못할 수 있다.

협상당사자들 간에 대화나 타협으로 협력하는 분위기에서는 일괄협상이 바람직하지만 갈등과 투쟁이 일반화된 문화에서는 일괄협상이 큰 사회적 비용을 초래하게 된다. 반면 사안별 분리협상은 사회적 갈등으로부터의 손실을 줄일 수 있는 기제이지만 상생협력으로부터 얻을 수 있는 이득을 처음부터 포기해버리는 부작용이 있다. 결론적으로 협상당사자들과 이익집단들 간에 상생협력이 예상되면 일괄타결이 사회적으로 바람직한 반면 갈등과 투쟁이 예상되면 사안별 분리타결이 바람직하다.

간접민주주의의 성격을 갖는 의회의 입법활동이나 행정부의 정책설정 등은 대개 일괄협상 혹은 종합판단에 따라 이루어지는 경향이 있다. 정치사회적 갈등이 심하지 않을 경우에는 이처럼 종합적이고 일괄적인 의사결정이 바람직하다. 하지만 갈등의 소지가 큰 문제에 대해서는 사안별로 의사결정을 하는 것이 바람직한데, 직접민주주의의 성격을 갖는 국민투표나 주민투표가 대표적 사례이다. 국민투표로 개헌 여부를 묻는다든지 주민투표로 지자체장의 소환 여부를 묻는 방식은 특정 안건에 한정하여 유권자의 가부간 선호를 묻는다. 사회적 갈등은 줄이되 해당 안건에 대한 중위투표자의 의중이 투표결과에 나타나도록 유도하는 것이다.

8.3.2 구조유도균형과 정책조합코어

정책사안이 여럿일 때 정치제도나 구조적 요소를 도입하여 균형의 부존재 문제를 해결하려는 대표적 개념으로 구조유도균형(structure-induced equilibrium)이 있다(Shepsle 1979, Shepsle and Weingast 1981). [그림 8-5]의 상황을 고려하자.[5] 세 정당 1, 2, 3이 있으며 이들의 지복점은 각각 $\mathbf{x}_1$, $\mathbf{x}_2$, $\mathbf{x}_3$이다. 개별 정당이 유클리드 선호를 갖는다고 가정하면 무차별곡선들은 지복점을 중심으로 원형이다. 세 정당의 지복점들을 조합한 6개의 정책들도 ― 국회를 통과한다면 ― 시행가능하다고 하자. 예컨대, x_{23}는 정당 2가 이상적이라고 생각하는 재분배정책과 정당 3이 이상적이라고 생각하는 대북정책을 채택한 정책조합이다.

현행체제가 x_{23}라고 하자. 예컨대, 정당 2가 x_{23}로부터 $\mathbf{x}_2$로 이행하는 개정안을 제출한다면 정당 1과 정당 3은 ― 개정안이 현체제에 비해 자신의 이상점에서 더 멀어지므로 ― 둘 다 반대할 것이고 따라서 개정안은 부결될 것이다. 또 다른 예시로 x_{23}에서 x_{13}로의 개정안은 정당 1은 찬성하겠지만 정당 2와 3이 반대할 것이다. 이처럼 현체제 x_{23}에서 다른 어떠한 정책조합으로의 이행도 다수의 동의를 얻기는 불가능함을 보일 수 있는데, 이를 x_{23}가 '정책조합코어'(portfolio core)에 속해있다고 말한다.

반면 현체제가 x_{21}이라고 하자. 정당 3이 x_{21}에서 $\mathbf{x}_3$으로의 개정안을 제출하면 정당 1은 반대하겠지만 정당 2가 찬성할 것이므로 개정안이 다수의 지지를 얻어 통과하게 된다. 따라서 x_{21}은

5 본절의 논의는 Gehlbach(2013)의 제4장 4.4절을 참조함.

그림 8-5 세 정당의 이상점들 및 여타 시행가능한 정책조합들

코어에 속해있지 않다.

연습문제 >> 8-3 EXERCISES

[그림 8-5]에서 코어에 속해 있는 정책조합은 x_{23}밖에 없음을 보여라. 또한 이 결과를 분리협상 제도에서의 내쉬균형과 연관지어 설명하라.

행정부처 간의 혹은 국회상임위원회 간의 역학관계에서 해당 부처나 위원회의 기득권을 인정할 수밖에 없는 상황이 있는데, 이 경우 좀 더 제한적 의미의 정책조합코어 개념을 설정할 수 있다. 정당 1이 가장 선호하는 재분배정책과 정당 2가 가장 선호하는 대북정책의 조합인 정책조합 x_{12}를 예로 들어보자. 정책조합 x_{12}에서 x_{13}로 변경하기 위해서 정당 2의 동의를 받아야 하는데 정당 2는 더 불행해지므로 거부할 것이다. 반면 정책조합 x_{12}에서 x_{23}으로 변경하기 위하여 필요한 정당 1과 정당 2의 동의를 받는 것은 문제가 없는데다 정당 3까지 동의할 것이다. 다시 말해서 정책조합 x_{12}는 해당 정책에 대하여 기득권을 갖고 있는 정당들(1과 2)의 동의를 전제로 승리연합을 만들 수 있으므로 '제한적 정책조합코어'(restricted portfolio core)에 속해있지 않다.

정책조합 x_{13}이 제한적 정책조합코어에 속해 있는지 살펴보자. 정책조합 x_{13}에서 x_{23}이나 x_3으로의 이동은 정당 1이 거부할 것이다. 마찬가지로 정책조합 x_{13}에서 x_{12}로의 변경은 정당 3이

동의하지 않으며 x_1로의 변경은 이동은 정당 1이 동의하지 않을 것이다. 예컨대, x_{13}에서 x_{23}으로의 변경에 대하여 정당 2와 3은 동의할 것이므로 단순 다수결에 의하면 정당 1을 '물 먹이고' 정책변경이 가능하다. 그러나 재분배정책에 있어서 기득권을 가진 정당 1이 이를 거부할 경우 실현(상정)되지 못하게 된다. 이러한 논리를 여타 대안정책으로의 이탈에 대해서도 따져보면 x_{13}는 제한적 정책조합코어에 속해 있음을 보일 수 있다.

연습문제 >> 8-4 EXERCISES

[그림 8-5]에서 제한적 정책조합코어를 모두 구하라. 제한적 정책조합코어는 정책조합코어보다 훨씬 넓은데, 이를 정치적 안정성과 공동체 전체 이익 간의 상충이라는 관점에서 설명하라.

8.4 양당제와 다당제

다운즈정리는 두 개의 정당(후보)이 다수의 유권자를 대상으로 경쟁하되 최다득표제에 의하여 당선자를 결정하는 선거를 전제로 한다. 후보가 단 둘일 경우 득표율이 높은 후보가 집권하므로 후보의 목적함수가 집권확률의 극대화건 득표율의 극대화건 마찬가지이다. 그러나 정당의 수가 셋 이상인 다당제에서는 투표제도(최다득표제냐 비례대표제냐), 후보의 진입순서, 그리고 유권자들의 투표행태(자신의 선호를 진실하게 표출하느냐 아니면 전략적으로 투표하느냐)에 따라 결과가 달라진다. 결론부터 말하면, 다당제하에서는 중위투표자정리가 성립하지 않으며 심지어 내쉬균형이 부존재하는 경우도 다반사다.

셋 이상의 정당이나 후보가 정책공간 [0,1]에서 단일 사안에 대한 공약을 제시하고 경쟁하는 선거를 고려하자. 유권자들의 지복점은 [0,1] 구간에서 균등하게 퍼져있으며, 모든 유권자는 단봉선호를 갖고 있다고 가정하자.

8.4.1 비례대표제

후보들의 목적함수가 집권확률이 아니라 득표율 극대화인 비례대표제에서는 내쉬균형이 부존재한다. 세 정당(L, M, R)이 경쟁하는 가장 단순한 상황을 고려하자. 세 정당이 각자 어떠한 정책을 선택하건 최소한 하나는 공약을 바꿈으로써 자신의 득표율을 높일 수 있다. 예컨대, 정책공간 [0,1] 구간에서 정당 L, M, R이 각각 0.3, 0.5, 0.8 지점의 정책 공약을 제시하는 상태는 내쉬균형이 아니다. 정당 M이 정책 $x=0.5$을 고수하면 득표율 25%($=\frac{1}{2}\times(0.5-0.3)+\frac{1}{2}\times(0.8-0.5)$)에 그치지만 공약을 $x=0.29$로 바꾸면 득표율 29.5%($=0.29+\frac{1}{2}\times(0.3-0.29)$)로 높아질 것이기 때문이다. 이러한 논리는 어떠한 공약 조합에 대해서도 성립하므로 결국 삼당체제의 비례대표제하에서 내쉬균형은 존재하지 않는다. 또한 정당의 수가 셋보다 클 경우 동일한 논리로 내쉬균형은 항상 부존재한다.

8.4.2 최다득표제

세 정당(L, M, R)이 정책공간 [0,1]에서 공약을 제시하여 집권을 목표로 경쟁하는 선거를 고려하자. 유권자들의 지복점은 [0,1] 구간에서 균등분포하며 개별 유권자는 모두 단봉선호체계를 갖고 있다고 가정하자. 정당 L과 M은 정책 $x_L=x_M=\frac{1}{3}$을 선택하고 정당 R은 $x_R=\frac{2}{3}$를 선택하는 상태는 내쉬균형이다. 정당 R은 50%의 득표율로 집권하며, 정당 L과 M은 각각 25%씩을 득표하여 낙선한다. 정당 R이 자신의 공약을 $\frac{2}{3}$로부터 바꿀 경우 집권확률이 그대로이거나 오히려 낮아지게 되므로 $x_R=\frac{2}{3}$로부터 이탈할 유인이 없다. 정당 M과 R의 공약이 각각 $\frac{1}{3}$ 및 $\frac{2}{3}$라는 가정하에 정당 L이 자신의 공약을 $\frac{1}{3}$로부터 바꾼다고 해도 집권확률은 어차피 0으로서 더 높아지지 않으므로 L에게도 이탈 유인이 없다.[6] 정당 M에게도 역시 정당 L의 경우와 동일한 논리로 이탈 유인이 없다.

네 정당 L, ML, MR, R이 정책공간 [0,1]에서 공약을 제시하여 집권확률을 극대화하려는 선

---

6 정당 L이 $\frac{1}{3}$로부터 이탈 유인이 없다는 사실은 다음과 같이 증명한다. (i) 정당 L이 $x_L<\frac{1}{3}$을 선택한다면 정당 R은 여전히 50%를 득표하여 집권에 성공하므로 정당L의 집권확률은 여전히 0에 머문다. (ii) 정당 L이 $\frac{1}{3}<x_L<\frac{1}{2}$로 이탈한다면 정당 R의 득표율은 50%보다 낮아지겠지만 여전히 최다득표자로서 집권에 성공하며 정당 L의 집권확률은 0이다. (iii) 만약 정당 L이 정확히 $\frac{1}{2}$을 선택할 경우 M과 R이 각각 절반씩을 득표하고 정당 L은 자기 한 표만 얻게 되므로, M과 R의 집권확률이 50%씩이 되고 L의 집권확률은 여전히 0이다. (iv) 만약 정당 L이 $\frac{1}{2}<x_L<\frac{2}{3}$로 바꾼다면 앞의 (ii)와 대칭적 논리에 의해 정당 M이 집권하며 정당L의 집권확률은 여전히 0이다. (v) 만약 $x_L\geq\frac{2}{3}$라면 정당M이 50%를 득표하여 집권하게 되고 정당 R과 L의 집권확률은 0으로 달라질 것이 없다.

거를 고려하자. 유권자들의 지복점은 [0,1] 구간에서 균등분포하며 개별 유권자는 모두 단봉선호를 갖고 있다고 가정하자. 정당 L과 ML은 정책 $\frac{1}{4}$을 선택하고 정당 R과 MR은 정책 $\frac{3}{4}$을 선택하는 것은 내쉬균형이다. 네 정당은 각각 25%를 득표하므로 집권확률은 $\frac{1}{4}$씩이다. 경쟁 정당들의 정책이 주어져있다고 가정할 때 어느 정당도 자신의 공약을 바꿈으로써 집권확률을 더 높일 수 없다. 그 논증은 독자들에게 연습으로 남겨둔다. 문제는 유권자들의 지복점이 균등분포한다는 가정이 내쉬균형의 존재에 결정적 역할을 한다는 것이다. 유권자들의 지복점이 완전대칭적 분포(예컨대 균등분포)를 갖는 극히 예외적인 경우를 제외하면 내쉬균형이 존재하지 않는다.[7]

8.4.3 순차적 공약 선택

정당들이 정책포지션을 동시가 아니라 순차적으로 선택한다면 어떻게 될 것인가? 세 정당 L, R, M이 차례로 공약을 발표한다. 그 다음 공약을 발표하는 정당(들)은 앞서 발표한 정당(들)의 공약이 무엇인지를 정확히 관찰한 다음 자신의 공약을 제시한다. 다시 말해서, 정당 M은 정당 L과 R이 발표한 공약을 알고 있는 상태에서 자신의 공약을 제시한다. 정당 R은 정당 M이 L과 R의 공약을 정확히 관찰한 상태에서 M의 공약을 제시하리라는 것을 예상할 수 있으며, 그러한 합리적 예측을 기반으로 자신의 공약을 채택한다. 정당 L 역시 자신의 공약에 정당 R 그 다음으로 M이 각각 어떻게 반응할지를 합리적으로 계산하여 최선응수 전략을 선택한다.

동시게임이 아니라 이처럼 순차게임에 적용하기에 적절한 균형의 개념은 아직 다루지 않았으며 앞으로 나올 13장에서 부분게임완전균형과 역진귀납법이라는 개념을 적용해야 한다. 따라서 균형의 엄밀한 계산은 연습문제 13.3으로 미루기로 하고 여기서는 결과만 갖고 설명하고자 한다.

단일 정책공간 [0, 1]에서 세 정당이 L, R, M 순서로 공약을 제시하는 게임에서의 균형은 다음과 같다. 정당 L은 정책 $x=\frac{2}{8}$를 제시하고 그 다음 정당 R은 $x=\frac{6}{8}$를 제시하며 마지막으로 정당 M은 $x=\frac{4}{8}$를 제시한다([그림 8-6] 참조). 균형 상태에서 양대 주요 정당 L과 R의 득표율은 각각 37.5%(=0.25+0.125)이며 정당 M의 득표율은 25%이다. 또 L과 R의 집권 확률은 각각 50%씩이며 정당 M이 집권할 가능성은 없다.

출마 후보가 주어져 있지 않고 내생적으로 결정된다면 사뭇 다른 재미있는 현상을 설명할 수

7 유권자들의 지복점이 비대칭분포를 갖는 일반적인 경우 내쉬균형 부존재의 예시에 관해서는 Gehlbach (2013), 11~12쪽을 참조하라.

그림 8-6 ▌세 정당이 순차적으로 공약을 제시하는 게임에서의 균형

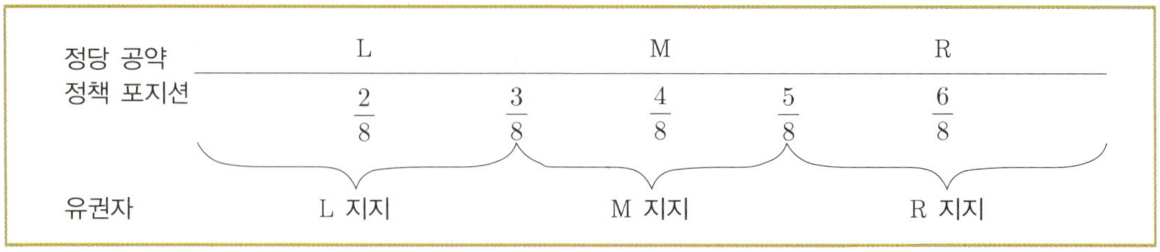

도 있다. 정당 L과 R이 자리 잡고있는 상황에서 정당 M이 집권할 가능성이 없는데 끝까지 완주하면서 정책 $x=\frac{4}{8}$를 고수할 것인가? 그보다는 L 혹은 R과 제휴하여 밀어주고 집권 후에 일부 지분이라도 보장받는 편이 낫다.

연습문제 >> 8-5 EXERCISES

세 후보 L, M, R이 결선투표제(run-off rule)하에서 집권을 목적으로 선거로 경쟁한다. 첫 투표에서 어느 누구도 과반수를 득표하지 못할 경우 최고득표자와 차점자만 놓고 두 번째 결선투표를 실시한다. 만약 첫 투표에서 세 후보가 똑같이 득표하였다면 두 명을 무작위로 뽑아 결선투표를 실시한다. 만약 결선투표에 붙은 두 후보가 똑같이 득표하였다면 반반의 확률로 최종 승자를 정한다. 중위투표자의 지복점은 m이며, 각 후보는 첫 투표와 결선투표 중간에 공약을 변경할 수 없다.

(1) 내쉬균형을 구하라.

(2) 비례대표제에서는 내쉬균형이 부존재하고 최다득표제에서는 중위투표자정리가 위배되는데 결선투표제에서는 다운즈정리가 성립하는 논리적 이유를 설명하라.

8.5 투표제도와 정당의 수

여태까지 우리는 정당의 수가 고정되어 있다고 가정하고 정당(후보)들 간의 선거 경쟁에 따른 내쉬균형의 존재 및 중위투표자정리에 미치는 함의를 살펴보았다. 그러나 정당(후보)의 진입, 이합집산, 퇴출이 가능하다면 정당 수는 투표제도에 따라 달라질 수 있다. 본절에서는 먼저 투표제도와 정당 수 간의 실증적 관계를 나타내는 듀버거법칙(Duverger's Law)에 대하여 살펴보고 그 다음 게임이론을 적용하여 이를 설명하고자 한다.

8.5.1 듀버거법칙

듀버거(Duverger 1954)는 민주국가들의 역사와 통계자료로부터 소선거구제 및 최다득표제를 채택하는 국가에서는 양당제가 발달하는 경향이 있고, 비례대표제를 채택하는 국가에서는 다당제와 연립정부 형성 경향을 발견하였다.[8] 미국(공화당, 민주당), 영국(보수당, 노동당), 한국이 전자에 해당하고, 프랑스, 이탈리아가 후자에 해당한다. 예외도 드물지 않다. 캐나다는 의원내각제를 채택하고 있으나 세 개의 주요 정당이 있으며, 인도 역시 의원내각제를 채택하고 있으나 수십 개의 정당들이 서 너 개의 연합으로 묶여 의회를 구성한다.

최다득표제는 본질상 승자독식의 성격을 갖기 때문에 이를 채택하는 국가에서 양당제가 발달하는 현상은 쉽게 납득이 된다. 군소정당 지지자들은 자신이 가장 선호하는 정당에 투표해봤자 사표(死票)가 되리라는 것을 합리적으로 예측할 수 있다. 따라서 이들은 가장 큰 두 정당이나 후보 가운데 상대적으로 더 선호하는 쪽에 전략적으로 투표할 유인이 크다. 또한 주요 정당들은 군소정당 지지자들의 환심을 사기 위하여 그들이 선호할만한 정책을 개발하여 끌어당기는 노력을 기울인다. 이러한 상승효과는 중장기적으로 군소정당들을 위축시키는 반면 큰 정당들이 의회를 장악하는 형태가 정착되도록 작용한다. 세 정당이 최다득표 경쟁을 하는 8.4절의 8.4.2항에서 정당 L과 M은 각각 25%씩 득표하여 패배할 것이 처지에 놓이므로 두 당이 합당을 하거나 혹은 정당 R에 붙어 집권 프리미엄을 누리는 방향으로 나아갈 가능성이 높다. 어느 경우건 이는 양당제로의 이행을 의미한다.

최다득표제에서 군소정당들은 와해되거나 거대정당에 흡수통합되지 않더라도 사실상 양당제나 다름없는 형태로 운영되는 사례도 많다. 제3정당이나 후보 입장에서 끝까지 독주해도 집권할 확률은 거의 제로에 가까운데 가장 큰 두 정당 중에 하나와 제휴하여 선거 승리 후 지분을 보장받는 편이 훨씬 낫다. 우리나라의 정당사를 보면 이러한 현상이 뚜렷하다. 군소정당이 존재하다가도 굵직한 선거 때만 되면 주요 양당을 중심으로 정계개편이 이루어져 왔다. 대통령 선거의 사례만 들더라도, 1997년 제15대 선거에서 김대중 후보는 우익성향의 김종필 자유민주연합 총재와 연합하여 집권에 성공하였는데 김대중 정부 내내 자민련은 상당한 정치적 지분을 누렸다. 제16대 대선에서도 중도좌파 성향의 노무현 후보가 보수성향의 재벌2세 정몽준 후보와 연합하여 집권한 바 있다.

---

8 Palfrey(1989)나 Cox(1997) 등은 게임이론을 적용하여 듀버거법칙을 분석하였다. 본절의 내용은 Cooter(2000)의 제8장과 Gehlbach(2013)의 제1장 1.4절을 참조하였다.

최다득표제는 '전부(全部) 아니면 전무(全無)'식의 승자독식 제도인 데 반해 비례대표제는 득표율에 비례하여 권력이나 자리가 배분되므로 유권자들의 선호를 비교적 잘 반영한다. 또한 유권자 입장에서 전략적 투표행위의 동기가 약하므로 투표결과가 민심을 정확하게 반영한다는 장점도 갖는다. 즉, 대표성 측면에서 비례대표제가 최다득표제보다 낫다. 반면 비례대표제의 최대 단점은 다양한 다수의 정당들이 난립하는 경향이 있어 정치적으로 불안정하다는 것이다. 이탈리아의 경우 1945~1985년의 40년 기간 동안 43번의 연립정부가 들어서서 정치적 혼란의 대명사로 꼽혔다. 그러다가 1993년 국민투표로 선거법을 개정하여 비례대표제 100%에서 소선거구제 75% 및 비례대표제 25%의 혼합 형태로 바꾼 이후 정치적 안정성이 대폭 높아졌다. 현재 우리나라 국회도 대표성 및 안정성을 적절히 조화하여 소선거구제를 주축으로 하되 정당명부식 비례대표제를 병행하여 여성, 장애인, 다문화가정, 자당(自黨)의 정치기반 취약지역 등을 배려하고 있다.

결론적으로 선거의 대표성과 정치적 안정성 간에는 상충관계가 존재한다. 일반적으로 대표성 측면에서는 비례대표제가 우월하고, 정치적 안정성 측면에서는 최다득표제가 우월하다. 그러나 다른 한편, 선거구 획정 과정에서의 논란과 불안정성은 최다득표제에서 훨씬 크다. 선거구를 어떻게 나누느냐에 따라 정당의 국가전체 지지도는 높은데 의회 내 의석수는 더 작은 사례도 빈번하다. 특정 정당이나 정치인에 유리하도록 자신에게 불리한 지역을 억지로 떼어내거나 자기에게 유리한 지역을 결합시켜 당선을 획책하는 게리멘더링(Gerrymandering)은 고전적 사례이다.

다음 절로 넘어가기 전에 듀버거의 법칙과 콩도르세 승자와의 관계에 대하여 언급하자. 콩도르세 승자가 존재하는 경우 어떠한 투표 방식이 콩도르세 승자를 골라내는가? 듀버거법칙에 따르면 최다득표제하에서는 두 개의 정당만이 살아남는 경향이 있다. 그런데 선택대안이 두 개뿐인 경우 콩도르세 승자는 반드시 존재하며 다수결 투표는 반드시 콩도르세 승자를 골라낸다. 더구나 6.2절에서 살펴본 메이의 정리에 따르면 선택대안이 두 개뿐인 경우 다수결 투표는 사회적으로 바람직한 성질들을 만족하는 유일한 공공선택 방식이다. 듀버거법칙에 따르면 비례대표제에서는 셋 이상의 정당들이 공존하는 경향이 있는데 이 경우 내쉬균형이 존재하지 않거나 정당 간 이합집산으로 인하여 콩도르세 승자와의 연관성이 현저히 떨어지기 마련이다.

8.5.2 후보 수의 내생적 결정

페더슨·세네드·라이트(Feddersen, Sened and Wright 1990)는 다운즈 모형을 기반으로 하되 신인 후보들의 출마 여부를 전략적으로 결정하는 단계를 추가한 모형을 분석하였다.

정치인 K명이 선거 출마 여부와 공약포지션 $x_P(P=1, 2, \cdots, K)$을 결정한다. 개별 정치인이 선거에 출마하면 c단위의 비용이 들고 당선되면 V단위의 이익을 얻는다(여기서, $V>c$).

유권자들은 위험회피적이라고 가정하자. 예컨대, 공약 $(x-\Delta)$와 $(x+\Delta)$를 반반의 확률로 선택할 후보보다 공약 x를 확실히 선택할 후보를 유권자는 더 선호한다. 유권자는 이해관계만 맞는다면 자신의 진실선호에 어긋나는 전략투표한다. 또한 유권자는 약열등전략을 선택하지 않는다고 가정하자.[9]

내쉬균형에서 선거 출마자의 수를 J명이라 놓자. 후보는 당선될 경우의 기대이익 $\frac{V}{J}$이 출마비용 c보다 클 때에만 출마할 것이므로 식 $J \leq \frac{V}{c}$이 성립해야 한다.

내쉬균형에서 J명의 후보는 똑같이 중위투표자의 이상점 x_m을 공약으로 내세운다. 모든 후보는 똑같은 수의 유권자로부터 지지표를 받으며 따라서 개별 후보가 당선될 확률도 $\frac{1}{J}$로 똑같다. 균형에서 어떤 유권자건 지지후보를 바꿈으로써 선거결과(당선자)를 바꿀 수 있다. 즉, 모든 유권자가 중추적(pivotal)이다. 또한 페더슨·세네드·라이트 모형에서는 전략투표를 허용하더라도 유권자들은 자신의 선호를 거짓으로 표출할 유인이 없고 진실투표하는 것이 최선이다.

이제 내쉬균형에서 모든 후보는 중위투표자가 가장 선호하는 정책 x_m을 공약으로 선택함을 증명하자. 첫째, 모든 후보가 x_m을 공약으로 선택하는 균형이 존재한다. 만약 한 후보가 x_m 왼쪽(오른쪽) 어딘가로 이탈할 경우 자신의 이상점이 x_m이나 그 오른편(왼편)에 위치하는 유권자들 모두가 공약 x_m 채택 후보 가운데 한 명을 찍어 지지한다고 가정하자. 비균형경로(off-the-equilibrium path)를 이처럼 가정할 경우 후보는 x_m 왼편(오른편)으로 이탈해봤자 낙선하게 되므로 경쟁 후보들처럼 그냥 x_m을 선택함으로써 당선확률 $\frac{1}{J}$이라도 지키는 편이 낫다.

둘째, x_m 이외의 공약이 채택되는 내쉬균형은 존재하지 않는다. 다시 말해서 모든 후보들의 균형 공약은 중위투표자의 지복점에 수렴한다. 일반적인 증명은 어려우므로 이해를 돕기 위해

---

9 후보가 둘(L과 R)인 양당제하에서 개별 유권자가 자신이 더 선호하는 후보(예컨대, L)가 아니라 덜 선호하는 후보(R)에게 투표하는 행위는 약열등전략이다. 이는 선거결과에 어차피 영향을 미치지 못하거나(자신을 제외하고 나머지 유권자들에 의해 이미 당락이 결정되어 자신이 L을 찍건 R을 찍건 무차별한 경우) 오히려 불행해지는(자신을 제외하고 나머지 유권자들이 반반으로 갈리는 바람에 자신이 L을 찍었더라면 지지후보인 L이 당선될 수도 있었던 경우, 혹은 자신을 제외하고 나머지 유권자들 가운데 L 지지자가 R 지지자보다 딱 1표 모자라서 자신이 L을 찍었더라면 최소한 비길 수라도 있었을 경우) 결과가 빚어지기 때문이다.
만약 유권자에게 약열등전략을 허용한다면 균형의 수가 너무 많고 비(非)직관적이다. 극단적 예시로, 모든 유권자들이 선호와는 무관하게 후보 R에게만 투표하는 상태도 내쉬균형이다. 이러한 이유 때문에 전략투표 모형에서는 대개 유권자가 약열등전략을 선택하지 않는다고 가정한다.

예시를 두 개만 들어보자.

(i) 세 유권자를 대상으로 세 후보가 경쟁하는 선거를 상정하자. 세 유권자의 지복점은 각각 0, $\frac{1}{2}$, 1이라고 하자. 또한 세 후보 L, M, R이 출마하여 각자 0, $\frac{1}{2}$, 1의 공약을 채택한다고 하자. 유권자가 각자 자신의 지복점을 공약으로 채택한 후보를 지지한다면 각 후보의 당선 확률은 $\frac{1}{3}$씩이다. 이제 지복점이 0인 유권자 입장에서 볼 때 이 상태에서 정책 0, $\frac{1}{2}$, 1이 채택될 확률은 각각 $\frac{1}{3}$씩인 반면 자신의 표를 후보 M에게 던지면 정책 $\frac{1}{2}$이 확실히 선택된다. 유권자는 위험회피적이라고 가정했으므로 그는 전자보다 후자를 선호한다. 다시 말해서 지복점이 0인 이 유권자도 정책 0을 공약으로 내세운 후보 L을 지지하는 것보다 정책 $\frac{1}{2}$을 공약으로 내세운 후보 M을 지지하는 편이 더 낫다. 이는 지복점이 1인 유권자 입장에서도 마찬가지이다. 결국 세 유권자는 모두 중위투표자의 지복점 $\frac{1}{2}$을 공약으로 내세운 후보 M을 지지하는 것이 최선이며 이 상태만이 내쉬균형이다.

(ii) 유권자들의 지복점이 [0,1] 구간에서 균등분포하며 유권자들의 수는 4의 배수라 가정하자. 네 명의 후보가 출마하여 둘(후보 L과 ML)은 $\frac{1}{4}$을 공약으로 채택하고 나머지 둘(후보 R과 MR)은 $\frac{3}{4}$을 공약으로 채택한다고 하자.[10] 이 상태가 내쉬균형이기 위해서는 유권자 각자가 가장 선호하는 후보에게 투표하되 유권자의 정확히 $\frac{1}{4}$씩으로 갈려야 한다. 지복점이 0인 유권자는 후보 L과 후보 ML 간에 무차별하지만 후보 L을 지지하고 있었다고 가정하자. 그런데 그는 L이 아니라 ML로 지지 후보를 바꿈으로써 ML이 확실히 당선되고 정책 $\frac{1}{4}$이 확실히 실현되도록 할 수 있다. 유권자는 위험회피적이라고 가정했으므로 유권자 0에게는 네 후보가 $\frac{1}{4}$씩의 확률로 당선되는 상태보다 정책 $\frac{1}{4}$이 확실히 실현되는 상태가 더 낫다. 요약하면 두 후보가 $\frac{1}{4}$을 공약으로 채택하고 나머지 두 후보가 $\frac{3}{4}$을 공약으로 채택하는 상태는 내쉬균형일 수 없다.

잠재적 후보군이 셋 이상이고 유권자들이 진실투표를 한다고 가정하자. 매우 예외적인 상황을 제외하고는 순수전략 내쉬균형이 존재하지 않는다(Osborne 1993).

10 전략투표가 아니라 진실투표를 가정할 경우 두 후보는 $\frac{1}{4}$을 채택하고 나머지 두 후보는 $\frac{3}{4}$을 채택하는 상태는 내쉬균형임은 8.4절에서 설명한 바 있다.

연습문제 >> 8-6 EXERCISES

후보 신입 모형에서 $3 \le \frac{V}{c} < 4$이며 유권자들의 진실투표를 가정하자. 순수전략 내쉬균형이 존재하지 않음을 증명하라.

페더슨·세네드·라이트는 진실투표가 아니라 전략투표를 가정할 때 중위투표자정리가 성립함을 보였다는 의의가 있다. 페더슨·세네드·라이트 모형은 유권자들과는 별도로 존재하는 정치인들이 각자의 출마 여부와 정책포지션을 내생적으로 결정하는 상황을 상정하였다. 그러나 현실에서처럼 정치인들이건 유권자들이건 '시민'이라는 동일한 그룹에서 나온다고 상정할 경우 유권자들은 후보들의 공약이 무엇이건 당선자가 실제로 실행할 정책을 시민들의 선호분포로부터 유추해 낼 수 있다. 오스본·슬리빈스키(Osborne and Slivinski 1996) 그리고 비즐리·코우트(Besley and Coate 1997)는 각각 진실투표와 전략투표를 가정하고 시민-후보(citizen-candidates) 모형을 분석하였다. 상세한 내용은 본서의 범주를 벗어나므로 관심있는 독자는 원전 논문이나 겔바흐(Gehlbach 2013)의 제1장 1.4.3항을 참조하라.

09

CHAPTER

예측불허의 전략

9.1 혼합전략
9.2 혼합전략 내쉬균형의 계산
9.3 가위바위보
9.4 왜 투표하는가?
9.5 투표의 역설

Politics & Public Economics:
A Game-Theoretic Approach

9.1 혼합전략

공수게임(攻守게임)은 수비군과 공격군 간의 게임이다. 수비군은 산악과 해안 가운데 하나를 선택하여 진지를 구축하며, 공격군 역시 하나의 지역을 집중 공략한다. 수비군과 공격군이 같은 지대를 선택하면 수비군이 승리하고 서로 다른 지대를 선택하면 공격군이 승리한다. [그림 9-1]은 공수게임을 나타낸다. 이 게임에서 어떤 결과가 나오건 양측이 얻게 될 보수의 합은 항상 0이 되는데, 이를 제로섬게임(zero-sum game)이라고 부른다.

공수게임에는 순수전략 내쉬균형이 존재하지 않는다. 예컨대, 전략조합 (산악, 산악)은 균형이 아니다. 수비군이 산악을 방어할 것이 확실하다면 공격군은 산악 대신 해안을 공략함으로써 승리할 수 있다. 즉, 수비군의 전략 '산악'에 대하여 공격군은 '해안'을 선택하는 것이 최선응수이므로 (산악, 산악)은 균형일 수 없다. 그렇다면 (산악, 해안)은 균형인가? 아니다. 공격군이 해안을 공략할 것이 확실하다면 수비군은 해안을 방어하는 전략이 최선이기 때문이다. 마찬가지 논리에 의하여 나머지 전략조합 (해안, 산악)과 (해안, 해안) 역시 양군 중 누군가는 이탈할 유인이 있으므로 균형이 될 수 없다.

순수전략은 우연을 허락하지 않으므로 상대에게 자신의 전략이 완전히 예측된다. 반면 혼합전략(混合戰略, mixed strategy) 혹은 무작위전략(無作爲戰略, randomized strategy)은 여러 순수전략들 중에 하나를 자신이 설정한 확률분포에 따라 무작위로 선택함을 뜻하므로 어떤 행동이 선택될지 사전에 예측할 수 없다. 예컨대, 공수게임에서 수비군이 동전을 던져 앞면이 나오면 산악을 방어하고 뒷면이 나오면 해안을 방어한다고 하자. 공격군으로서는 수비군이 산악과 해안을 반반의 확률로 방어하게 되리라는 사실만 알뿐 실제 어느 곳이 방어지로 선택될지 사전적으로는 알 수 없다.

그림 9-1 공수게임

		공격군	
		산악	해안
수비군	산악	1, −1	−1, 1
	해안	−1, 1	1, −1

경기자의 수가 유한하며 개별 경기자가 선택할 수 있는 행동의 수도 유한한 게임을 고려하자. 경기자의 전략을 순수전략뿐 아니라 혼합전략까지 허용하도록 확장한다면 어떠한 유한 게임에서도 내쉬균형은 반드시 존재한다. 이것이 내쉬가 1950년도에 증명한 이후 오늘날까지 게임이론의 초석이 된 정리이다(Nash 1950b, 1950c, 1951). 내쉬균형의 존재에 관한 엄밀한 논의는 본서에서 생략하며, 관심 있는 독자는 졸저 『게임이론』(8판, 2018)의 부록 A.5를 참조하라.

9.2 혼합전략 내쉬균형의 계산

경기자가 두 명(수비군과 공격군)이며 순수전략이 두 개(산악과 해안)뿐인 공수게임에 순수전략 내쉬균형은 존재하지 않으나 혼합전략 내쉬균형은 존재한다. 이 게임의 혼합전략 내쉬균형을 계산해보자.

공격군이 q의 확률로 산악을 공격하고 $(1-q)$의 확률로 해안을 공격한다고 하자. 그에 대한 수비군의 최선응수는 어떻게 될 것인가? 수비군이 산악을 방어한다면 아래 식 (9.1)에 나타난 기대보수를 얻고 해안을 방어한다면 식 (9.2)에 나타난 기대보수를 얻게 될 것이다.

$$q\times 1+(1-q)\times(-1)=2q-1 \tag{9.1}$$

$$q\times(-1)+(1-q)\times 1=1-2q \tag{9.2}$$

수비군이 산악과 해안 가운데 어디를 방어해야 할지는 공격군이 산악을 공략할 확률 q에 달려있다. 만약 공격군이 산악을 공략할 확률이 50%보다 크면($q>0.5$), 식 (9.1)의 기대보수가 식 (9.2)의 기대보수보다 크므로 수비군은 산악을 방어하는 것이 최선응수이다. 반면 공격군이 산악을 공략할 확률이 50% 미만($q<0.5$)이면 수비군은 해안을 지키는 것이 최선응수이다. 공격군이 두 지역을 공략할 확률이 정확히 반반이라면($q=0.5$), 어느 지역을 방어하건 수비군에게 무차별하다. 수비군이 산악을 방어할 확률을 p라고 놓을 때 이상의 논의는 다음으로 요약된다.

$$\begin{aligned} &q>0.5\text{이면, } p=1 \\ &q=0.5\text{이면, } p\in[0,\ 1] \\ &q<0.5\text{이면, } p=0 \end{aligned} \tag{9.3}$$

그림 9-2 공수게임의 최선응수와 내쉬균형

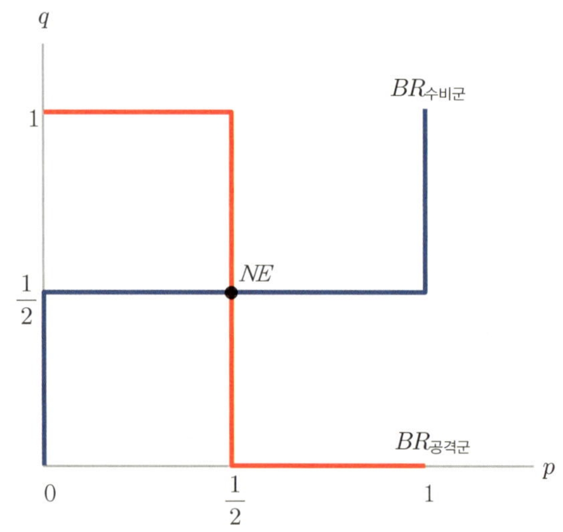

식 (9.3)은 공격군의 혼합전략 q에 대한 수비군의 최선응수를 보여주며 [그림 9-2]에서 $BR_{수비군}$으로 나타나 있다. 이상과 대칭적 논리에 의하여 수비군의 혼합전략 p에 대한 공격군의 최선응수를 구하면 다음 식 (9.4)로 나타나며 [그림 9-2]에서 $BR_{공격군}$으로 그려져 있다.

$$\begin{aligned} &p>0.5\text{이면, } q=0 \\ &p=0.5\text{이면, } q\in[0,\ 1] \\ &p<0.5\text{이면, } q=1 \end{aligned} \tag{9.4}$$

혼합전략 내쉬균형이란 두 경기자의 최선응수를 동시에 만족하는 p와 q값으로 정의된다. 공수게임에는 단 하나의 혼합전략 내쉬균형이 있는데 $p^*=0.5$와 $q^*=0.5$가 그것이며 [그림 9-2]의 점 NE로 표시되어 있다. 이는 수비군이 산악과 해안을 반반의 확률로 무작위 선택하여 방어하며 공격군 역시 두 지역을 반반의 확률로 임의 공략함을 의미한다. 공수게임의 혼합균형에서 네 개의 순수전략조합((산악, 산악), (산악, 해안), (해안, 산악), (해안, 해안))은 각각 25%의 확률로 실현되리라는 사실만 알뿐 어느 상태가 실현될지는 사전적으로 알 수 없다. 이 균형에서 각 경기자가 얻는 기대효용은 혼합균형의 도출과정에서 알 수 있듯이 당연히 0이다.[1]

1 내쉬균형은 경기자들의 전략 선택이 독립적 확률분포를 따른다는 가정하에 도출된다. 반면 경기자들의 전략

이상에서 기하학적으로 구한 혼합전략 내쉬균형을 대수적으로 설명해보자. 수비군이 두 선택(산악과 해안)으로부터 똑같은 기대보수를 얻도록 해주는 공격군의 산악 선택 확률 q값은 0.5이다. 만일 공격군이 50% 미만의 확률로 산악지대를 선택한다면($q<0.5$) 두 식 (9.1)과 (9.2)에 비추어 볼 때 수비군이 산악 방어로부터 얻는 기대보수는 해안 방어로부터 얻는 기대보수보다 작다. 따라서 수비군은 100%의 확률로 해안 방어를 선택하는 것($p=0$)이 최선이다. 만약 수비군이 확실히 해안을 방어한다면 그것에 대한 공격군의 최선응수는 확실히 산악을 공략하는 것($q=1$)이다. 그런데 이는 $q<0.5$라는 애초의 출발점과 모순이다. 결국 $q<0.5$를 충족하는 균형은 존재할 수 없다. 대칭적 논리에 의하여 균형에서 절대로 $q>0.5$가 성립할 수 없다. 결론적으로 오로지 $q=0.5$만이 균형으로서 성립한다.

수비군이 0.5의 확률분포로 산악과 해안을 방어한다고 가정할 때 공격군은 0.5의 확률로 산악을 공략한다면 공격군의 기대보수는 0이다. 반면 산악을 0.5가 아닌 다른 어떠한 확률(예컨대, 0.3이나 0.8)로 공략하건 공격군의 기대보수는 음(−)수가 된다. 이는 수비군의 전략 $p=0.5$에 대한 공격군의 최선응수가 $q=0.5$임을 의미한다. 대칭적 논리에 의하여 공격군의 전략 $q=0.5$에 대한 수비군의 최선응수 역시 $p=0.5$이다. 따라서 정의상 전략조합 $((p,\ 1-p),\ (q,\ 1-q))=((0.5,\ 0.5),\ (0.5,\ 0.5))$는 혼합전략 내쉬균형이다.

혼합균형에 관하여 기억할 매우 중요한 사실이 있다. 혼합균형에서 경기자가 양(+)의 확률로 선택할 수 있는 행동은 모두 동일한 기대보수를 가져다준다는 것이다. 만일 순수전략 a가 순수전략 b보다 조금이라도 더 높은 기대효용을 낳는다면 해당 경기자는 b를 절대로 선택하지 않을 것이며 따라서 어떠한 균형에서도 순수전략 b가 선택될 확률은 영(0)이어야 마땅하다. 순수전략 a가 b보다 낮은 기대보수를 가져다주는 경우에도 대칭적 논리에 의하여 a를 선택할 확률이 0이어야 마땅하다. 결국 양의 확률로 선택되는 순수전략 각각은 동일한 기대효용을 가져다주어야만 모순이 없게 된다. 공수게임의 혼합균형에서 수비군은 산악과 해안에 양수인 50%씩의 확률을 부여하고 있으므로 수비군이 얻는 기대보수는 공격군이 산악을 공격하게 되든지 해안을 공격하게 되든지 상관없이 똑같아야(공수게임과 같은 제로섬게임에서는 0단위) 한다.

선택의 확률분포가 서로 상관관계를 가져도 좋다는 일반화된 가정을 도입함으로써 내쉬균형보다 광의의 개념을 정의할 수 있다. 이를 상관균형(相關均衡, correlated equilibrium)이라 부르는데 관심 있는 독자는 Aumann(1987)이나 졸저 『게임이론』 제4장 4.6절을 참조하라.

연습문제 >> 9-1 EXERCISES

A국군은 B국군의 공격에 대비하여 영토를 지키려고 한다. A국군은 3개 사단을, B국군은 2개 사단을 가지고 있다. 두 개의 공격 루트(route)가 있다. 각 루트에서 방어하는 사단의 수가 공격하는 사단의 수와 같거나 많을 경우에만 성공적으로 방어할 수 있다. 두 루트 중 하나라도 뚫리게 되면 A국군은 패전한다.
(1) 전략형게임으로 구성하라.
(2) 혼합전략 내쉬균형을 구하라. B국군이 전력을 나누어 공격하는 균형이 있는가?

9.3 가위바위보

가위바위보게임에서 철수와 영희는 동시에 세 가지 선택(가위, 바위, 보) 중에 하나를 낸다. 가위는 보를 이기고, 보는 바위를 이기며, 바위는 가위를 이긴다. 두 사람이 같은 선택을 하면 비긴다. 가위바위보에서 이길 경우 1단위의 보수를 얻고 패할 경우에는 −1단위의 보수를 얻으며 비길 경우에는 0단위의 보수를 얻는다고 가정하자. [그림 9-3]은 가위바위보의 전략형게임을 나타내고 있다.

가위바위보게임에는 순수전략 내쉬균형이 존재하지 않는다. 예컨대, 철수가 바위를 내고 영희가 보를 내는 상태는 균형일 수가 없다. 영희가 보를 낼 것이 확실하다면 철수는 자신의 전략을 바위에서 가위로 바꿀 유인이 있기 때문이다. 비슷한 논리로 철수와 영희가 각각의 순수전략을 선택하는 어떠한 상태에서도 최소한 한 사람은 전략을 바꿈으로써 더 높은 보수를 얻을 수 있다. 그렇다면 혼합균형은 존재하는가? 가위바위보게임은 두 경기자가 세 개의 순수전략 가운데 하나를 선택하는 유한게임이므로 내쉬균형은 반드시 존재한다.

그림 9-3 | 가위바위보게임

		영희		
		가위	바위	보
	가위	0, 0	−1, 1	1, −1
철수	바위	1, −1	0, 0	−1, 1
	보	−1, 1	1, −1	0, 0

가위바위보게임에서 혼합전략 내쉬균형을 계산해보자. 영희가 가위를 p, 바위를 q, 그리고 보를 $(1-p-q)$의 확률로 선택한다고 가정하자. 철수가 가위를 냄으로써 얻으리라 기대되는 보수는 다음 식 (9.5)와 같이 계산된다.

$$p\times 0+q\times(-1)+(1-p-q)\times 1=1-p-2q \quad (9.5)$$

비슷한 방법으로 철수가 바위와 보를 냄으로써 얻으리라 기대되는 보수는 각각 다음 식 (9.6) 및 식 (9.7)과 같다.

$$p\times 1+q\times 0+(1-p-q)\times(-1)=-1+2p+q \quad (9.6)$$

$$p\times(-1)+q\times 1+(1-p-q)\times 0=-p+q \quad (9.7)$$

혼합전략 내쉬균형에서 양(+)의 확률로 선택되는 전략은 똑같은 기대보수를 가져다준다는 사실을 기억하라. 따라서 가위바위보에서 혼합전략 내쉬균형은 식 (9.5), 식 (9.6), 식 (9.7)을 등호로 놓음으로써 구해진다. 간단한 계산에 의하여 $p^*=q^*=\frac{1}{3}$을 얻는다. 즉, 영희의 균형 혼합전략은 가위, 바위, 보를 각각 정확히 $\frac{1}{3}$의 확률로 임의 선택하는 전략이다. 대칭적인 논리에 의하여 내쉬균형에서 철수의 혼합전략도 가위, 바위, 보를 각각 $\frac{1}{3}$의 확률로 무작위 선택한다. 가위바위보 역시 제로섬게임이므로 내쉬균형에서 각 경기자가 얻는 기대보수는 0단위이다.

연습문제 >> 9-2[2] EXERCISES

연합군은 전세 역전을 위하여 대규모 상륙작전을 기획하고 원산, 인천, 남포를 후보지로 고려한다. 북한군도 이를 인지하고 주력부대를 세 곳 중 하나에 투입하여 방어한다. 북한군이 성공적으로 방어하면 1단위 보수를 얻고 실패하면 0단위의 보수를 얻는다. 연합군이 상륙에 성공하면 1단위의 보수를 얻지만 실패하면 0단위의 보수를 얻는다. 다만, 인천의 경우 조수간만의 차이와 상륙지의 지형으로 인하여 연합국에게는 성패에 상관없이 c_I단위의 비용이 든다. 또한 남포의 경우 평양이 지근거리에 있어 저항이 극렬한 데다 인천의 지리적 단점을 고스란히 안고 있으므로 연합국에게 c_N단위($>c_I$)의 비용이 든다.

(1) 연합군과 북한군 간의 3×3 전략형게임으로 구성하라.
(2) 내쉬균형을 구하라.
(3) 실제 1950년 인천상륙작전과 연계하여 설명하고 해석하라.

2 Kydd(2015), 50~52쪽에서 제2차 세계대전 당시 1944년 6월 연합군의 노르망디(Normandy) 상륙작전을 분석한 내용을 1950년 9월 인천상륙작전으로 재구성한 것임.

9.4 왜 투표하는가?

사람들은 투표에 왜 참여하는가? 유권자의 수가 많은 대규모 선거에서 개인의 투표 여부가 선거결과에 영향을 미칠 가능성은 희박하다. 반면 개인이 투표를 하기 위해서는 투표장까지 가거나 줄서서 기다리는 불편 혹은 가족과 야외로 놀러나가는 즐거움의 희생과 같은 비용이 따른다. 따라서 대다수의 유권자에게 있어서 투표에 참여하는 행위는 비합리적이다. 그럼에도 불구하고 현실에서는 수많은 유권자들이 투표한다. 오스트레일리아나 아르헨티나처럼 투표를 강제하는 국가나 이탈리아의 일부 소도시처럼 투표 불참자의 명단을 공개하여 망신을 주는 경우는 예외이겠으나 미국, 유럽, 일본 등 주요국의 주요 선거 투표율은 대략 절반에 달한다. 우리나라의 경우에도 대통령선거, 국회의원 총선, 지자체선거 가운데 역대 최하의 투표율을 기록했던 제18대 국회의원 총선(2008년)도 3,780만 명의 유권자 가운데 46.1%인 1,741만 명이 투표에 참가했다. 대통령 선거 가운데 최저 투표율을 기록했던 제17대 대선(2007년)에서도 3,765만 명의 유권자 가운데 2,373만 명이 투표에 참여해 63.0%의 투표율을 보였다.

합리적 선택으로는 설명할 수 없을 정도로 많은 사람들이 투표에 참가하는 현상을 '투표의 역설'(paradox of voting)이라 부른다. 라이커와 오데슉(Riker and Ordeshook 1968)은 투표의 역설을 합리적 선택 이론으로 설명하고자 시도했다. 유권자는 자신이 투표에 참가함으로써 얻게 될 유·무형의 이득이 비용보다 클 경우 투표하며 그 반대의 경우에는 기권하는 것이 합리적이다. 자신이 지지하는 후보나 정당이 승리하면 세율변경, 고용창출, 부동산경기부양, 지역개발 등 직·간접의 이익을 얻게 된다. 반면 투표참여비용은 투표장까지 가는 수고, 줄서서 기다려야 하는 불편, 가족과 야외로 놀러나가는 즐거움의 희생 등으로 측정된다. 유권자 i의 입장에서 자신이 지지하는 후보가 당선됨으로써 얻는 유·무형의 이익을 B_i라 놓고 투표 참가에 드는 비용을 c_i라 놓자.

개별 유권자의 이익은 자신의 한 표가 전체 투표결과를 좌우할 수 있는 중추적(pivotal) 상황에서만 발생한다. 만약 자신을 제외한 나머지 유권자들에 의하여 선거결과가 확실히 정해진다면 자신이 투표에 참여하건 기권하건 결과에 아무런 영향을 미치지 못한다. 이 경우 투표에 참가함으로써 추가로 얻게 될 이득은 0이고 비용 c만 발생하므로 투표에 참가할 동기가 없다. 그런데 자신의 한 표가 중추적이기 위해서는 자신을 제외한 나머지 유권자들이 정확히 반반으로 나뉘거나 혹은 자신의 지지후보가 딱 한 표 차이로 뒤져 있는 두 경우만 고려하면 된다. 유권자

i의 한 표가 중추적일 확률을 p_i라 하자.

라이커 · 오데슉에 따르면 유권자 i 입장에서 $c_i - p_iB_i > 0$이면 기권하고 $c_i - p_iB_i < 0$이면 투표하는 것이 합리적이다. 문제는 개별 유권자의 한 표가 중추적일 확률 p_i는 일반적으로 매우 작으며 대규모 선거에서는 사실상 거의 0에 가깝다는 것이다. 그러므로 라이커 · 오데슉의 기본 모형으로는 투표의 역설을 설명하기 어렵다. 여기에 비경제적인 요소를 도입하면 설명력을 다소 높일 수 있다. 투표라는 시민의 의무를 준수함으로써 유권자 i가 얻는 자긍심을 v_i라 하자. 이처럼 경제적 및 비경제적 동기를 혼합한 모형에서 유권자 i는 $c_i - p_iB_i > v_i$이면 기권하고 $c_i - p_iB_i < v_i$이면 투표하는 것이 합리적이다.

라이커 · 오데슉의 모형에서는 중추확률 p에 대하여는 제대로 분석하지 않았다. 팔프리와 로젠탈(Palfrey and Rosenthal 1983, 1985)은 라이커 · 오데슉 모형을 발전시켜 엄밀하게 분석하였다. 이러한 의미에서 팔프리–로젠탈 모형과 그 후속연구를 '중추투표'(pivotal vote)모형이라고도 부른다. 본절과 다음 절에서는 팔프리 · 로젠탈의 중추투표모형을 중심으로 투표의 역설을 살펴본다.

두 후보 A와 B가 출마하였다. 전체 유권자 n명 가운데 k명은 후보 A를 지지하고 나머지 m $(=n-k)$명은 후보 B를 지지한다. 개별 유권자는 기권하거나 혹은 투표에 참가하여 지지후보를 찍는다. 투표에 참가하는 유권자에게는 기회비용 c단위$(0<c<1)$가 든다. 선거의 결과 자신이 지지하는 후보가 당선될 경우에는 2단위의 보수를 얻고, 낙선할 경우에는 0단위, 그리고 비길 경우에는 1단위 보수를 얻는다고 하자. 본절에서는 양측 지지자가 정확히 동수인 선거게임에서 내쉬균형을 구한다. 이어지는 다음 절에서는 한쪽 지지자들이 다른 편 지지자들보다 많은 경우를 다루게 된다.

양측의 지지자의 수가 각각 k명으로 똑같다고 하면 이 게임의 유일한 내쉬균형은 (k, k)이다. 즉, 모든 유권자들은 예외 없이 투표에 참여한다. 어떤 상태가 균형이기 위해서는 다른 모든 유권자들이 주어진 전략을 지킬 때 어떠한 경기자도 현재 전략으로부터 다른 전략으로 바꿀 유인이 없어야 함을 기억하라.

첫째, (k, k)는 균형이다. 두 후보는 비기게 되므로 투표 참여자는 각자 $(1-c)$의 보수를 얻는다. 특정 참여자가 기권하면 자신의 지지후보가 지게 되어 0의 보수를 얻게 된다. 그런데 0은 $(1-c)$보다 작으므로 다른 투표참여자들의 전략이 주어져 있다는 가정하에 어떠한 투표참가자도 참가에서 기권으로 행동을 바꿀 유인이 없다.

둘째, 일부 유권자들만이 투표에 참여하되 두 후보가 정확히 똑같이 득표하여 비기는 상태가 균형이 될 수 있는가? 즉, 상태 (a, a)(여기서, $0 \le a \le (k-1)$)는 균형이 될 수 있는가? 아니다. 이 상태에서 두 후보는 비기게 되며, 투표참여자는 각자 $(1-c)$단위씩의 보수를 얻고 기권자는 1단위씩의 보수를 얻게 될 것이다. 그런데 A후보를 지지하지만 기권하려던 유권자가 투표에 참여하면 A가 한 표 차이로 이기게 되고 그 결과 $(2-c)$단위의 보수를 얻게 될 것이다. 그런데 이는 기권을 할 경우 얻게 될 보수 1단위보다 크기 때문에 기권하려던 A후보 지지자는 기권에서 참여로 행동을 바꿀 유인이 있다.

셋째, 한 후보가 경쟁후보를 한 표 차로 이기는 상태가 균형이 될 수 있는가? 예컨대, 상태 $(b+1, b)$(여기서, $0 \le b \le (k-1)$)가 균형이 될 수 있는가? 아니다. 후보 B를 지지하지만 기권하려고 했던 유권자가 투표에 참여함으로써 더 높은 보수를 얻게 되기 때문에 자신의 전략을 기권에서 참여로 바꿀 유인을 갖게 된다. 왜냐하면 이 유권자가 기권을 할 경우 0단위의 보수를 얻지만 투표에 참여한다면 두 후보는 비기게 되므로 투표참여비용을 감안하더라도 $(1-c)$단위의 보수를 얻기 때문이다.

넷째, 한 후보가 경쟁후보를 두 표 차 이상으로 이기는 상태가 균형이 될 수 있는가? 예컨대, 상태 (a, b)(여기서, $a \ge b+2$, $0 \le b \le R-2$)가 균형이 될 수 있는가? 이에 대한 답도 부정적이다. 후보 A 지지자 가운데 투표참여자는 $(2-c)$단위의 보수를 얻고 기권자는 2단위의 보수를 얻게 된다. 이 중 A후보를 지지하는 투표참여자는 참여에서 기권으로 행동을 바꿀 유인이 있다. 왜냐하면 자신이 기권하더라도 여전히 A후보가 한 표 이상의 차로 승리하는 반면 자신은 투표참여의 기회비용 c를 아끼게 되어 보수가 $(2-c)$단위에서 2단위로 높아지게 될 것이기 때문이다. 똑같은 논리로 상태 (a, b)(여기서, $b \ge a+2$, $0 \le a \le R-2$) 역시 균형일 수 없다.

9.5 투표의 역설

본절에서는 후보 B 지지자들의 수(m)가 후보 A 지지자들의 수(k)보다 많을 경우 선거게임의 내쉬균형을 구해보자. 순수전략 내쉬균형은 존재하지 않는다. 먼저 앞의 9.4절에서 살펴본 $k=m$의 경우에서 둘째, 셋째, 넷째 논리는 $k<m$인 경우에도 여전히 성립한다. 따라서 일부 유권자만 투표에 참여하되 두 후보가 비기는 상태 또는 한 후보가 경쟁후보를 이기는 상태는 결코 균형일 수 없다. 그렇다면 순수전략으로서 단 하나 남은 가능성인 (k, k)가 내쉬균형일 수 있는

가? 이 경우 후보 B를 지지하지만 기권하려고 했던 유권자가 참여로 전략을 바꾼다면 자신의 보수가 1단위에서 $(2-c)$단위로 높아진다. 즉, 후보 B 지지자 중 기권자가 자신의 전략을 바꿀 유인을 갖게 되므로 원래의 상태 (k, k)는 균형일 수가 없다.

선거게임은 경기자의 수 및 각 경기자가 선택할 수 있는 전략의 수가 모두 유한한 유한게임이므로 내쉬균형은 반드시 존재한다. 그런데 순수전략 균형이 존재하지 않는다면 균형은 필연적으로 혼합전략일 수밖에 없다. 이 게임에는 두 가지 형태의 혼합전략 내쉬균형이 존재한다. 두 진영의 유권자들이 각자 혼합전략을 사용하는 대칭 균형과 두 진영의 유권자들이 서로 다른 투표행태를 나타내는 비대칭 균형이 그것이다.

9.5.1 소수그룹만 혼합전략을 사용하는 비대칭 균형

비대칭 균형에서 소수그룹인 후보 A 지지자는 p의 확률로 투표하며 $(1-p)$의 확률로 기권한다. 반면 다수그룹인 후보 B 지지자들 가운데 k명은 확실히 투표를 하고 나머지 $(m-k)$명은 확실히 기권한다.

후보 A 지지자의 투표 참여확률 p^*를 구해보자. 후보 A의 지지자 k명 가운데 '나 자신'을 제외한 나머지 $(k-1)$명이 모두 투표에 참여할 경우에만 나의 투표 참여가 의미를 갖는다. 만약 나를 제외한 나머지 $(k-1)$명의 지지자들 가운데 $(k-2)$명 이하가 투표에 참여한다면 내가 투표하든 기권하든 어차피 후보 A는 낙선할 것이기 때문이다. 따라서 내가 투표참여로부터 얻는 기대보수는 다음과 같다.

$$\begin{aligned}&Pr(\text{나를 제외한 A 지지자 }(k-1)\text{명 가운데 }(k-2)\text{명 이하가 투표에 참여})\times 0\\&+Pr(\text{나를 제외한 A 지지자 }(k-1)\text{명이 모두 투표에 참여})\times 1-[\text{투표참여비용}]\\&=p^{k-1}-c\end{aligned} \tag{9.8}$$

혼합전략 내쉬균형에서 식 (9.8)은 내가 기권할 경우 얻는 기대보수 0과 같아야 할 것이므로 결국 소수그룹의 균형 투표확률은 $p^*=c^{\frac{1}{k-1}}$임을 알 수 있다.

이제 다수그룹에 속한 유권자가 이탈할 유인이 있는지를 따져보자. 먼저 후보 B를 지지하지만 기권하기로 되어 있는 유권자 '갑돌이'가 투표참여로 바꿈으로써 추가로 얻을 보수는 다음과 같다. 후보 A 지지자 중에 $(k-1)$명 이하가 투표하는 경우 갑돌이가 기권하든 투표하든 어차피 무관함에 유의하라.

$$\begin{aligned}&\Pr(\text{후보 A 지지자 } k\text{명 모두 투표참여})\times(2-1)-c\\&=\binom{k}{k}(p^*)^k(1-p^*)^0-c\\&=(p^*)^k-c\end{aligned} \tag{9.9}$$

그런데 $(p^*)^{k-1}=c$라는 사실을 이용하면 식 (9.9)는 음(−)수임을 알 수 있다. 결국 후보 B를 지지하지만 기권하기로 되어 있는 $(m-k)$명 누구도 기권에서 참여로 바꾸지 않는다.

다음으로 투표하기로 되어 있는 후보 B 지지자가 기권으로 바꿀 경우 추가로 얻는 보수는 다음과 같다.

$$\begin{aligned}&\Pr(\text{후보 A 지지자 } k\text{명 모두 투표참여})\times(0-1)\\&+\Pr(\text{후보 A 지지자 가운데 } (k-1)\text{명이 투표})\times(1-2)-(0-c)\\&=-\binom{k}{k}(p^*)^k(1-p^*)^0-\binom{k}{k-1}(p^*)^{k-1}(1-p^*)^1+c\\&=-(p^*)^k-k(p^*)^{k-1}+c\end{aligned} \tag{9.10}$$

그런데 $(p^*)^{k-1}=c$이므로 식 (9.10)은 음(−)수이다. 따라서 후보 B를 지지하면서 투표하기로 되어 있는 k명은 아무도 기권할 유인이 없다.

소수그룹의 균형 투표확률 p^*는 투표참여비용 c가 클수록 높아지고, 소수그룹 유권자의 수 k가 커질수록 높아진다. 또한 다수그룹 중 $(m-k)$명은 항상 기권하므로 소수그룹에 속해 있는 유권자들은 다수그룹에 속해 있는 유권자들에 비해 상대적으로 공격적이라 할 수 있다. 수치 계산 예를 위하여 $k=50$, $m=70$, $c=0.1$이라 가정하자. 소수그룹에 속해 있는 후보 A 지지자는 각자 95.4%의 확률로 투표에 참여한다. 다수그룹에 속해 있는 후보 B 지지자 중 20명은 아예 기권하고 나머지 50명은 확실히 투표한다. 따라서 다수그룹의 투표율은 71.4%$\left(\approx 100\times\frac{50}{70}\right)$이고 전체 120명의 투표율은 81.4%일 것이다. 약체 후보 A가 선거에서 승리할 가능성은 없고, 비길 확률은 약 9.5%, 그리고 패배할 확률은 90.5%이다.

9.5.2 모든 유권자가 혼합전략을 선택하는 대칭적 균형

앞에서 살펴본 비대칭적 균형과 달리 소수그룹이건 다수그룹이건 모든 유권자가 임의로 투표에 참여하는 대칭적 내쉬균형을 구해보자. 후보 A를 지지하는 개별 유권자는 p의 확률로 투표에 참가하고 $(1-p)$의 확률로 기권한다고 하자. 또 후보 B를 지지하는 개별 유권자는 각자 q의 확률로 투표에 참가하고 $(1-q)$의 확률로 기권한다고 하자.

후보 A를 지지하는 특정 유권자(철수)가 투표할지 기권할지를 결정하는 문제를 고려하자. 철수는 기권 대신 투표참여를 선택함으로써 드는 한계비용과 그로 인해 생기는 한계수익이 똑같도록 p를 결정해야 한다. 철수가 기권하지 않고 투표에 참가함으로써 드는 한계비용은 c단위임이 명백하다.

철수가 투표에 참여함으로써 얻는 한계수익을 따져보자. 후보 A 지지자 가운데 투표 참가자의 수와 후보 B 지지자 가운데 투표 참가자의 수가 2명 이상 차이 날 경우에는 철수가 투표하든 기권하든 결과에 영향을 미치지 않는다. 따라서 철수의 투표참여에 따른 한계수익을 계산하는 데 있어서 A 참가자와 B 참가자의 수가 똑같든지 혹은 딱 한 명 차이가 나는 경우만 고려하면 된다. 다시 말해서, 철수의 투표참여 여부에 따라 투표결과가 엎치락뒤치락할 수 있는 중추적 상황만 고려하면 된다.

첫째, 철수를 제외한 A 투표자와 전체 B 투표자가 똑같은 상태에서 철수가 투표하기로 결정하면 동률에서 A 승리로 선거결과가 바뀐다. 이 경우 철수의 보수는 1단위에서 2단위로 높아진다. 둘째, 철수를 제외한 A 투표자가 전체 B 투표자보다 정확히 1명 적은 상태에서는 철수의 한 표가 선거결과를 A 패배에서 동률로 뒤바꾼다. 이 경우 철수의 보수는 0단위에서 1단위로 높아진다. 이상의 논리에 의하여 철수의 투표참가에 따른 한계수익은 다음과 같다.

[철수의 투표가 동률에서 A 승리로 이끌 확률]$\times(2-1)$
+[철수의 투표가 A 패배에서 동률로 이끌 확률]$\times(1-0)$ (9.11)

이항분포를 적용하여 식 (9.11)에 있는 각 확률을 계산하면 다음과 같다.

[철수의 투표가 동률에서 A 승리로 이끌 확률]
=[A 지지자 0명이 투표할 확률]$\times$[B 지지자 0명이 투표할 확률]

+[A 지지자 1명이 투표할 확률]×[B 지지자 1명이 투표할 확률]

+ ⋯ +[A 지지자 $(k-1)$명이 투표할 확률]×[B 지지자 $(k-1)$명이 투표할 확률]

$$=\sum_{i=0}^{k-1}\binom{k-1}{i}p^i(1-p)^{k-1-i}\binom{m}{i}q^i(1-q)^{m-i} \tag{9.12}$$

[철수의 투표가 A 패배에서 동률로 이끌 확률]

=[A 지지자 0명이 투표할 확률]×[B 지지자 1명이 투표할 확률]

+[A 지지자 1명이 투표할 확률]×[B 지지자 2명이 투표할 확률]

+ ⋯ +[A 지지자 $(k-1)$명이 투표할 확률]×[B 지지자 k명이 투표할 확률]

$$=\sum_{i=0}^{k-1}\binom{k-1}{i}p^i(1-p)^{k-1-i}\binom{m}{i+1}q^{i+1}(1-q)^{m-i-1} \tag{9.13}$$

식 (9.12)와 식 (9.13)을 식 (9.11)에 대입하면 아래 식 (9.14)의 우변이 된다. 균형에서는 개별 유권자가 투표에 참여함으로써 드는 한계비용 c와 투표에 참여함으로써 얻게 되는 한계수익이 일치해야 한다. 즉, 철수를 비롯하여 후보 A를 지지하는 개별 유권자의 혼합전략은 다음 식을 충족해야 한다.

$$\begin{aligned} c=&\sum_{i=0}^{k-1}\binom{k-1}{i}p^i(1-p)^{k-1-i}\binom{m}{i}q^i(1-q)^{m-i} \\ &+\sum_{i=0}^{k-1}\binom{k-1}{i}p^i(1-p)^{k-1-i}\binom{m}{i+1}q^{i+1}(1-q)^{m-i-1} \end{aligned} \tag{9.14}$$

이상과 동일한 논리로 후보 B를 지지하는 유권자의 혼합전략은 다음 식을 충족해야 한다.

$$\begin{aligned} c=&\sum_{i=0}^{k}\binom{k}{i}p^i(1-p)^{k-i}\binom{m-1}{i}q^i(1-q)^{m-1-i} \\ &+\sum_{i=0}^{k-1}\binom{k}{i+1}p^{i+1}(1-p)^{k-1-i}\binom{m-1}{i}q^i(1-q)^{m-1-i} \end{aligned} \tag{9.15}$$

결론적으로 말해서 식 (9.14)와 식 (9.15)를 동시에 충족시키는 p^*와 q^*가 혼합전략 내쉬균형이다. [표 9 −1]은 소수그룹이 50명이고 다수그룹이 70명인 경우 개인투표비용 c값에 따른

균형투표확률 p^* 및 q^*를 나타낸 표이다.[3] 투표에 따른 개인비용 c가 작으면 균형이 두 개 존재하고 c가 크면 균형이 유일한데, 모든 균형에서 소수그룹의 투표율이 다수그룹의 투표율보다 높다.[4]

표 9-1 ▌균형투표확률($k=50$, $m=70$)

개인투표비용 c	균형투표확률	
0.03	$p^*=66.3$, $q^*=33.7$	$p^*=50.2$, $q^*=49.8$
0.06	$p^*=64.4$, $q^*=35.6$	$p^*=52.3$, $q^*=47.7$
0.09	$p^*=62.9$, $q^*=37.1$	$p^*=53.9$, $q^*=46.1$
0.12	$p^*=61.3$, $q^*=38.7$	$p^*=55.5$, $q^*=44.5$
0.14	$p^*=59.9$, $q^*=40.1$	$p^*=56.9$, $q^*=43.1$
0.15	$p^*=69.2$, $q^*=49.3$	$p^*=47.6$, $q^*=33.9$
0.16	$p^*=81.3$, $q^*=57.8$	$p^*=35.6$, $q^*=25.4$
0.17	$p^*=29.2$, $q^*=20.8$	
0.18	$p^*=24.7$, $q^*=17.6$	
0.2	$p^*=18.8$, $q^*=13.4$	
0.3	$p^*=7.3$, $q^*=5.2$	

9.5.3 중추투표 가설의 현실 설명력

팔프리·로젠탈의 중추투표 가설을 지지하는 대표적 연구로 르빈·팔프리(Levine and Palfrey 2007)와 파버(Farber 2010)를 들 수 있다. 르빈·팔프리는 유권자의 규모가 3~51명으로 너무 크지 않고 소수그룹 $\frac{1}{3}$, 다수그룹 $\frac{2}{3}$로 나뉜 실험으로 중추투표이론을 검증하였다. 개별 유권자는 자신이 지지하는 후보가 당선되면 4천원을 받고 낙선하면 0원을 받는다. 투표비용 c는 0에서 2천원 사이의 균등분포에서 무작위 추출한 숫자가 유권자별로 다르게 배정된다. 여기서 유권자는 자신의 투표비용만 알 뿐 다른 유권자들의 투표비용은 모른다. 이제 유권자의 최적전략을 구해보자.

투표비용이 0인 유권자는 자신의 투표참여로 지지후보의 당선 확률은 올라가는 반면 비용은

3 뉴튼(Newton) 방법론을 적용하여 매틀랩(Matlab) 프로그램으로 계산함.

4 Palfrey and Rosenthal(1985)에서는 투표비용 c가 개인별로 서로 다를 경우 투표게임에서 대칭적 균형을 계산하였다.

전혀 들지 않으므로 무조건 투표하는 것이 합리적이다. 반면 투표비용이 2천원인 유권자는 자신의 투표참여로 올라갈 지지후보 당선 확률과 그때 얻을 혜택 4천원을 곱한 기대치가 2천원보다 훨씬 작으므로 기권하는 것이 합리적이다. 다시 말해서, 투표비용이 0원인 유권자에게는 투표참여가 강우월전략(기권이 강열등전략)이고 투표비용이 2천원인 유권자에게는 기권이 강우월전략(투표참여가 강열등전략)이다. 이러한 논리를 확장하여 최적전략을 구하면 유권자의 투표비용이 임계치(예컨대 1천원) 이하이면 참여하고 투표비용이 임계치 이상이면 기권하는 형태로 나타난다. 르빈·팔프리의 실험연구에서는 피실험자들의 선택이 중추투표 모형의 예측(특히 임계전환성)과 거의 일치한다는 결과를 보였다. 파버의 미국 노동조합 관련 실증분석에 따르면 노조집행부나 노조원들의 투표 행태는 중추투표 이론의 예측과 맞아떨어진다.

반면 최근의 여러 실증통계나 실험결과는 팔프리·로젠탈의 예측과 배치된다(Duffy and Tavits 2008, Grober and Schram 2010, Agranov, Goeree, Romero' and Yaris 2017). 첫째, 다수그룹이 소수그룹보다 오히려 더 공격적으로 투표하는 경향이 있다. 이는 팔프리·로젠탈 가설과는 정반대이다. 둘째, 자신이 지지하는 후보가 열세일수록 소수그룹에 속해있는 유권자의 투표참여 성향은 현저히 약해진다. 반면 다수그룹에 속해 있는 유권자는 지지후보가 약간 우세하거나 압도적으로 우세하거나 별 차이 없는 확률로 투표에 참가하는 경향이 있다. 셋째, 개별 유권자의 한 표가 중추적일 확률이 높을수록 그의 투표참여 성향이 강해진다는 가설이 모든 구간에서 획일적으로 성립하지는 않는다. 이는 '중추적 한표' 이론의 근간을 흔드는 결과이다. 넷째, 특정 유권자가 지난번 투표에 참여했고 그 선거에서 자신이 지지하는 후보가 당선되었다면 그 유권자는 다음번 투표에 참가할 가능성이 높다.

이는 투표참여 결정에 있어서 합리성이라는 선견적(forward looking) 특성 못지않게 학습효과나 강화기제 같은 회귀적(backward-looking) 특성도 중요하게 작용한다는 의미이다. 투표참가 성향에 대한 실증적 현상을 보다 잘 설명하기 위해서는 팔프리·로젠탈로 대표되는 합리적 선택 이론만으로는 부족하다. 학습효과, 강화기제 혹은 '사표방지'(死票防止, voting with the winner) 심리와 같은 행태적 요소의 도입이 필요하다.[5]

로저스·팍스·거버(Rogers, Fox and Gerber 2013)는 실제 투표자들의 행태가 개인합리성보다는 사회심리학적 요소를 많이 갖고 있으므로 이를 잘 감안하여 투표독려 전략을 짜고 적용한다면 투표율을 상당히 높일 수 있다고 주장한다. 투표 권유가 이루어지는 접촉 방식에 있어서 직접대면 방식이 우편, 전화메시지, 온라인 방식보다 훨씬 더 주효하다. 선거 며칠 전에—마지

5 Hinich(1981), Callander(2007, 2008)는 사표방지심리를 도입하여 투표성향을 설명한 연구들이다.

못해서라도—투표할 의향이 있다고 밝힌 유권자가 유의적으로 높은 투표참여율을 보이며, 몇 시에 어디서 어떻게 투표할 것인가 구체적 실행의도를 밝힌 유권자가—그러한 사전 설문조사가 아무런 구속력이 없다고 하더라도—더 높은 투표율을 보였다. 다른 사람들도 투표할 확률이 높으리라고 예상할수록 개인의 참여율이 높아지며, 다수의 타유권자들이 투표에 기권하리라고 믿을수록 나도 기권할 가능성이 높아진다. 자신이 속해있는 집단이나 인종의 이해가 많이 달려있다고 느낄수록 참여의지가 강해진다. 자신은 시민의 의무를 준수하는 사람이라는 정체성(identity)을—다소 인위적일지라도—부여받은 피실험자는 보통 사람들보다 더 높은 투표참여율을 보인다.

연습문제 >> 9-3 EXERCISES

검찰은 조직폭력배 10명을 일망타진하여 불충분한 범죄 증거를 확보하기 위하여 그들을 각방에서 취조하고 있다. 검찰총장은 다음과 같은 제안을 조폭 개개인에게 공지한다. 한 명이라도 자백할 경우 자백한 조직원들은 각자 징역 1년형씩을 살리고 끝까지 버틴 조직원들은 풀어준다. 아무도 자백하지 않고 끝까지 버티면 전원 10년형씩 징역을 보낸다.[6]

(1) 전략형게임을 구성하라. 다만, 개별 조폭의 효용수준은 10단위에서 징역연수를 뺀 값으로 계산된다고 가정한다.

(2) 순수전략 내쉬균형을 구하라. 또한 조폭 영화 등과 연계하여 현실을 얼마나 설명할 수 있다고 생각하는가?

(3) 대칭적(symmetric) 혼합전략 내쉬균형을 구하라.

(4) 조직원의 수가 10명이 아니라 n명일 경우 대칭적 혼합전략 내쉬균형을 구하라. n이 엄청나게 커지면 개별 조직원이 자백할 균형확률이 어떻게 되는가? 또한 조직원 가운데 누군가 최소 한 명은 자백할 확률은 어떠한 숫자에 수렴하는가?

6 Maschler, Solan and Zamir(2013), 203쪽 연습문제 5.33을 한국식으로 각색하여 가져옴.

10

CHAPTER

외부효과

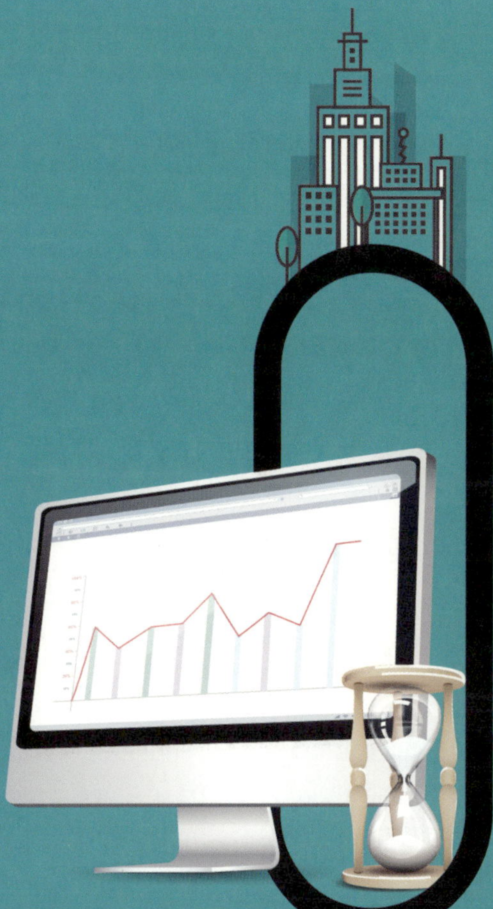

10.1 경쟁시장에서의 외부효과
10.2 전략적 외부효과
10.3 통합과 총량규제
10.4 피구의 조세
10.5 메커니즘 설계
10.6 배상책임법
10.7 코우즈의 재산권적 해법

Politics & Public Economics:
A Game-Theoretic Approach

10.1 경쟁시장에서의 외부효과

10.1.1 정의와 분류

외부효과(外部效果, externalities)란 어떤 경제주체가 다른 경제주체들에게 의도치 않는 이익을 주거나 피해를 끼침에도 불구하고 이에 대한 보상을 받거나 대가를 지불하지 않는 현상을 일컫는다. 시장기구에서는 대개 경제주체가 상품을 구입하면 대가를 지불하며 생산요소를 공급하면 보수를 받게 된다. 그러나 환경오염처럼 한 기업이 다른 기업들이나 일반인들에게 피해를 주는 비재화(非財貨, economic bads)를 공급함에도 불구하고[1] 이에 대하여 아무 대가를 지불하지 않는다면 외부효과가 발생하는 것이다. 외부효과는 경제주체의 행위가 다른 경제주체들에게 이득을 주지만 이에 대한 보상을 받지 못하는 외부경제(外部經濟, external economies)와 다른 경제주체들에게 피해를 주지만 이에 대하여 대가를 지불하지 않는 외부불경제(外部不經濟, external diseconomies)로 구분된다.

시토프스키(Scitovsky 1954)는 외부효과를 금전적 외부효과(pecuniary externalities)와 기술적 외부효과(technological externalities)로 분류한 바 있다. 금전적 외부효과는 일부 경제주체의 활동(소비자의 소비활동이나 기업의 생산활동)이 시장기구를 통하여 다른 소비자의 소득이나 다른 기업의 이윤에 주는 영향으로 정의된다. 이에 비해 기술적 외부효과는 일부 경제주체의 활동이 시장기구(가격)를 경유하지 않고 다른 소비자의 효용함수나 다른 기업의 생산함수에 직접적으로 미치는 영향으로 정의된다.

금전적 외부효과

먼저 금전적 외부효과를 살펴보자. 개별기업들의 생산활동이 동시에 변동하는 경우 생산요소의 가격이 변하고 요소가격의 변동은 다시 환류하여 그 산업을 구성하고 있는 모든 기업들의 비용함수에 영향을 미친다. 이때 산업의 생산증대가 요소가격의 상승을 유발하여 개별 기업의 비용곡선이 상향 이동하는 경우를 금전적 외부불경제라 부르며, 생산요소가격이 하락하여 이들 비용곡선들이 하향 이동하는 경우를 금전적 외부경제라 부른다.

---

1 환경오염과 같은 비재화를 공급한다는 것은 환경이라는 재화를 소비한다는 것과 같은 의미이다.

구체적 예를 들어보자. 특정 지역에 제철소가 건설되는 경우 그 지역의 철강가격이 종전보다 저렴해지므로 기계공업부문의 원자재비용이 인하될 것이다. 이처럼 철강원재료의 가격변화로 해당 지역의 공업생산이 활발해지고 노동이나 토지에 대한 수요가 증대되면 임금과 지대가 상승하게 되므로 기업이윤과 개인소득은 유리한 영향을 받게 된다.

중국의 고도성장과 제조업 생산증대가 석유를 포함한 원자재의 국제시장가격을 인상시키고, 이로 인하여 그 원자재를 수입하는 다른 나라들의 생산원가가 오르는 것은 금전적 외부불경제이다.

금전적 외부효과는 경제주체들의 활동이 시장기구를 통해 상호 연관된 데서 오는 당연한 결과이다. 금전적 외부경제나 금전적 외부불경제의 존재는 그것만으로 시장실패를 초래하지는 않는다. 오히려 금전적 외부효과가 나타나고 있다는 것은 시장기구가 원활히 작동하고 있음을 보여준다. 경제활동이 증대되고 임금, 이윤, 지대 등이 상승하는 것은 해당 생산요소(노동, 자본, 토지)의 희소성이 증대되었음을 반영한다.[2] 이러한 요소가격의 상승은 노동이나 토지 등에 대한 초과수요를 해소하고 이들 생산요소를 효율적으로 활용하도록 유도한다.

결론적으로 금전적 외부효과에 의한 생산요소가격의 변동은 해당 요소의 사회적 희소성이 그만큼 변동된 것을 반영하므로 그로 인하여 영향을 받는 모든 경제주체의 사적 비용(私的費用, private cost)은 사회적 비용(social cost)과 일치한다. 따라서 재화의 시장가격은 사회적 비용을 제대로 반영하며 가격의 왜곡이 발생하지 않는다. 이처럼 금전적 외부효과는 시장실패를 수반하지 않으므로 앞으로 외부효과라는 표현은 기술적 외부효과로 해석해도 좋다.

기술적 외부효과

기술적 외부효과는 개별 경제인의 활동이 시장기구를 통하지 않고 다른 소비자들의 효용함수나 다른 기업들의 생산함수에 직접적으로 영향을 주는 것을 뜻한다. 이때 영향을 받는 기업들의 비용곡선이 하향 이동하면 기술적 외부경제, 반대로 이들 비용곡선이 상향 이동하면 기술적 외부불경제가 존재한다.

---

2 투기(speculation)에 의한 수요증대는 예외이다. 시장경제체제에서 한 재화의 시장가격은 원칙적으로 그 재화의 희소성을 반영한다. 그러나 가끔 재화 본래의 희소성과는 무관하게 단지 그 재화에 대한 수요가 증가하고 따라서 가격이 오르리라고 믿음으로써 그 재화에 대한 투기가 일어나기도 한다. 투기자들의 이러한 믿음은 실제로 수요를 증대시키고 가격도 올려 투기자들의 원래 신념을 확인시켜주며, 이는 또다시 가격이 더 오르리라는 신념을 추가적으로 부추기게 된다. 이처럼 투기자들의 신념과 실제 가격인상의 상승작용을 거품(bubble)이라고 부른다.

외부효과의 존재는 영향을 주고받는 경제주체의 범주를 어디까지 포함하느냐에 달라진다. 앞서 설명한 외부효과는 개별기업의 입장에서 본 외부효과일 뿐이며 산업 전체의 입장에서는 내부효과(內部效果)이다. 외부효과는 개별기업들 간에서는 물론 서로 다른 산업 간에도 발생될 수 있고, 더 나아가서는 서로 다른 국가 간에도 발생할 수 있다. 타 기업에 의해 단시일 내에 쉽게 모방가능한 신제품, 새로운 디자인, 새로운 마케팅 방법 등의 개발은 기업 간 기술적 외부경제의 예이다. 공장 폐수가 패조류 양식업에 끼치는 손해와 자동차에서 배출된 유해가스가 인근 주민들에게 주는 피해는 산업 간 외부불경제이다. 중국에서 불어오는 황사(黃砂)나 일본 후쿠시마 원전사고로 인한 해수오염은 우리나라 국민들의 건강에 해를 끼치지만 중국이나 일본이 한국에 적절한 보상을 하지 않는다면 국가 간 기술적 외부불경제라 할 수 있다.

10.1.2 외부효과에 의한 시장실패

기술적 외부효과는 개별 기업의 사적 비용이 사회적 비용과 달라지도록 함으로써 시장실패를 초래한다. 경제인 A의 경제활동이 초래하는 기술적 외부효과로 인해 다른 경제인에게 손실이나 이득이 발생하는 것은 곧 경제인 A의 활동이 사회적 비용을 높이거나 낮추었음을 뜻한다. 그러나 외부효과로 인한 이러한 사회적 비용의 변동은 이를 초래한 경제인 A의 사적 생산비용에는 반영되지 않는다. 따라서 경제주체들의 사적 비용만을 반영하는 시장가격은 그 상품생산을 위한 사회적 비용을 제대로 반영하지 못하는 '왜곡된 가격'이다.

기업 1은 외부효과를 받는 기업이며, 기업 2는 생산과정에서 외부효과를 방출하는 기업이라고 하자. 기업 2가 자신의 생산량 q_2를 늘리는 경우 기업 1의 생산비 C_1은 자신의 생산량 q_1이 일정하더라도 상승한다. 이는 기업 1의 생산비가 자신의 생산량 q_1은 물론 외부효과 방출 기업이 생산하는 q_2에 의해서도 영향을 받기 때문이다. 즉, 기업 1과 기업 2의 비용함수는 각각 $C_1=C_1(q_1, q_2)$ 및 $C_2=C_2(q_2)$로 표현된다. 여기서 $\frac{\partial C_1}{\partial q_2}>0$이면 외부불경제이고 $\frac{\partial C_1}{\partial q_2}<0$이면 외부경제이다.

설명의 편의상 외부불경제가 개별 기업들에 미치는 효과들과 산업들에 미치는 효과를 차례로 살펴보자. 가해기업 2의 q_2 증대에 따른 기업 1의 비용 상승분은 기업 2의 생산 증대에 의해 초래된 것이다. 따라서 사회 전체적인 관점에서 보면 기업 1의 이러한 비용 상승분은 당연히 상품 1의 사회적 비용에서는 제외되고 그 대신 상품 2의 사회적 비용으로 처리되어야 마땅하다. 이러한 비용 조정이 이루어지지 않는 상태에서 상품 1의 사적 비용은 사회적 비용보다 큰 반면에 상품 2의 사적 비용은 상품 2의 사회적 비용에 미달된다. 문제는 모든 시장이 완전경쟁적이라고 하면 상품 1 및 상품 2의 시장가격은 이들 상품의 사회적 한계비용을 반영하는 것이 아니라 사적 한계비용만을 반영한다는 데 있다. 따라서 각 상품의 시장가격은 참된 사회적 한계비용과 일치하지 않는 왜곡된 가격이다.

[그림 10-1]의 (b)에서 SMC_2는 기업 2의 생산활동 과정에서 발생한 공해가 기업 1에 끼친 비용 상승분을 기업 2에서 부담하는 경우의 기업 2의 사회적 한계비용곡선이다. 곡선 PMC_2는 상품 2를 생산하는 기업 2가 이러한 공해비용을 부담하지 않는 경우 기업 2의 사적 한계비용을 나타낸다. 그런데 기업 2는 오직 사적 한계비용만 고려하여 생산량을 결정하므로 기업 2의 이윤극대화 생산량은 $\hat{q}_2$이 된다. 이때 완전경쟁시장에서 조업하는 개별기업 입장에서 상품가격 P_2는 외생적으로 주어진 것으로 볼 수 있다.

한편 [그림 10-1]의 (a)에서 공급곡선 SMC_1은 기업 2의 생산량이 0일 때 기업 1의 한계비용곡선인데, 이 곡선이야말로 기업 1의 참된 사회적 한계비용곡선이다. 그러나 상품 2의 생산량이 $\hat{q}_2$인 경우 그로 인해 입게 되는 공해 피해로 인하여 상품 1의 한계비용이 상승되므로 기업 1의 사적 한계비용곡선은 사회적 한계비용곡선보다 위쪽에 위치하게 된다. 그림에서 기업 1의 사적 한계비용곡선은 PMC_1으로 표시되고 있다. 이때 기업 1은 오직 자신의 사적 한계비용만을 고려하여 생산량을 결정하므로 기업 1의 균형생산량은 $\hat{q}_1$이 된다. [그림 10-1]에서 기업 2

그림 10-1 외부불경제에 따른 시장실패

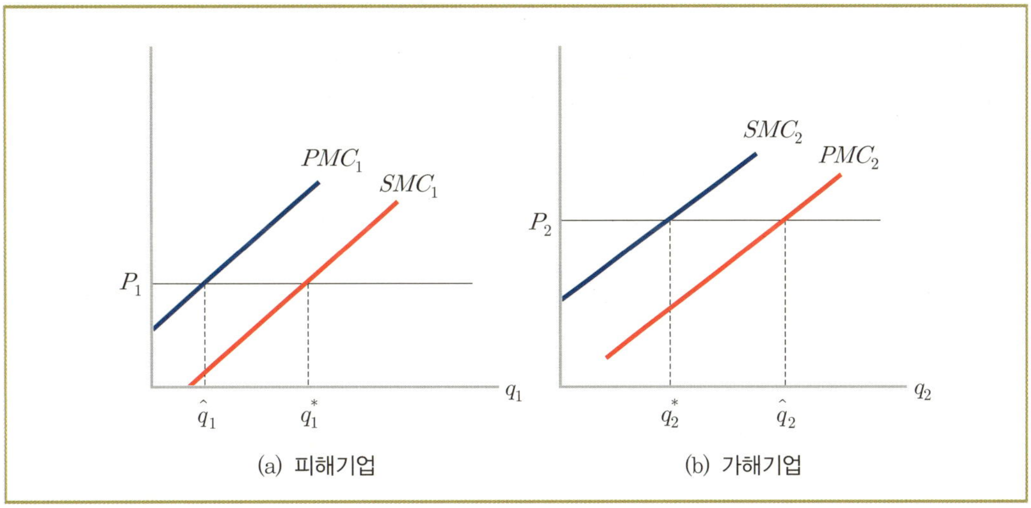

그림 10-2 외부불경제, 시장가격 및 산업생산량

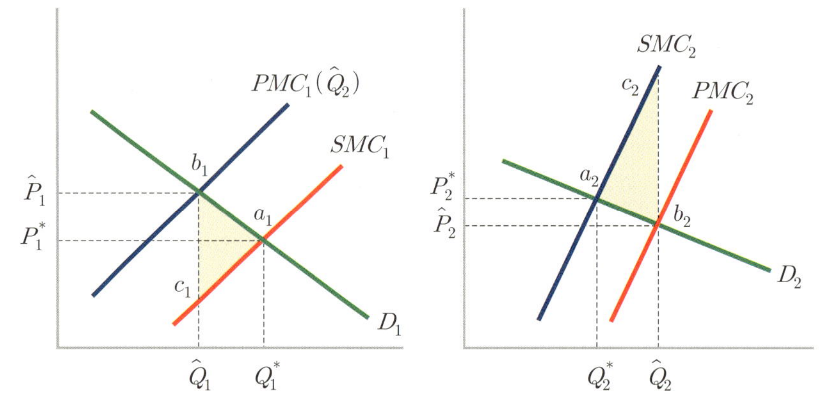

(a) 피해산업 (b) 가해산업

의 경우 사회적 최적 생산수준 q_2^*에 비해 실제 생산은 $(\hat{q}_2 - q_2^*)$만큼 과잉생산되는 반면, 기업 1의 경우는 사회적 최적 생산수준 q_1^*에 비해 $(q_1^* - \hat{q}_1)$만큼 과소생산하게 된다.

이상의 개별기업 수준의 논의를 산업 차원으로 확장하자. 기업 2와 같은 기업들이 활동하는 공해산업을 산업 2라고 하고, 기업 1과 같은 기업들이 활동하는 피해산업을 산업 1이라고 하자. 산업 전체의 공급곡선은 개별기업들의 한계생산비용곡선을 총합하여 도출된다. 자원의 효율적 배분을 위하여 균형시장가격은 사회적 공급곡선과 시장수요곡선이 만나는 점에서 이루어져야 하지만, 공해산업의 사적 산업공급곡선을 적용하여 계산된 실제 생산량은 그보다 크다. 반면에 피해산업의 가격은 사회적 생산비를 반영하여 균형시장가격보다 낮추어져야 하며 생산량은 균형생산량보다 증가하여야 한다.

[그림 10-2]에서 D_k(여기서, $k=1, 2$)는 상품 k의 시장수요곡선을 나타내며 SMC_k와 PMC_k는 각각 산업 k의 사회적 공급곡선과 사적 공급곡선을 나타낸다. 여기서, PMC_1은 산업 2가 $\hat{Q}_2$단위만큼 생산한다고 가정했을 경우 산업 1의 사적 한계비용임에 유의하라. 피해산업인 산업 1의 사회적 공급곡선이 사적 공급곡선보다 아래에 있으므로 산업 1의 생산물은 사회적 적정가격 P_1^*보다 높은 $\hat{P}_1$의 가격에, 사회적 최적보다 $(Q_1^* - \hat{Q}_1)$만큼 과소생산되고 있다. 따라서 $a_1b_1c_1$의 색칠된 영역만큼 총잉여가 사회적으로 소실되고 있다.[3] 반면에 공해산업인 산업 2에서

3 과소생산분 $(Q_1^* - \hat{Q}_1)$만큼 덜 생산하였다면 면적 $a_1Q_1^*\hat{Q}_1b_1$만큼의 소비자후생이 증가하는 반면 면적 $a_1Q_1^*\hat{Q}_1c_1$만큼의 사회적 비용이 들었을 것이다. 따라서 두 면적의 차이 $a_1b_1c_1$만큼의 사회후생이 증가할 수 있었는데

는 사회적 공급곡선이 사적 공급곡선보다 위에 있기 때문에 사회적 적정가격 P_2^*보다 낮은 $\widehat{P}_2$의 가격에 $(\widehat{Q}_2 - Q_2^*)$만큼 과대생산된다. 이는 사회적으로 $a_2b_2c_2$의 색칠된 영역만큼의 사회적 순손실이 발생함을 의미한다.[4]

10.2 전략적 외부효과

앞절에서는 완전경쟁시장에서 외부효과의 개념과 분류 그리고 외부효과에 따른 시장실패를 다루었다. 그런데 기술적 요인이 존재하건 하지 않건 경제인들의 선택이 전략적 상호작용으로 인하여 서로 영향을 미치는 상황도 많다. 전략적 외부효과(strategic externalities)라 불리는 이러한 현상을 웅변적으로 보여주는 예는 노벨상 수상자 애컬로프(Akerlof 1976)가 고안한 생쥐경주(Rat Race)게임이다.

생쥐경주게임이란 개인의 절대적 능력이나 객관적 성과보다 다른 사람들과의 상대적인 위치에 따라 보수가 결정되는 상황을 모형화한다. 인도의 카스트제도, 대학의 상대평가, 기업에서의 승진경쟁, 정치인들의 권력 등이 대표적 사례이다. 학기말시험이 다가온 학생 1과 2는 각자 놀기(온라인게임으로 밤새기) 혹은 열공(열심히 공부하기)을 선택한다. 둘 다 놀거나 둘 다 열공하면 우열을 가릴 수 없으므로 B학점(3단위의 보수)을 받는다. 한 명은 열공하는데 다른 학생은 논 경우 전자는 A학점(5단위의 보수)을 받고 후자는 C학점(1단위의 보수)을 받는다. 열공하면 1단위의 기

그림 10-3 ▌생쥐경주게임

		학생 2	
		놀기	열공
학생 1	놀기	3, 3	1, 4
	열공	4, 1	2, 2

시장기구에 맡겨두었기 때문에 실현되지 못한 부분이므로 사회적 자중손실로 볼 수 있다.

4 과대생산분 $(\widehat{Q}_2 - Q_2^*)$만큼 덜 생산하였다면 면적 $a_2Q_2^*\widehat{Q}_2c_2$만큼의 사회적 비용을 아낄 수 있는 반면 $a_2Q_2^*\widehat{Q}_2b_2$만큼의 소비자후생이 줄어들었을 것이다. 따라서 두 면적의 차이 $a_2b_2c_2$만큼의 사회후생을 아낄 수 있었는데 시장기구에 맡겨두었기 때문에 발생한 부분이므로 사회적 자중손실로 볼 수 있다.

회비용이 들지만 놀면 비용이 들지 않는다. [그림 10-3]은 생쥐경주의 전략형게임을 나타낸다.

생쥐경주게임은 전형적인 죄수의 딜레마이다. 열공은 강우월전략이고 놀기는 강열등전략이므로 (열공, 열공)이 우월전략해이며 이는 유일한 내쉬균형이다. 그런데 균형보수는 각자 2단위인데 이는 둘 다 놀 경우의 보수 3단위보다 작다. 둘 다 열공하거나 둘 다 놀거나 상대적 순위는 마찬가지인 반면 열공으로 드는 추가비용만큼 불행해진다.

연습문제 >> 10-1 EXERCISES

학생 n명($i=1, 2, \cdots, n$)이 경쟁한다. 학생 i가 x_i시간 공부하면 비효용(disutility) $\frac{1}{2}(x_i)^2$단위가 발생한다. 학생 i의 상대평가 점수는 자신의 공부시간 x_i와 전체 학생들의 평균공부시간 $\bar{x}=\frac{1}{n}\sum_{j=1}^{n}x_j$ 간의 비율에 따라 결정된다. 구체적으로 학생 i의 보수함수는 다음과 같다.

$u_i = \alpha\frac{x_i}{\bar{x}} - \frac{1}{2}(x_i)^2$ (여기서, $\alpha > 0$)

(1) 대칭적 내쉬균형을 구하라.

(2) 파레토최적 공부시간을 구하라.

상대평가 예에서는 학생들이 열공할 경우 능력과 생산성이 올라가고 궁극적으로 조직이나 사회에 도움이 된다는 측면은 무시한다. 하지만 인도의 카스트제도, 부유층의 고가 사치품으로 자기 과시하기, 상위권 학생들의 쉬운 수능 문제 '실수 안 하기' 경쟁을 생각해보라. 상대적 지위에 근거한 무한경쟁이 개개인에게는 큰 희생을 강요하지만 사회적으로는 별 도움이 되지 않거나 오히려 폐해가 됨은 다소 명확하다.

통근자들이 대중교통수단 대신 자가용 운전을 선택함으로써 교통체증이 유발되는 통근수단 선택게임은 또 다른 예이다.

연습문제 >> 10-2 EXERCISES

직장인이 지하철을 타고 출근하면 통근시간이 60분 걸린다. 자가용을 타고 출근할 경우 통근시간은 도로정체 상황에 따라 달라진다. 자가용 통근자의 비율을 p라 할 때, 자가용 이용자의 출근시간은 $20+50p$이다.

(1) 내쉬균형을 구하라.

(2) 사회최적을 구하라.

(3) 내쉬균형과 사회최적이 괴리가 나타나는 이유가 무엇인가?

전략적 외부효과의 대표적 예로 '공유지의 비극'(Tragedy of Commons)를 들 수 있다. 공유자원(common resource)이란 구성원들 아무도 배제할 수 없고 접근 가능하지만 총사용량이 늘어날수록 단위당 가치는 하락하는 재화로 정의된다. 깨끗한 환경, 고갈되는 천연자원, 희귀 동식물, 부서 직원이면 누구나 집어갈 수 있는 사무실 문구류 등이다. 구성원들은 사익을 위해 공유자원을 과도하게 경쟁적으로 소비하는데, 이는 공동이익을 위해 서로 조금씩 자제하는 것보다 모두에게 훨씬 나쁜 결과를 초래한다. 공유지의 비극에 대해서는 뒤에 나올 제12장에서 공유자원의 개념을 살펴본 후 분석하기로 하되, 여기서는 개념상 생쥐경주게임이나 통근수단선택게임과 유사하다는 점만 밝혀둔다.

10.3 통합과 총량규제

기술적 외부효과가 존재하는 경우 시장가격은 사적 한계비용과 일치되나 사회적 한계비용을 제대로 반영하지 못하게 되고, 경제 전체적으로 비효율적인 자원배분이 이루어진다. 일반적으로 기술적 외부경제를 발생시키는 경제주체의 경제활동 규모는 사회적 최적보다 작으며, 기술적 외부불경제를 발생시키는 경제주체의 경제활동 규모는 사회적 최적보다 크다. 따라서 기술적 외부효과로 인한 자원배분의 비효율성을 교정하기 위해서는 왜곡된 가격체계를 교정할 필요가 있다.

구체적인 예시를 위해 산업 2(기업 2)는 하천의 상류에 위치하고 있고 산업 1(기업 1)은 하천의 하류에 위치하고 있다고 하자. 산업 2가 사용한 물이 심각하게 오염된 상태로 배출되는 경우 산업 2는 하류의 물을 사용하는 산업 1에게 기술적 외부불경제를 초래하게 된다. 반면 이전보다 물이 더욱 정화된 상태로 배출되는 경우 기업 1에게는 기술적 외부경제가 초래된다. 이와 같은 경우 왜곡된 가격을 시정하기 위하여 사용될 수 있는 정책수단으로서는 다음을 들 수 있다.

10.3.1 통합

외부효과란 외부불경제의 경우 가해자와 피해자가 다르거나 외부경제의 경우 이득을 제공하는 경제주체와 그 이득을 받는 경제주체가 다르기 때문에 발생하는 현상이다. 그런데 가해자와 피해자 혹은 이득제공자와 수혜자를 한데 묶는다면 더 이상 '외부'가 아니므로 외부효과를 내부화(internalization)할 수 있다.

하천용수 오염 예시에서 기업 1과 기업 2를 통합하여 단일 경제주체의 통제하에 운영한다면 모든 외부효과는 내부화된다. 이렇게 되면 상류에 위치하고 있는 기업 2로부터 얻게되는 한계수익(또는 손실)이 하류에 위치하고 있는 기업 1로부터 발생되는 한계손실(또는 수익)과 일치하도록 상·하류에서의 경제활동이 조정되므로 단일 통합기업의 활동규모는 사회적 최적규모와 같아진다. 예를 들어 기업 2가 용수정화시설을 갖추고 맑은 물을 하류로 방류함으로써 기업 1의 생산량을 증가시킬 수 있다. 양 기업이 독립된 경제주체라면 기업 2는 기업 1의 생산조건을 고려할 이유도 동기도 없지만 두 기업을 통합하여 한 회사가 되면 내부적으로 기업 2의 하천오염 수준을 적절하게 조절하여 양 기업이 얻을 수 있는 이윤의 합계를 극대화할 것이다. 물론 기업 2가 용수정화시설을 갖추려면 비용이 들어가나 이 비용은 하류에서 생산활동을 하는 기업 1의 생산량 증대라는 이득을 수반하므로 상류기업의 용수정화에 드는 한계비용이 용수정화로 인한 하류기업의 한계수입과 같아지도록 내부에서 조정하게 된다.

10.3.2 총량규제

정부가 외부불경제 배출 기업이나 산업에 총량(quota 또는 standard) 규제를 하면 외부효과로 인한 비효율을 줄일 수 있다. [그림 10-2]의 (b)에서 정부가 가해산업의 총생산량을 사회최적 수준인 Q_2^* 이하로만 생산하도록 규제하고 이를 위반할 경우 행정명령을 내리거나 형법으로 다스리는 것이다.

정부나 국회가 사회적 한계비용을 정확히 알고 있다면 총량규제를 통해 외부효과가 제거되고 사회최적이 달성된다. 문제는 현실적으로 민간부문의 비용함수에 대한 정확한 정보를 규제기관이 갖고 있지 못하다는 것이다. 정부가 가해산업의 사적 비용과 사회적 비용의 괴리를 충분히 고려하지 못하여 느슨한 총량규제를 한다고 하자. [그림 10-3]에서 $\hat{Q}_2$보다는 작지만 사회최적인 Q_2^*보다는 크도록 규제하면 비효율이 완전히 제거되지 못한다.

더 심각한 문제는 정부가 가해산업의 사회적 한계비용이 매우 높다고 잘못 판단하여 지나친 총량규제를 하는 경우(예컨대, [그림 10-3]의 Q_2') 발생할 수 있다. 색칠 면적 $a_2b_2'c_2'$은 가해산업의 생산량이 사회최적인 Q_2^*보다 작기 때문에 실현되지 못한 소비자잉여와 생산비 간의 차이, 즉 자중손실을 나타낸다. 지나친 규제로 Q_2'가 매우 낮다면 총량규제로 인한 자중손실($a_2b_2'c_2'$)

그림 10-3 ▌정보 부족시 총량규제의 부작용

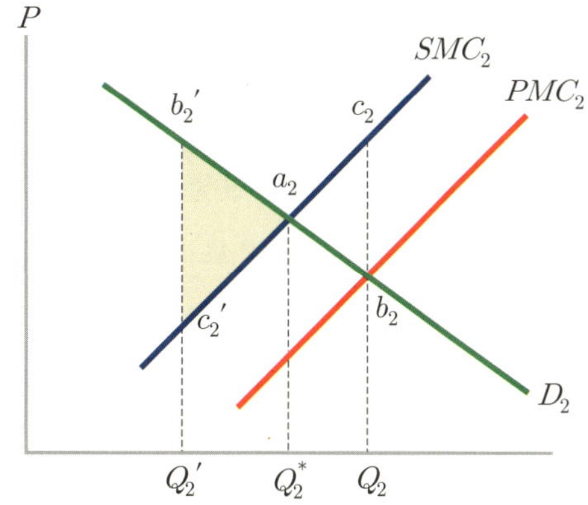

이 시장기능에 따른 자중손실 $a_2b_2c_2$를 능가하는 부작용을 낳게 된다. 소위 '과잉규제의 저주'에 해당한다.

과잉규제에 따른 부작용은 가해산업 제품에 대한 수요의 가격탄력성이 작을수록(수요곡선 D_2가 가파를수록) 그리고 가해산업 제품의 단위당 생산비가 체증할수록(비용함수 SMC_2가 가파를수록) 커진다.

연습문제 >> 10-3 EXERCISES

화학공장은 톤(ton)당 10만원에 팔리는 제품을 생산한다. 제품 x톤을 생산하는 데 드는 비용은 $C_C(x)=x^2$만원이다. 제품 1톤을 생산할 때마다 나오는 1kg의 오염물에 대해 공장은 이를 그냥 흘려버릴 수도 있고 kg당 2만원씩 드는 청정처리 후 배출할 수도 있다. 오염물 s킬로그램은 인근 전자회사에게 s^2만원의 추가비용이 들도록 한다. 전자회사가 단위당 10만원에 팔리는 제품 y단위를 생산하는 데 드는 비용은 $C_E(y)=0.5y^2$만원이다.

(1) 경쟁시장의 자원배분을 구하라.
(2) 파레토최적 자원배분을 구하라.
(3) 두 회사를 합병한 후 자원배분을 구하라. 이 결과가 환경오염과 관련하여 주는 함의를 설명하라.
(4) 정부의 총량규제 기준을 구하라.

10.4 피구의 조세

영국의 경제학자 피구(Arthur Pigou)는 조세 및 보조금 정책을 통한 정부의 개입으로 외부효과를 해결할 수 있다고 주장하였다. 외부불경제를 발생시키는 산업에게 조세를 부과하는 반면 외부경제를 창출하는 산업에게는 보조금을 지불함으로써 사회적 효율성을 회복할 수 있다. 예컨대, 정부가 개입하여 산업 1의 용수 정화비용을 정확히 산업 2에게 과세한 후 이를 산업 1에게 보조금으로 지급함으로써 각 산업의 사적 한계비용이 사회적 한계비용과 일치되도록 할 수 있다. 이처럼 외부효과의 해결을 위한 정부의 조세(보조금)정책을 '피구조세'(Pigouvian tax) 혹은 줄여서 '피구세'라고 부른다.

외부불경제가 존재할 때 조세정책은 앞서 본 [그림 10-1]이나 [그림 10-2]의 (b)에서 PMC_2 곡선을 상향이동시킴으로써 SMC_2 곡선과 일치하도록 만들고 동시에 [그림 10-1]이나 [그림 10-2]의 (a)에서는 PMC_1 곡선을 하향이동시켜 SMC_1 곡선과 정확히 일치하도록 하는 것이다. 예컨대, 정부가 [그림 10-2]의 (b)에서 생산량 1단위당 b_2c_2의 높이만큼 피구세를 부과하면 산업 2는 사회적 최적생산량 Q_2^*만큼만 생산할 것이고 [그림 10-2]의 (a)에서 산업 1의 PMC_1을 SMC_1 방향으로 이동시키게 된다. 더불어 정부가 산업 2로부터 거둔 세수를 산업 1에게 보조금으로 지불하면 PMC_1은 더욱 하향이동하여 SMC_1과 일치하도록 만들 수 있다. 결국 산업 1과 산업 2의 외부효과는 모두 치유된다.

일반적으로 정부의 조세 부과는 시장기능을 왜곡시켜 사회적 자중손실을 초래하기 마련이다.[5] 그러나 피구세는 사회적 자중손실을 초래하지 않는다. 오히려 시장기구에 맡겨둘 경우 발생할 사회적 후생손실을 막고 효율성을 회복시키는 역할을 한다.

연습문제 >> 10-4 EXERCISES

염색업은 완전경쟁 산업으로서 시장수요함수는 $P^d = 20 - \frac{1}{10}Q$이다. 염색 단위당 한계비용은 $PMC = 2 + \frac{1}{10}Q$이다. 염색 산출물에 정비례하여 수질오염물질을 배출하는데, 1단위의 염색산출량은 $\frac{1}{20}$ 단위의 외부불경제를 초래한다.

(1) 시장균형 산출량 및 가격을 구하라.

(2) 파레토최적 산출량을 구하라.

5 본서의 제18장 18.1절과 18.2절을 참조하라.

(3) 외부불경제에 따른 자중손실을 구하라.
(4) 정부가 수질오염물질당 τ원의 피구세를 부과한다고 할 때, 적정 피구세를 계산하라.

여태껏 외부효과를 주로 기업생산 측면에서 다루었는데 소비 측면에서 외부효과 및 피구조세의 예를 들어보자. 두 명의 소비자(A, B)와 두 재화(1, 2)가 존재하는 경제에서 효용함수가 다음과 같다고 하자.

$$u_A(x_{A1}, x_{A2}, x_{B1}) = \ln(x_{A1}) + x_{A2} - \alpha_A \ln(x_{B1}) \tag{10.1a}$$

$$u_B(x_{B1}, x_{B2}, x_{A1}) = \ln(x_{B1}) + x_{B2} - \alpha_B \ln(x_{A1}) \tag{10.1b}$$

개인의 효용수준은 재화 1에 대한 자신의 소비량에만 영향을 받는 것이 아니라 타인의 소비량에 의해서도 영향을 받는다. 매개변수 α_A와 α_B가 양(+)의 부호를 갖는다면 타인의 재화 1 소비 증가가 개인의 효용을 낮추므로 속물효과(snob effect)라 할 수 있다. 매개변수 α_A와 α_B가 음(−)의 부호를 갖는다면 타인의 재화 1 소비 증가가 개인의 효용을 높이므로 시류편승효과(bandwagon effect)나 네트워크효과(network effect)가 존재하는 상황에 해당한다. 외부효과가 내부효과를 압도하지 않도록 $\alpha_A, \alpha_B \in (-1, 1)$이라고 가정한다.

단순화를 위하여 재화 1과 재화 2의 시장가격은 1로 동일하며, 개인 A와 개인 B의 명목소득 M 역시 동일하다고 가정하자(여기서, $M>1$).

연습문제 >> 10-5 EXERCISES

소비자들이 동질적이어서 $\alpha_A = \alpha_B = \alpha \in (-1, 1)$이라고 가정하자.
(1) 사회최적을 구하라.
(2) 경쟁시장균형을 구하라.
(3) 시장실패를 해결하기 위한 피구조세(혹은 피구보조금)를 구하라.
(4) 이상의 결과를 경제학적 관점에서 해석하라.

피구의 조세나 보조금으로 소비 외부효과를 교정하는 위 예에는 개인들이 동질적이라는 전제가 깔려있다. 효용함수가 개인마다 달라(heterogeneous) α_A와 α_B가 다르다고 가정하자. 개인 A 입장에서 시장균형이 사회최적과 일치하도록 하려면 재화 1에 피구세율 $\tau_A = \dfrac{\alpha_A}{1-\alpha_A}$을 적용해야 하고, 개인 B 입장에서 시장균형이 사회최적과 일치하도록 하려면 피구세율 $\tau_B = \dfrac{\alpha_B}{1-\alpha_B}$을 적용해야 한다. 그런데 동일한 재화 1에 대해 소비자마다 다른 세율을 적용하기는 불가능하므로 τ_A와 τ_B를 절충한 세율을 정할 수밖에 없다. 그러면 사회적 비효율이 어느 정도는 발생할 수밖에 없으므로 피구조세를 통한 외부효과의 완벽한 교정은 어렵다.

10.5 메커니즘 설계

클라크(Clarke)·그로브스(Groves)·레드야드(Ledyard) 방식을 적용한 메커니즘의 설계를 통하여 외부효과를 해결하고 사회적 최적을 달성할 수도 있다. 공단이 오염배출을 통해 얻는 혜익을 B원, 오염으로 인해 지역주민들이 받는 피해를 C원이라 하자. 정보의 비대칭성으로 인하여 공단은 금액 B를 알지만 금액 C가 얼마인지는 모르며 주민은 C를 알지만 B는 모른다.

지방정부는 공단과 주민에게 오염으로 인해 얻는 이익과 피해가 얼마인지를 각각 제출하라고 요청한다. 공단이 제출한 금액을 b원, 주민이 제출한 금액을 γ원이라고 하자. 물론 공단이나 주민은 거짓말 할 수 있다. 만약 $b \geq \gamma$이면 오염배출을 허용하되 공단에게 γ원을 걷고 주민에게 b원을 보상한다. 만약 $b < \gamma$이면 오염배출을 불허한다.

이 메커니즘하에서 공단과 주민의 보수함수는 각각 다음과 같다. 만약 $b < \gamma$이면 $u_{공단} = 0 = u_{주민}$이다. 만약 $b > \gamma$이면 $u_{공단} = B - \gamma$, $u_{주민} = b - C$이다.

보수함수의 특징은 다음과 같다. 공단의 보수는 자신의 진짜 혜익 B와 상대방(주민)이 요구하는 피해액 γ에 의해서만 정해질 뿐 공단이 제출한 값과는 무관하다. 마찬가지로 주민의 보수는 자신의 진짜 피해액 C와 상대방(공단)이 주장하는 혜익 b에 의해서만 결정될 뿐 주민 자신이 제출한 값과는 무관하다. 다시 말해서, 개별 경기자의 보수는 자신의 전략적 선택으로부터 영향을 받지 않는다.

연습문제 >> 10-6 EXERCISES

(1) 공단은 B를 진실하게 밝히는 것(truth-revelation)이 약우월전략임을 증명하라. 대칭 논리로 주민은 C를 진실하게 밝히는 것이 약우월전략임을 증명하라.
(2) 이 메커니즘하에서 외부효과가 해결되어 사회적 최적이 달성됨을 보여라.
(3) 공단이 내는 세금과 주민이 받는 보조금이 서로 달라 재정수지의 불균형이 초래됨을 보여라.

10.6 배상책임법

배상책임법(liability law)은 외부효과를 발생시키는 가해자가 피해자들이 입은 피해나 손실을 물어주도록 법적으로 강제하는 제도이다. 예컨대, 오염물질 배출 기업에게 그로 인하여 고통받는 주민들에게 피해보상을 하도록 법적으로 강제한다고 하자. 해당 기업의 생산비에는 생산량 증가에 따른 배상금이 추가되므로 사적 한계비용이 사회적 한계비용과 일치하게 된다. 기업의 생산량과 이윤은 감소하지만 주민들의 복지가 증진되어 사회 전체적으로는 방임상태보다 더 바람직한 자원배분이 달성된다.

오염물질배출 기업에게 피해보상을 명령하는 것은 맑은 물이나 깨끗한 공기에 대하여 재산권을 설정하는 것과 유사한 개념이다. 기업이 환경을 오염시키는 것은 주민들이 갖고 있는 권리를 훼손하는 것이므로 기업이 그 권리 침해에 대한 대가를 지불함이 마땅하다는 개념이다. 물론 여기에는 주민들이 깨끗한 환경을 누릴 권리를 최우선한다는 전제가 깔려있다. 만약 기업생산과 경제발전이 더욱 시급하여 사회경제적으로 최우선된다면 기업의 생산 감축으로 인한 사회적 비용이 주민들의 권리 침해에 따른 사회적 비용보다 크므로 배상책임법은 매우 보수적으로 만들어질 것이다. 이처럼 경제발전 단계에 따라 사회적 가치와 우선순위를 어디에 두느냐가 달라지고 그에 따라 배상책임제도의 내용도 달라지기 마련이다.

배상책임규칙에 따라 내쉬균형이 사회최적과 어떻게 달라질 수 있는지를 가해자(경기자 1)와 피해자(경기자 2) 간의 게임모형으로 다루어보자. 사고를 방지하기 위하여 가해자가 기울인 노력수준을 a_1, 피해자가 기울인 노력수준을 a_2라 할 때 피해자가 입는 기대손해액 $L(a_1, a_2)$은 양자가 기울인 노력수준에 의해 결정된다.[6] 가해자와 피해자가 아무런 노력을 기울이지 않을 경우 기대피해액 $L(0, 0)$이 상당히 크다고 가정하자. 만약 $L(0, 0)$이 작다면 사회최적이 $a_1 = a_2 = 0$일 것이므로 관심의 대상이 되지 않기 때문이다(각주 8도 참조하라).

단순화를 위해 피해자의 기대손해액을 다음과 같이 가정하자.

$$L(a_1, a_2) = 30 - (a_1 + 1)(a_2 + 4) \tag{10.2a}$$

경기자 i가 사고방지 노력을 a_i만큼 투입하면 $(a_i)^2$단위의 비용이 든다고 하자.

6 사고발생확률 $p(a_1, a_2)$, 사고 발생시 손해액 $M(a_1, a_2)$이라 놓으면 기대손해액은 $L(a_1, a_2) = p(a_1, a_2)M(a_1, a_2)$

사회최적 자원재분을 구해보자. 가해자와 피해자의 보수함수를 더한 사회후생함수 앞에 마이너스 부호를 붙인 사회손실함수는 다음과 같다.

$$D(a_1, a_2) = (a_1)^2 + (a_2)^2 + [30 - (a_1 + 1)(a_2 + 4)] \quad (10.2b)$$

사회손실 극소화를 위한 일계조건을 구하면 다음과 같다.7

$$\frac{\partial D}{\partial a_1} = 2a_1 - (a_2 + 4) = 0 \quad (10.3a)$$

$$\frac{\partial D}{\partial a_2} = 2a_2 - (a_1 + 1) = 0 \quad (10.3b)$$

식 (10.3a)와 (10.3b)를 연립해서 풀면 $a_1^* = 3$, $a_2^* = 2$이고, 극소화된 사회손실은 19단위 $(= 3^2 + 2^2 + [30 - (3+1)(2+4)])$이다.

사회최적과 달리 내쉬균형은 개인들의 이익추구에 따라 결정되므로 손해배상규칙에 따라 달라진다. 즉, 사고 발생시 가해자와 피해자가 각자 얼마만큼을 부담하도록 법률에서 정하고 있느냐에 따라 내쉬균형 노력투입량은 달라진다. 엄격책임, 과실책임, 기여과실책임을 차례로 다루어보자.

엄격책임

엄격책임(strict liability)이란 손해배상책임을 무조건 가해자에게 지우는 규정이다. 엄격책임하에서 가해자와 피해자의 손실함수는 각각 다음과 같다.

$$\Gamma_1(a_1, a_2) = (a_1)^2 + [30 - (a_1 + 1)(a_2 + 4)] \quad (10.4a)$$

$$\Gamma_2(a_1, a_2) = (a_2)^2 \quad (10.4b)$$

---

7 최적화가 성립하려면 일계조건뿐 아니라 이계조건도 충족해야 한다. 변수가 2개인 경우 극소화의 이계조건은 헤시안행렬(Hessian matrix)이 양반정부호(positive semi-definite)를 가져야 한다는 것이다. 본문의 사회적 최적점 ($a_1^* = 3$, $a_2^* = 2$)에서 헤시안행렬은 $H = \begin{bmatrix} 2 & -1 \\ -1 & 2 \end{bmatrix}$인데 $2 > 0$이고 $|H| = 3 > 0$이므로 이계조건이 충족됨을 알 수 있다.

가해자의 손실 극소화를 위한 일계조건으로부터 최선응수 $a_1=\frac{1}{2}(a_2+4)$가 구해지며, 피해자의 손실 극소화를 위한 최선응수는 $a_2=0$이다. 내쉬균형 $\widehat{a_1}=2$, $\widehat{a_2}=0$은 사회적 최적에 비해 낮다. 사회손실 수준은 22단위($=2^2+0^2+[30-(2+1)(0+4)]$)로서 사회적 최적 손실 19단위보다 크다.

피해자 입장에서는 이유 여하를 막론하고 어차피 가해자가 책임질 텐데 자신이 노력할 동기가 없다. 가해자 입장에서도 피해자가 다소간 협력해줘야 자신의 노력이 사고발생확률과 손해액을 낮추는 데 더 도움이 된다. 그런데 피해자가 막무가내이면 가해자의 노력이 가져다주는 효과도 작으므로 사회최적보다는 낮은 노력 수준을 선택한다.

과실책임

과실책임(Negligence Rule)이란 가해자가 법정 최소 노력수준 $\underline{a}_1$을 투입하지 않은 경우 손해를 전적으로 부담하지만 $\underline{a}_1$ 이상의 주의를 기울였다면 피해자가 모두 책임진다는 규정이다. 입법기관이 사회적 최적 $a_1^*=3$단위임을 알고 있다는 가정하에 $\underline{a}_1=a_1^*=3$으로 정한다고 하자. 따라서 $a_1<3$이면 기대손해 $L(a_1, a_2)$ 전액을 가해자가 부담하고 $a_1\geq 3$이면 피해자가 전액 부담한다.

우선 가해자가 최소한의 비용으로 부담을 피해자에게 모두 떠안기는 선택은 $\hat{a}_1=3$이다. 선택 $a_1<3$은 가해자의 비용$(a_1)^2$을 줄여주기는 하지만 기대손해 $L(a_1, a_2)$ 전액을 본인이 떠안게 되므로 $\hat{a}_1=3$보다 열등하다. 가해자의 이러한 선택을 피해자는 합리적으로 예측할 수 있으므로 $\hat{a}_1=3$에 대한 최선응수 $\hat{a}_2=2$를 선택한다. 결국 내쉬균형은 $\hat{a}_1=3$, $\hat{a}_2=2$인데 이는 사회적 최적과 일치한다.[8]

8 가해자 입장에서 $a_1=0$를 선택하고(피해자는 당연히 $a_2=0$를 선택) 기대피해액 $L(0, 0)$을 모두 책임지는 편이 $a_1=a_1^*$를 선택하고 기대피해액 $L(a_1^*, a_2^*)$를 책임지는 것보다 더 높은 보수를 가져다 줄 수도 있다. 즉, $L(0, 0)<(a_1^*)^2+L(a_1^*, a_2^*)$이라면 차라리 전자가 낫다. 하지만 이 경우 당연히 $0^2+0^2+L(0, 0)<(a_1^*)^2+(a_2^*)^2+L(a_1^*, a_2^*)$가 성립하므로 가해자와 피해자 둘 다 아무 노력을 기울이지 않는 (0, 0)이 곧 사회최적이고 따라서 우리 관심의 대상이 아니다. 이러한 이유로 $L(0, 0)$이 상당히 크고 사회최적이 $a_1^*>0$, $a_2^*>0$이라고 가정하는 것이다.

기여과실책임

기여과실책임(Liability with the defense of contributory negligence)이란 가해자가 법정 $\underline{a}_1$ 미만의 주의를 기울였고 동시에 피해자는 법정 $\underline{a}_2$ 이상의 주의를 기울였다면 가해자가 모든 책임을 지고 그 외의 경우에는 피해자가 모든 책임을 지는 규정을 말한다. 19세기 중반 미국에서 만들어져 1970년대 중반까지 적용되었던 손해배상 규칙이다.

결론부터 말하자면, 입법기관이 사회최적에 대한 정확한 정보를 갖고 있어 $\underline{a}_i = a_1^* = 3$ 및 $\underline{a}_2 = a_2^* = 2$를 법률로 정해주면 기여과실책임 원칙하에서의 내쉬균형이 사회최적과 일치한다.

먼저 가해자의 최선응수 $BR_1(a_2)$를 구해보자. 만약 $a_2 \geq 2$일 경우 가해자가 $a_1 < 3$를 선택하면 자신이 기대손해 모두를 부담하는 반면 $a_1 = 3$를 선택하면 완전히 면책된다. $a_1 > 3$은 $a_1 = 3$보다 열등전략이므로 배제된다. 결국 $a_2 \geq 2$ 영역에서 $BR_1 = \{3\}$이다. 영역 $a_2 < 2$에서는 피해자가 무조건 책임지므로 가해자는 아무런 노력을 기울일 이유가 없다. 즉, $BR_1 = \{0\}$이다.

피해자의 최선응수 $BR_2(a_1)$을 구해보자. 영역 $a_1 \geq 3$에서는 피해자가 모두 책임지므로 기대손실함수 $\Gamma_2(a_1, a_2) = (a_2)^2 + [30 - (a_1 + 1)(a_2 + 4)]$를 극소화하는 a_2를 선택할 것이다. 즉, BR_2는 식 (10.3b)로 나타난다. 영역 $a_1 < 3$에서는 피해자가 $a_2 = 2$를 선택함으로써 모든 책임을 가해자에게 지울 수 있으므로 이것이 최선응수이다.

[그림 10-4]는 가해자와 피해자의 최선응수를 그래프로 나타낸다. 내쉬균형은 상호최선응수이므로 두 경기자의 최선응수가 만나는 $\hat{a}_1 = 3$, $\hat{a}_2 = 2$인데, 이는 사회최적과 일치한다.

그림 10-4 | 기여과실책임 규정하에서 최선응수와 내쉬균형

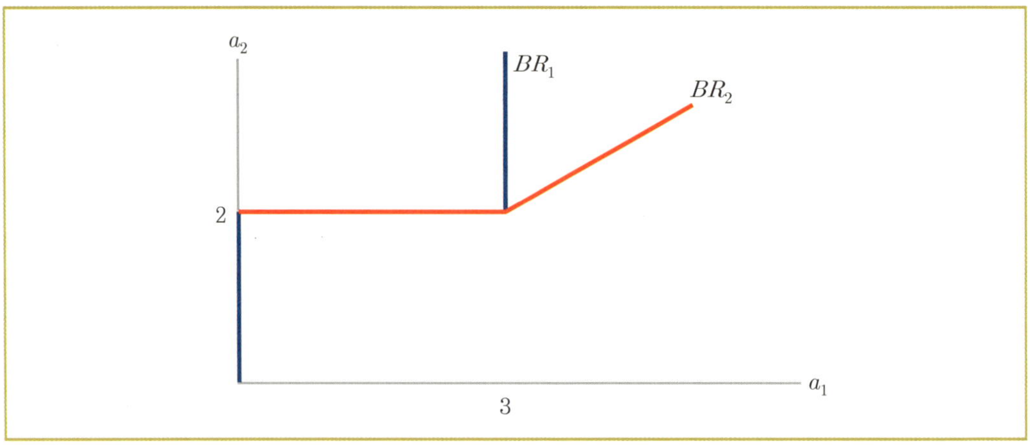

10.7 코우즈의 재산권적 해법

앞에서 살펴본 피구조세나 배상책임법을 통한 해결책에는 다소 비현실적인 세 가지 전제가 있다. 첫째, 외부효과 발생 원인을 명확히 찾아낼 수 있으며 그 원인제공자에게 명확한 책임을 지울 수 있다. 둘째, 원인제공자가 세금이건 배상금이건 응분의 대가를 지불하도록 하는 제도가 사전에 갖춰져 있어야 한다. 셋째, 정부나 입법기관이 현재 사회최적이 무엇인지 또한 상황에 따라 바뀐 사회최적이 무엇인지 정확한 정보를 갖고 있다.

노벨상 수상자 코우즈(Ronald Coase)는 이에 반론을 제기하며 조세제도나 배상법이 효율 회복의 전제조건이 아니라고 주장한다. 또한 외부효과의 원인을 제공한 책임자가 누구인지를 가려내고 그 비용이 얼마나 되는지를 따지는 과정에서 온갖 갈등이 표출되고 그 결과 사회적 비효율이 오히려 더 높아질 수도 있다. 코우즈에 따르면 외부효과의 해결책을 모색함에 있어서 법적 책임을 따지는 데 집중되어서는 안 되며 사회후생의 극대화라는 관점에서 보아야 한다. 코우즈는 외부효과가 시장참여자들 간의 권리관계가 명확히 설정되어 있지 않아서 발생한다고 본다. 따라서 재산권을 명확히 설정해주되 정부나 법 같은 외부세력이 아니라 시장참여자들의 자발적 협상과 합의에 의하여 달성되어야 비효율을 줄일 수 있다.

기술적 외부효과가 발생하는 원인은 자원에 대한 재산권(property right)의 불합리한 배정 혹은 재산권의 부재(不在)라는 시각으로 볼 수 있다. 상류에 위치한 기업이 사용한 물을 하류에 위치한 기업이 다시 사용하는 경우 하류 기업에게 법적으로 정해진 수질 이상의 용수를 사용할 권리가 주어져 있다고 하자. 이렇게 되면 기업 2가 규정 수준 이상으로 하천의 물을 오염시키는 경우 기업 2는 기업 1이 입게 되는 손실(한계비용의 증가)을 보상하여야 할 의무를 지게 된다. 반대로 규정 수준보다도 더 정화된 물을 배출하게 되는 경우 기업 2는 기업 1로부터 보상을 받을 권리를 갖게 된다. 따라서 모든 자원에 대한 소유권이 경제주체들 간에 명확히 배정될 때 기술적 외부효과와 그에 따른 가격의 왜곡현상은 제거될 수 있다.

이와 같은 개념은 '코우즈정리'(Coase theorem)로 일반화된다. 코우즈(Coase 1960)에 따르면, 모든 자원에 대한 재산권이 합리적으로 배정되고 이들 재산권이 자유롭게 거래되는 완전경쟁 상태에서는 사적 비용과 사회적 비용이 일치하며 따라서 기술적 외부효과가 제거된다. 재산권을 배정한 후 외부불경제나 외부경제로 인하여 발생하는 손실이나 이득은 경제주체들이 법적 조정과정이나 협상을 통하여 해결하면 된다. 그러므로 정부의 인위적 개입은 필요 없으며 다만 시장이 잘 운영될 수 있도록 법적·제도적 장치만 마련하면 된다. 코우즈정리는 정부의 개입을 정당화하는 피구세에 대한 반론으로 제기된 자유주의적 주장이다.

예시를 들어보자. 주민 1은 멍멍이를 키움으로써 B단위의 효용을 얻으며, 이웃주민 2는 밤마다 짖어대는 멍멍이 때문에 $-C$단위의 효용을 얻는다. $B<C$라면 사회후생 $(B-C)$은 음(−)이 되어 시장실패가 발생한다. 정부가 '반려동물을 키울 권리'가 다른 어떠한 권리보다 우선한다는 조례를 만들었다고 하자. 주민 2는 주민 1에게 T단위($B \leq T \leq C$)를 제안하고 주민 1은 멍멍이를 처분하기로 타협한다고 하자. 주민 1과 주민 2가 최종적으로 누리는 효용은 각각 $(T-B)$단위와 $(C-T)$단위이고 사회후생은 $(C-B)$단위가 된다. 이는 효율적 자원배분이다. 반대로 정부에서 '조용히 거주할 권리'를 최우선한다는 조례를 만든다고 하자. 주민 2는 주민 1에게 멍멍이를 없애라고 요청할 수 있고 주민 1은 이를 받아들어야 한다. 주민 1의 효용은 B단위만큼 줄어들지만 주민 2의 효용은 C단위만큼 늘어나므로 사회후생은 $(C-B)$가 된다. 역시 효율적 자원배분이다.

연습문제 >> 10-7 EXERCISES

멍멍이의 예에서 $B>C$라면 코우즈정리에 따른 자원배분이 어떻게 달라지겠는가?

시장참여자들에게 자발적 협상과 거래를 수행할 충분한 유인이 제공되려면 시장기구를 활용하는 것이 바람직하다. 공기와 같은 일부 자원은 재산권 배정이 현실적으로 불가능하며 자유거래를 위한 출현 또한 어렵다. 다시 말해서, 재산권의 조정을 통해 시장실패를 줄일 수는 있으나 그 정도에는 현실적 한계가 존재한다. 또한 재산권 배정 후 당사자들 간의 거래비용이나 협상비용이 전혀 혹은 거의 들지 않는다는 가정 역시 비현실적이다. 만약 거래비용이 크다면 당사자들이 각자 계산한 비용–편익에 거래비용까지 더해져 사회적으로 바람직한 자발적 거래가 원천적으로 불가능해지는 일이 빈번할 것이다.

코우즈정리의 가장 큰 문제점은 재산권 배정 시점에 발생한다. 코우즈정리에 따르면, 재산권을 누구에게 배정하든 협상을 거쳐 효율적 자원배분이 달성된다. 그러나 최초에 누구에게 권리를 배정하느냐에 따라 각자의 협상력이 달라지므로 각자가 최종적으로 누리게 되는 보수가 달라진다. 앞의 멍멍이 예시에서 주민 1에게 재산권을 부여하면(반려동물을 키울 권리를 최우선) 주민 1과 주민 2는 각각 $(T-B)$단위와 $(C-T)$단위를 얻는 반면 주민 2에게 재산권을 주면(조용히 거주할 권리를 최우선) 각각 $-B$단위와 C단위를 얻게 된다. 둘 다 사회 전체로는 효율적이지만 최종 결과가 달라지는 것이다. 이를 합리적으로 예측할 수 있을진대, 주민 1과 주민 2는 지자체 조례 제정 시점부터 첨예하게 대립하며 로비나 폭력투쟁까지 할 동기가 있다. 이는 사회적 비용을 초래하며, 경우에 따라서는 재산권 부여 후 협상과정을 통해 늘어나는 효율성보다 클 수도 있다.

연습문제 >> 10-8 EXERCISES

박사과정생 1과 2가 사무실을 공동 사용한다. 흡연자인 학생 1은 담배 x개피를 피움으로써 $u_1 = 100 + 10x - 0.1x^2$의 효용을 얻는다. 비흡연자인 학생 2는 x개피의 흡연으로부터 $u_2 = 100 - 10x$의 효용을 얻는다.

(1) 경쟁균형을 구하라.
(2) 사회최적을 구하라.
(3) 피구조세를 구하라.
(4) 흡연권리가 우선인 경우 코우즈 협상해를 구하라.
(5) 비흡연자의 권리가 우선인 경우 코우즈 협상해를 구하라.

연습문제 >> 10-9 EXERCISES

회사 Y는 꿀을 생산하여 판매하는 기업이다. 이 회사는 두 가지 제조공정을 사용하여 인공꿀을 생산할 수도 있고 천연꿀을 생산할 수도 있다. 인공꿀 1통은 2단위의 노동과 1리터의 시럽을 사용하여 만드는데 천연꿀과는 전혀 구분이 안 된다. 천연꿀 1통은 3단위의 노동과 100마리의 꿀벌이 투입되어 만들어진다. 회사 Y는 제조공정에 상관없이 모두 최대 500통까지의 꿀을 생산할 수 있다고 하자.

회사 Y 바로 옆에 위치한 과수원 S는 배를 키운다. 만약 Y로부터 꿀벌이 날아온다면 S는 배꽃을 피우는 데 노동을 절약할 수 있다. 구체적으로 꿀벌 50마리가 날아오면 과수원 S는 노동 1단위를 절약할 수 있다. 꿀 1통의 시장가격은 P, 근로자 1인을 고용하는데 드는 시장임금은 400원, 꿀벌 1마리를 키우는 데에 드는 비용은 1원, 인공꿀을 만드는 데 필요한 시럽의 1리터당 가격은 100원이라 하자. 마지막으로 Y양봉장과 S과수원은 모두 규모에 대한 수확불변(constant returns to scale) 기술로 생산활동을 하므로 평균생산비와 한계생산비는 항상 똑같다고 하자.

(1) 회사 Y가 인공꿀 1통을 만드는 데 드는 사적 한계생산비와 천연꿀 1통을 만드는 데 드는 사적 한계생산비를 각각 계산하라.
(2) 위의 (1)로부터 자원배분을 시장에 맡길 경우 Y는 어느 공정을 사용하겠는가? 또한 꿀의 시장가격에 따라 각각 얼마만큼의 꿀을 생산할 것인가?
(3) 회사 Y가 천연꿀을 1통 만드는 데 드는 사회적 한계생산비는 얼마인가?
(4) 파레토최적 생산공정과 생산량은 각각 얼마인가?
(5) [피구세] 정부가 개입하여 조세/보조금정책을 통하여 외부효과를 해결하려면 어떻게 해야 하 는가?
(6) [통합내부화] Y와 S가 통합하여 한 기업이 된다면 어떠한 자원배분이 달성되겠는가?
(7) [코우즈정리] Y와 S 간의 사적 계약에 의하여 S과수원이 회사 Y에게 돈을 지불하고 Y는 그 대가로 천연꿀을 생산할 수 있다면 S는 Y에게 얼마의 기부금을 줄 것인가?

오염배출권 시장 논쟁

탄소와 같은 오염물질의 배출허가증(pollution permit)을 발급하고 기업들이 시장에서 자발적으로 사고팔 수 있도록 하는 제도는 코우즈의 재산권을 현실문제에 적용한 대표적 사례이다. 오염배출이 덜 필요한 기업, 산업, 국가로부터 가격을 더 지불하고라도 구매할 용의가 있는 단위로 배분되므로 효율성 측면에서 오염배출 총량(quota) 규제보다 탁월하다. 오염허가증의 거래당사자들 모두 자발적 의사에 따라 상호 동의하는 가격에 사고팔기 때문에 공리주의적 사회후생이 극대화된다.

하지만 한 사회 내에서나 국제경제 질서를 설계하는데 효율성만이 유일한 기준이 되는 것이 합당한가는 의문의 여지가 있다. 예를 들어보자.[9] 교회가 면죄부를 팔아 가난한 사람을 도와준다면 효율성 측면에서는 손색이 없다. 면죄부를 산 부자들은 자신의 죄를 용서받는 대가로 돈을 지불하고 마음의 안식을 얻으므로 효용이 극대화된다. 교회는 어렵고 가난한 사람을 위해 자선사업을 하므로 종교의 본래 취지를 따른다는 만족이 있다. 도움을 받는 빈민 입장에서는 더 말할 나위가 없을 것이다. 결국 면죄부의 거래로 경제적 손실을 보는 사람은 아무도 없고 사회후생이 극대화되는 제도라고 볼 수 있다. 그러면 종교단체들이 면죄부를 사고파는 것이 바람직할까.

면죄부 판매는 다소 극단적으로 느껴질 수도 있다. 그렇다면 일정 금액을 받고 국립공원에 쓰레기를 버릴 권리를 준다든지 고속도로에서 과속할 권리는 어떠한가. 인기 연예인 그룹이 공연시간에 맞추기 위해 비싼 요금을 주고 응급앰뷸런스를 이용할 수 있도록 아예 합법화하면 어떤가. 국립공원에서 쓰레기통을 찾아 헤매는 수고를 하고 싶지 않은 부자나 '시간이 곧 돈'인 인기 연예인이 비싼 돈을 지불하고 그 재원으로 국립공원 관리보존이나 응급시스템 고도화에 쓰는 것이 경제사회적 효율성을 더 높일 수도 있다. 일류 사립대학들로 하여금 소수에게 기부금입학을 받도록 허용하고 그 재원으로 전교생에게 장학금을 지급하는 아이디어와 연계할 수도 있다.

면죄부, 쓰레기 투척권리, 과속권리, 심지어 출산권리의 거래 등이 공리주의적 관점에서 아무리 바람직해 보이더라도 — 칸트(Kant) 철학이나 롤스(Rawls)의 관점에서 볼 때 — 본래의 취지,

---

9 면죄부, 쓰레기배출권, 출산권의 거래 등은 Sandel(2012) 제2장에 언급된 여러 예를 각색한 것이다. 여기서는 샌델 철학의 양 축인 부패(corruption)와 공정성(fairness) 가운데 전자에 집중한다. 부패란 일부 재화나 서비스의 시장거래가 본연의 가치나 도덕을 훼손하는 현상이다. 공정성이란 시장에서의 자발적 거래가 궁핍한 상황에서 불가피하게 받아들여야 하는 거래를 '자발적 동의'로 포장한 것인지 진정한 의미에서의 자발인지가 논점이다.

목적, 도덕을 훼손할 수 있다. 정의(justice)는 그 자체로 지켜져야 하며 이해득실을 따져서는 안 되며 불의는 선(the good) 자체를 변질시키거나 훼손하게 된다. 면죄부란 '인간의 죄는 신 앞에서 참회를 통해 용서받아야 하며 다른 어떠한 기준, 특히 빈부가 개입되어서는 안 된다'는 정의와 공정성(가난한 사람들이 느끼게 되는 박탈감과 자괴감)을 훼손하게 된다. 국립공원 쓰레기 배출권은 부자건 빈자건 공동체의 귀중한 공유지를 더럽혀서는 안 된다는 자존감과 공동가치를 무너뜨린다. 대학 기부입학제는 졸업생들의 명예를 갉아먹는 것은 물론이고 진리 추구, 학문적 수월성, 인도적 교육이라는 고등교육의 이상과 품위를 훼손하게 된다. 출산권의 거래는 부모-자식 간의 아름다운 사랑, 더 나아가 인간 존엄성의 무시라는 분위기를 초래하게 된다.

오염배출권의 거래는 위의 다른 사례들보다는 물질적 측면이 더 강하므로 시장을 통한 해법에 대한 저항이 덜하다. 그러나 하나뿐인 지구를 지키기 위한 세계인들의 정신과 취지가 흐려지고 '돈만 내면' 얼마든지 환경을 훼손해도 된다는 분위기가 퍼질 위험도 있다. 결과적으로 오염배출을 줄이기 위한 방안들의 장·단점을 논의하는 데 있어서 공리주의적 효율성 극대화만을 추구한다면 사회적 저항이 만만치 않을 수 있다.

11

CHAPTER

공공재

11.1 공공재의 개념

11.2 시장기구에 의한 공급

11.3 파레토 · 사뮤엘슨 효율기준

11.4 린달균형과 비용분담

11.5 정치적 균형

Politics & Public Economics:
A Game-Theoretic Approach

11.1 공공재의 개념

일반적으로 상품은 배제성(exclusiveness)과 경합성(rivalry)의 두 가지 특성으로 나누어 분류할 수 있다. 배제성이란 특정인을 상품 소비로부터 제외시킬 수 있는 성질이다. 경합성이란 상품 소비를 위하여 개인들 간에 다투어야 한다는 의미이다. 특정인이 경합적 상품을 소비하면 다른 사람들의 소비가치는 낮아지거나 아예 없어지게 된다. [표 11-1]은 배제성과 경합성에 따른 상품분류표를 나타낸다.

표 11-1 ▌상품의 분류

	경합성(rivalry)	비경합성(non-rivalry)
배제성(excludability)	사유재	클럽재
비배제성(non-excludability)	공유자원	공공재

사유재(私有財, private goods)란 배타적으로 소비될 뿐 아니라 특정인의 소비가 다른 사람들에 대한 사용가치를 현저히 낮추거나 아예 없애버리는 재화이다. 식료품, 자동차, 옷, 주택 등이 사유재에 해당한다. 정반대로 공공재(公共財, public goods)는 여러 사람들에 의해 동시에 소비될 수 있으며 한 사람의 소비가 다른 사람들의 사용가치를 낮추지 않는 상품이다. 공공재의 전형으로 등대서비스가 있다. 한 선박이 등대로부터 경고 신호를 받게 됨으로써 안전한 항해를 하게 된다고 하여서 다른 선박들이 그러한 혜택을 받을 수 있는 기회가 줄지는 않기 때문이다. 라디오나 공중파 방송도 여러 사용자들에게 동시에 공급되며 특정인이 방송을 듣는다고 해서 다른 사람들의 청취가치가 줄어들지도 않는다.

공유자원(common resource)은 특정인을 사용이나 소비로부터 배제하지는 못하지만 소비자가 많아질수록 그 다음 소비가치가 낮아지는 상품이다. 태평양의 고래가 대표적 예이다. 어선들이 공해상의 고래를 포획하는 행위를 막지 못하므로 포경은 비배제적이다. 그러나 많은 어선들이 포경에 참여할수록 고래 개체 수가 줄어 그 다음 어선은 더 높은 포획비용을 들여야 할 뿐 아니라 기껏 포획한 고래의 가격도 과잉공급으로 인해 낮아질 것이므로 경합적이다. 맑은 공기와 물 혹은 주파수처럼 환경이나 자원과 관련된 상품이 공유자원의 범주에 주로 들어간다. 공유자원과는 반대로 클럽재(club goods)는 회원권을 가진 사람들에게 배타적으로만 허용되지만 일단 회원이 되면 마음껏 소비할 수 있다. 골프장이나 스포츠센터 회원권이 대표적이다.

동일한 재화나 서비스라도 상황에 따라 달리 분류되기도 한다. 지적 재산의 예를 들어보자. 피타고라스의 정리나 맑스의 사상은 공공재이다. 특정인이 피타고라스정리를 이용한다고 해서 다른 사람들이 이용하지 못하거나 활용가치가 줄어들지는 않기 때문이다. 반면 메모리 칩이나 코카콜라 제조법처럼 특허권이 있는 재화는 사유재이다. 여러 국가나 기업들이 공동으로 투자하여 만든 기술표준은 클럽재에 가깝다. 도로는 또 다른 흥미로운 예이다. 통행료를 받지 않는 도로로서 차가 별로 다니지 않는 경우는 공공재이고 교통이 혼잡한 경우라면 공유자원에 속한다. 통행료를 징수하는데다 교통혼잡도 심한 도로는 사유재에 가깝다.

순수공공재의 경우 중앙정부가 세금 및 기타 국가수입으로 재원을 조달하여 공급하는 것이 효율적이다. 혼잡(congestion)이나 과부하(overload)가 걸려 있는 공공재나 경합적 성격을 갖고 있는 공유자원의 경우 분권화된 지방정부에서 제공하는 것이 바람직하다. 예컨대, 경기도 내의 지방도로는 경기도 광역자치단체에서 관리하고, 동네 공원은 구청이나 시에서 관리하는 것이 효율적이다. 반면 여러 지역이나 여러 영역에 걸쳐서 외부효과가 발생하는 경우에는 독립적인 기관이 맡는 것이 외부효과를 내부화할 수 있으므로 효율적이다. 예컨대, 식수 공급은 상수도공사, 대기오염 관리는 환경부, 산림 보존은 산림청이 맡으면서 사회적 편익과 사회적 비용을 감안하여 사용자(지역, 기업, 기관, 개인 등)에게 부담시키는 것이다.

11.2 시장기구에 의한 공급[1]

공공재 공급을 사적 유인체계와 시장에 맡긴다고 가정하고 내쉬균형 자원배분을 구해보자. 경제에는 재화 둘(공공재 G와 사유재 X)만 존재하며 소비자 두 명($i=1, 2$)이 존재한다고 하자. 소비자 i는 외생적으로 주어진 화폐소득 M_i로 공공재 g_i단위와 사유재 x_i단위를 구입하여 효용 $u_i=u_i(G, x_i)$의 극대화를 추구한다. 공공재의 구매가격을 τ, 사유재의 구매가격을 1이라 가정하면 예산제약식 $\tau g_i+x_i=M_i$가 성립해야 한다. 비배제성과 비경합성이라는 공공재의 성격상 공공재 총량은 구성원들의 공공재 구매량을 모두 합한 $G=g_1+g_2$임에 유의하라.

소비자 i의 최적화 문제는 다음과 같다.

1 본장의 11.2절, 11.3절, 11.5절은 각각 Hindriks and Myles(2013) 제6장 6.3절, 6.4절, 6.5절을 많이 참조함.

극대화 $u_i = u_i(G, x_i)$

제약조건 $\tau g_i + x_i = M_i,\ G = g_1 + g_2$

공공재-사유재 간의 한계대체율(Marginal Rate of Substitution: MRS)이란 효용수준이 불변이라는 전제하에 소비자 i가 공공재 1단위를 더 소비하기 위하여 희생할 용의가 있는 사유재의 수량을 나타낸다. 다시 말해서, 소비자 i의 입장에서 공공재에 대한 주관적 가치를 사유재의 수량으로 평가한 값이 $MRS_i \equiv \dfrac{\partial u_i / \partial G}{\partial u_i / \partial x_i}$이다. 소비자 1의 효용극대화를 위한 일계조건을 구하면 $MRS_1 = \tau$이다. 그런데 MRS_i는 g_1과 g_2의 함수이므로($g1$이 결정되면 예산제약식 $x1 = M1 - \tau g1$에 의하여 사유재 수요량 $x1$은 자동으로 결정됨) 일계조건을 양함수 형태로 나타내면 $g_1 = BR_1(g_2)$이다. 대칭 논리에 의해 소비자 2의 효용극대화 일계조건으로부터 $g_2 = BR_2(g_1)$이 도출된다.

내쉬균형이란 상호최선응수(mutual best response)이므로 다음 요건을 충족한다.

$$MRS_1 = \tau = MRS_2 \tag{11.1}$$

그래프를 이용한 설명

소비자 1의 목적은 효용함수 $u_1 = u_1(g_1 + g_2, x_1)$를 극대화해주는 g_1을 선택하는 것이다. 소비자 1의 공공재 수요량 g_1이 결정되면 예산제약식 $x_1 = M_1 - \tau g_1$에 의하여 사유재 수요량 x_1은 자동으로 결정된다. 소비자 2의 공공재 수요량 g_2가 주어져 있을 때 소비자 1이 g_1을 증가시키면 효용이 점점 올라가다가 g_1이 지나치게 커지면(사유재 소비량 x_1은 적정 수준보다 너무 작아지므로) 효용수준이 감소한다. 이러한 논리로 소비자 1의 무차별곡선을 (g_1, g_2)면에 그리면 [그림 11-1](a)와 같다. 또한 주어진 $g_2 = \bar{g}_2$에 대하여 소비자 1의 효용을 극대화해주는 최선응수 [그림 11-1](a)의 점 A이다.

일반적으로 소비자 2의 공공재 구매량 g_2에 대응하는 소비자 1의 최선응수 반응곡선은 소비자1의 무차별곡선의 최저점들을 연결한 궤적 BR_1이다. 다시 말해서, BR_1은 식 (11.1)의 앞부분인 $MRS_1 = \tau$를 (g_1, g_2)면에 나타낸 것이다($x_1 = M_1 - \tau g_1$은 g_1에 따라 자동으로 정해지므로 MRS_1은 g_1과 g_2의 함수임에 유의). 마찬가지 논리에 의하여 소비자 2의 무차별곡선도와 소비자 1의 공공재 구매량 g_1에 대응하는 소비자 2의 최선응수 BR_2는 [그림 11-1](b)처럼 나타난다.

그림 11-1 ▮ 소비자들의 무차별곡선도와 최선응수

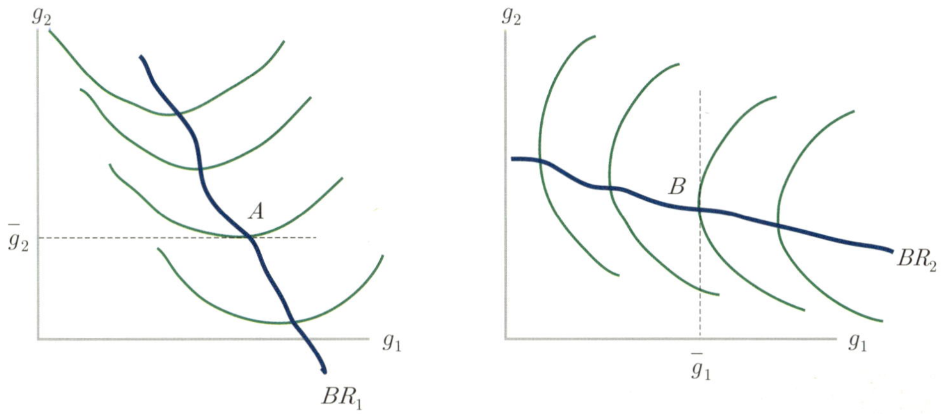

(a) 소비자 1 (b) 소비자 2

내쉬균형이란 상호최선응수이므로 [그림 11-2]의 점 NE이다. 시장기구에 맡겨둘 경우 소비자 1과 소비자 2의 균형 공공재 구매량은 각각 $\hat{g_1}$과 $\hat{g}_2$이다. 비배제성 및 비경합성에 의하여 공공재의 균형 총량은 $\hat{G}=\hat{g_1}+\hat{g_2}$이다.

시장기구에 맡겨둘 경우 공급되는 내쉬균형 공공재 수량이 사회적으로 바람직한 수준에 못 미친다. 소비자들이 자신의 공공재 구매량을 늘리면 두 소비자의 효용수준이 공히 높아지므로 파레토 개선(Pareto improving)된다. 이는 [그림 11-2]에서 색칠 부분으로 나타난다.

그림 11-2 ▮ 공공재 공급의 내쉬균형과 비효율성

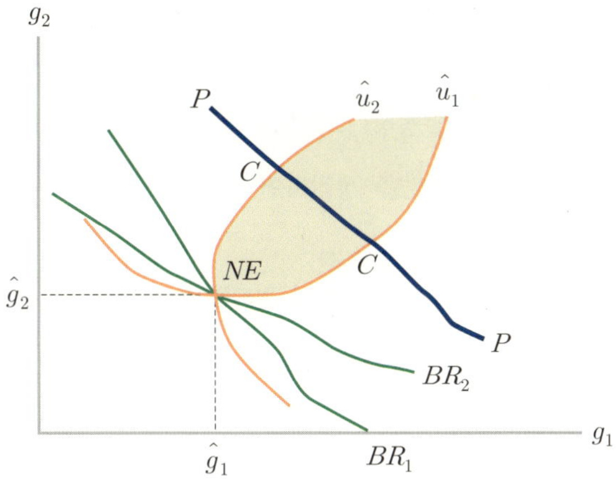

연습문제 >> 11-1 EXERCISES

두 소비자(1, 2)와 두 재화(공공재와 사유재)가 존재하는 경제가 있다. 두 소비자의 명목소득은 M으로 동일하며, 소비자 i의 효용함수는 $u_i = nG + \ln x_i$이다. 공공재의 가격은 사유재의 가격과 동일한 $\tau = 1$이라고 가정하자.

(1) 소비자 1의 효용극대화 문제를 풀어 g_2에 대응하는 소비자 1의 최선응수 BR_1을 구하라. 대칭성을 적용하여 BR_2도 구하라.

(2) 내쉬균형 공급량을 구하라.

11.3 파레토 · 사뮤엘슨 효율기준

사뮤엘슨(Samuelson 1954, 1955)은 공공재 공급이 파레토 효율성을 만족하기 위한 조건을 제시하였다. 11.2절의 [그림 11-2]에서 파레토최적 자원배분들은 곡선 PP이고 코어(core)는 CC이다. 파레토최적에서는 한 사람의 효용수준을 높이려면 반드시 다른 사람의 효용수준은 내려가는 수밖에 없으므로 두 소비자의 무차별곡선이 접하는 점들의 궤적으로 나타난다. 다른 한편, 경쟁시장에 맡겨두어도 소비자 1은 $\hat{u}_1$단위, 소비자 2는 $\hat{u}_2$단위만큼의 효용수준은 얻을 수 있으므로 코어는 파레토최적 가운데 서로에게 이득이 되는 자원배분인 CC로 나타난다.

파레토최적에서는 두 소비자의 무차별곡선이 접해야 한다.

$$\left.\frac{dg_2}{dg_1}\right|_{u_1\text{일정}} = \left.\frac{dg_2}{dg_1}\right|_{u_2\text{일정}} \qquad (11.2)$$

소비자 1의 효용수준이 $\bar{u}_1$으로 일정하다고 가정하고, 즉 $u_1(G,\ x_1) = \bar{u}_1$(여기서, $G = g_1 + g_2$) 전미분(total differentiation)을 취한 다음 정리하면 식 (11.3)의 좌변이 도출된다.[2] 식 (11.3)의

2 $u_1(G, x_1) = \bar{u}_1$(여기서, $G = g_1 + g_2$, $\tau g_1 + x_1 = M_1$)을 전미분(total differentiation)하면 사슬법칙(chain rule)에 의하여 다음을 얻는다.

$$\frac{\partial u_1}{\partial G}\frac{\partial G}{\partial g_1}dg_1 + \frac{\partial u_1}{\partial G}\frac{\partial G}{\partial g_2}dg_2 + \frac{\partial u_1}{\partial x_1}\frac{\partial x_1}{\partial g_1}dg_1 = 0$$

그런데 $\frac{\partial G}{\partial g_1} = \frac{\partial G}{\partial g_2} = 1$이고 $\frac{\partial x_1}{\partial g_1} = -\tau$이므로 이를 대입하여 정리하면 식 (11.3)의 좌변이 도출된다.

우변도 소비자 2의 효용함수로부터 마찬가지 방법으로 도출할 수 있다.

$$\frac{\tau\dfrac{\partial u_1}{\partial x_1}-\dfrac{\partial u_1}{\partial G}}{\dfrac{\partial u_1}{\partial G}}=\frac{\dfrac{\partial u_2}{\partial G}}{\tau\dfrac{\partial u_2}{\partial x_2}-\dfrac{\partial u_2}{\partial G}} \tag{11.3}$$

한계대체율 MRS_1과 MRS_2의 정의를 이용하여 식 (11.3)을 정리하면 다음과 같다.

$$MRS_1+MRS_2=\tau \tag{11.4}$$

식 (11.4)의 좌변은 공공재에 대한 모든 소비자들의 평가가치를 합한 값이므로 공공재 1단위의 사회적 한계혜익(social marginal benefit)으로 해석된다. 공공재란 한 소비자가 쓴다고 다른 소비자가 못 쓰는 재화가 아니므로 그들의 혜익을 합산한 것이 사회적 혜익인 것이다. 우변은 공공재 1단위를 생산하기 위하여 감축해야 하는 사유재의 수량이므로 공공재의 사회적 한계비용(social marginal cost)이다. 결국 식 (11.4)는 사회적 한계혜익과 사회적 한계비용이 일치하도록 공공재 공급량을 결정하는 것이 사회적 관점에서 효율적이라는 기본원칙에 다름 아니다.

여러 소비자들이 존재하는 경우로 일반화하자. 경제 내의 자원은 제한되어 있으므로 공공재 공급을 늘리려면 사유재 생산을 반드시 줄일 수밖에 없다. 한계전환율(MRT)이란 주어진 생산 상태에서 공공재를 1단위 더 생산하기 위하여 희생해야 하는 사유재의 수량으로 정의된다.[3]

비배제성과 비경합성에 의하여 공공재 총량은 모든 소비자에게 G단위인 반면 사유재 총량은 $x=\sum_{i=1}^{N}x_i$단위이다. 그러므로 공공재에 대한 모든 구성원들의 주관적 평가가치를 총합을 사유재의 수량으로 나타내면 $\sum_{i=1}^{N}MRS_i$이다. 공공재 공급의 파레토최적에서는 모든 구성원들이 그 공공재로부터 얻는 효용의 총합(사회적 혜익)이 그 공공재를 건설하는 데 드는 사회적 기회비용과 똑같아야 한다. 이를 수식으로 나타내면 공공재의 사회적 최적수준 G^*는 다음의 사뮤엘슨 조건(Samuelson condition)을 충족해야 한다.

$$\sum_{i=1}^{N}MRS_i = MRT \tag{11.5}$$

식 (11.3)의 우변도 소비자 2의 효용함수부터 마찬가지 방법으로 도출할 수 있다.
3 한계전환율(MRT)의 개념에 대해서는 제2장 2.4절을 참고하라.

공공재의 효율적 자원배분 기준을 사유재의 그것과 비교해보자. 공공재의 경우 공급량 G는 모든 구성원들이 함께 소비하므로 그들의 한계대체율의 총합이 한계전환율과 일치하도록 공공재를 생산해야 효율적이다. 그러나 사유재의 경우에는 한 사람이 소비하므로 효율적 공급을 위해서는 그의 한계대체율과 생산 측면에서의 한계전환율이 일치해야 한다(제2장 2.4절 식 (2.8) 참조). 따라서 재화 G도 공공재가 아니라 x_i처럼 사유재라면 다음 조건이 성립해야 한다.

$$MRS_i = MRT, \ \forall i = 1, 2, \cdots, N \tag{11.6}$$

공공재 수량 G가 커질수록 공공재에 대한 주관적 가치인 MRS_i는 감소한다. 따라서 식 (11.5)에 의하여 결정되는 파레토최적 공공재 공급량은 식 (11.6)에 의하여 결정되는 내쉬균형 공급량보다 반드시 크다.

연습문제 >> 11-2 EXERCISES

두 명의 소비자(1, 2)와 두 재화(공공재와 사유재)가 존재하는 연습문제 11-1의 상황을 고려하자. 사회후생의 극대화 문제를 풀어 사회최적 공공재 공급량을 구하라.

연습문제 >> 11-3 EXERCISES

N명의 소비자($i=1, 2, \cdots, N$)와 두 재화(공공재와 사유재)가 존재하는 경제사회를 상정하자. 모든 소비자의 소득은 $M=1$단위로 똑같으며, 소비자 i의 효용함수는 $u_i = \ln(G) + \ln(x_i)$로 동질적이다. 공공재와 사유재의 가격 역시 1로 동일하다. 여기서, 공공재의 성격상 $G = \sum_{j=1}^{N} g_j$이 성립한다.

(1) 사적 시장기구에 맡길 경우 대칭적 내쉬균형에서의 공급량 $\hat{G}$을 구하라.

(2) 사뮤엘슨 조건을 만족하는 파레토최적 공급량 G^*를 구하라.

(3) 구성원의 수 N이 커지면 공공재의 내쉬균형 공급량 $\hat{G}$과 파레토최적 공급량 G^* 간의 격차는 어떻게 되는가?

11.4 린달균형과 비용분담

린달(Erik Lindahl, 1891~1960)은 공공재도 사유재처럼 시장기능에 의해 효율적 자원배분을 달성할 수 있다고 주장하였다. 사유재의 경우 소비자는 외생적으로 주어진 시장가격하에서 자신의 효용을 극대화해주는 자신만의 소비량을 결정한다. 사유재와 외생적 시장가격을 전제로 하는 경제에서 일반균형의 존재와 효율성에 대해서는 제3장에서 살펴보았다. 사유재와는 대조적으로 공공재의 경우 수량은 주어져 있으나 소비자마다 각자 다른 가격을 지불하거나 비용을 분담하도록 시장메커니즘을 만듦으로써 효율적 자원배분을 달성할 수 있다고 린달은 주장하였다. 구체적으로 소비자 i가 공공재 한 단위당 $\tau_i = MRS_i$에 해당하는 비용을 지불하도록 한다면 린달균형에서 사뮤엘슨 조건이 충족한다.

현실적으로 구성원들이 동일한 공공재에 대하여 서로 다른 가격을 지불하거나 비용을 분담하는 상황은 흔치 않다. 무엇보다도 사뮤엘슨 공식이나 린달균형은 모든 소비자들이 자신의 선호를 정직하게 나타낸다는 비현실적인 가정을 전제한다.

연습문제 >> 11-4 EXERCISES

세 명으로 구성된 경제사회가 있다. 공공재 G단위를 공급받기 위해 소비자 i가 지불할 용의가 있는 금액을 p_i라 놓을 때 $p_1 = 50 - G$, $p_2 = 100 - G$, $p_3 = 150 - G$라고 가정하자.

(1) 공공재에 대한 수요함수를 도출하고 그래프로 나타내라.

(2) 공공재 건설비용이 180일 때 공공재 공급량을 구하라.

(3) 지자체가 구성원들의 개별수요함수를 정확히 알 수 없다고 할 때 발생할 문제를 설명하라. 이러한 시장실패로부터 생기는 자중손실(deadweight loss)의 최대치는 얼마인가?

사회구성원들이 자신의 선호를 거짓으로 표출할 수 있는 현실에서 공공재 건설에 따른 가장 골치 아픈 문제가 무임승차(無賃乘車, free-riding)이다. 무임승차란 공공재의 건설이나 구축에 드는 비용은 분담하지 않고 국가나 다른 사람들이 건설한 공공재를 공짜로 사용하고자 하는 행위를 일컫는다. 이는 공공재 공급비용을 부담하지 않은 사람들이라고 해서 공공재 소비를 못하도록 배제할 수는 없기 때문에 발생한다. 공공재 생산을 시장과 자율에만 맡긴다면 이 같은 무임승차로 인해 사회적으로 바람직한 수준보다 훨씬 적게 생산되므로 비효율이 발생하게 된다.

무임승차문제를 간단한 전략형게임을 이용하여 설명하자. 두 명의 구성원 1과 구성원 2가 있

그림 11-3 공공재 공급과 무임승차문제

		개인 2	
		비용부담	무임승차
개인 1	비용부담	30, 30	−20, 80
	무임승차	80, −20	0, 0

다. 공공재를 생산하기 위하여 100만원의 비용이 든다고 하자. 따라서 한 소비자가 공공재 건설비를 모두 부담한다면 홀로 100만원을 내야 하지만 두 소비자가 분담한다면 50만원씩 내면 된다. 공공재가 공급될 경우 개인별로 얻는 혜택은 80만원이라고 하자. 만약 개인 1만이 건설비를 낸다면 그의 보수는 −20만원(=80−100)이 되고 무임승차에 성공한 개인 2의 보수는 80만원(=80−0)이 된다. 둘 다 건설비를 낸다면 각자 30만원의 보수를 얻고 둘 다 무임승차하려 시도하면 각자 영(0)의 보수를 얻게 된다. [그림 11-3]은 이러한 상황을 전략형게임으로 나타내고 있다.

[그림 11-3]은 죄수의 딜레마에 해당한다. 개인 1은 개인 2가 건설비를 부담할지 무임승차를 시도할지 알 수 없지만 어느 경우건 상관없이 무임승차는 개인 1에게 비용부담보다 더 높은 보수를 가져다준다. 즉, 무임승차는 우월전략이고 비용부담은 열등전략이다. 대칭적 논리에 의하여 개인 2 역시 개인 1의 전략에 상관없이 무임승차를 선택할 것이다. 결국 두 사람 모두 무임승차만 노리기 때문에 공공재는 건설되지 못하고 각자 0단위의 보수를 얻게 된다. 여기서 두 사람 모두 더 행복해지는 길이 있는데, 둘 다 건설비를 분담하고 각자 30만원씩의 보수를 얻는 것이다. 다시 말해서 (비용부담, 비용부담)이 (무임승차, 무임승차)보다 모든 구성원에게 사회적으로 더 바람직하다. 그러나 상대방이 합리적이라는 전제가 있는 한 상대방을 서로 믿을 수 없고 따라서 공공재 건설은 달성되지 못한다. 무임승차문제는 각자가 개인 이익의 극대화를 추구함으로써 달성되는 자원배분이 사회적으로는 열등한 결과를 낳는 대표적 죄수의 딜레마이다.

다수의 구성원이 있는 상황

상식적으로 사회구성원의 수가 많을수록 무임승차문제는 더욱 심각해지고 공공재 과소생산이 심화된다. 올슨(Olson 1965)이 설파하였고 팔프리·로젠탈(Palfrey and Rosenthal 1984, 1988)이 게임이론으로 모형화한 다음 내용을 중심으로 살펴보자.

지역에서 복개천을 복구하고 자연경관을 되살리는 데 N명의 주민들이 각자 c원씩의 기부금을 낼지 말지를 결정한다. 이들 N명 가운데 K명 이상이 후원금을 낼 경우에만 사업이 시행된다. 그러나 기부금이 모자라 사업이 무산되더라도 이미 낸 기부금을 돌려받을 수는 없다고 하자. 재개발 공공사업이 성공하면 모든 지역주민에게 각각 B원($B>c$)의 편익이 발생한다.

먼저 이 공공재건설 게임에는 순수전략 내쉬균형이 존재한다. 주민 N명 가운데 정확히 K명이 기부금을 내고 나머지 $(N-K)$명은 기부금을 내지 않는 상태가 그것이다. 이 균형에서 기부자는 $(B-c)$원의 보수를 얻고 무임승차자는 B원의 보수를 얻게 된다. 기부자 중 하나가 무임승차로 전략을 바꾼다면 공공재는 건설되지 못하고 그의 보수는 $(B-c)$에서 0원으로 줄어든다. 즉, 다른 주민들의 전략이 주어진 상태($(K-1)$명이 기부하고 $(N-K)$명은 기부하지 않는 상태)에서 기부자가 자신의 전략을 무임승차로 바꿀 유인이 없다. 또 무임승차자는 무임승차에서 기부로 전략을 바꿀 경우 자신의 보수가 B에서 $(B-c)$로 감소하게 되므로 역시 그럴 유인이 없다.

순수전략 내쉬균형은 수가 너무 많아서 예측력이 떨어진다. 수학적으로 순수균형의 개수는 N명 가운데 K명을 뽑는 경우의 수와 같으므로 $\binom{N}{K}$개이다. 예컨대, $N=20$이고 $K=6$이라면 무려 38,760개의 순수전략 균형이 존재한다. 단지 수가 많다는 사실보다 순수전략 균형이 갖는 더 심각한 문제는 모든 상황이 대칭적이고 모든 개인이 동질적임에도 불구하고 어떤 사람은 기부하고 나머지는 무임승차하는 비대칭적 성질을 갖는다는 데 있다. 반면 이제부터 살펴볼 혼합전략 내쉬균형은 기껏해야 두 개뿐이며 모든 사람에게 대칭적이므로 순수전략 균형보다 더 설득력이 있다.

개별 주민이 p의 확률로 기부하고 $(1-p)$의 확률로 기부하지 않는 혼합전략을 선택한다고 하자. 나를 제외한 나머지 $(N-1)$명 가운데 $(K-2)$명 이하가 기부를 하거나 K명 이상이 기부한다면 내가 기부를 하건 말건 결과에 아무런 영향을 미치지 않는다. 나를 제외한 $(N-1)$명 가운데 $(K-2)$명 이하가 기부를 한다면 비록 내가 기부에 참여하더라도 공공재는 건설되지 못할 것이므로 공연히 기부금을 낼 이유가 없다. 또 $(N-1)$명 가운데 K명 이상이 기부한다면 내가 기부를 하지 않더라도 어차피 공공재가 건설될 것이므로 역시 기부금을 낼 이유가 없다. 결국 $(N-1)$명 가운데 정확히 $(K-1)$명이 기부하는 경우에만 내가 기부하느냐 마느냐가 차이를 가져온다. 이때 내가 기부하면 c원의 비용이 들고 나의 기부로 인해 증가하는 기대혜택은 아래의 식 (11.7)의 좌변과 같다. 결국 아래 식을 충족하는 p값이 균형 기부확률이다.

$$\binom{N-1}{K-1}p^{K-1}(1-p)^{N-K}B=c \tag{11.7}$$

혹은

$$\binom{N-1}{K-1}p^{K-1}(1-p)^{N-K}=\frac{c}{B} \tag{11.8}$$

기부자가 한 명만 있어도 공공재가 건설되거나($K=1$) 구성원 모두가 기부해야만 건설되는($K=N$) 극단적인 상황을 제외하기 위하여 $1<K<N$이라고 가정하자. 식 (11.8)의 좌변을 그래프로 그려보면 [그림 11-4]처럼 종형(鐘型, bell-shaped)을 갖는다.[4] 따라서 $\frac{c}{B}$가 지나치게 크지 않다면 혼합전략 균형은 두 개인데 p^*는 저(低)기부 균형이며 p^{**}는 고(高)기부 균형이다. 기부에 인색한 공동체에서 개인이 기부확률을 높여봤자 그로 인한 비용에 비해 기대편익이 작기 때문에 개인의 기부동기가 낮다. 역으로 개인의 이러한 낮은 기부용의는 사회 전체적으로 기부에 인색한 분위기로 연결된다. 반면 기부가 활성화되어 있는 사회에서 개인의 기부는 공공재 건설로 이어질 가능성이 높고 이는 기부자 자신에게도 편익을 가져다주므로 그만큼 기부확률을 높일 유인이 있다.

먼저 K가 고정되어 있다는 가정하에 구성원의 수 N이 커질수록 균형 기부확률은 내려간다. 구성원이 많아질수록 무임승차 유인이 강해져 개인의 기부 가능성은 줄어드는 것은 당연하다. 반면 주어진 N에 대하여 편익 B나 비용 c가 균형에 미치는 영향은 저기부 사회인지 고기부 사회인지에 따라 다르게 나타난다. 또한 B와 c가 주어져 있고 $\frac{K}{N}$을 일정하게 유지한다는 가정하에 N이 커지는 경우에도 복수균형 가운데 어떠한 상태에 있는지에 따라 기부확률에 미치는 영향이 다르게 나타난다.

기부가 활성화된 사회에서 개인의 기부비용 c가 커질수록 공공재 건설에 따른 편익 B가 낮을수록 개인의 기부확률 p^{**}는 낮아진다. 이는 직관적으로 설득력이 있다. 반면 기부에 인색한 사회에서 개인의 균형 기부확률 p^*는 개인의 기부비용 c가 커질수록 공공재의 편익 B가 낮을수록 오히려 높아진다. 이 결과는 얼핏 보기에 직관적이지 않으나 조금 더 생각해보면 납득이 간다. 개인의 기부비용이 커지거나 편익이 작을수록 개인의 무임승차 동기가 강해지는데 기부에 인색한 사회 분위기에서는 이를 상쇄할 만큼 더욱 개인의 기부확률을 높여야 비용 대비 기대혜택의 균형을 맞출 수가 있기 때문이다.

---

4 식 (11.8)의 좌변은 $p=0$과 $p=1$에서 각각 0의 값을 가지며, p에 대해서 미분하면 $\binom{N-1}{K-1}p^{K-2}(1-p)^{N-K-1}(N-1)\left[\frac{K-1}{N-1}-p\right]$를 얻는다. 따라서 식 (11.8)은 $p=\frac{K-1}{N-1}$에서 극대값을 갖는 종형 곡선으로 나타난다.

구성원 중에 한 명이라도 공공재 건설에 기여하면 성공하는 경우를 '최고에 의해 결정되는'(best-shot) 공공재게임이라 부른다. 전쟁터에서 저격병들이 적군 사령관을 암살하는 상황을 예로 들 수 있다. 여러 저격병들 중에 한 사람이라도 적장 사살에 성공하면 나머지는 놀면서 무임승차할 수 있기 때문이다. 반면 구성원 모두가 기여해야만 공공재 건설이 성공하는 경우를 '최하에 의해 결정되는'(weakest-link) 공공재게임이라 부른다. 길게 늘어선 전선에서 이루어지는 전투를 예로 들 수 있는데, 전선 한 곳이라도 적에게 뚫리면 아군 전체가 심각한 타격을 입기 때문이다. 앞에서 살펴본 모형에서 $K=1$은 최고에 의해 결정되는 공공재건설 게임이며 $K=N$은 최하에 의해 결정되는 게임에 해당한다. 공공재건설 기준에 따라 균형이 어떻게 달라지는지 그리고 실제 사람들의 행동이 이론과 얼마나 일치하는지에 대해서는 해리슨·허쉬라이퍼(Harrison and Hirshleifer 1989) 이후 많은 실험 연구들이 있다.

비대칭정보의 중요성

공공재 공급을 구성원들의 자율에 맡기거나 시장기구를 통하여 해결하려 하면 앞서 설명한 바와 같이 시장실패가 발생하게 된다. 개인의 무임승차 욕구 때문에 공공재가 너무 적게 공급되거나 혹은 전혀 공급되지 못할 수 있기 때문이다. 그렇다면 중앙이나 지방정부가 공공재 건설비를 모든 구성원에게 똑같이 분담시키면 될 것 아닌가? 예컨대, [그림 11-3]의 상황에서 정부가

그림 11-4 | 기부 내쉬균형

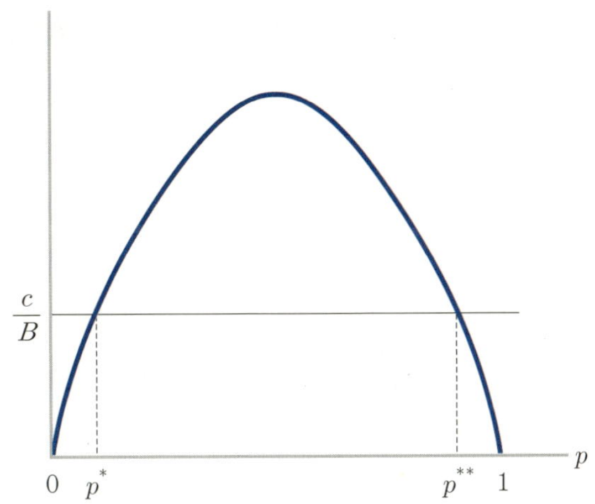

개인 1과 개인 2에게 50만원씩 걷어 공공재를 건설하면 될것 아닌가? 문제는 그렇게 단순하지 않다.

공공재로부터 개인 1이 얻는 혜택은 90만원어치인데 개인 2가 얻는 혜택은 30만원어치에 불과하다고 하자. 또한 정부는 두 사람이 얻는 혜택이 각각 얼마인지 알기 어렵다고 하자. 정부가 강제로 50만원씩 걷어서 공공재를 건설한다면 개인 1은 40만원의 보수를 얻겠지만 개인 2는 20만원의 손해를 보게 되므로 바람직하지 않다. 이 경우는 그나마 한 사람이라도 양(+)의 보수를 얻게 되므로 다행이다. 만약 개인 1이 얻는 혜택이 40만원, 개인 2가 얻는 혜택이 30만원인데 정부가 강제 징수하여 공공재 건설을 추진한다면 모든 구성원들이 손해보는 사태가 발생하게 된다. 이처럼 공공재로부터 개인이 얻는 혜택이라는 개인적 특성에 관하여 정부가 미비한 정보를 갖고 있다면 무임승차와 공공재 건설의 최적 여부는 복잡해진다. 뒤에 나올 제16장 16.2절에서는 메커니즘 설계라는 분석기법을 적용하여 비대칭정보하에서 공공재 건설 문제를 다루기로 한다.

11.5 정치적 균형

공공재 공급을 시장기구에 맡겨둘 경우 개인들의 무임승차 유인으로 인하여 시장이 실패한다. 이 문제를 해결하기 위한 자원배분의 대안적 메커니즘을 생각해보자. 여기서는 N명(N은 홀수)의 소비자로 구성된 경제사회에서 공공재 공급량 G를 다수결 투표로 결정하는 정치적 균형을 살펴보자. 투표에 의하여 공공재 공급량 G가 결정되면 그 건설비용은 N명의 구성원이 똑같이 분담한다고 가정하자. 단순화를 위하여 공공재의 가격을 τ, 사유재의 가격을 1이라고 가정하자.

소비자 i의 효용함수는 $u_i\left(G, M_i - \tau\frac{G}{N}\right)$이다. 소비자 i가 가장 선호하는 공공재 공급량 $\hat{G}_i$를 중심으로 공공재가 더 많아지거나 줄어들수록 소비자 i의 효용수준은 점점 낮아질 것이다. 다시 말해서, [그림 11-5]에서 보여주듯이 소비자 i의 선호는 지복점 $\hat{G}_i$를 중심으로 단봉조건을 충족한다.

양당제하의 민주체제하에서 공공재 공급량을 투표로 결정한다고 하자. 정책사안이 공공재 공급량 하나이고 모든 구성원들의 선호가 단봉체계를 가지므로 중위투표자정리에 의하여 중위투표자 m이 가장 선호하는 공공재 공급량 $\hat{G}_m$이 채택된다.

그림 11-5 공공재에 대한 단봉선호체계

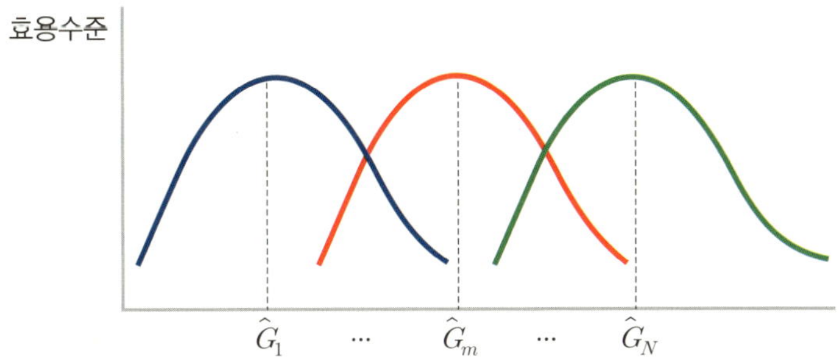

이제 정치적 균형이 과연 효율적인지를 살펴보자. 정치적 균형 공급량 $\hat{G}_m$은 소비자 m의 효용함수 $u_m\left(G, M_m - \tau\frac{G}{N}\right)$의 극대화 문제를 풀어낸 것이다. 여기서, M_m은 중위투표자의 명목소득을 나타내는데, 이는 중위소득과는 다르다는 점을 유의하라. 효용함수를 G에 대하여 편미분함으로써 효용극대화의 일계조건을 구하면 $MRS_m = \frac{\tau}{N}$임을 알 수 있다.

반면 사뮤엘슨 공식인 식 (11.5)를 적용하면 $\sum_{i=1}^{N} MRS_i = \tau$이다. 따라서 다수결 투표에 의해 결정된 정치적 균형 공급량이 파레토·사뮤엘슨 효율성을 만족하기 위해서는 다음 식이 성립해야 한다.

$$MRS_m = \frac{1}{N}\sum_{i=1}^{N} MRS_i \tag{11.9}$$

다시 말해서, 중위투표자의 공공재 1단위에 대한 평가가치가 구성원 전체의 평가가치의 평균치와 정확히 일치해야 한다. 이는 극도의 우연성이 아니고는 성립하지 않는다. 즉, 정치적 균형 공공재 공급량은 일반적으로 비효율적이다. 다른 점이 있다면, 시장기구에 의한 공공재 공급이 항상 과소공급을 초래하는 데 비해 정치적 균형 공급량은 효율적 수준보다 작을 수도 있고 클 수도 있다.

연습문제 >> 11-5 EXERCISES

개인 i의 효용함수는 콥·더글라스 형태 $U_i = [y_i - T_i]^{1-\alpha} G^{\alpha}$이다(여기서, y_i는 개인 i의 소득, T_i는 개인의 납세액, G는 공공재, $0<\alpha<1$는 공공재에 대한 선호강도). 경제는 N명으로 구성되어 있는데, 중위소득을 y_m, 평균소득을 $\bar{y}$라 놓자. 또한 정부는 N명에게 걷은 세수로 G를 공급하는 균형재정을 유지한다.

(1) 정액 소득세($T_i=T$, $\forall i$) 체제에서 정치적 균형 G를 구하라.

(2) 비례세($T_i = \tau y_i$) 체제에서 정치적 균형 G를 구하라.

(3) 소득분포가 균등하다면 정액세와 비례세 가운데 무엇이 사회최적에 가까운가?

연습문제 >> 11-6 EXERCISES

N명의 소비자($i=1, 2, \cdots, N$이며, N은 홀수)와 두 재화(공공재와 사유재)가 존재하는 경제를 상정하자. 소비자 i의 효용함수는 $u_i = \ln(G) + \ln(x_i)$로 동질적이며, 공공재의 성격상 $G=\sum_{j=1}^{N} g_j$이다. 공공재와 사유재의 가격 역시 1씩으로 동일하다. N명의 소비자 가운데 K명의 소득은 m원이고, 나머지 $(N-K)$명의 소득은 M단위라고 하자(여기서, $m \le M$).

(1) 개별 소비자는 공공재 공급량 G에 대하여 단봉선호를 가짐을 보이고, 각 유형의 소비자가 가장 선호하는 공공재 공급수준이 얼마인지를 계산하라.

(2) 다수결 투표에 의하여 결정되는 정치적 균형하에서 공공재 공급량을 구하라(힌트: K가 $\frac{N}{2}$보다 큰지 작은지에 따라 결과가 달라진다).

(3) 파레토최적 공급량 G^*를 구하기 위한 이차방정식을 구성하라.

(4) 위 (2)에서 구한 정치적 균형과 (3)에서 구한 파레토최적을 비교하라.

투표에 의한 공공재 공급 메커니즘이 여전히 비효율적이라면 효율성을 담보하는 대안적 메커니즘은 없는지 의문을 가질 수 있다. 그로브스·레드야드 메커니즘은 그러한 대안의 대표적 사례인데 메커니즘 설계라는 분석도구를 적용해야 하므로 뒤의 제16장에서 다룰 예정이다.

12

CHAPTER

준공공재

12.1 공유지의 비극
12.2 공유지 비극의 해법과 반론
12.3 독재, 부패, 경제발전
12.4 클럽재
12.5 지방공공재
12.6 티보우가설
12.7 실험연구

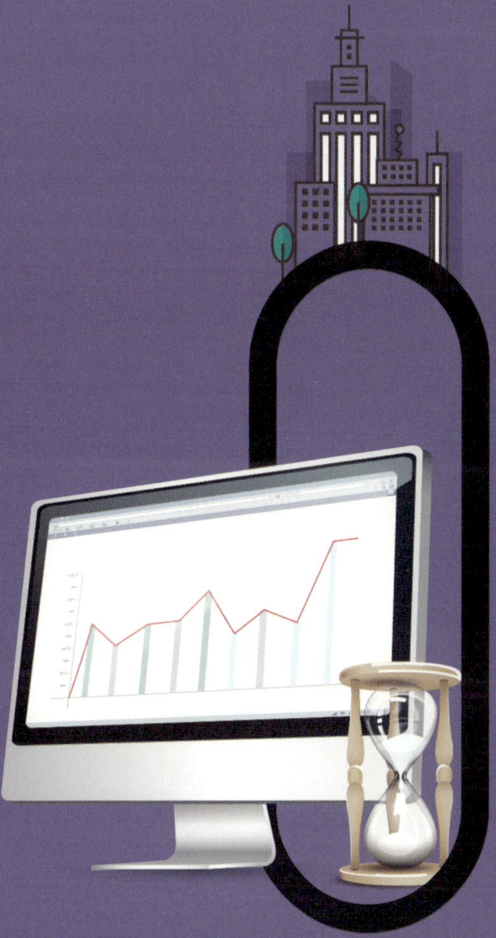

12.1 공유지의 비극

구성원이 n명 있으며 이들은 공동자원을 사용하여 각자의 이익을 추구한다. 이해를 돕기 위하여 주요국이 대양에서 고래를 포획하는 상황을 상정하자. 국가 $i(=1, 2, \cdots, n)$는 q_i 마리의 고래를 포획하며, 한 마리의 고래를 포획하는 데 드는 생산비는 c로서 모든 어선에 있어서 동일하다.

총포획량 Q는 각국의 포획량을 모두 합친 것이므로 $Q=q_1+q_2+ \cdots +q_n$이다. 총포획량이 증가하면 고래 한 마리당 시장가치가 하락하기 마련이다. 구체적으로 고래 한 마리당 시장가치가 선형함수 $v(Q)=a-Q$(여기서, a는 고래상품 시장의 규모)를 갖는다고 가정하자.

12.1.1 내쉬균형

각국이 독립적이고 개별적인 고래포획으로부터 얻는 보수의 극대화를 추구한다고 가정하고 내쉬균형 포획량 및 총포획량을 계산하자. 국가 i의 이윤은 아래 식과 같다.

$$\begin{aligned} u_i &= (v(Q)-c)q_i \\ &= (a-c-q_1-q_2- \cdots -q_n)q_i \end{aligned} \tag{12.1}$$

위의 이윤함수를 국가 i의 선택변수인 q_i로 미분한 다음 0으로 놓으면 이윤극대화의 일계조건은 아래 식이 된다.[1]

$$\frac{\partial u_i}{\partial q_i}=a-c-q_1- \cdots -q_{i-1}-2q_i-q_{i+1}- \cdots -q_n=0 \tag{12.2}$$

개별국가가 직면하는 상황이 모두 동일하므로 균형은 대칭성을 만족한다. 어떠한 i에 대해서도 만족하는 대칭조건 $q_i=q=\frac{Q}{n}$를 이윤극대화의 식 (12.2)에 대입하여 정리하면 각국의 내

1 이윤극대화의 이계조건은 $\frac{d^2u_i}{dq_i^2}=-2<0$이므로 항상 충족된다.

쉬균형 포획량 $\hat{q}$ 및 총포획량 $\hat{Q}$를 계산할 수 있다. 또한 식 (12.3)에 나타난 개별국의 균형 포획량을 이윤함수인 식 (12.1)에 대입하여 정리하면 개별국가의 극대화된 보수 $\hat{u}$를 식 (12.5)와 같이 얻는다.

균형 개별포획량: $\hat{q} = \dfrac{a-c}{n+1}$ (12.3)

균형 총포획량: $\hat{Q} = \dfrac{n}{n+1}(a-c)$ (12.4)

균형 보수: $\hat{u} = \dfrac{(a-c)^2}{(n+1)^2}$ (12.5)

12.1.2 사회적 최적

이제 각국의 대표들이 모여 세계 전체의 이윤을 극대화하는 사회적 최적 포획량을 계산하고 이를 각국에 할당할 경우 개별 국가가 얻는 보수와 총포획량을 구해보자. 전체 조업국들이 얻는 보수의 총합은 다음과 같다.

$$W(Q) = (v(Q) - c)Q = (a - c - Q)Q \quad (12.6)$$

세계 전체의 후생을 나타내는 식 (12.6)을 포획량 Q에 대하여 미분한 다음 이를 0으로 놓아 보수극대화의 일계조건을 구하면 사회적 최적 개별포획량, 총포획량, 개별국의 균형보수가 각각 다음과 같이 구해진다.

최적 개별포획량: $q^* = \dfrac{a-c}{2n}$ (12.7)

최적 총포획량: $Q^* = \dfrac{a-c}{2}$ (12.8)

최적상태에서 개별국의 보수: $u^* = \dfrac{(a-c)^2}{4n}$ (12.9)

12.1.3 공유지의 비극

이제 앞에서 구한 내쉬균형과 사회적 최적 자원배분을 비교하자. 첫째, 국가의 수 n이 2 이상이라면 내쉬균형에서 개별국의 포획량(식 (12.3))은 세계 전체의 공동이익을 극대화해주는 최적 상태에서 개별국의 포획량(식 (12.7))보다 크다. 당연히 균형 총포획량(식 (12.4))도 사회적 최적 총포획량(식 (12.8))보다 많다. 이는 각국이 자기 이익만을 추구할 때 공유자원이 남용됨을 의미한다.

둘째, 각국의 내쉬균형 보수 $\hat{u}=\frac{(a-c)^2}{(n+1)^2}$은 공동이익을 극대화해주는 최적 상태에서 각국이 얻을 보수 $u^* = \frac{(a-c)^2}{4n}$보다 작다. 이는 공동자원의 이용을 각국의 자율에 맡기지 않고 공동의 이익을 증대시킬 수 있는 조정기구의 할당에 따름으로써 모든 국가들이 보다 행복해질 수 있음을 뜻한다. 다시 말해서, 각국이 모두 포획량을 조금씩 감축한다면 모든 국가의 이익이 증대된다. 그러나 공동자원의 이용을 각국의 자율에 맡길 경우 개별 구성원이 공유자원을 과다하게 이용할 유인을 갖게 되며 결국 서로가 서로를 믿지 못함으로써 공유자원의 남용 및 고갈이 가속화된다.

셋째, $n=1$이면 사회적 최적 자원배분과 내쉬균형 자원배분이 일치한다. 이는 주어진 자원에 재산권이 부여되어 특정 개인이나 집단이 생산량을 독점적으로 결정한다면 자원배분의 효율성이 회복됨을 의미한다. 내쉬균형하에서 자원의 남용 현상은 국가들 간의 전략적 외부효과로 인한 것이다. 개별 국가는 추가 포획에 따라 자기에게 돌아오는 한계수입과 추가 포획에 소요되는 한계비용만을 고려할 뿐 자신의 추가 포획이 희소자원의 남용 및 시장가격의 하락을 통하여 의도치 않게 다른 국가들에게 미치는 부정적 영향에는 개의치 않는다. 이렇게 결정된 포획량은 당연히 개별국이 다른 국가들에게 미치는 영향까지 고려하여 결정한 사회적 최적 포획량에 비해 과다하기 마련이다. 즉, 전략적 외부불경제가 존재한다.

공유지의 비극에서처럼 여러 명이 전략적으로 엮여 있는 게임 상황에서 외부효과는 국가들의 상호 상승작용을 통하여 국가 수 n이 커질수록 더욱 악화된다. 따라서 소유권이 독점적으로 부여된다면 더 이상 '외부'란 존재하지 않게 되므로 자원의 낭비나 남용 없이 사회적 최적이 달성된다.

12.2 공유지 비극의 해법과 반론

12.2.1 재산권적 해법

역사적으로 많은 동식물들이 멸종의 위기에 처해 왔다. 유럽인들이 북미대륙에 처음 도착했을 당시에는 약 6천만 마리의 버팔로(buffalo)가 살고 있었다. 이후 북미에서는 버팔로가 남획되어 1990년경에는 400마리 밖에 남지 않았고 급기야 미국 정부는 버팔로 보호정책을 공포하기에 이르렀다.

오늘날 아프리카에서는 코끼리가 비슷한 상황에 처해 있다.[2] 코끼리의 상아와 가죽은 고가의 사치품이다. 높은 시세 때문에 밀렵꾼들은 무자비하게 아프리카 코끼리들을 포획했으며 그 결과 중동부 아프리카에서 서식하고 있는 코끼리의 수가 급감하였다. 이러한 대량 살육을 막기 위해 전 세계적으로 상아거래를 금지시켜야 한다는 주장도 제기되었다. 대양에 서식하는 긴수염고래, 우리나라의 반달곰과 올빼미 등도 비슷한 위기에 처해 있다.

그러나 세상의 모든 동물들이 멸종위기에 처해 있는 것은 아니다. 북미의 버팔로나 아프리카의 코끼리와 달리 소, 양, 말, 닭 등의 멸종에 대해서는 어느 누구도 걱정하지 않는다. 그렇다고 해서 소, 양, 닭의 가치가 버팔로, 코끼리, 반달곰의 가치보다 못하다는 말인가? 생각해보면 우유, 양모, 닭고기 등도 상아나 웅담 못지않게 귀중한 재화들이다. 그럼에도 불구하고 어떤 동물들은 멸종을 염려해야 하는 반면 다른 동물들은 편안히 지낼 수 있는 근본 원인은 어디에 있을까? 이에 대한 해답은 '버팔로, 반달곰, 코끼리는 주인 없는 공동자원이고 소, 양, 닭은 주인 있는 사적 재화'라는 사실에서 찾을 수 있다.

아프리카의 여러 나라가 취한 코끼리 보존정책은 이를 잘 말해준다. 케냐(Kenya) 정부는 상아거래를 막는 데 매우 적극적이어서 10년 이상 코끼리의 사냥을 금지해 왔다. 그럼에도 불구하고 케냐에 서식하는 코끼리의 수는 1979년 65,000마리에서 1989년 19,000마리로 급격히 줄어들었다. 밀렵이 도처에서 성행하였으며, 사냥금지정책이 코끼리들에게는 오히려 큰 재난이었다.

반면 짐바브웨(Zimbabwe)에서 상아거래는 합법적이다. 일부 규제조건이 있기는 하지만 상점에서 쉽게 구할 수 있다. 그런데도 짐바브웨의 코끼리 수는 1979년의 30,000마리에서 1989년

2 아프리카 코끼리 보존 정책에 대해서는 강태진·유정식·홍종학(2005)의 제11장을 참조.

에는 43,000마리로 오히려 늘었다. 어떻게 이런 현상이 나타나게 되었을까? 짐바브웨에서 주민들은 허가 없이 사냥을 하지 않을 뿐 아니라 밀렵꾼들이 보이면 즉시 경고사격을 한다. 정부가 코끼리에 대한 재산권을 주민에게 부여함으로써 이제 코끼리는 주민들의 귀중한 재산이 되었기 때문이다. 정부도 역시 국유지의 야생동물을 보존하기 위하여 정부 재원을 아끼지 않는 한편 사냥 및 사진촬영 허가요금 등으로 상당한 수익을 올리고 있다. 일반 촌락의 경우 주민들은 연간 일정수의 코끼리를 사냥할 권리를 갖게 되며 종종 그 권리를 전문사냥꾼들에게 팔아 수익을 보태고 있다. 일부 주민들은 사냥권을 획득하기 위하여 자신들 소유의 토지를 포기하기도 하였다. 촌락은 수익금으로 위락시설을 짓거나 주민들이 수익금을 골고루 나눠 갖기도 한다.

아프리카 정부들 간의 상이한 정책들을 통해 아무도 소유하고 있지 않은 자원에 대하여 재산권을 부여할 때의 결과를 흥미롭게 관찰할 수 있다. 재산권이 없었을 때 코끼리 수는 줄어들었다. 정부가 재산권을 설정하지 않았기 때문에 아무도 미래의 귀중한 자원을 보호하려는 유인을 갖지 못하였으며 따라서 밀렵이 성행해도 막을 동기가 제공되지 않았다. 케냐와 비슷한 정책을 취하고 있는 탄자니아, 우간다에서는 코끼리가 계속 수난을 겪었던 반면, 짐바브웨와 유사한 정책을 취하고 있는 보츠와나, 말라위, 나마비아 등에서는 해마다 코끼리 수가 늘었다. 이들 국가에서는 정부가 주민들로 하여금 코끼리를 이용하여 수익을 올리면서 동시에 보존할 동기도 제공하는 재산권을 부여하였으며 결국 성공을 거두었던 것이다.

공유지의 비극은 1990년대 중앙아시아의 카스피해(Caspian Sea)에서 발생한 철갑상어의 비극에서 극적으로 드러난다.[3] 카스피해는 이란과 소비에트연방공화국으로 둘러싸인 염해로 전세계 철갑상어의 90%가 서식하고 있었다. 소련 크렘린의 어업부(Ministry of Fisheries)는 연간 철갑상어 어획 할당량을 정하고 불법 어로나 거래를 엄격히 단속하였다. 덕분에 철갑상어알인 캐비어(caviar)는 고가를 유지하면서 소련에 쏠쏠한 이득을 가져다주었다. 1992년 소련의 붕괴와 함께 카스피해 연안에 네 개의 신생 독립국과 두 개의 자치령이 탄생하면서 상황은 급변하였다. 연안국들은 이제 크렘린의 눈치를 보지 않고 마구잡이로 철갑상어를 포획하기 시작하였으며 캐비어 가격도 급락하였다. 급기야 21세기 초 현재 카스피해의 철갑상어는 씨가 마를 지경이 되었다.

유럽의 종교탄압을 피해 북아메리카로 건너온 청교도들이 17세기 개척 초기에 어떻게 생산력을 대폭 높였는지는 공유지의 비극이 주는 또 하나의 교훈이다. 청교도들은 영국에서부터 지켜온 공동경작과 균등분배의 전통을 버리고 토지 일부를 사적으로 떼어주고 거기서 생산된 작물

3 카스피해의 철갑상어 남획 사례는 Shepsle(2010) 340~341쪽 참조.

은 사적 처분이 가능하도록 하였다. 그러자 농업생산성은 몇 배로 치솟았으며 이는 다양한 시장의 형성과 훗날 경제발전의 기반이 되었다.[4] 물론 사유재산권의 확대가 번영의 충분조건은 아니다. 서구 열강의 과거 식민지 가운데 북미, 오스트레일리아, 뉴질랜드는 선진국으로 발전한 데 반해 인도차이나반도, 중남미, 사하라 이남의 아프리카 등은 여태껏 극빈국인 이유는 무엇일까? 애스모글루(Acemoglu)와 로빈슨(Robinson)에 따르면, 이는 식민지배자들이 자연환경이 좋은 지역에서는 항구적 정착을 위해 본국과 유사한 기반시설의 건설 및 경제사회시스템 구축에 힘썼던 반면 전염병이 창궐하고 자연환경이 열악한 지역은 단지 착취의 대상으로 삼았기 때문이다. 실제 17세기 당시 미국에 정착한 청교도들과는 대조적으로 카리브해(Caribbean Sea)에 정착한 청교도들은 곧 바로 해적으로 돌변하였다.[5]

공유지의 비극을 해결하는 방안으로서 사유재산권 부여가 문자 그대로 사유화 혹은 독점화를 의미하지는 않으며 실제로는 다양한 형태로 운영된다. 독점화의 대표 사례로는 정부가 어선 한 척당 근해 어획량과 포획어종을 제한하거나 연안국들이 배타적 어업수역(exclusive fishery zone : EFZ)을 설정하는 정책을 들 수 있다. 어획량 규제나 어업수역 설정은 경제문제일 뿐 아니라 정치와 외교의 영역이기도 하다. 어민이나 선박제조업체와 같은 이해관계자들이 어획량 규제 철폐나 완화를 요구하고 그들을 지지기반으로 하는 정치인들이나 이익집단들의 거센 요구로 경제적 효율과는 거리가 먼 정치적 타협이 비일비재하다. 또한 배타적 어업수역을 놓고 국제분쟁이 심화되어 양국 간 혹은 다국 간 협상이나 국제기구의 조정과 감독을 통한 외교적 해결책을 모색하기도 하고 간혹 군사적 충돌을 빚기도 한다. 하지만 이 모든 정치, 외교, 군사행동의 핵심에 경제적 이익이라는 요소가 자리잡고 있음은 분명하다.

가격기구를 통해 공유지의 비극을 해결하는 대표 사례로는 '거래가능오염권'(tradable pollution permit) 제도가 있다. 정부로부터 100단위의 오염권을 할당받은 기업이 업종의 특 성상 혹은 자체 저감장비의 구축을 통해 50단위의 오염권만 필요한 경우 나머지 50단위의 잉여 오염권을 시장에 내다 팔 수 있다. 반면 170단위의 오염권이 필요한 기업은 70단위의 초과분을 시장에서 구입해야 한다. 오염권의 가격은 수요와 공급에 의하여 오염권 거래시장에서 결정된다. 이처럼 오염권 시장을 통해 형성된 환경오염은 중앙정부에 의한 피구세 부과나 배출량 규제와 동일한 효과를 갖는다. 피구세 부과나 배출량 규제가 사회적 최적과 일치하도록 하려면 정부나 관료는

---

4 상세한 내용은 졸저 『게임의 기술』(2007), 59~61쪽 참조.

5 관심 있는 독자에게는 Acemoglu, Robinson and Johnson(2001), Acemoglu and Robinson(2005), Acemoglu (2008) 등을 권한다. Landes(1999)도 개인의 자유와 재산권보호가 서구사회의 부의 근원이라고 주장한다는 점에서 이들과 맥이 닿아 있다.

정확한 정보와 자료를 가지고 있어야 하나 이는 비현실적이며 자칫 정부실패를 초래할 수 있다. 반면 오염권 거래의 경우 국가는 시장이 잘 작동하도록 관리감독하면 충분하며 구성원들의 오염 수요나 공급 등을 일일이 알 필요가 없다는 장점이 있다.

12.2.2 재산권적 해법에 대한 반론

공유지의 비극을 해결하기 위한 방안으로서 재산권 설정에 대한 반론도 만만찮다. 첫째, 현실적으로는 재산권을 분명히 정의하기 어려운 경우가 많다. 예컨대, 공해문제에 있어서 우리가 모두 숨 쉬는 공기의 소유권을 누구에게 주어야 할 것인지 난감하다. 둘째, 배타적 보유와 이용에 따라 불로소득이 발생하게 된다면 형평성을 해치게 된다. 셋째, 경제인들이 재산권을 얻기 위한 지대추구행위가 발생할 경우 효율성도 상실될 수 있다.

공유지의 비극에 대한 가장 설득력 있는 반대 논리로는 헬러(Heller 1998, 2008)가 주창한 '반(反)공유지의 비극'(tragedy of anti-commons)을 들 수 있다. 이는 희소한 자원이나 권리가 너무 잘게 나누어져 사유화되고 있을 때 그 자원이 사회적 적정 수준보다 지나치게 과소하게 이용되거나 혹은 너무 많은 사람들이 배제된다는 것이다. 여러 필지로 잘게 나누어져 있는 토지는 만일 하나의 큰 필지로 통합되어 있다면 가능했을 개발이나 이용이 쉽지 않아 '산동네'처럼 방치되는 경우가 많다. 또 발명과 발견을 촉진하기 위해 설정한 특허권을 과도하게 보호할 경우 경제적 효율성이 오히려 낮아질 수 있다. 예컨대, 획기적인 신기술이나 신약에 대한 아이디어가 있더라도 그와 관련된 수많은 특허권자와 일일이 교섭하기가 어려워 개발되지 못하고 사장되기도 한다.

재산권적 해법에 대한 보다 근본적인 비판은 효율성을 최고 가치로 여기는 공리주의적 접근을 겨냥한다. 아프리카 흑코뿔소(black rhinoceros)와 캐나다 북부의 바다코끼리의 사례를 들어 보자.[6]

1970년대 이후 코뿔소의 개체 수가 급감하자 남아프리카공화국 정부는 목장 주인에게 제한된 수의 코뿔소를 사냥할 수 있는 권리를 팔도록 했다. 목장 주인이 금전적 인센티브를 얻기 위해 코뿔소를 밀렵으로부터 보호하고 번식할 수 있도록 도왔다. 실제 흑코뿔소 사냥권은 마리당 15만 달러에 거래됐고, 이후 개체수도 증가하기 시작했다. 공리주리 혹은 자유주의 관점에서 볼 때 매우 바람직하다. 목장주인은 돈을 벌고, 사냥꾼은 위험을 무릅쓰고 접근하여 맹수에게

6 Sandel(2012) Chapter 2.

접근하여 죽이는 쾌감을 느끼며, 정부는 멸종위기 흑코뿔소의 보존이라는 성과를 얻었다.

대서양 바다코끼리의 사냥은 그야말로 황당하다. 캐나다 이누이트(Inuit)족은 4500년 동안 바다코끼리를 잡아 생계를 꾸려왔기에 정부는 오직 그들에게만 바다코끼리 사냥을 허용했었다. 그런데 1990년대 이후 이누이트족은 사냥권을 팔 수 있도록 허용해달라고 요청했고 캐나다 정부는 이를 받아들였다. 미국인이나 유럽인들은 '기다란 배를 타고 완전 무방비 상태로 누워있는 바다코끼리를 총으로 쏴 죽이는 재미'를 누린다. 이누이트족들의 소득은 증대되고 서양인들은 사살의 쾌감을 누린다. 사냥권 수가 제한되어 있어 바다코끼리의 개체수도 적정하게 유지된다. 공리주의적 관점에서는 '누이 좋고 매부 좋은' 정책이다.

하지만 의무론적 정치철학으로 보면 문제가 심각하다. 금전적인 거래가 멸종위기 야생동물의 가치를 퇴색시킬 수 있다. 정책목표는 멸종위기 동물의 수를 제대로 보존할 수 있는지 못지않게 야생동물의 가치를 올바르게 평가하는 방식을 나타내고 증진하는지에 초점을 맞춰야 한다. 공리주의 관점으로 보면 부자 사냥꾼의 희귀동물 사살 선호는 타고난 것이므로 옳고 그름을 따질 수 없다. 그러나 의무론적 관점에서 보면 사냥권 매매는 부자 사냥꾼의 삐뚤어진 욕망을 채워주는 도구에 불과하다. 수천년간 유지해온 역사와 문화를 보존하기 위해 이누이트족에게만 특별히 허용했던 바다코끼리 사냥권을 돈 많은 백인들에게 판매함으로써 그저 동물사살 오락으로 변하도록 한 것은 사회적으로 동의했던 본연의 취지를 왜곡한다. 야생동물 사냥권뿐만 아니라 사람의 장기, 성, 학위까지 거의 모든 것이 상품화되는 문화와 관습을 형성케 한다.

12.3 독재, 부패, 경제발전

공유지의 비극은 여러 경기자가 참여하는 죄수의 딜레마와 개념적으로 같다. 여럿이 동시에 협력한다면 모두에게 더 행복한 바람직한 사회시스템을 만들 수 있다. 그럼에도 불구하고 개인의 이탈동기로 인하여 모두에게 더 불행한 사회가 실현되며, 그러한 상황은 지속적이고 공고하다.[7]

사회나 국가에서 민심을 잃은 폭정이 오래 지속되는 현상은 심심찮게 관찰된다. 내부인들 모

7 이러한 현상은 소설의 단골 소재이기도 하다. 이문열의『우리들의 일그러진 영웅』(1987)에서는 엄석대라는 단 한 명의 학생이 학교 전체를 장악하고 대다수의 학생들이 그에게 충성을 바친다. 조지 오웰(George Orwell)의 Animal Farm(1945)과 윌리엄 골딩(William G. Golding)의 Lord of the Flies(1954)에서도 소수가 전체를 장악하고 온갖 폭정을 저지르는 폐쇄사회를 묘사하고 있다.

두가 고통받고 있음에도 불구하고 그러한 체제는 외부 시각으로 보기에 도저히 이해가 되지 않을 만큼 지속적이고 공고하다. 히틀러가 통치하던 제3제국 독일, 차우셰스크(Nicolae Ceausescu, 1918~1989) 체제하의 루마니아, 소모사(Anastasio Somoza Debayle, 1925~1980) 치하의 니카라과, 공산 독재체제하의 북한과 미얀마, 중동과 북아프리카의 이슬람 독재국가들 등 동서양과 고금을 막론하고 사례는 다양하다.

물론 다수의 대중들이 동시에 집단행동을 취하면 폭정을 뒤엎을 수 있다. 그러나 집단행동을 개시하기 위해 필요한 의사소통과 협력이 쉽지 않다. 의협심에 불탄 누군가가 주동하더라도 사전에 발각될 경우 그에게는 가혹한 희생이 따르는데, 대다수의 구성원들이 기존 질서에 복종하는 체제에서는 주모자가 사전에 발각될 확률이 매우 높다. 개인의 입장에서는 불만스럽더라도 지금처럼이라도 사는 것이 공명심을 발휘하다가 죽는 것보다 낫다. 독재자들 또한 이러한 공유지의 비극, 즉 다수가 참여하는 죄수의 딜레마의 특성을 잘 파악하고 있기 때문에 그들에게 있어 폭정의 유지를 위하여 철저한 감시감독과 가혹한 처벌은 필수불가결하다.

공유지의 비극은 부패와 경제성장의 관계에도 중요한 시사점을 갖는다.[8] 모로(Mauro 1995)의 실증자료를 보면 부패가 심한 국가일수록 경제성장률이 낮다. 기업들은 투자의 결실을 챙기지 못할 환경에서는 투자를 꺼리기 마련이다. 따라서 투자 수입의 일부가 뇌물이나 상납 형태로 바쳐져야 하거나 정국 불안 혹은 재산권보호 미흡으로 인하여 투자 리스크가 큰 경우 경제성장은 낮을 수밖에 없다.

러시아는 1917년 볼셰비키혁명 이후 74년간 유지되던 공산체제가 1991년 무너지면서 부정부패로 얼룩져 왔다. 기업들은 공무원들에게 정기적으로 뇌물을 제공하며 범죄조직에도 보호비 명목의 상납을 해야 했다. 러시아와 우크라이나의 경우 창업, 소방점검, 위생점검, 법인세신고에서 거의 모든 업체가 당국자들에게 뇌물을 준 것으로 나타났다. 러시아의 경제성장률은 1990년대 내내 러시아와 유사한 시장경제로의 이행 과정을 거쳐온 동유럽 국가들에 비해 뒤졌다.

인도네시아는 러시아보다 더 부패한 나라였다. 1960년대 후반 인도네시아의 1인당 국민소득은 방글라데시, 나이지리아, 가나보다 적었다. 그러나 수하르토(Suharto, 1921~2008) 집권 이후 인도네시아는 농업개혁, 석유수출, 안정적인 거시경제정책 등의 결과 비약적인 경제성장을 이루었고 1998년 수하르토가 실각할 당시에는 빈곤퇴치의 대표 사례로 인구에 회자되었다. 이는 수하르토정권하에서 부정부패의 심각성에 비추어 볼 때 매우 이례적이다. 수하르토의 가족과 친인척은 인도네시아 대부분의 주요 기간산업을 소유하였다. 이들 기업들은 엄청난 기업보

---

8 McMillan(2002) 제11장과 Shleifer and Vishny(1993) 논문을 참조함.

조금, 세금감면, 관급공사의 수의계약 등의 특혜를 누리며 독점체제를 구축하고 천문학적 수입을 얻었다. 와중에도 시장은 번창했다. 1980~1996년 민간부문투자는 인도네시아 국내총생산(GDP)의 17%를 차지했다. 이는 한국이나 말레이시아보다는 낮지만 남아시아, 중남미, 사하라사막 이남 아프리카 국가들보다는 높은 수준이었다. 엄청난 부정부패와 족벌주의(nepotism)에도 불구하고 인도네시아인들은 물론 외국인들도 인도네시아를 안전한 투자처로 꼽았다.

국제투명성기구(Transparency International)에 따르면 인도네시아는 세계에서 둘째가라 면 서러울 만큼 부패한 나라였던 반면 러시아는 그 정도로 나쁘지는 않았다. 그럼에도 불구하고 러시아 시장은 지리멸렬한 반면 인도네시아는 상당한 성과를 거둔 이유는 무엇일까?

슬레이퍼와 비쉬니(Shleifer and Vishny 1993)는 공유지의 비극 개념을 적용하여 이를 설명한다. 인허가, 세무, 소방, 관세, 대출 등 요소요소에서 관료들은 기업으로부터 돈을 갈취할 수 있다. 그들은 자신이 기업을 갈취하지 않더라도 다른 공무원들이 먼저 갈취할 것이라 예상하고 가능한 한 많은 돈을 갈취한다. 모든 공무원들이 이처럼 기업 갈취에 혈안이 된다면 기업은 투자 의지를 가질 리가 없다. 그 결과 이듬해 공무원들이 갈취할 뇌물은 줄어들게 된다. 나라는 점점 가난해지고 장기적으로 공무원들이 갈취할 수 있는 자원도 고갈된다. 마치 여러 나라나 경제주체들이 공유자원을 경쟁적으로 남용함으로써 장기적으로 공유자원은 거덜나고 경제주체들도 점차 불행해지는 것과 같은 이치이다.

러시아와 달리 인도네시아의 고위층은 다른 이들의 부패를 철저히 통제했다. 수하르토는 입법부, 사법부, 군대를 장악하고 주물렀다. 하위직 공무원들 사이에 자잘한 부패는 있었으나 도가 지나치다 싶으면 곧바로 숙청해버렸다. 수하르토의 무소불위 권력 덕분에 엄청난 돈이 수하르토 일가로 흘러들어 갔지만, 관료들을 철저히 통제한 결과 시장은 잘 작동했다. 대기업은 군 출신을 영입해 보호막으로 삼았다. 공무원들로부터 과도한 갈취를 당하지 않으리라는 확신이 기업인들 사이에 퍼지자 투자가 늘고 경제가 성장했다. 수하르토 일가가 정치권력과 산업을 모두 장악하는 상황은 마치 공유지의 비극에서 독점체제가 효율성을 높이고 그 결과 경제적으로 번성하는 이치와 같다. 물론 인도네시아의 대다수 국민들은 극도로 열악한 삶을 살았다. 그러나 경제성장으로 인하여 전반적인 수준이 올라가자 민주화의 요구가 뒤를 이었고 급기야 1998년 수하르토의 실각으로 이어졌다.[9] 이러한 인도네시아의 부패와 경제성장 양상은 1960~1987년 우리나라 군사정권시대의 그것과도 매우 닮아 있다.

---

9 경제사학자 랜즈(Landes 1999)는 비단 20세기의 러시아뿐 아니라 지난 천년의 동·서양 역사를 통해 개별 공동체나 국가들의 경제적 흥망성쇠가 사유재산권의 보호 정도 및 통치체제의 가혹성에 기인한다고 설파하고 있다.

12.4 클럽재[10]

12.4.1 단순 모형

공공재는 비배제성과 비경합성을 모두 갖는 재화인 데 반해 클럽재(club goods)는 배제가능하되 경합성이 없거나 약한 재화로 정의된다. 피트니스센터나 골프장의 회원권(membership)이 대표적 사례이다. 비회원은 출입 자체가 배제되지만 일단 회원이 되면—매번 사용료를 낼 수는 있으나—얼마든지 이용할 수 있기 때문이다.

제11장에서 다루었던 공공재 모형을 다소 변형하여 클럽재의 경제적 효율성을 살펴보자. 소비자의 효용함수 $U(x, G, n)$는 클럽재 G, 사유재 x의 증가함수이며 회원수 n의 감소함수이다. 클럽재 G단위를 공급하는 데 드는 비용 $C(G)$를 회원들이 고루 분담하며 사유재의 가격을 1이라고 가정하자. 소비자의 효용극대화 문제는 다음과 같다.

$$\text{극대화 } U(x, G, n)$$

$$\text{제약조건 } M = \frac{C(G)}{n} + x \, (M\text{은 주어진 명목소득})$$

일계조건을 구하면 다음이 도출된다.

$$nMRS_{G:x} = C'(G) \qquad (12.10)$$

$$MRS_{n:x} = -\frac{C'(G)}{n^2} \qquad (12.11)$$

한계대체율 $MRS_{G:x} \equiv \dfrac{\partial U/\partial G}{\partial U/\partial x}$는 클럽재 1단위를 더 누리기 위하여 희생할 용의가 있는 사유재 수량이므로 클럽재에 대한 주관적 가치를 나타낸다. 클럽회원 n명 누구에게나 열려있다는 사실에 유의하면 식 (12.10)의 좌변은 클럽 회원권의 한계혜익을 나타냄을 알 수 있다. 우변은 클럽재 1단위를 늘리는 데 소요되는 한계비용이므로 식 (12.10)은 사뮤엘슨 효율기준에 다름 아니다. 클럽의 배타성으로 인하여 시장기구에 맡겨도 파레토 효율이 달성되는 것이다.

10 12.4절과 12.5절은 Hindriks and Myles(2013) Chapter 7을 많이 참조함.

식 (12.11)의 좌변은 클럽회원 1명을 추가로 받을 경우 혼잡으로 인하여 기존회원들이 희생해야 하는 효용수준을 사유재 수량으로 나타낸 것이다. 회원 1명이 늘어날 경우 기존회원들이 분담해야 하는 비용은 줄어드는데 식 (12.11)의 우변은 이를 나타낸다. 혼잡이 있을 경우($\frac{\partial U}{\partial n}<0$) 클럽 회원수는 사적 경제논리에 따라 효율적 수준으로 결정된다.

12.4.2 이부가격제

클럽은 대개 가입비 F원을 받고 회원이 되면 매번 이용료 p를 부과하는 이부가격제(two-part tariff)로 운영된다. 개인회원의 평균이용횟수를 v라 놓으면 전체회원들의 총이용횟수는 $V=nv$이다. 회원의 효용극대화 문제는 다음과 같다.

$$\text{극대화} \quad U(x,\, G,\, v,\, nv) \tag{12.12}$$

$$\text{개인회원의 예산제약} \quad M = x + F + pv \tag{12.13}$$

$$\text{클럽운영자의 균형수지} \quad nF + npv = C(G,\, nv) \tag{12.14}$$

사유재 x, 클럽재 G, 자신의 이용횟수 v가 클수록 효용수준은 높아지는 반면 혼잡도를 나타내는 $V \equiv nv$가 클수록 효용수준은 낮아진다. 식 (12.13)은 개인회원의 예산제약식을 나타낸다. 식 (12.14)는 클럽재 공급비용을 회원들의 입회비 및 이용료 수입으로 충당한다는 클럽운영자 입장에서의 균형수지 조건이다.

선택변수 x, G, v, V에 대한 효용극대화 일계조건을 구하면 다음과 같다.

$$n\ MRS_{G:x} = \frac{\partial C}{\partial G} \tag{12.15}$$

$$MRS_{v:x} = \frac{\partial C}{\partial V} - n\,MRS_{V:x} \tag{12.16}$$

식 (12.15)는 클럽재 공급의 사회적 한계혜익과 한계비용이 일치해야 한다는 사뮤엘슨 효율기준이다. 식 (12.16)의 좌변은 이용횟수 증가에 따른 효용 증가분이므로 사회적 한계혜익이다. 우변은 개인의 이용횟수 증가가 클럽을 혼잡하게 만듦으로써 유발되는 공급비용 증가분 및 회원들의 효용 감소분을 고려한 사회적 한계비용이다. 개인회원의 효용극대화 이용횟수는 이 둘이 일치하는 선에서 결정되므로 효율적이다.

입회비와 이용료를 각각 얼마씩 책정할지는 다음 식에 의해 결정된다.

$$F + pv = v\frac{\partial C}{\partial V} - nv\,MRS_{V:x} \tag{12.17}$$

식 (12.17)의 좌변은 클럽운영자의 수입을 나타내며 우변은 지출을 나타낸다. 우변의 첫 항은 총이용횟수의 증가로 인해 늘어나는 클럽재 공급비용이며 둘째 항은 혼잡으로 인해 감소하는 효용을 총이용횟수로 곱한 값이다. 식 (12.17)을 충족하는 이부가격제(입회비 F와 회당 이용료 p의 쌍)는 여러 개 존재할 수 있다.

연습문제 >> 12-1 EXERCISES

식 (12.15), (12.16), (12.17)을 각각 도출하라.

12.5 지방공공재

12.5.1 지방공공재의 개념

대다수 선진국이나 일부 중진국에는 지방자치가 발달되어 있다. 우리나라만 해도 광역자치단체(특별시, 광역시, 도)의 단체장과 광역의원은 물론 기초자치단체(시, 군, 구)의 단체장과 기초의원까지 4년마다 치르는 총선거로 선출하고 있어 선거 과잉이라는 논란이 있을 정도이다. 광역자치단체는 취득세, 등록세, 지방교육세 등을 거두며, 지방자치단체는 주민세, 재산세, 자동차세, 도시계획세 등으로 재원을 마련한다. 사회간접자본, 초중고 교육, 사회복지 등 상당수의 공공재도 지자체 단독으로 혹은 중앙정부의 지원과 병행하여 제공한다.[11]

시장과 국가의 가장 큰 차이는 이동성에 있다. 소비자나 기업은 이전에 사용하던 재화보다 더

11 우리나라에서 진정한 의미의 지방자치가 시행되고 있는지에 대해서는 반론이 있다. 지자체의 재정자립도를 보면, 2013년 현재 전국평균 51.1%인데 그나마 2004년 57.2%로부터 매년 하락해 왔다. 특별시와 광역시의 재정자립도는 2013년 현재 66.8%이며, 군(郡)의 재정자립도는 16.1%에 불과하다.

만족스러운 제품을 발견하면 곧바로 바꾸어 구매하고, 시장은 이러한 이동성과 신축성을 곧바로 반영하므로 효율성을 높이는 방향으로 진화한다. 반면 나라가 가난하고 형편없다고 해서 국경선이 좁아지거나 곧바로 타국으로 이주하기는 어렵다. 그렇다면 국가가 국민들의 선호와 이익을 충분히 반영하는 체제로 이행하기가 그토록 어려운 이유는 무엇인가? 쿠터(Cooter 2000)에 따르면 정치적 경쟁이 부족하거나 부재한 데 있다. 우리나라 역시 자유한국당(과 그 전신들)은 영남에서, 더불어민주당(과 그 전신들)은 호남에서 '막대기만 꽂아놔도 당선되는' 지역분할 구도가 정치 후진성의 가장 큰 원인이라는 설득력 있는 지적이 있다.

국가 간의 차원과 달리 국가 내에서는 이동이 비교적 자유롭다. 주민들의 선호와 욕구가 다양해질수록 지방의 수가 많아지는 것이 바람직하다. 자녀교육을 우선시하는 사람은 대치동, 전통문화와 한옥에 대한 관심이 높은 주민은 삼청동, 통근시간과 비용에 민감한 사람은 광화문이나 테헤란로 주변에 거주하고자 한다. 이는 대치동을 자녀교육에 대한 선호가 강한 주민들과 그들의 욕구를 충족시켜줄 수 있는 학교나 학원들로 채우도록 만든다. 집값과 임대료가 비싼 대치동에 거주하려면 부와 소득이 중상류 이상이 되어야 하므로 사회경제적으로 엇비슷한 주민들끼리 공동체를 구성하게 된다. 선호뿐 아니라 부와 소득도 작용하는 이러한 상승효과는 지역별 집적화(clustering)와 지역 분할(segregation)을 가속화시킨다.[12] 예컨대, 미국 캘리포니아의 베벌리힐스(Beverly Hills)는 주로 백인 최상류층이 거주하는 데 비해, 자동차로 불과 20분 거리에 떨어져 있는 사우스센트럴(South Central)은 아프리카계와 라틴계 범죄자들이 난무하는 슬럼이다.

지방공공재(local public goods)는 공공재와 클럽재의 이중적 성격을 갖는다. 대개 지방공공서비스를 제공받으려면 해당 지역에 주거지를 구입하거나 임대한 등록 주민이어야 한다. 특히 집값이 비싼 지역에 거주하려면 상당한 소득이나 재산이 있어야 하는데 이는 값비싼 회원권을 사고 배타적 권리를 가지는 상황에 다름 아니다. 주민은 재산세, 지방소득세, 교통유발분담금 같은 세금을 지방자치단체에 납부할 의무를 지며 이를 이행하지 않을 경우 갖가지 불이익을 당한다.

하지만 지방공공재의 배제성은 전형적인 클럽재에 비해서는 느슨하다. 해당 지자체의 주민이 아니라고 하더라도 도로, 체육시설, 공원과 같은 공공재를 큰 어려움 없이 이용할 수 있다. 다만 이동에 따른 거래비용 그리고 해당 주민들이 누리는 요금할인을 받지 못하므로 발생하는 기회비용이 높아지는 정도이다.

---

12 Schelling(1969, 1971)은 지역분리를 게임이론을 적용한 엄밀한 모형으로 분석하였는데, 지역분리 및 인종차별에 관한 수많은 후속연구들의 효시가 되었다.

연습문제 >> 12-2 EXERCISES

국가는 K개의 지방자치단체로 나누어져 있다($i=1, 2, \cdots, K$). 지자체 i는 공공재를 공급($g_i=1$)하거나 포기한다($g_i=0$). 지자체 i가 $g_i=1$을 선택할 경우 해당 주민은 b_i단위의 혜택을 얻고 타 지자체 $j(j\neq i)$ 주민은 e_{ji}단위의 외부효과를 얻는다(e_{ij}는 양수(+)일 수도 음수(−)일 수도 있음). 지자체 i의 공공재 공급 비용은 c_i이다. 지자체가 $g_i=0$를 선택하면 건설비도 들지 않지만 해당 주민이 얻는 혜택과 타 주민에게 미치는 외부효과도 전혀 없다.

(1) 사회최적을 구하라.

(2) 지방분권하에서 공공재 공급비용은 주민들로부터 징수한 세금으로 충당하여 균형재정수지를 맞춘다고 하자. 지자체 i 주민은 1단위의 명목소득을 세금으로 내고 남은 금액을 사유재 구입에 쓰므로 $x_i=1-\tau_i$이다. 내쉬균형을 구하라.

(3) 사회최적과 내쉬균형이 다른 이유를 설명하라.

12.5.2 지방자치 균형

특정 지역이 세금이나 주거확보 비용에 비해 공공재나 공공서비스가 압도적으로 탁월하면 해당 지역으로 이주할 유인을 갖게 된다. 이러한 이주 유인은 지방들 간의 인구 유출입을 유도하고 장기적으로는 지역별 인구분포의 균형을 이루게 된다.

지역별 인구 및 공공부문의 분포를 장기적 효율성의 관점에서 살펴보자. 전체 N명의 인구가 두 지역(A, B)에 나뉘어 거주하는 상황을 고려하자. 지역 A와 지역 B에 거주하는 인구를 각각 a, b라 놓으면 $a+b=N$이다. 지방자치단체는 자기 지역의 주민에게 공공서비스를 제공하며 그 비용을 주민들에게 균등하게 분담시킨다고 하자. 따라서 주민수가 늘어날수록 개인의 공공서비스 분담비용은 줄어들기 마련이다.

다른 한편 주민수가 늘어날수록 복지혜택이나 공공부문 일터로부터 받는 임금 등 개인소득은 줄어드는 경향이 있다. 이를 반영하여 지역 A와 지역 B에서의 개인별 소득을 $M(a)$와 $M(b)$로 나타낼 때 $M'<0$라고 가정하자. 단순화를 위하여 공공재의 가격은 사유재의 가격과 동일한 $\tau=1$이라고 가정하자. 이상을 종합하여 지역 A에 거주하는 개별 주민의 직접효용함수를 구성하면 $u\left(G, M(a)-\dfrac{G}{a}\right)$이다.

지방자치단체는 주어진 주민에 대하여 — 무임승차문제를 효과적으로 해결하여 — 파레토최적 수준의 공공재를 공급한다고 가정하자. 그러면 지역 A에서 다음의 사뮤엘슨 조건이 충족된다.

$$a\frac{\partial u/\partial G}{\partial u/\partial x} \equiv a\,MRS_{G:x} = 1 \tag{12.18}$$

식 (12.18)을 풀어 지역 A의 최적 공공재 공급량 G를 주민수 a의 함수로 나타내면 $G(a)$가 된다. 이를 지역 A 주민의 효용함수에 대입하면 간접효용함수 $v(a)$가 지역 A의 주민수 a의 함수로 표현된다.

$$v(a) = u\left(G(a),\, M(a) - \frac{G(a)}{a}\right) \tag{12.19}$$

지역 A 주민 개인의 효용수준은 당연히 해당 지역의 인구수 a에 따라 달라지는데 이를 알아보기 위해 식 (12.19)를 a에 대하여 미분하면 다음과 같다.[13]

$$\begin{aligned} v'(a) &= \frac{\partial u}{\partial G}G'(a) + \frac{\partial u}{\partial x}\left[M'(a) + \frac{G(a)}{a^2} - \frac{G'(a)}{a}\right] \\ &= \frac{\partial u}{\partial x}\left[M'(a) + \frac{G(a)}{a^2}\right] \end{aligned} \tag{12.20}$$

식 (12.20)에서 $\frac{\partial u}{\partial x}$는 양수(+)이므로 $v'(a)$의 부호에 영향을 미치지 않는다. 괄호 안을 보면 특정 지역의 인구수가 늘어날수록 그 지역에서의 개인소득은 줄어든다는 가정($M'<0$)에 의하여 첫째 항은 음수(−)인 반면 둘째 항은 언제나 양수(+)이다. 지역 A의 인구수 a가 매우 낮으면 식 (12.20)의 우변이 양수(+)인데 a가 커질수록 v'값이 점점 작아지다가 a가 일정수준을 넘어서면 v'이 음수(−)가 될 가능성이 높다.[14] [그림 12-1]에서 $v(a)$는 지역 A 주민의 효용수준을 해당 지역의 인구수 a의 그래프로 나타내고 있다.

이상과 대칭적인 논리와 방법에 의하여 지역 B 주민의 효용수준 $w(b)$는 해당 지역의 인구수 b의 함수로 나타낼 수 있다. [그림 12-1]에서 지역 B의 원점 O_B에서 왼쪽으로 갈수록 b가 커지도록(따라서 a가 작아지도록) 겹쳐 그렸다. 당연히 O_A와 O_B 사이의 거리는 전체 인구수 N과 정확히 같다.

13 지역 A의 최적 공공재 공급량 $G(a)$는 주어진 주민수 a에 대하여 효용함수 극대화로부터 구한 것이므로 일계조건인 식 (12.18)을 식 (12.20)의 첫째 줄에 대입하면 둘째 줄이 도출된다.

14 함수 v'의 정확한 부호는 $M(a)$나 $G(a)$의 구체적 함수형태에 따라 달라진다. 엄밀한 분석이 아니라 직관적 설명에 의존하고 있기 때문에 '가능성이 높다'고 표현하였다.

그림 12-1 공공부문의 지역별 균형

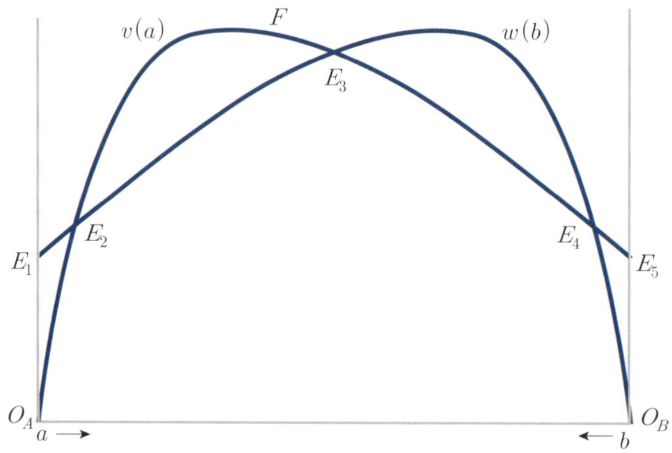

균형 E_1은 모든 인구 N명이 지역 B에 거주하고 지역 A는 공동화되는 장기균형 혹은 균질상태(steady-state)이다. 이 경우 지역 B 주민이 누리는 효용수준은 그가 지역 A로 이주할 경우 누리게 될 효용수준(그래프상에서는 0단위)보다 크므로 안정적 상태이다. 대칭적으로 E_5는 모든 사람들이 지역 A에만 거주하는 안정적 상태이다.

균형 E_3는 지역 A와 지역 B에 인구가 나뉘어 거주하며 양 지역의 주민이 동일한 효용수준을 누리는 지역균형발전 상태이다. 이제 외부적 혹은 우연적 요인에 의하여 지역 A 주민수가 조금 줄고 지역 B 주민수가 조금 늘어 균형 E_3에서 좌측으로 약간 벗어났다고 하자(예컨대, 점 F). 지역 A 주민이 누리는 효용수준이 지역 B 주민의 그것보다 크므로 B 주민 중 일부가 A로 이주할 유인을 가지므로 장기적으로는 E_3가 회복된다. 이는 지역 A 주민수가 다소 늘어나는 반대의 경우에도 마찬가지이다. 결론적으로 지역균형발전 상태 E_3는 안정적 장기균형이다.

[그림 12-1]에서 E_2와 E_4 역시 균형이지만 이들은 나머지 세 균형 E_1, E_3, E_5와는 달리 불안정적(unstable)이다. 현재 E_2 상태에 있다고 하더라도 외부적 혹은 우연적 요인으로 지역 A나 지역 B의 주민수가 조금 늘면 E_2로부터 점점 멀어져 E_3나 E_1로 수렴하게 되기 때문이다. 장기적으로 지속가능하지 않을 이러한 균형을 배제하면 결국 지역균형발전 상태인 E_3 혹은 특정 지역에만 집중화되는 E_1이나 E_5만이 안정적 균형으로 형성된다. 주민들이 누리는 효용수준이 보여주듯이 사회 전체적으로 볼 때 E_3는 파레토최적인 반면 E_1나 E_5는 파레토 비효율적이다. 그럼에도 불구하고 개인이나 소수의 힘으로 파레토 열등한 균형이 형성되는 것을 막을 방법은 없

그림 12-2 지역집중화만이 안정적 상태인 경우

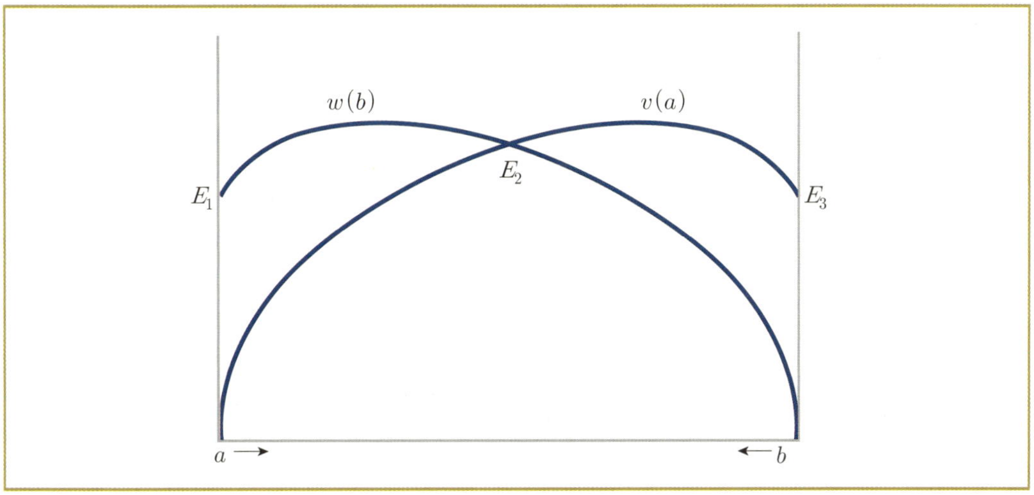

으며 따라서 지방공공재의 효율적 공급은 보장할 수 없다.

[그림 12-2]는 한 지역에만 모든 인구가 집중되는 상태만이 안정적 균형이며 두 지역이 고루 발전하는 상태는 지속가능하지 않은 상황을 묘사한다. 집적(cluster)에 따른 네트워크 효과가 그다지 크지 않아 특정 지역의 인구규모가 증가하더라도 해당 지역주민의 효용수준은 서서히 증가하는 경우 두 지역 모두 발전하기보다 한 지역에 집중화되는 경향이 나타난다. 균형점 E_1은 모든 인구와 공공재가 지방 B에 집중되는 반면 지방 A는 공동화되는 상태이고, E_2는 그 반대의 경우이다. 점 E_2 역시 균형이기는 하지만 외생적 혹은 우연적 요인으로 조금만 벗어나도 E_1 혹은 E_2로 수렴해버리는 지속불가능한 상태이므로 배제한다.

12.6 티보우가설

티보우(Tiebout 1956)모형은 지방공공재 이론의 효시로서 시카고학파의 철학을 잘 대변한다. 주민들은 각자 가장 선호하는 조세와 공공재의 조합을 제공하는 지역으로 이주하거나 정착하기를 원한다. 티보우이론에 따르면 지방자치단체들은 주민유치를 위하여 경쟁하며 각 지역에 맞는 세제와 공공재의 조합을 제시하게 된다. 티보우모형에서 지방자치단체 간의 주민유치 경쟁은 '발로 투표'(voting by the foot)로도 불린다. 이렇게 형성된 상태에서 특정인을 타 지역으로 강제 이동시키면 다른 구성원들이 더 행복해지지도 않으면서 사회 전체의 후생만 낮아질 뿐이므로 지역균형은 파레토최적이다. 티보우모형은 경쟁을 통하여 효율이 달성된다는 시카고학파의 철학에 기반을 두고 있으며, 공공재를 시장에 맡길 경우 과소생산되거나 과다소비된다는 기존 주장을 뒤엎으려는 시도였다.

티보우의 가설이 성립하기 위한 필요충분조건은 다음과 같다. 첫째, 주민들의 지역 간 이동이 완전히 자유롭다. 둘째, 충분히 많은 수의 지자체가 존재한다. 셋째, 개인이 모든 지역의 세제와 공공재에 관하여 정확한 정보를 갖고 있다. 넷째, 한 지역의 공공재가 타 지역민의 후생에 영향을 미치지 않는다. 다섯째, 공공재 건설에 규모의 경제성이 존재하지 않는다.[15]

티보우모형의 전제조건들은 다소 비현실적인데, 특히 핵심요건인 자유 이동성이 논란이 된다. 유럽연합(EU)은 국가 간 장벽을 걷어내고 법제도를 통일하여 노동 이동성을 최대한 보장하는 방향으로 발전했지만 언어, 기후, 문화, 교육수준 등이 걸림돌이 되어 완전히 자유로운 이동은 어렵다. 독일의 거주환경이 좋고 임금수준이 높다고 해서 그리스나 스페인의 노동자가 단기간에 독일로 이주하기는 어렵다. 다른 한편 경제적, 정치적, 언어적, 사회문화적 장벽이 낮아질수록 티보우의 가설에 따라 지역별 집적화가 강해지고 효율성이 높아진다.

이동성과 다양성

지방정부는 지역 내의 동질성을 유지하기 위해 개인의 자유를 제한하는 법이나 규제를 설정하기도 한다. 예컨대, 서울의 북촌 거주민이 한옥이 아닌 초현대식 건물이나 양옥을 지으려 할 때 종로구청이 이를 억제하려 하면 갈등이 발생하게 된다. 이때 정책을 결정하는 중요한 잣대가 바로 이동성이다. 만약 이동비용이 낮고 이동성이 높으면 해당 주민이 타지로 이전하면 되므로 사회적으로 큰 문제가 되지 않는다. 우리 속담에 '절이 싫으면 중이 떠나라'와 일맥상통한다. 반면 이동비용이 높거나 이동성이 낮으면 지방정부의 규제는 개인의 권리를 침해하게 되므로 다양성을 어느 정도는 허용할 수밖에 없다.

종교계 학교(미션스쿨)에서 실시하는 종교교육이 좋은 사례이다. 오래전처럼 자신이 원하는 중고등학교에 지원하여 입학하는 경우에는 종교교육을 의무화해도 학생 본인의 선택으로 입학한 것이므로 문제 삼기가 어렵다. 그러나 중고등학교 평준화 이후 학생의 학교 선택권이 없고 강제 배정되므로 불교 신자가 기독교 학교에 입학할 수도 있다. 그런 상황에서 학교가 종교교육을 의

15 티보우모형에 관해서는 Inman and Rubinfeld(1997)와 Cooter(2000)의 제7장을 참조하였음.

무화하는 것은 개인에 대한 권리침해로 볼 수 있다. 유사한 논리로 학생이 선택하여 입학한 대학교에서 종교교육이나 행사를 거부하는 행위는 상대적으로 타당성이 약하다.

12.7 실험연구[16]

공공재 건설에 있어서 핵심 의문은 실제 사람들의 무임승차 동기가 얼마나 작용하는지 혹은 개인적 희생이 따르더라도 사회의 공동선을 위해 일정 부분 기부하는지에 있다. 보다 일반적으로 개인들의 사익과 공동체 전체의 효율성 간의 충돌이 핵심 주제인 죄수의 딜레마에서 사람들이 어떻게 행동하는지에 대한 실험적 연구는 1970년대 말부터 꾸준히 있어 왔다. 사회심리학에서는 사회 딜레마, 정치학에서는 공동체 딜레마, 경제학에서는 공공재 문제 등으로 다양하게 불리고 있지만 말이다.

12.7.1 공공재 실험과 무임승차

자발적 기부 메커니즘

공공재 건설 실험연구의 효시는 마웰·에임즈(Marwell and Ames 1979, 1980)이지만 모형 설정이나 실험변수 통제 등에 단점이 많아 현대적 의미의 실험연구로 보기는 어렵다. 아이작·워커·토마스(Isaac, Walker and Thomas 1984)는 '자발적 기부 메커니즘'(volunteer contribution mechanism: VCM)이라 불리는 공공재 실험의 초석으로서 모형은 다음과 같다.

공동체는 네 명으로 구성되어 있다. 피실험자 개개인은 매번 지급받은 10개의 토큰(token)을 사적 용도와 공적 용도에 배분해야 한다. 토큰 한 개가 사적 용도로 쓰이면 자기 자신만이 1,000원을 얻지만 공적 용도에 배분되면 자신을 포함한 모든 사람들이 300원씩을 지급받게 된다. 개인 입장에서 토큰 전부를 사적 용도로 쓰는 행동이 강우월전략이며 따라서 모두가 무임승차하려는 상태가 이 게임의 유일한 내쉬균형이다. 이때 개인의 균형보수는 10,000원이다. 반면

16 Ledyard(1995)는 공공재 실험의 대표 서베이 논문이며 그 이후의 연구성과들에 대해서는 Croson(2008)에 잘 요약되어 있다.

사회적으로 가장 바람직한 자원배분은 모든 사람이 모든 토큰을 공적 용도에 할당하는 것이며 이때 각자는 12,000원을 얻게 된다. 왜냐하면 개인이 공적 용도로 토큰 하나씩을 기부할 때마다 사회적 비용은 1,000원이지만 사회적 혜택은 1,200원(=300원×4명)이기 때문이다. VCM 모형의 특징은 공공재 생산이 개인 기부금액에 정비례하는 선형(linear) 함수라는 것이다. 실험은 동일한 피실험자들을 대상으로 10회 반복된다.

대개의 VCM 실험에서 공통적으로 관찰된 현상은 다음과 같다. 첫째, 개인들은 사적 용도와 공적 용도에 처음에는 평균 반반씩의 토큰을 할당하였다. 둘째, 평균치는 반반이지만 개인별 차이가 매우 크다. 즉, 처음부터 거의 사적 용도로만 할당한 사람도 있고 공적 용도에 대폭 기부한 사람도 있었으며 거의 반반씩을 할당한 사람들도 있었다. 셋째, 횟수를 거듭할수록 무임승차가 심해져 마지막 10회차에는 평균 10~20%만 공적 용도로 할당하였다. 다시 말해서, 처음에는 공공재 건설에 선의로 기부했던 사람들도 다른 사람들의 무임승차에 좌절하면서 점점 기부를 줄이는 경향이 있다. 이러한 현상을 설명하려는 시도로 오류, 혼란, 전략과 학습, 호혜적 협조(reciprocal) 등 다양한 가설들이 제시되어 왔다. 또한 공적 용도로 할당된 토큰이 개개인에게 주는 혜택의 크기(기초 모형에서는 300원/1,000원), 구성원의 수, 의사소통 여부, 익명성, 인종과 거주환경, 그리고 실험틀 조작(framing) 등 VCM의 변형에서도 여전히 유사한 결과를 얻는지에 관한 후속연구들도 많다.

임계점 메커니즘

VCM모형에서 사적 이익극대화로부터 도출된 균형은 사회적 최적 생산수준과 항상 괴리가 있다. 개인 입장에서 토큰을 공공재 건설에 하나씩 기부할 때마다 사적으로는 그보다 훨씬 큰 비용(앞의 예에서 700원)이 당장 발생하기 때문이다. 반면 바그놀리·립만(Bagnoli and Lipman 1989)이 최초로 도입한 '임계점 메커니즘'(provision point mechanism: PPM)에서는 매번 임계치(예컨대, 16개) 이상의 토큰이 모이면 공공재가 건설되어 모든 구성원들이 똑같이 4,800원씩의 혜택을 얻고 16개 미만의 토큰이 모이면 건설 자체가 이루어지지 않는다. 공공재 건설이 무산되더라도 일단 기부한 토큰은 돌려받을 수 없다.

PPM 게임의 내쉬균형은 세 종류이다. 첫째, 아무도 기부하지 않는 상태 (0, 0, 0, 0)은 순수전략 내쉬균형이다. 둘째, 각자 일정 확률로 기부하고 나머지 확률로 무임승차를 시도하는 혼합전략 균형도 최대 두 개까지 존재한다. 셋째, 정확히 16개의 토큰이 모이는 어떠한 상태도 균형이다. 세 번째 부류의 균형은 엄청나게 많다. 네 명이 똑같이 4개씩 기부하는 (4, 4, 4, 4), 두 명만이 기부하는 (8, 8, 0, 0), 사람마다 기부금액이 다른 (10, 3, 2, 1) 등이 모두 균형이 될 수 있다. 따라서 죄수의 딜레마 성격을 가지고 있는 VCM과 달리 PPM은 구성원들 간의 공조(coordination)게임의 양상을 갖고 있다.

PPM 실험연구를 보면 아무도 기부하지 않는 첫 번째 유형의 순수균형이나 개개인이 일정한 확률로 기부하는 두 번째 유형의 혼합균형은 거의 관찰되지 않았다. 반면 공동체 전체의 기부액은 임계치인 16개 주변에서 형성되는 경향이 있고 개인별로는 3~4개 주변을 오락가락하며 토큰을 제공하는 패턴이 뚜렷했다. 결론적으로 내쉬균형 (4, 4, 4, 4)에 근접하는 사회적 합의가 나타났다.

12.7.2 익명성과 자기희생적 응징

페어・개크터(Fehr and Gächter 2000)에 따르면 사람들은 무임승차에 대하여 부정적 감정을 가짐은 물론 심지어 개인적인 희생이나 비용이 따르더라도 무임승차자를 응징하는 경향이 있다. 무임승차자에 대한 응징은 반복게임에서 매우 강하게 나타나며, 동일인을 다시 만날 가능성이 희박한 익명성하에서도 어느 정도 관찰되었다. 페어와 개크터는 앞에서 설명한 아이작・워커・토마스(Issac, Walker and Thomas, 1984)의 모형을 확장하여 익명–비응징, 동반자–비응징, 익명–응징, 동반자–응징의 네 가지 실험처리를 고안하였다. '동반자'란 4명의 동일한 피실험자들로 구성된 집단이 여러 번에 걸쳐 반복적으로 공공재 게임에 임하도록 하는 실험이다. 반면 '익명'실험에서는 매번 낯선 사람과 게임에 임하므로 현재의 보복이나 보상을 통하여 상대방들의 미래 행동을 통제하려는 반복게임적 동기가 제거된다.

'비응징'이란 자기희생적 응징이 수반되지 않는 표준적인 공공재 게임이다. 비응징 실험처리에서 경지가 i는 매회 20개의 토큰을 받은 다음 그 중 g_i개를 공공재 건설에 투입한다. 경기자가 공적 용도로 투입한 토큰 하나는(기여를 했건 하지 않았건 상관없이) 모든 사람에게 a의 혜택 $\left(\frac{1}{n} < a < 1\right)$이 돌아가도록 한다.[17] 결국 매회 경기자 i의 보수는 다음과 같다.

$$u_i(g_i,\ g_{-i}) = 20 - g_i + a\sum_{j=1}^{n} g_i$$

17 앞서 소개한 Issac, Walker and Thomas(1984)는 Fehr and Gächter모형에서 $a=0.3$인 경우에 해당한다.

여기서 매개변수 a는 1보다 작다고 가정했으므로 경기자 i에게 기여($g_i>0$)는 비기여($g_i=0$)보다 강열등하다. 따라서 아무도 기여하지 않는 상태 (0, 0, …, 0)가 공공재 게임의 우월전략해이자 유일한 내쉬균형이다. 이때 균형 보수벡터는 (20, 20, …, 20)이다. 다른 한편, 매개변수 a가 $\frac{1}{n}$보다 크다는 가정은 개인이 토큰을 사적으로 소비하는 것보다 공공재에 기여하여 다른 사람들과 혜택을 공유하는 것이 나음을 의미한다. 만약 n명 각자가 20토큰 전액을 공공재에 투입한다면 각자 $20an(>20)$ 단위의 보수를 얻게 되며 이는 파레토최적이기도 하다. 다시 말해서, 공공재 게임은 다수가 참여하는 죄수의 딜레마의 전형이다.

'응징'실험처리는 비응징과 동일하되 다음 측면에서만 달라진다. 매 회마다 실험자는 그룹 내 모든 구성원들의 기여금액을 공개적으로 발표하며 그 발표를 듣고 각자 다른 사람들을 처벌할 수 있다. 구성원 j가 구성원 i를 응징하기 위해 투입하는 점수 p_j^i는 구성원 i의 보수를 Ψ%만큼 낮춘다고 가정하자. 구성원 i가 다른 사람들을 처벌하는 데 사용하는 점수 $\sum_{j\neq i}p_j^i$는 i 자신의 보수를 C%만큼 낮춘다고 가정하자. 결국 매회 구성원 i의 보수는 다음과 같게 된다.[18]

$$v_i(g_i,\ g_{-i})=u_i(g_i,\ g_{-i})\left[1-\frac{\Psi}{100}\sum_{j\neq i}p_j^i\right]-\frac{C}{100}\sum_{j\neq i}p_i^j$$

실험결과는 다음과 같았다. 먼저 익명-비응징의 경우 이론적으로는 모든 구성원들이 비기여하는 것이 합리적임에도 불구하고 토큰 20개 가운데 첫 회에 평균 3.7개를 기여하였다. 횟수를 거듭함에 따라 기여 토큰의 수는 감소하였으며 마지막 회에는 평균 1.9개 정도의 적은 수만 기여하였으나 여전히 0보다는 컸다.

익명-응징의 경우에도 합리적 경기자라면 기여를 하지 않을 뿐 아니라 현재의 상대를 다음번에 맞닥트릴 가능성이 희박하므로 자기희생적 보복을 수행할 동기도 없다. 그러나 익명-응징 실험에서 피실험자들은 토큰 20개 가운데 첫 회에 평균 11.5개를 기여하였고 이 숫자는 횟수를 거듭함에도 불구하고 줄어들지 않았다. 매우 놀라운 사실은 다수의 피실험자들이 사회적 규범(대략 12개 전후)보다 현저히 적게 기여한 무임승차자들을 응징했다는 사실이다. 이는 사람들이 완전히 합리적이지는 않으며 무임승차 시도자들에 대하여 자신이 손해를 보더라도 감정적 대응을 한다는 함의를 갖는다. 이러한 해석은 피실험자들이 무임승차자를 응징하느라 자신의 보수가 매우 낮아지는 것도 감내한다는 다른 실험결과에 의하여도 확인되었다(Page, Anderson and

---

18 만약 매개변수 Ψ=C=0이라면 응징실험은 비응징실험과 정확히 일치한다.

Unel 2005, Anderson and Putterma 2006, Nikiforakis 2008).

상식적으로 예측할 수 있듯이 동반자실험에서 구성원들은 익명실험에 비해 훨씬 많은 기여를 했다. 특히 동반자-응징실험에서 구성원들은 초기에는 12개 정도의 토큰을 공적으로 기여하였으나 횟수를 거듭할수록 오히려 증가하여 10회째에는 평균 17개를 기여함으로써 완전 협조에 가까운 결과를 보여주고 있다. 이는 이해관계가 지속적으로 유지되는 반복게임에서는 공동협력이라는 사회선이 달성될 가능성이 훨씬 높음을 의미한다.

12.7.3 공유지의 비극 실험

워커·가드너·오스트롬(Walker, Gardner and Ostrom 1990)은 공유지의 비극을 다룬 최초의 실험연구이다. 공동체는 8명으로 구성되어 있다. 개인에게 매번 25개씩의 토큰이 지급되는데 각자 사적 용도와 공적 용도로 나누어 할당한다. 사적 용도로 할당된 토큰 하나에 대해서는 100원이 지급되며 공유자원을 얻기 위해 투자되는 토큰은 자신에게 혜택을 가져다준다. 하지만 VCM이 공적 용도로 사용되는 토큰에 대하여 '공공재 건설'이라는 정(+)의 효과를 가져다주는 것과는 달리 개인이 공유지에 투자한 토큰은 타 구성원들에게 부정적인 효과를 초래한다. 개인이 토큰 하나를 공유지에 더 투자할 때마다 추가로 들어오는 혜택은 급속히 낮아질 뿐 아니라 자기 나름 토큰을 투자한 타 구성원에게 돌아가는 혜택도 상당히 낮아진다.

구체적으로 개인 i가 공유지에 투자하는 토큰의 수를 x_i라 놓을 때 공유자원의 가치를 $P=144-\sum_{i=1}^{8} x_i$라 가정하자. 12.2절의 분석결과 가운데 특히 식 (12.3)과 식 (12.5)를 적용하면 공유자원에 투자되는 균형량은 16개이고 사회최적을 달성하기 위한 개인 토큰 투자량은 9개임을 계산할 수 있다.

실험결과에 따르면 실제 사람들은 내쉬균형인 16개보다 오히려 더 많은 17~23개의 토큰을 공유자원 착취에 투입하는 경향을 보였다. 이는 사회최적과 내쉬균형의 중간 행태를 보이는 VCM모형이나 내쉬균형에 가까운 행태를 보이는 PPM 등 공공재 건설에서의 피실험자 행태와 확연히 다르다. 즉, 부(-)의 전략적 외부효과가 존재하는 공유지의 비극 문제에서 사람들은 이론적 예측보다 훨씬 더 과도하게 공유자원을 낭비하였다.

13

CHAPTER

순차게임과 약속의 신빙성

13.1 전개형게임
13.2 약속과 위협의 신빙성
13.3 자신의 손발을 묶는 전략
13.4 보수구조 변경을 통한 신빙성의 제고
13.5 의제조작
13.6 거부권과 정치적 안정성
13.7 본회의와 위원회

13.1 전개형게임

전개형게임이란 경기자, 행동선택의 순서, 정보의 종류, 전략, 결과 및 보수를 모두 명시한 게임나무(game tree)이다. 게임나무는 마디(node)와 가지(branch)로 이루어진다. 마디는 크게 의사결정마디(decision node)와 종결마디(terminal node)로 분류된다. 의사결정마디란 경기자 중 누군가가 자신의 의사를 결정하고 행동을 취해야 하는 곳이다. 종결마디란 게임의 최종결과가 실현되어 모든 경기자들에게 결과에 상응하는 보수가 지불되는 곳이다. 게임이 최초로 시작되는 뿌리(initial node)가 의사결정마디 가운데 하나임은 말할 나위 없다. 개별 가지는 한 마디로부터 출발하여 다른 마디에 도착하는 화살표 혹은 실선으로 표시된다.

[그림 13-1]에 그려진 혁명게임은 식민지와 종주국 간의 역학관계를 나타낸다. 현대사회에서는 특정 국가로부터 독립을 희망하는 지역이나 민족을 생각하면 더 현실적이다. 중국으로부터 독립을 희망하는 티베트(Tibet), 터키로부터 독립을 희망하는 쿠르드(Kurd)족, 이외에도 스페인과 카탈루냐(Cataluna), 영국과 스코틀랜드, 이탈리아와 롬바르디아(Lombardia)주 등 셀 수 없다. 먼저 식민지는 굴종 혹은 저항 가운데 하나를 선택한다. 식민지가 굴종하면 식민지는 1단위, 종주국은 6단위의 보수를 얻는다. 식민지가 저항하면 종주국은 독립인정과 강경탄압 가운데 선택해야 한다. 독립을 인정할 경우 식민지는 4단위의 보수를 얻고 종주국은 2단위의 보수를 얻는다고 하자. 반면 강경탄압으로 대응할 경우 식민지는 초토화되어 0단위를 얻고 종주국

그림 13-1 혁명게임

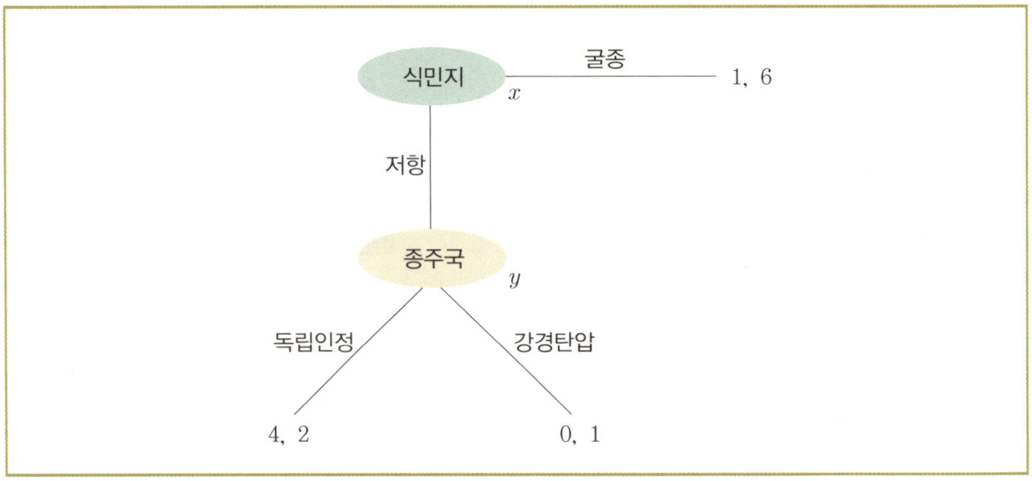

도 막대한 군비와 국제사회의 지탄으로 1단위에 불과한 보수를 얻게 된다.

혁명게임은 단순한 전개형게임이다. 마디 x는 식민지의 의사결정마디이자 전체게임의 뿌리이며, 마디 y는 종주국이 전략을 선택하는 마디이다. 각 마디에서 해당 경기자는 두 행동 가운데 하나를 선택한다. 또 종결마디는 보수행렬이 적혀 있는 세 개의 마디이다.

혁명게임에는 두 개의 내쉬균형이 존재한다. 먼저 식민지가 저항하고 종주국은 독립을 인정하는 내쉬균형이 있다. 식민지는 자신이 저항할 경우 종주국이 독립시켜 주리라는 신념을 갖고 있다. 또 식민지가 저항을 시작하면 종주국은 독립을 인정함으로써 얻는 보수 2단위가 강경탄압으로부터 얻는 보수 1단위보다 크므로 독립인정이 최선이다. 종주국의 이러한 반응은 식민지가 애당초 가지고 있었던 신념(자신이 저항할 경우 종주국이 양보할 것이라는 신념)이 그대로 실현된 것이다. 이는 내가 상대방의 전략에 대하여 갖는 신념과 상대방이 실제로 선택하는 전략이 일치되어야 한다는 합리적 기대(合理的 期待, rational expectations) 혹은 자기실현적 예언(自己實現的豫言, self-fulfilling prophesy) 균형의 기본요건이다.

다음으로 식민지가 저항을 포기하고 굴종하는 내쉬균형이 있다. 이때 식민지는 만일 자신이 저항할 경우 종주국이 강경탄압하리라고 믿는다. 굴종하는 경우 1단위 보수라도 얻지만 저항 및 강경탄압의 경우에는 0단위의 보수를 얻게 되므로 식민지 입장에서는 굴종이 합리적이다. 한편 종주국은 만일 식민지가 저항한다면 강경하게 탄압하겠다고 작정하고 있다. 그런데 균형경로(均衡經路, on the equilibrium path)에서 식민지는 저항할 경우 종주국의 강경탄압에 직면하리라고 믿으므로 굴종할 것이고 종주국은 6단위의 보수를 얻게 된다. 따라서 식민지가 저항할 경우 탄압하겠다는 종주국의 전략은 최선의 선택이다.

13.2 약속과 위협의 신빙성

13.2.1 혁명게임

정치경제적 상황에서 개인들 간의 위협과 약속은 매우 중요하다. 특히 상대방의 위협이 신빙성이 있느냐 또는 상대방의 약속이 신뢰할 만한가 하는 것은 내가 전략적 의사결정을 내리는 데 있어서 고려해야 할 핵심요소이다. 위협이나 약속은 본질적으로 미래에 취할 행동에 대한 언질이므로 모든 경기자들이 동시에 전략을 결정하는 상황에서는 고려대상이 아니다. 그러나 경기자들이 순차적으로 전략을 결정하는 전개형게임에서는 반드시 고려되어야 한다. 본절에서는 전개형게임의 틀 안에서 위협 및 약속의 신빙성문제를 논하고, 뒤이은 절에서는 전개형게임에서 경기자들의 신빙성이 고려된 전략을 분석하기에 적절한 균형의 개념을 도입하고자 한다.

[그림 13-1]의 혁명게임으로 돌아가자. 앞에서 설명한 바와 같이 혁명게임에는 두 개의 내쉬균형이 존재한다. 첫 번째 균형은 식민지가 저항하고 종주국은 독립을 인정하는 상태이다. 두 번째 균형은 식민지가 저항할 경우 종주국이 강경탄압으로 대응하리라 믿고 '꼬리를 내린 채' 굴종하는 상태이다. 전략조합 (굴종, 탄압)으로 이루어진 두 번째 내쉬균형은 다음과 같이 해석할 수도 있다. 종주국은 식민지에 대하여 "만약 당신이 저항한다면 나는 전비가 들어가고 국제사회에서 지탄을 받더라도 강경 진압할 것이오. 당신이 저항하면 결국 0단위의 보수를 얻게 될 것이니, 그냥 굴종하고 1단위라도 건지는 편이 나을 것이오"라고 위협한다. 식민지는 종주국의 위협에 저항을 포기한다. 결국 (굴종, 탄압)이라는 균형이 성립된다.

문제는 두 번째 내쉬균형은 종주국으로부터의 '신빙성 없는'(incredible) 위협에 근거하고 있다는 것이다. 종주국의 위협을 받고 식민지는 다음과 같은 생각을 할 수 있다. "종주국은 내가 진입할 경우 강경탄압을 불사하겠다는 위협을 하고 있다. 그러나 내가 막상 저항을 개시한다면 그 다음에는 어떻게 할 것인가? 만일 내가 실제로 저항한다면 종주국은 독립시켜 줌으로써 2단위를 얻는 반면 강경탄압으로부터 1단위밖에는 얻지 못한다. 따라서 내가 저항을 시작한다면 종주국은 슬그머니 꼬리를 내리고 타협하겠지." 식민지가 이처럼 합리적으로 계산한다면 저항을 시작할 것이다. 또한 종주국도 일단 식민지의 저항이 기정사실이 된 상황에서는 양보가 최선의 응수이다. 결론적으로 말해서, 두 번째 내쉬균형은 종주국으로부터의 신빙성 없는 위협에 근거를 두고 있으므로 솎아낼 필요가 있다. 전략조합 (굴종, 탄압)으로 이루어진 내쉬균형과는 달리, 전략조합 (저항, 독립인정)로 이루어진 내쉬균형은 어느 누구의 신빙성 없는 위협에도 근거하지 않는다.

13.2.2 부분게임완전균형과 역진귀납법

약속과 위협의 신빙성을 고려한 균형의 개념을 '부분게임완전균형'(部分게임完全均衡, subgame perfect equilibrium) 혹은 줄여서 완전균형이라 부른다. 이제 부분게임완전균형의 개념과 이를 계산하는 방법으로서 역진귀납법(逆進歸納法, backward induction)에 대하여 살펴보기로 한다.

부분게임(subgame)이란 원래 게임의 일부이지만 그 자체만으로도 하나의 독립적 게임을 형성할 수 있는 부분을 말한다. 예시로 [그림 13-1]의 혁명게임에는 두 개의 부분게임이 존재한다. 하나는 식민지가 저항을 개시했다는 가정하에 종주국이 독립인정과 강경탄압 가운데 하나를 선택하는 부분이다. 이는 마디 y로부터 시작되는 부분으로, [그림 13-2](a)에 나타난 것처럼 그 자신만으로도 하나의 독립된 게임을 이룬다. 또 다른 부분게임은 마디 x로부터 시작되는 원래 게임이며 이는 [그림 13-2](b)에 나타나 있다.

부분게임완전균형이란 모든 부분게임에서 내쉬균형의 요건을 만족하는 전략조합으로 정의된다. 혁명게임에서 식민지가 저항을 개시했다고 가정하자. 식민지의 저항이 기정사실인 상황에서 종주국은 독립인정과 강경탄압 가운데 선택해야 하는 이상, 종주국은 전자를 선택할 것이다. 유화정책으로부터 종주국이 얻는 보수 2단위는 강경탄압으로부터 얻는 보수 1단위보다 크기 때문이다. 즉, 식민지의 저항으로 초래되는 부분게임에서 종주국은 독립인정 전략을 선택하는 것이 내쉬균형이며, 이는 [그림 13-2](a)의 굵은선으로 나타난다.

이제 식민지는 자신이 저항을 시도할 때 종주국이 이를 수용할 수밖에 없으며 따라서 결과적으로 식민지 자신이 얻을 보수가 4단위가 될 것임으로 미리 예측할 수 있다. 반면에 저항을 포기하고 굴종할 경우 1단위의 보수밖에는 얻지 못하리라는 사실도 알고 있다. 그러므로 식민지가 종주국의 합리성을 의심하지 않는다면 당연히 저항을 선택할 것이다. 이는 [그림 13-2](b)의 굵은선으로 나타난다. 결론적으로 식민지는 저항하고 종주국은 이를 수용하는 상태가 모든

그림 13-2 | 혁명게임의 부분게임완전균형

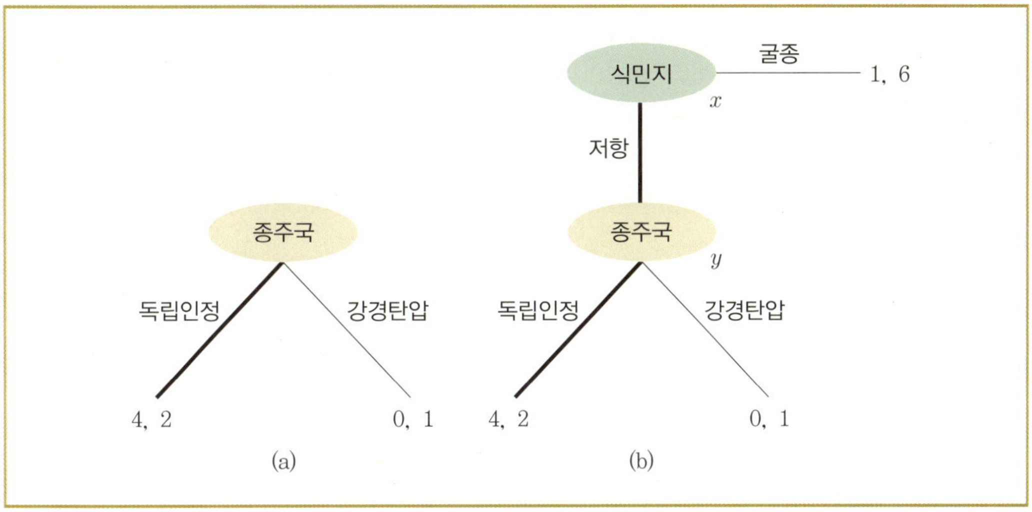

부분게임에서 내쉬균형을 형성하는 유일한 전략조합이다. 이를 두고 전략조합 (저항, 자치)가 부분게임완전균형이라고 말한다.

[그림 13-2](a)와 [그림 13-2](b)에서 살펴본 바와 같이 부분게임완전균형을 계산하기 위해서는 가장 말단에 위치한 부분게임으로부터 시작하여 거슬러 올라가면서 균형을 구해야 한다. 이러한 이유로 완전균형을 구하는 방식을 역진귀납법이라고 부른다.[1]

13.2.3 상대의 선택을 모를 경우

부분게임은 그 자신의 뿌리 및 그 부분게임 내에서 경기하는 모든 경기자들의 모든 정보집합(情報集合, information set)을 다 포함해야 한다. 따라서 부분게임완전균형을 구하는 데 정보가 완전한지 불완전한지가 매우 중요하다. 예시로 [그림 13-3]과 [그림 13-4]의 두 게임을 비교해보자. [그림 13-3]은 수비군이 공격군의 공격루트를 알고 있는 상태에서 수비 진영을 갖춘다는 가정하에 묘사된 공수(攻守)게임이다. 또한 수비군이 자신의 공격루트를 알고 방비한다는 사

그림 13-3 수비군이 공격루트를 알고 있는 공수게임

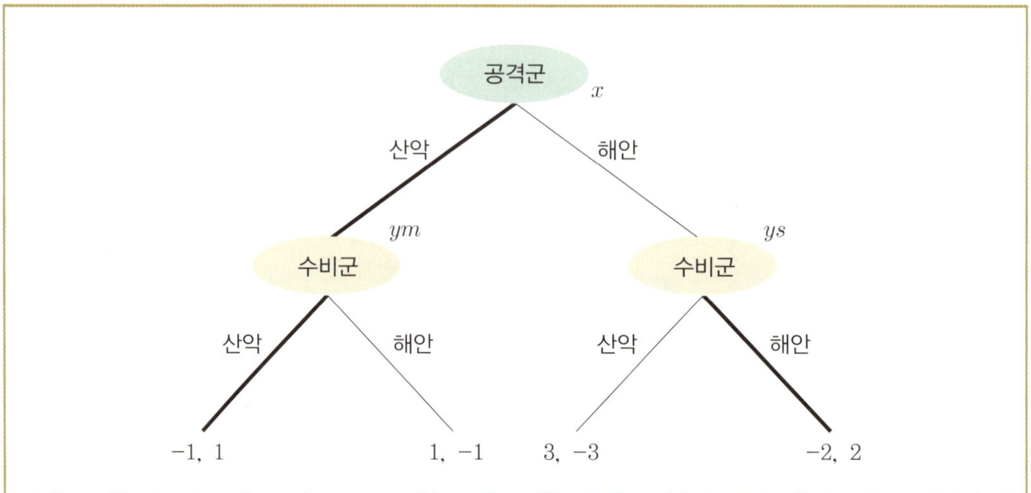

1 역진귀납법과 부분게임완전균형은 이론적으로는 정교하지만 자주 현실과의 괴리가 크다. 역진귀납법을 적용하기 위해서는 경기자들의 완전합리성이 주지사실일 뿐 아니라 보수구조에 대해서도 완전하고 완비된 정보를 갖고 있다는 전제가 성립해야 한다. 그러나 이러한 가정이 지나치게 비현실적이다 보니 역진귀납법을 적용하여 분석한 예측과 현실에서 관찰되는 행태는 전혀 다른 경우가 많다. 역진귀납법의 이론적 기초와 실험결과와의 괴리에 대해서는 졸저 『게임이론』의 제5장 3절을 참조하라.

실을 공격군도 알고 있다. 예컨대, 공격군이 해안을 공격하는데 수비군이 산악을 방어하면 공격군은 파죽지세로 밀고 들어와 대대적인 전승을 거둘 수 있다.

이 게임에는 세 개의 부분게임이 있다. 마디 ym으로부터 시작되는 게임은 전체게임의 일부이면서 그 자체로서도 하나의 단순한 독립적 게임을 형성하므로 부분게임이다. 유사한 논리로 마디 ys로부터 시작되는 게임도 역시 부분게임이다. 원래의 전체게임도 부분게임으로 볼 수 있다.

이 게임의 부분게임완전균형을 역진귀납법으로 계산해보면 단 하나임을 알 수 있다. 만약 공격군이 산악을 선택하면 수비군은 산악을 선택하는 전략이 최선이며 이때 공격군과 수비군은 각각 −1단위와 1단위의 보수를 얻게 된다. 만약 공격군의 해안 공격이 기정사실이라면 수비군의 최선응수는 해안이고 이때 공격군과 수비군은 각각 −2단위와 2단위를 얻는다. 이제 원래 게임으로 거슬러 올라가서 공격군은 공격루트를 산악으로 잡으면 궁극적으로 −1단위를 얻게 되고 해안으로 잡으면 궁극적으로 −2단위를 얻으리라는 것을 예측할 수 있다. 그런데 전자가 후자보다 나으므로 결국 공격군은 산악을 루트로 잡아야 한다. 공격군 입장에서는 어쨌든 패배가 자명하므로 전쟁을 피할 수만 있다면 그렇게 하겠지만 말이다.

[그림 13-4]에 묘사된 게임은 수비군이 공격군의 루트를 모른다는 가정하에 그려진 공수게임이다. 이 게임의 부분게임은 원래의 전체게임밖에 없다. 수비군은 자신이 마디 ym에 있는지 마디 ys에 있는지 모르는 상태에서 산악 혹은 해안을 선택해야 한다. 마디 ym으로부터 시작되는 게임과 마디 ys로부터 시작되는 부분은 분리될 수 없고 따라서 그 자체로서 독립된 게임으로

그림 13-4 | 수비군이 공격루트를 모르는 상황에서 공수게임

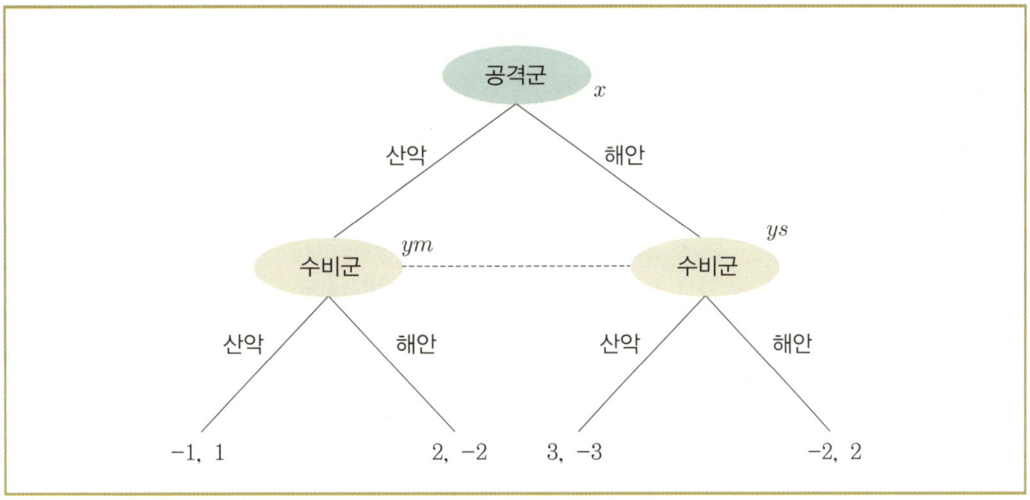

성립될 수 없다. 이때 ym과 ys는 동일한 정보집합에 속해 있다고 말하며 집합기호 $I=\{ym, ys\}$로 나타낸다. 이는 전개형게임에서 그림에서처럼 점선으로 나타낸다. 이 게임에는 단 하나의 내쉬균형이 존재하는데 앞의 제9장 9.1절에서 설명한 혼합전략의 개념을 적용하여 계산하면 다음과 같다. 즉, 공격군은 62.5%의 확률로 산악을 공격하고 나머지 37.5%의 확률로 해안을 공격하며 수비군은 50%의 확률로 산악을 방어하고 나머지 50%의 확률로 방어하는 것이다. 내쉬균형에서 기대보수는 공격군이 0.5단위이고 수비군이 −0.5단위이다. 이 내쉬균형은 곧 이 게임의 유일한 부분게임완전균형이기도 하다. 완전균형이란 모든 부분게임에서 내쉬균형 요건이 성립하는 상태로 정의되는데 이 게임의 부분게임은 원래의 게임밖에 없기 때문이다.

연습문제 >> 13-1 EXERCISES

인사위원회에 세 명의 장관 후보 X, Y, Z가 올라왔다. 능력과 경험 기준으로는 X가 가장 낫고 Y가 그 다음, 그리고 Z가 가장 떨어지는 반면 도덕성과 인화력 기준으로는 Z가 가장 낫고 Y가 그 다음, 그리고 X가 가장 못하다. 이제 두 계파가 한 번씩 돌아가며 후보에 대한 거부권을 행사(veto)할 수 있으며 마지막 남는 후보가 장관으로 선택된다고 하자. 계파 1이 후보 하나를 거부하고, 그 다음으로 계파 2가 남은 대안 가운데 하나를 거부하면 최종적으로 남는 후보가 선택되는 것이다. 계파 1은 능력과 경험을 중시하는 반면 계파 2는 도덕성과 인화력을 중시한다. 각 계파 입장에서 가장 선호하는 인물이 장관으로 선출되면 1단위의 보수를 얻고 그 다음 0단위, 그리고 가장 덜 선호하는 인물이 선출되면 −1단위의 보수를 얻는다고 하자.

(1) 전개형게임으로 나타내라.
(2) 내쉬균형을 구하라.
(3) 부분게임완전균형을 구하라.
(4) 정치적인 자리일수록 능력도 그저 그렇고 도덕성도 그저 그런 인사가 발탁되는 현상을 설명해보라.

연습문제 >> 13-2 EXERCISES

유권자들의 성향은 [0, 1] 구간에 균등하게 분포하고 있다. 세 정당 혹은 후보 1, 2, 3이 순차적으로 정책 포지션을 [0, 1] 구간에서 선택한다. 개별 유권자는 자신의 성향과 가장 가까운 공약을 내세운 정당을 지지한다. 정당은 집권확률의 극대화를 목적으로 한다.

(1) 이 게임의 부분게임완전균형을 구하고 각 정당의 지지율을 구하라.
(2) 이 게임을 시작하기 전에 세 정당 간의 연대(coalition)에 의한 이합집산이 가능하다면 어떠한 현상이 발생가능한가? 또한 이를 우리나라의 최근 대선 정국과 연결하여 설명하라.

13.3 자신의 손발을 묶는 전략

13.3.1 배수진

A군이 대오를 갖추고 있는 강 건너편에 B군이 상륙하였다. A군은 적의 궤멸을 목표로 하지만 아군의 리스크가 높은 '질풍노도'와 적에게 최소한의 교두보를 양보하려는 '유화책' 가운데 하나를 선택해야 한다. A군이 공격 방식을 결정한 다음 B군은 '결사항전' 혹은 '후퇴' 가운데 하나를 선택한다. [그림 13-5]는 전개형게임을 나타내고 있다. 이 게임의 부분게임완전균형에서 B군은 A군이 질풍노도로 몰려오면 후퇴하고 A군이 유화책을 선택하면 결사항전을 취하고자 한다. 또한 A군은 이러한 B의 반응을 합리적으로 예측하고 질풍노도로 밀어붙이는 것이 최선이다. 균형상태에서 A군은 3단위의 보수를 얻고 B군은 2단위의 보수를 얻게 된다.

그런데 B군은 A군의 공격 패턴에 상관없이 결사항전한다는 엄포를 놓고 A군이 이 사실을 정말로 믿는다면 B군은 자신의 보수를 높일 수 있다. 왜냐하면 A군의 질풍노도에 대하여 B군이 결사적으로 항전할 경우 A군의 보수는 1단위에 불과한데, 이는 유화책으로부터 얻게 될 2단위에 못 미치기 때문이다. 그러나 문제는 B군의 이러한 위협이 신빙성이 없다는 데 있다. 일단 A군의 질풍노도가 기정사실이 된다면 B군으로서는 꼬리를 내리고 후퇴하는 것이 최선임을 미리 예측할 수 있기 때문에 A군은 B군의 허풍을 믿지 않는다.

그림 13-5 | A군과 B군의 전투

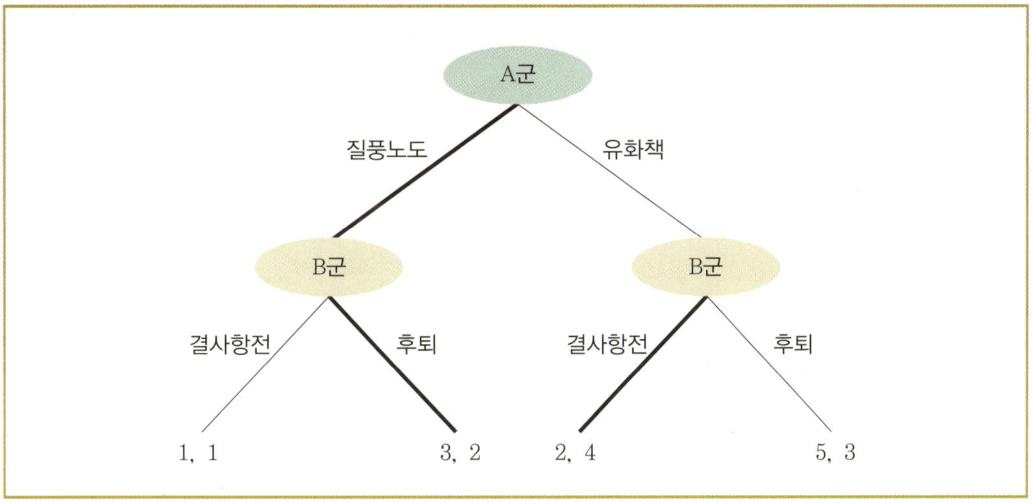

그렇다면 B군이 위협의 신빙성을 높이는 방법에는 무엇이 있을까? 퇴로를 없애버리는 배수진(burning the bridge)은 이러한 목적을 달성하기 위하여 B군이 사용할 수 있는 대표적 전략이다. B군이 상륙하자마자 자신들이 건너온 다리를 다 폭파해버렸으며 A군도 이를 알고 있다고 하자. 후퇴는 곧 전멸을 의미하므로 B군으로 하여금 3단위씩의 손실을 초래한다고 가정하자. 즉, A군의 질풍노도에 맞서 B군이 후퇴할 경우 −1(=2−3)단위의 보수를 얻고 A군의 유화책에 맞서 B군이 후퇴할 경우 0(=3−3)단위의 보수를 얻게 된다고 하자.

[그림 13-6]은 B군이 배수진을 친 이후 두 군대의 전투 상황을 묘사하는 게임나무이다. 변형된 게임에서 부분게임완전균형은 배수진을 치기 이전의 게임([그림 13-5])과는 완전히 다른 양상을 보인다. B군은 A군이 질풍노도로 몰려오건 유화책을 취하건 결사항전으로 맞서는 것이 최선이다. 후퇴는 곧 전멸을 의미하기 때문이다. 또한 B군의 이러한 전략을 합리적으로 예측할 수 있는 A군은 유화책을 선택할 것이다. 그림에서 부분게임완전균형을 나타내는 경로는 굵은선으로 그려져 있다.

이상의 논의를 요약하면, B군은 여차하면 후퇴할 수 있도록 융통성을 유지하는 것보다 퇴로를 끊어버려 선택의 폭을 줄임으로써 결과적으로 더 높은 보수를 누리게 된다. 이처럼 전략적 상호작용의 상황에서는 융통성의 제거가 오히려 자신에게 도움이 되는 경우가 많다.

그림 13-6 배수진을 친 이후 전투 양상

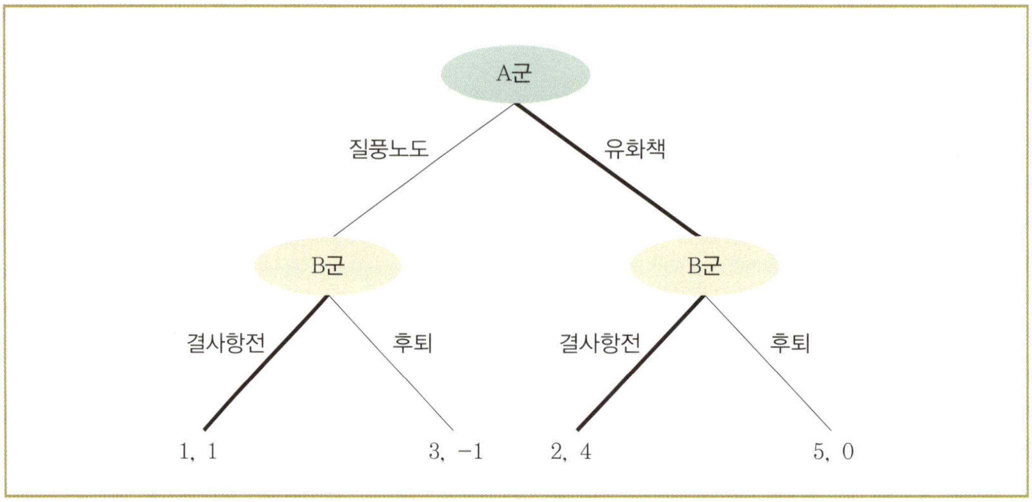

13.3.2 자신의 손발을 묶는 전략

경제주체가 의사결정을 할 때 다른 사람들이 어떤 행동을 취할는지를 고려할 필요가 없는 상황에서는 선택의 폭과 범위가 넓을수록 좋다. 하지만 전략적 상호작용의 상황에서는 자신이 선택할 수 있는 대안 중 일부를 사전에 없애버림으로써 자신의 위협이나 약속을 상대방이 믿을 수밖에 없도록 만들 수 있다. 그렇게 함으로써 선택대안을 계속 열어 두는 경우보다 더 높은 보수를 얻을 수 있기 때문이다. 즉, 게임상황에서는 자신의 손을 묶어둠으로써(tying one's hand) 오히려 더 이득을 보는 경우가 있다. 이처럼 사전에 공개적으로 자신의 선택대안의 폭을 줄임으로써 상대방에게 신빙성 있는 공약(公約, commitment)을 하는 방법에는 여러 가지가 있다.

첫째, 배수진을 치는 방법이다. 위의 13.3.1항에서 설명한 B군의 퇴로 파괴가 대표적 예다. 1519년 멕시코 땅에 상륙한 스페인의 코르테스(Hernan Cortes)는 아즈텍 인디언들이 보는 앞에서 자신들이 타고 온 함대를 모두 불태워 버렸다. 언뜻 보기에 미친 짓처럼 보이는 코르테스의 작전은 두 가지 효과를 노린 의도적인 것이었다. 무엇보다도 자신들이 후퇴할 수 없으니 결사항전하겠다는 신빙성 있는 위협을 적에게 공개적으로 보여준 것이다. 또한 스페인 병사들로 하여금 후퇴할 곳이 없으니 사는 길은 오직 사력을 다해 싸우는 수밖에 없음을 확실히 알도록 하는 효과가 있다. 배를 그대로 놔둘 경우 병사들은 여차하면 배를 타고 도망가리라는 궁리를 할 것이고 그런 상태에서 아무리 '열심히 싸우라'고 명령해봤자 소용없다. 그러한 위협이나 공약에는 신빙성이 없기 때문이다. 코르테스의 군대가 대승을 거두었음은 역사적으로 잘 알려진 사실이다.[2]

코르테스가 17세기에 사용했던 배수진 전법은 기원전 210년 초나라의 항우(項羽), 고대 그리스의 제노폰(Xenophon), 중세 영국의 정복왕 윌리엄도 사용했던 오래된 전법이다. 또 다른 예로 유명 미술가가 한정된 수의 판화작품만을 찍어내고 원판을 공개적으로 태워버리는 사례도 공약의 신빙성을 높이는 전략이다. 손자병법(孫子兵法)에 나오는 "적을 포위할 때는 반드시 퇴로를 열어주라"는 조언도 배수진의 원리를 역이용한 전술에 다름 아니다.

둘째, 의사소통(意思疏通, communication)의 길을 단절해버리는 방법이다. 어떤 약속을 하면

2 다이아몬드(Diamond 2005)에 따르면, 스페인 군대가 단기간에 중남미를 장악하는데 무기나 군사력은 덜 중요했고 서구인들이 지니고 간 전염병(특히 천연두)이 원주민들을 전멸시켰기 때문이었다. 유라시아 대륙에서는 일찍이 소, 양, 말 등의 가축화가 진행되었기에 유럽인들은 그러한 가축으로부터의 전염병에 면역이 되어 있었다. 반면 아메리카 대륙에는 그러한 가축들이 존재하지 않았고 따라서 전염병이 원주민들 사이에 급속히 퍼졌다는 것이다.

서 나중에 다른 사람들의 의견을 듣고 다시 생각해볼 수도 있다는 것을 알면 아무도 처음의 약속을 믿으려 들지 않을 것이다. 반면 일단 약속을 한 후 이에 대해 어느 누구와도 다시 상의하지 않겠다고 선언하고 외부와의 접촉을 끊어버린다면 약속의 신빙성은 훨씬 높아진다. 북한이 남북 혹은 북미 갈등이 고조될 때마다 상대국과의 긴급통신선(hotline)을 차단하는 사례가 대표적이다.

셋째, 자신도 통제할 수 없는 상황을 만듦으로써 공약의 신빙성을 높이는 방법이다. 미국이 러시아에게 핵 공격을 감행하면 피차 파멸을 맞게 되리라는 경고를 보내려고 한다. 이러한 경고의 신빙성을 높이는 방법으로 핵공격을 받을 경우 미국의 모든 핵무기가 자동적으로 발사되어 적국을 초토화하도록 상호공멸장치(doomsday machine)를 고안할 수 있다. 실제 이러한 자동공격시스템은 미국-소련 간 냉전이 한창이던 1960년대 초에 실제 운영되었으나 다행히 한 번도 사용된 적은 없었다.

넷째, 다른 사람이나 기관에 권한을 위임(delegation)하는 방법이다. 독립적인 사람이나 기관에 권한을 위임하고 그 나름대로의 목표와 규정을 설정해주면 위임자의 행동이 개입될 가능성은 줄어든다. 예컨대, 중앙은행의 목표를 '물가안정'으로 설정해놓고 통화신용정책에 관한 모든 주요한 권한을 위임한다고 하자. 청와대나 기획재정부가 경기부양을 위하여 인플레이션을 감수하더라도 돈을 풀고 싶은 유혹이 있는 경우 중앙은행이 정권과 독립되어 있다면 물가안정을 달성하기 위하여 이를 거부할 수 있다. 한편 일반 국민들이나 기업들은 이러한 사실을 합리적으로 예측할 수 있으므로 물가를 안정시키겠다는 재정당국과 발표를 신뢰하게 된다. 위임으로 인한 공약의 신빙성은 피위임기관이 조직, 인사, 규정 등에 있어서 위임기관과 독립적일수록 높아진다. 화폐금융부문의 실증분석에 따르면 중앙은행이 재정당국이나 정권과 독립적인 국가일수록 그 나라의 인플레이션은 낮은 경향이 있다. 예컨대, 미국의 연방준비은행이나 독일의 중앙은행은 재정당국과 완전히 독립되어 있어서 통화신용정책에 관한 한 대통령도 중앙은행 총재에게 지시할 권한이 없다. 반면 한국은행의 역대 총재는 정권의 바람을 많이 타고 조직, 인사, 권한도 기획재정부에 상당히 예속되어 있어 상대적으로 독립성이 낮다. 석유파동과 같은 공급측면의 생산비 인상요인이 있었던 시기를 제외하고 미국이나 독일이 저물가 국가인 반면 한국은 고물가 국가였음은 잘 알려져 있다.

이상에서 제시한 네 가지 방안들에는 공통점이 있다. 첫째, 공약은 모든 당사자들이 다 알도록 공개적으로 이루어져야 한다는 공개성(openness)이다. 앞 13.3.1항의 예에서 B군이 퇴로를 끊어버렸다는 사실을 A군이 모른다면 B군은 그야말로 처참한 최후를 맞게 될 것이다. 둘째, 한

번 공약한 사항은 공약한 사람 자신도 돌이키거나 통제할 수 없어야 하는데 이를 불가역성(不可逆性, irreversibility)이라 한다. 역시 앞 13.3.1항의 예에서 B군이 퇴로를 단시간에 복구할 수 있도록 막는다면 위협의 신빙성은 그만큼 줄어들게 된다.

연습문제 >> 13-3 EXERCISES

정부와 시민 간의 전개형게임을 고려하자. 먼저 시민이 $a=0$ 혹은 $a=1$ 가운데 하나를 선택한다. 시민이 $a=0$을 선택하면 비용이 들지 않으나 $a=1$을 선택하면 0.5단위의 행동비용을 지불해야 한다. 정부는 시민의 선택 a를 관찰한 후 이전소득(transfer income) $t=0$ 혹은 $t=1$을 선택한다. 시민의 보수함수는 정부로부터 받는 이전소득에서 자신의 행동비용을 뺀 값이고, 정부의 보수함수는 식 $2-2(a-1)^2-t$라 가정하자. 시민이 행동을 선택하기 전에 정부는 '시민행동에 따른 이전소득 분배규칙' $t(a)$를 공포할 수 있다.

(1) 정부의 공포가 구속력이 없다(non-binding)는 가정하에 전개형게임을 그려라.

(2) 정부의 공포가 구속력이 있다(binding)는 가정하에 전개형게임을 그려라.

(3) 위 (1)과 (2)에서 각각 부분게임완전균형을 계산하고 경제적 의미를 해석하라.

13.4 보수구조 변경을 통한 신빙성의 제고

자신이 사전에 약정한 전략을 추후에 실제로 선택하는 것이 결과적으로 가장 이익이 되도록 보수구조 자체를 바꾸는 방안들이 있다. 여기서는 평판, 팀워크, 계약, 벼랑끝전술 등 대표적인 다섯 가지 방법을 설명한다.

첫째, 한 번 말한 것은 꼭 지킨다는 평판(評判, reputation)을 쌓는 것도 공약의 신빙성을 높이는 방법이다. 특정 정치집단이나 군대가 엄격한 규율과 강인한 훈련, 그리고 적을 무자비하게 살상한다는 원칙 덕분에 평판을 쌓았다고 하자. 그 집단은 규율을 느슨하게 유지하거나 포로를 일부 살려 노예로 이용함으로써 우선 당장의 보수를 높이려는 유혹을 가질 수 있다. 그러한 유혹에 넘어가면 그 집단의 평판이 무너지고 그와 맞서기 위해 줄서 있는 수많은 미래의 적들의 공격을 받게 된다. 다시 말해서, 무자비하다는 평판이 있는 집단은 느슨한 규율과 온건한 관리로부터 얻는 단기이익에 비하여 미래의 손실이 더 크므로 평판을 유지하려고 노력한다.

고대 그리스의 스파르타(Sparta)는 절벽에서 굴려 살아남은 아이들만 강인하고 무자비하게 키운 예로 유명하다. 고대 이스라엘 백성들이 이집트로부터 탈출하여 40년간 시나이반도에서 유랑하고 가나안(Canaan)을 점령하는 과정에서 구약성경 지도자들은 각 성읍의 남녀와 유아, 그리고 때로는 가축까지도 남김 없이 없앨 것이며 이를 어긴 경우 가혹하게 처단하겠다고 명령한다. 그 결과 주변 지역의 족속들은 이스라엘 백성이 출동한다는 소문을 들으면 '마음이 녹아내려' 전의를 상실했다. 반면 평판을 쌓지 못한 집단은 잃어버릴 것이 별로 없으므로 엄격한 훈련과 가혹한 포로 관리의 유인이 상대적으로 적다. 따라서 평판이 낮은 집단이나 군대가 '우리를 건드리면 가만히 두지 않겠다'는 엄포를 놓아봤자 신빙성이 없다.

평판은 스타켈버그(Stackelberg) 전략이라는 개념으로 설명된다. 선도자(경기자 L)가 추종자(경기자 F)를 상대로 반복되는 게임에 임할 때 매번 똑같은 전략을 지속적으로 선택한다면 추종자는 결국 선도자의 전략을 주어진 것으로 받아들이고 나름 최선을 다할 수밖에 없을 것이다. 선도자가 이를 미리 예측하고 장기적으로 자신에게 가장 유리한 전략(스타켈버그 전략이라 부름)을 반복적으로 선택한다면 선도자는 평판을 쌓게 되는 것이다. 다시 말해서 선도자는 추종자가 나름대로의 최선응수를 선택한다는 제약하에 선도자 자신의 보수를 극대화해주는 전략을 선택하려 할 것이다. 이때 선도자 역할을 하는 경기자 L을 스타켈버그 선도자(Stackelberg leader)라 부르며 그가 얻는 보수를 스타켈버그 보수(Stackelberg payoff)라 부른다. 최대극소는 수학적으로 아래와 같이 정의된다.

$$v_L^* = \underset{s_L \in s_L}{Max}[\underset{s_F \in BR_F(s_L)}{Min} u_L(s_L,\ s_F)]$$

여기서 $BR_F(s_L)$은 경기자 L(선도자)이 전략 s_L을 선택할 때 그것에 대한 경기자 F(추종자)의 최선응수가 되는 전략들을 의미한다.

이해를 돕기 위해 [그림 13-7]의 겁쟁이게임에서 막가파를 스타켈버그 선도자라 가정하고 스타켈버그 보수를 구해보자. 막가파가 '회피'를 선택한다고 가정할 경우 서방파의 최선응수는

그림 13-7 겁쟁이게임

		서방파	
		돌진	회피
막가파	돌진	−3, −3	4, 0
	회피	0, 4	1, 1

'돌진'일 것이며 그때 막가파는 0단위의 보수를 얻게 된다. 반면 막가파가 '돌진'을 선택할 경우 서방파의 최선응수는 '회피'일 것이며 그때 막가파의 보수는 4단위가 될 것이다. 그런데 선도자인 막가파에게 후자(보수 4)가 전자(보수 0)보다 유리하므로 막가파의 스타켈버그 전략은 '돌진', 스타켈버그 보수는 4단위가 된다. 또 다른 연습문제로 성대결게임(제5장 5.7절 [그림 5-11])에서 남편이 선도자, 아내가 추종자라고 가정할 경우 남편의 스타켈버그 전략은 '야구장', 스타켈버그 보수는 3단위임을 구해보라.[3]

둘째, 팀워크(teamwork)를 통해서도 신빙성을 높일 수 있다. 여러 경기자들이 한 팀을 형성하고 서로를 감시하며 제 역할을 못하는 팀원을 처벌함으로써 외부에 대한 약속의 신뢰성을 높인다. 세계적인 평판을 얻고 있는 회사들은 근로자들을 철저히 관리함으로써 품질에 대한 신뢰를 얻고 있다. 예컨대, 유명 호텔의 종업원이 손님에게 불친절하게 대하거나 서비스가 미비할 경우 근신, 감봉, 해고를 통하여 처벌하고 동료 종업원들에게 이를 알림으로써 서비스의 품질을 높이기도 한다.

셋째, 정식으로 계약(contract)을 체결하는 방안이 있다. 계약이 신빙성을 갖기 위해서는 구체적인 이행사항과 약속이 제대로 이행되지 않을 경우 물어야 하는 무거운 벌칙이 명시되어야 한다.

넷째, 황당무계한 위협이나 약속보다 실행가능성이 있는 공약을 제시함으로써 신빙성을 높인다. 예컨대, 남한이 북한에게 '남북 이산가족의 자유로운 상봉을 받아들이지 않으면 전쟁도 불사하겠다'라는 메시지를 보낸다고 하더라도 이는 신빙성이 별로 없다. 전쟁은 남한에게도 엄청난 비용을 초래하므로 남한이 이를 수행할 유인이 없고 북한도 이 사실을 합리적으로 예측할 수 있기 때문이다. 그러나 '남북 이산가족의 상봉이 좌절된다면 남북관계가 악화될 것이다. 그 결과 국회에서 경협, 식량원조, 경수로건설 등에 제동을 걸게 될 확률이 높고 그 책임은 전적으로 북측에 있다'는 메시지가 훨씬 더 신빙성이 있다. 또 다른 예로 시험을 치를 때 제한시간을 넘겨서 답을 쓰는 학생들이 있기 마련이다. 이때 '1초라도 지나면 답안지를 받지 않고 영점처리한다'는 벌칙의 신빙성은 낮지만 '10초씩 늦을 때마다 5점씩 감점한다'는 메시지는 신빙성이 크다. 일단 한 발 들여놓은 다음 슬그머니 다른 한 발도 들여놓는 이른바 '살라미전술'(salami tactics)도 좋은 예다.

다섯째, 어느 정도의 위험을 고의로 만들어내는 이른바 '벼랑끝전술'(brinkmanship)을 들 수

---

3 평판이론은 Fudenberg and Levine(1989)에 의해 최초로 분석되었으며 그 후 다양한 맥락에서 발전을 거듭하였다. 최근까지 이론을 집대성한 참고문헌으로는 Mailath and Samuelson(2006) 제15~18장이 있다.

있다. 벼랑끝전술이란 상대방을 벼랑끝으로 몰고 가 먼저 눈을 깜짝이도록 만든다는 의미에서 붙여진 이름이다. 나는 벼랑끝에 서서 내 요구를 들어주지 않으면 밀어버리겠다고 위협한다. 물론 상대방이 떨어지게 된다면 혼자 떨어지지 않고 물귀신처럼 나를 붙잡고 같이 떨어지게 되리라는 걸 안다. 벼랑끝전술의 대표 사례는 1962년 소련의 흐루시초프와 미국의 케네디 간에 벌어진 쿠바 미사일 위기이다. 소련의 미사일기지 설치, 미국의 해상봉쇄, 핵전쟁 촉발 위험, 소련의 철수로 이어지는 일련의 사태는 벼랑끝전술을 구사한 케네디의 승리로 끝났다. 그러나 벼랑끝전술은 간혹 양측이 끝까지 버티면서 비극을 맞는 결과를 초래하기도 한다. 1989년 중국 천안문에서의 과잉진압 결과 공산정부와 학생들은 모두 큰 대가와 후유증을 치렀음은 적절한 사례이다.[4]

13.5 의제조작

순차게임에서 후발 경기자의 합리적 선택을 미리 예측하여 선발 경기자가 전략을 선택한다는 것이 부분게임완전균형이나 역진귀납법의 요체이다. 의회나 위원회에서 의제(議題, agenda)를 제안할 권한이 있는 사람은 이러한 점을 고려하여 결과적으로 자신에게 유리한 결정이 내려지도록 의제를 조작할 수 있다. 또한 이것이 현실에서 위원장이나 간사가 다른 위원처럼 한 표밖에 갖고 있지 못함에도 불구하고 핵심적 역할을 하게 되는 이유이기도 하다.

민주적 투표제도하에서 선택가능한 여러 대안 가운데 콩도르세 승자는 존재할 수도 있고 존재하지 않을 수도 있다. 콩도르세 승자란 앞의 제6장 6.2절에서 정의한 바와 같이 다른 어떠한 선택대안들과 짝지어 투표에 붙이더라도 유권자 다수가 더 선호하는 선택대안을 의미한다. 콩도르세 승자가 없는 상황에서 특정인은 투표의 순서를 적절히 조작함으로써 궁극적으로 자신에게 유리하도록 만들 수 있다. 즉, 의제조작(manipulation)이 가능하다. 제6장 6.2절에서 다루었던 예를 들어보자. 세 개의 대안 a, b, c와 세 명의 투표자 1, 2, 3이 있는데, 대안들에 대한 각 투표자의 선호는 다음과 같다.

4 벼랑끝전술의 사례는 Dixit and Nalebuff(2008) 제6장에서 인용함.

투표자 1: $a > b > c$
투표자 2: $b > c > a$ (13.1)
투표자 3: $c > a > b$

대안을 둘씩 짝지어 다수결 투표로 승자를 결정하는 쌍쌍투표를 실시한다고 하자. 대안 a와 b가 경쟁하는 투표에서 a는 두 표(투표자 1과 3)를 얻고 b는 한 표(투표자 2)를 얻어 대안 a가 이긴다. 동일한 논리에 의해 대안 b와 c가 경쟁하는 투표에서는 b가 우월하고, 대안 a와 c가 경쟁하는 선거에서는 c가 앞선다. 사회적 관점으로 볼 때 $a > b > c > a$라는 순환논리가 성립하게 되므로 사회적으로 가장 선호되는 대안, 즉 콩도르세 승자는 존재하지 않는다.

13.5.1 진실투표

투표자들이 자신의 선호를 정직하게 투표에 반영하는 진실투표(sincere voting)를 가정하자. 투표의 순서를 적절히 조작함으로써 특정인에게 가장 유리한 대안이 선택되도록 할 수 있다. 예컨대, 대안 a가 최종 선택되도록 하기 위해서는 먼저 대안 b와 c를 경쟁시킨 다음 거기서 이긴 대안과 a 간의 투표를 실시하면 된다. 대안 b와 c 간의 투표에서 b가 이길 터인데 다음으로 b를 a와 경쟁시키면 최종적으로 a가 선택될 것이기 때문이다. 따라서 투표자 1이 의제의 순서를 결정할 권한을 갖는다면 먼저 b와 c 간 투표를 실시하고 거기서 이긴 대안과 a 간 투표를 실시할 것이다. 만약 투표자 2에게 의제를 정할 권한이 있다면 그는 a와 c 간 투표를 먼저 실시하고 거기서 이긴 대안과 b 간 투표를 실시함으로써 최종적으로 b가 선택되도록 유도할 것이다. 마찬가지로 투표자 3이 가장 선호하는 대안 c가 궁극적으로 선택되도록 의제조작도 가능하다.

이처럼 투표자들의 선호체계가 고정되어 있더라도 의제선정의 순서에 따라 최종적으로 승리하는 대안(혹은 후보)은 달라질 수 있으며 따라서 의제조작의 권한을 갖기 위한 경쟁이 중요하다. 정부, 정당, 기업 등에서 중요한 의사결정을 내리기 위해 구성되는 각종 위원회를 예로 들어보자. 위원장이나 일반위원이나 원칙적으로 똑같은 한 표를 가지며 심지어 일반위원들의 투표가 가부동수인 경우에만 위원장이 투표권을 행사하는 위원회도 많다. 그럼에도 불구하고 위원장직을 차지하기 위하여 이전투구를 서슴치 않는 행태는 의제조작이라는 막강한 권한을 차지하기 위해서이다.

13.5.2 전략투표

합리적 투표자는 자신의 선호를 진실하게 드러내기보다 다른 투표자들의 선택을 미리 예측하고 감안하여 투표할 것이다. 이제 투표자들이 전략투표(strategic voting)를 한다고 가정하자. 대안 b와 c 간의 다수결 투표를 먼저 실시하고 거기서 이긴 대안과 a 간에 투표를 시행하는 상황을 고려하자. 투표자 2는 대안 b와 c 간의 선호를 묻는 첫 투표에서 정직하게 투표할 경우 최종적으로 자신이 가장 싫어하는 대안 a가 선택되리라는 사실을 예측할 수 있다. 반면 투표자 2가 첫 투표에서 대안 b가 아니라 c에 표를 던진다면 일단 c가 이기고 그 다음 대안 c와 a 간의 투표에서 c가 선택된다. 투표자 2에게 대안 c가 a보다 더 선호되므로 그 같은 거짓보고의 유인이 있다. 물론 투표자 1과 투표자 3은 투표자 2가 첫 투표에서 거짓으로 보고할 것임을 합리적으로 예측할 수 있다. 그러나 투표자 2가 c에 표를 던진다는 가정하에 투표자 1이나 투표자 3은 거짓보고를 함으로써 투표결과를 유리하게 바꿀 다른 방도가 없다.

그렇다면 이상의 논리에 의해 투표자 1이 최악이라고 여기는 대안 a가 선택될 것인가? 그렇지 않다. 의제설정자인 투표자 1은 위원들이 전략투표를 하리라는 사실을 미리 감안하여 의제를 설정할 것이다. 즉, 대안 a와 c 간에 다수결 투표를 부치고 거기서 이긴 안을 대안 b와 겨루게 함으로써 자신이 가장 선호하는 a가 최종 선택되도록 만들 수 있다. 먼저 대안 a와 c 간에 다수결 투표를 부칠 때 투표자 3은 진실하게 c에 투표하면 종국에는 b가 선택되리라는 사실을 예측할 수 있다. 따라서 a와 c 간의 사회선택에서 a를 더 좋아하는 것처럼 전략적으로 투표할 유인이 있다. 그렇게 되면 a가 이기고 그 다음 단계에서 a와 b가 맞붙어 a가 선택될 것이기 때문이다. 다른 투표자들에 의한 더 이상의 전략투표 유인은 없으며, 따라서 의제설정자인 투표자 1은 자신이 가장 선호하는 a를 사회선택되도록 유도할 수 있다.

이상과 마찬가지 논리와 방법으로 진실투표가 아니라 전략투표의 경우에도 의제설정자는 그러한 유인까지 합리적으로 예측하여 의제를 설정함으로써 최종적으로 자신이 가장 선호하는 대안이 당선되도록 조작할 수 있다. 예컨대, 투표자 2가 의제설정자라면 대안 a와 b를 먼저 다수결투표에 부치고 거기서 이긴 대안을 c와 투표에 부침으로써 자신이 가장 선호하는 대안 b가 최종 선택되도록 조작할 수 있다.

13.5.3 최고순환

주어진 선호체계와 사회선택함수하에서 승자가 될 수 있는 대안들은 최고순환(top cycle)이라는 개념으로 엄밀하게 정의된다. 최고순환집합 외부의 어떠한 선택지는 최고순환집합 내의 선택지에 의해 사회선택을 통하여 뒤엎어질 수 있다. 반면 최고순환집합 내의 대안들 서로에 대해서는 사회선호 관계가 순환한다(비이행적이다). 선택대안들의 전체 집합을 X라 할 때 구성원들이 선호체계 ρ와 사회선택함수 f(예컨대, 다수결 투표)가 주어져 있다고 하자.

정의 13-1

주어진 (f, ρ)에 대하여 집합 X 내의 최고순환집합(the top cycle set) $T_f(\rho)$는 다음과 같다.

$$T_f(\rho) = \{x \in X \mid \forall y \in X \setminus \{x\},\ \exists \{a_0, a_1 \cdots, a_r\} \subset X \text{ and } r < +\infty$$
$$\text{such that } x = a_0 > a_1 > a_2 > \cdots > a_r >= y\}$$

선택지 x가 최고순환집합에 속해있다면 어떠한 대안 y로부터 시작하더라도 r번의 유한한 사회선택 과정을 거쳐 x에 도달할 수 있다. 전체집합 X가 유한하고 사회선호관계 $>$가 완비적이라면 최고순환집합은 공집합일 수 없다.

[그림 13-8]은 최고순환집합을 묘사한다. 최고순환집합 T 밖의 대안 e로부터 최고순환집합 내의 원소 a에 다섯 단계를 거쳐 도달하는 경로 $a > c > g > d > e$를 예시적으로 보여준다. 또한 선택지 h로부터 최고순환집합의 원소 c로 $c > b > h$의 세 단계에 걸쳐 도달하는 경로도 보여준다. 집합 T 내의 대안들끼리는 비이행적이어서 서로 순환한다. 또한 개념상 최고순환집합 바깥

그림 13-8 | 최고순환집합 T

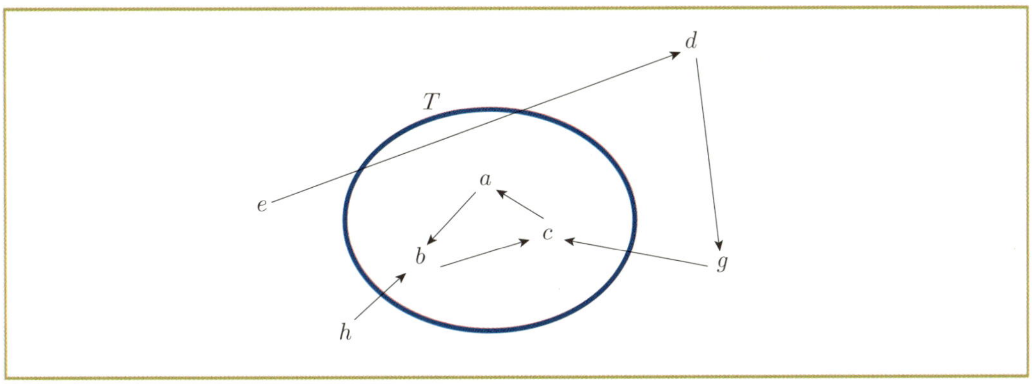

에 있는 어떠한 선택지도 최고순환집합 내에 있는 선택지보다 사회적으로 더 선호될 수는 없다.

여기서 중요한 의문이 생긴다. 의제조작을 통해 최종 선택되는 대안들이 진실투표와 전략투표하에서 어떻게 달라지는가? 밀러(Miller 1980)는 전략투표의 가정하에 의제조작을 통해 최종적으로 사회선택되는 대안들의 최고순환집합이 진실투표하의 그것과 정확히 일치함을 증명하였다.

식 (13.1)의 선호체계하에서 f가 다수결 제도이고 구성원 3명이 진실투표를 하는 예를 다시 살펴보자. 의세설정자가 구성원 1이라면 그는 의제를 적절히 배열함으로써 자신이 가장 선호하는 선택지 a가 승자가 되도록 만들 수 있으므로 a는 최고순환집합의 원소이다. 즉, $a \in T_{\text{다수결}}$(식 (13.1) 선호체계)이다. 마찬가지 논리로 의제설정자가 누구냐에 따라 선택지 b나 c가 최종승자가 되도록 의제 순서를 배열할 수도 있다. 결국 식 (13.1)의 상황에서 다수결 투표로 사회선택을 한다면 최고순환집합은 $\{a, b, c\}$이며 이는 선택지들의 전체집합 X와 일치한다.

콩도르세 승자가 존재하는 경우 최고순환집합은 바로 그 콩도르세 승자와 같다. 식 (13.2)에 나타난 상황을 고려하자.

$$\begin{aligned} &\text{투표자 1: } a > b > c \\ &\text{투표자 2: } a > c > b \\ &\text{투표자 3: } b > c > a \end{aligned} \tag{13.2}$$

두 대안씩 짝지어 다수결 투표에 부치면 $a > b > c$이므로 선택지 a는 콩도르세 승자이다. 한편 의제설정자가 어떠한 순서로 짝지어 투표에 부치건 혹은 투표자(들)가 자신의 선호를 왜곡하여 전략적으로 투표하건 관계없이 궁극적으로 선택지 a가 선택된다. 다시 말해서 최고순환집합은 $\{a\}$인데 이는 콩도르세 승자와 정확히 일치한다.

최고순환 개념의 가장 큰 단점은 사회적으로 열등한 선택지도 포함될 수 있다는 것이다. 식 (13.1)에 새로운 대안 d를 추가한 식 (13.3)을 고려하자. 모든 투표자가 선택지 c를 d보다 선호하므로 사회적으로도 c보다 d가 열등하다.

$$\begin{aligned} &\text{투표자 1: } a > b > c > d \\ &\text{투표자 2: } c > d > a > b \\ &\text{투표자 3: } b > c > d > a \end{aligned} \tag{13.3}$$

투표자들이 자신의 선호를 정직하게 밝힌다고 가정할 때 두 대안씩 짝지어 다수결 투표를 부치면 $c > d > a > b > c$로 순환에 빠지게 된다. 따라서 진실투표하에서 의제조작을 통해 얻을 수 있는 최고순환집합은 전체집합 $\{a, b, c, d\}$이다. 또한 밀러의 정리에 따르면 전략투표하에서 최고순환집합도 이와 동일하다. 문제는 선택지 d가 사회적으로 c보다 확실히 열등함에도 불구하고 최고순환집합에 포함된다는 사실이다. 다시 말해서, 최고순환집합은 애로우의 공리 가운데 만장일치성(Unanimity)을 위배한다.

사실 최고순환은 훨씬 심각한 문제를 안고 있다. 앞서 제6장 6.2절에서 살펴보았듯이 콩도르세 승자는 매우 제한된 여건에서만 존재한다. 일부 투표자들이 단봉이 아닌 선호를 갖고 있으면 콩도르세 승자는 존재하지 않을 수 있다. 또한 제8장 8.3절에서 자세히 살펴본 바와 같이 정책쟁점이 둘 이상인 경우 콩도르세 승자가 — 매우 예외적인 상황을 제외하고는 — 존재하지 않는다. 이 경우 맥켈비(McKelvey)의 혼돈정리에 의하면 투표자들이 진실투표를 한다는 가정하에 의제설정자 의중대로 어떠한 선택대안이건 최종 사회선택되도록 투표순서를 조작할 수 있다. 밀러의 정리에 의하면 전략투표하에서 의제조작을 통해 사회선택될 수 있는 최고순환집합은 진실투표하에서의 그것과 일치한다.

이상의 논의를 요약하면 다음과 같다.

정리 13.1

모든 투표자들의 선호가 단봉조건을 충족하는 선호체계 ρ와 임의의 사회선택함수 f를 고려하자. 만약 코어(core) $C_f(\rho) \neq \varnothing$이면 최고순환집합 $T_f(\rho)$은 코어 $C_f(\rho)$와 일치한다.
만약 $C_f(\rho) = \varnothing$이면 최고순환집합 $T_f(\rho)$은 전체집합 X와 일치한다.

연습문제 >> 13-4 EXERCISES

세 명의 구성원($i = 1, 2, 3$)이 1백만원을 다수결 투표로 분배하는 상황을 고려하자. 코어와 최고순환집합을 각각 구하고 해석하라.

정리 13.1은 함의를 갖는다. 의제설정자는 의제를 조작함으로써 자신이 원하는 대안이나 후보가 선택되도록 꼼수를 부릴 수 있다. 즉, 위원회의 위원장이나 간사처럼 의제설정자의 실권은 막강하다. 사실상 의제설정자 마음대로 사회선택을 조작할 있으며 이는 다수결 민주주의의 의미를 퇴색시킨다.

13.6 거부권과 정치적 안정성

거부권자(veto player)란 현상유지(status quo)로부터의 이탈하거나 변화가 생기는 것을 막을 수 있는 사람이나 기구를 일컫는다. 대한민국헌법 제53조에 의하면 국회에서 통과한 법률안에 대하여 대통령이 재의를 요구함으로써 잠정적 거부권을 행사할 수 있다. 국제연합(UN)의 안전보장이사회(The Security Council)에서 안건 가결을 위해서는 이사국 15개 가운데 상임이사국 5개를 포함하여 9개국 이상의 찬성을 요구하므로 각각의 상임이사국과 8개 이상의 비상임이사국이 거부권자라 할 수 있다.

거부권자의 존재와 특성은 정치적 안정성과 밀접한 관계가 있다. 결론부터 말하자면, 거부권자의 수가 많을수록 혹은 거부권자들의 선호가 서로 다를수록—기존 체제로부터의 변혁이 어려워지므로—정치적 안정성은 높아진다. 앞의 13.5절에서 살펴본 의제설정자는 다른 경기자들의 선택권을 제한하는 틀을 제시할 수 있으므로 거부권자에 해당한다. 중위투표자는 다수결 선거에서 모든 승리연합에 반드시 포함되어야 하는 결정적(pivotal) 경기자이므로 거부권자로 볼 수 있다. 따라서 중위투표자정리나 13.7절에서 살펴볼 본회의-위원회 분석은 거부권의 개념을 적용하여 분석할 수 있다.

거부권자가 정책안정성에 미치는 영향을 분석하기 위하여 먼저 전복집합과 코어의 개념을 살펴보자. 정책 x는 실수값을 가지며, 정책 s는 기존체제 혹은 현상유지상태를 나타낸다. 거부권자는 n명이 존재($i=1, 2, \cdots, n$)하는데, 거부권자 i는 지복점 x_i을 갖는다고 하자. 단순화를 위하여 각자는 유클리드 선호체계(개인의 보수를 그의 지복점과 시행 정책 사이의 거리로 측정)를 갖는다고 가정하자.

정의 13.2

(1) 정책 s의 전복집합(顚覆集合, winset) $W(s)$란 모든 거부권자들이 s보다 더 선호하거나 혹은 적어도 무차별하게 느끼는 정책들의 집합으로 정의된다.

(2) 정책 s의 코어(core)란 모든 거부권자들이 s보다 더 선호하거나 혹은 무차별하게 느끼는 정책대안이 존재하지 않는 그러한 s들의 집합으로 정의된다. 수학적으로 코어는 $\{s \in X \mid W(s) = \varnothing\}$이다.

기존체제의 전복집합이 작다는 것은 거부권자들이 기존체제를 뒤엎은 다음 이행하고 싶어 하는 대안이 적다는 것을 의미한다. 또한 코어가 크다는 것은 한번 기존체제로 자리잡으면 이탈이나 변혁에 흔들리지 않고 굳건히 지켜질 정책들이 많다는 것을 의미한다. 따라서 거부권자가 늘어나면 기존체제 전복집합은 축소되고 따라서 코어는 넓어진다. 이해를 돕기 위하여 거부권자가 단 한 명인 경우 체제전복집합과 코어를 구한 다음 거부권자가 한 명 더 추가되어 2명일 경우 전복집합과 코어를 구해보자.

거부권자가 $i=1$뿐인 경우 기존체제 s를 뒤엎을 수 있는 전복집합을 구해보자. [그림 13-9]를 참조하라. 이 거부권자는—유클리드 선호체계를 가지므로—기존체제 s보다 자신의 지복점 x_1에 더 가까운 모든 정책들을 더 선호함에 주목하라.

(i) $s < x_1$인 경우: $W(s) = (s, 2x_1 - s]$

(ii) $s = x_1$인 경우: $W(s) = \varnothing$ (13.4)

(iii) $s > x_1$인 경우: $W(s) = [2x_1 - s, s)$

유일한 거부권자인 $i=1$은 기존체제가 자신의 지복점 x_1과 일치할 때에만 다른 정책으로 변경하기를 원치 않을 것이며 다른 어떠한 상태에 있든 이탈하고자 할 것이다. 즉, 코어는 $\{x_1\}$이다.

이제 $i=1$뿐 아니라 $i=2$도 거부권을 갖고 있다고 하자. 단순화를 위하여 $x_1 < x_2$이라고 가정하고 전복집합을 구해보면 다음과 같다.

(i) $s < x_1$인 경우: 거부권자 1은 구간 $(s, 2x_1 - s]$에 있는 어떠한 정책이건 현상태 s보다 선호하는 반면 거부권자 2는 구간 $(s, 2x_2 - s]$에 있는 어떠한 정책이건 s보다 선호한다. 기존체제 s 전복집합은 두 구간의 교집합이어야 하므로 $W(s) = (s, 2x_1 - s]$이다.

그림 13-9 | 기존체제 s와 거부권자의 지복점 x_1의 위치에 따른 $W(s)$

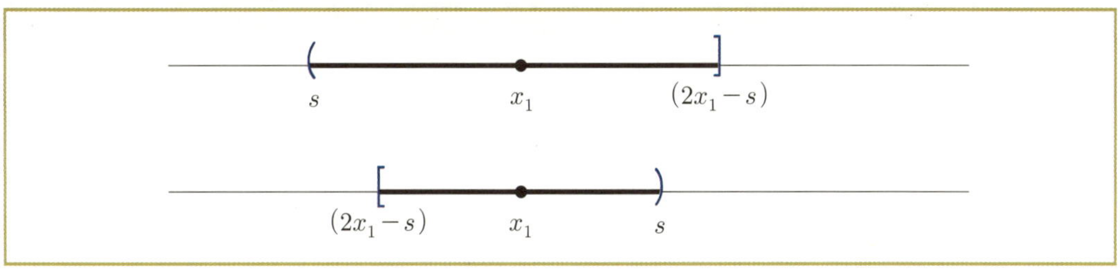

(ii) $s = x_1$인 경우: 거부권자 1이 현상태보다 선호하는 대안은 존재하지 않으며 거부권자 2가 현상태보다 선호하는 대안들은 구간 $(s, 2x_2 - s]$이다. 전복집합은 둘의 교집합이므로 결국 $W(s) = \varnothing$이다.

(iii) $x_1 < s < x_2$인 경우: 거부권자 1 입장에서 s 전복집합은 $W_1(s) = [2x_1 - s, s)$이며, 거부권자 2 입장에서 s 전복집합은 $W_2(s) = (s, 2x_2 - s]$이다. 따라서 $W(s) = W_1(s) \cap W_2(s) = \varnothing$이다.

(iv) $s = x_2$인 경우: 위 (ii)와 대칭적인 논리에 의하여 $W(s) = \varnothing$이다.

(v) $s > x_2$인 경우: 위 (i)과 대칭논리에 의하여 $W(s) = [2x_2 - s, s)$이다.

결론적으로 거부권자가 두 명일 경우, 코어는 구간 $[x_1, x_2]$이다. 즉, 이 구간에 속해 있는 어떠한 정책도 일단 기존체제로 자리잡으면 다른 정책 y로 이행할 수 없다. 대안 y로의 이행은 두 거부권자 중에 최소한 한 명을 불행하게 만들므로 그는 거부권을 행사하여 기존체제를 고수하려고 하기 때문이다. 결론적으로 기존체제가 어디에 위치하건 $i=1$만이 거부권자인 경우에 비해 $i=2$까지 거부권자로 추가된 경우 기존체제를 뒤엎을만한 정책대안은 줄어들고 코어는 확장된다. 즉, 정치적 안정성이 높아진다.

거부권자 1의 지복점 x_1이 거부권자 2의 지복점 x_2에 가까워질수록 기존체제 전복집합은 늘어나고 코어는 줄어든다. 이는 거부권자가 여럿이더라도 그들 간에 차이가 작을수록(반대로 클수록) 기존체제가 뒤집혀 새로운 대안으로 옮겨갈 가능성이 높아짐(낮아짐)을 의미한다.

일반적으로 코어의 원소는 많다. 그런데 정책이나 체제를 제안할 권한이 있는 의제설정자(agenda setter)가 존재한다면 그는 코어 가운데 자신이 가장 선호하는 정책을 뽑아서 제안하고 따라서 어떠한 상태가 실현될지 구체적으로 예측가능해진다. 의제설정 혹은 의제조작의 개념에 대해서는 앞서 13.5절에서 살펴보았으므로 본절의 틀 안에서 이를 연습문제 형태로 분석해 보자.

연습문제 >> 13-5 EXERCISES

두 명의 거부권자 $i=1$ 및 $i=2$가 존재하며 $x_1 < x_2$인 상황을 고려하자. 의제설정자가 $i=1$일 경우 부분게임완전균형 정책을 구하라.

연습문제 >> 13-6 EXERCISES

좌파정당 1과 우파정당 2에 더해 중도정당 3이 거부권자로 추가되었다고 하자. 따라서 세 거부권자의 지복점은 $x_1 < x_3 < x_2$이다.

(1) 기존체제 s의 전복집합 $W(s)$를 구하라.

(2) 코어를 구하라.

(3) 중도정당 3이 의제설정자이며, 정당 1과 2가 모두 정당 3의 제안에 동의하지 않으면 현행체제가 존속된다고 가정하자. 부분게임완전균형 정책을 구하라.

13.7 본회의와 위원회

세계 각국의 의회는 대개 다층구조를 가지고 있다. 본회의는 의원 전원이 참여하는 최종의사결정기구이며, 본회의 산하에는 전문 분야별로 여러 상임위원회로 나뉘어 있다. 우리나라 국회는 2014년 7월 현재 16개의 상임위원회와 2개의 상설특별위원회 그리고 사안별로 구성된 한시적 특별위원회로 구성되어 있다.[5] 이들 위원회 내에는 여러 소위원회를 두어 전문적이고 세부적인 내용을 다루도록 하고 있다. 이처럼 하부 위원회를 두어 사전 정지작업을 하도록 하는 제도는 의회뿐 아니라 전체 구성원의 수가 적정 수 이상인 거의 모든 조직에서 공통적으로 운영된다. 대학에도 교무위원회, 인사위원회, 건축위원회 등이 있으며 건축위원회 밑에 건축 사안별로 소위원회를 두기도 한다.

본절은 본회의, 위원회, 소위원회 등에서 다수결 투표에 의해 민주적으로 특정 사안을 결정할 때 이들 간의 역학관계를 다루고자 한다. 일반적으로 위원회에서 먼저 안건을 다루고 다수결 투표로 결정한 내용을 본회의에 상정하면 그곳에서 다수결 투표로 최종 결정을 내리므로 부분게임완전균형 개념이 적절한 분석도구이다. 하나의 정책사안에 대하여 현상유지(status quo) 상태를 s라고 놓자. 해당 정책에 대하여 모든 위원들은 단봉선호를 갖고 있다고 가정하자. 본회의 구성원들 가운데 중위투표자의 지복점을 m이라 표기하고 하부위원회를 구성하는 위원들 가운

5 상임위원회 16개는 국회운영, 법제사법, 정무, 기획재정, 미래창조과학방송통신, 교육문화체육관광, 외교통일, 국방, 안전행정, 농림축산식품해양수산, 보건복지, 환경노동, 국토교통, 정보, 여성가족이며, 상설특별위원회 2개는 예산결산특별위원회와 윤리특별위원회이다. 임시특별위원회는 국가적으로 중요한 사안에 따라 여야합의로 그때그때 설치・운영된다. 임시특별위원회는 2014년 9월 현재 평창동계올림픽 및 국제경기지원, 동북아역사왜곡 대책, 창조경제활성화, 세월호 침몰 진실규명을 위한 국정조사 등 7개가 있다.

데 중위투표자의 지복점을 c라고 하자. 본절에서는 기존상태 s가 위원회 중위투표자의 지복점 c보다 작다고 가정한다. 반대로 $s>c$인 경우에 대해서는 대칭 논리를 적용하면 되므로 독자에게 연습문제로 맡겨둔다.

하부 위원회가 상정한 법안을 본회의가 얼마나 존중하느냐에 따라 균형이 달라짐은 물론이다. 본회의가 위원회의 상정 법안을 무시하고 원점에서 논의하여 결정할 수 있다면 본회의 중위투표자의 선호에 따라 균형이 정해지므로 단순하다. 따라서 본회의가 위원회의 법안을 아예 무시할 수는 없는 대표적 두 제도를 차례로 살펴보자.

폐쇄규정위원회

폐쇄규정위원회(closed-rule committee) 제도에서는 위원회가 상정한 법안을 본회의가 채 택 혹은 거부 여부만 정할 뿐 그 내용을 변경할 수는 없다. 폐쇄규정위원회 제도하에서 부분게임완전균형을 구해보자.

첫째, $s<c\leq m$인 경우 위원회를 통과한 법안 c가 본회의에 상정되더라도 아무 문제없이 통과될 것이다. 본회의의 중위투표자 m 입장에서 볼 때 위원회가 상정한 법안 c가 현상유지 s보다 낫기 때문이다.

둘째, $m\leq s\leq c$인 경우 본회의는 위원회의 법안 c를 거부하고 현상유지 s를 채택할 것이다. 위원회로서는 본회의의 그러한 반응을 합리적으로 예측할 수 있으나 c를 선택하는 것 이외의 다른 대안이 없다.

셋째, $s\leq m\leq c$의 경우는 결과가 둘로 나뉜다. 만약 m이 s보다는 c 쪽에 상대적으로 가깝다면 위원회가 c를 제안하더라도 본회의의 중위투표자 입장에서는 현상유지 s보다 c가 나으므로 위원회가 올린 법안을 채택할 것이다. 반대로 m이 s 쪽에 가깝다면 위원회가 c를 제안해봐야 본회의에서 거부되고 s가 채택될 터인데 이는 위원회 입장에서는 최악이므로 본회의에서 통과될만한 타협안을 제시할 것이다.

셋째 경우($s\leq m\leq c$)를 좀 더 정확히 분석해보자. [그림 13-10]에서 보듯이 $x^*(s)$는 본회의의 중위투표자가 정확히 s만큼 선호하는 m보다 오른편에 위치한 정책으로 정의된다. 단봉선호조건이 충족된다면 그러한 $x^*(s)$는 단 하나만 존재한다. 만약 $m<c<x^*(s)$라면(예컨대 $c=c_1$) 위원회는 c를 채택하고 본회의에서도 c가 그대로 통과될 것이다. 본회의의 중위투표자 m의 입장에서는 c가 s보다는 낫기 때문이다. 반면 $c>x^*(s)$라면(예컨대 $c=c_2$) 위원회가 c로 결정하여 상정

그림 13-10 폐쇄규정위원회 제도에서 $s<m<c$의 경우

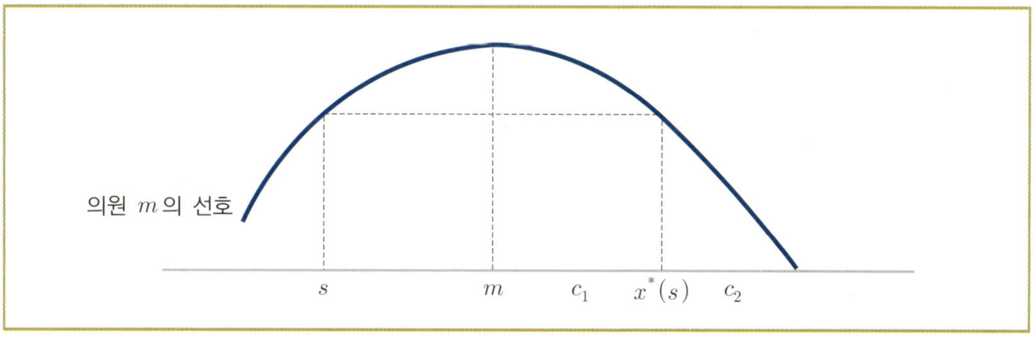

하면 본회의에서 부결되어 결국 s가 유지되리라고 예측할 수 있다. 따라서 위원회는 본회의에서 받아들여질 만하면서도 자신이 가장 선호하는 정책 $x^*(s)$을 제시하는 전략이 최선이다.[6]

폐쇄규정위원회 제도에서 세 가지 s, c 또는 $x^*(s)$ 가운데 하나가 균형정책으로 채택된다. 본회의의 기존상태 s와 위원회 중위투표자의 지복점 c가 고정되어 있다고 가정할 때 본회의 중위투표자의 지복점 m이 s보다 작으면 s가 실현되고, m이 s보다 크지만 c보다 충분히 작으면 타협안 $x^*(s)$가 실현되며, m이 그보다 크면 c가 실현된다.

개방규정위원회

개방규정위원회(open-rule committee) 제도에서는 위원회가 법안을 상정하면(open the gate) 본회의는 이를 얼마든지 수정하여 통과시킬 수 있다. 다만 개방규정하에서는 위원회에게 법안 상정 자체를 거부할(close the gate) 권한이 주어지는데 그렇게 되면 기존상태 s가 그대로 유지된다. 개방규정에서는 위원회가 어떠한 법안이건 일단 본회의에 상정하면 본회의에서 수정되어 본회의 중위투표자의 지복점인 m으로 최종 결정되리라는 사실을 합리적으로 예측할 수 있다. 다시 말해서 위원회가 법안을 상정한 시점으로부터 시작되는 부분게임에서 본회의의 결정은 m이 될 것이기에 위원회는 애당초 상정 여부를 정할 때 이를 합리적으로 고려한다. 여태까지와 마찬가지로 $s<c$라고 가정하자.

첫째, 본회의 중위투표자의 지복점 m이 기존상태 s와 위원회 중위투표자의 지복점 c 사이에 위치하고 있는 경우($s<m<c$), 최종 법안은 m으로 결정된다. 위원회는 자신이 가장 선호하는 c를 본회의에 상정하겠지만 추후 본회의에서 수정되어 결국 m으로 결정되리라는 사실을 합리

6 정확하는 $x^*(s)-\varepsilon$(여기서 ε은 임의의 작은 양수)임.

적으로 예측할 수 있다. 하지만 위원회 입장에서는 법안 상정 자체를 거부함으로써 초래될 현상유지 s보다는 m이 그나마 낫기 때문에 법안을 상정한다.

둘째, $m \leq s \leq c$의 경우 최종 결과는 상정 거부 및 기존법안 s로 귀착된다. 위원회는 법안을 상정할 경우 최종적으로 m으로 결정되며 상정을 거부할 경우 현상 s로 유지되리라는 사실을 예측할 수 있다. 그런데 위원회 입장에서 후자가 전자보다 나으므로 상정 거부를 선택할 것이다.

셋째, $s \leq c \leq m$의 경우 결과는 둘로 나뉜다. 만약 m이 c 쪽에 가깝다면 위원회의 법안 상정으로 예상되는 결과 m이 상정 거부에 따른 현상유지 s보다 나으므로 위원회는 법안을 상정하게 된다. 반대로 m이 c로부터 매우 멀리 떨어져 있다면 위원회로서는 상정 자체를 거부하는 편이 낫다.

셋째 경우($s \leq c \leq m$)를 좀 더 정확히 분석해보자. [그림 13-11]에서 보듯이 $y^*(s)$는 위원회의 중위투표자가 자신의 지복점 c보다 크면서 기존상태 s만큼 선호하는 법안으로 정의된다. 단봉선호조건이 충족된다면 그러한 $y^*(s)$는 단 하나만 존재한다. 만약 $m < y^*(s)$라면(예컨대 $m = m_1$) 위원회는 c를 상정하고 본회의에서는 m으로 최종 결정될 것이다. 위원회의 중위투표자 c의 입장에서는 그래도 m이 s보다는 낫기 때문이다. 반면 $m > y^*(s)$라면(예컨대 $m = m_2$) 위원회가 법안을 상정하면 본회의에서 m으로 수정 채택될 것인데 이는 위원회가 법안 상정을 거부하고 기존상태 s를 유지하는 것보다 못하기 때문이다.

개방규정위원회 제도에서 현상유지 s 혹은 본회의 중위투표자의 지복점 m 가운데 하나만이 부분게임완전균형 현상이 될 수 있다. 재미있는 사실은 본회의 구성원들과 위원회의 구성원들 모두가 더 행복해지는 길이 있음에도 불구하고 법안이 상정조차 되지 않아 기존상태를 그대로 유지하는 비효율이 발생할 수 있다는 것이다. 예컨대, $s < c < y^*(s) < m$의 경우 본회의의 중위투표자 입장에서 $y^*(s)$는 물론 c조차도 현상유지 s보다는 훨씬 낫다. 따라서 본회의는 위원회가

그림 13-11 | 개방규정위원회 제도에서 $s < c < m$의 경우

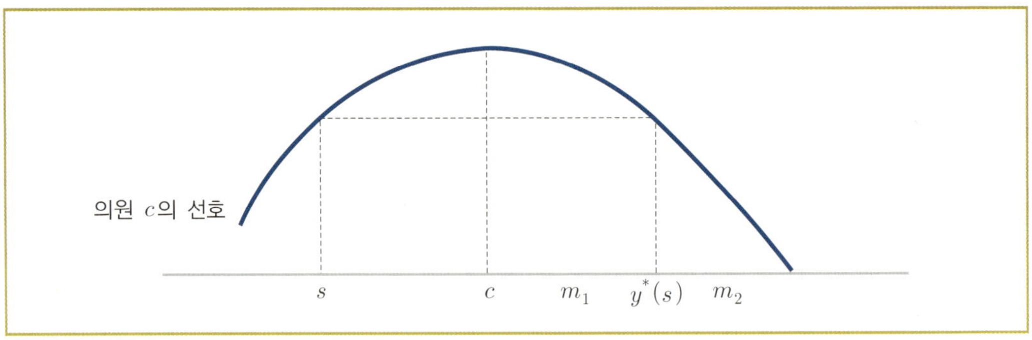

상정하는 법안을 최대한 존중하여 원안대로 통과시키겠다고 약속할 수도 있다. 문제는 일단 법안을 상정하고 나면 본회의 구성원들은 그 약속은 지킬 유인이 없다는 데 있다. 즉, 위원회 입장에서 그러한 약속은 신빙성이 없다. 법안을 상정하느냐 마느냐의 권한만 위원회에 부여하고 최종 결정은 본회의에서 한다는 취지가 일견 민주적으로 보이지만 현상유지를 고착화하여 모두를 불행하게 만들 수 있다.

연습문제 >> 13-7 EXERCISES

현상유지 s와 위원회 중위투표자의 지복점 c 간에 $s>c$라고 가정하자.

(1) 폐쇄규정하에서 부분게임완전균형을 구하라.

(2) 개방규정하에서 부분게임완전균형을 구하라.

14

CHAPTER

협상, 분쟁, 중재

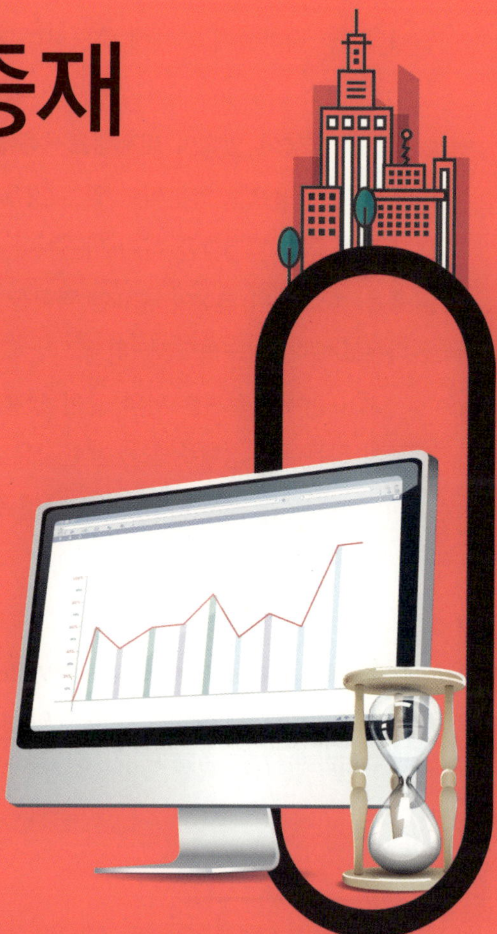

14.1 정치적 협상과 권력구조
14.2 협상과 사회정의
14.3 국가 간 갈등과 전쟁
14.4 기한이 미정인 협상
14.5 정치적 협상
14.6 지연, 재협상, 결렬
14.7 중재

Politics & Public Economics:
A Game-Theoretic Approach

14.1 정치적 협상과 권력구조

행정부는 위계적인 피라미드식 조직체계를 갖고 있으며 명령과 지시에 의해 움직인다. 입법부는 비교적 수평적 구성을 이루고 있으며 정당 혹은 의원 간의 협상과 중재를 통해 주요 의사결정들이 이루어진다. 정당 내에서는 선수(選數)와 당직에 따라 영향력이 다르지만 행정부만큼 뚜렷하지는 않다. 행정부와 입법부의 권력구조에 따라 국가통치에 있어서 명령과 협상의 상대적 비중이 달라진다. 행정부의 권한이 세고 강한 반면 국회가 소수 대형 정당에 의해 운영되는 경우는 명령과 위계가 국가통치에 중요한 역할을 한다. 행정부의 권한이 상대적으로 작은 반면 국회는 다수의 군소정당들로 구성되어 있는 경우 협상과 중재가 중요하다. 우리나라나 미국처럼 양당제-대통령중심제인 국가들이 전자에 해당하며 영국, 이탈리아, 독일처럼 다당제-의원내각제인 국가들이 후자에 해당한다.

제8장 8.5절에서 살펴본 듀버거의 법칙에 따르면, 최다득표 투표제도하에서는 양당제가 발달하는 경향이 있으며 비례대표제하에서는 다수의 군소정당이 공존하는 경향이 있다. 의회가 두 대형 정당으로 양분되어 있는 경우에는 주요 의사결정에 있어서 정당 내의 혹은 정당 간의 조직이 중요한 역할을 하기 마련이다. 반면 다수 정당이 공존하는 경우 조직보다는 정당 내의 혹은 정당 간의 협상이 중요한 역할을 하게 된다.[1] 이상의 논의를 다소 도식적으로 요약하면 최다득표제(다수결)-양당제-위계조직, 그리고 비례대표제-다당제-협상의 이분법이 성립한다.

제10장에서 살펴본 바와 같이 경제적 외부효과가 존재할 경우 협상비용과 거래비용이 전혀 들지 않는다면 경제주체들 간에 사유재산권을 분명히 배정해줌으로써 외부효과를 없애고 효율적 자원배분을 달성할 수 있다. 이를 경제학에서 코우즈정리라고 부르는데, 정치에 있어서 그에 상응하는 정리는 다음과 같다.

정리 | 정치적 코우즈정리(Political Coase Theorem)

협상비용과 거래비용이 전혀 들지 않는다고 가정하면 정부가 어떠한 형태를 갖건 의사결정이 어떠한 규칙과 방식으로 이루어지건 효율성이 보장된다.

1 민간기업과 시장에 있어서 조직과 협상의 역할에 관해서는 산업조직론의 고전 Williamson(1975)을 참조하기 바란다.

정부의 형태란 중앙집권제, 연방제, 지방분권제 등의 구분을 의미한다. 중앙집권제는 하나의 중앙정부가 모든 의사결정을 내리는 시스템인 반면 지방분권제는 다수의 지방자치정부가 각자의 의사결정을 내리는 시스템이므로 정부의 형태란 정부의 수(數)와도 밀접한 관계가 있다. 의사결정규칙이란 만장일치제, 초다수결, 다수결, 최다득표제, 독재체제 등 가운데 어떠한 절차와 방법으로 사회적 선택을 하느냐는 의미이다.

정치적 코우즈정리의 문제는 정치적 협상에 비용이 들지 않는다는 비현실적인 가정에 있다. 현실세계에서 정치적 협상과 거래에는 항상 비용—경우에 따라서는 엄청난 사회적 비용—을 수반하기 마련이다. 따라서 정치적 코우즈정리를 달리 표현하자면, 현실세계에서 정부의 형태(혹은 수)나 의사결정방식에 따라 효율성이 달라지므로 협상거래비용의 종류와 규모에 따라 권력구조와 선거방식을 정해야 합리적이다.

국회의 적정규모를 예로 들어보자. 국회의원의 수가 늘어날수록 정당 간 혹은 의원 간의 협상비용은 기하급수적으로 증가한다. 반면 국회의원의 수가 늘어날수록 유권자들의 다양한 선호를 반영하는 대표성이 올라가며 동시에 각종 정책에 대하여 객관적이고 정확한 판단을 내릴 확률이 높아진다. 효율성의 원칙에 따르면 국회의원의 수의 증가에 따른 한계비용과 한계편익이 일치하는 수준에서 국회의원의 최적규모가 결정되어야 한다.

정치적 협상과 권력구조, 정부형태, 선거방식의 상호관계에 대하여 논의하는 것은 본서의 범위를 벗어난다. 여기서는 정치경제론이나 공공경제학에 적용할 수 있는 협상 및 중재이론을 소개하는 선에서 만족하기로 한다.

14.2 협상과 사회정의

14.2.1 최후통첩협상

정부와 공무원노동조합이 내년도 근로조건을 놓고 협상을 벌이는 상황을 고려하자. 내년에 정부가 지불할 용의가 있는 최대 금액은 5,200만원이고 노조의 마지노선은 동결수준인 5,000만원이다. 이 상황은 정부(경기자 1)와 노조(경기자 2)가 크기 200만원의 빵을 나누는 2인(人)게임으로 정형화된다. 단순화를 위해, 빵의 크기를 1단위로 표준화하자.

최후통첩협상(最後通牒協商, ultimatum bargaining)에서는 먼저 경기자 1이 한 단위를 어떠한 비율로 나누자는 제안을 한다. 그 다음 경기자 2(노조)가 경기자 1(사용자)의 제안을 수 락하든가 혹은 거부하든가 양자 중에 택일한다. 경기자 2가 제안을 수락하면 경기자 1이 제안한 대로 분배가 이루어진다. 반면에 경기자 2가 제안을 거부하면 양측의 보수는 모두 0이 된다. [그림 14-1]은 최후통첩협상을 묘사하고 있다.

이 게임에는 수많은 순수전략 내쉬균형이 존재한다. 예컨대 사용자와 노조가 반반씩 나누는 내쉬균형이 존재한다. 이 균형에서 사용자의 전략은 '절반씩 나누자고 제안한다'이다. 또 노조의 전략은 '절반 이상을 제안받으면 수락하고 그 미만이면 거부한다'로 볼 수 있다. 노조의 전략이 이와 같다고 가정하면 사용자 입장에서는 50%:50%를 제안하는 것이 최선응수이다. 사용자는 반반으로 나눌 것을 제안함으로써 0.5단위의 보수를 얻을 수 있지만 그 이외의 다른 전략(예컨대, 80%:20%)을 제안할 경우 아무 것도 얻지 못할 것으로 예상되기 때문이다. 사용자의 전략이 반반씩 제안이라고 가정하면 노조 역시 다른 전략으로 바꿀 유인이 없다. 어차피 균형상태에서 사용자는 50%:50%를 제안하고 노조는 이를 수락하여 절반을 얻을 것이므로, 50%:50% 이외의 다른 제안이 들어올 때 취할 전략을 바꾸더라도 달라질 것이 없기 때문이다. 마지막으로 노조의 전략은 사용자의 신념과 정확히 일치하므로 균형의 합리적 기대 요건이 충족된다.

우리는 사용자와 노조가 50%:50%로 나누는 내쉬균형이 존재함을 보였다. 마찬가지 논리와

그림 14-1 ▌최후통첩협상게임

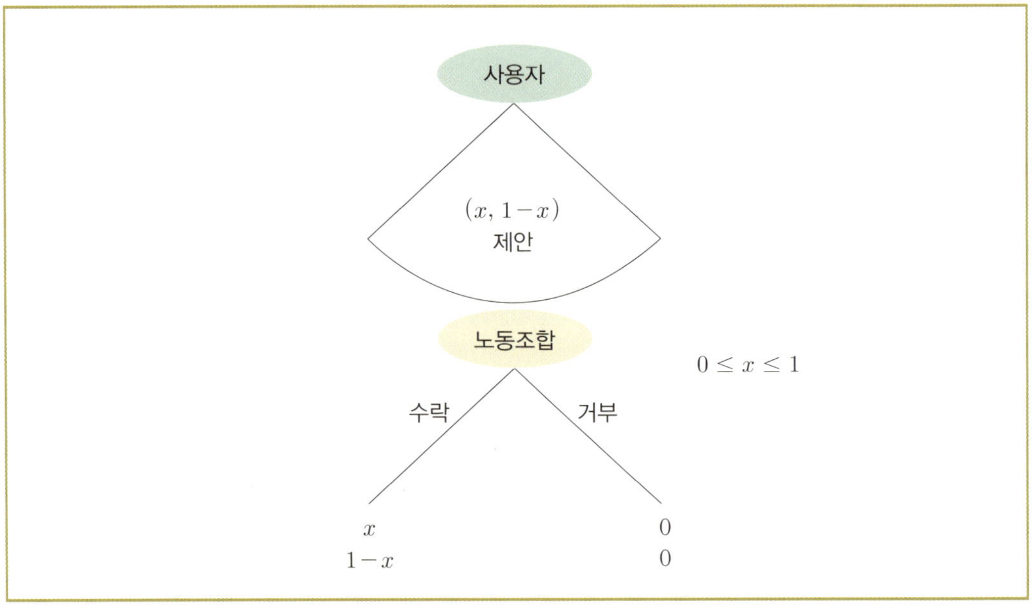

방법으로 두 협상당사자가 13%:87%로 나누는 내쉬균형이 존재함을 보일 수 있다. 이러한 논의를 일반화하면 사용자와 노조가 주어진 한 단위를 어떻게 나누든 이는 최후통첩협상게임의 내쉬균형이 될 수 있다.

최후통첩협상게임의 내쉬균형은 수없이 많은 데 비해 부분게임완전균형은 하나밖에 없다. 사용자가 거의 전부를 갖고 노조는 거의 하나도 갖지 못하는 배분이 그것이다. 최후통첩협상게임의 모든 부분게임은 노조가 '수락'과 '거부' 중 하나를 선택해야 하는 의사결정 마디로부터 시작하는 게임이다. 사용자가 노조에게 $(1-x)$를 제안하였다면 노조는 x가 얼마이든지 상관없이 사용자의 제안을 수락하는 것이 최선이다. 왜냐하면 노조가 사용자의 제안을 수락함으로써 얻는 보수 $(1-x)$는 거부함으로써 얻는 보수 0단위보다 크기 때문이다. [그림 14-2](a)에서 굵은선은 x의 값이 얼마이든지 상관없이 노조는 사용자의 제안을 항상 수락하는 것이 부분게임에서 최선의 전략임을 뜻한다. 이제 역진귀납법에 의하여 사용자의 최적전략을 구해보자. 사용자는 노조에게 얼마를 제안하건 상관없이 노조가 항상 자신의 제안을 수락하리라고 예상할 수 있다. 따라서 사용자는 노조에게 거의 0에 가까운 단위를 제안하는 것이 최선의 전략이다. [그림 14-2](b)에서 굵은선은 전체 게임에서 사용자가 거의 모든 몫을 독식하는 것이 최적전략임을 나타낸다. 논의의 단순화를 위하여 상대방의 제안을 수락하는 것과 거부하는 것 사이에 무차별

그림 14-2 ▌최후통첩협상의 부분게임완전균형

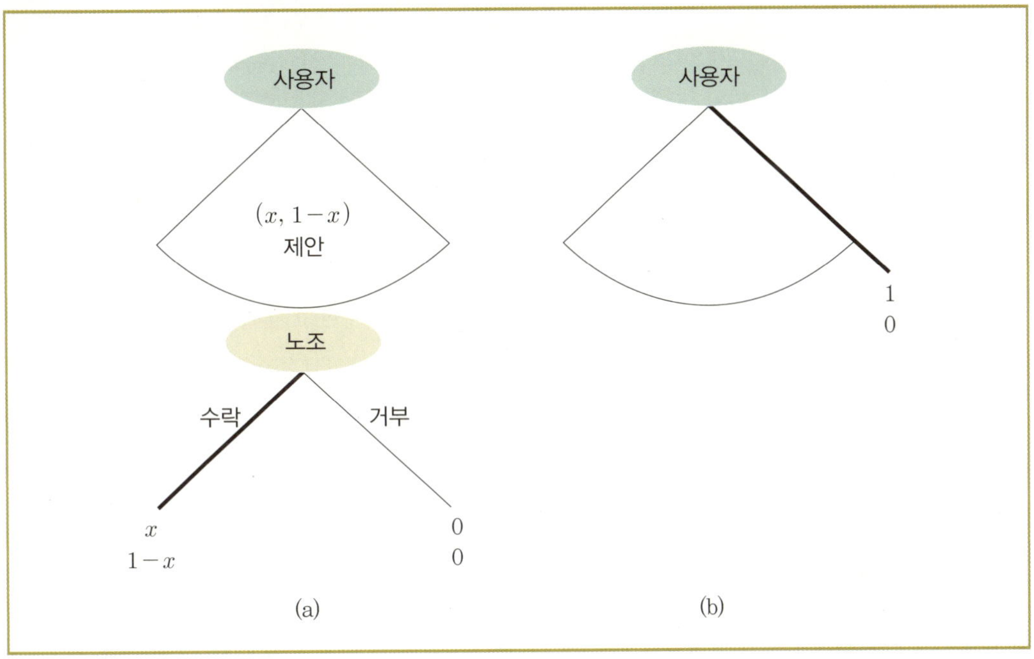

하다면 제안을 수락한다고 가정한다.

최후통첩협상게임의 실험결과에 따르면 피실험자들의 행태는 부분게임완전균형의 예측과는 큰 괴리가 있다. 즉, 최후통첩협상게임에서 경기자 1 역할을 맡은 피실험자들은 대략 자신이 50~60%를 갖고 상대방에게 40~50%를 제안하는 공평(fair) 분배를 제안하는 경향이 있다. 더욱 재미있는 현상은 경기자 2의 역할을 맡은 피실험자들이 현저하게 불공평한 제안(예컨대 7:3이나 8:2)을 대부분 거부했다는 사실이다. 이러한 행태는 지역, 인종, 국가를 막론하고 상당히 광범위하게 관찰되었다.[2] 경기자 2 입장에서는 불공평한 제안이라도 받아들이는 편이 거절하는 것보다 더 이익이므로 이는 분명 수수께끼이다. 전통적 경제학의 틀 안에서는 경제인들이 왜 경제적 이득만을 추구하지 않고 공평성이라는 비경제적 가치도 함께 고려하는지를 설명하기 어렵다. 그러나 일단 경제인들이 공평정의(fairness justice)에 관심을 갖는다는 사실을 받아들인다면 최후통첩협상게임에서 경기자들의 행태는 잘 설명된다. 최후통첩협상에서 다수의 경기자들이 공평정의를 추구한다고 가정하면 경기자 1로서 최선응수는 대략 반반을 제안하는 전략임을 쉽게 보일 수 있다.

14.2.2 독재자게임과 공평정의

그렇다면 사람들이 경제행위를 할 때 본질적으로 경제적 이해득실 못지않게 공평정의와 같은 비경제적 가치를 중시하는가? 이러한 가설을 살펴보기 위하여 우선 다음의 독재자게임(dictator game)을 고려하자.

경기자 1이 1만원을 어떻게 나눌 것인지 경기자 2에게 제안하면 경기자 2는 이를 수락하거나 거부한다. 그러나 경기자 2가 수락하든 거부하든 상관없이 경기자 1의 제안대로 나눈다. 즉, 경기자 1은 독재자이다.

독재자게임의 부분게임완전균형은 최후통첩협상의 그것과 정확히 똑같다. 실제로 여러 실험에서 다수의 경기자 1은 경기자 2에게 돈을 나누어주며 평균 기부금은 총액의 25% 정도라는 사실을 발견했다. 이는 최후통첩협상에서 경기자 1이 경기자 2에게 절반에 가까운 돈을 주는 것과 비교하여 적다. 그러나 독재자게임에서 경기자 1은 자신의 제안이 거부당해 쪽박을 차게

2 최후통첩협상게임의 실험은 Güth, Schmittberger and Schwartze(1982)가 독일 대학생들을 대상으로 최초로 실시한 이후 수천 건에 이른다. 그 가운데는 미개종족을 포함한 전 세계 20여 사회를 대상으로 협상결과가 문화마다 어떻게 다른지에 대해 경제학자들과 인류학자들이 공동연구한 재미있는 실험결과도 있다. 최후통첩협상이나 독재자게임에 관한 주요 실험결과와 쟁점은 Camerer(2003) 제2장에 잘 정리되어 있다.

될 가능성이 전혀 없음에도 불구하고 여전히 꽤 많은 금액을 경기자 2에게 떼어준다는 사실은 경제원리만으로는 설명할 수 없어 보인다. 상당수의 정치학자들이나 심리학자들은 최후통첩협상과 독재자게임의 실험결과를 근거로 사람들이 경제적 이득에 못지않게 공평정의라는 정치사회적 가치를 중시한다고 주장한다. 이는 경제학이나 정치경제론의 근본 패러다임인 합리성이나 이기심에 의문을 던진다.

이를 반박하기 위하여 리스트(List 2007)는 독재자게임의 다음과 같은 변형들을 고안하였다. 각 게임에서 부분게임완전균형을 구하고 실제 사람들이 어떻게 행동할 것인가를 직관적으로 예측해보라.

[실험 A] 경기자 1은 경기자 2에게 10,000원 중 일부를 떼어줄 수도 있지만, 그와 반대로 경기자 2로부터 1,000원을 빼앗아 올 수도 있다.

[실험 B] 경기자 1뿐 아니라 경기자 2에게도 10,000원이 주어졌으며 경기자 1도 이 사실을 통보받았다. 경기자 1은 경기자 2에게 자신이 가진 돈의 일부를 경기자 2에게 떼어줄 수도 있지만, 경기자 2가 가진 돈의 전부 혹은 일부를 빼앗아 올 수도 있다.

[실험 C] 위의 실험 B와 같되, 경기자 1과 경기자 2는 각자 실험실 청소를 하고 그 대가로 각자 10,000원씩을 실험자로부터 받으며 이 사실은 모두에게 알려진다.

실험 A에서 경기자 1 가운데 35%만이 경기자 2에게 돈을 주었으며 45%는 한 푼도 주지 않았고 나머지 20%는 오히려 경기자 2가 가진 1,000원을 빼앗았다. 실험 B에서는 경기자 1 가운데 10%만이 경기자 2에게 돈을 주었고 60% 이상은 돈을 빼앗았다. 더욱 놀라운 것은 경기자 1 가운데 40%가 경기자 2가 가진 10,000원 전액을 빼앗았다는 것이다. 실험 C처럼 노동의 대가로 돈을 번 경우에는 경기자 1 가운데 28%만이 경기자 2의 돈을 빼앗았고 거의 70%는 돈을 주지도 않았고 빼앗지도 않았다. 실험 A, B, C 모두에서 부분게임완전균형은 경기자 1이 경기자 2의 돈을 최대한 빼앗는 것이다. 따라서 A와 B의 실험결과는 개인의 이기심에 기초한 부분게임완전균형에 상당히 근접한다. 이러한 실험결과는 사람들이 본질적으로 이타적이며 공평정의를 중시한다는 가설이 받아들이기 어려움을 뜻한다.[3] 예외적으로 실험 C가 보여주듯이 사람들은

3 시카고대학의 경제학자 레빗(Steven Levitt)은 저서 『*SuperFreakonomics*』(2009)에서 리스트의 실험결과를 극찬하면서 "만약 실험실에서 선택할 수 있는 유일한 선택지가 약간의 돈을 포기하는 것이라면 당신은 당연히 그렇게 할 것이다. 그러나 실제사회에서 우리는 그보다 훨씬 다양한 선택권을 지닌다. [중략] 그렇다면 자연상태에서의 인간의 이타성을 증명하고 그러한 업적으로 평판과 상패를 얻은 행동경제학자들은 어떻게 된 것인가?"라고 행동경제학을 통렬히 비판한다. 리스트 본인은 "인간의 이타성을 입증했다고 주장하던 행동경제학자

정당한 노동의 대가로 벌어들인 돈은 인정해준다는 사회규범이 작용하고 있지만 말이다.

공평분배가 사회적으로 바람직한지는 개인의 가치판단에 달려있다. 그러나 공평분배에 대한 사회적 합의가 있다면 아래의 연습문제 14-1에서 보여주듯 자원을 생산하는 측과 이를 분배하는 측의 이해상충을 이용하여 달성할 수 있다. 이어지는 연습문제 14-2에서는 경기자들의 보수가 자신의 금전적 몫뿐 아니라 분배정의(distributional justice 혹은 equity)에도 영향을 받는다고 가정할 경우 공평분배가 잘 설명됨을 보여준다.

연습문제 >> 14-1 EXERCISES

먼저 경기자 1이 가용자원 1만원을 어떻게 나눌지 제안하면 그 다음 경기자 2가 두 조각 가운데 하나를 먼저 선택한다. 경기자 1은 경기자 2가 가져가고 남은 돈을 가져간다. 이 게임의 부분게임 완전균형을 구하라.

연습문제 >> 14-2 EXERCISES

크기가 1단위인 빵을 나누는 최후통첩협상에서 경기자 1과 경기자 2의 몫을 각각 $x1$, $x2$라 놓을 때 경기자 i의 보수함수는 $u_i(x_1, x_2) = x_i - \beta_i|x_1 - x_2|$라 하자. 매개변수 $\beta_i(\geq 0)$는 경기자 i가 분배정의를 얼마나 중시하는지를 나타낸다. 경기자 i의 보수함수에서 첫 번째 항은 경기자 자신의 금전적 이득 x_i가 클수록 만족이 커짐을 나타내고 두 번째 항은 자신의 몫과 상대방의 몫의 차이가 클수록 불만족이 커짐을 뜻한다. 참고로 $\beta_1 = \beta_2 = 0$이면 원래의 최후통첩협상게임과 똑같게 된다. 이 게임의 완전균형을 구하라.

위 연습문제에서처럼 경기자들이 분배정의에 영향을 받는 이타심을 갖는 것이 아니라 반대로 상대방이 불행해질수록 자신은 더 희열을 느끼는 해타심(害他心, spitefulness)을 갖는다면 어떻게 될 것인가? 다음 연습문제는 경기자들이 모두 악독하다고 가정할 때 공평분배가 균형현상으로 나타날 수 있다는 흥미로운 결과를 보여준다.

들 대부분이 실험자료를 잘못 해석한 게 분명하다. 내 실험결과는 그러한 잘못된 해석에 일침을 가했다"라고 밝히고 있다.

연습문제 >> 14-3 EXERCISES

다음과 같은 최후통첩협상게임의 변형을 고려하자. 두 경기자 1과 2가 1만원의 돈을 나누려고 한다. 경기자 1은 1만원이나 0원은 제안할 수 없으나 그 사이의 어떠한 금액도 제안할 수 있다. 경기자 1의 제안을 경기자 2가 수락하면 그대로 나누고 거부하면 둘 다 0단위의 보수를 얻는다. 이제 x_i를 경기자 i가 받는 금전수입이라 놓으면 경기자 i의 보수함수는 $u_i(x_1, x_2) = x_i - cx_j$라고 가정하자(여기서, $0 \le c < 1$, $j \ne i$). 이 게임의 부분게임완전균형을 구하라. 또한 균형이 c에 따라서 어떻게 달라지는지 해석하라.

14.3 국가 간 갈등과 전쟁[4]

최후통첩협상게임을 조금 변형하여 국제관계에 있어서 갈등, 분쟁 그리고 전쟁 발발 가능성을 분석해보자. 국제관계에서 결정전(decisive war)이란 '모 아니면 도' 식의 승패가 뚜렷이 구분되어 패자의 의지와 무관하게 승자가 모든 전후처리 권한을 갖는 전면전을 뜻한다. 반면 비결정전(non-decisive war)이란 양측의 협상과 합의로 분쟁을 종식하는 분쟁을 의미하며, 무역분쟁, 경제재제(sanctions), 외교압력, 국지전 등 다양한 형태의 갈등을 포함한다.

준비작업으로 [그림 14-1]을 약간 변형한 제로섬(zero-sum) 최후통첩협상게임을 분석하자. 이 게임은 [그림 14-1]과 똑같되 다만 경기자 2가 경기자 1의 제안을 거부할 경우 경기자 1은 현상유지 보수 s단위, 경기자 2는 $(1-s)$단위를 얻는다는 점만 다르다. 이 게임의 부분게임완전균형은 다음과 같다. 경기자 1은 임의의 $x \ge s$를 제안한다; 경기자 2는 $x \le s$ 제안은 수락하고 $x > s$ 제안은 거부한다. 균형에서 두 경기자는 현상유지 보수 s와 $(1-s)$를 각각 얻는다.

14.3.1 비결정적 분쟁

이제 국가 1과 국가 2 간의 비결정전 상황을 고려하자. 주어진 1단위의 파이를 나누기 위해 국가 1이 국가 2에게 $(x, 1-x)$ 배분을 제안하면 국가 2는 이를 거부하든지 수락하든지 혹은 분쟁에 돌입하든지 셋 중 하나를 선택한다. 국가 2가 수락하면 양국의 보수는 각각 x단위, $(1-x)$단위가 된다. 국가 2가 거부하면 현상유지 상태가 지속되어 국가 1은 s단위, 국가 2는

4 본절은 Kydd(2015), 제4장을 참고함.

$(1-s)$단위의 보수를 얻는다. 마지막으로 국가 2가 국가 1의 제안을 거부함과 동시에 전쟁상태에 돌입하면 결국 국가 1은 w_1단위, 국가 2는 w_2단위의 보수를 얻고 종결된다. 갈등이나 분쟁은 평화적 해결에 비해 자원낭비를 초래하므로 비효율적이라는 사실을 감안하여 $w_1+w_2<1$이라고 가정하자.

[그림 14-3]은 이상에서 묘사한 비결정전을 전개형게임으로 나타내고 있다.

부분게임완전균형을 구해보자. 국가 1 입장에서 전쟁으로 가더라도 w_1단위만큼은 얻을 수 있다. 또한 국가 2가 전쟁을 치르더라도 w_2단위를 얻을 수 있으므로 국가 1은 $(1-w_2)$단위 미만의 x를 요구해야만 전쟁을 피할 수 있다. 즉, 두 나라 모두 전쟁보다 선호하는 협상범위는 $x \in [w_1,\ 1-w_2]$이다. 여기서, 전쟁은 자원낭비를 초래한다는 가정 $w_1+w_2<1$에 의하여 그러한 협상영역은 반드시 존재함에 유의하라. 부분게임완전균형은 현상유지 보수 s가 $(1-w_2)$보다 작은지 큰지에 따라 나뉜다.

(i) $s \le (1-w_2)$인 경우

국가 1은 $x \ge s$ 가운데 아무 요구안이나 선택한다.

국가 2는 $x \le s$ 요구는 수락하며 $x > s$ 요구는 거부한다.

균형 보수벡터는 $(s,\ 1-s)$이다.

그림 14-3 | 비결정전

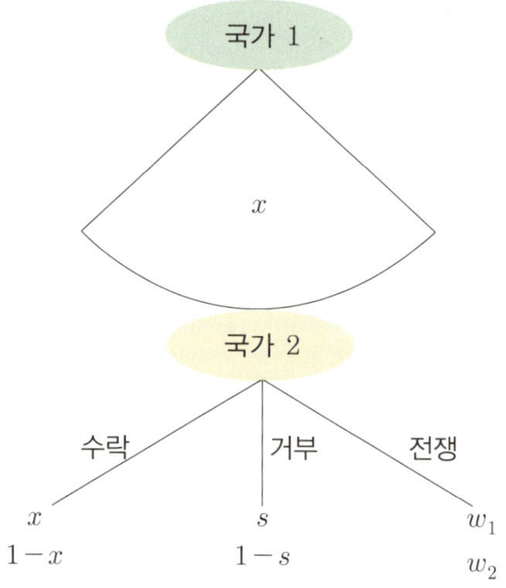

(ii) $s>(1-w_2)$인 경우

국가 1은 $x=(1-w_2)$를 요구한다.

국가 2는 $x\leq(1-w_2)$ 요구는 수락하며 $x>(1-w_2)$ 요구에는 선전포고로 답한다.

균형 보수벡터는 $(1-w_2,\ w_2)$이다.

현재 상태가 국가 2에게 상당히 유리한 (i)의 경우 국가 2는 국가 1이 어떤 제안을 하건 현상을 유지하려고 한다. 반면 현재 상태가 국가 2에게 불리한 (ii)의 경우 국가 1은 국가 2가 전쟁에 돌입하여 파국으로 몰고가지 않을 만큼만 제안하고 나머지는 자신이 챙긴다.

14.3.2 결정적 전쟁

결정적 전쟁을 치를 경우 승전국은 1단위의 파이 전체를 가져가며 패전국은 모든 것을 잃는다. 국가 1이 승전할 확률을 ρ, 국가 2가 승전할 확률을 $(1-\rho)$라 하자. 또한 국가 $i(=1,\ 2)$가 전쟁을 치르기 위해서 투입해야 하는 비용을 c_i라 놓자.

결정적 전쟁을 치를 경우 국가 1은 $w_1=(\rho-c_1)$단위, 국가 2는 $w_2=((1-\rho)-c_2)$단위의 기대보수를 얻게 된다. 앞에서 살펴본 비결정전 분석과 같은 논리로, 양국 모두 전쟁보다 선호하는 협상영역은 $[\rho-c_1,\ \rho+c_2]$이다. 또한 부분게임완전균형을 구해보면 다음과 같다.

(i) $s\leq\rho+c_2$인 경우

국가 1은 $x\geq s$ 가운데 아무 요구안이나 선택한다.

국가 2는 $x\leq s$ 제안은 수락하며 $x>s$ 제안은 거부한다.

균형 보수벡터는 $(s,\ 1-s)$이다.

(ii) $s>\rho+c_2$인 경우

국가 1은 $x^*=\rho+c_2$를 제안한다.

국가 2는 $x\leq(\rho+c_2)$ 요구안은 수락하며 $x>(\rho+c_2)$에 대해서는 전쟁을 선포한다.

균형 보수벡터는 $(\rho+c_2,\ 1-\rho-c_2)$이다.

국가 1이 승전할 가능성이 클수록 그리고 국가 2가 전시에 투입해야 하는 비용이 클수록 국가 1의 균형보수는 커지는데 이는 직관적이다.

세력균형과 전쟁

이제 양국이 결정적 전쟁에 돌입하지 않을 조건을 살펴보자. 국가 1이 전쟁이 벌어질 상황을 만들지 않을 조건은 $w_1=(\rho-c_1)<0$, 즉 $\rho<c_1$이다. 또한 국가 2가 전쟁을 결코 일으키지 않을 조건은 $w_2=((1-\rho)-c_2)<0$, 즉 $\rho>(1-c_2)$이다. 따라서 전쟁이 일어나기 위한 필요조건은 다음과 같다.

$$c_1<\rho<(1-c_2)$$

양국의 전쟁비용이 그다지 크지 않고 동시에 세력이 대등해야 전쟁이 발생하게 된다(국가 1의 승전 확률이 ρ임을 기억하라). 반면 한 쪽의 힘이 압도적인 경우에는 전쟁이 일어나지 않는다. 결론적으로 국가 간 세력균형은 갈등과 분쟁을 초래하며, 현저한 불균형은 오히려 평화를 가져온다.

역사적 근거는 중세 후반부터 18세기말 나폴레옹 시대에 이르는 유럽에서 찾을 수 있다. 중세 후반 가톨릭 교회와 교황을 대신해 점차 힘을 얻게 된 군주나 영주들은 자신의 영토와 세력을 넓히기 위해 크고 작은 수많은 전쟁을 치렀다. 병사로 차출된 젊은이들과 전비 마련을 위해 가렴주구 당하는 평민들의 비참함은 익히 알려진 바와 같지만 정작 군주들에게 전쟁은 '놀이'에 가까웠다. 군대는 군주나 영주 개인의 사병조직이었다. 전쟁에서 패한 군주를 죽이는 경우는 별로 없었고 대개 영토 일부나 배상금을 받고 되돌려보내는 것이 관행이었다. 요약하면, 군주 입장에서 전쟁에 따른 리스크가 엄청나게 크지는 않았다. 군주들은 마치 정치게임을 하듯 이합집산과 정략결혼을 거듭하여 유럽 지역의 왕족이나 귀족 가문들은 서로 거미줄처럼 엮여 있었다. 오스트리아의 여제 마리아 테레지아(Maria Theresia)의 막내딸로서 1770년 프랑스 국왕 루이 16세의 왕비가 되었다가 대혁명 당시 처형당한 마리 앙투아네트(Marie-Antoinette)는 수많은 사례 중 하나에 불과하다.

유럽 각 지역의 군주들은 경쟁적으로 전술이나 무기를 개발하였지만 유럽 지역이 좁고 조밀한 덕택에 신무기는 금방 여타 지역으로 퍼져나가 개량을 거듭하였다. 이는 군주들 간의 세력균형과 견제가 비교적 잘 유지되었음을 뜻한다. 그 와중에 개발된 신무기는 유럽 국가들이 아메리카, 아시아, 아프리카의 광활한 지역을 침략하여 식민지로 삼고 착취하는 데 유용하게 쓰이기도 하였다.[5]

바로 이러한 특징 때문에 중세 후반부터 18세기 말까지 유럽에서는 수많은 전쟁이 치러졌다.

18세기 말 나폴레옹은 국가적 전시물자 동원과 국민개병제를 최초로 도입하여 전쟁의 패러다임을 바꾸어 놓았다. 전쟁은 더 이상 군주들 간의 놀이가 아니라 아예 국가의 존립과 국민의 흥망을 좌우하는 성격을 갖게 되었다. 19세기 후반으로 넘어가면서 전통적 강국 영국, 프랑스, 오스트리아와 함께 프로이센을 주축으로 하는 독일, 사르데냐 왕국에 의하여 통일된 이탈리아, 서유럽 문화의 영향으로 발전한 러시아 등 신흥세력이 급속 성장하면서 팽팽한 역학관계를 유지하였다. 나폴레옹 이전 시대에 다수 군주들이 세력균형을 이루어 크고 작은 전쟁들을 치렀다면 19세기 후반 이후는 강력한 소수 국민국가들이 세력균형을 이루어 과학기술과 부국강병을 통해 끊임없이 경쟁하게 되었다. 본절의 분석결과에 비추어 볼 때 제1차 세계대전은 이미 예견된 것이나 다름없었다.[6]

14.4 기한이 미정인 협상

본절에서는 루빈슈타인(Rubinstein 1982)이 제시한 무한수명(無限壽命, infinite horizon)협상모형을 다루고자 한다. 여기서는 협상이 타결되지 못하고 다음 기로 넘어갈 경우 각 경기자의 몫의 현재가치는 할인율이 고려된 만큼 작아진다. 하지만 외생적으로 주어진 협상기한은 없다. 즉, 협상이 타결되지 않으면 무한히 지속될 개연성도 있다.

무한수명협상게임에서 먼저 사용자(경기자 1)는 주어진 이권을 $(x_1,\ 1-x_1)$의 비율로 나누자는 제안을 한다. 노조(경기자 2)는 사용자의 제안을 수락하든가 혹은 거부한다. 노조가 사용자의 제안을 수락하면 그대로 분배가 이루어지고 게임은 끝난다. 노조가 사용자의 제안을 거부하면 이번에는 노조가 사용자에게 $(x_2,\ 1-x_2)$의 비율로 나누자는 제의를 한다. 만일 사용자가 노조

5 Hoffman(2015) 및 그 책의 참고문헌을 참조하라.

6 합스부르크(Habsburg) 왕가는 헝가리 지배귀족들과 연합하여 1867년 중부유럽과 발칸반도까지 포함한 오스트리아-헝가리 제국을 수립하였다. 이후 동 제국은 문화, 군사, 경제적으로 명실공히 중부유럽의 강대국으로 자리잡았으나 발칸반도의 피지배 민족으로부터 지속적 반발에 직면하였다. 오스트리아-헝가리 제국의 왕위계승자인 프란츠 페르디난트(Franz Ferdinand) 대공이 세르비아 국민주의자 프린치프(Gavrilo Princip)에게 살해당하면서 동 제국은 세르비아에게 선전포고를 하게 된다. 이렇게 촉발된 제1차 세계대전은 러시아, 독일, 프랑스, 영국, 이탈리아, 오스만제국, 미국 등이 차례로 참전하면서 전례 없이 참혹한 전쟁으로 기록된다. 제1차 세계대전에 패배한 오스트리아-헝가리, 독일, 오스만제국은 해체되거나 황제가 폐위되고 대부분의 해외식민지는 물론 상당한 자국 영토도 박탈당했고 천문학적 전쟁배상금에도 허덕이게 된다. 지나치게 가혹한 이러한 전후 처리가 제2차 세계대전의 분위기를 배태하였음은 잘 알려져 있다.

의 제안을 수락하면 그대로 분배가 이루어지며, 사용자가 노조의 제안을 거부하면 다시 사용자가 노조에게 $(x_3,\ 1-x_3)$ 형태의 제의를 한다. 이처럼 홀수 기에는 경기자 1이 제안하고 경기자 2가 이를 수락하거나 거부한다. 또 짝수 기에는 경기자 2가 제의하고 경기자 1이 이를 수락하거나 거부한다. 요약하면, 협상이 결렬될 때마다 제안을 거부한 측에서 다음 단계에 제안을 하는 교대제안(交代提案, alternating offer) 방식의 협상과정이다.

특정 단계에서 협상이 타결되면 경기자들의 할인율을 감안하여 분배받은 몫을 현재가치로 계산한다. 경기자 1의 할인인자를 δ_1, 경기자 2의 할인인자를 δ_2라 놓자. 예컨대, 경기자 1과 경기자 2의 할인인자가 각각 0.8, 0.9이고 네 번째 단계에서 협상이 타결되어 (0.7, 0.3)으로 이권을 나누었다 하자. 이때 경기자 1의 보수는 0.36단위($\approx(0.8)^3\times0.7$)이고 경기자 2의 보수는 0.22단위($\approx(0.9)^3\times0.3$)이다. 할인인자는 0과 1 사이의 값을 갖는데, 할인인자가 클수록 미래지향적이며 할인인자가 작을수록 현재만을 중요시하는 근시안적 경기자이다. 이는 두 협상당사자 간의 할인인자의 상대적 크기를 협상력으로 해석할 수 있음을 뜻한다.

무한수명협상게임에는 무수히 많은 순수전략 내쉬균형이 존재하지만 부분게임완전균형은 유일하다. 어떠한 배분도 내쉬균형이 될 수 있다는 사실은 앞의 최후통첩협상게임에서의 논리와 같으므로 부분게임완전균형에 초점을 맞추자. 최후통첩협상이나 독재자게임과는 달리 무한수명모형에는 맨 끝 단계가 존재하지 않는다. 협상이 계속적으로 결렬되어 무한히 지연될 수 있는 개연성이 있기 때문이다. 따라서 유한수명모형에서는 맨 끝 단계로부터 거슬러 올라가면서 균형을 찾는 역진귀납법이 적용될 수 있었으나 맨 끝 단계가 존재하지 않는 무한수명모형에서는 무용지물이다. 따라서 루빈슈타인은 다음과 같은 방식으로 부분게임완전균형을 구했다.

부분게임완전균형에서 두 경기자가 다음의 전략을 사용한다고 가정하자.

(i) 경기자 1의 전략: 자신이 제의할 차례가 되면 $(x,\ 1-x)$로 나눌 것을 경기자 2에게 제안한다. 짝수 기에 경기자 2가 y 이상을 제안해오면 이를 수락하고 그 미만을 제안하면 거부한다.

(ii) 경기자 2의 전략: 자신이 제의할 차례가 되면 $(y,\ 1-y)$로 나눌 것을 경기자 1에게 제안한다. 홀수 기에 경기자 1이 $(1-x)$ 이상을 제안하면 수락하고 그 미만을 제안하면 거부한다.

먼저 경기자 1이 제안하고 경기자 2가 응답하는 홀수 기에 두 경기자의 최적전략을 구해보

자. 경기자 1이 경기자 2에게 $(1-x)$를 제의하였다고 하자. 경기자 2가 이 제의를 수락한다면 $(1-x)$의 보수를 즉시 얻는 반면 이 제의를 거부하면 협상은 다음 기로 지연되고 제안권은 경기자 2에게 넘어간다. 거기서 경기자 2는 균형전략에 따라 자신이 $(1-y)$를 갖겠다고 제안할 것이며 균형에서 경기자 2의 그 제안은 수락될 것이다. 따라서 경기자 2가 이번 기에 상대방의 제의를 거부함으로써 협상이 다음 기로 지연된다면 경기자 2의 보수는 $\delta_2(1-y)$가 된다. 결국 경기자 1의 제안을 경기자 2가 수락하도록 만들기 위해서는 경기자 1이 이번 기에 제안하는 액수 $(1-x)$가 경기자 2가 이를 거부함으로써 얻게 될 보수 $\delta_2(1-y)$ 이상이 되어야 한다. 다른 한편으로 경기자 1은 경기자 2에게 $\delta_2(1-y)$보다 더 높은 액수를 제안할 이유가 없다. 정확히 $\delta_2(1-y)$만큼을 제의하더라도 경기자 2가 이를 수락할 터인데 구태여 더 높은 액수를 제시하여 자신의 몫을 줄일 까닭이 없기 때문이다. 요약하면 부분게임완전균형에서 다음 식이 성립해야 한다.

$$1-x=\delta_2(1-y) \tag{14.1}$$

다음으로 경기자 2가 제안권을 가진 짝수 기를 고려하자. 균형전략에 따라 경기자 2는 경기자 1에게 y를 제의한다. 경기자 1이 상대방의 제의를 수락하면 y의 보수를 얻게 되고 상대방의 제의를 거절하면 그 다음 기로 협상이 연장되어 경기자 1이 제안권을 넘겨받는다. 경기자 1은 균형전략에 따라 자신이 x를 갖겠다고 제안할 것이며 균형상태에서는 경기자 1의 제안이 수락될 것이다. 따라서 경기자 1이 상대방의 제의를 거부함으로써 협상이 내일로 지연될 경우 경기자 1의 보수는 $\delta_1 x$이다. 결국 경기자 2의 제의를 경기자 1이 수락하도록 만들기 위해서는 경기자 1이 거부함으로써 얻게 될 보수 $\delta_1 x$보다 경기자 2의 제안 y가 크거나 같아야 한다. 다른 한편으로 경기자 2는 경기자 1에게 $\delta_1 x$보다 높은 액수를 제안할 이유가 없다. 정확히 $\delta_1 x$만큼만 제안하더라도 경기자 1이 수락할 터인데 구태여 더 높은 액수를 제시하여 자신의 몫을 줄일 까닭이 없기 때문이다. 이상을 요약하면 부분게임 완전균형에서 다음 식이 성립해야 한다.

$$y=\delta_1 x \tag{14.2}$$

부분게임완전균형에서는 식 (14.1)과 (14.2)가 동시에 충족되어야 한다. 연립방정식을 풀면 다음을 얻는다.

$$x^* = \frac{1-\delta_2}{1-\delta_1\delta_2} \tag{14.3}$$

$$y^* = \frac{\delta_1(1-\delta_2)}{1-\delta_1\delta_2} \tag{14.4}$$

여태까지의 논의를 종합하면 무한수명협상게임의 부분게임완전균형은 다음과 같이 정리된다.

경기자 1의 전략: 홀수 기에 $(x^*,\ 1-x^*)$로 나누자고 제안한다. 짝수 기에 상대방이 y^* 이상을 제안하면 수락하고 그 미만을 제안하면 거부한다.

경기자 2의 전략: 짝수 기에 $(y^*,\ 1-y^*)$로 나누자고 제안한다. 홀수 기에 상대방이 $(1-x^*)$ 이상을 제안하면 수락하고 그 미만을 제안하면 거부한다.

균형경로: 첫 기에 경기자 1은 x^*를 자기의 몫으로, 나머지 $(1-x^*)$를 상대방의 몫으로 제안한다. 경기자 2는 이 제안을 즉시 수락하고 협상은 단번에 끝난다.

협상력이 보수에 미치는 영향

무한수명협상게임의 부분게임완전균형에서 협상당사자들의 보수는 두 경기자의 할인인자의 상대적 크기에 달려있다. 그런데 할인인자는 협상당사자가 얼마나 미래지향적인 성향을 갖고 있는지 혹은 협상과정에 있어서 얼마나 끈질기게 기다릴 용의가 있는가를 재는 척도이다. 뿐만 아니라 각 경기자의 할인인자는 모든 협상당사자들에게 정확히 알려져 있다. 따라서 할인인자가 큰 경기자일수록 협상과정에서 더 오랫동안 버틸 용의가 있고, 결국은 유리한 협상결과를 이끌어낼 수 있다.

우선 두 협상당사자의 할인인자가 동일한 경우 부분게임완전균형에서의 협상결과를 살펴보자. 먼저 무한수명협상게임에서 두 사람의 협상력이 같다면 먼저 제안을 시작하는 경기자가 다소 유리하다. 즉, 선행자의 이득(先行者의 利得, first-mover advantage)이 존재한다. 동일한 할인인자 $\delta_1 = \delta_2 = \delta$를 식 (14.3)과 식 (14.4)에 대입하면 경기자 1의 보수는 $\frac{1}{1+\delta}$이고 경기자 2의 보수는 $\frac{\delta}{1+\delta}$임을 알 수 있다. 그런데 할인인자 δ는 1보다 작으므로 경기자 1의 보수는 경기자 2의 보수보다 크다. 예컨대, $\delta = 0.9$라면 부분게임완전균형에서 경기자 1은 52.6%를 갖고 경기자 2는 47.4%를 갖게 된다. 둘째, 한 경기자의 할인인자는 일정한데 다른 경기자의 할인인자가 1에 근접한다면 후자가 거의 대부분을 갖게 된다. 이를 확인하기 위하여 경기자

1의 할인인자 δ_1을 고정시켜 놓고 경기자 2의 할인인자 δ_2를 1에 근사시키면 경기자 1의 보수는 0에 접근하는 반면 경기자 2의 보수는 1단위에 근접한다. 반대로 경기자 2의 할인인자를 고정시켜 놓고 경기자 1의 할인인자를 1에 근사시키면 경기자 1이 거의 전부를 가져가게 된다. 이는 협상결과가 양측의 '상대적 협상력'이 결정적이며 절대적 협상력은 무의미하다는 평범한 진리를 잘 나타낸다.

연습문제 >> 14-4 EXERCISES

[3인 협상] 삼형제 A, B, C가 유산 1(억)원을 각각 a, b, c(억)원으로 나누고자 한다. 첫 날 아들 A가 B, C에게 (b, c)를 제안한다. 아들 B와 C가 모두 찬성하면 유산은 그대로 분배되고 A는 $a=(1-b-c)$를 갖는다. 만약 B나 C 둘 중 하나라도 반대하면 협상은 결렬되고 둘째 날 다시 만난다. 둘째 날 B가 A, C에게 제안한 (a, c)를 A, C 둘 다 찬성하면 그대로 배분이 이루어지고 하나라도 반대하면 셋째 날로 넘어간다. 셋째 날 C의 제안을 A, B 중 하나라도 반대하면 넷째 날로 넘어가고 이번에는 다시 A에게 제안권이 주어진다. 유산상속협상은 이처럼 교대제안방식으로 영원히 지속될 수 있으며 상속재산의 현재가치를 계산하는 할인인자는 δ이다. 이 게임에서 경기자가 자신에게 제안권이 주어질 때마다 똑같은 배분을 제안하는 대칭적이고 균질적(stationary) 부분게임완전균형을 구하라.

14.5 정치적 협상

앞절에서 다룬 루빈슈타인의 무한수명협상모형은 정치학에 그대로 적용하기에는 치명적 단점이 있다. 협상이 타결되기 위해서는 당사자 모두가 동의해야만 한다는 만장일치의 가정이 그것이다. 그러나 대개 정치적 타협이나 의사결정과정은 과반수 혹은 다수결 요건만 충족하면 된다. 본절에서는 루빈슈타인모형을 확장한 배런-페어존(Baron and Ferejohn 1989)을 중심으로 다수의 의사결정자들 간의 정치적 협상을 살펴본다.

국회의 상임위원회에는 홀수의 의원 N명이 있다. 의원 $i(=1, 2, \cdots, N)$가 발의한 법안이 상정될 확률을 ρ_i라 하자(당연히, $\sum_{i=1}^{N}\rho_i=1$). 상식적으로 볼 때 다선이거나 당지도부에 속해 있는 의원이 영향력이 크므로 법안상정 확률도 높을 것이다. 법안발의 의원은 $(x_1, x_2, \cdots, x_N)$을 제시하는데 여기서 x_i는 의원 i에게 배분되는 이권의 크기이다. 이권의 총합이 1단위를 넘어설 수는 없으므로 실현가능조건 $\sum_{i=1}^{N}x_i \le 1$을 충족해야 한다. 상정된 법안이 통과되려면 K명 이상의 동의를 얻어야 한다. 법안이 통과되지 못하면 폐기되고 다음 회기에 누군가가 법안을 재상정한다. 다음 회기로 넘어가면 현재가치는 할인인자를 곱한 만큼으로 줄어들며 모든 의원들의 할인인자는 δ로 똑같다고 가정하자. 법안이 의원들의 임기 내에 통과되지 못하고 결국 폐기되면 의원 i는 협상결렬 보수 $\underline{x}_i$를 얻고 끝난다(여기서, $\sum_{i=1}^{N}\underline{x}_i<1$라고 가정).

14.5.1 최후통첩 협상

상정된 법안이 부결되면 그것으로 종결되는 최후통첩 입법게임을 예시를 들어 설명해보자. 의원의 수 $N=3$이며 다수결로 법안 통과 여부가 결정($K=2$)된다고 하자. 또 법안상정 확률이 $(\rho_1, \rho_2, \rho_3)=(0.4,\ 0.4,\ 0.2)$이며 협상결렬점이 $(\underline{x}_1, \underline{x}_2, \underline{x}_3)=(0.2,\ 0.3,\ 0.1)$이라고 하자.

의원 1이 법안 상정권한을 가진다고 하자. 자신의 법안 통과를 위해서는 나머지 둘 가운데 한 의원의 동의만 얻으면 되는데 의원 2를 포섭하려면 0.3을 제시해야 하고 의원 3을 포섭하려면 0.1만 제시하면 된다. 법안 통과에 불필요한 의원에게는 아무 것도 줄 필요가 없음에 주목하라. 다시 말해서, 의원 1은 (0.9, 0, 0.1)을 제시하고 승리연합 {1, 3}에 의하여 통과될 것이다. 마찬가지 논리로 의원 2가 상정권을 가지면 (0, 0.9, 0.1)을 제시하고 승리연합 {2, 3}에 의하여 통과될 것이다. 마지막으로 의원 3이 상정권을 가지면 (0.2, 0, 0.8)을 제시하고 승리연합 {1, 3}에 의하여 통과될 것이다.

의원 1, 2, 3이 법안상정권을 갖게 될 확률이 각각 0.4, 0.4, 0.2이므로 세 의원의 기대보수는 각각 다음과 같이 계산된다.

$$v_1=0.4\times0.9+0.4\times0+0.2\times0.2=0.4$$
$$v_2=0.4\times0+0.4\times0.9+0.2\times0=0.36$$
$$v_3=0.4\times0.1+0.4\times0.1+0.2\times0.8=0.24$$

일반적으로 최후통첩 입법게임에서의 균형 기대보수는 법안상정권을 가질 확률 벡터 $\rho\equiv(\rho_1, \rho_2, \cdots, \rho_N)$와 협상결렬시 보수 벡터 $(\underline{x}_1, \underline{x}_2, \cdots, \underline{x}_N)$의 복잡한 함수형태를 갖는다.

14.5.2 두 회기 협상모형

위 14.5.1항과 동일한 상황을 가정하고 2기일 경우 부분게임완전균형을 구해보자. 첫 기에 법안이 부결되고 두 번째 회기가 되었다고 하자. 앞의 분석결과로부터 두 번째 회기에 세 의원의 기대보수가 각각 0.4, 0.36, 0.24임을 구하였다. 이는 첫 회기에 협상이 결렬될 경우 보수벡터가 $(0.4\delta, 0.36\delta, 0.24\delta)$임을 의미한다.

이제 역진귀납법을 적용해 첫 회기로 거슬러 올라가자. 의원 1이 법안상정 권한을 가진다면 $(1-0.24\delta, 0, 0.24\delta)$을 제안하고 승리연합 {1, 3}에 의하여 통과될 것이다. 의원 2가 상정권을 가지면 $(0, 1-0.24\delta, 0.24\delta)$을 제시하고 승리연합 {2, 3}에 의하여 통과될 것이다. 마지막으로 의원 3이 상정권을 가지면 $(0, 0.36\delta, 1-0.36\delta)$를 제시하고 승리연합 {2, 3}에 의하여 통과될 것이다. 법안상정권을 갖게 될 확률을 감안하여 세 의원의 기대보수를 구하면 다음과 같다.

$$v_1 = 0.4\times(1-0.24\delta)+0.4\times0+0.2\times0 = 0.4(1-0.24\delta)$$
$$v_2 = 0.4\times0+0.4\times(1-0.24\delta)+0.2\times0.36\delta = 0.4(1-0.06\delta)$$
$$v_3 = 0.4\times0.24\delta+0.4\times0.24\delta+0.2\times(1-0.36\delta) = 0.2(1+0.6\delta)$$

의원들이 미래지향적이어서 할인인자 δ가 1에 가까울 경우 의원 3의 기대보수는 의원 1의 그것보다 크다. 의원 3은 법안상정권을 가질 확률로 가장 낮고 협상결렬시 얻는 보수도 가장 낮은 소위 '힘없는' 정치인임을 생각할 때 이는 매우 흥미롭다. 법안상정권을 가진 다른 의원 입장에서 의원 3에게 약간만 떼어줘도 승리연합으로 편입시킬 수 있기 때문에 어떤 정치적 상황에서도 의원 3은 '주류'인 승리연합에 속하기 때문이다. 이처럼 정치게임에서는 힘이 약하고 협상력이 작다고 해서 꼭 패자가 되지는 않는 현상들이 많이 나타난다.

일반적으로 2회기 모형에서 부분게임완전균형 기대보수는 확률 벡터 $\rho\equiv(\rho_1, \rho_2, \cdots, \rho_N)$와 협상결렬 보수 벡터 $(\underline{x}_1, \underline{x}_2, \cdots, \underline{x}_N)$ 그리고 할인인자 δ의 복잡한 함수형태를 갖는다. 최대한 단순화하여 법안상정 확률은 모두 똑같으며 협상결렬보수도 0단위로서 모두 똑같은 협상 상황에서 균형을 구해보자. 즉, 모든 $i=1, 2, \cdots, N$에 대하여 $\rho_i = \frac{1}{N}$이며 $\underline{x}_i = 0$라고 가정하자.

첫 회기에서 법안이 부결되어 두 번째 회기가 되었다고 하자. 법안상정 권한을 가진 의원은 자신을 제외하고 $(K-1)$명에게 ε만큼을 주고 $(N-K)$명에게 0을 주는 법안을 제시하여 정확히

K명의 찬성을 얻어 통과시킬 것이다(여기서, ε는 임의의 작은 양수). 따라서 두 번째 회기에서 법안상정권을 가진 의원은 1단위에 가까운 보수를 얻고 나머지 의원들은 0에 가까운 보수를 얻게 된다. 개별 의원이 법안상정권을 가질 확률은 $\frac{1}{N}$이므로 결국 두 번째 회기에서 개별 의원의 기대보수는 $\frac{1}{N}$이다. 이는 또한 첫 번째 회기의 보수로 계산하면 개별 의원의 협상결렬보수가 $\frac{\delta}{N}$단위임을 의미한다.

이제 역진귀납법을 이용하여 첫 번째 회기로 거슬러가자. 법안상정권을 가진 의원은 자신을 제외하고 $(K-1)$에게 $\frac{\delta}{N}$씩을 제안하고 나머지 $(N-K)$명에게 0을 제안하며 자신은 $\left[1-(K-1)\frac{\delta}{N}\right]$를 갖는다. 법안상정권을 가질 확률을 감안하여 개별 의원의 기대보수를 구하면 다음과 같다.

$$v=\frac{1}{N}\left[1-(K-1)\frac{\delta}{N}\right]+\frac{K-1}{N}\frac{\delta}{N}+\frac{N-K}{N}\times 0=\frac{1}{N}$$

개별 의원의 균형 기대보수는 동일하며 할인인자 δ의 영향을 받지 않는다. 이는 매 회기마다 이전 회기와 정확히 똑같은 대칭적인 상황이기 때문에 나타나는 현상이다. 앞에서 살펴본 루빈슈타인 협상모형에서는 앞 기의 협상이 결렬되면 그 다음에는 다른 경기자가 번갈아가며 제안권을 갖는 교대제안 방식이므로 회기마다(특히, 홀수 기와 짝수 기)마다 비대칭적이었고 따라서 균형 보수가 제안자들의 순서나 할인인자에 직접 영향을 받았던 것이다.

14.5.3 기한 미정인 정치협상

기한이 미정이어서 협상과정이 끝없이 진행될 개연성이 있는 상황, 즉 무한수명 협상모형을 상정하자. 먼저 이 협상게임에서는 수많은 부분게임완전균형이 존재한다.[7] 여기서는 그 가운데 균질적 부분게임완전균형만을 구해보자. 균질적 균형하에서 개별 의원은 매번 제안권이 주어질 때마다 똑같은 배분을 제안하며 투표 참가 의원들은 현재의 제안과 미래 제안에 대한 기대치만을 근거로 찬반을 밝힐 것이다. 또한 모든 의원이 직면하는 상황이 항상 똑같으므로 대칭적 균

7 의원수 N이 충분히 많고 할인인자 δ가 충분히 크다면 어떠한 자원배분 $(x_1, x_2, \cdots, x_N)$(단, $\sum_i x_i=1$)도 부분게임완전균형이 될 수 있다. 모든 경기자들이 충분히 인내력이 있다면 이 자원배분을 받아들이지 않으려는 의원에게는 아무것도 주지 않는 집단 '왕따'처벌 메커니즘을 설계할 수 있다. 그러나 이러한 반복게임 전략은 경기자 개개인이 게임의 전체 역사(history)를 다 알고 있어야 한다는 지나치게 강한 요건을 필요로 한다.

형에만 관심을 집중하자.

균질성과 대칭성하에서 경기자들은 지나온 과거 역사와 무관하게 매기 새로 협상을 시작하는 것처럼 행동한다. 따라서 이번 기에서 개별 경기자의 가치가 v라면 다음 기의 가치(지속가치라 부름)도 똑같이 v일 것이며 다만 δ를 곱한 만큼 현재가치가 낮아질 뿐이다. 투표 참여 의원 i는 이번 회기에 자신에게 제안된 몫 x_i가 지속가치 v의 현재가치인 δv보다 크다면 이번 회의의 제안을 수락하는 반면 x_i가 v의 현재가치보다 작다면 이번 제안에 반대할 것이다. 즉, $x_i \geq \delta v$가 성립하면 의원 i는 찬성표를 던질 것이다. 법안발의 의원으로서는 찬성표를 유도하기 위해 꼭 필요한 δv만큼만 제안하면 된다. 또한 법안발의 의원 자신을 제외하고 $(K-1)$명의 찬성만 얻어내면 되므로 그들 포섭대상에게 각자 δv만큼 돌아가도록 제안하면 자신에게 남는 몫은 $[1-(K-1)\delta v]$이다. 포섭대상이 아닌 $(N-K)$명에게는 아무 것도 제안하지 않는다.

이제 개별 경기자의 균형가치 v의 값을 구하자. 첫째, 개별 의원 입장에서 자신의 법안이 상정될 확률은 $\frac{1}{N}$인데 그 경우 $[1-(K-1)\delta v]$단위를 얻게 된다. 둘째, 다른 법안 발의 의원의 포섭대상이 될 확률은 $\frac{K-1}{N}$인데 그 경우 δv단위를 얻게 된다. 셋째, 법안발의도 하지 못하고 다른 발의 의원의 포섭대상에서도 제외될 확률은 $\frac{N-K}{N}$인데 그 경우 0단위를 얻게 된다. 따라서 다음의 균형조건이 성립해야 한다.

$$v = \frac{1}{N}[1-(K-1)\delta v] + \frac{K-1}{N}\delta v + \frac{N-K}{N}\times 0 \tag{14.5}$$

식 (14.5)를 v에 대하여 정리하면 다음을 얻는다.

$$v^* = \frac{1}{N} \tag{14.6}$$

결론적으로 균질적 대칭 균형에서 개별 의원이 얻는 사전적 기대치는 똑같이 $\frac{1}{N}$이다. 또한 의원 N명이 얻는 기대가치의 총합은 정확히 1단위로 전체 이권의 크기와 같기 때문에 균형에서 효율성이 성립한다.

마지막으로 식 (14.6)을 이용하여 법안발의 의원이 얻을 균형보수를 구하면 $\left[1-\frac{K-1}{N}\delta\right]$이다. 그런데 이 값은 다른 법안발의 의원의 포섭대상에 속한 의원이 얻는 보수 $\frac{\delta}{N}$보다 큼을 쉽게 알 수 있다. 따라서 사전적으로 의원들은 자신의 법안을 상정하려고 노력하는 편이 다른 의원의 법안에 편승하는 것보다 더 낫다. 법안발의로부터 얻는 순이득은 위 두 값의 차이인 $\left[1-\frac{K}{N}\delta\right]$이다. 의원 총수 N이 작을수록 법안 통과에 필요한 최소인원 K가 클수록 그리고 인내력 δ가 클수록 법안발의에 따른 순이득은 작아진다.

이상의 논의에서는 의원 누구나 법안을 상정할 수 있는 확률뿐 아니라 거부권(veto power)도 똑같다고 가정하였다. 그러나 현실에서 의원들의 법안상정 확률 혹은 거부권의 크기는 소속 정당, 선수(選數), 상임위에서의 지위, 정치적 입지 등에 따라서 매우 다르다. 배런·페어존의 논문에서는 이처럼 법안발의 확률이나 거부권이 개인별로 다를 경우 정치적 협상게임의 부분게임완전균형을 별도로 분석한 바 있다.

연습문제 >> 14-5 EXERCISES

다섯 명의 해적 A, B, C, D, E가 노략질한 금괴 100개를 나누려고 한다. 먼저 A가 금괴 100개를 어떻게 나눌 것인지를 제안한다. 제안자를 포함하여 과반수가 이에 찬성하면 그대로 나눈다. 만약 절반 미만이 이에 찬성하면 A를 처형하고 나머지 네 명이 게임을 계속한다. 이번에는 B가 제안을 하고 다수결에 의하여 같은 방식으로 진행된다. 부분게임완전균형을 구하고 현실설명력이 있는지를 생각해보시오.

연습문제 >> 14-6 EXERCISES

세 총잡이(X, Y, Z)가 2라운드에 걸쳐 결투를 벌인다. 첫 라운드에서 맨 처음 X, 그 다음 Y, 마지막으로 Z가 총을 쏜다. 첫 라운드가 끝나면 살아남은 자들이 두 번째로 총을 쏠 기회를 갖는다. 순서는 마찬가지로 X, Y, Z이다. 총잡이 X가 표적을 맞출 확률은 40%, Y가 표적을 맞출 확률은 80%, Z는 표적을 결코 놓치는 법이 없는 최강이다.

(1) 자신의 차례가 돌아올 때 적들 중 누군가에게 반드시 총을 발사해야 할 경우 부분게임완전균형을 구하고 각자의 생존확률을 구하라.

(2) 자신의 차례에 공중으로 총을 발사해 버리는 것이 허용될 경우 부분게임완전균형을 구하고 각자의 생존확률을 구하라.

(3) 게임에서는 적자생존의 법칙이 성립하지 않을 수 있음을 설명하라. 또한 '총잡이' 대신 '국가'나 '기업'을 대입할 경우 국제정치나 산업의 역학관계에서 어떠한 함의를 갖는지 생각해보라.

14.6 지연, 재협상, 결렬

이상에서 살펴본 협상모형의 부분게임완전균형에서 처음 제안하는 경기자는 일정비율로 빵을 나눌 것을 제안하고 상대방은 이를 즉시 수락한다. 협상기한이 외생적으로 주어져 있는 유한수명모형이거나 또는 협상이 무한히 지속될 개연성이 있는 무한수명모형이거나 관계없이 양자의 합의는 첫 단계에서 즉시 이루어진다. 또한 주어진 크기의 자원을 조금도 낭비하지 않고 나누어 갖는다. 한 마디로 말하자면 협상의 결과로 효율적 자원배분이 달성된다. 이는 현실세계와는 너무나 거리가 멀다. 실제로는 한 번 만에 타결되는 협상은 찾아보기 힘들고 오히려 지연, 재협상, 결렬 등 비효율적 자원배분이 자주 발생한다.

앞에서 살펴본 협상모형의 균형에서 효율적 배분이 이루어졌던 이유는 정보의 완비성 때문이다. 두 협상당사자는 시작 단계에서부터 협상기한이 얼마인지 정확히 알고 있으며, 나누어야 할 빵의 크기가 얼마인지도 정확히 알고 있다. 각자의 할인인자의 크기를 정확히 알고 있으며 이 사실은 양자 간에 주지사실이다. 이처럼 협상에 영향을 미치는 모든 요인이 협상개시 전부터 두 협상당사자 간에 완전히 알려져 있는 상황에서는 협상이 개시되자마자 타결되는 것이 직관적으로도 당연하다.

현실적으로 자주 관찰되는 지연, 재협상, 결렬 등 비효율을 설명하기 위해서는 미비정보를 도입해야 한다. 협상결과에 영향을 미칠 수 있는 요인에 대하여 두 협상당사자 간의 정보가 비대칭적이거나 혹은 서로 이견이 있다면 협상이 한 번 만에 타결되기는 힘들 것이다. 미비정보하에서 협상을 분석하는 것은 수학적으로 복잡하므로 본서의 범위를 벗어난다. 그러므로 다음에서는 미비정보하에서 협상이 진행될 때 나타나는 현상을 직관적으로 설명하는 데 그치고자 한다.

이권의 크기에 대하여 비대칭정보가 존재하면 비효율적 자원배분이 발생할 수 있다.

경기자 1은 전체 빵의 크기가 1단위임을 알고 있는 데 반해 경기자 2는 0단위인지 1단위인지 혹은 2단위인지 알지 못한다고 가정하자. 협상과정에서 경기자 2는 실제 빵의 크기에 관한 정보를 알아내기 위하여 1단위 이상(예컨대, 1.5단위)을 요구해볼 수도 있다. 물론 경기자 1은 경기자 2의 이러한 요구를 거부할 것이므로 협상은 지연된다. 사용자는 파이의 크기가 1단위임을 알고 있지만 궁극적으로 자신에게 유리한 협상결과를 이끌어내기 위하여 마치 빵의 크기가 0인 것처럼 위장할 유인을 갖는다. 따라서 노조가 0.3 정도만 요구하더라도 이를 거부함으로써 회사의 사정이 어렵다는 인상을 주려고 할 수 있다. 사용자측의 이러한 동기로 인하여 협상이 지연되는 경우도 있을 것이다.

할인인자는 협상과정에서 얼마나 버틸 용의가 있느냐를 측정하는 협상력의 척도이다. 그런데 각 협상대상자는 자신의 할인인자가 0.5임을 알고 있으나 상대방의 할인인자가 0.9인지, 0.5인지 혹은 0.1밖에 안 되는지 정확히 알지 못한다고 하자. 쌍방은 협상과정에서 자신이 끈질기게 버틸 용의가 있는 경기자인 것 같은 인상을 상대방에게 주기 위해 받아들일 만한 제안도 일부러 거절할 수 있다. 이는 협상지연이나 결렬을 초래한다.

협상기한이 정확히 얼마인지에 대하여 협상당사자들이 서로 다른 정보를 갖고 있다면 협상지연이나 결렬이 발생할 수 있다. 유한수명협상에서는 마지막 기에 제안권을 가진 경기자가 유리하다. 본서에서 자세히 설명하지는 않았지만 유한수명모형에서 부분게임완전균형을 계산할 때 맨 끝 단계에서부터 분석해 거슬러 올라온다는 사실을 기억하면 직관적으로 이해할 수 있을 것이다. 즉, 협상기한이 홀수이면 경기자 1에게 유리하고 협상기한이 짝수이면 경기자 2에게 유리하다. 또 협상기한이 홀수라는 가정하에 협상기한이 짧을수록 경기자 1에게 유리하다. 이제 경기자 1은 $N=5$이거나 $N=6$일 확률이 반반씩이라고 믿고 있는 데 반해 경기자 2는 $N=6$이거나 $N=7$일 확률이 반반씩이라고 믿고 있다고 가정하자. 이러한 상황에서 경기자 1은 협상기한이 $N=5$인 것처럼 협상 초기부터 경기자 2를 설득하려고 노력할 것이며 경기자 2는 할인인자의 크기에 따라 $N=6$이거나 $N=7$인 것처럼 경기자 1을 설득하고 싶을 것이다. 이렇게 밀고 당기는 과정에서 협상이 지연될 수 있다.

14.7 중재

협상이 결렬되는 상황에서 제삼자가 중간에서 조정의 역할을 하는 과정을 중재(仲裁, arbitration)라 한다. 중재자는 각 이해당사자로부터 제안을 받은 후 최종안을 제시한다. 이해당사자들은 싫든 좋든 중재자의 최종안을 수락하여야 하며, 법에 의거하거나 혹은 쌍방 간에 맺은 사전(事前)계약에 의하여 이행이 강제된다. 중재는 최종적인 절차라는 점에서 중개(仲介, mediation)와 다르다. 중개에서는 이해당사자가 중개자에 제안을 제출하고 중개자는 조정안을 쌍방에게 제시한다는 점에서는 중재와 비슷하지만 이해당사자 누구든지 중개자의 조정안이 마음에 들지 않으면 이를 거부할 수 있다는 점에서 중재와 다르다.

사용자(경기자 1)와 노조(경기자 2) 간의 임금협상에서 이견을 좁히지 못하고 협상이 결렬되었다고 하자. 두 이해당사자 간에 제삼자인 노동중재위원회가 나서서 중재를 시도하는 상황을 상정하자. 본절에서는 중재 가운데 가장 중요한 두 가지를 살펴보고자 한다. 첫째, 일반중재(一般仲裁, conventional arbitration)란 당사자들이 각자의 안을 중재자에게 제출하면 중재자는 이를 취합하여 쌍방의 안을 종합한 최종중재안을 내놓는 과정을 의미한다. 둘째, 최종제안중재(最終提案仲裁, final-offer arbitration)란 각 이해당사자들이 제출한 대안 가운데 하나를 택하여 이를 최종중재안으로 삼는 것이다.

14.7.1 일반중재

경기자 1의 요구를 x_1이라 놓고 경기자 2의 요구를 x_2라 놓자. 양측은 각자의 안을 법원에 제출하면 법원은 두 안을 적절히 고려하여 최종 결정한다. 중재자의 결정은 제출된 두 안의 함수인데 중재결과 경기자 1과 경기자 2가 얻게 되는 최종 보수는 다음과 같다고 하자.

$$u_1(x_1, x_2) = x_1 + \frac{1}{2}(1 - x_1 - x_2)$$
$$u_2(x_1, x_2) = x_2 + \frac{1}{2}(1 - x_1 - x_2) \quad (14.7)$$

식 (14.7)은 양측이 요구한 액수의 초과분을 각자 반반씩을 법원이 부담시킴을 의미한다. 내쉬균형에서 경기자 1과 경기자 2는 각자 얼마의 몫을 요구하겠는가? 경기자 1의 보수는 자신의 요구액 x_1이 커질수록 커지므로 노조의 요구액 x_2가 무엇이든 간에 상관없이 가능한 최대액수를 요구하는 것이 사측의 최선의 선택이다. 다시 말해서, x_1=1은 사용자의 강우월전략이다. 동일한 논리로 노조의 강우월전략은 가능한 최대 액수인 x_2=1을 요구하는 것이다. 요약하면, 중재게임의 유일한 우월전략해는 (1, 1)이고 균형보수는 (0.5, 0.5)이다.

협상당사자 양측은 모두 한치의 양보도 없이 가능한 최대의 요구안을 제출하는 것이 균형전략이다. 이에 대해 중재자는 양측이 각각 반반씩 나누는 방안을 최종중재안으로 택한다. 이러한 분석결과는 현실에서도 자주 관찰된다. 중재자가 제출된 양측의 요구를 절충하는 결정을 내릴 것이라고 기대하면 협상당사자들은 극단적인 요구를 함으로써 나중에 절충이 되더라도 자신의 이익을 최대한 확보하려 할 것이다.

14.7.2 최종제안중재

여기서는 파버(Farber 1980)가 개발한 모형을 통하여 최종제안중재의 상황에서 협상당사자 양측과 중재자의 행태를 분석하고자 한다. 경기자 1과 경기자 2는 각자의 협상안을 중재자에게 제출한다. 경기자 1과 경기자 2의 요구안을 각각 x_1, x_2라 하자. 경기자 1은 더 낮은 정책을 선호하고 경기자 2는 높은 정책을 선호한다고 하자. 경기자 1은 사용자측, 경기자 2는 전국노총, 중재자는 중앙노동위원회, 그리고 협상안건은 올해 임금인상률인 상황을 생각하면 된다.[8]

사용자의 임금인상안이 노총의 요구안보다 높다면 중재를 할 필요도 없으므로 $x_2 \geq x_1$이라고 하자. 중재자는 사회적으로 가장 바람직한 정책 g를 알고 있다고 가정하자. 중재자는 양측의 협상안을 절충하는 것이 아니라 둘 중 하나를 택일한다. 구체적으로 중재자는 사회적으로 바람직한 정책 g가 x_1에 더 가까우면 경기자 1이 제시한 요구안을 최종중재안으로 선택하고 반대로 g가 x_2에 더 가까우면 경기자 2가 제시한 x_2를 최종안으로 선택한다. 중재자의 선택을 수식으로 나타내면 다음 식 (14.8)과 같다.

$$\text{만일 } g < \frac{x_1 + x_2}{2} \text{ 이면 } x_1 \text{을 선택하고} \tag{14.8a}$$

$$\text{만일 } g > \frac{x_1 + x_2}{2} \text{ 이면 } x_2 \text{를 선택한다.} \tag{14.8b}$$

협상당사자인 경기자 1과 경기자 2는 중재자의 선호 g를 정확히는 모른다.[9] 다만 양측은 g가 확률분포함수 $f(g)$에 따른다는 사실만 주지사실로 안다고 하자. 또한 확률분포함수 $f(g)$의 누적확률분포함수를 $F(g)$라고 놓자. 중재자의 선호 g가 경기자 1의 요구안 x_1에 더 가까울 확률(식 (14.8a)가 발생할 확률)은 누적확률분포의 정의에 따라 $F\left(\frac{x_1 + x_2}{2}\right)$이다. 또한 경기자 2의 요구안이 최종타결안으로 채택될 확률은 $\left[1 - F\left(\frac{x_1 + x_2}{2}\right)\right]$일 것이다.

---

8 기원전 4세기 아테네의 철학자 소크라테스를 죽음으로 내몰았던 재판은 최종제안중재의 재미있는 사례이다. 당시 고발인이 피고인을 고발하면 각자의 주장을 뒷받침할 증인을 불러 일단 진실을 가리고 배심원들이 유죄를 선언하면 심리가 진행된다. 고발인은 피고인에게 적절한 형량을 주장하고 피고인은 이에 맞서 자신에게 적절한 형량을 제안한다. 배심원들은 고발인과 피고인 쌍방이 제안한 형벌 가운데 하나를 선택해야 하며 그것을 절충한 제3의 형벌을 선고할 수는 없다. 당시 소크라테스가 고발인의 사형 주장에 맞서 징역 5년식의 적당한 제안을 했더라면 그것이 채택되어 목숨을 건질 수도 있었다는 추측이 있다. 그러나 꼿꼿한 소크라테스는 자신의 무죄를 주장하고 결국 배심원들은 사형을 선택했다. 박원순(2006)을 참조하였음.

9 만일 협상당사자들이 g값을 정확히 알고 있다면 유일한 내쉬균형은 양측이 각자 $x_1 = x_2 = g$를 요구안으로 제시하고 중재자는 g를 타결안으로 선택하는 것임을 쉽게 알 수 있다.

경기자 1의 기대 임금지급액은 아래 식 (14.9)와 같이 계산된다.

$$C(x_1,\ x_2)=F\left(\frac{x_1+x_2}{2}\right)x_1+\left[1-F\left(\frac{x_1+x_2}{2}\right)\right]x_2 \tag{14.9}$$

경기자 1은 지급액 C가 극소가 되도록 해주는 x_1을 중재자에게 제시하는 것이 최선 전략이다. 아래의 식 (14.10)은 사용자의 극소화 일계조건을 도출한 결과이다.

$$F\left(\frac{x_1+x_2}{2}\right)=\frac{1}{2}(x_2-x_1)f\left(\frac{x_1+x_2}{2}\right) \tag{14.10}$$

다음으로 경기자 2인 노총의 기대보수 극대화 문제를 고려하자. 경기자 1의 기대임금지불액 도출과정과 비슷한 방법으로 노총의 기대임금 W를 도출하면 아래 식 (14.11)과 같다. 또한 노조의 기대보수 극대화 일계조건은 식 (14.12)에 나타나 있다.

$$W(x_1,\ x_2)=F\left(\frac{x_1+x_2}{2}\right)x_1+\left[1-F\left(\frac{x_1+x_2}{2}\right)\right]x_2 \tag{14.11}$$

$$1-F\left(\frac{x_1+x_2}{2}\right)=\frac{1}{2}(x_2-x_1)f\left(\frac{x_1+x_2}{2}\right) \tag{14.12}$$

식 (14.10)은 경기자 1(사용자)의 기대지불액 극소화 문제를 풀어서 도출된 것이므로 노총의 요구안 x_2에 대한 사용자의 최선응수이다. 식 (14.12)는 경기자 2(노총)의 기대임금 극대화 문제를 풀어서 도출된 것이므로 사용자안에 대한 노총의 최선응수이다. 균형은 개념상 두 최선응수를 동시에 충족하는 상태이므로 식 (14.10)과 식 (14.12)를 연립하여 풀어 구한 해이다. 두 식의 우변은 똑같으므로 다음과 같이 바꾸어 쓸 수도 있다.

$$F\left(\frac{x_1+x_2}{2}\right)=\frac{1}{2} \tag{14.13}$$

$$(x_2-x_1)f\left(\frac{x_1+x_2}{2}\right)=1 \tag{14.14}$$

요약하면 경기자 1과 경기자 2는 식 (14.13)과 식 (14.14)를 동시에 충족하는 x_1과 x_2를 각각 중앙노동위원회에 제시한다. 그 다음 노동위원회는 둘 가운데 사회적으로 바람직하다고 생각되는 g값에 더 가까운 것을 최종안으로 채택한다.

연습문제 >> 14-7 EXERCISES

정부선호를 나타내는 매개변수 g가 0과 1 사이에서 균등분포(uniform distribution)한다고 가정할 때 최종제안중재 균형을 구하라. 참고로 균등분포의 확률분포함수는 $f(g)=1$이며 누적확률분포는 $F(g)=g$이다.

연습문제 >> 14-8 EXERCISES

매개변수 g가 평균 M, 표준편차 σ인 정규분포를 한다고 가정할 때 최종제안중재 균형을 구하고 해석하라. 참고로 정규분포는 평균 M을 중심으로 좌우대칭 형태이며 확률분포함수 $f(g)=\frac{1}{\sqrt{2\pi}\,\sigma}e^{-\frac{1}{2\sigma^2}(g-M)^2}$을 갖는다.

15
CHAPTER

미비정보게임과 베이즈내쉬균형

15.1 미비정보하의 공천게임
15.2 정태적 미비정보게임
15.3 베이즈내쉬균형
15.4 공천게임의 변형
15.5 공공재 건설게임

Politics & Public Economics:
A Game-Theoretic Approach

15.1 미비정보하의 공천게임

현실에서 개인들은 자주 객관적 사실을 정확히 모르거나 상대방의 행위를 관찰하기 어렵다. 비대칭정보(非對稱情報, asymmetric information)란 경제행위의 두 당사자 중에 한쪽은 객관적 사실을 알고 있거나 상대방의 행위를 관찰할 수 있는 데 반해 다른 한쪽은 이에 대한 정보가 없는 상태를 일컫는다. 비대칭정보는 무엇에 관한 정보가 결여되어 있는가를 기준으로 '감추어진 특성이나 유형'(hidden characteristic or type)과 '감추어진 행동'(hidden action)의 두 종류로 나눌 수 있다. 또 전자를 미비정보(未備情報, incomplete information)라고 부르고 후자를 불완전정보(不完全情報, imperfect information)라고 부르기도 한다.

미비정보게임의 예를 들어보자. 현역 국회의원이 활동하고 있는 지역구에 정치 신인이 공천신청을 할지 말지를 결정하려 한다. 현역은 세부조직을 확대하기 위하여 추가 자금과 노력을 투입할 것인가를 결정하며, 그와 동시에 신인은 해당 지역구에서의 진입 여부를 결정한다. 현역은 조직관리를 위해 지출해야 하는 자금이 얼마인지 정확히 안다. 반면 신인은 현역의 조직강화비용이 5억원일 수도 있고 1억원일 수도 있다는 사실을 알 뿐 정확한 액수는 모른다. 즉, 현역과 신인 간에는 현역의 조직비용에 대한 비대칭정보가 존재한다. 구체적으로 정치신인은 현역의 조직비용이 높을 확률이 $\beta=40\%$, 낮을 확률이 60%라고 생각한다. 두 경기자의 보수는 현역의 조직강화 여부, 신인의 공천신청 여부, 그리고 현역의 실제 조직강화비용에 달려있다. [그림 15-1]의 (a)와 (b)는 각각 현역의 조직비용이 높은 경우와 낮은 경우의 전략형게임을 나타낸다. 예컨대 현역의 조직비용이 5억원이라는 가정하에 현역이 조직을 확대하고 정치신인이 공천신청을 하였다면 현역은 1단위의 이득을 얻고 신인은 2단위의 손실을 본다.

[그림 15-1](a)에 나타난 바와 같이 현역의 조직비용이 높은 경우 현역은 조직을 현상유지하

그림 15-1 | 현역-신인 간의 공천게임

		신인: 공천신청	신인: 신청포기
현역	현상유지	4, 2	6, 0
	조직강화	1, −2	5, 0

(a) 현역의 조직강화비용이 높은 경우

		신인: 공천신청	신인: 신청포기
현역	현상유지	4, 2	6, 0
	조직강화	5, −2	9, 0

(b) 현역의 조직강화비용이 낮은 경우

는 것이 강우월전략이며 조직강화를 강행하는 것이 강열등전략이다(왜냐하면 1<4이며 5<6이므로). 반면 [그림 15-1](b)에 나타난 바와 같이 현역의 조직강화비용이 낮은 경우 현역은 조직을 확대하는 것이 강우월전략이다(왜냐하면 5>4이며 9>6이므로). 따라서 현역은 조직비용이 높을 경우 현상유지하며 조직비용이 낮을 경우 조직을 확대한다.

정치신인은 이 사실을 합리적으로 계산할 수 있다. 신인이 공천을 신청하면 40%의 확률로 2단위의 보수를 얻고 60%의 확률로 −2단위의 보수를 얻게 되리라 예측할 수 있다. 따라서 공천을 신청할 경우 신인의 기대보수는 −0.4단위(=0.4×2+0.6×(−2))이다. 반면 신인은 공천신청을 포기할 경우 현역의 조직확대 여부에 상관없이 0의 보수를 얻는다. 요약하면 [그림 15-1]에 나타난 현역-신인 간의 미비정보게임에서 최적 전략조합은 다음과 같다.

현역: 조직강화비용이 높다면 현상유지
조직강화비용이 낮으면 조직강화
신인: 공천신청을 포기 (15.1)

이상에서 살펴본 게임은 미비정보하의 정태적 2인게임이다. 여기서 '감추어진 유형'은 현역의 조직강화비용이다. 미비정보가 존재할 때 게임나무는 어떻게 그리는가? 하사아니(Harsanyi 1967)는 미비정보게임을 '자연법칙'(Nature)이 경기자로서 포함되는 불완전정보게임으로 모형화하였다. 구체적으로 자연법칙은 경기자의 유형을 주어진 사전확률분포에 따라 선택한다. [그림 15-2]는 위에 묘사된 미비정보게임을 불완전정보게임으로 변환한 것이다. 이렇게 변환된 게임에서 현역의 비용에 대한 신인의 미비정보는 현역의 조직강화비용에 대한 자연법칙의 행동에 대한 불완전정보로 변환된다. 주어진 미비정보게임을 불완전정보게임으로 변환한 후 여태까지 적용했던 분석도구를 그대로 적용하면 된다.

그림 15-2 현역-신인 공천게임의 전개형

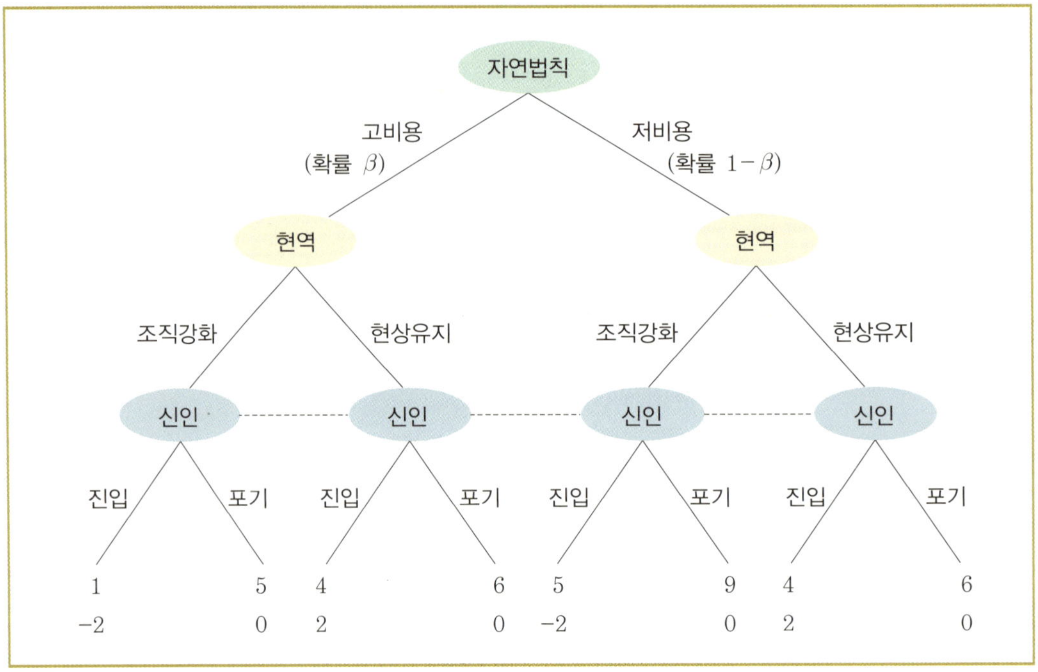

15.2 정태적 미비정보게임

정태적 미비정보게임, 즉 베이즈게임(Bayesian game)을 모형화하자. 먼저 전략형게임은 경기자, 순수전략, 보수의 세 요소로 구성된다는 사실을 기억하라. 미비정보란 경기자들이 자신 혹은 상대방의 보수함수나 유형을 정확히 알지 못함을 의미한다. 당연히 미비정보게임에서 개별 경기자의 보수는 두 경기자들의 행동뿐 아니라 그들의 유형에도 의존한다. 경기자 i가 선택할 수 있는 행동 a_i는 행동집합 A_i의 원소라 하자. 또한 경기자 i의 유형 t_i는 경기자 i가 취할 수 있는 유형집합(類型集合, type space) T_i의 원소라 하자. 경기자 1과 경기자 2의 유형이 각각 t_1과 t_2이며 경기자 1이 행동 a_1을 취하고 경기자 2가 행동 a_2를 취할 때 경기자 i의 보수는 $u_i(a_1, a_2; t_1, t_2)$로 쓸 수 있다.

앞절에서 살펴본 공천게임에 적용해보자. 현역의 행동집합은 A_1={현상유지, 조직강화}이며 정치신인의 행동집합은 A_2={공천신청, 포기}이다. 또 현역의 유형집합은 T_1={고비용, 저비용}

이다. 신인의 유형에 대한 정보는 완비되어 있으므로 그의 유형집합은 하나의 원소로 이루어져 있다고 볼 수 있다. 편의상 T_2={◎}로 쓴다. 예시를 들어보자. [그림 15-1]에 의하면 조직강화비용이 높은 고비용유형의 현역이 조직강화를 추진하고 동시에 신인이 공천신청을 포기할 경우 현역은 5단위의 보수를 얻고 신인은 0단위의 보수를 얻는다. 이를 보수함수로 나타내면 다음과 같다.

$u_1(a_1=$조직강화, $a_2=$포기; $t_1=$고비용, $t_2=$◎$)=5$
$u_2(a_1=$조직강화, $a_2=$포기; $t_1=$고비용, $t_2=$◎$)=0$

개별 경기자가 상대방의 유형이 그것에 따라 추출되리라 믿는 확률분포를 신념(信念, belief)이라 부른다. 경기자 1의 유형이 t_1이고 경기자 2의 유형이 t_2일 사전확률을 $p(t_1, t_2)$라 하자. 경기자 1의 유형이 $t_1=\theta_1$이라는 가정하에 경기자 2의 유형이 $t_2=\theta_2$라고 경기자 1이 믿을 확률은 조건확률 $p_1(t_2=\theta_2|t_1=\theta_1)$은 얼마인가? 본서의 부록 A.2의 베이즈법칙을 이용하면 다음 식처럼 계산된다.

$$p_1(t_2=\theta_2|t_1=\theta_1)=\frac{p(t_1=\theta_1|t_2=\theta_2)p(t_2=\theta_2)}{\sum_{t_2\in T_2} p(t_1=\theta_1|t_2)p(t_2)} \tag{15.2}$$

경기자 2가 경기자 1의 유형에 대해서 갖는 조건확률도 동일한 논리와 방법을 적용하여 구한다. 두 경기자의 유형이 서로 독립적으로 분포한다면 확률의 기본법칙에 따라 조건확률 $p(t_2=\theta_2|t_1=i_1)$은 $p(t_2=\theta_2)$와 정확히 같을 것이다.

예시로 현역-신인 간의 공천게임을 다시 들어보자. 두 경기자의 유형이 실현될 사전확률분포는 다음과 같다.

$p(t_1=$고비용, $t_2=$◎$)=0.4$
$p(t_1=$저비용, $t_2=$◎$)=0.6$

또한 경기자 2가 경기자 1의 유형에 대해서 갖는 신념은 다음과 같다. 경기자 1의 유형 t_1과 경기자 2의 유형 t_2 간에는 독립적 분포를 갖기 때문이다.

$$p_2(t_1=\text{고비용}|t_2=◎)=p_2(t_1=\text{고비용})=0.4$$
$$p_2(t_1=\text{저비용}|t_2=◎)=p_2(t_1=\text{저비용})=0.6$$

베이즈게임 G는 여덟 개의 구성요소로 이루어진 전략형게임이다. 즉, $G=\{A_1, A_2; T_1, T_2; p_1, p_2; u_1, u_2\}$이다. 하사아니 전통에 따라 베이즈게임은 다음과 같은 시간적 구조를 갖는 것으로 간주한다. 첫째, 자연법칙이 사전확률분포 $p(t_1, t_2)$에 따라 경기자들의 유형을 임의추출한다. 이때 경기자 1의 유형 t_1은 집합 T_1으로부터 추출되고 경기자 2의 유형 t_2는 집합 T_2로부터 추출된다. 둘째, 자연법칙에 의하여 추출된 경기자 i의 유형 t_i는 경기자 i에 게만 알려진다. 셋째, 경기자 i는 자신의 유형 t_i를 알고 있는 상태에서 상대방의 유형에 대한 신념을 업데이트하여 사후확률분포 p_i를 형성한다. 넷째, 경기자 i는 업데이트된 신념하에서 자신의 기대보수를 극대화해주는 행동을 집합 A_i로부터 선택한다. 다섯째, 경기자들이 선택한 행동 조합과 유형에 따라 각자의 보수 u_1 및 u_2가 실현된다.

15.3 베이즈내쉬균형

먼저 베이즈게임에서 전략의 개념을 설명하자. 우리는 앞에서 전략을 발생가능한 모든 상황에 대하여 경기자가 갖는 완전한 행동계획으로 정의한 바 있다. 그와 같은 정의는 미비정보가 존재하는 베이즈게임에도 적용된다. 다만 베이즈게임에서는 경기자들의 유형이 자연법칙에 의해 먼저 실현되므로 개별 경기자의 전략은 그의 실제 유형이 무엇이냐에 따라 어떻게 행동할 것인가를 나타낸다. 수학적으로 베이즈게임 $G=\{A_1, A_2; T_1, T_2; p_1, p_2; u_1, u_2\}$에서 경기자 i의 전략 $s_i(t_i)$는 경기자 i의 유형이 t_i일 때 그가 선택할 행동계획으로 정의된다.

앞서 살펴본 공천게임에서 만일 현역의 조직강화비용이 높으면 현상유지하고 비용이 낮다면 조직을 강화하는 것이 현역의 최적전략임을 보았다. 즉, 현역이 고비용 유형이라면 현상유지를 선택하고 저비용 유형이라면 조직강화를 선택하는 전략이 최선이다. 이것을 간략하게 나타내면 다음과 같다.

$$s_1(t_1=\text{고비용})=\text{현상유지}$$
$$s_1(t_1=\text{저비용})=\text{조직강화}$$

일반적으로 유형이 다른 경기자라고 해서 반드시 다른 전략을 선택할 이유는 없다. 경기자의 유형이 다르면 서로 다른 전략을 사용한다면 분리(separating)전략이라 부르고, 유형이 다르더라도 동일한 전략을 사용한다면 공용(pooling)전략이라 부른다. 예컨대 공천게임에서 현역은 분리전략을 사용하는 것이 최선이다. 현역의 유형이 고비용이냐 저비용이냐에 따라 선택하는 행동이 다르기 때문이다.

이제 베이즈게임을 분석하기에 적합한 균형의 개념을 도입하자. 미비정보가 존재하는 게임에서 유형, 신념, 전략 등의 정의가 완비정보하의 게임에서보다 복잡해보이지만 균형의 개념은 똑같다. 즉, 개별 경기자는 상대 경기자의 유형에 대한 신념과 상대방이 구사하리라 예상되는 전략을 고려하여 최선응수를 선택해야 한다.

정의 | 베이즈내쉬균형

베이즈게임 $G=\{A_1, A_2; T_1, T_2; p_1, p_2; u_1, u_2\}$에서 다음을 만족하는 전략조합 (s_1^*, s_2^*)을 베이즈내쉬균형(Bayesian Nash equilibrium)이라 부른다.

유형 $t_1=\theta_1\in T_1$인 경기자 1은 기대보수 $\sum_{t_2\in T_2} p_1(t_2|\theta_1)u_1(s_1, s_2^*(t_2); \theta_1, t_2)$을 극대화해주는 전략 $s_1(\theta_1)$을 선택한다. 또한 유형 $t_2=\theta_2\in T_2$인 경기자 2는 기대보수 $\sum_{t_1\in T_1} p_2(t_1|\theta_2)u_2(s_1^*(t_1), s_2; t_1, \theta_2)$를 극대화해주는 전략 $s_2(\theta_2)$를 선택한다.

앞서 살펴본 공천게임에 대입해보자. 경기자 1(현역)의 유형 t_1이 고비용이면 현상유지가 최선의 선택이고 유형 t_1이 저비용이면 조직강화가 최선의 선택이다. 경기자 2(신인)에게는 신청포기가 기대보수를 극대화해주는 최선응수이다. 요약하면 식 (15.1)이 공천게임의 베이즈내쉬균형 전략조합이다.

여지껏 우리는 2인게임에 한정하여 베이즈게임과 베이즈내쉬균형을 설명하였으나 이는 3인 이상의 게임으로 쉽게 일반화된다. 또 유형과 전략의 숫자가 유한한 정태적 미비정보게임에서 베이즈내쉬균형은 항상 존재함이 증명되어 있으나 본서의 범위를 벗어나므로 생략한다.

15.4 공천게임의 변형

앞의 15.1절에서 살펴본 공천게임을 약간 변형해보자. 현역이 선거조직 강화 여부를 결정하고 동시에 신인은 공천신청 여부를 결정해야 한다. 현역은 자신의 조직강화에 드는 비용을 정확히 알고 있다. 반면 신인은 현역의 조직강화비용이 5억원일 수도 있고 3억원일 수도 있다는 사실만 알 뿐 정확한 액수는 모른다. 조직강화비용이 높을 사전확률을 β, 비용이 작을 확률을 $(1-\beta)$라 하자. 15.1절에서 다룬 공천게임과의 단 하나의 차이는 현역의 보수가 조직강화비용이 낮을 때 1억원 대신 3억원으로 바뀌었을 뿐이다. [그림 15-3]의 (a)와 (b)는 각각 현역의 조직강화비용이 높은 경우와 낮은 경우의 전략형게임을 나타낸다.

[그림 15-3](a)에 나타난 바와 같이 현역의 조직강화비용이 높은 경우 현상유지가 강우월전략이며 조직강화는 강열등전략이다(왜냐하면 1<4이며 5<6이므로). 반면 [그림 15-3](b)에 나타난 바와 같이 현역의 조직강화비용이 낮은 경우에는 그렇게 단순치 않다. 이 경우 열등전략이나 우월전략이 존재하지 않으며 현역과 신인의 전략은 상호 밀접하게 연관되어 있다. 현역 입장에서는 신인의 공천신청이 예상되면 현상유지가 최선이고 반대로 신인의 포기가 예상되면 조직강화가 최선이다. 따라서 현역의 전략은 신인이 공천을 신청할 확률이 얼마인지에 따라 달라진다. 그런데 신인이 공천신청을 할지 말지는 현역의 조직강화 여부에 달려있다. 만일 현역이 현상유지를 선택할 확률이 높으면 신인은 공천신청이 최선이고 현역이 조직을 강화할 확률이 높으면 신인은 신청포기가 최선이다.

현역의 조직강화비용이 적다고 가정할 때, 즉 저비용 유형의 현역이 조직강화를 추진할 확률을 p라 놓자. 또 신인이 공천신청을 할 확률을 q라 놓자.

그림 15-3 | 변형된 공천게임

		신인: 공천신청	신인: 신청포기
현역	현상유지	4, 2	6, 0
	조직강화	1, −2	5, 0

(a) 현역의 조직강화비용이 높은 경우

		신인: 공천신청	신인: 신청포기
현역	현상유지	4, 2	6, 0
	조직강화	3, −2	7, 0

(b) 현역의 조직강화비용이 낮은 경우

그림 15-4 변형된 공천게임에서의 베이즈내쉬균형

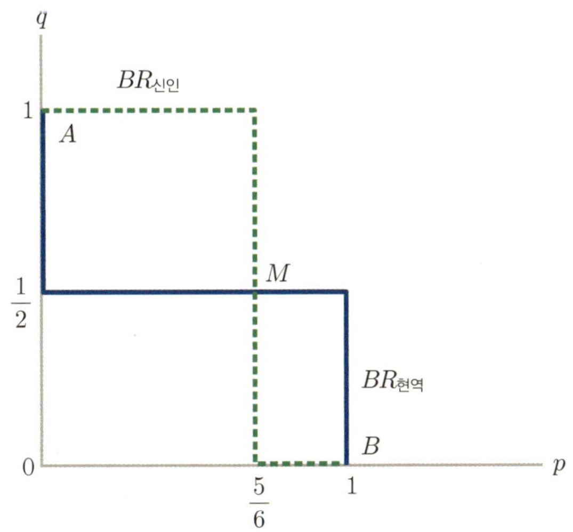

p=Pr[저비용 유형의 현역이 조직강화|저비용 유형]

q=Pr[신인이 공천신청]

조직강화비용이 높을 경우 현역은 무조건 현상유지를 선택한다. 반면 조직강화비용이 낮을 경우 현역은 다음 식 (15.3)이 성립하면 조직강화를 선택하고 반대의 부등호가 성립하면 현상유지를 선택한다. 식 (15.3)의 좌변은 저비용 유형의 현역이 조직강화로부터 얻는 기대보수이며 우변은 현상유지로부터 얻는 기대보수이다.

$$q \times 3+(1-q)\times 7 > q \times 4+(1-q)\times 6$$

혹은

$$q < \frac{1}{2} \tag{15.3}$$

현역은 신인이 공천신청할 확률이 50% 미만이면 조직강화를 선택하고 50%를 넘으면 현상유지를 선택한다. 다시 말해서, 신인의 공천신청확률 q가 $\frac{1}{2}$보다 작으면 현역의 조직강화 확률 p는 1이며, q가 $\frac{1}{2}$보다 크면 p는 0이다. 또 신인의 공천신청확률 q가 정확히 $\frac{1}{2}$이면 현역은 조직강화와 현상유지 간에 무차별하다. 아래 식 (15.4)는 신인의 공천신청확률에 대응하는 현역의 최선응수를 나타낸다. [그림 15-4]의 굵은 실선은 현역의 반응곡선을 나타낸다.

$$\text{만약 } q \begin{matrix} < \\ = \\ > \end{matrix} \frac{1}{2} \text{라면, } p = \begin{matrix} 1 \\ [0,\ 1] \\ 0 \end{matrix} \qquad (15.4)$$

이제 신인의 전략을 분석하자. 신인은 현역이 고비용 유형이라면 현상유지를 선택할 것임을 예측할 수 있다. 또 현역이 저비용 유형이라면 p의 확률로 조직강화를 선택하고 $(1-p)$의 확률로 현상유지를 선택할 것임도 안다. 결국 신인은 다음 식 (15.5)가 성립하면 공천을 신청하고 반대의 부등호가 성립하면 포기하는 것이 최선이다.

$$0.4\times2+0.6\times[p\times(-2)+(1-p)\times2]>0$$

혹은

$$p<\frac{5}{6} \qquad (15.5)$$

다시 말해서, 현역의 조직강화확률 p가 $\frac{5}{6}$ 미만이면 신인의 공천신청확률 $q=1$이고, p가 $\frac{5}{6}$보다 크면 $q=0$이다. 또 p가 정확히 $\frac{5}{6}$이면 신인은 신청과 포기 간에 무차별하다. 다음 식 (15.6)은 현역의 조직강화확률에 대응하는 신인의 최선응수를 나타낸다. [그림 15-4]에서 굵은 점선은 신인의 최선응수곡선을 나타낸다.

$$\text{만약 } p \begin{matrix} < \\ = \\ > \end{matrix} \frac{5}{6} \text{라면, } q = \begin{matrix} 1 \\ [0,\ 1] \\ 0 \end{matrix} \qquad (15.6)$$

베이즈내쉬균형은 두 경기자의 반응곡선을 동시에 만족하는 p와 q값을 구함으로써 얻는다. 식 (15.4)와 식 (15.6) 혹은 [그림 15-4]로부터 공천게임의 베이즈내쉬균형이 세 개 존재함을 알 수 있다. 그림에서 두 점 A와 B는 순수전략균형이며 M은 혼합전략균형인데, 각각을 설명하면 다음과 같다.

균형 A

- 현역은 고비용 유형이건 저비용 유형이건 현상유지를 선택한다.
- 신인은 공천신청한다.

균형 B

- 현역은 고비용 유형이라면 현상유지하고 저비용 유형이라면 조직강화를 선택한다.
- 신인은 공천신청을 포기한다.

균형 M

- 고비용 유형의 현역은 현상유지를 선택한다.
- 저비용 유형의 현역은 $\frac{5}{6}$의 확률로 조직강화하고 $\frac{1}{6}$의 확률로 현상유지한다.
- 신인은 $\frac{1}{2}$의 확률로 신청하고 나머지 $\frac{1}{2}$의 확률로 포기한다.

균형 A에서 현역은 자신의 유형에 상관없이 동일한 전략(현상유지)을 선택하므로 균형 A는 공용균형이다. 균형 B에서는 현역이 고비용 유형일 경우 선택하는 전략(현상유지)과 저비용 유형일 경우 선택하는 전략(조직강화)이 다르므로 분리균형이다. 균형 M처럼 서로 다른 유형의 경기자가 양(+)의 확률로 같은 전략을 선택하는 것을 준공용균형(semi-pooling equilibrium)이라 부른다.

여태껏 우리는 현역이 고비용 유형일 사전확률 β가 0.4라고 가정하였다. 만약 현역이 고비용 유형일 사전확률이 0.5보다 크다면 베이즈내쉬균형은 하나밖에 없다. 현역은 고비용 유형이건 저비용 유형이건 현상유지를 선택하고 정치신인은 확실히 공천신청을 하는 공용균형이 그것이다. 계산과 논증은 독자들에게 연습문제로 남겨둔다.

15.5 공공재 건설게임

공공재는 다수의 소비자들에 의해 동시에 소비될 수 있는 상품이다. 앞서 제11장 11.1절에서 살펴본 바와 같이 공공재는 비배타성과 비경쟁성의 두 성격을 만족하는 상품이다. 여기서 비배타성이란 특정인을 공공재 소비로부터 제외할 수 없는 성질이며 비경쟁성이란 상품의 소비를 위하여 소비자들 간에 다투어야 할 필요가 없음을 뜻한다. 공공재의 공급측면에서 개별 수요자들의 효용함수에 대한 정보가 미비하기 때문에 발생하는 대표적 문제가 바로 무임승차문제이다. 무임승차란 공공재 건설에는 한 푼도 지불하지 않은 자가 다른 소비자들이 돈을 지불하여 건설된 공공재를 사용하려는 유인을 일컫는다. 이것은 공공재 소비에서의 비배타성으로 인하여 공공재 생산에 돈을 지불하지 않았다고 하여 특정 소비자를 배제하는 것이 불가능하기 때문이다. 그런데 합리적인 소비자는 누구든지 무임승차의 유인을 가지므로 공공재 생산을 시장의 자율적인 기능에 맡겨둔다면 공공재는 사회적 최적수준보다 과소하게 생산된다.

소비자 1과 소비자 2 두 사람이 공공재 생산을 위하여 기여를 할 것인지 말 것인지를 놓고 고민하고 있다. 즉, 개별 소비자의 행동집합은 $A_1=A_2=\{$기여, 무임승차$\}$이다.

개인의 기여액수는 1억원이다. 그런데 똑같은 1억원이라도 개인의 주관적 효용가치나 심리적인 비용에 따라 실제 느끼는 부담은 소비자마다 다르다. 소비자 1의 주관적 기여비용은 c_1이고 소비자 2의 주관적 기여비용은 c_2라 놓자. 개별 경기자는 자신의 기여비용은 알고 있으나 상대방의 비용은 모른다고 하자. 베이즈게임의 틀에서 볼 때 개별 소비자의 기여비용은 그 소비자의 유형으로 볼 수 있다. 분석의 구체화를 위하여 개인의 기여비용 c_1과 c_2는 각각 $-\varepsilon$과 $(1+\eta)$ 사이의 구간에서 균등분포를 따르며, 이 사실은 두 소비자 모두 알고 있다고 하자. 여기서 ε, $\eta>0$이라 가정하자. 베이즈게임의 틀에서 볼 때 유형집합은 $T_1=T_2=[-\varepsilon,\ 1+\eta]$이다.

두 소비자 중 한 명이라도 기여하면 공공재는 생산된다. 일단 공공재가 생산되면 모든 소비자들은 1단위씩의 보수를 얻는다. [그림 15-5]는 공공재 베이즈게임을 전략형으로 나타내고 있다.

공공재 건설게임에서 개별 경기자의 최적전략을 분석해보자. 경기자 i의 기여비용 c_i가 0이거나 그보다 작다면—상대방(경기자 j)이 기부하건 말건—무조건 기부하는 것이 최선이다. 무임승차가 강열등전략이기 때문이다. 만약 c_i가 0보다 약간 큰 정도라면 어떻게 할 것인가? 기여비용이 미미하므로 상대방이 기부할 가능성을 믿고 모험하느니 차라리 내가 기여하여 $(1-c_i)$단위라도 확실히 얻는 편이 낫다. 이제 반대편 극단, 즉 기여비용 c_i가 1이거나 그보다 큰 경우를

그림 15-5 | 공공재 생산 베이즈게임

		소비자 2: 기여	소비자 2: 무임승차
소비자 1	기여	$1-c_1,\ 1-c_2$	$1-c_1,\ 1$
	무임승차	$1,\ 1-c_2$	$0,\ 0$

고려하자. 이때 경기자 i에게 기여는 강열등하므로 무임승차가 최적전략이다. 만약 c_i가 1보다 약간 낮은 정도라면 상대방의 기여를 기대하고 무임승차를 엿보는 편이 그 많은 기여비용을 지출하는 것보다 낫다.

이러한 논리를 확장하면 개별 소비자는 기여비용이 크면 기여를 포기하고 무임승차를 기대하며, 기여비용이 작으면 무임승차를 바라는 대신 기여에 참여할 것이다. 좀 더 정확하게 표현하면 베이즈내쉬균형에서 개별 소비자의 전략은 다음과 같은 임계전환성(臨界轉換性, cutoff property)을 갖는다.

소비자 1의 전략: 만일 c_1이 임계치 c_1^*보다 작으면 기여하고, 그보다 크면 무임승차한다.

소비자 2의 전략: 만일 c_2가 임계치 c_2^*보다 작으면 기여하고, 그보다 크면 무임승차한다.

이제 위의 전략조합이 베이즈내쉬균형이 되도록 해주는 임계치 c_1^*와 c_2^*를 구해보자. 소비자 1은 자신의 유형 c_1을 아는 상태에서 기여와 무임승차 가운데 어느 행동을 선택할 것인가를 결정한다. 소비자 1이 기여할 때 얻는 기대보수는 $1-c_1$이며, 무임승차를 시도할 때 얻는 기대보수는 다음과 같다.

$$[\text{경기자 2가 기여할 확률}]\times 1+[\text{경기자 2가 무임승차할 확률}]\times 0=Pr_1(c_2<c_2^*)$$

그런데 소비자 1의 입장에서 보면 상대방의 유형 c_2는 $-\varepsilon$과 $(1+\eta)$ 구간에서 균등분포를 따르는 확률변수이다. 따라서 소비자 1의 입장에서 평가한 c_2가 c_2^*보다 작을 확률은 $\dfrac{c_2^*+\varepsilon}{1+\eta+\varepsilon}$이다. 결국 소비자 1은 다음 식 (15.7)이 성립하면 기여하고 반대의 부등호가 성립하면 무임승차한다.

$$1-c_1>\frac{c_2^*+\varepsilon}{1+\eta+\varepsilon} \quad \text{혹은} \quad c_1<\frac{1+\eta-c_2^*}{1+\eta+\varepsilon} \tag{15.7}$$

식 (15.7)에 나타난 소비자 1의 전략이 임계전환성을 만족하기 위해서는 다음 식 (15.8)이 만족해야 한다.

$$c_1^*=\frac{1+\eta-c_2^*}{1+\eta+\varepsilon} \tag{15.8}$$

이 게임에서 소비자 1과 소비자 2가 직면한 상황은 대칭적이므로 소비자 2에 대해서도 소비자 1에서와 똑같은 논리를 적용하면 다음의 관계식을 얻는다.

$$c_2^* = \frac{1+\eta-c_1^*}{1+\eta+\varepsilon} \quad (15.9)$$

식 (15.8)과 식 (15.9)를 연립하여 풀면 다음을 얻는다.

$$c_1^* = c_2^* = \frac{1+\eta}{2+\eta+\varepsilon} \quad (15.10)$$

요약하면 개별 소비자는 자신의 기여비용이 식 (15.10)에서 나타난 임계치 이하이면 기부를 선택하고 그 이상이면 무임승차를 시도한다. 예를 들어, 개인의 기여비용이 -0.3과 1.2 사이의 구간에서 균등분포를 따른다고 가정하자($\varepsilon = 0.3$, $\eta = 0.2$). 베이즈내쉬균형에서 개인은 자신의 주관적 기여비용이 0.48 이하이면 기여하고 0.48 이상이면 무임승차한다.

이상에서 논의된 베이즈내쉬균형은 유일한 순수전략균형으로서 식 (15.10)을 임계치로 갖는 임계전환성을 갖는다. 여기서 ε과 η이 양수(+)라는 가정은 매우 중요하다. 만약 이 가정이 없다면 어떻게 될까? 예컨대 $\varepsilon<0$이고 $\eta<0$이라면 공공재 생산게임에는 두 개의 순수전략 베이즈내쉬균형이 존재하는데 전략조합 (기여, 무임승차)와 (무임승차, 기여)가 그것이다. 즉, 균형상태에서 한 소비자는 기여하고 다른 소비자는 무임승차한다. 이상의 논의에서 우리는 재미있는 사실을 발견할 수 있다. 즉, ε과 η가 0보다 크기만 하면(예컨대, $\varepsilon=\eta=0.0001$) 임계전환성을 갖는 단 하나의 베이즈내쉬균형이 존재한다. 그러나 그 두 값이 0보다 작다면 그 값이 아무리 0에 가깝더라도(예컨대, $\varepsilon=\eta=-0.0001$) 두 개의 순수전략균형에다 혼합전략균형까지 존재하므로 균형의 다중성 문제가 발생한다.[1]

1 하사아니(Harsanyi 1973)는 이러한 아이디어를 활용하여 혼합전략 내쉬균형을 정당화하였다. 혼합균형에서는 상대방은 물론 본인도 사전적으로는 미리 예상할 수 없도록 무작위로 행동을 선택한다. 그러나 이러한 해석은 비현실적이라는 비판이 제기될 수 있다. 하사아니는 경기자들이 서로의 보수구조나 유형에 대한 정보가 미비한 베이즈게임에서 순수전략 베이즈내쉬균형을 구할 수 있는데 그 순수균형의 극한값이 원래 게임의 혼합균형과 일치한다는 사실을 증명하였다. 이를 '순수화'(purification)라고 부르며, 혼합균형의 정당화는 물론 다수의 균형이 존재하는 게임에서 균형선정 분석에도 자주 쓰이는 기법이다. 순수화정리는 본서의 범위를 벗어나므로 생략하기로 한다. 관심 있는 독자는 Gibbons(1992)의 152~155쪽을 참조하기 바란다.

16

CHAPTER

메커니즘 설계

16.1 개념과 적용범위
16.2 그로브스 · 레드야드 메커니즘
16.3 현시원리
16.4 기버드 · 새터스웨이트 불가능성 정리
16.5 기버드 · 새터스웨이트 정리의 증명

Politics & Public Economics:
A Game-Theoretic Approach

16.1 개념과 적용범위

본절은 메커니즘 설계(mechanism design)로 알려진 특별한 형태의 베이즈게임을 분석대상으로 한다. 여태껏 우리는 게임의 형태가 외생적으로 주어져 있다고 가정한 다음 그 게임에서 합리적 경기자들이 어떠한 전략을 선택할 것인지를 계산하고 예측하며 그를 바탕으로 현실을 설명하고자 했다. 메커니즘(mechanism)은 그보다 확장된 개념이다. 메커니즘 설계는 사회적으로 혹은 설계자 입장에서 가장 바람직한 목표를 달성하기 위하여 애당초 게임을 어떻게 구성해야 하는지부터 출발한다. 즉, 외생적으로 주어진 게임을 연구대상으로 하는 것이 아니라 게임을 어떻게 구성하는 것이 궁극적으로 목적을 달성하는 데 유리할 것인가의 문제부터 연구대상이 된다. 이러한 게임의 예로는 독점기업의 가격차별화, 경매, 최적조세제도 고안, 공공재 건설 등이 있다. 이 모든 게임에는 주인(principal)이라 불리는 정보비보유자(情報非保有者, uninformed player)와 대리인(agent)이라 불리는 정보보유자(情報保有者, informed player)가 참여한다.

독점기업이 소비자 개개인의 취향을 정확히 파악할 수 있다면 그렇지 못한 경우보다 더 높은 이윤을 얻을 것이다. 이 경우 개별 소비자를 대리인이라 부르고 독점기업을 주인이라 부른다. 경매에 있어서 경매물품의 판매자는 주인이고 입찰에 응하는 구매희망자는 대리인이다. 구매희망자들이 경매물품을 구입하기 위해서 얼마까지 지불할 용의가 있는지 판매자가 정확히 안다면 그렇지 못한 경우에 비해 큰 수입을 얻을 수 있다. 주인은 대리인에게 필요한 정보를 직접 물어볼 수도 있으나, 대리인이 거짓말을 할 유인이 존재한다는 데 문제의 핵심이 있다. 예컨대, 교량을 건설하려는 지방정부가 지역주민이 누릴 혜택에 비례해서 돈을 모아 사업을 추진하려고 하는 상황을 고려하자. 지방정부가 지역주민 개개인에게 '다리 건설로 인해 누리게 될 혜택이 얼마나 되는가?'라고 묻는다면 누구나 자신의 수혜 정도를 과소보고함으로써 무임승차하려 할 것이다.

메커니즘 설계 이론에서는 주인이 자신의 기대보수를 극대화해주는 제도를 선택한다고 전제한다. 이는 경제사회의 각종 제도가 역사적 혹은 관례적으로 형성된다고 보는 시각과는 전혀 다른 접근법이다. 메커니즘 설계의 예는 무궁무진한데 대표적인 몇 가지를 들어보자.

경매

경매에 있어서 판매희망자 혹은 경매인은 주인이고 입찰에 응하는 구매희망자는 대리인이다. 구매희망자 개개인이 물품 구입을 위하여 지불할 용의가 있는 최대 액수를 경매인이 정확히 안다면 해당 물품의 가치를 가장 높이 평가하는 구매희망자에게 그가 지불할 용의가 있는 값을 받고 팔면 된다. 그러나 현실적으로 대리인이 구매희망자 개개인의 평가가치를 알기란 불가능하다. 미비정보하에서 경매인은 최고가(最高價) 밀봉입찰, 차가(次價) 밀봉입찰, 영국식 공개경매, 네덜란드식 공개경매 등 수많은 경매방식 중에서 자신에게 가장 높은 기대수익을 가져다주는 방식을 선택한다.[1]

독점기업의 가격차별

가격차별을 실시하려는 독점기업은 소비자 개개인이 상품을 구입하기 위하여 지불할 용의가 있는 최대 액수가 얼마인가를 알기 어렵다. 즉, 개별소비자의 취향에 대한 정보가 미비하다. 이때 독점기업은 제품의 품질, 수량, 가격을 차별화함으로써 독점이윤을 극대화하고자 한다. 예컨대 지하철공사는 일회용 승차요금과 정기승차권을 분리하거나 저렴한 학생요금을 부과하는 등 차별적 가격정책을 사용하여 이윤을 높이고자 한다. 독과점산업인 항공여객산업에서 항공사들은 일등석, 비즈니스석, 일반석 등으로 좌석등급을 나누고 서비스와 가격을 차별함으로써 이윤 극대화를 추구한다.[2]

정부의 공기업 규제

전통적으로 자연독점성이 있는 산업은 공익사업(公益事業, public utilities) 형태로 운영되어 왔다. 자연독점(natural monopoly)이란 주어진 생산량을 생산함에 있어서 단일기업이 독점생산할 경우가 두 개 이상의 기업이 분할생산하는 경우보다 생산비가 적게 소요되는 성질을 일컫는다. 예컨대 단일기업이 100단위를 생산하는 데 드는 총비용이 두 개의 기업이 각각 50개씩 생산하는 경우에 드는 총비용보다 낮음을 의미한다. 따라서 자연독점성이 있는 산업에서 사회후생을 극대화하는 가장 효율적인 구조는 단일기업이 독점생산하도록 하는 것이다. 자연독점성을 갖기 위해서는 생산량이 증가할수록 평균생산비가 하락하는 규모의 경제가 존재해야 한다. 규모의 경제는 초기에 많은 투자비용이 소요되지만 일단 기반설비가 갖춰진 다음에는 한계비용이

1 경매이론에 관해서는 졸저 『게임이론』(2018) 제10장이나 Klemperer(2004)을 참조하라.
2 독점기업의 상품차별화에 관해서는 졸저 『게임이론』(2018)의 제11장을 참조하라.

매우 작게 드는 산업에서 나타난다. 대표적 예로 전력산업, 시내전화사업, 상하수도 등이 있다.

규모의 경제로 인하여 생산량 증대에 따라 평균비용이 하락하는 자연독점산업에는 한계비용이 평균비용보다 작기 때문에[3] 한계비용과 시장수요곡선이 일치하는 점에서의 가격결정은 독점기업에게 손실을 안겨 주게 된다. 독점기업이 손실을 보지 않고 시장에서 생산활동을 지속할 수 있도록 하기 위해서 정부가 적용하는 규제에는 여러 가지가 있다. 예를 들어 보수율(報酬率, rate of return) 규제에서는 생산원가를 보상받고 투자를 위하여 필요한 자본비용을 충당받기 위하여 정부로부터 보조금을 지불받는다. 그러나 보수율 규제하에서는 공기업이 경영효율화나 비용절감 유인이 없어 방만한 경영을 일삼을 수 있다. 한편 해당 상품의 가격수준 혹은 인상률의 상한만 정해 두고 초과이윤은 공기업이 알아서 쓰도록 함으로써 효율을 높이려는 가격상한(價格上限, price-cap) 규제도 있다. 이처럼 이론적으로 적용가능한 수많은 규제정책이 있는데 어느 규제를 실시하건 정부나 국회가 공기업의 한계비용 내지 평균비용을 파악하기는 쉽지 않다(Baron and Myerson 1982). 따라서 정부나 국회가 공기업의 정확한 비용조건이나 수요상황을 모르는 상태에서 경제사회 전체의 효율을 극대화시켜주는 규제책을 적절하게 선택해야 한다.

최적조세제도의 고안

정부는 국방, 치안, 사회간접자본의 건설 등 임무를 수행하기 위해서 필요한 조세수입을 국민들로부터 거둔다. 경제적 효율의 관점에서 볼 때 가장 바람직한 소득세제는 개인이 돈을 얼마나 벌 능력이 있느냐에 따라 소득세를 부과하는 것이다. 만약 정부가 개인의 능력을 완전히 알고 있다면 개인의 능력에 따라 정액세(lump-sum tax)를 부과하는 것이 가장 바람직하다. 이유는 다음과 같다.

세금을 소득의 많고 적음에 따라 부과하는 소득세제도는 개인의 근로의욕과 노동공급량을 왜곡한다. 한 달에 500만원을 벌 능력이 있는 사람은 자신이 번 돈을 고스란히 가질 수 있다면 열심히 일해서 500만원을 번다. 그러나 소득의 30%를 세금으로 내야 한다면 조금 적게 일하고 조금—예컨대, 450만원—벌려는 동기가 있다. 뼈 빠지게 일해서 500만원을 벌어도 세금을 빼고 나면 350만원밖에 남지 않으니, 즐길 때 즐기고 450만원만 벌어서 315만원을 소비하는 편이 낫기 때문이다. 반면에 얼마를 벌든 상관없이 무조건 150만원의 세금을 내야 한다면 그는 열심히 일하여 500만원을 벌려고 할 것이다. 요약하면 개별납세자의 능력에 대하여 정부가 갖고 있는 정보가 완비되어 있다면 개인의 능력에 따라 정액세를 부과함으로써 노동공급의 왜곡

3 평균비용이 하락하는 영역에서는 항상 한계비용이 평균비용보다 작다.

을 최소화하고 사회적 후생을 극대화할 수 있다.

그러나 정부가 개별 납세자의 능력을 알기는 현실적으로 불가능하다. 다시 말해서 정부는 납세자의 유형에 대하여 미비정보를 갖고 있는 주인이고, 납세자는 보다 정확한 정보를 갖고 있는 대리인이다. 개별 납세자의 능력에 대한 정보가 미비한 경우 정부는 차선책으로서 개인이 실제로 벌어들인 소득을 기준으로 세금을 부과한다. 물론 정부는 수많은 조세제도 가운데 어느 것이 사회적 후생을 극대화해 주는지에 관심이 있다. 따라서 메커니즘 설계법에 의하여 최적 조세제도를 논한다는 것은 현실에 존재하고 있는 조세제도를 묘사한다는 실증적 관점이 아니라 사회적 관점으로 가장 바람직한 조세제도가 무엇인가를 제시하는 규범적 관점에서 보는 것이다. 뒤에 나올 제18장과 제19장에서는 메커니즘 설계법을 적용하여 사회적으로 바람직한 물품세와 소득세제도를 고안하는 문제를 다루게 된다.

공공재 건설

지방자치정부가 교량을 건설하려고 계획한다. 다리 건설 후 지역주민 개개인이 누릴 혜택이 얼마인지를 지방정부가 정확히 안다면 그 혜택에 비례해서 돈을 모아 사업을 추진하는 것이 가장 효율적이다. 그러나 정부는 지역주민 개개인의 사후적인 혜택이 얼마인지 알기 어렵다. 물론 정부가 구성원 개개인의 혜택이 얼마인지 모르더라도 교량 건설비를 전부 외부자금으로 충당한다면 효율을 해치지는 않는다. 그러나 그러한 외부자금의 조달은 비현실적이므로 직접적이건 간접적이건 대개 주민들로부터 건설비를 갹출하여 충당한다. 미비정보라는 제약하에서 지방정부가 어떠한 방식으로 건설비를 충당하는 것이 가장 효율적인지를 다루는 문제는 메커니즘 설계의 대표 사례이다. 특히 지역주민이 사실대로 말할 수밖에 없도록 만드는 메커니즘을 설계할 수 있다면 자원배분의 효율은 상당히 높아지게 된다. 바로 다음 절에서는 공공재 건설 메커니즘 설계의 대표적 사례인 그로브스·레드야드 모형에 대하여 알아보고 그 다음 절에서 이론적인 논의를 이어가도록 한다.

16.2 그로브스 · 레드야드 메커니즘

16.2.1 단순 예시

두 명이 살고 있는 골목에 가로등을 설치하려고 한다. 건설비는 6만원이다. 가로등으로부터 두 주민이 얻는 혜택은 각각 2만원과 5만원인데 지자체는 개개인의 혜택이 얼마인지는 알지 못한다. 가로등 설치비를 마련하기 위하여 지자체가 두 사람으로부터 비용을 갹출하고자 한다. 구청은 주민 1과 주민 2가 부담할 용의가 있는 금액 m_1과 m_2를 각각 써내라고 한다고 하자. 구청은 적어낸 금액을 근거로 개인의 최종부담액 w_1과 w_2를 결정하려고 한다. 이때 구청이 어떠한 메커니즘을 고안하면 사회적으로 바람직한 가로등 설치 및 설치비용 분담이 이루어지겠는가? 개인이 자신의 평가가치를 사실대로 밝힌다면 더 이상 바랄 나위가 없겠지만 거짓으로 보고할 동기가 있다. 예컨대 혜택을 5만원이나 받게 될 주민 2도 "가로등 설치해 봐야 나한테는 아무 이득이 없어요. 그러니 한 푼도 못냅니다"라고 말하리라 예상된다.

두 명에게 3만원씩 똑같이 부담시키는 방식은 어떤가? 이는 비효율적이다. 주민 2의 최종효용은 2(=5−3)만원에 달하는 반면 주민 1의 최종효용은 −1(=2−3)만원이 될 것이기 때문이다. 만약 주민 1, 주민 2가 공공재로부터 얻을 혜택이 각각 2만원, 5만원이 아니라 2만원, 2만원이라면 문제는 더욱 심각해진다. 주민 모두의 혜택을 더해도 6만원에 못 미치므로 건설비가 6만원이나 드는 가로등을 설치하지 않는 것이 사회적으로 바람직하다. 그럼에도 불구하고 똑같이 3만원씩 부담시킨다면 2만원의 사회적 후생손실을 끼치면서까지 가로등을 건설하게 되기 때문이다.

그로브스(Theodore Groves)와 레드야드(John Ledyard)는 다음과 같은 메커니즘을 제안하였다(Groves and Ledyard 1977).

만일 $m_1+m_2 \geq 6$만원이면 가로등을 설치하고 $m_1+m_2<6$이면 설치하지 않는다.

가로등을 설치할 경우 주민 1에게는 $w_1=6-m_2$만원, 주민 2에게는 $w_2=6-m_1$만원씩 걷는다.

그로브스 · 레드야드 메커니즘은 개인의 최종분담금이 자신의 보고금액과는 관계없이 다른 주민(들)의 보고금액에 의해서만 결정된다는 특징을 갖고 있다. [그림 16−1]은 주민 1과 주민 2의 보고금액에 따라 주민 1의 최종보수가 얼마나 되는지를 보여준다. 예컨대, 주민 1은 $m_1=2$

그림 16-1 ▌주민 1과 주민 2의 혜택 보고에 따른 전략형게임

m_1 \ m_2		주민 2(v_2=5)				
		2	3	4	5	6
주민 1 (v_1=2)	0	0, 0	0, 0	0, 0	0, 0	2, −1
	1	0, 0	0, 0	0, 0	1, 0	2, 0
	2	0, 0	0, 0	0, 1	**1, 1**	2, 1
	3	0, 0	−1, 2	0, 2	1, 2	2, 2
	4	−2, 3	−1, 3	0, 3	1, 3	2, 3

만원, 주민 2는 m_2=3만원으로 보고한다면 공공재 건설은 물건너가므로 보수는 0이 된다. 또 다른 예로, 주민 1은 m_1=1만원, 주민 2는 m_2=6만원으로 보고한다고 하자. 두 주민의 보고금액 합계 7만원이 건설비 6만원을 초과하므로 공공재는 건설되며 주민 1과 주민 2에게 각각 0원(=6−6)과 5만원(=6−1)을 부담시킨다. 물론 모자라는 건설비 1만원은 다른 방식으로 조달해야 할 것이다. 주민 1은 공공재로부터 2만원으로 혜택을 얻는 대신 0원의 비용을 부담하게 되므로 결국 2만원의 보수를 얻게 된다. 비슷한 논리로 주민 2는 0원의 최종보수를 얻게 된다.

[그림 16-1]에서 볼 수 있듯이 주민 1이 자신의 혜택 2만원을 사실대로 보고하는 전략이 약우월전략(weakly dominant strategy)이다. 즉, 주민 2가 무어라고 보고하건 주민 1이 사실대로 보고하는 전략($m_1=v_1$=2만원)은 다른 어떠한 전략($m_1=1$, $m_1=3$, $m_1=4$, $m_1=5$ 등)보다도 더 크거나 적어도 같은 보수를 주민 1에게 가져다준다. 대칭적인 논리로 주민 2에게 있어서도 자신의 혜택을 정직하게 보고하는 전략($m_2=v_2=5$)이 다른 어떠한 전략보다 우월하다. 이러한 의미에서 그로브스·레드야드 메커니즘을 우월전략 메커니즘(dominant strategy mechanism)이라고 부른다.

그로브스·레드야드 메커니즘에서 모든 주민이 정직하게 보고하는 것은 내쉬균형이다. 주민 2가 자신의 혜택 5만원을 정직하게 보고한다는 가정하에 주민 1도 자신의 혜택 2만원을 정직하게 보고하는 전략이 최선응수이다. 동시에 주민 1의 m_1=2만원에 대한 주민 2의 최선응수도 m_2=5만원이다. 이는 [그림 16-1]에서 굵은 방으로 나타난다. 유의할 점은 다른 내쉬균형도 있을 수 있다는 사실이다. 예컨대, 주민 1이 $m_1=3$, 주민 2가 m_2=6만원으로 과대보고하는 상태도 내쉬균형이다. 그러나 주민 1과 주민 2가 모두 과소보고하는 상태는 결코 약우월전략일 수 없는데, 이것이 그로브스·레드야드 메커니즘의 가장 큰 장점이다.[4] 반면 내쉬균형 ($m_1=3$,

$m_2=6$)에서는 주민 1과 2가 각각 0원, 3만원을 내므로 재정적자 3만원(=6−0−3)은 다른 곳에서 조달해야 하므로 그만큼 정책 신빙성이 떨어진다.

16.2.2 일반 모형

주민 n명이 거주하는 지자체에 공공재를 건설하려는데 설치비로 C원이 든다. 공공재로부터 주민 i가 얻는 혜택은 $v_i(i=1, 2, \cdots, n)$인데, 지자체로서는 분포만 알 뿐 개개인의 혜택을 알 수는 없다. 공공재 건설비를 마련하기 위하여 지자체가 주민들로부터 비용을 갹출하고자 한다. 지자체는 주민 i가 부담할 용의가 있는 금액 m_i를 써내라고 한다고 하자. 지자체는 주민들이 보고한 액수를 근거로 개인의 부담금 w_i를 결정한다.

그로브스와 레드야드가 제안한 메커니즘은 다음과 같다.

만일 $\sum_{j=1}^{n} m_j \geq C$이면 공공재를 건설하고, $\sum_{j=1}^{n} m_j < C$이면 건설하지 않는다.
공공재를 건설할 경우 주민 i에게 $w_i = C - \sum_{j \neq i} m_j$만큼의 비용을 분담시킨다. (16.1)

그로브스·레드야드 메커니즘은 개인의 최종분담액이 자신의 보고금액과는 관계없이 다른 주민들의 보고금액에 의해서만 결정된다는 특징을 갖고 있다. 이 메커니즘에서 개별 주민은 자신이 얻을 혜택을 정직하게 보고하는 것이 약우월전략이다. 따라서 모든 주민의 진실현시(truth revelation)가 내쉬균형이다.

정리

그로브스·레드야드 메커니즘에서 주민 i에게 $m_i=v_i$는 약우월전략이다.

다음 따름정리는 위 정리의 자연스러운 귀결이다.

4 [그림 16−1]에서 $m_1=1$도 $m_1=2$와 마찬가지로 주민 1에게 약우월전략이며 $m_2=4$도 $m_2=5$와 마찬가지로 주민 2에게 약우월전략이다. 그러나 이는 개별 주민의 보고액 m_i가 자연수인 것으로 가정하고 전략형게임을 그렸기 때문이며 m_i들을 더 잘게 쪼개면 $m_1=2=v_1$과 $m_2=5=v_2$만 약우월전략임을 보일 수 있다.

따름정리

그로브스·레드야드 메커니즘에서 모든 경기자들이 각자 지신의 혜택을 진실하게 보고하는 것은 내쉬균형이다.

증명 | 그로브스·레드야드정리의 증명

주민 i를 제외한 나머지 주민들 $j=1, 2, \cdots, i-1, i+1, \cdots, n$의 보고금액 $m_1, m_2, \cdots, m_{i-1}, m_{i+1}, \cdots, m_n$이 주어져 있다고 가정할 때(중요한 것은 그들 개개인의 보고금액이 아니라 총합 $\sum_{j\neq i} m_j$임), 주민 i가 자신의 보고금액 m_i를 어떻게 선택할 것인가가 문제의 핵심이다. 구체적으로 주민 i가 거짓보고 $m_i \neq v_i$를 선택함으로써 정직보고 $m_i = v_i$보다 더 높은 보수를 얻을 수 없다는 사실을 보이면 된다.

(1) $\sum_{j\neq i} m_j \geq C$의 경우

주민 i가 어떠한 m_i를 선택하건 공공재는 무조건 건설된다. 또 $w_i = C - \sum_{j\neq i} m_j$는 m_i와 무관한 음수(−) 이므로 주민 i의 보수 $(v_i - w_i)$ 역시 m_i와 상관없이 동일하다. 결국 주민 i는 $m_i = v_i$로 정직보고하건 $m_i \neq v_i$로 거짓보고하건 무차별하다.

(2) $C - v_i < \sum_{j\neq i} m_j < C$의 경우

이해를 돕기 위하여 [그림 16-2](a)를 참조하라. 주민 i가 $m_i < C - \sum_{j\neq i} m_j$를 선택하게 되면 이 $\sum_{j=1}^{n} m_j < C$이므로 공공재가 건설되지 않고 주민 i가 얻을 보수는 0이다. 주민 i가 $m_i \geq C - \sum_{j\neq i} m_j$를 선택하게 된다면 공공재가 건설된다. 이때 주민 i가 얻는 보수는 아래 식에 의하여 양수(+)이다. 또 이 보수는 m_i값의 영향을 받지 않으므로 m_i가 $\left(C - \sum_{j\neq i} m_j\right)$보다 큰 이상 동일하다.

$$v_i - w_i = v_i - \left(C - \sum_{j\neq i} m_j\right) = \left(v_i + \sum_{j\neq i} m_j\right) - C > 0$$

이는 주민 i에게 어떠한 거짓보고($m_i \neq v_i$)도 진실보고($m_i = v_i$)보다 낮거나 기껏해야 동일한 보수를 가져다줌을 의미한다.

(3) $\sum_{j\neq i} m_j < C - v_i$의 경우

이해를 돕기 위하여 [그림 16-2](b)를 참조하라. 주민 i가 $m_i < C - \sum_{j\neq i} m_j$를 선택한다면 $\sum_{j=1}^{n} m_j < C$이므로 공공재가 건설되지 않고 주민 i가 얻을 보수는 0이다. 주민 i가 $m_i \geq C - \sum_{j\neq i} m_j$를 선택하면 공공재가 건설된다. 이때 주민 i가 얻는 보수는 아래 식에 의하여 음수(−)이다. 이 보수는 m_i값의 영향을 받지 않으므로 m_i가 $\left(C - \sum_{j\neq i} m_j\right)$보다 큰 이상 동일하다.

$$v_i - w_i = v_i - \left(C - \sum_{j\neq i} m_j\right) = \left(v_i + \sum_{j\neq i} m_j\right) - C < 0$$

이는 주민 i에게 어떠한 거짓보고($m_i \neq v_i$)도 진실보고($m_i = v_i$)보다 더 낮거나 기껏해야 동일한 보수를 가져다줌을 의미한다.

이상의 (1), (2), (3) 세 경우 모두에서 거짓보고($m_i \neq v_i$)는 진실보고($m_i = v_i$)에 비해 더 낮거나 기껏해야 동일한 보수를 주민 i에게 가져다준다. 결론적으로 진실보고($m_i = v_i$)는 약우월전략이다.

그림 16-2 ▌주민 i의 전략 m_i에 따른 공공재 건설 결과 및 주민 i의 보수

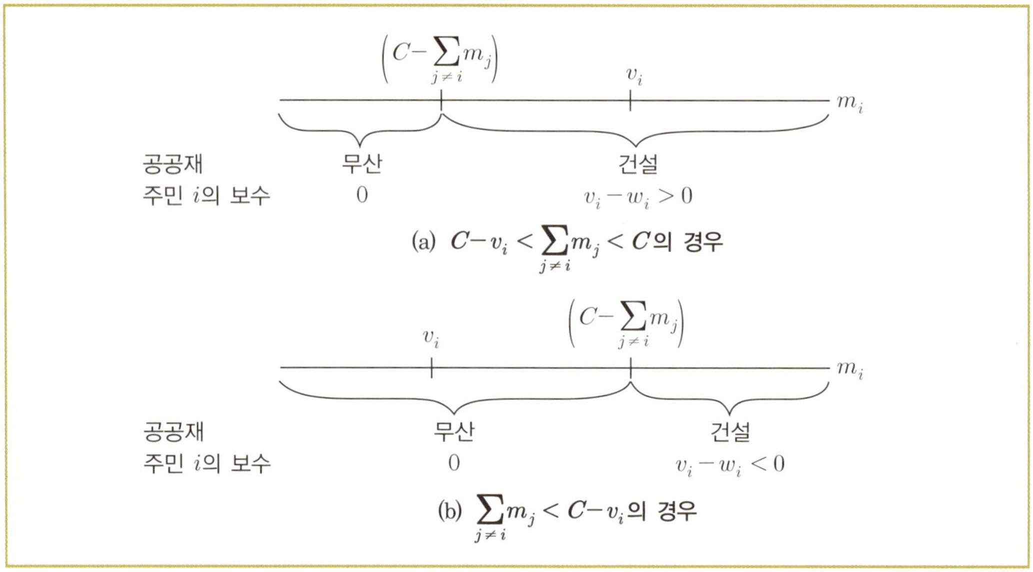

16.2.3 메커니즘 이행의 신빙성

그로브스·레드야드 메커니즘과 같은 우월전략메커니즘의 문제는 사후적으로 예산균형이 맞지 않는다는 것이다. 즉, 구성원들로부터 거둬들인 분담금의 총합이 건설비와 차이가 날 수 있다. 그로브스·레드야드 메커니즘에서 모든 사람들이 자신의 가치를 정직하게 보고한다는 가정하에 주민 n명으로부터 걷는 분담금의 총합은 다음과 같다.

$$\sum_{i=1}^{n} w_i = \sum_{i=1}^{n}\left(C - \sum_{j \neq i} v_j\right) = nC - (n-1)\sum_{i=1}^{n} v_i \tag{16.2}$$

그런데 공공재가 건설된다면 $\sum_{i=1}^{n} v_i \geq C$이므로 식 (16.12)는 건설비 C보다 작거나 같음을 쉽게 알 수 있다. 다시 말해서 재정적자가 발생하게 된다. 심지어 식 (16.2)가 음수(−)가 될 수도 있는데 이는 주민들로부터 분담금을 걷는 것이 아니라 아예 보조금을 지불한 후 건설비는 별도로 조성해야 함을 뜻한다.

공공재 건설에 따른 적자는 다른 곳에서 조달하거나 아니면 주민들에게 추가로 거둬야 한다. 그로브스·레드야드 메커니즘에 따라 주민들은 개개인의 혜택을 진실하게 보고하였을 것이므로 지자체는 사후적으로 주민 개개인의 진짜 혜택을 알게 된다. 따라서 추가 분담금은 지자체가 알게 된 개인 혜택에 비례하여 거두면 된다. 문제는 주민들이 이러한 상황을 사전에 예측할 수 있으므로 아예 처음부터 자신의 혜택을 진실하게 보고하지 않는 편이 낫다. 그로브스·레드야드 메커니즘에 의해 주민들로부터 거둬들인 금액이 공공재 건설비보다 작으므로 공공재 건설이 실제로 추가부담 없이 이행될 것인가에 대한 신빙성 문제를 초래한다. 결론적으로 사전에 법 제도 또는 외부 재원이 확보되어야만 지자체가 사후에 추가부담을 요구하지 않는다는 신빙성을 줄 수 있다. 요약하면 '사후 재협상 불가'라는 신빙성 있는 약속은 그로브스·레드야드 메커니즘 작동에 필수불가결하다.

노벨상 수상자 허비츠(Hurwicz 1975)는 바람직한 공공재 건설 메커니즘이 충족해야 할 조건으로 다음과 같은 세 공리를 제시하였다.

전략행위방지(strategy-proofness) 어느 누구에게도 전략적으로 거짓보고를 할 유인이 없으며, 진실한 선호 표출이 각자의 우월전략이어야 한다.
효율성(efficiency) 공공재 공급수준이 효율적이어야 한다.
예산균형(budget-balance) 공공재 건설비용이 구성원들의 분담금으로 조달가능해야 한다.

그러면서 허비츠는 위 세 조건을 모두 만족하는 메커니즘이란 존재할 수 없음을 증명하였다.

위에서 살펴본 바와 같이 그로브스·레드야드 메커니즘은 전략방지성과 효율성을 충족하는 대신 예산균형 요건이 위배된다. 다른 한편 전략행위방지(진실한 선호표출이 각자의 약우월전략일 것)를 요구하는 대신 진실보고가 단지 내쉬균형 전략이 되도록 요구한다면 효율성과 예산균형을 달성할 수 있다. 예컨대, [그림 16-1]에서 주민 1은 $m_1=2$, 주민 2는 $m_2=4$라고 밝히는 것은 내쉬균형인데, 이때 $w_1=4$, $w_2=2$가 되어 건설비 6만원을 정확히 충당할 수 있으므로 예산균형조건이 성립된다. 마찬가지로 전략조합 ($m_1=1$, $m_2=5$)도 내쉬균형인데 전략행위방지조건은 위배되지만 효율성과 예산균형조건은 충족된다.

16.3 현시원리

메커니즘 설계는 주인(메커니즘 설계자) 한 명과 대리인 n명 간의 베이즈게임이다. 편의상 주인을 경기자 0이라 부르고 대리인을 경기자 $i=1, 2, \cdots, n$이라 부르자. 대리인 i는 자신의 유형 θ_i를 정확히 알고 있지만, 주인이나 여타 대리인들은 이를 알지 못한다. 이들에게는 대리인들의 유형 벡터 $\boldsymbol{\theta} \equiv (\theta_1, \theta_2, \cdots, \theta_n)$이 다변량 확률분포함수 $F(\boldsymbol{\theta})$로부터 무작위 추출된다는 사실만이 알려져 있다. 다시 말해서 주인은 대리인의 유형에 대한 정보를 갖지 못한 정보비보유자이고 대리인은 자기 자신의 유형을 정확히 알고 있는 정보보유자이다. 주인은 궁극적으로 정책 혹은 계약 x를 선택하게 된다. 주인이나 대리인의 보수 $u_i(x, \theta)$는 주인이 선택하는 정책 x와 대리인들의 유형 $\boldsymbol{\theta}$에 달려있다(여기서, $i=0, 1, 2, \cdots, n$).

전형적인 메커니즘 설계 문제에서 주인은 대리인으로부터 '비용이 들지 않는 메시지'(costless messages)를 수신한다. 대리인 i는 메시지 m_i를 집합 M_i로부터 선택하여 제시한다. 이때 주인은 대리인들의 메시지 $\boldsymbol{m}=(m_1, m_2, \cdots, m_n)$를 종합하여 향후 최종 정책이나 계약을 어떻게 선택할 것인가 하는 계획 $x=\psi(\boldsymbol{m})$을 제시한다. 다시 말해서 메커니즘은 메시지 집합 $M \equiv \prod_{i=1}^{n} M_i$과 정책함수 $\psi(\boldsymbol{m})$의 두 요소로 구성된다.

그로브스·레드야드 공공재 건설 문제를 예로 들어 설명해보자. 주인은 지방자치정부이고 대리인은 주민이다. 대리인 i의 유형 θ_i는 각자가 공공재로부터 얻게 될 혜택 v_i인데 정부는 그것들이 어떻게 분포되어 있는지만 알 뿐 실제 값은 알지 못한다. 정부는 주민들에게 각자가 얻을 혜택이 얼마인지를 보고하라고 요청하며 주민 i의 보고액 m_i가 메커니즘 설계에서 메시지에 해당한다. 이때 정부는 주민들의 메시지를 종합하여 식 (16.1)에 따라 공공재 건설 여부를 결정하며 분담금을 부과하리라고 공표한다. 즉, 메시지 집합 M_i은 유형 집합 τ_i와 동일하고, 정책함수 $\psi(\boldsymbol{m})$은 식 (16.1)에 나타난 공공재 건설 여부 및 개인 분담금 $w_i(i=1, 2, \cdots, n)$이다. 주민 i의 보수는 주인의 정책(공공재 건설 여부 및 주민 i에게 부과할 분담금 w_i)과 대리인의 유형(공공재 건설로부터 실제 얻게 될 혜택 v_i)에 의해 결정된다. 대리인의 보수함수를 식으로 나타내면 다음과 같다.

그림 16-3 메커니즘 설계의 구조

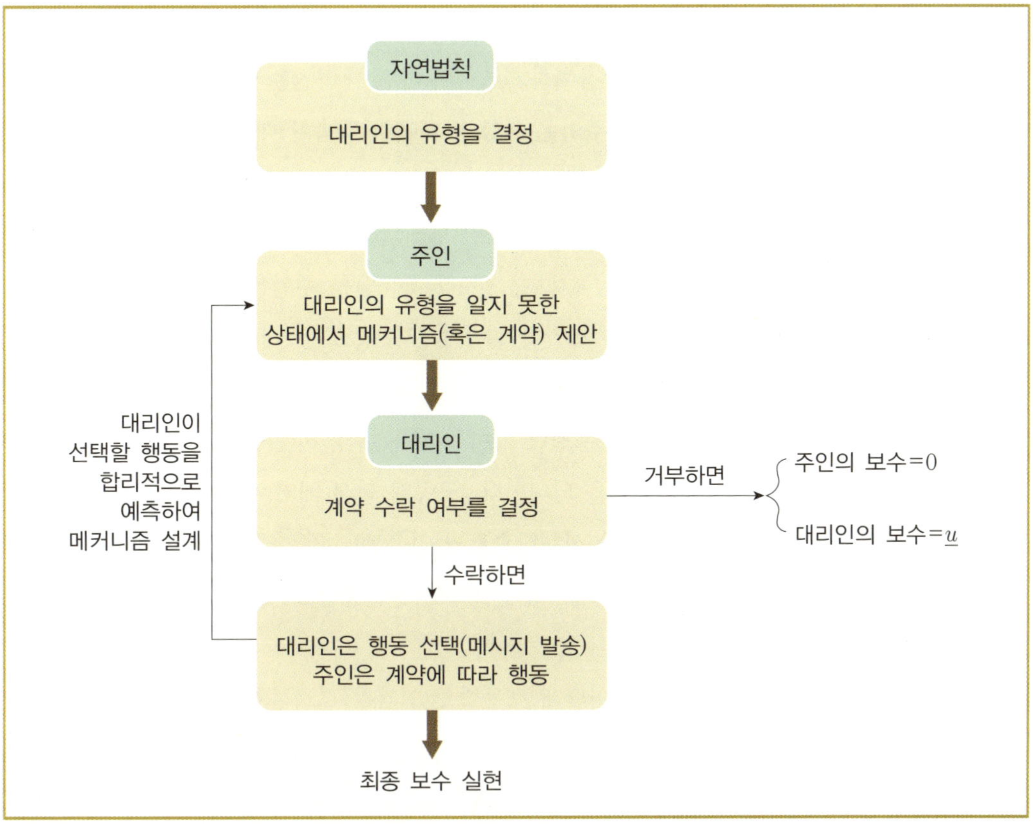

만일 $\sum_{j=1}^{n} m_j \geq C$이면, $u_i = v_i - \left(C - \sum_{j \neq i} m_j\right)$

만일 $\sum_{j=1}^{n} m_j \leq C$이면, $u_i = 0$

[그림 16-3]은 메커니즘 설계를 묘사한다. 첫 단계에서 대리인(들)의 유형은 주어진 확률분포에 따라 결정된다. 이렇게 실현된 대리인의 유형은 자신만 알며 주인은 이를 관찰할 수 없다. 둘째 단계는 주인이 대리인의 유형을 알지 못하는 상태에서 메커니즘 혹은 계약을 제안하는 단계이다. 대리인은 주인이 제시한 메커니즘을 수락 또는 거부한다. 메커니즘을 거부할 경우 대리인은 외부 대안으로부터 유보효용(留保效用, reservation utility)을 얻는다. 계약을 수락함으로써 얻는 기대보수가 유보효용보다 낮다면 대리인은 계약을 거부할 것이다. 그러므로 주인이 대리인으로 하여금 메커니즘을 수락하도록 만들기 위해서는 유보효용 이상을 가져다주는 계약을 제

안해야 한다. 대리인이 주인의 제안을 수락하도록 만들기 위한 이러한 조건을 개인합리성(individual rationality) 또는 참여(participation)조건이라 부른다.[5]

주인이 제시한 메커니즘에 대리인이 참여하기로 결정하면 대리인은 메시지를 주인에게 보내거나 자신의 행동을 선택한다. 그러면 주인은 둘째 단계에서 약속한 대로 정책을 수행한다. 예컨대, 공공재 건설 메커니즘에서 주민은 정부에게 메시지 m_i를 보고하고 정부는 이를 취합하여 공공재 건설 여부 및 개인별 분담금을 애초에 약속한 메커니즘에 따라 징수한다. 마지막 단계에서 대리인이 행동을 취할 것인가(어떠한 메시지를 발송할 것인가)를 주인은 미리 합리적으로 예측하여 둘째 단계의 메커니즘을 설계·제안한다. 여기서 중요한 개념이 유인양립(誘因兩立, incentive compatibility) 조건이다. 유인양립이란 유형 θ인 대리인이 자신의 유형에 정직하게 맞춰 메시지를 보내거나 행동을 선택하는 전략이 마치 다른 유형 θ'인양 가장하고 메시지를 보내거나 행동하는 전략보다 유리해야 함을 의미한다. 공공재 건설 메커니즘의 예에서, 진짜 유형이 v_i인 주민은 정직한 메시지 $m_i=v_i$를 선택함으로써 얻을 보수가 다른 어떠한 대안 $m_i \neq v_i$를 선택함으로써 얻을 보수 이상이어야 한다. 다시 말해서 유인양립조건은 진실현시를 위한 필수요건이다.

주어진 메커니즘하에서 대리인들이 어떻게 행동할 것인가를 결정하기 위해서는 합리성의 형태가 명시되어야 한다. 대리인들이 우월전략 혹은 합리화전략만을 선택한다고 가정하고 도출된 메커니즘을 '우월전략해 메커니즘'(dominance solvable mechanism)이라 부른다. 그로브스·레드야드 방안은 대표적인 우월전략 메커니즘이다. 그보다 완화된 개념으로서 하위 게임에 베이즈내쉬균형을 적용하여 도출한 메커니즘을 고려할 수 있다. 우월전략만으로 실행가능한(implementable) 메커니즘이 베이즈내쉬균형으로 실현가능한 메커니즘의 부분집합임은 자명하다.

여기서 매우 어려운 문제가 발생한다. 이론적으로 생각할 수 있는 메커니즘은 수없이 많다. 주어진 메커니즘하에서 실행가능한 선택함수(choice function)를 도출하는 작업도 만만찮다. 하물며 무수히 많은 메커니즘에 대해 일일이 실행가능한 선택함수를 도출하고 그것들을 종합하는 작업은 불가능에 가깝다. 그렇다면 실행가능한 선택함수가 무엇인지 쉽고 단순하게 알아보는 방법은 없겠는가? 노벨상 수상자 마이어슨(Myerson 1979, 1981)이 정립한 현시원리(顯示原理,

5 개인합리성 조건은 상황에 따라서 논의에서 제외되기도 한다. 예컨대, 정부가 최적 조세제도를 설계하는 메커니즘게임에서 정부의 조세징수권은 강제적이므로 개인이 세금 부담을 거부할 자유가 없다. 이 경우 납세자의 유보효용은 의미를 갖지 못하므로 개인합리성 조건은 있으나마나이다. 반면 독과점기업으로부터의 상품구입, 구매희망자의 경매 참여, 피규제 공기업의 생산량 결정처럼 대리인이 주인의 메커니즘에 불참할 권리가 있는 경우 개인합리성은 중요한 제약조건이다.

revelation principle)는 이 난제에 대한 명쾌한 답을 제시한다. 주인의 보수를 극대화해주는 메커니즘은 [그림 16-3]의 셋째 단계에서 대리인들이 수락하고 넷째 단계에서 대리인이 자신의 유형을 진실하게 밝힌다고 가정하고 구하면 된다는 것이다. 결론적으로, 최적 메커니즘은 대리인의 입장에서 개인합리성 조건과 유인양립조건을 충족하는 진실현시를 전제로 구해도 무방하다. 또한 그렇게 구한 최적 메커니즘하에서 선택되는 주인의 정책이나 계약이 바로 선택함수가 된다.[6]

16.4 기버드 · 새터스웨이트 불가능성 정리

16.4.1 기버드 · 새터스웨이트 정리

사회선택함수란 개인들의 선호체계에 대응하여 그들로 구성된 사회가 가장 바람직하다고 평가하는 대안(정책, 후보, 정당 등)을 제시하는 함수이다. 선택지들의 집합을 X, 개인선호의 집합을 $R(X)$, 구성원들의 집합을 N이라 놓으면 사회선택함수 f는 $f: (R(X))^N \rightarrow X$로 정의된다. 메커니즘 설계의 관점에서 보면 사회선택함수란 개인이(다른 사람들의 선호체계에 대한 정보는 미비하다는 가정하에) 자신이 가장 선호하는 선택지를 제도설계자에게 직접 제시하는 직접보고메커니즘(direct mechanism)으로 볼 수 있다. 물론 개인은 자신의 선호를 거짓으로 밝힘으로써 이득을 볼 수 있다면 얼마든지 그렇게 한다.

정의

조건 $[f(Q_i, R_{-i}) >_i f(R_i, R_{-i})]$을 충족하는 선호체계 $R^N \equiv (R_i, R_{-i})$, 개인 i, 그리고 개인선호 $Q_i \neq R_i$가 존재한다면 사회선택함수 f는 조작가능(manipulable)하다고 부른다.

다른 사람들이 각자의 선호를 진실하게 밝힌다는 가정하에 개인 i가 자신의 선호를 R_i라고 진실하게 밝히지 않고 Q_i라고 거짓으로 밝힘으로써 사회선택을 자신에게 더 유리하도록 유도할

6 현시원리에 대해서는 졸저 『게임이론』(2018) 제12장 7절이나 McCarty and Meirowitz(2007) 제11장 2절에 상세히 기술되어 있다.

수 있다면 그러한 사회선택함수는 개인 i의 전략적 조작에 취약하다. 제6장 6.5절의 교수채용을 위한 점수투표제의 예시를 살펴보자. 교수 D는 자신의 선호를 사실대로 밝히지 않고 $b>d>a>c>e$라고 허위보고함으로써 e가 아니라 b가 사회선택이 되도록 전략적으로 조작할 수 있다. 즉, 식 (6.10)에 나타난 개인선호체계 $R^{\{A,B,C,D,E\}}$, 교수 D, 그리고 허위보고 선호 $b>_D d>_D a>_D c>_D e$가 존재한다. 따라서 점수투표제는 조작가능한 사회선택함수이다.

사람들의 선호체계가 어떻게 구성되어 있든지 어떠한 구성원도 자신의 선호를 거짓으로 밝힘으로써 자기에게 유리한 방향으로 사회적 선택을 바꿀 방법이 없다고 하면 그러한 사회선택함수는 조작불가(non-manipulable)하다고 정의한다.

애로우 불가능성 정리에 따르면, 모든 구성원들이 자신의 선호체계를 진실하게 밝힌다는 전제하에 다섯 공리(합리성, 보편성, 만장일치성, 독립성, 비독재성)를 충족하는 사회후생함수는 존재하지 않는다. 다시 말해서, 네 공리를 충족하는 사회후생함수는 반드시 독재적이다. 기버드·새터스웨이트는 구성원들이 선호를 거짓으로 밝힐 수 있다고 가정할 경우 애로우 정리가 어떻게 달라지는지 연구하였다. 다만, 기버드·새터스웨이트는 애로우가 분석대상으로 한 사회후생함수보다 제한적이지만 다루기는 쉬운 개념인 사회선택함수를 대상으로 한다.[7]

정의

사회선택함수 f가 아래 명제를 만족하면 만장일치성(unanimity)을 갖는다고 말한다.
여하한 개인선호체계 $R^N \equiv (R_i, R_{-i})$에 대해서, 만약 $a >_i b,\ \forall i,\ \forall b \neq a$인 선택지 $a \in X$가 존재한다면 반드시 $f(R^N) = a$임.

7 기버드·새터스웨이트는 애로우에 비해 개인선호의 보편성도 약간 더 제약한다. 애로우의 보편성 공리에 따르면, 개인선호가 완비성(completeness)과 이행성(transitivity)을 만족하기만 하면 어떠한 선호체계도 배제할 수 없으며, 구성원들의 존재가능한 모든 선호체계에 대응하는 사회선호 순서를 특정할 수 있어야 한다. 기버드·새터스웨이트는 완비성과 이행성은 물론 반대칭성(反對稱性, anti-symmetry)도 추가로 충족하는 개인선호체계에 한정한다. 선호관계 $\succsim$가 반대칭적이라는 것은 "임의의 $x,\ y \in X$에 대하여, $x \succsim y$ and $y \succsim x \Leftrightarrow x = y$"로 정의된다. 예컨대, 실수공간에서 부호 $\geq$는 반대칭성을 충족한다. 두 숫자 a와 b 간에 $a \geq b$이고 동시에 $b \geq a$이면 반드시 $a = b$일 수밖에 없기 때문이다. 완비성, 이행성, 반대칭성을 충족하는 선호관계를 선형체계(線形體系, linear ordering)라 부른다. 요약하면, 애로우는 완비성과 이행성를 만족하는 개인선호는 뭐든지 다 허용했지만 기버드·새터스웨이트는 그보다 좁은 선형 선호체계를 가정하였다. 하지만 이 차이는 기술적이고 미묘해서 본문에서는 '개인선호의 보편성'으로 통칭한다.

정의

여하한 개인선호체계 R^N에 대해서도 사회선택 $f(R^N)$이 특정 구성원 i^*가 가장 선호하는 대안과 항상 똑같다면 그러한 사회선택함수 f를 독재적(dictatorial)이라 정의한다. 이때 구성원 i^*를 독재자(dictator)라 부른다.

다수결 투표제도에서는 어느 누구건 소수그룹에 속하는 순간 자신이 선호하는 대안이 사회선택(다수결 투표의 결과)과 달라진다. 따라서 다수결 투표제는 비독재적 사회선택함수이다.

사회선택함수가 독재적이라면 당연히 조작불가능하다. 즉, 어느 누구도 자신의 선호를 전략적으로 허위보고할 유인이 없다. 독재자는 자신이 가장 선호한다고 밝힌 대안이 선택될 것이므로 허위보고를 할 이유가 없다. 독재자를 제외한 나머지 구성원들 입장에서도 자신의 선호를 뭐라고 말하건 사회선택에 반영되지 않을 것이므로 굳이 허위보고를 할 필요가 없다.

사회선택함수가 조작불가능하다면 반드시 독재적이라는 역(逆)명제를 증명하는 것은 쉽지 않다. 기버드(Gibbard 1973)와 새터스웨이트(Satterthwaite 1975)는 다음 불가능성 정리를 제시하였다.

정의 | 기버드 · 새터스웨이트 정리

선택지의 수 $|X|\geq 3$인 사회선택 문제를 고려하자. 사회선택함수 f가 개인선호의 보편성, 만장일치성, 전략조작불가성을 충족한다면 반드시 독재적일 수밖에 없다.

개인에게 전략조작의 유인이 없다는 것은 — 다른 사람들의 선호체계가 무엇이건 알지도 못하거니와 알 필요도 없이 — 그가 자신의 선호를 정직하게 밝히는 것이 약우월전략임을 의미한다. 이를 '우월전략해 유인양립'(Dominant Solvable Incentive Compatibility: DSIC) 혹은 '전략행위방지'(Strategy-Proofness)조건이라고 부른다. 위 정리는 다음을 의미한다.[8]

따름정리

$|X|\geq 3$인 경우 조건 DSIC를 충족하는 사회선택함수는 독재적이다. 역으로 독재적 사회선택함수는 DSIC를 충족한다.

8 증명을 포함하여 상세한 내용을 알기 원하는 독자는 Börgers(2015) 제8장을 참조하기 바란다.

선택지의 수가 2개밖에 없는 경우 보편성, 만장일치성, 조작불가능성, 비독재성을 모두 충족하는 사회선택함수를 찾기는 쉽다. 두 후보를 놓고 구성원들이 한 표씩 던져 더 많은 표를 얻은 후보를 뽑는(만약 득표율이 동일할 경우 사전에 정해진 임의의 규정대로 선발) 다수결 투표제도는 그러한 대표적 사회후생함수이다. 하지만 선택지가 셋 이상인 경우 기버드·새터스웨이트에 의하면 네 공리를 모두 충족하는 사회후생함수를 찾기는 불가능하다.

연습문제 >> 16-1 EXERCISES

국제행사 장소를 a, b, c 세 도시 가운데 한 곳을 선정하기 위하여 15명으로 구성된 위원회를 만들었다. 개별 위원은 세 도시를 선호 순서대로 동시에 제출한다. 사회선택함수는 다음과 같다. 만약 1명이라도 a를 최적 위치로 지목하면 위원회는 a를 선정한다. 아무도 a를 최적 위치로 지목하지 않는 경우 단 1명이라도 b를 최적 위치로 지목하면 위원회는 b를 선정한다. 어느 누구도 a나 b를 최적지로 지목하지 않는 경우 위원회는 c를 선정한다. 이 사회선택함수는

(1) 독재적인가?

(2) 만장일치성이 성립하는가?

(3) 전략적으로 조작가능한가?

16.4.2 준선형 보수함수와 비독재성

기버드·새터스웨이트 정리에 따르면 임의의 선호를 가진 개인들로 구성된 어떠한 집단에서도(다시 말해서, 다른 사람들의 선호를 알지 못하는 상황에서도) 누군가에 의해 전략적으로 조작되지 않고 모두가 진실하게 행동하는 사회선택함수란 존재할 수 없다. 그런데 16.3절에서 살펴본 그로브스·레드야드 메커니즘에서 개인은(다른 사람들의 선택과 무관하게) 공공재로부터 자신이 얻게 될 혜택을 정직하게 밝히는 것이 약우월전략이었다. 즉, 그로브스·레드야드 메커니즘이라는 사회선택함수하에서는 구성원들의 선호체계가 어떻게 생겼건 무관하게 개인 입장에서 전략조작을 할 유인이 전혀 없다. 이는 기버드·새터스웨이트 정리와 모순이 아닌가. 그렇지는 않다. 그로브스·레드야드 메커니즘은 특수한 보수함수의 형태를 갖기 때문인데, 그 경우 비독재적 사회후생함수를 설계하는 것이 가능하다.

준선형(quasi-linear) 보수함수는 자원배분에 따라 얻게 되는 효용과 경제주체들 간에 주고받는 화폐금액이 가산분리(additively separable) 형태를 갖는다. 간단한 예시로, 공공재 g건설로부터 개인 i가 얻게 될 혜택을 $v_i(g)$, 공공재 건설시 그가 납부해야 할 금액을 T_i라 하면, 개인 i의

보수함수는 $u_i(g, T_i)=v_i(g)-T_i$로 쓸 수 있다. 또 다른 예시로, 전형적인 경매(auction)에서는 구매희망자 i가 물품획득으로부터 얻을 효용수준과 그가 판매자에게 지불할 대금을 각각 분리해서 고려할 수 있다. 그로브스·레드야드 메커니즘이나 전형적인 경매 메커니즘(영국식, 네덜란드식, 최고가입찰, 차가입찰 등)은 대개 준선형 보수구조를 갖고 있다. 준선형 보수구조가 갖는 함의는 메커니즘 설계자와 구성원들 간에 주고받는 화폐금액이 서로 상쇄되기 때문에 사회 전체에 미치는 영향이 없다는 것이다. 즉, 사회후생에 미치는 효과가 중립적(welfare neutral)인데, 이는 이전가능효용(移轉可能效用, transferable utility) 모형의 대표적 사례이다.

일반적으로는 개인 i가 개인 j에게 일정 금액을 주었다고 하더라도 그러한 거래에 따른 개인 i의 효용 감소분과 개인 j의 효용 상승분은 다르다. 두 사람이 화폐(소득, 부)로부터 얻는 효용함수가 서로 다르기 때문이다. 이처럼 금전 이전의 효과가 거래주체, 그들의 현재소득, 거래금액에 따라 다르고 따라서 화폐금액뿐 아니라 구성원들 간의 화폐소득 분포도 중요한 상황을 이전불가능효용(移轉不可能效用, non-transferable utility) 모형이라 부른다. 기버드·새터스웨이트 정리는 준선형이라는 특수한 형태의 효용함수를 가정하지 않고 임의의 선호체계를 보편적으로[9] 허용하기 때문에 이전불가능효용 모형이다.

16.5 기버드·새터스웨이트 정리의 증명

일반적 증명은 이 책의 범위를 벗어난다.[10] 대신 구성원 2명(A, B)과 선택지 3개(x, y, z)가 존재하는 단순한 상황을 예시로 보여주고자 한다. [표 16-1]의 행(row)과 열(column)에는 각각 개인 A와 B가 가질 수 있는 선호체계가 나열되어 있다. 예컨대, 둘째 행인 xzy는 구성원 A의 선호가 $x > z > y$임을 의미한다. 개인은 선택지들에 대하여 항상 강선호(strict preference)를 갖는다고 가정하면 무차별 관계는 제외되므로 [표 16-1]의 36개의 방(cell)은 모든 선호체계를 포괄한다. 표에서 i번째 행, j번째 열에 해당하는 방을 ρ_{ij}로 표기하자.

기버드·새터스웨이트 정리의 만장일치 공리를 적용하면 사회선택은 [표 16-1]과 같다. 예컨대, 개인 A의 선호체계가 xyz이고 개인 B의 선호체계가 xzy이라면(ρ_{12}) 두 사람 모두 x를

9 각주 7에서 논의한 바와 같이, '완비성, 이행성, 반대칭성을 충족하는 선호체계이기만 하면' 무엇이건 허용한다는 의미이다.

10 관심 있는 독자는 Austen-Smith and Banks(2005) 제2장을 참조하기 바란다.

가장 선호하므로 사회선택은 의심의 여지없이 x여야 한다. 또 다른 예로, A의 선호가 zxy이고 B의 선호가 xzy인 경우(ρ_{52}), 선택지 y는 두 사람 모두에게 최악이므로 사회선택에서 제외되지만 x나 z는 일단은 사회선택의 후보로 살아남는다.

표 16-1 ▮ 만장일치 공리를 충족하는 사회선택

		개인 B					
		xyz	xzy	yxz	yzx	zxy	zyx
개인 A	xyz	x	x	x, y			
	xzy	x	x			x, z	
	yxz	x, y		y	y		
	yzx			y	y		y, z
	zxy		x, z			z	z
	zyx				y, z	z	z

만장일치 공리에 이어 다음으로 조작불능(전략행위방지) 공리를 적용하자. 예컨대, ρ_{23}의 경우 사회선택은 x 혹은 y일 수 있으나 z일 수는 없다. 이 경우 만약 z가 사회선택이라면 개인 B는 자신의 선호를 yxz라고 사실대로 밝히는 것보다 xyz나 yzy라고—전략적으로—허위보고하는 것이 유리하기 때문이다. 또 다른 예시로, A와 B의 선호가 각각 zxy와 xyz인 경우(ρ_{51}) 사회선택은 x 혹은 z여야 한다. 만약 y가 사회선택이라면 개인 A에게는 zxy 대신 xyz나 xzy라고 허위보고할 유인이 있다. 이처럼 전략행위방지 공리를 만장일치 공리에 추가하여 적용하면 [표 16-2]를 얻는다.

표 16-2 ▮ 만장일치 공리와 전략행위방지 공리를 충족하는 사회선택

		개인 B					
		xyz	xzy	yxz	yzx	zxy	zyx
개인 A	xyz	x	x	x, y	x, y	x, z	x, y, z
	xzy	x	x	x, y	x, y, z	x, z	x, z
	yxz	x, y	x, y	y	y	x, y, z	y, z
	yzx	x, y	x, y, z	y	y	y, z	y, z
	zxy	x, z	x, z	x, y, z	y, z	z	z
	zyx	x, y, z	x, z	y, z	y, z	z	z

선호체계 ρ_{15}하에서 사회선택이 z라고 가정하자. 즉, 사회선택함수를 f라고 놓을 때 $f(\rho_{15})=z$라고 가정하자. 이 가정으로부터 출발하여 사회선택이 될 수 없는 대안(들)이 소거되는 순서와 이유를 정리한 것이 [표 16-3]이다. 예컨대, "y ①B16↦15"란 첫 번째 단계에서 대안 y가 소거되는 이유가 다음과 같음을 나타낸다. 만약 $f(\rho_{16})=y$라면 진짜 선호체계가 ρ_{16}일 경우(개인 A의 선호체계가 xyz, 개인 B의 선호체계가 zyx) 개인 B가 자신의 선호를 zyx라고 사실대로 밝히지 않고 zxy라고 허위보고(ρ_{15})할 전략조작 유인이 있다. 즉, $f(\rho_{16})=y$는 전략행위방지 공리와 모순되므로 y는 사회선택에서 제외된다. 그 다음 두 번째 단계에서, "x ②A16↦26"이란 대안 x가 소거되는 이유가 다음과 같다는 의미이다. 만약 $f(\rho_{26})=x$라면 진짜 선호체계가 ρ_{16}일 경우 개인 A가 자신의 선호를 xyz라고 사실대로 말하지 않고 xzy라고 허위보고(ρ_{26})할 전략조작 유인이 있고 따라서 사회선택 후보에서 제외된다. 소거단계의 순서를 나타내는 원 안의 숫자가 같은 경우 어느 것을 먼저 적용하건 무관하다.

표 16-3 ▌사회선택으로 모순되는 대안들의 소거 순서 및 이유

		개인 B					
		xyz	xzy	yxz	yzx	zxy	zyx
개인 A	xyz	x	x	x ②B13↦14 y	x ①B14↦15 y	z	x ①B16↦15 y ①B16↦15 z
	xzy	x	x	x ③B13↦23 y	x ④B24↦23 y z ④B24↦23	x ③B25↦26 z	x ②A16↦26 z
	yxz	x y ④B32↦31	x y ③B32↦36	y	y	x ③B35↦36 y ③B35↦36 z	y ②A16↦36 z
	yzx	x y ④B42↦46	x y ③B42↦46 z ⑤B42↦41	y	y	y ③B45↦46 z	y ②A16↦46 z
	zxy	x z ⑥B51↦54	x z ⑦B52↦51	x ⑥B53↦54 y z ⑥B54↦53	y z ⑤A24↦54	z	z
	zyx	x y ⑤A41↦61 z ⑦A51↦61	x z ⑧A52↦62	y z ⑥B64↦63	y z ⑤A24↦64	z	z

[표 16-3]을 통하여 사회선택으로 전략적 조작에 취약한 대안들을 제거하면 결국 [표 16-4]가 도출된다.

표 16-4 ▌최종 결과

		개인 B					
		xyz	xzy	yxz	yzx	zxy	zyx
개인 A	xyz	x	x	y	y	z	z
	xzy	x	x	y	y	z	z
	yxz	x	x	y	y	z	z
	yzx	x	x	y	y	z	z
	zxy	x	x	y	y	z	z
	zyx	x	x	y	y	z	z

[표 16-4]에 따르면 사회선택은 개인 B가 가장 선호하는 대안과 항상 일치한다. 즉, 개인 B가 독재자로서 행세한다. 이는 애초에 $f(\rho_{15})=z$라고 가정하고 도출한 결과임에 유의하라. 만약 $f(\rho_{15})=x$라고 가정한다면 이상과 대칭적인 논리와 방법에 의하여 개인 A가 독재자로 행세함을 보일 수 있다. 결론적으로, 만장일치 공리 및 전략행위방지 공리를 모두 충족하는 사회선택함수 f는 독재적일 수밖에 없다.

17

CHAPTER

협조게임이론의 정치경제적 응용

17.1 협조적 협상

17.2 연합형게임

17.3 섀플리 값

17.4 권력지수

17.5 매칭 문제와 시장설계

Politics & Public Economics:
A Game-Theoretic Approach

17.1 협조적 협상

17.1.1 개념과 원칙

협조게임 접근법의 협상 이론과 내쉬가 정립한 협상해(bargaining solution)는 정치경제론에서 매우 자주 적용될 뿐 아니라 제14장에서 다루었던 비협조적 협상게임의 부분게임완전균형과도 밀접한 관련이 있다.

당사자들끼리의 협상이 난관에 부딪쳐 전권을 부여받은 제삼자가 중재에 나선 상황을 고려하자. 혹은 협상 원칙을 먼저 정하고 그에 맞는 최종안을 고안하되 추후 변경할 수 없도록 계약을 맺는 상황으로 봐도 좋다. 중재자는 협상의 최종 결과가 갖추어야 마땅한 성질들을 먼저 설정하고 그 성질들을 충족하는 협상해를 찾으려 할 것이다. 이들 성질들이 지나치게 엄격하거나 많으면 그것을 모두 충족하는 협상해가 존재하지 않게 된다. 반대로 협상해가 갖추어야 할 성질들이 지나치게 느슨하거나 적으면 여전히 다수의 방안들이 남게 되므로 최종결과를 도출할 수 없게 된다. 따라서 바람직한 협상해가 갖추어야 할—모자라지도 남지도 않을 만큼의—성질을 제시한 다음 그것들을 충족하는 협상해가 무엇인지 그리고 어떠한 형태를 갖는지를 살펴보기로 한다.

협조게임적 협상은 내쉬(Nash 1950a)의 논문을 기초로 한다. 두 명이 1단위 크기의 빵을 나누는 협상 문제를 고려하자. 두 경기자가 공동의 노력으로 얻을 수 있는 소득이나 재산을 둘 간에 어떻게 나누느냐에 따라 각자의 효용수준은 달라진다. 이는 [그림 17-1]의 색칠 부분인 효용가능영역 S로 나타나는데 제3장에서 설명한 바 있다. 당사자들 간에 합의를 도출하지 못해 협상이 결렬되더라도 경기자 1은 d_1단위의 보수를 얻을 수 있고 경기자 2는 d_2단위의 보수를 얻을 수 있다고 하자. 그런 의미에서 [그림 17-1]의 점 $\mathbf{d}=(d_1, d_2)$는 협상결렬점(disagreement point 혹은 threat point)이라고 부른다. 결국 두 경기자 간의 협상문제는 $(S, \mathbf{d})$로 나타낼 수 있다.

바람직한 협상해 ψ가 충족해야 하는 바람직한 성질을 다음의 네 공리로 나타내자.

대칭성(symmetry) 대칭적 협상게임 $(S, \mathbf{d})$란 두 조건 (i) $d_1=d_2$, (ii) $(x_1, x_2)\in S \Leftrightarrow (x_2, x_1)\in S$를 충족하는 게임으로 정의된다. 여하한 대칭적 협상게임 $(S, \mathbf{d})$에 대해서도

그림 17-1 | 협조적 협상에서의 효용가능영역과 협상결렬점

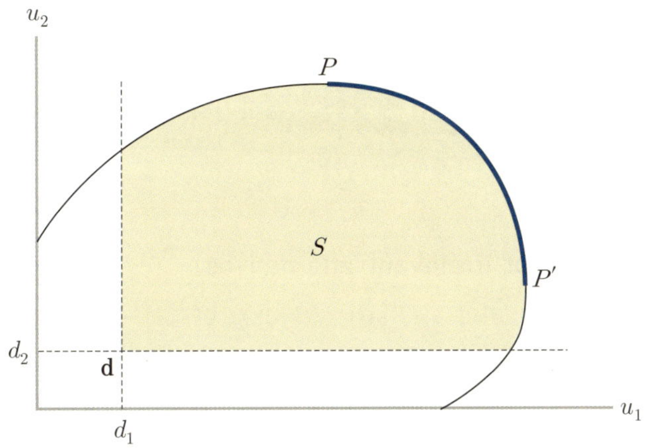

$\psi_1(S, \mathbf{d}) = \psi_2(S, \mathbf{d})$이어야 한다.

대칭적 협상게임에서의 효용가능영역 S는 원점을 지나는 45도선을 중심으로 좌우가 똑같아야 한다. 대칭성 공리에 따르면 두 협상당사자의 신분이나 이름이 바뀌더라도 협상해는 이전과 똑같아야 한다. 다시 말해서, 중재자가 특정 경기자를 차별하거나 특혜를 줘서는 안 된다. 대칭성 공리는 협상가능영역 및 협상결렬시 얻게 될 보수수준이 조금이라도 비대칭적인 협상문제의 해에 대해서는 아무런 제약을 두지 않음에 유의하라.

효율성(efficiency) $y_1 > \psi_1(S, \mathbf{d})$이면서 $y_2 > \psi_2(S, \mathbf{d})$인 자원배분 대안 $y = (y_1, y_2) \in S$가 존재하지 않는다.

파레토 효율 상태에서 한 사람이 더 높은 보수를 얻으려면 상대방의 보수는 낮아질 수밖에 없어야 한다. 효율성 공리는 협상해가 [그림 17-1]에서 S의 경계선 중에서도 굵은선 PP' 위에 위치해야 함을 요구한다.

공변성(scale invariance) 여하한 협상게임 (S, **d**)에 대해서도, 여하한 양수(+)의 벡터 $\boldsymbol{\alpha} = (\alpha_1, \alpha_2) \in IR_+^2$, 여하한 실수 벡터 $\boldsymbol{\beta} = (\beta_1, \beta_2) \in IR^2$에 대해서도, $\psi(\boldsymbol{\alpha} S + \boldsymbol{\beta}, \boldsymbol{\alpha}\mathbf{d} + \boldsymbol{\beta}) = \boldsymbol{\alpha}\psi(S, \mathbf{d}) + \boldsymbol{\beta}$여야 한다.

협상영역 S를 동족변환(affine transformation)된 협상영역 $(\boldsymbol{\alpha}S+\boldsymbol{\beta})$은 $\{(\alpha_1 u_1+\beta_1, \alpha_2 u_2+\beta_2) | (u_1, u_2)\in S\}$로 정의된다. 또한 동족변환 후의 협상결렬점 $\boldsymbol{\alpha}\mathbf{d}+\boldsymbol{\beta}$는 $(\alpha_1 d_1+\beta_1, \alpha_1 d_1+\beta_2)$이다. 공변성 공리는 두 협상당사자의 보수가 어떠한 단위로 측정되든지(예컨대, 원화건 엔화건 혹은 센트건 달러건) 혹은 일정 금액을 더하거나 빼더라도 협상해는 정확히 그만큼만 영향을 받아야 함을 의미한다.

독립성(independence of irrelevant alternatives) 여하한 협상게임 $(T, \mathbf{d})$에 대해서도, 여하한 $S\subseteq T$에 대해서도, 만약 $\psi(T, \mathbf{d})\in S$이라면 반드시 $\psi(S, \mathbf{d})=\psi(T, \mathbf{d})$이다.

독립성 공리에 따르면 선택가능한 대안들이 줄어들더라도 원래의 협상해를 포함하고 있는 이상 새로운 협상문제의 해는 여전히 기존의 협상해와 똑같아야 한다. 선택지들의 집합이 축소되었다고 해서 협상해가 바뀐다면 선택집합이 더 넓었던 원래 게임의 협상해였을 수가 없었을 것이기 때문이다. 독립성 공리는 논리적으로 당연해보인다. 그러나 협상해를 단지 수학적 결과가 아니라 협상당사자들 간의 '밀고 당기기'의 결과라고 해석한다면 선택지가 줄어드는 경우 원래의 이전의 협상해와는 다른 현상이 실현될 수도 있다. 이러한 의미에서 대칭성, 효율성, 불변성과 달리 독립성은 논란의 여지가 큰 공리로 여겨진다.

17.1.2 협상해

협조적 협상 문제 $(S, \mathbf{d})$에 대하여 대표적인 협상해로는 다음 셋이 있다.

내쉬(Nash 1950) N$(S, \mathbf{d})$

사각형 면적 $(u_1-d_1)(u_2-d_2)$를 극대화하는 벡터 (u_1, u_2)

칼라이-스모로딘스키(Kalai-Smorodinsky 1975) KS$(S, \mathbf{d})$

협상결렬점 $\mathbf{d}$와 이상점 $\boldsymbol{a}$를 연결한 직선과 협상가능경계가 만나는 자원배분

(여기서, 이상점 $\boldsymbol{a}=(a_1, a_2)$는 $a_i=\max\{u_i | \boldsymbol{u}\in S, \boldsymbol{u}\geq\mathbf{d}\}$)

칼라이(Kalai 1977)의 평등주의적(egalitarian) 해 EG(S, **d)**

조건 $u_1 - d_1 = u_2 - d_2$를 만족하는 협상가능경계상의 자원배분

내쉬협상해는 네 공리를 충족하는 단 하나의 협상해이다.

정리 17-1

협조적 협상게임 (S, **d**)에서 대칭성, 효율성, 공변성, 독립성의 네 공리를 만족하는 유일한 협상해는 N(S, **d**)이다.

네 공리는 협상해가 단 하나 존재하기 위한 최소한의 필요조건이다. 다시 말해서, 네 공리 가운데 하나라도 빠지면 내쉬협상해 이외의 해가 더 존재하게 되어 중재자의 제안을 특정할 수 없게 된다. 예컨대, 협상해 $\psi(S, \mathbf{d}) = \frac{1}{2}(\mathbf{d} + \mathrm{N}(S, \mathbf{d}))$(협상결렬점과 내쉬협상해의 중간점)은 대칭성, 공변성, 독립성은 만족하지만 효율성을 위배한다. 협상해 $\psi(S, \mathbf{d})$를 효용가능곡선상의 자원배분점 가운데 u_1을 극대화하는 해로 설정할 경우 효율성, 공변성, 독립성은 충족하지만 대칭성은 위배된다. 평등주의적 협상해 EG(S, **d**)는 공변성만 위배한다. 칼라이·스모로딘스키 협상해 KS(S, **d**)는 독립성만 위배한다.

크기가 1단위인 빵을 두 사람이 나누는 협상문제로 돌아가자. 효용가능곡선은 $x_1 + x_2 = 1$을 만족하는 직선이며 협상이 결렬되면 둘 다 0단위씩을 얻게 되므로 협상결렬점 $D = (0, 0)$이다. 따라서 내쉬협상해는 $x_1 + x_2 = 1$을 만족하면서 함수 $x_1 x_2$를 극대화하는 (x_1, x_2)값이다([그림 17-2] 참조). 극대화 문제를 풀면 $x_1^* = x_2^* = 0.5$가 얻어진다. 즉, 두 경기자가 공평하게 반반씩 나누는 배분이 내쉬의 협조게임적 협상해이다.

앞의 제14장 14.1절에서 살펴본 최후통첩게임에서 어떠한 배분도 내쉬균형이 될 수 있는 반면 경기자 1이 빵의 거의 대부분을 가져가는 (1, 0) 배분만이 완전균형이었다. 그런데 실험경제학의 연구에서 피실험자들에게 최후통첩게임을 시켜보았을 때 경기자 1이 대개 50~55%를 갖고 경기자 2에게 나머지 45~50%를 제안하는 행태를 보임이 잘 알려져 있다. 이러한 현상은 최후통첩게임의 완전균형으로는 설명하기 어려운 데 반해 내쉬의 협조게임적 협상해와는 잘 들어맞는다. 반면 경기자 1이 경기자 2에게 매우 적은, 예컨대 40% 미만을 제안할 경우 경기자 2는 그것이라도 수락하는 것이 이익임에도 불구하고 실험에서는 대개 거절하여 상대방(경기자 1)과 공멸하는 경향이 있음 역시 실험연구 결과 잘 알려져 있다. 이는 효율성과 형평성을 기반

그림 17-2 내쉬협상해의 수치 예

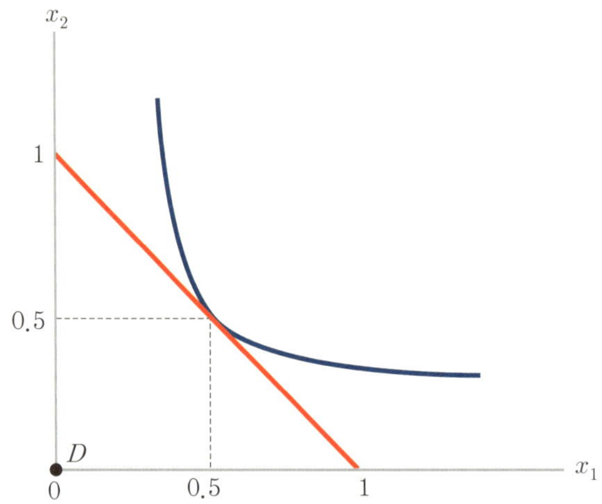

으로 하는 협조게임적 논리와는 괴리가 있으며 오히려 비협조게임의 내쉬균형 개념과 비교적 잘 들어맞는다. 하지만 비협조게임에서 아무 배분이나 내쉬균형이 될 수 있기에 예측력이 없을 뿐 아니라 왜 하필이면 반반씩 나누는 현상이 사회적 규범으로 자리잡았는지에 대해서는 뚜렷하게 설명하지 못한다.

다음으로 비협조적 협상해의 대표격인 무한수명모형에서의 부분게임완전균형을 내쉬협상해 비교해보자. 무한수명모형에서 두 경기자의 할인인자가 δ로 같다고 가정할 때 완전균형하의 배분은 $\left(\frac{1}{1+\delta}, \frac{\delta}{1+\delta}\right)$인데, 할인인자 δ가 1에 가깝다면 내쉬의 협상해는 (0.5, 0.5)에 근사하게 된다. 이러한 의미에서 루빈슈타인의 무한수명협상모형은 비협조적 게임의 틀 안에서 내쉬의 협조적 협상해를 정당화하는 것으로 해석할 수 있다.

연습문제 ›› 17-1 EXERCISES

외생적으로 주어진 A단위를 나누는 협조적 협상게임에서 경기자 1과 경기자 2의 효용함수는 $u_i(x_i)=x_i(i=1, 2)$이고 협상결렬점은 $\mathbf{d}=(d_1, d_2)$. 여기서, $d_1+d_2<A$이라고 하자. 다음 각 협상해를 구하라.

(1) 내쉬

(2) 칼라이·스모로딘스키

(3) 평등주의

연습문제 >> 17-2 EXERCISES

외생적으로 주어진 A단위를 나누는 협조적 협상게임에서 경기자 1의 효용함수는 $u_1(x_1)=\sqrt{x_1}$ 이고 경기자 2의 효용함수는 $u_2(x_2)=x_2$라고 하자. 협상결렬점 $\mathbf{d}=(0, 0)$이다.

(1) 협상가능영역과 협상가능경계를 구하라.

(2) 내쉬 협상해를 구하라.

(3) 칼라이・스모로딘스키 협상해를 구하라.

(4) 평등주의적 협상해를 구하라.

17.1.3 홉스와 로크의 사회계약론

정치철학자들은 국가(혹은 헌법)를 합리적 개인들이 실질적 혹은 가상적으로 맺었을 사회계약으로 간주한다. 홉스(Thomas Hobbes)와 로크(John Locke)의 사회계약론의 차이를 내쉬의 협조적 협상의 관점에서 보면 협상결렬점을 어떻게 정의하느냐와 밀접한 연관이 있다. 홉스는 법이나 국가 형성 이전의 자연상태에서 도덕 개념은 없다고 가정한다. 개인이 자신의 힘을 사용하여 얻을 수 있는 최대한의 이득은 물론 그 과정에서 타인들에게 해악을 끼치겠다고 협박하여 얻을 수 있는 이득까지도 고려하여 협상결렬점 보수가 결정된다. 반면 로크는 자연상태에서도 도덕적 의무는 존재한다고 보았다. 사회불평등은 개인들의 생산력의 불평등에 기인하는 것이지—타인에게 해악을 끼치겠다는 위협까지도 감안한—힘의 불평등에 기초하는 것은 아니다. 로크에 있어서 협상결렬점은 개인들이 사회계약 체결에 협조하지 않을 경우 각자가 어떠한 보수를 얻었을 것인지에 의해 결정된다.

홉스와 로크의 차이를 간단한 예시로 설명하자. [표 17-1]의 둘째~다섯째 열(column)은 개인 A와 B가 자연상태에서 보유하고 있는 생산력, 타인의 생산물을 강탈함으로써 얻을 수 있는 이득, 강탈 과정에서 자신이 입게 되는 피해, 그리고 국가 형성 후 사회적 협력에 의해 얻게 되는 추가 잉여분을 각각 나타낸다. 홉스에 따르면 개인 A의 협상결렬 보수는 14단위(=10+7−3)이며 개인 B의 협상결렬 보수는 26단위이다. 따라서 홉스의 사회계약론에 따르면 개인 A는 29단위, 개인 B는 41단위를 최종적으로 얻게 된다. 반면 로크적 관점에서 협상결렬점은 각 개인의 천부적인 생산력에만 달려 있으므로 (10, 30)이며, 사회계약 체결 후 최종 소비점은 (25, 45)이다.

표 17-1 ▌자연상태 및 홉스 vs 로크의 사회계약

	생산력	강탈에 의한 이득	강탈 과정에서 입게 되는 손해	사회 형성에 따른 추가 잉여	홉스(Hobbes)		로크(Locke)	
					협상 결렬점	최종 결과	협상 결렬점	최종 결과
개인 A	10	7	−3	15	14	29	10	25
개인 B	30	3	−7	15	26	41	30	45
	40	10	−10	30				

17.2 연합형게임

연합(coalition)이란 전체 구성원들의 집합 $N=\{1,\ 2,\ \cdots,\ n\}$의 부분집합이다. 예컨대, $S=\{1,\ 3,\ 4\}$는 구성원 1, 3, 4로 구성된 연합이다. 연합 S 내의 구성원들이 노력하여 얻을 기대보수의 총합을 $v(S)$라고 쓰고, 연합 S의 귀속가치(imputation)라 부른다. 특성함수(characteristic function) v는 N의 모든 부분집합들의 집합인 2^N에서 실수 $\mathbb{R}$로 대응되는 함수이다. 편의상 $v(\varnothing)=0$이라고 가정하자. 연합 내에 구성원들이 추가될수록 연합의 가치는 커지기 마련이므로 $S\subseteq S'$이면 $v(S)\leq v(S')$임이 당연히 성립한다.

경기자들의 집합 N 및 특성함수 v: $2^N \rightarrow \mathbb{R}$로 구성된 게임 $(N,\ v)$을 이전가능(transferable utility) 연합형게임(coalitional form game)이라 부른다. 줄여서 TU게임이라 쓰기도 한다. 여기서, '이전가능'이란 연합 S의 귀속가치를 연합 내의 구성원들이 나눠가지게 된다는 의미이다.[1] 단순게임(simple game)이란 여하한 연합 S에 대하여 $v(S)=0$(패배) 혹은 1(승리)의 값을 갖는 이전가능 연합형게임의 특별한 형태이다.

연합형게임의 해란 합리적 경기자들이 어떻게 각자의 몫을 나눠 가질지 제시하는 방안이라 할 수 있다. 연합형게임의 해 개념으로는 코어(core), 평등해(egalitarian solution), 그리고 섀플리 값(Shapley value)이 있다. 특정 자원배분이 코어에 속해있다는 것은 대안 연합을 구성하여 적어도 해당 연합 내의 경기자들은 이전보다 더 높은 보수를 얻을 수 있어서는 안 된다는 것이다. 다시 말해서, 주어진 자원배분을 전복할 수 있는 승리연합을 구성할 여지가 없어야만 해당

1 이전불가능(Non-transferable utility) 연합형게임 혹은 줄여서 NTU게임에서는 연합 내 구성원들 간에 서로 주고받을 수 없다. 따라서 NTU게임에서 특성함수 v: $2^N \rightarrow \mathbb{R}^s$는 연합에 따른 개별 구성원들의 몫이 적시된다.

자원배분을 코어라 부른다.

연합형게임(N, v)을 고려하자.

정의 17.1 | 코어

$$\text{Core}(N, v) := \{x \in \mathbb{R}^N \mid \forall S \subseteq N, \sum_{j \in S} x_j \geq v(S)\} \quad (17.1)$$

예컨대, 경기자 1 및 2 둘 뿐이며 $v(1)=v(2)=\alpha$, $v(\{1, 2\})=1$인 사회에서($0 \leq \alpha < \frac{1}{2}$인 상수) 코어는 $\{(x_1, x_2) \mid x_1 \geq \alpha, x_2 \geq \alpha, x_1+x_2 \leq 1\}$이다. 이처럼 코어에 속하는 자원배분은 수없이 많거나 아니면 정반대로 부존재하는 경우가 많아 예측력에 한계를 갖는다. 코어의 원소가 많을 경우 예측력을 높이기 위한 시도들도 있어왔다. 예컨대, 더타와 레이(Dutta and Ray 1989)가 정립한 평등해(egalitarian solution)는 코어에 속하는 자원배분들 가운데 가장 평등한 자원배분을 일컫는다.

17.3 섀플리 값

연합형게임의 해로 논리성과 예측력이 가장 탁월한 개념이 섀플리 값이다. 노벨상 수상자 섀플리(Shapley 1953)는 총보수를 구성원들에게 각자 기여한 분량만큼 공정하게 배분하는 합리적인 기준으로서 '섀플리 값'(Shapley value)이라는 개념을 제시하였다. 본절에서는 섀플리 값의 개념과 계산공식을 설명하고 다음 절에서는 섀플리 값의 개념을 권력지수 혹은 매칭문제 해결을 위한 메커니즘 설계에의 응용을 다룬다.

17.3.1 개념과 공식

섀플리에 따르면 경기자 i가 얻어야 할 몫은 다음과 같다.

$$\phi_i(v) = \sum_{S \subseteq N \setminus \{i\}} \left(\frac{|S|!(n-|S|-1)!}{n!} \right) (v(S \cup \{i\}) - v(S)) \quad (17.2)$$

전체 n명의 경기자를 임의로 배열할 때 연합 S에 속하는 경기자들이 경기자 i 앞에 자리잡고 나머지 연합 $N \setminus \{S \cup \{i\}\}$에 속하는 경기자들이 경기자 i 뒤에 자리잡는 상황을 고려하자. 연합 S의 구성원들이 배열되는 경우의 수는 $|S|!$이고 연합 $N \setminus \{S \cup \{i\}\}$의 구성원들끼리 배열되는 경우의 수는 $(n-|S|-1)!$이다. 따라서 연합 S에 속하는 경기자들이 경기자 i 앞에 온다는 가정 하에 경기자 i를 제외한 $(n-1)$명이 배열되는 경우의 수는 $|S|!(n-|S|-1)!$이다. 이 수를 전체 n명의 경기자를 임의로 배열하는 경우의 수 $n!$로 나눈 것이 식 (17.2)의 전반부에 해당하는 수식이다.

경기자 i가 빠져있는 연합 S에 경기자 i가 추가로 참여함으로써 더해진 특성치의 증가분 $(v(S \cup \{i\})-v(S))$는 연합 $S \cup \{i\}$에서 경기자 i의 한계기여도라 할 수 있다. 결론적으로 섀플리 공식에 따르면 경기자 i의 정당한 몫은 그가 각 연합에 참여함으로써 더해진 한계기여도에 형성 가능한 연합의 경우의 수를 감안하여 가중평균을 취한 값으로 계산된다.

경기자가 2명뿐이며 $v(1)=v(2)=\alpha$, $v(\{1, 2\})=1$인 경우($0 \le \alpha < \frac{1}{2}$인 상수)를 예로 들어보자. 경기자 1의 섀플리 값을 구해보면 아래 식에 의하여 0.5이며, 대칭성에 의해 경기자 2의 섀플리 값도 동일하다.

$$\phi_1 = \frac{0!\,1!}{2!}(v(\{1\})-v(\varnothing)) + \frac{1!0!}{2!}(v(\{1, 2\})-v(\{2\}))$$

이처럼 섀플리 값은 — 코어와는 달리 — 유일한 공정분배 몫을 제시한다는 장점을 갖는다.

연습문제 >> 17-3 EXERCISES

세 명($N=\{1, 2, 3\}$)으로 구성된 조직에서 특성함수가 다음과 같다고 하자(단, $0<\alpha<1$인 상수).

$$v(S) = \begin{cases} 1 & \text{if } S=N \\ \alpha & \text{if } S=\{1, 2\} \text{ or } \{1, 3\} \\ 0 & otherwise \end{cases}$$

(1) 코어, (2) 칼라이 평등해, (3) 섀플리 값을 각각 구하라.

연습문제 >> 17-4 EXERCISES

[장갑게임] 경기자 2와 3은 각자 왼손 장갑 하나씩을 갖고 있고, 경기자 1은 오른손 장갑을 하나 갖고 있다. 양손 장갑을 갖출 경우 귀속가치는 1단위이고 그렇지 못할 경우 귀속가치는 0단위라 하자. 이 게임에서 섀플리 값을 구하라.

기업조직에의 응용

한 명의 자본가(◎)와 M명의 근로자(1, 2 ,⋯, M)가 있는 기업조직의 예를 들어보자. 자본가는 직접적인 생산활동에는 아무런 도움이 되지 않으나 그가 제공하는 필수설비 없이는 어떠한 이윤도 실현되지 않는다. 자본가가 자본을 공급한다는 전제하에 개별 근로자는 노동공급을 통해 각자 α단위씩의 이윤을 창출한다. 이 게임의 $N=\{$◎, 1, 2, ⋯, $M\}$이므로 $(M+1)$명의 경기자가 있다. 만약 연합 S가 경기자 ◎를 포함하지 않는다면 $v(S)=0$이고, 만약 연합 S가 자본가 및 m명의 근로자를 포함한다면 $v(S)=m\alpha$이다.

아래 표를 참조하면서 자본가의 섀플리 값을 계산해보자.

연합 S	연합 S가 형성될 경우의 수	$v(S)$	$v(S\cup\{o\})$	가중치
ϕ	$\binom{M}{0}$	0	0	$\frac{0!M!}{(M+1)!}$
근로자 1명으로 구성	$\binom{M}{1}$	0	α	$\frac{1!(M-1)!}{(M+1)!}$
근로자 2명으로 구성	$\binom{M}{2}$	0	2α	$\frac{2!(M-2)!}{(M+1)!}$
⋮		⋮	⋮	⋮
근로자 M명으로 구성	$\binom{M}{M}$	0	$M\alpha$	$\frac{M!0!}{(M+1)!}$

$$
\begin{aligned}
\phi_o(v) &= \sum_{m=0}^{M}\binom{M}{m}\frac{m!(M-m)!}{(M+1)!}(m\alpha-0) \\
&= \frac{1}{M+1}\sum_{m=0}^{M} m\alpha = \frac{M}{2}\alpha
\end{aligned}
$$

자본가 ◎의 섀플리 값은 $\frac{M}{2}\alpha$이고, 유사한 방법으로 근로자 각자의 섀플리 값을 구하면 $\frac{1}{2}\alpha$이다. 필수설비를 보유하고 있는 자본가의 공정 몫은 근로자의 수가 늘어날수록 증가하는 반면 근로자 개인의 공정 몫은 항상 일정하다. 근로자 M명 전체의 몫을 합하면 자본가의 섀플리 값과 같아지는데 모든 근로자가 단결하여 노조를 구성하면 권력관계가 동등해진다는 함의를 갖는다.

대체 공식

샤플리 값을 구하는 데 있어서 때로는 다음 공식을 활용하면 유용하다.

$$\phi_i(v) = \frac{1}{n!}\sum_R \left[v(P_i^R \cup i) - v(P_i^R) \right] \tag{17.3}$$

식 (17.3)에서 R은 경기자들의 순서쌍을 나타내며, P_i^R은 순서쌍 R에서 경기자 i에 앞서 나타난 경기자들의 집합을 나타낸다.

연습문제 >> **17-5** EXERCISES

연습문제 17-3에 식 (17.3)을 적용하여 경기자 1의 샤플리 값을 계산하라.

연습문제 >> **17-6** EXERCISES

한 명의 자본가와 M명의 근로자들이 있는 기업조직 사례에 식 (17.3)을 적용하여 자본가의 샤플리 값을 구해보라.

17.3.2 샤플리 값의 성질

장갑게임에서 세 경기자의 샤플리 값을 모두 합하면 전체의 귀속가치인 1단위와 똑같다. 기업조직의 예에서 자본가 1명과 노동자 M명의 샤플리 값을 모두 합하면 $M\alpha$로서 기업 전체의 총이윤과 동일하다. 이는 우연이 아니며 샤플리 값이 일반적으로 갖는 효율성이라는 성질이다.

샤플리가 제시한 공정분배의 바람직한 네 성질은 효율성 외에도 대칭성, 선형성, 무가치성이 있다.

효율성(efficiency) $\sum_{i\in N}\phi_i(v)=v(N)$

대칭성(symmetry) 경기자 i와 j가 포함되어 있지 않은 어떠한 연합 S에 대해서도 $v(S\cup\{i\})=v(S\cup\{j\})$이 성립한다면 $\phi_i(v)=\phi_j(v)$이다.

선형성(linearity) 두 특성함수 v와 w 및 모든 경기자 $i\in N$에 대하여 $\phi_i(v+w)=\phi_i(v)+\phi_i(w)$이며 $\phi_i(av)=a\phi_i(v)$(여기서 a는 임의의 실수)이다.

무가치성(null player) 만약 어떠한 연합 S에 대해서도 $v(S\cup\{i\})=v(S)$인 경기자 i가 존재한다면 $\phi_i(v)=0$이다.

효율성이란 모든 구성원들의 섀플리 값을 합하면 공동체 전체의 귀속가치와 동일하여 아무런 허비나 비효율이 없음을 의미한다. 대칭성이란 어떠한 연합에 추가되더라도 기여도가 똑같은 두 경기자가 존재한다면 그 둘의 섀플리 값은 똑같아야 함을 의미한다. 무가치성이란 어떠한 연합에도 기여하지 못하는 경기자가 존재한다면 그의 섀플리 값은 영(0)이어야 함을 의미한다. 섀플리는 네 공리를 설정하고 그것들을 충족하는 유일한 분배 규칙이 섀플리 값임을 증명하였다.[2]

섀플리 값을 구하는 데 있어 식 (17.1)이나 식 (17.3)을 활용하여 일일이 구하는 것보다 기본 공리를 활용함으로써 쉽게 해결하는 방법도 있다. 예컨대, 경기자가 두 명이고 $v(1)=v(2)=0$, $v(\{1, 2\})=1$인 문제에서 효율성 공리와 대칭성 공리를 적용하면 섀플리 값이 곧바로 $\phi_1=\phi_2=\frac{1}{2}$로 구해진다. 왜냐하면 효율성 공리에 의하여 $\phi_1+\phi_2=1=v(N)$이어야 하고 대칭성 공리에 의하여 $\phi_1=\phi_2$여야 하기 때문이다.

기업조직의 예시에서도 자본가의 섀플리 값 $\frac{M}{2}\alpha$를 구한 다음 개별 노동자의 섀플리 값은 $\frac{1}{2}\alpha$은 매우 쉽게 계산된다. 효율성 공리에 의하여 자본가 1명과 노동자 M명의 섀플리 값을 모두 합하면 전체 조직의 특성치인 $M\alpha$이어야 하며, 대칭성 공리에 의하여 모든 노동자의 섀플리 값은 똑같아야 하기 때문이다.

---

2 섀플리 값의 이론과 경제학적 응용에 대하여는 Winter(2002)를 참조하라.

17.4 권력지수

17.4.1 섀플리 · 슈빅 권력지수

섀플리와 슈빅(Shapley and Shubik 1954)은 섀플리 값 개념을 투표게임에 적용하여 개별구성원이나 연합의 힘을 측정하는 이론을 제시하였다. 입법부, 정부위원회, 이사회, 주주총회 등에서 법안 통과나 후보 선출을 위해서는 법정 득표율을 얻어야 하며 이를 위하여 구성원들은 승리연합을 구성하고자 할 것이다. 섀플리와 슈빅은 연합의 규모나 연합을 구성하는 구성원들의 표의 단순합계가 연합의 힘을 의미하지는 않는다고 결론지었다.

연합 S가 승리연합이면 1단위의 귀속가치를 갖고 패배연합이면 0단위의 귀속가치를 갖는 연합형게임을 단순게임(simple game)이라 부른다. 섀플리 · 슈빅 권력지수는 단순게임에서의 섀플리 값으로 정의된다. 달리 표현하면, 섀플리 · 슈빅 권력지수는 실현가능한 모든 투표 순열 가운데 해당 경기자나 연합이 투표결과를 최초로 결정짓는(pivotal) 역할을 하는 순열들의 비율로 정의된다. 권력지수가 0인 연합은 투표게임의 결과에 아무런 영향을 미치지 못하며, 권력지수가 1인 연합은 여타 구성원들이나 연합의 도움 없이 오직 자신의 힘만으로 투표결과를 좌우할 수 있음을 의미한다.

특정 위원회에서 다수결 투표로 위원장을 선출하는 게임을 고려하자. 위원회는 네 계파 A, B, C, D에서 각각 3, 2, 1, 1명을 파견하여 구성되었다고 하자. 실현가능한 투표 순열은 24가지(=4!)이며 [표 17-2]에 나타나 있다. 각 투표 순열에서 과반수(4표)를 넘기는 데 결정적 역할을 하는 계파는 밑줄로 표시하였다.

표 17-2 ▌섀플리 · 슈빅 권력지수 계산 예시

A$\underline{B}$CD	A$\underline{B}$DC	A$\underline{C}$BD	A$\underline{C}$DB	A$\underline{D}$BC	A$\underline{D}$CB
B$\underline{A}$CD	B$\underline{A}$DC	BC$\underline{A}$D	BC$\underline{D}$A	BD$\underline{A}$C	BD$\underline{C}$A
C$\underline{A}$BD	C$\underline{A}$DB	CB$\underline{A}$D	CB$\underline{D}$A	CD$\underline{A}$B	CD$\underline{B}$A
D$\underline{A}$BC	D$\underline{A}$CB	DB$\underline{A}$C	DB$\underline{C}$A	DC$\underline{A}$B	DC$\underline{B}$A

계파 A는 24개의 실현가능한 투표 순열 가운데 12개에서 결정적 역할을 하므로 A의 섀플리

·슈빅 권력지수는 $\frac{1}{2}$이다. 마찬가지 방법으로 계파 B, C, D의 권력지수를 계산하면 각각 $\frac{1}{6}$로 똑같다. 계파 A는 절반에 못 미치는 표를 갖고 있으나 권력지수는 그보다 높은 $\frac{1}{2}$이다. 더욱 재미있는 사실은 계파 B의 경우 C나 D보다 두 배나 많은 표를 갖고 있음에도 불구하고 권력지수는 차이가 없다는 것이다.

연습문제 >> 17-7 EXERCISES

회사는 $(2n+1)$ 주식이 발행되어 있으며 주주총회에서 다수결로 의사결정을 내린다. 한 명은 k주를 보유하고 있고 나머지 $(2n+1-k)$명은 각자 1주씩을 보유하고 있다.

(1) 대주주의 섀플리·슈빅 권력지수를 구하라.

(2) 대주주의 보유 주식 k가 커지면 섀플리·슈빅 권력지수가 어떻게 변하는지를 살펴보고, 정치경제적 함의를 설명하라.

연습문제 >> 17-8 EXERCISES

국제연합 안전보장이사회(UN Security Council)는 15개의 이사국으로 구성되는데 그 중 5국은 상임이사국(집합 P로 표기)이고 나머지 10국은 비상임이사국(집합 NP로 표기)이다. 안전보장이사회의 안건 통과를 위해서는 9국 이상이 찬성해야 하며 상임이사국은 거부권을 갖는다. 이를 단순게임(simple game)으로 표현하면 다음과 같다.

$$v(S) = \begin{cases} 1, & \text{if } S \supset P \text{ and } |S| \geq 9 \\ 0, & \text{그 외의 경우} \end{cases}$$

(1) 비상임이사국의 섀플리·슈빅 권력지수를 구하라.

(2) 섀플리 값의 효율성 공리를 활용하여 상임이사국의 권력지수를 구하라.

(3) 개별 비상임이사국과 개별 상임이사국 간의 권력지수의 비율을 구하라.

(4) 1965년 이전 안전보장이사회는 상임이사국 5개와 비상임이사국 6개로 구성되어 있었으며 의결요건은 상임이사국 포함 7개국이었다. 당시 권력지수를 구하고 위 (3)과 비교하라.

17.4.2 반자프·콜먼 권력지수

반자프(John F. Banzhaf III)는 투표권이 비대칭적으로 나누어져 있는 투표게임에도 일반적으로 적용할 수 있는 확률론적 개념의 권력지수를 개발하였다. 반자프는 펜로즈(Penrose 1946)가 이미 오래전에 고안했으나 잊혀져 있었던 아이디어를 정교화하였으며 이후 콜먼(Coleman 1971)이 더욱 계승발전시켰다. 그러한 이유로 반자프·콜먼 권력지수 혹은 펜로즈·반자프 권력지수로 불리기도 한다.

반자프・콜먼 지수를 계산하는 방식은 다음과 같다. 첫째, 모든 승리연합을 열거한다. 둘째, 각 승리연합에서 임계투표자(critical voter) 혹은 전향투표자(swing voter)를 찾아낸다. 임계투표자란 다른 경기자들의 전략이 주어져 있다는 가정하에 자신이 빠져나오면 승리연합이 패배연합이 되어 버리는 투표자로 정의된다. 셋째, 개별 경기자가 모든 승리연합에서 임계투표자로 기능하는 비율을 구한다.

네 계파 A, B, C, D가 각각 4, 3, 2, 1표를 갖고 있는 회의에서 다수결로 의사결정을 한다고 하자. 승리연합은 다음과 같이 7개가 있으며 각 승리연합에 있어서 임계투표자는 밑줄로 표시하였다.

AB, AC, ABC, ABD, ACD, BCD, ABCD

위에서 밑줄이 그어진 12개의 임계투표자 가운데 A는 5번 출현하므로 A의 반자프・콜먼 권력지수는 $\frac{5}{12}$이다. 유사한 방법으로 B, C, D의 권력지수를 구하면 $\frac{3}{12}$, $\frac{3}{12}$, $\frac{1}{12}$이다.

연습문제 >> 17-9 EXERCISES

총장선출위원회는 6개의 이해집단으로부터 파견된 30명의 위원들로 구성된다. 교수(A) 9명, 직원(B) 9명, 동문(C) 7명, 사회유지(D) 3명, 학부모(E) 1명, 고액기부자(F) 1명이다. 각 그룹의 반자프・콜먼 권력지수를 구하고 소위 '들러리'를 판별하라.

섀플리・슈빅이나 반자프・콜먼 권력지수를 우리나라 국회에서 각 정당들의 힘을 측정하고 의석수와의 관계를 설명한 실증연구들도 많다. 이에 대한 기존문헌들은 김재한 외(2012)의 제13장에 소개되어 있다.

17.5 매칭 문제와 시장설계

17.5.1 매칭에 의한 자원배분

쌍방매칭(two-sided matching)은 수많은 공공 의사결정에서 중요한 문제로 대두된다. 공립학교 배정, 대학입시, 결혼중매, 장기기증, 로스쿨 졸업생의 로펌(law firm) 취직, 신참 의사들의 병원 취업 등 다양하다. 이러한 문제들의 특징은 일종의 물물교환 시장이라는 것이다. 전통적 경제이론에서는 화폐가 존재하고 가격이 희소자원의 상대적 가치를 조정하면서 최종 자원배분의 효율성을 달성할 수 있는지의 문제에 집중한다. 그러나 가격을 매길 수 없거나 '돈으로 사고 파는' 거래가 아예 금지된 물물교환 시장에서도 효율적이고 안정적인 자원배분을 달성할 수 있을지는 특히 공공경제학에서는 중요한 쟁점이다.

학교배정 문제를 예로 들어보자. 학군 내에 150명의 학생들이 세 학교 X, Y, Z에 진학하기를 원하며 그들의 선호는 다음과 같다.

> 유형 A(100명)의 선호: 학교 X > Y > Z
> 유형 B(50명)의 선호: 학교 Y > X > Z

학교별 입학정원은 각각 50명이다. 개별 학교는 성적이 우수한 학생을 더 선호하므로 지원자가 정원을 초과할 경우 성적순으로 자른다고 하자.

유형 A에 속하지만 성적이 중위권인 갑돌이는 자신의 선호를 진실로 밝혔는데 학교 X에 배정받지 못한다면 최악인 Z로 가야 할 수 있다. 유형 A 학생 가운데 중하위권 학생들과 유형 B 가운데 중상위권 및 상위권 학생들이 Y를 1순위에 올려놓는다면 Y에도 배정받지 못하기 때문이다. 따라서 갑돌이는 자신의 선호를 Y > X > Z라고 거짓으로 말하는 편이 나을 수 있다. 즉, 자신의 선호를 진실하게 밝히지 못하고 거짓으로 혹은 전략적으로 보고할 유인이 있다. 이러한 전략적 행위를 방지(strategy-proof)하여 진실선호를 기반으로 학교배정이 이루어지도록 하려면 어떻게 해야 하는가?

쌍방매칭 문제는 게일과 섀플리(Gale and Shapley 1962)가 이론적 기초를 닦은 후 로스(Alvin E. Roth)와 그의 공동연구자들이 발전시켜왔다. 섀플리와 로스는 짝맞추기 자원배분을 연구하고 실제 정책에 기여한 업적으로 2012년 노벨경제학상을 공동수상하였다(Roth 2015).

의과대학 졸업생들이 종합병원의 인턴으로 취직하기를 원하고 종합병원들도 우수한 의사 초년생들을 채용하기 원하는 매칭 문제를 구체적으로 살펴보자. 극소수 A급 병원들은 최우수 의사지망생들만을 대상으로 면접을 실시하고 취업 오퍼를 내도 문제없다. 그러나 그 바로 다음의 B급 병원들의 경우 최우수 신참 의사들만을 고려하여 직장 오퍼를 제시하려면 상당한 위험에 직면하게 된다. 그들이 취업제안을 준 a급 의사들을 A급 병원들로 가버리고 b급 의사들이라도 붙잡으려고 하면 이미 때가 늦다. C급 병원들이 이미 b급 의사들에게 취업제안을 하고 초단시간 내 회신을 강요한다면(exploding offer), b급 의사들로서는 A급이나 B급 병원들로부터의 제안을 마냥 기다릴 수만은 없으므로 이미 C급 병원으로 가기로 통보해버렸을 것이기 때문이다. B급 병원들도 이러한 상황을 미리 예측할 수 있으므로 아예 처음부터 A급 의사들을 포기하고 B급 의사들에게 취업제안을 하면서 초단기 회신을 강요하게 된다.

이러한 과정이 매년 반복되면 병원들이 취업 오퍼를 주는 시기는 점점 앞당겨지게 되고 결국 병의원들이나 로펌이 의학전문대학원이나 로스쿨(law school)에 입학한 지 얼마 되지도 않는 학생들에게 경쟁적으로 취업제의를 하고 사전고용계약을 맺는 웃지 못할 사태가 벌어진다. 이는 학생들에게나 고용주들에게 모두 불행한 일이다. 의대생이 의학 과정을 얼마나 성공적으로 이수하고 훌륭한 의사로 성장할지에 대한 충분한 정보도 없는 상태에서 그와 고용계약을 맺는 것은 병원 입장에서 엄청난 비효율이다. 반대로 의대생 입장에서도 취업제안을 해 온 병원이 자신의 적성이나 수준에 얼마나 맞을지에 대한 정보가 미비한 상태에서 고용계약을 맺게 되므로 역시 비효율적이며 상당한 리스크를 부담하게 된다.

17.5.2 게일 · 섀플리 알고리즘

이러한 문제를 해결하기 위한 해법으로 게일·섀플리는 '잠정수락 일괄배정 알고리즘'(deferred acceptance algorithm)을 제안하였다. 대형병원이나 로펌의 채용 문제와 관련하여 알고리즘을 설명하면 다음과 같다.

제0단계: 지원자는 자신이 선호하는 순서대로 로펌을 나열한 목록을 — 로펌들이나 다른 지원자들이나 알지 못하도록 — 중앙정보센터에 제출한다. 로펌 역시 자사가 선호하는 순서대로 지원자들을 나열한 목록을 중앙정보센터에 제출한다.

제1단계: 정보센터는 선발정원 내에서 각 로펌이 가장 선호하는 후보자들을 선발한다. 지원자들은 자신이 받은 제안 가운데 가장 선호하는(자신이 제출한 선호목록의 가장 위에 있는) 로펌을 잠정적으로 배정받고 나머지는 모두 거절한다. 여기서 취업제안이나 수락 혹은 거절은 정보집중센터가 컴퓨터 알고리즘에서만 실행하며 실제로 성립되는 것은 아니다.

제n단계: 개별 로펌은 남아있는 지원자 가운데 가장 선호하는 자에게 이전 단계에서 거절되어 아직 채우지 못한 일자리를 제안한다. 개별 지원자는 자신이 이전에 받았던 제안(들)과 현단계에서 받은 제안(들) 가운데 가장 선호하는 일자리만 잠정 선택하고 나머지는 모두 거절한다. 여기서, 지원자는 이전에 잠정 선택했던 제안들을 물리치고 현 단계에서 받은 새 제안을 선택할 수도 있다.

최종단계: 어떠한 로펌도 추가적인 제안을 원하지 않는 상태가 되면 알고리즘이 종료된다. 이 단계에서 개별 지원자는 가장 최근에 잠정 수락했던 일자리를 최종 수락함으로써 지원자-로펌 간의 쌍방연결이 완결된다. 다시 말해서, 더 이상의 일자리 제안이 없을 시점에 이르러서야 일자리 제안과 수락이 일괄적으로 성립된다. 이러한 의미에서 이 알고리즘을 '잠정보류 후 일괄배정' 방식이라고 부르는 것이다.

게일과 섀플리는 이상의 알고리즘에 의하여 결정된 최종 짝맞추기는 항상 안정적임을 증명하였다. 개별 지원자는 자신이(알고리즘에서 가상적으로나마) 거절한 적이 없는 일자리를 최종 선택하게 된다. 게일·섀플리 알고리즘에 의해 확정된 최종 쌍방연결에 대하여 불만을 갖는 조합(blocking pair)은 존재할 수 없다. 이는 알고리즘에 의해 서로 배정되지 않은 지원자 A와 로펌 X를 짝지어 재배정함으로써 A와 X 모두 더 행복해지는 방법은 존재할 수 없음을 뜻한다. 한마디로 파레토최적이 달성된다.

연습문제 >> 17-10 EXERCISES

로펌 X, Y, Z과 신참 변호사 A, B, C의 선호가 다음과 같다.

X: A>B>C　　A: X>Y>Z
Y: A>C>B　　B: X>Z>Y
Z: B>C>A　　C: Z>X>Y

(1) 게일·섀플리 알고리즘에 따른 쌍방매칭을 구하라.
(2) 위 (1)에서 구한 결과가 파레토최적임을 보여라.

로스와 그의 공동연구자들이 이후 계속 발전시켜온 게일·섀플리 알고리즘은 뉴욕시의 공립 고등학교 배정과 보스턴의 공립 초중고 배정에 2003년 9월 학기부터 적용되었으며 이후 덴버, 뉴올리언즈, 워싱턴특별시 등으로 확대됨으로써 공립학교 배정의 효율성을 높였다. 뿐만 아니라 신장이나 간을 위시한 신체장기 이식, 병의원이나 로펌의 배정, 온라인 결혼중매 사이트 등에 응용되어 효율성을 높이는 데 지대한 영향을 미치고 있다.

18

CHAPTER

조세

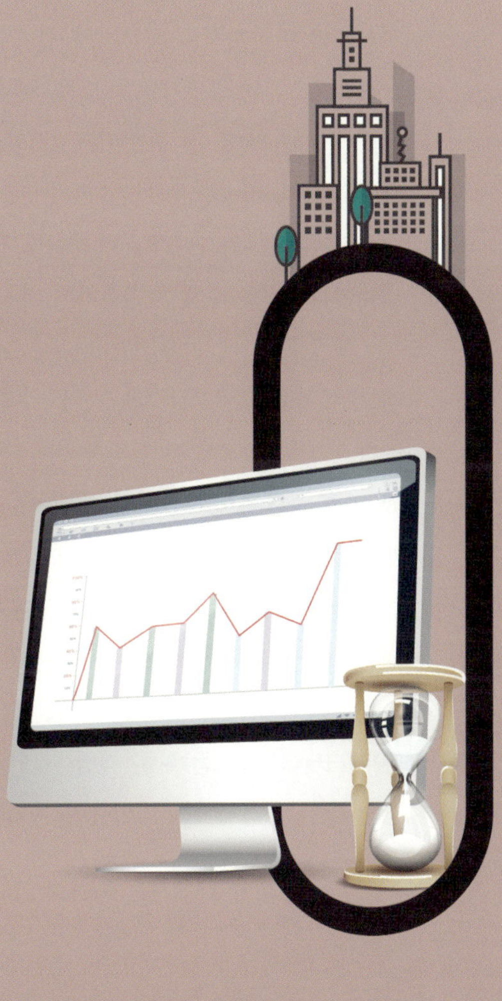

18.1 조세의 개념과 기준
18.2 사회후생의 개념과 측정
18.3 조세의 후생손실
18.4 최적 물품세구조
18.5 조세구조와 우리나라 세제
18.6 부록: 램지규칙의 도출

18.1 조세의 개념과 기준

서양속담에 "인생에서 절대로 피할 수 없는 두 개가 있는데 바로 죽음과 세금이다"라는 말이 있다. 조세란 정부가 재정수입을 목적으로 가계나 기업이 경제활동의 결과로 얻은 소득의 일부를 직접적인 반대급부 없이 강제로 걷는 금액을 말한다. 정부는 이렇게 거둔 세수(稅收)로 복지, 국방, 치안, 법제도, 사회간접자본 등에 지출함으로써 시장 실패를 치유하고 경제활동이 원활하게 이루어질 수 있도록 한다.

조세의 규범적 기준으로 효율, 공평, 그리고 납세행정비용 극소화를 들 수 있다. 첫째, 효율기준은 이익원칙(benefit-received principle)에 따라 판단된다. 이익원 칙에 입각한 조세는 정부가 제공하는 공공재나 공공서비스로부터 사용자가 얻는 이익에 대한 대가에 해당한다. 따라서 사유재와 마찬가지로 사용자의 한계편익을 반영하는 자원배분의 효율 관점에서 접근된다.

둘째, 조세의 공평기준은 소득분배의 역할을 반영하는 정도이므로 개인의 응능원칙(ability to pay principle)으로 잘 표현된다. 조세의 공평개념은 수평적 공평(horizontal equity)과 수직적 공평(vertical equity)으로 나뉜다. 수평적 공평이란 동일한 담세능력을 가진 납세자에게 동일한 액수의 세금을 부과시키자는 원리이다.[1] 수직적 공평이란 서로 다른 담세력 혹은 후생수준을 가진 납세자들에게 어떻게 차별화하여 세금을 부과시키면 사회적으로 공정한가의 물음에 대한 답이다. 예컨대, 조세가 누진적(progressive)인가 역진적(regressive)인가, 만약 누진적이라면 누진 정도는 어떻게 설계할 것인가가 수직적 공평과 관련된 핵심 문제이다.

셋째, 세무행정에 따른 각종 비용도 조세제도를 설계하는 데 중요하게 고려되어야 한다. 효율과 공평 측면에서 바람직한 세제일지라도 지나치게 복잡하여 세정당국의 징세비용이 지나치게 높다든지 납세자들이 이해하기 어렵다면 문제가 있다. 또한 탈세가 용이하다든지 국세청 직원들과 납세자 간에 주고받는 부정부패에 노출되어 있다면 그로 인해 발생하는 사회적 비용도 고려되어야 한다.

본장의 구성은 다음과 같다. 18.2절에서는 사회후생의 개념을 정의하고 그 측정방법을 알아본다. 18.3절에서는 다룬 개념을 바탕으로 특정 상품시장에서 물품세 부과가 초래하는 초과부담의 개념과 경제학적 의미를 알아본다. 18.4절에서는 여러 상품이 존재할 때 경제 전체의 초

1 수평적 공평은 추상적으로는 그럴듯한 개념이지만 구체적으로 소득과 소비 가운데 어느 것을 기준으로 담세능력을 평가하느냐에 따라 혼란이 있을 수 있다. 이에 대한 자세한 논의는 이만우(2004) 『신공공경제학』 제11장 3절을 참조하라.

과부담을 극소화해 주는 물품세 체계를 규명하는데 이는 램지규칙 혹은 역탄력성규칙이라 불린다. 램지규칙을 수학적으로 도출하기 위해서는 합리적 소비자의 효용극대화 및 지출극소화로부터 도출된 여러 개념들과 성질들을 이용해야 하므로 상당히 난해하다. 이 책의 완결성을 위하여 램지규칙의 수학적 전개 과정을 부록 형태로 다루었는데, 관심 없는 독자는 건너뛰어도 무방하다. 18.5절에서는 소득세, 법인세, 부가가치세, 자산세 등 개별 조세이론을 다루고 우리나라의 세제와 연계하여 설명한다.

18.2 사회후생의 개념과 측정

일반적으로 조세를 부과함으로써 사회 전체적으로 지게 되는 부담은 세금납부 금액보다 더 크다. 이는 조세가 가계와 기업의 의사결정을 교란함으로써 효율이 상실되고 민간부문에 추가적인 부담으로 작용하기 때문이다. 일반적으로 조세부과와 같은 정부정책은 경제사회 내의 재화나 서비스 간 가격체계를 바꾸게 되는데, 그로 인해 민간의 결정이 교란되는 경로는 대체효과와 소득효과를 통해서이다. 대체효과란 상품 간 상대가격이 달라지기 때문에 발생하는 변화이므로 크건 작건 사회후생의 손실을 초래한다. 반면 소득효과는 조세부과가 납세자의 실질소득을 감소시킴으로 초래하는 변화이므로 납세자의 소득을 정부로 이전시킬 뿐 의사결정을 왜곡하지는 않는다. 따라서 소득효과는 사회후생의 손실을 초래하지 않는다.[2]

자중손실(自重損失, deadweight loss) 혹은 후생비용(厚生費用, welfare cost)이란 조세가 사회적으로 초래하는 실제 부담에서 정부의 조세징수액을 뺀 초과부담을 일컫는다. 이렇게 상실되는 후생의 손실을 이해하기 위해서는 소비자잉여, 생산자잉여, 사회후생이라는 개념을 먼저 알아야 한다.

2 이러한 이유로 조세부담에 따른 사회후생손실을 계산할 때에는 통상수요함수(ordinary demand function)의 개념을 사용하지 않는 대신 소득효과를 배제하고 대체효과만을 고려한 보상수요함수(compensated demand function) 개념을 적용한다.

18.2.1 소비자잉여

소비자잉여(消費者剩餘, consumer's surplus)는 소비자들이 시장에서 거래를 함으로써 발생하는 이득을 화폐가치로 측정하는 개념이다. 소비자들이 시장거래에 참가하여 상품을 구입하는 것은 거래 참여로부터 얻는 이득이 거래 참여에 따른 비용보다 크기 때문이다. 예컨대, 소비자가 쌀 두 포대를 구매하는 이유는 그러한 구매로부터 얻는 효용이 쌀 두 포대 구입가격보다 크기 때문이다.

소비자의 상품구입에 따른 이득에서 그 비용을 뺀 순이득을 어떻게 화폐가치로 평가할 수 있을까? 상품구입비용은 상품의 시장가격에 구매수량을 곱한 액수이므로 쉽게 계산된다. 소비자가 상품구매로부터 얻는 이득은 그 상품을 소비함으로써 얻는 만족수준을 화폐가치로 측정한 것이다. 소비자가 상품을 소비함으로써 얻는 만족수준은 '당신이 상품을 이 수량만큼 구입하기 위하여 최대 얼마까지 지불할 용의가 있는가?'라는 질문에 대한 대답으로 대신할 수 있다. 결국 소비자잉여란 소비자가 상품을 소비하기 위하여 지불할 용의가 있는 최대금액과 실제로 시장에서 지불한 금액의 차이이다.

[그림 18-1]에서 소비자가 Q^*단위를 구매함으로써 얻는 만족수준 혹은 그가 Q^*단위를 소비하기 위해 지불할 용의가 있는 최대금액은 사각형 OQ^*EA만큼이다. 그런데 소비자가 Q^*단위의 구매를 위해 지불하는 금액은 사각형 OQ^*EP^*이다. 따라서 두 사각형의 차이인 삼각형

그림 18-1 ▌소비자잉여, 생산자잉여, 사회후생

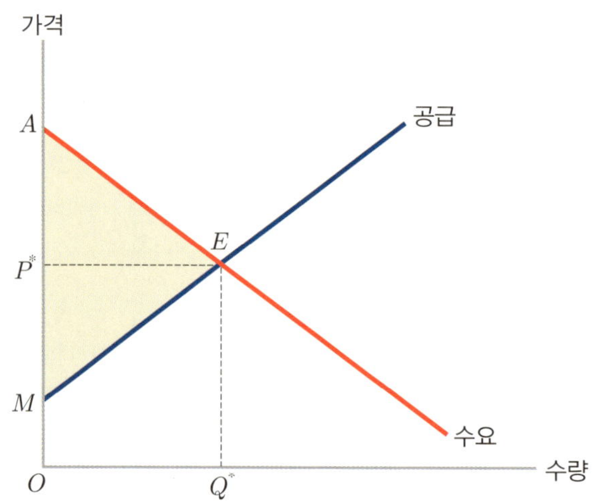

AP^*E만큼이 소비자잉여에 해당한다. 개별 소비자에 적용되는 이러한 개념은 시장상황으로 그대로 확장된다.[3]

18.2.2 생산자잉여

경쟁시장에서 조업하는 기업이윤을 극대화하기 위해서는 외생적으로 주어진 시장가격과 자신의 한계생산비(marginal cost)가 일치하는 수준에서 생산량을 결정한다. 그러므로 경쟁시장에서 개별 기업의 공급곡선은 한계생산비곡선과 같다. 한계생산비란 현재 생산량에서 한 단위를 추가로 더 생산하는 데 추가로 드는 생산비의 증가액이다.

생산자잉여(生産者剩餘, producer's surplus)란 기업이 특정 수량을 판매하여 실제 얻는 수입에서 그 생산량을 생산하기 위하여 받지 않으면 안 되는 비용을 뺀 액수로 정의된다. [그림 18-1]에서 시장가격이 P^*이라 할 때 기업의 수입은 사각형 OQ^*EP^*면적이며 Q^*단위를 생산하기 위하여 드는 최소비용은 사각형 OQ^*EM이다. 따라서 생산자잉여는 삼각형 MEP^*로 나타난다.[4]

18.2.3 총잉여 혹은 사회후생

소비자잉여란 소비자들이 상품 소비를 위하여 지불할 용의가 있는 최대금액에서 실제로 지불한 금액을 뺀 차액이므로 소비자의 입장에서 보면 시장거래로부터 얻는 순이익이라고 말할 수 있다. 생산자잉여란 생산자들이 상품 판매로부터 받는 금액에서 그만큼을 생산하기 위해 소요되는 최소비용을 뺀 차액이므로 생산자들이 얻는 순이익이라 할 수 있다. 결국 소비자잉여와 생산자잉여를 합치면 시장참여자들이 얻는 순이익의 총합이므로 이를 총잉여(total surplus) 혹은 사회후생(social welfare)이라 한다.

---

3 마샬의 소비자잉여는 추상적 개념이므로 화폐단위로 계산하기 어렵다. 반면 보상변량(compensating variation)과 동등변량(equivalent variation)은 소득효과를 배제하고 대체효과만을 고려하기 때문에 효용수준이 아니라 지출금액의 차이로 순이득을 정의하며 실제 데이터로부터 측정가능하다. 본서의 목적상 그러한 구분은 논의만 복잡하게 만들 뿐 실익이 크지 않으므로 마샬의 소비자잉여 개념을 그대로 사용한다. 더구나 소비자잉여는 보상변량과 동등변량의 중간크기를 가지므로 근사치로도 손색이 없다.

4 생산자잉여는 고정비용과 이윤을 합한 금액이다. 단기에는 고정생산요소가 존재하므로 생산자잉여에서 고정비용 만큼 빼주어야 이윤이 된다. 그러나 장기에는 모든 생산요소가 변동생산요소이므로 고정비용이 없고 따라서 단위별 한계비용을 합산하면 곧 총비용이 되므로 생산자잉여는 이윤과 일치한다. 본서의 목적상 장·단기의 구분은 큰 의미가 없으므로 생산자잉여를 기업이윤과 등치시켜도 무방하다.

완전경쟁시장에서의 균형은 모든 소비자들의 상품에 대한 수요를 합한 시장수요와 모든 기업들의 상품공급들을 합한 시장공급이 일치하는 가격에서 형성된다. [그림 18-1]의 점 E는 완전경쟁균형을 나타내고 있는데 균형시장가격은 P^*이며 수량은 Q^*이다. 그림에서 Q^*단위의 소비로부터 소비자들이 얻는 효용의 총합은 사각형 $OAEQ^*$이며 Q^*단위만큼 생산하기 위해 소요되는 총생산비는 사각형 $OMEQ^*$이다. 소비자들과 생산자들이 누리는 총잉여는 삼각형 AEM인데 그 중 AEP^*만큼은 소비자잉여이고 나머지 MEP^*만큼은 생산자잉여이다.

18.3 조세의 후생손실

정부가 특정 상품에 물품세(excise tax)를 부과하면 상품들 간의 상대가격이 변하게 되고 이는 가계와 기업의 의사결정을 왜곡시켜 사회후생의 손실이 발생하게 되는데 이를 자중손실이라 부른다. [그림 18-2]는 빵에 대한 조세부과 상황을 나타내고 있다. 빵에 대한 세금부과 이전의 수요와 공급곡선을 각각 D와 S라고 하면 시장균형은 점 E이다. 이때 균형가격 P^*와 균형거래량 Q^*하에서 소비자잉여는 삼각형 AEP^*이며 생산자잉여는 삼각형 MEP^*의 면적과 같다.

이제 정부가 빵 생산자에게 세율 τ로 빵에 대한 세금을 부과한다고 하자. 조세부과 후 수요곡

그림 18-2 물품세의 자중손실

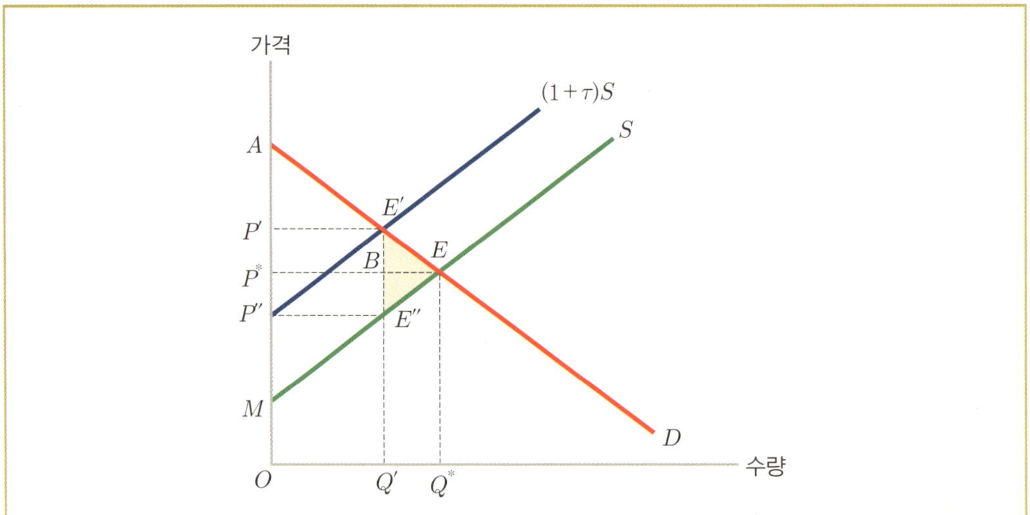

선은 변함없으나 공급곡선은 S에서 $(1+\tau)S$로 상향이동하게 된다. 원래의 생산원가에 세금까지 더해져서 단위당 생산비가 τ만큼 상승하기 때문이다. 물품세 부과 후 시장균형은 E'가 되어 가격은 P'로 상승하고 수량은 Q'로 줄어든다. 소비자들이 Q'만큼을 소비하기 위하여 지불할 용의가 있는 최대금액은 $OQ'E'A$이고 그만큼을 구매하기 위하여 지불하는 금액은 $OQ'E'P'$이므로 소비자잉여는 $AE'P'$만큼이다. 생산자들이 Q'만큼을 생산·판매하여 얻는 수입 $OQ'E'P'$에서 생산비 $OQ'E''M$과 세금납부액 $P''E''E'P'$을 빼면 생산자잉여는 삼각형 $P''ME''$로 나타난다.

자중손실이란 물품세 부과 전의 사회후생과 물품세 부과 후의 사회후생의 차이인데 아래 식에 의하여 삼각형 $EE'E''$에 해당한다.

$$\begin{aligned}\text{자중손실} &= \text{세전 사회후생} - (\text{세후 사회후생} + \text{조세수입})\\ &= (\text{세전 소비자잉여} + \text{세전 생산자잉여})\\ &\quad - (\text{세후 소비자잉여} + \text{세후 생산자잉여} + \text{조세수입})\\ &= (AEP^* + MEP^*) - (AE'P' + P''ME'' + P''E''E'P')\\ &= EE'E''\end{aligned}$$

자중손실은 소비자잉여, 생산자잉여, 정부의 조세수입 어디에도 귀착되지 않고 증발해버리는 사회적 부담이다. 이는 과세로 인하여 거래량이 Q^*에서 Q'로 위축되기 때문에 그 차이만큼 추가적으로 실현될 수도 있었던 소비자잉여와 생산자잉여의 미실현 후생을 나타낸다. 하버거삼각형(Harbergers triangle)이라고 불리기도 하는 자중손실을 수식으로 나타내보자.

$$\begin{aligned}\text{자중손실} &= \frac{1}{2}|\Delta P||\Delta Q|\\ &= \frac{1}{2}\left[(P' - P^*) + (P^* - P'')\right]\frac{\Delta Q}{Q}Q \qquad (18.1)\end{aligned}$$

식 (18.1)의 첫 번째 항과 두 번째 항은 각각 [그림 18-2]에서 삼각형 EBE'와 삼각형 EBE''의 면적이다.

수요의 가격탄력성을 e_D, 공급의 가격탄력성을 e_S라 놓으면, 조세 부과에 따른 수요가격 변동분과 공급가격 변동분이 각각 식 (18.2a)와 (18.2b)와 같이 도출된다.[5]

5 수요의 가격탄력성은 정의상 $e_D = \frac{P}{Q}\left|\frac{\Delta Q}{\Delta P}\right| = \frac{P}{Q}\frac{1}{|\text{수요함수의 기울기}|}$임을 이용하여 식 (18.2a)를 도출.

$$P' - P^* = \Delta Q \times |\text{수요함수의 기울기}|$$
$$= \frac{1}{e_D}\frac{\Delta Q}{Q}P \qquad (18.2a)$$

$$P^* - P'' = \Delta Q \times |\text{공급함수의 기울기}|$$
$$= \frac{1}{e_S}\frac{\Delta Q}{Q}P \qquad (18.2b)$$

식 (18.2a)의 좌변과 식 (18.2b)의 좌변을 더하면 $P' - P''(=(P' - P^*) + (P^* - P''))$이다.

$$P' - P'' = \left(\frac{1}{e_D} + \frac{1}{e_S}\right)\frac{\Delta Q}{Q}P \qquad (18.3)$$

다른 한편, $(P' - P'')$는 조세 부과에 따른 가격상승분이므로 개념상 τP와 똑같아야 한다. 그런데 $P' - P'' = \tau P$이므로

$$\frac{\Delta Q}{Q} = \frac{\tau}{\frac{1}{e_D} + \frac{1}{e_S}} \qquad (18.4)$$

식 (18.3)과 (18.4)를 식 (18.1)에 대입하면 자중손실을 아래 식 (18.5)와 같이 세율 τ, 수요의 가격탄력성 e_D, 공급의 가격탄력성 e_S, 그리고 거래규모 $G(=PQ)$의 방정식으로 나타낼 수 있다. 보다 구체적으로 세율이 높을수록, 수요가 가격에 대하여 탄력적일수록, 공급이 가격에 대하여 탄력적일수록, 그리고 거래규모가 클수록 자중손실은 커진다. 특히 세율 τ가 커질수록 자중손실은 제곱에 비례해 기하급수적으로 커진다.

$$\text{자중손실} = \frac{1}{2}\tau^2 \frac{1}{\frac{1}{e_D} + \frac{1}{e_S}} G \qquad (18.5)$$

식 (18.5)에서 자중손실과 가격탄력성 간의 관계가 특히 중요한데 이는 직관적이다. 수요나 공급의 가격탄력성이 클 경우 세금 부과로 인하여 시장가격이 조금만 올라도 거래량이 대폭 줄

식 (18.2b)도 마찬가지로 공급의 가격탄력성의 정의로부터 도출함.

게 된다. 이는 과세에 따른 시장교란효과가 크며 따라서 사회후생의 손실도 그만큼 크다는 것을 뜻한다. 이 사실을 조금 더 알기 쉽도록 극단적인 두 경우를 들어 설명해보자. 공급이 가격에 대하여 완전히 탄력적이어서($e_S \approx \infty$) 공급곡선이 수평선인 경우 식 (18.5)는 $\frac{1}{2}\tau^2 e_D G$가 되는데, 이는 수요의 가격탄력성이 커질수록 자중손실이 커짐을 의미한다. 반대로 수요가 가격에 대하여 완전탄력적이라면($e_D \approx \infty$) 식 (18.5)는 $\frac{1}{2}\tau^2 e_S G$가 되는데, 이는 자중손실이 공급의 가격탄력성에 정비례함을 뜻한다.

18.4 최적 물품세구조

최적조세구조(optimal tax structure)란 사회후생을 극대화해주는 조세구조로 정의된다. 따라서 원칙적으로 효율뿐 아니라 분배적 공평 요건도 갖추어야 한다. 그런데 효율과 분배정의 간에는 대개 상충관계가 있기 때문에 두 요건이 절충적으로 맞물리는 선에서 조세구조가 결정되기 마련이다. 더구나 어떤 사회가 효율과 공평에 얼마만큼의 비중을 둬야 하는지 그 자체에 주관적 가치판단이나 사회구성원들 간의 합의가 개입하므로 최적조세이론은 출발점 자체가 애매할 수 있다. 예컨대, 누진세제는 분배 측면에서는 긍정적이지만 효율에 부정적 영향을 미치기 때문에 국가마다 정치적 타협이나 역사적 사회진화의 산물로 누진성이 결정되기 마련이다.

이러한 개념상 난관 때문에 램지(Ramsey 1927)로부터 시작된 기존의 최적조세이론은 공평을 무시하고 효율의 기준에서만 접근해 왔다. 나중에 살펴보겠지만 최적 물품세를 규정짓는 램지 규칙에 따르면 가격탄력성이 높은 재화일수록 낮은 세율을 적용하는 것이 바람직하다. 그런데 소득수준에 상관없이 모든 사람이 필요로 하는 생활필수품은 수요의 가격탄력성이 낮은 반면 사치품은 가격탄력성이 높기 마련이다. 그렇다고 해서 생필품에 높은 물품세를 부과하고 사치품에 낮은 물품세를 부과하는 것은 공평하지 않다. 따라서 효율뿐 아니라 공평에도 중요한 가치를 둔다면 바람직한 물품세제는 램지규칙과 멀어질 수밖에 없다. 즉, 공평에 더 높은 가치를 둘수록 생필품에는 낮은 세율을 부과하고 사치품에는 높은 세율을 부과해야 하는데 이는 램지규칙으로 대표되는 효율기준과 필연적으로 배치된다.

이처럼 효율 측면만 부각된 최적조세구조 연구는 분배정의도 함께 고려해야 한다는 인식이 강해지면서 1970년대 중반부터 집중적으로 다루어졌다.[6] 하지만 경제학의 성격상 아직도 최적

조세구조에 관한 연구는 효율 관점에서 접근하는 경향이 있다.

경제사회에는 수많은 상품이 있다. 정부는 이들 상품에 물품세를 부과하여 외생적으로 주어진 정부지출 R원을 조달해야 한다고 하자. 정부는 어떻게 조세를 부과하면 자중손실을 극소화 혹은 사회후생을 극대화할 수 있는가? 효율 측면에서 파레토최적 혹은 최선책(the first-best optimum)은 물품세 형태로 부과하지 않고 R원만큼의 정액세(lump-sum tax)로 부과하는 것이다. 예컨대, 모든 물품에 대하여 일괄적으로 똑같은 물품세를 부과하는 방안을 고려하자. 이는 상대가격의 변동을 초래하지 않고 다만 경제인들의 소득만 낮추기 때문에 자중손실을 초래하지 않는다. 기간통신, 상하수도, 전력 등 전통적인 공익사업(public utilities)의 기반시설 건설비나 운영 예산을 확보하기 위해 사용요금에 전가(轉嫁)하는 방식으로 부과하지 않고 별도의 '보편서비스기금'(universal service fund)을 조성・운용하는 방식은 최선책을 추구하려는 대표적 사례이다.

하지만 유감스럽게도 정액세 부과는 현실적으로 어렵다. 따라서 품목마다 물품세를 부과하여 징수하는 차선책(the second-best optimum)으로서 램지규칙을 도출해보자. 경제에 K개의 상품이 존재한다. 대표적 경제인이 상품 1을 x_1, 상품 2를 x_2, ⋯, 상품 K를 x_K만큼 소비한다면 그의 소비는 상품묶음 $\boldsymbol{x} \equiv (x_1, x_2, \cdots, x_K)$로 나타낼 수 있다. 경제인이 상품묶음 $\boldsymbol{x}$를 소비할 때 얻는 효용수준을 $u = u(\boldsymbol{x})$라 놓자. 또 경제인의 화폐소득 M은 외생적으로 주어져 있다고 하자.[7]

상품들의 세전가격은 벡터 $\boldsymbol{P} \equiv (P_1, P_2, \cdots, P_K)$로 표시하자. 정부는 K개의 상품에 물품세를 부과하여 정부지출 R원을 조달해야 한다. 물품세율 벡터를 $\boldsymbol{T} \equiv (T_1, T_2, \cdots, T_K)$라 놓으면 세후가격 벡터는 $\boldsymbol{P} + \boldsymbol{T} = (P_1 + T_1, P_2 + T_2, \cdots, P_K + T_K) \equiv \boldsymbol{q}$가 된다.

경제인의 자중손실 극소화 혹은 사회후생 극대화 문제는 다음과 같다.

$$\text{극대화 } v(\boldsymbol{P}+\boldsymbol{T}, M) \equiv u[\boldsymbol{x}(\boldsymbol{P}+\boldsymbol{T}, M)] \tag{18.6}$$

$$\text{제약조건 } \boldsymbol{T} \cdot \boldsymbol{x}(\boldsymbol{P}+\boldsymbol{T}, M) \equiv \sum_{k=1}^{K} T_k x_k(\boldsymbol{P}+\boldsymbol{T}, M) = R \tag{18.7}$$

6 노벨상 수상자들인 다이아몬드(Peter A. Diamond), 멀리스(James A. Mirrlees), 스티글리츠(Joseph E. Stiglitz) 등이 1970년대 초중반 개척한 분야이며(Diamond 1975, Diamond and Mirrlees 1971, Mirrlees 1971, Atkinson and Stiglitz 1976), 최근 많은 학자들이 납세자들의 이질성과 시간의 동태적 흐름까지 고려한 연구를 활발히 수행하고 있다(Gosolov, Kocherlakota, and Tsyvinsky 2003, Werning 2007). 또한 알레시나와 앤젤리토스(Alesina and Angeletos 2005), 김영세(Kim 2007) 등은 공정(fairness)가치를 경제인의 선호에 명시적으로 감안하여 최적조세 문제를 다루기도 하였다.

7 경제인들의 선호와 화폐소득이 동질적이라면 대표적 경제인 한 명을 설정하고 분석하는 것과 마찬가지이다.

단순화를 위하여 상품이 2개밖에 없다고($K=2$) 가정하고 위 문제를 풀면 최적물품세율은 아래 연립방정식을 풀어낸 (τ_1^*, τ_2^*)이다.

$$e_{11}\tau_1^* + e_{21}\tau_2^* = \theta \tag{18.8a}$$

$$e_{12}\tau_1^* + e_{22}\tau_2^* = \theta \tag{18.8b}$$

도출 과정은 수학적으로 복잡하므로 본장의 부록인 18.5절에서 별도로 다루었다. 먼저 $\tau_k \equiv \dfrac{T_k}{P_k + T_k}$는 상품 k의 세후가격 대비 물품세이므로 상품 k의 물품세율이다. 여기서 θ는 상수이다. 또한 e_{lk}는 상품 k의 가격 p_k가 1% 변할 때 상품 l의 소비량 x_l이 몇 % 변하는지 나타내는 수요의 가격탄력성으로 정의된다. 예컨대, $e_{21}=3$이라면 상품 1의 가격이 1% 오를 때 상품 2의 소비량이 3%만큼 늘어난다는 뜻이다.

수요의 교차탄력성이 매우 미미하여 상품 1의 가격변화가 상품 2의 소비량에 미치는 영향이나 상품 2의 가격변화가 상품 1의 소비량에 미치는 영향이 극히 미미하다고 하자. 즉, $e_{12} \approx e_{21} \approx 0$이라고 가정하자. 그러면 식 (18.8a)와 식 (18.8b)가 아래와 같이 정리된다.

$$\frac{\tau_1}{\tau_2} = \frac{e_{22}}{e_{11}} \tag{18.9}$$

식 (18.9)는 각 상품에 붙이는 물품세율이 수요의 가격탄력성에 반비례하도록 정해져야 함을 의미한다. 다시 말해서 가격탄력성이 큰 상품에는 낮은 세율을 부과하고 가격탄력성이 작은 상품에는 높은 세율을 부과해야 한다. 이러한 의미로 식 (18.9)를 역탄력성규칙(逆彈力性規則, inverse elasticity rule)이라고도 부른다.

역탄력성규칙은 직관적이다. 수요의 가격탄력성이 큰 상품일수록 물품세 부과에 따른 가격상승이 매우 큰 소비량의 감소를 초래하므로 그만큼 해당 시장에서의 교란이 커진다. 따라서 교란이 별로 크지 않을 상품에는 높은 세율을 부과하여 필요한 조세수입을 조달하고 교란이 큰 상품에 대해서는 낮은 세율을 부과한다. 극단적으로 탄력성이 0에 가까운 상품이 있다면 해당 상품에 대한 물품세 부과로 거의 모든 조세수입을 거두는 것이 바람직하다.

대개 수요의 가격탄력성이 낮은 상품일수록 생활필수품이고 탄력성이 높은 상품일수록 사치재이다. 역탄력성규칙에 따르면 생활필수품에는 높은 세율을 부과하고 반대로 사치재에는 낮은 세율을 부과해야 한다. 이는 램지규칙이 조세부담에 따른 자중손실의 최소화, 즉 효율적 물품세제도를 추구하며 분배 측면은 철저히 무시하기 때문에 자연스럽게 도출된 결과이다. 분배정의까지 고려하려면 서로 다른 소득을 갖고 있는 여러 경제인들이 있다고 가정하고 사회후생함수식 (18.6)을 변형해야 한다. 이렇게 변형된 문제를 풀면 가격탄력성이 낮은 재화에 높은 세율을 부과하는 역탄력성규칙이 깨지게 된다. 생필품은 가난한 사람이건 부자건 전반적으로 소비하는 반면 사치품은 부자들만이 소비하므로 생필품 세율을 낮추어 줌으로써 공평해지는 측면이 있기 때문이다.

효율과 공평 가운데 어느 기준을 더 중시하느냐는 사회후생함수에 의해 좌우된다. 공리주의적 사회후생함수처럼 효율을 중시할수록 최적조세구조는 램지규칙에 근접한다. 반면 평등주의적이거나 롤스의 사회후생함수처럼 공평을 중시할수록 최적조세구조는 램지규칙으로부터 멀어진다. 그런데 효율과 공평에 각각 얼마만큼의 가중치를 두느냐 자체가 단순히 경제분석의 영역이기보다는 가치판단이나 사회적 합의의 문제이므로 필히 정치철학이 개입하게 된다.

18.5 조세구조와 우리나라 세제

조세는 부과주체에 따라 크게 국세와 지방세로 나뉘는데 우리나라의 현행 국세체계와 구성은 [표 18-1]에, 지방세체계와 구성은 [표 18-2]에 나타난 바와 같다. 국세는 다시 내국세와 관세, 그리고 목적세인 교통에너지환경세, 교육세, 종합부동산세로 나뉜다. 지방세는 2013년말 현재 모두 16개가 있는데 광역지방자치단체와 기초지방자치단체 가운데 누가 부과하느냐에, 그리고 보통세냐 목적세냐에 따라 복잡하게 얽혀 있다.

우리나라의 2017년 국세수입은 265.4조원으로 중앙정부예산의 대략 85% 정도를 차지하며 나머지 15%는 세외수입으로 충당된다. 직접세인 소득세 28.3%와 법인세 22.3%는 각각 개인과 법인에 부과하는 광의의 소득세에 해당하고 그 비중은 50.6%에 달한다. 간접세 부가가치세와 개별소비세는 모두 상품에 부과되는 세금이므로 광의의 물품세 비중은 29.0%를 차지한다.

표 18-1 ▌우리나라 국세의 체계와 구성(2017년도 결산)

구분	성격	조세	금액(조원)	비중(%)
내국세	직접세	소득세	75.1	28.3
		법인세	59.2	22.3
		상속증여세	6.8	2.6
	간접세	부가가치세	67.1	25.3
		개별소비세	9.9	3.7
		증권거래세	4.5	1.7
		인지세	0.9	0.3
	과년도수입		4.4	1.7
관세			8.5	3.2
교통에너지환경세			15.6	5.9
교육세			5.0	1.9
종합부동산산세			1.7	0.6
주세			3.0	1.3
농특세			3.8	1.4
국세수입 총계			265.4	100.0

자료: 기획재정부, 2017 회계연도 국가결산

표 18-2 ▌우리나라 지방세의 체계와 구성(2017년도 결산)

성격	세금명	세수	비중(%)
보통세	취득세	23조 4,867억원	29.2
	지방소득세	14조 4,395억원	18.0
	재산세	10조 6,621억원	13.3
	자동차세	7조 7,722억원	9.7
	지방소비세	7조 2,738억원	9.0
	담배소비세	3조 6,026억원	4.5
	주민세	1조 8,632억원	2.3
	등록면허세	1조 6,077억원	2.0
	레저세	1조 510억원	1.3
목적세	지방교육세	6조 4,230억원	8.0
	지역자원시설세	1조 5,126억원	1.9

도시계획세	-3억원	0
과년도수입	7,150억원	0.9
총계	80조 4,091억원	100.0

※ 광역시, 도, 시, 군의 세목별 합산 금액
자료: 대한민국 국가통계포털

세금은 크게 각종 소득에 대하여 부과하는 소득세, 소비행위에 대하여 부과하는 소비세, 자산에 대하여 부과하는 재산세로 나뉜다.

본절에서는 소득세, 법인세, 간접세, 자산세의 개념과 우리나라의 세제를 설명하고자 한다.

18.5.1 소득세

소득세의 개념과 역사

소득세제를 설계하는 데 있어서 핵심 고려사항으로는 소득의 개념과 분류, 공제, 과세단위, 세율구조 등을 들 수 있다. 소득세의 세원은 납세자의 소득능력을 정확히 반영해야 하는데, 현실에 있어서는 근로소득, 사업소득, 자본(이자, 배당)소득, 이전소득 등으로 분류하여 과세한다. 각각의 소득 원천별로 징수하는 제도를 분리소득세제(classified income tax system)라 하며, 납세자별로 이 모든 소득을 합산한 금액을 세원으로 잡는 방식을 종합소득세제(global income tax system)라 한다. 종합소득세제는 분리소득세제와 비교할 때 세제가 복잡하고 탈세에 노출될 가능성이 높은 반면 소득재분배 기능에 있어서는 더 우월하다. 우리나라를 비롯한 주요 선진국들은 종합소득세제를 근간으로 분리소득세제를 혼용하는 방식을 채택하고 있다.

소득공제(exemptions and deductions)란 과세소득을 계산하는 데 있어서 총소득으로부터 공제해주는 여러 경비로 정의되는데, 인적공제와 필요경비공제로 나뉜다. 인적공제란 가족구성원의 수나 특성에 따른 공제로서 부양가족공제, 장애인공제, 다자녀공제, 경로우대공제 등이 있다. 필요경비공제는 법으로 정한 지출에 대하여 경비를 보조해주는 형태를 가지며 사회보장적 성격을 갖는다. 보험료공제, 의료비공제, 교육비공제, 기부금공제, 무주택자공제 등이 있다. 세액공제(tax credit)란 소득공제와는 달리 아예 납세액의 일부를 돌려주는 방식으로서 그 혜택이 개별 납세자의 한계세율에 영향을 받지 않는다. 예컨대, 정치자금법에 따른 법정기부금의 경우 10만원 한도 내에서는 국가가 고스란히 돌려주는데 이는 고소득자이건 저소득자이건 동일하다.

소득공제와 세액공제를 혼용하기도 하는데, 법정정치기부금을 10만원 이상 낸 경우 10만원까지는 세액공제를 해주고 10만원 초과분에 대해서는 소득공제를 해주는 경우가 대표 사례이다.

소득세의 과세단위는 개인이 될 수도 있고 세대가 될 수도 있다. 일반적으로 성년이건 미성년이건 소득이 있는 자녀에 대해서는 분리과세를 한다. 부부의 경우 각자의 소득에 대하여 분리과세하거나, 둘의 과세소득 총액에 대하여 합산과세하거나 혹은 납세자가 선택하도록 하는 방식이 있다.

이상과 같은 사항을 고려하여 과세표준이 확정되면 그 가운데 얼마를 소득세로 징수할지가 계산되어야 한다. 대부분의 국가들은 소수의 소득구간(bracket)을 나누어 각 구간별로 동일한 한계세율을 적용하는 방식을 채택한다. 누진세(progressive tax)란 소득구간이 높아질수록 한계세율도 높아지는 제도이며, 균일세(flat tax)란 과세표준에 상관없이 균일한 한계세율을 적용하는 제도이다.

소득세는 1799년 영국에서 최초로 도입되었으며 우리나라에서는 일제 강점기인 1943년 도입되었다.[8] 제1차 세계대전 이전에는 주요 국가들의 소득세 최고세율이 제로에 가깝거나 기껏해야 10% 미만으로 미미하였으며 치안유지나 국가기반설비 구축 등 야경국가 운영을 위한 지출에 쓰였다.[9] 소득세율은 1914~1950년 격동기를 거치면서 수직상승하여 1970년 말까지 유지된 최고한계세율은 80~98%에 달하였다. 이렇게 늘어난 세수는 교육, 건강, 빈곤구제, 연금 등에 지출되어 국가의 역할도 적극적 사회복지로 넓어졌다. 그러나 1980년대 이후 미국과 영국이 주도한 신자유주의 정책에 따라 소득세 최고세율은 추세적으로 하락하여 2014년 현재 국가에 따라 35~55% 정도이다.

소득세를 노동소득세와 자본소득세로 분류하기도 한다. 노동소득세란 근로소득, 연금소득, 기타소득 등 노동의 대가로 벌어들인 소득에 대하여 매기는 세금이며, 자본소득세란 이자, 배당, 임대, 사업 등 자본의 운용으로부터 발생하는 소득에 대하여 매기는 세금이다. 자본의 이전에 부과되는 상속·증여세와 기업활동에 매기는 법인세를 자본소득세와 함께 묶어서 자본세(capital taxation)라고 부르기도 한다. 피케티(Piketty 2014)에 따르면, 서유럽 선진국의 경우 20세기 초에만 해도 10%에 불과한 소수 지배계층이 90%가 넘는 자본을 보유하고 있었으나 21

---

8 소득세에 누진제를 적용한 시기는 영국 1909년, 미국 1913년, 프랑스 1914년으로 덴마크 1870년, 일본 1887년, 프러시아 1891년보다 뒤쳐진다. 특히 프랑스의 기득권 세력은 누진소득세 입법의 발목을 십년이 넘게 잡고 있다가 제1차 세계대전 발발이 닥치자 부랴부랴 통과시켰다(Piketty(2014), 498쪽).

9 제1차 세계대전 이전에는 근로소득세뿐 아니라 증여세, 상속세, 부동산세, 금융소득세 등도 아예 없거나 기껏해야 10% 미만에 불과하였다.

세기초 그 비중은 65% 수준으로 낮아진 반면 소득분위 10~50%에 해당하는 중산층이 국가별로 25~35% 정도의 자본을 보유하게 되었다. 최상층 자본가 계층의 약화와 중산자본가 계층의 형성에 영향을 끼친 가장 중요한 요인으로는 20세기 전반기 격동의 역사(제1·2차 세계대전, 볼셰비키혁명, 대공황, 식민지독립 등)와 전후 주요 산업의 국유화, 그리고 사회복지국가로의 이행을 들 수 있다. 그러나 제도적으로 볼 때 20세기 이전에는 아예 없거나 기껏해야 10% 미만이었던 자본세가 제1차 세계대전 이후 수직상승한 후 1980년 이전까지 매우 높이 유지된 것도 큰 역할을 하였다. 피케티는 최근 자본유치를 위한 국가 간 자본세(특히 법인세) 인하 경쟁이 경제적 불평등과 자본의 소수집중을 또다시 심화시킬 우려가 있으며, 이를 완화하기 위하여 국제공조를 통한 누진자본세(global progressive tax on capital)가 중요하다고 역설한다.

우리나라의 소득세제

우리나라의 소득세는 국세수입의 28.3%에 이르는 가장 높은 비중의 세목이다. 소득을 과세대상으로 삼는 것은 소득이 개인의 담세력을 가장 잘 나타낸다고 보기 때문이다. 우리나라의 소득세제는 근로, 이자, 배당, 부동산임대, 사업, 연금, 기타 등 소득의 원천을 열거하고 그것에 세금을 매기는 방식이다. 또한 소득원천이 여럿일 경우 이를 모두 합산하여 보고하는 종합소득세제를 갖고 있다. 2018년말 현재 금융소득이 2천만원 이하이면 분리하여 과세하지만 2천만원을 초과하면 종합소득으로 합산하여 누진세의 적용대상이 된다. [표 18-3]은 2019년 귀속 소득에 적용되는 현재 우리나라의 소득세율을 나타낸다.

표 18-3 ▌우리나라의 소득세율(2019년도 귀속 소득에 적용)

과세소득금액	한계세율	누진공제액
1,200만원 미만	6%	0%
1,200~4,600만원	15%	108만원
4,600~8,800만원	24%	522만원
8,800만원~1억 5,000만원	35%	1,490만원
1억 5,000만원~3억원	38%	1,940만원
3억원~5억원	40%	2,540만원
5억원 초과	42%	3,540만원

* 국세의 10%에 해당하는 지방소득세는 별도로 납부해야 함.

18.5.2 법인세

법인세는 국가와 지방자치단체를 제외한 모든 영리 및 비영리법인의 순이익에 부과하는 세금이다. 법인세도 소득세와 같은 선상에서 이해할 수 있다. 총소득에서 소득공제분을 차감한 나머지를 소득세 과세표준으로 잡듯이 법인의 영업이익에서 비용공제분을 차감한 나머지를 법인세 과세표준으로 잡는다. 여기서 비용공제 항목으로 회사채이자비용, 감가상각비, 문화접대비 등을 인정하고 있다. 소득세 세액공제처럼 법인세 세액공제도 있는데, 신기술 개발을 위한 연구개발투자비나 고용창출을 위한 인건비에 대하여 세액을 그대로 되돌려줌으로써 사회적으로 바람직한 자원배분을 유도하기도 한다.

법인세가 국세에서 차지하는 비중은 22.3%(2017년도)로서 국세 가운데 세 번째로 높다. 우리나라의 2014년 현재 법인세율은 사업연도소득 2억원 이하 10%, 2억원 초과 200억 이하 20%, 200억 초과 22%이며 조합을 포함한 당기순이익 과세 공공법인에게는 9%를 일괄 적용한다. 법인세율은 국가 간의 자본유치 경쟁으로 인하여 계속 인하되어 왔으며 [표 18-4]에서 보듯이 우리나라도 예외가 아니다.

표 18-4 ▌우리나라의 법인세율 추세 (단위: %)

<table>
<tr><th>과세금액</th><th>1992년도</th><th>1997년도</th><th>2002년도</th><th>2007년도</th><th>2018년도</th></tr>
<tr><td>1억원 이하</td><td>20</td><td>16</td><td>15</td><td>13</td><td rowspan="2">10</td></tr>
<tr><td>1억원 초과 2억원 이하</td><td rowspan="4">34</td><td rowspan="4">28</td><td rowspan="4">27</td><td rowspan="4">25</td></tr>
<tr><td>2억원 초과 200억원 이하</td><td>20</td></tr>
<tr><td>200억원 초과 3,000억원 이하</td><td>22</td></tr>
<tr><td>3,000억원 초과</td><td>25</td></tr>
<tr><td>당기순이익 과세 공공법인</td><td>10</td><td>10</td><td>12</td><td>12</td><td>9</td></tr>
</table>

기업이 투자나 운영을 위하여 필요한 자금을 조달하는 방식은 회사채 발행(debt finance), 신주 발행(equity finance), 사내유보 활용의 세 가지이다. 만약 조세와 거래비용이 존재하지 않는다면 기업 입장에서 어떠한 자금조달방식을 택하건 차이가 없으며 따라서 기업가치도 자금조달방식에 영향을 받지 않는다. 이를 모딜리아니·밀러 정리(Modigliani and Miller 1958)라고 부른다. 그러나 현실세계에서 조세는 기업의 자금조달방식에 영향을 미치며 이는 또다시 재무구조와 경영방식에 영향을 미친다. 예컨대, 법인세 이자공제는 증자나 사내유보 활용보다 회사채 발

행을 선호하도록 유도한다.[10] 다른 예로 세법상 감가상각 방식의 변경은 기업의 투자 금액 및 시점에 영향을 미친다. 결국 법인세제는 자금조달방식, 재무구조, 투자결정 등에 미치는 영향을 최소화하여 중립성을 최대로 갖도록 설계되는 것이 바람직하다.

법인세와 관련하여 중요한 쟁점은 배당소득의 이중과세 문제이다. 법인세의 과세표준은 법인의 이윤인데, 법인세를 납부한 다음 세후이윤을 사내유보로 적립하거나 주주들에게 배당으로 지급한다. 그런데 주주들은 법인세율에 의해 과세가 된 이윤을 배당으로 받았음에도 불구하고 배당소득에 대하여 또다시 개인소득세를 납부해야 한다. 이러한 이중과세는 다른 소득원천에 비해서 배당소득에 대한 세부담을 크게 함으로써 수평적 공평이 저해된다. 또한 법인이 재원을 조달하는 데 있어서 유상증자보다 차입을 선호하게 유도한다. 차입이자는 손금처리되므로 비과세되지만 유상증자의 배당에는 법인세가 중복 과세되기 때문에 기업으로서는 차입을 선호하게 되고, 그에 따라 차입-자본의 최적비율과 괴리가 생기게 된다. 이후 세계적 추세에 따라 우리나라도 법인세 이중과세를 해소하는 방향으로 세제를 개편해 왔다. 현재 15%의 법인세율을 기준으로 배당금액의 19%를 주주의 배당소득세에서 공제토록 함으로써 이중과세 문제를 일부 해결하고 있다.

18.5.3 간접세

소득세, 법인세, 재산세와 같은 직접세는 과세주체에 직접 부과되므로 납세자와 실질 조세부담자가 동일하다. 반면 간접세(indirect tax)는 과세주체와 실부담자가 달라지므로 조세부담이 일부 혹은 전부 전가되는 현상이 나타난다. 부가가치세, 주세, 유류세 등이 대표적 간접세이다. 또 다른 분류체계로서 일반소비세와 개별소비세로 나누기도 한다. 일반소비세(general consumption tax)는 모든 재화와 용역에 일률적으로 부과하는 세금으로서 일반판매세와 부가가치세 등이 있다. 개별소비세(individual consumption tax)는 고소득층이 주로 소비하는 상품에 부과하는 세금으로서 보석, 대형가전제품, 승용차, 골프장 등에 부과한다.[11]

---

10 이자공제 제도가 있다고 해서 기업들이 차입을 증자보다 무조건 선호하지는 않는다. 첫째, 이자율이 매우 높으면 증자나 사내유보가 차입보다 유리하다. 둘째, 차입경영으로 인하여 기업 채무비율이 높은 상태에서 경제가 어려워지면 파산가능성이 높아진다. 셋째, 법인세율과 소득세율의 상대적 크기와 구조에 따라 주주의 납세액이 달라지는데 주주총회나 이사회에서 자금조달방식 결정시 대주주의 이해관계에 따라 차입보다 증자를 선호한다. 예컨대, 개인소득세율이 양도소득세율에 비해 높고 누진적이라면 사내유보가 차입보다 주주에게 더 유리하다.

11 개별소비세는 일반소비세와 대응되는 개념으로서 특별소비세라고 불리다가 위화감을 조성한다는 이유로

부가가치세(value-added tax: VAT)는 모든 생산단계와 거래단계에서 추가되는 부가가치를 대상으로 부과되는 세금으로서 간접세이면서 소비세이다. 프랑스에서 1954년 최초로 시작되었으며 우리나라에서는 1977년 도입되었다. 2014년 현재 일반과세자에 대한 세율은 10%이다. 국세 가운데 2017년 결산 기준 25.3%에 달한다. 세원의 포착이 쉬워서 상당한 세수를 쉽게 확보할 수 있다는 장점이 있으나 개인소득이 많건 적건 똑같은 세율로 납부해야 하므로 역진적이라는 단점이 있다.

부가가치세의 정치경제와 관련하여서는 간이과세제도 운영에 따른 탈세와 불공평이 지적되어야 한다. 우리나라는 소규모사업자의 납세절차를 간소화하기 위한 방안으로 연매출액 4,800만원 미만인 개인사업자에 대해 간이과세자로 특혜를 주고 있다. 그나마도 매년 상반기 혹은 하반기 매출액이 1,200만원 미만인 경우에는 부가가치세의 납부가 아예 면제된다. 이 때문에 개인사업자들은 매출을 축소신고하여 간이과세자로 적용받으려는 유인이 생기고 이는 탈세로 연결되는 경향이 있다. 반면 근로소득자들은 소득이 그대로 드러나므로 탈세가 쉽지 않아 근로소득자–개인사업자 간의 조세 불공평을 초래한다. 그럼에도 불구하고 대선이나 총선마다 주요 정당들은 자영업자들의 표를 의식하여 간이과세기준을 계속 높여 왔다. 이처럼 간이과세대상의 확대는 정치적으로 결정되어 사회적으로 바람직한 모습과는 거리가 멀어지는 죄수의 딜레마로 볼 수 있다.

우리나라의 개별소비세제는 종가세(ad valorem tax)를 근간으로 골프장, 카지노, 경마장 등의 장소에 적용되는 정액세(lump-sum tax)를 가미하는 형태를 갖는다. 개별소비세의 기본세율은 5~20%이고, 기본세율의 상하 30% 내에서 탄력세율을 적용할 수 있다.

18.5.4 자산세

이상에서 살펴본 소득세, 법인세, 간접세는 유량변수인 소득이나 소비에 부과되는 반면 자산세(資産稅)는 저량변수인 재산의 취득, 보유, 거래에 대해 과세한다. 구체적으로 상속세와 증여세는 재산의 취득에 부과하며, 양도소득세와 취·등록세는 재산의 거래에 부과하는 대표적 세금이다. 보유과세는 과세대상 재산의 범위에 따라 부유세와 자본징수로 나뉘는데 우리나라의 국세법에는 아직까지 재산보유세가 없다.

2008년 개칭되었다.

소득이나 소비뿐 아니라 자산에도 세금을 부과하는 이유는 다음과 같다.[12] 첫째, 부유층은 국방이나 치안과 같은 공공서비스로부터 더 많은 보호를 받고 편익을 누리므로 그에 합당한 세금을 낼 필요가 있다. 둘째, 부의 불평등을 완화하고 재분배 기능을 강화한다. 셋째, 부자는 세금 납부할 능력이 더 크므로 수직적 형평성을 높이는 측면에서 바람직하다. 반면 자산세는 저축할 유인을 저해할 수 있는데다 가치평가가 자의적이거나 탈세에 노출되기 쉬운 단점이 있다.

우리나라 상속세 및 증여세의 세율은 [표 18-5]와 같다. 상속·증여세도 소득세와 마찬가지로 인적공제를 포함한 다양한 공제를 받을 수 있으며, 이를 초과하는 부분에 대해서만 과세표준으로 인식하여 누진세율을 적용한다. 거액자산가들이나 기업총수들은 상속세를 피하기 위하여 온갖 수단과 방법을 동원하기 마련이고 그 과정에서 엄청난 사회적 손실이 발생하므로 상속세를 대폭 낮추거나 아예 폐지해야 한다는 주장도 있다. 반면 우리나라의 근현대사를 볼 때 국가사회적 지원(저임금정책, 노동운동 억제, 세제감면, 특혜금융 지원, 독점권 보장 등)을 토대로 자산을 축적한 경우가 다수인데다 극소수의 지분(1% 미만)으로 대기업을 지배하고 있는 총수가 자손에게 자산이나 기업을 물려주는 것이 정당한지에 대한 비판도 만만찮다.

표 18-5 ▌우리나라의 상속·증여세(2017년 11월말 현재)

과세표준	기본세율	누진공제
1억원 이하	10%	0
5억원 이하	20%	1천만원
10억원 이하	30%	6천만원
30억원 이하	40%	1억 6천만원
30억원 초과	50%	4억 6천만원

재산세는 지방세로서 이동성이 적은 토지, 주택, 건물, 선박 등에 부과하므로 지방정부의 최대 세원이다. 과표는 공시가격을 적용하는 것을 원칙으로 하되 공시가격이 없는 토지와 주택에 대해서는 시장·군수 등이 산정한 가격으로 한다. 세율은 재산의 종류와 가액에 따라 복잡하게 달라지지만 대개는 누진세제를 적용한다. 예컨대, 6천만원 이하 주택의 재산세율은 0.1%이며, 3억원 이상 주택의 재산세율은 57만원 더하기 3억원 초과액의 0.4%를 부과한다. 재산세와는 별도로 부과되는 종합부동산세도 과세표준 3억원 이하 주택에 대하여 0.5%를 시작으로 94억원 초과 한계세율 2.7%로 역시 누진적이다.

12 이 부분은 나성린·전영섭·홍성훈(2014)의 301~302쪽을 참조함.

18.6 부록: 램지규칙의 도출[13]

램지규칙을 도출하기 위하여 필요한 준비개념들을 점검하자. 경제사회에는 K개의 상품이 있다. 상품 $x_k(k=1,\ 2,\ \cdots,\ K)$의 시장가격은 P_k이며 시장가격의 벡터는 $\boldsymbol{P}\equiv(P_1,\ P_2,\ \cdots,\ P_K)$로 표기하자. 경제인 혹은 소비자가 상품묶음 $\boldsymbol{x}=(x_1,\ x_2,\ \cdots,\ x_K)$를 소비할 때 그가 얻는 만족수준은 효용함수 $u(\boldsymbol{x})$로 표현된다. 마지막으로 경제인의 소득 M은 외생적으로 주어졌다고 가정하자.

본 부록에서는 먼저 경쟁시장에서 소비자 이론을 설명한 다음 최적물품세 공식인 램지규칙을 도출한다. [그림 18-3]에 로드맵을 제시하였다.

그림 18-3 | 소비이론의 구조

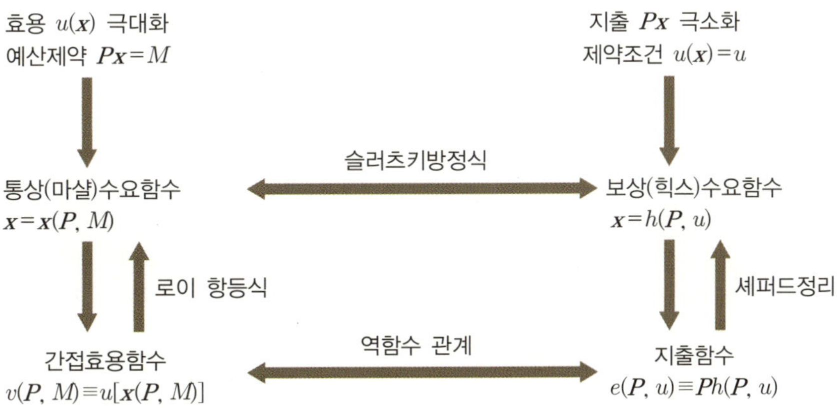

$\boldsymbol{x}=(x_1,\ x_2,\ \cdots,\ x_K)$ 소비묶음 벡터
$\boldsymbol{P}=(P_1,\ P_2,\ \cdots,\ P_K)$ 시장가격 벡터
M 명목소득
$u(\boldsymbol{x})$ 효용함수
u 특정한 효용수준

13 본 부록은 매우 수학적이어서 엄밀한 소비이론과 램지규칙의 도출에 관심이 적은 독자는 건너뛰어도 무방하다.

18.6.1 효용극대화

통상수요

경제인의 효용극대화 문제는 다음과 같다.

$$\begin{aligned} &\text{극대화} \quad u(\boldsymbol{x}) \\ &\text{제약조건 } \boldsymbol{Px} \equiv \sum_{j=1}^{K} \boldsymbol{P}_j x_j \le M \end{aligned}$$

위 극대화 문제를 풀기 위하여 라그랑지함수를 구성하면 $\mathcal{L}=u(\boldsymbol{x})+\lambda[M-\boldsymbol{Px}]$이다. 이로부터 일계조건을 구하면 다음과 같다.

$$\frac{\partial u}{\partial x_k} = \lambda P_k \quad (k=1,\ 2,\ \cdots,\ K) \tag{18.10a}$$

$$M - \sum_{j=1}^{K} P_j x_j = 0 \tag{18.10b}$$

위 연립방정식 체계는 $(K+1)$개의 방정식과 $(K+1)$개의 미지수 $x_1,\ x_2,\ \cdots,\ x_K,\ \lambda$로 이루어져 있으므로 해가 존재한다. 연립방정식의 해를 $x_k^* = x_k(P_1,\ P_2,\ \cdots,\ P_K,\ M)$(여기서, $k=1,\ 2,\ \cdots,\ K$), 그리고 $\lambda^* = \lambda(P_1,\ P_2,\ \cdots,\ P_K,\ M)$이라 하자. 그 중 x들을 벡터형식으로 나타내면 $\boldsymbol{x}^* = \boldsymbol{x}(\boldsymbol{P},\ M)$인데 이를 통상수요(ordinary demand)라 부른다. 여기서 명시하지는 않았지만 최적점 $\boldsymbol{x}^*$ 주변에서 한계대체율이 체감한다는 내용의 이계조건도 당연히 충족해야 한다.

간접효용함수

경제인이 최적소비점을 선택할 때 누리게 되는 극대화된 효용수준은 $v(\boldsymbol{P},\ M) \equiv u(\boldsymbol{x}(\boldsymbol{P},\ M))$인데 이를 간접효용함수(indirect utility function)라고 부른다. 즉, 간접효용이란 시장가격 벡터가 $\boldsymbol{P}$라 할 때 화폐소득 M원을 가진 경제인이 얻을 수 있는 효용의 극대치를 의미한다. 간접효용함수 $v(\boldsymbol{P},\ \mathrm{M})$으로부터 거꾸로 통상수요함수 $\boldsymbol{x}(\boldsymbol{P},\ M) \equiv (x_1(\boldsymbol{P},\ \mathrm{M}),\ x_2(\boldsymbol{P},\ \mathrm{M}),\ \cdots,\ x_K(\boldsymbol{P},\ \mathrm{M}))$을 도출하는 공식을 '로이항등식'이라 한다.

로이항등식(Roy's Identity)

$$x_k(P,\ M) = -\frac{\dfrac{\partial v(P,\ M)}{\partial P_k}}{\dfrac{\partial v(P,\ M)}{\partial M}} \quad (k=1,\ 2,\ \cdots,\ K)$$

(증명)

간접효용함수를 정의하는 항등식 $v(P,\ M) \equiv u[\mathbf{x}(P,\ M)]$의 양변을 p_k로 편미분하면 사슬법칙 (chain rule)에 의하여 다음이 된다.

$$\begin{aligned}\frac{\partial v(\boldsymbol{P},\ M)}{\partial p_k} &= \sum_{j=1}^{K} \frac{\partial u}{\partial x_j} \frac{\partial x_j}{\partial P_k} \\ &= \lambda \sum_{j=1}^{K} P_j \frac{\partial x_j}{\partial P_k} \\ &= -\lambda x_k(\boldsymbol{P},\ M) \end{aligned} \tag{18.11}$$

둘째 줄은 효용극대화의 일계조건 식 (18.10a)를 첫 줄에 대입하여 얻은 것이다. 효용극대화의 일계조건(식 (18.10b))이면서 예산제약식이기도 한 $\boldsymbol{Px}(P,\ M) = M$을 P_k에 대하여 편미분하면 $x_k + \sum_{j=1}^{K} P_j \frac{\partial x_j}{\partial P_k} = 0$이 되는데 이를 식 (18.11)의 둘째 줄에 대입하면 셋째 줄이 얻어진다.
다른 한편 항등식 $v(P,\ M) \equiv u[\mathbf{x}(P,\ M)]$의 양변을 M으로 편미분하면 다음과 같다.

$$\begin{aligned}\frac{\partial v(\boldsymbol{P},\ M)}{\partial M} &= \sum_{j=1}^{K} \frac{\partial u}{\partial x_j} \frac{\partial x_j}{\partial M} \\ &= \lambda \sum_{j=1}^{K} P_j \frac{\partial x_j}{\partial M} \\ &= \lambda \end{aligned} \tag{18.12}$$

첫 줄에 일계조건 식 (18.10a)를 대입하면 둘째 줄이 얻어진다. 예산제약식 $\boldsymbol{Px}(P,\ M) = M$을 M에 대하여 편미분하면 $\sum_{j=1}^{K} P_j \frac{\partial x_j}{\partial M} = 1$이 되는데 이를 식 (18.12)의 둘째 줄에 대입하면 셋째 줄이 도출된다.
식 (18.11)을 식 (18.12)로 나누어 상수 λ를 소거하면 로이항등식이 도출된다.

18.6.2 지출극소화

보상수요

시장가격 벡터가 $\boldsymbol{P}$로 주어졌다고 전제하고 특정 효용수준 $\bar{u}$를 달성하기 위해서는 각 상품을 얼마만큼 소비해야 하는가? 이때 소요되는 지출총액은 최소한 얼마가 필요한가? 지출극소화 문제는 이에 대한 답으로 다음과 같이 구성된다.

극소화 $\boldsymbol{Px}$

제약조건 $u(\boldsymbol{x})=\bar{u}$

지출극소화 문제를 풀기 위한 라그랑지함수는 $\mathcal{L}=\boldsymbol{Px}+\beta[\bar{u}-u(\boldsymbol{x})]$이다. 이로부터 일계조건을 구하면 다음과 같다.

$$P_k=\beta\frac{\partial u}{\partial x_k}\quad(k=1,\ 2,\ \cdots,\ K) \tag{18.13}$$

$$\bar{u}-u(\boldsymbol{x})=0 \tag{18.14}$$

위 연립방정식 체계는 $(K+1)$개의 방정식과 $(K+1)$개의 미지수 $x_1,\ x_2,\ \cdots,\ x_K,\ \beta$로 이루어져 있으므로 해가 존재한다. 그 해를 $h_k^*=h_k(P_1,\ P_2,\ \cdots,\ P_k,\ \bar{u})$(여기서, $k=1,\ 2,\ \cdots,\ K$), 그리고 $\beta^*=\beta(P_1,\ P_2,\ \cdots,\ P_K,\ \bar{u})$라 하자. 라그랑지상수인 β는 소거하고 상품수량 h들만을 벡터형식으로 나타내면 $\boldsymbol{h}^*=\boldsymbol{h}(\boldsymbol{P},\ \bar{u})$인데 이를 보상수요(補償需要, compensated demand)라 부른다. 물론 최적점 $\boldsymbol{h}^*$ 주변에서 한계대체율이 체감한다는 내용의 이계조건도 충족되어야 한다.

보상수요는 통상수요에서 소득효과를 제외하고 대체효과만을 반영한 부분이다. 대체효과(substitution effect)와 소득효과(income effect)에 대해서는 뒤에 나오는 슬러츠키방정식에서 상세히 설명할 것이다. 여기서는 보상수요함수가 대칭적이라는 사실을 밝혀놓고자 한다.

$$\frac{\partial h_l}{\partial P_k}=\frac{\partial h_k}{\partial P_l}\quad(k,\ l=1,\ 2,\ \cdots,\ K) \tag{18.15}$$

상품 k 가격이 상품 l 보상수요량에 미치는 영향과 상품 l 가격이 상품 k 보상수요량에 미치는 영향이 정확히 똑같음을 의미한다. 증명은 지출함수의 성질을 이용하므로 뒤로 미루기로 한다.

지출함수

경제인이 최적소비점을 선택할 때 누리게 되는 극소화된 지출수준은 $e(P, \bar{u}) \equiv \boldsymbol{P}\boldsymbol{h}(P, \bar{u}) \equiv \sum_{j=1}^{K} P_j h_j(P, \bar{u})$인데 이를 지출함수라고 부른다. 지출함수(expenditure function)는 시장가격이 $\boldsymbol{P}$로 주어져 있을 때 효용수준 $\bar{u}$를 얻기 위하여 반드시 필요한 최소한의 금액을 의미한다. 지출함수 $e(P, \bar{u})$의 여러 성질 가운데 가격벡터 $\boldsymbol{P}$에 대하여 오목(concave)함수임이 중요하다.

(증명) 지출함수의 오목성

주어진 효용수준 $\bar{u}$를 달성하기 위한 지출극소화 문제를 다루고 있으므로 수식의 복잡성을 피하기 위하여 지출함수를 가격벡터의 함수로만 표시하자. 가격벡터 $\boldsymbol{P}'$ 및 $\boldsymbol{P}''$하에서 지출극소화를 위한 보상수요함수를 각각 $\boldsymbol{h}'$ 및 $\boldsymbol{h}''$이라 하자. 지출함수의 개념상 다음이 성립한다.

$$e(\boldsymbol{P}') = \boldsymbol{P}'\boldsymbol{h}' \leq \boldsymbol{P}'\mathbf{x} \quad \forall \mathbf{x} \tag{18.16}$$

$$e(\boldsymbol{P}'') = \boldsymbol{P}''\boldsymbol{h}'' \leq \boldsymbol{P}''\mathbf{x} \quad \forall \mathbf{x} \tag{18.17}$$

가격벡터 $\boldsymbol{P}'$ 및 $\boldsymbol{P}''$의 볼록조합인 가격벡터 $\boldsymbol{P}''' = \alpha\boldsymbol{P}' + (1-\alpha)\boldsymbol{P}''$(상수 $\alpha \in [0, 1]$)하에서 지출극소화를 위한 보상수요함수를 $\boldsymbol{h}$라 놓자.

$$\begin{aligned} e(\alpha\boldsymbol{P}' + (1-\alpha)\boldsymbol{P}'') &= [\alpha\boldsymbol{P}' + (1-\alpha)\boldsymbol{P}'']\boldsymbol{h} \\ &= \alpha\boldsymbol{P}'\boldsymbol{h} + (1-\alpha)\boldsymbol{P}''\boldsymbol{h} \\ &\geq \alpha\boldsymbol{P}'\boldsymbol{h}' + (1-\alpha)\boldsymbol{P}''\boldsymbol{h}'' \quad \text{(왜냐하면, 식 (18.16)과 (18.17)은 } \mathbf{x}=\boldsymbol{h}\text{에서도 성립)} \\ &= \alpha e(\boldsymbol{P}') + (1-\alpha)e(\boldsymbol{P}'') \end{aligned}$$

이는 지출함수 $e(\boldsymbol{P})$가 가격벡터 $\boldsymbol{P}$에 대하여 오목함수라는 정의에 다름 아니다.

지출함수로부터 보상수요함수를 도출하는 공식은 다음의 '쉐퍼드 따름정리'로 요약된다.

쉐퍼드 따름정리(Shephard's Lemma)

$$h_k(P, \bar{u}) = \frac{\partial e(\boldsymbol{P}, \bar{u})}{\partial P_k} \quad (k=1,\ 2,\ \cdots,\ K) \tag{18.18}$$

(증명)

함수 $g(P)$를 다음과 같이 정의하자.

$$g(P) \equiv e(P, u) - \boldsymbol{P}\boldsymbol{h}(P^{*}, u)$$

지출 $e(P, u)$는 가격 P하에서 효용수준 u를 달성하기 위하여 필요한 최소한의 금액이며 이는 $\boldsymbol{Ph}(P, u)$와 같다. 반면 $\boldsymbol{h}(P^{*}, u)$는 가격 P^{*}하에서 효용수준 u를 달성하도록 해주는 보상수요함수이므로 $\boldsymbol{Ph}(P, u) \leq \boldsymbol{ph}(P^{*}, u)$이다. 따라서 어떠한 $\boldsymbol{p}$에 대해서도 $g(P) \leq 0$이다. 둘째, 지출함수의 정의상 $g(P^{*}) = e(P^{*}, u) - P^{*}\boldsymbol{h}(P^{*}, u) = 0$이다. 셋째, 지출함수 $e(P, u)$는 p에 대해서 오목함수이고 $\boldsymbol{Ph}(P^{*}, u)$는 P에 대해서 선형함수이므로 $g(P)$는 P에 대해서 오목함수이다.[14]

이상의 사실로부터 연속함수 $g(P)$는 $P = P^{*}$에서 극대치를 가짐을 알 수 있다. 그러므로 $P = P^{*}$점에서 다음이 성립해야 한다.

$$\frac{\partial g(\boldsymbol{P})}{\partial P_k} = \frac{\partial e(\boldsymbol{P}, \bar{u})}{\partial P_k} - h_k(P, \bar{u}) = 0 \quad (k = 1, 2, \cdots, K)$$

이로써 쉐퍼드 따름정리가 도출된다.

포락선정리(Envelope Theorem)를 알고 있는 독자는 이상의 방식보다 훨씬 간편하게 증명할 수 있다. 지출극소화 문제를 풀기 위한 라그랑지함수는 $\mathcal{L} = \boldsymbol{Px} + \beta[\bar{u} - u(\boldsymbol{x})]$이다. 극소화 문제의 해가 $\boldsymbol{x} = h(\boldsymbol{P}, \bar{u})$이며 극소화된 값이 $e(\boldsymbol{P}, \bar{u})$이다. 따라서 포락선정리를 적용하면 다음이 곧바로 성립해야 한다.

$$\frac{\partial e(\boldsymbol{P}, \bar{u})}{\partial P_k} = \frac{\partial \mathcal{L}}{\partial P_k} = h_k(P, \bar{u}) \quad (k = 1, 2, \cdots, K)$$

보상수요함수의 대칭성

보상수요는 통상수요에서 소득효과를 제외하고 대체효과만으로 측정한 부분이다.

$$\frac{\partial h_l}{\partial P_k} = \frac{\partial h_k}{\partial P_l} \quad (k, l = 1, 2, \cdots, K) \tag{18.19}$$

식 (18.19)는 상품 k 가격이 상품 l 보상수요량에 미치는 영향과 상품 l 가격이 상품 k 보상수요량에 미치는 영향은 항상 똑같다는 의미이다.

14 오목함수는 반드시 연속함수이다. 다시 말해서, 오목함수이면서 불연속함수란 있을 수 없다.

(증명)

$$\frac{\partial h_l}{\partial P_k} = \frac{\partial}{\partial p_k}\left(\frac{\partial e(\boldsymbol{P}, \bar{u})}{\partial P_l}\right)$$

$$= \frac{\partial^2 e(\boldsymbol{P}, \bar{u})}{\partial P_k \partial P_l} = \frac{\partial^2 e(\boldsymbol{P}, \bar{u})}{\partial P_l \partial P_k}$$

$$= \frac{\partial}{\partial P_l}\left(\frac{\partial e(\boldsymbol{P}, \bar{u})}{\partial P_k}\right) = \frac{\partial h_k}{\partial P_l}$$

첫 줄과 셋째 줄에는 쉐퍼드 따름정리를 적용하였다.

18.6.3 슬러츠키방정식

슬러츠키방정식(Slutsky Equation)은 가격변동에 따른 수요량의 변화를 대체효과와 소득효과로 분리하여 나타낸 식이다. 대체효과란 특정 상품의 가격이 변하면 다른 상품 가격들과 비교하여 상대적으로 비싸지거나 싸지고 그로 인하여 발생하는 수요량의 변동분을 측정한 것이다. 반면 소득효과란 상품들 간의 상대가격은 그대로 둔 채 실질소득이 늘거나 줄기 때문에 발생하는 수요량의 변동을 측정한 것이다. 다른 각도에서 볼 때 슬러츠키방정식은 통상수요와 보상수요와의 관계를 나타낸다.

$$\frac{\partial x_j}{\partial P_k} = \frac{\partial h_j}{\partial P_k} - x_k \frac{\partial x_j}{\partial M} \tag{18.20}$$

식 (18.20)의 좌변은 상품 k의 가격이 변할 때 상품 j의 통상수요량이 얼마나 변하는지를 나타내는 총효과이다. 우변 첫 항은 상품 k의 가격이 변할 때 상품 j의 보상수요량이 얼마나 변하는지를 나타내므로 대체효과를 측정한다. 우변 둘째 항은 상품 k의 가격변동에 따른 실질소득의 변화가 상품 j의 수요량에 간접적으로 미치는 영향을 나타내므로 소득효과를 측정한다.

슬러츠키방정식을 도출해보자. 가격체계 $\boldsymbol{P}^*$에서 효용극대화의 결과 극대화된 효용수준을 u^*라 하자. 아래 식 (18.21)은 항등식이다.

$$h_j(\boldsymbol{P}, u^*) \equiv x_j(\boldsymbol{P}, e(\boldsymbol{P}, u^*)) \tag{18.21}$$

항등식의 좌변은 가격체계 $\boldsymbol{P}$하에서 효용수준 u^*를 달성하기 위해 요구되는 상품 j의 보상수요량을 나타낸다. 우변은 가격체계 $\boldsymbol{P}$하에서 효용수준 u^*를 달성하기 위해 꼭 필요한 최소한의 지출금액이 소득으로 주어졌다고 가정할 때 동일한 가격체계 $\boldsymbol{P}$하에서 효용극대화를 위해 요구되는 상품 j의 통상수요량을 나타낸다. 좌변과 우변은 개념상 똑같을 수밖에 없다. 식 (18.21)의 양변을 P_k로 편미분하면 다음을 얻는다.

$$\frac{\partial h_j}{\partial P_k}=\frac{\partial x_j}{\partial P_k}+\frac{\partial x_j}{\partial M}\frac{\partial e(\boldsymbol{P},\ u^*)}{\partial P_k} \tag{18.22}$$

그런데 쉐퍼드 따름정리에 따르면 지출함수와 통상수요 간에는 $\frac{\partial e(\boldsymbol{P},\ u^*)}{\partial P_k}=h_k(\boldsymbol{P},\ u^*)$의 관계가 성립한다. 이를 식 (18.22)에 대입한 다음 가격 $\boldsymbol{P}=\boldsymbol{P}^*$에서는 $h_k(\boldsymbol{P}^*,\ u^*)=x_k(\boldsymbol{P}^*,\ e(\boldsymbol{P}^*,\ u^*))$가 반드시 성립한다는 성질을 이용하면 슬러츠키방정식을 얻는다.

18.6.4 램지규칙의 도출

주어진 정부지출 $\overline{R}$원을 충당해야 한다는 제약하에 대표적 경제인의 후생을 극대화하는 문제는 다음과 같다.

$$\begin{aligned}&\text{극대화} \quad v(\boldsymbol{P}+\boldsymbol{T},\ M)\equiv u[x(\boldsymbol{P}+\boldsymbol{T},\ M)]\\&\text{제약조건} \quad \boldsymbol{T}\cdot x(\boldsymbol{P}+\boldsymbol{T},\ M)=\overline{R}\end{aligned}$$

라그랑지상수를 μ라 놓으면 라그랑지함수는 다음과 같다.

$$\mathcal{L}=v(\boldsymbol{P}+\boldsymbol{T},\ M)+\mu\left[\overline{R}-\sum_{k=1}^{K}T_k x_k(\boldsymbol{P}+\boldsymbol{T},\ M)\right] \tag{18.23}$$

극대화를 위한 일계조건은 위의 라그랑지함수를 선택변수 $T_i(i=1,\ 2,\ \cdots,\ K)$에 대하여 각각 편미분함으로써 다음과 같이 구해진다. 아래에서 $q_i=P_i+T_i$는 상품 i의 세후 가격을 나타낸다. 모든 $i=1,\ 2,\ \cdots,\ K$에 대해서,

$$\frac{\partial v(\boldsymbol{P}+\boldsymbol{T},\ M)}{\partial q_i} - \mu\left[x_i + \sum_{k=1}^{K} T_k \frac{\partial x_k(\boldsymbol{P}+\boldsymbol{T},\ M)}{\partial q_i}\right] = 0 \tag{18.24}$$

효용극대화 문제에서 구한 라그랑지승수를 λ라 놓고 로이항등식을 식 (18.24)에 대입하면 식 (18.25)가 된다. 또 슬러츠키방정식을 식 (18.25)에 대입하면 식 (18.26)이 얻어진다.

$$-\lambda x_i - \mu\left[x_i + \sum_{k=1}^{K} T_k \frac{\partial x_k(\boldsymbol{P}+\boldsymbol{T},\ M)}{\partial q_i}\right] = 0 \tag{18.25}$$

$$-\lambda x_i - \mu\left[x_i + \sum_{k=1}^{K} T_k \left[\frac{\partial h_k}{\partial q_i} - x_i \frac{\partial x_k}{\partial M}\right]\right] = 0 \tag{18.26}$$

식 (18.26)을 x_i에 대하여 정리하면 다음이 도출된다.

$$\theta x_i = \sum_{k=1}^{K} T_k\left(-\frac{\partial h_k}{\partial q_i}\right) \quad (\text{여기서, } \theta \equiv \frac{\mu+\lambda}{\mu} \text{는 상수}) \tag{18.27}$$

다른 한편, 정부의 균형재정식 $T\boldsymbol{x}(P+T,\ M)=\overline{R}$의 양변을 M으로 미분하면 $\sum_k T_k \frac{\partial x_k}{\partial M} = 0$이다. 이 사실을 식 (18.26)에 대입하여 정리하면 다음이 도출된다.

$$\theta\, x_i = \sum_k T_k\left(-\frac{\partial h_k}{\partial q_i}\right) \quad (\text{여기서, } \theta = \frac{\mu+\lambda}{\mu}) \tag{18.28}$$

보상수요함수의 대칭성 식 (18.19)에 의하여 $\frac{\partial h_k}{\partial q_i} = \frac{\partial h_i}{\partial q_k}$ 관계가 반드시 성립하므로 이를 식 (18.28)에 대입하면

$$\theta x_i = \sum_{k=1}^{K} T_k\left(-\frac{\partial h_i}{\partial q_k}\right)$$

$$\theta = \sum_{k=1}^{K} T_k\left(-\frac{1}{x_i}\frac{\partial h_i}{\partial q_k}\right) = \sum_{k=1}^{K}\left(-\frac{q_k}{x_i}\frac{\partial x_i}{\partial p_k}\right)\left(\frac{T_k}{q_k}\right)$$

$$\theta = \sum_{k=1}^{K} e_{ki}\left(\frac{T_k}{q_k}\right) \equiv \sum_{k=1}^{K} e_{ki}\tau_k \tag{18.29}$$

여기서, $e_{ki} \equiv -\dfrac{P_k}{x_i}\dfrac{\partial x_i}{\partial P_k}$는 상품 k의 가격이 1% 변할때 상품 i의 수요량이 몇 퍼센트 변하는지를 나타내는 탄력성이다. 또한 $\tau_k \equiv \dfrac{T_k}{P_k + T_k}$는 가격 대비 물품세액이므로 상품 k에 대한 물품세율이다. 결론적으로 식 (18.29)가 일반적인 형태의 램지규칙이다.

19

CHAPTER

소득세의 정치경제

19.1 최적 근로소득세제

19.2 정치적 균형 근로소득세제

19.3 소득세의 램지법칙

19.4 자본소득세는 왜 그렇게 높은가?

19.5 탈세

앞의 제18장 18.3절에서 물품세가 초래하는 사회후생의 손실에 대해 설명하였으며 개념상 동일한 개념을 소득세에도 적용할 수 있다. [그림 18-2]에서 가격(P)과 수량(Q)을 각각 임금(w)과 노동량(L)으로 바꾸고 곡선 D와 S가 각각 노동수요곡선과 노동공급곡선을 나타낸다고 하자. 자중손실, 즉 하버거삼각형도 앞장의 식 (18.5)와 같다. 여기서는 e_D는 노동의 수요탄력성, e_S는 노동의 공급탄력성, $G \equiv wL$은 근로소득총액을 나타낸다는 해석상의 차이만 있다.

소득세의 자중손실은 세율의 제곱에 비례해서 기하급수적으로 커진다. 또한 노동수요나 노동공급의 탄력성이 클수록 소득세 부과에 따른 임금인상이 고용량의 대폭적 감소를 초래하므로 사회후생의 손실은 그만큼 커진다. 이는 노동수요나 공급이 탄력적인 사회일수록 소득세 부과의 부작용이 커지므로 소득세율을 낮게 유지하는 것이 바람직하다는 함의를 갖는다.

물품세를 다룰 때와 마찬가지로 효율을 추구하는 정부의 목적은 자중손실 최소화 혹은 사회후생 극대화에 있다. 본장에서는 소득세가 끼치는 초과부담과 최적 소득세구조, 그리고 정치적 균형에 관하여 다루고자 한다. 먼저 19.1절에서는 노동시장에 국한하여 정부가 개개인의 근로능력을 알 수 없을 때 규범적 관점에서 바람직한 근로소득세를 규명한다. 차선의 근로소득세제가 파레토최적과 얼마나 어떻게 차이가 나는지 설명하고 의미를 해석한다. 19.2절에서는 정치적으로 결정되는 세제는 실증적으로 어떠한 모습을 갖는지, 그리고 19.1절에서 살펴본 최선 혹은 차선 소득세제와 어떻게 차이가 나는지를 설명한다.

19.3절에서는 생산요소로 노동과 자본을 함께 고려하여 규범적 관점에서 바람직한 근로소득세 및 자본소득세의 구조를 규명한다. 결론은 앞의 제18장에서 살펴본 물품세제의 램지규칙을 소득세로 확장한 개념에 가깝다. 램지규칙에 따르면 비탄력적 생산요소인 노동에 높은 소득세율을 매기고 상대적으로 탄력적 생산요소인 자본에는 매우 낮은 세율을 매기는 것이 타당하다. 그런데 현실에서 자본소득세는 별로 낮지 않을 뿐더러 많은 국가에서 오히려 근로소득세보다 현저히 높다. 19.4절은 최적이론과 실증자료 간의 이러한 괴리가 왜 생기는지에 관해 설명한다.

19.4절까지의 논의는 정부가 개개인의 소득증대 능력을 모를지언정 실제 소득금액이 얼마인지는 알 수 있다는 전제에 서 있다. 그러나 현실에서 개인이나 법인이 실제 소득의 일부나 전부를 숨기는 탈세는 비일비재하다. 탈세는 범죄인데다 징세 부담을 탈세자로부터 성실납세자에게로 이전시키는 부정적 효과가 크므로 국세청은 세무조사를 실시하고 탈세자에게 무거운 벌금을 부과하는 노력을 기울인다. 다시 말해서 소득은닉과 탈세는 국세청과 납세자 간의 게임으로 볼 수 있다. 19.6절과 19.7절에서는 탈세와 준법게임에 대하여 차례로 다루고자 한다.

19.1 최적 근로소득세제

본절에서는 메커니즘 설계의 방법을 적용하여 최적 소득세제가 어떠한 모습을 갖는지를 살펴본다. 사회구성원들은 선호체계가 설령 동일하다고 하더라도 소득창출 능력은 서로 다르기 마련이다. 개인은 능력에 따라 노동량을 결정하며 그에 따라 근로소득이 결정된다.

만약 정부가 개개인의 능력을 완전히 알고 있다면 각자에게 정액세를 부과하는 것이 가장 바람직한 정책이다. 이유는 다음과 같다. 소득의 많고 적음에 따라 세금을 부과하는 소득세 제도는 개인의 노동공급을 왜곡한다. 한 달에 500만원을 벌 능력이 있는 사람은 자신이 번 돈을 고스란히 가질 수 있다면 열심히 일해서 500만원을 번다. 그러나 소득의 30%를 세금으로 내야 한다면 덜 일하고 덜—예컨대, 450만원—벌려는 동기가 있다. 뼈 빠지게 일해서 500만원을 벌어도 세금을 빼고 나면 350만원밖에 남지 않으니 즐길 때 즐기고 450만원만 벌어서 315만원을 소비하는 편이 낫기 때문이다. 반면에 얼마를 벌든 상관없이 무조건 150만원의 세금을 내야 한다면 그는 열심히 일하여 500만원을 벌려고 할 것이다. 요약하면 개별 납세자의 능력에 대한 정부의 정보가 완비되어 있다면 개인능력에 따라 정액세를 부과하면 된다. 노동공급의 왜곡이 발생하지 않으며, 따라서 자중손실도 발생하지 않으므로 사회후생은 자연스럽게 극대화된다.

하지만 현실적으로 정부가 개별 납세자의 능력을 알기는 어렵다. 납세자 개인의 능력에 대한 정보가 미비한 경우 정부는 차선책으로서 개인이 실제로 벌어들인 소득을 기준으로 세금을 부과하는 수밖에 없다. 개인능력은 알기 어렵지만 실제소득은 상대적으로 파악하기 쉽기 때문이다. 정부는 이론적으로 구성가능한 수많은 조세제도 가운데 어느 것이 사회후생을 극대화해주는지에 관심이 있다. 따라서 메커니즘 설계법을 적용하여 최적 조세제도를 논한다는 것은 현실에 존재하고 있는 조세제도를 묘사한다는 실증적 관점이 아니라 사회적으로 가장 바람직한 조세제도가 무엇인가를 제시하는 규범적 관점에서 보는 것이다.

경제사회는 고능력자($\theta = \theta_H$)와 저능력자($\theta = \theta_L$)로 구성되어 있으며 고능력자의 비율이 β임을 알고 있다. 최종소득을 x, 노동시간을 z라 놓을 때, 능력 θ인 납세자의 효용함수는 다음과 같다고 가정하자.

$$u_\theta(x, z) = u(x) - \frac{z}{\theta} \tag{19.1}$$

식 (19.1)에 따르면 소득 x가 오를수록 개인의 행복은 증대되며 노동시간 z가 커질수록 효용은 감소한다. 또한 능력이 뛰어난 사람일수록 똑같은 노동량을 투입하더라도 효용감소의 정도가 작다. 개인은 위험회피적이어서 $u'>0>u''$이 항상 성립한다고 하자.

먼저 정부가 개개인의 능력에 대한 완비정보를 갖고 있어 실제소득과 무관하게 정액세(lump-sum tax)를 부과할 수 있다고 하자. 이는 $x=z-T$(여기서, T는 z와 무관한 정액세)임을 의미한다. 이를 식 (19.1)에 대입하여 극대화 문제를 풀면 효율적인 자원배분은 다음과 같다.

$$u'(x_H)=\frac{1}{\theta_H} \tag{19.2a}$$

$$u'(x_L)=\frac{1}{\theta_L} \tag{19.2b}$$

이제 납세자의 유형에 대한 정부의 정보가 미비한 상황에서 소득세 메커니즘을 설계하자. 정부가 설계한 메커니즘에 따를 경우 고능력자는 z_H시간의 노동을 투입하고 최종소득으로 x_H단위를 얻으며 저능력자는 z_L시간의 노동을 투입하고 최종소득으로 x_L단위를 얻는다고 하자. 고능력자는 자신을 위해 설계된 (x_H, z_H)를 선택할 때의 보수가 무능한 자를 위해 설계된 (x_L, z_L)을 선택할 때의 보수보다 작지 않아야만 전자를 선택할 유인이 있다. 또 저능력자에게는 고능력자를 위해 설계된 최종소득과 노동시간을 선택할 유인이 없어야 한다. 이러한 유인양립조건을 식으로 나타내면 다음과 같다.

$$[IC_H] \quad u(x_H)-\frac{z_H}{\theta_H}\geq u(x_L)-\frac{z_L}{\theta_H} \tag{19.3a}$$

$$[IC_L] \quad u(x_L)-\frac{z_L}{\theta_L}\geq u(x_H)-\frac{z_H}{\theta_L} \tag{19.3b}$$

정부가 세입과 세출을 일치시키는 균형재정을 실시하여 순수한 재분배만 실시한다고 하자. 고능력자에게 걷는 조세 혹은 보조금은 $\tau_H=z_H-x_H$이고, 저능력자에게 걷는 조세 혹은 보조금은 $\tau_L=z_L-x_L$이 될 것이다. 고능력자의 비율이 β이고 저능력자의 비율이 $(1-\beta)$이므로 정부의 자원제약식 BB(balanced budget)는 다음과 같아야 한다.

$$[BB] \quad \beta x_H+(1-\beta)x_L=\beta z_H+(1-\beta)z_L \tag{19.4}$$

식 (19.4)의 좌변은 납세자들의 최종 세후소득 합계이며 우변은 생산총액 혹은 세전소득 합계이다.

정부의 공리주의적 사회후생 극대화 문제는 다음과 같다.

$$\text{극대화 } W[(x_H, z_H), (x_L, z_L)] = \beta\left[u(x_H) - \frac{z_H}{\theta_H}\right] + (1-\beta)\left[u(x_L) - \frac{z_L}{\theta_L}\right] \quad (19.5)$$

제약조건 IC_H, IC_L, BB

정부가 사회후생함수 W를 극대화하려면 고능력 납세자의 유인양립조건 IC_H가 등호로 성립해야 한다. 저능력 납세자의 유인양립조건 IC_L은 부등호로 성립할 수 있다. 결국 IC_H와 BB를 등호로 놓고 연립하여 풀면 z_H와 z_L 각각을 x_H와 x_L의 함수로 나타낼 수 있다.

$$z_H = \beta x_H + (1-\beta)x_L + (1-\beta)\theta_H[u(x_H) - u(x_L)] \quad (19.6a)$$

$$z_L = \beta x_H + (1-\beta)x_L - \beta\theta_H[u(x_H) - u(x_L)] \quad (19.6b)$$

식 (19.6a)와 식 (19.6b)를 식 (19.5)에 대입하면 정부의 사회후생함수는 다음과 같이 단순화된다.

$$W(x_H, x_L) = \beta A\left[u(x_H) - \frac{x_H}{\theta_H}\right] + (1-\beta)\left[Bu(x_L) - C\frac{x_L}{\theta_L}\right] \quad (19.7)$$

여기서 세 상수 $A \equiv \left[\beta + (1-\beta)\frac{\theta_H}{\theta_L}\right]$, $B \equiv \left[1 + \beta - \beta\frac{\theta_H}{\theta_L}\right]$, $C \equiv \left[1 - \beta + \beta\frac{\theta_L}{\theta_H}\right]$이다. 식 (19.7)을 x_H와 x_L에 대하여 미분한 다음 영(0)으로 놓음으로써 일계조건을 구하면 사회후생을 극대화해주는 x_H와 x_L은 각각 다음 식을 만족하는 x_H^*와 x_L^*이다.

$$u'(x_H^*) = \frac{1}{\theta_H} \quad (19.8a)$$

$$u'(x_L^*) = \frac{1}{\theta_L}\frac{C}{B} \quad (19.8b)$$

식 (19.8a)와 (19.8b)에서 구한 차선책을 식 (19.2a)와 (19.2b)에서 구한 최적과 비교해

그림 19-1 | 최적 및 차선 근로소득세제

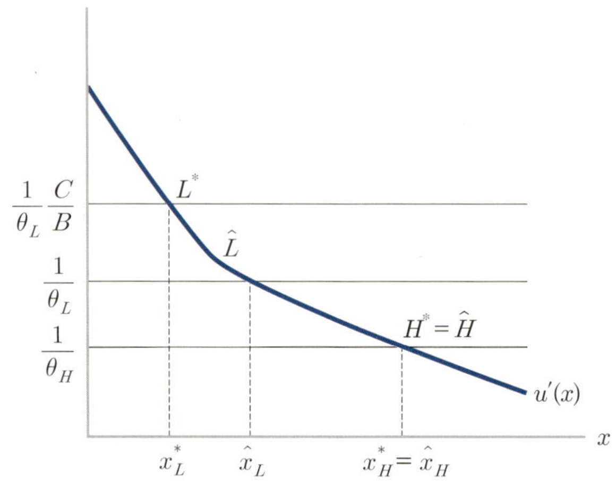

보자. [그림 19−1]을 참조하라. 우선 고능력자의 세후소득 x^*_H는 조세나 재분배가 존재하지 않는 상태에서 그가 얻게 될 소득 $\hat{x}_H$와 똑같다. 고능력자는 근로소득의 일부를 세금으로 내야 하는데 그럼에도 불구하고 세후소득을 똑같이 유지하려면 노동량 z를 늘릴 수밖에 없다. 즉, $z^*_H > \hat{z}_H$이다. 최적상태에 비해 근로시간은 더 길고 세금을 많이 내야 하므로 고능력자가 최종적으로 누리는 효용수준은 낮아진다. 다음으로 저능력자의 의사결정을 살펴보자. 상수 C는 상수 B보다 크므로 식 (19.8b)의 우변이 식 (19.2b)의 우변보다 크고 따라서 저능력자의 소득 x^*_L는 최적 $\hat{x}_L$보다 작다. 정부는 고능력자로부터 걷은 조세수입을 저능력자들에게 이전하므로 저능력자의 노동시간은 최적보다 현저히 작다. 저소득층의 최종소비량은 최적에 못미치지만 그들이 누리는 최종 효용수준은 오히려 더 높아지는데 이는 근로를 회피하고 정부로부터 보조금을 받기 때문이다. 결론적으로 개인의 능력을 정부가 일일이 알기 어려운 경우 저능력자는 노동의욕이 낮아지는 반면 정부로부터 보조금을 받아 살아가려는 유인이 커지므로 노동공급을 왜곡시킨다.[1]

1 최적 조세론에 대한 폭넓고 심도 있는 연구와 서베이는 Salanie(2003)를 참고하라.

연습문제 >> 19-1 EXERCISES

$\theta_H=1$, $\theta_L=\frac{1}{2}$, $\beta=\frac{1}{2}$, $u(x)=8\ln x$의 경우

(1) 완비정보하에서 최적 근로세제를 구하라.

(2) 미비정보하에서 메커니즘 설계에 의한 최적 근로세제를 구하라.

(3) 위 (1)과 (2)를 비교하라.

19.2 정치적 균형 근로소득세제

19.1절 메커니즘 설계 개념을 적용하여 사회후생을 극대화해주는 최적 조세구조를 규명했다. 그런데 최적 조세구조란 어디까지나 규범적이고 이상적인 형태일 뿐 실제 정치적 과정에서 결정되는 조세제도가 그와 일치한다는 보장은 없다. 본절에서는 조세제도와 재분배정책이 민주선거로 결정된다고 할 때 균형정책을 구하고 그 성질을 규명한다. 결론을 미리 말하자면, 소득불평등이 심할수록 선거에 의해 결정되는 세율은 높아지는 경향이 있다. 정당이 선거에서 이기기 위해서는 중위투표자의 선호를 충실하게 반영해야 하는데, 소득불평등이 심할수록 중하위계층은 상위계층의 소득이나 부를 세금으로 걷어서 나누어 가지려는 재분배 유인이 커지기 때문이다. 우선 간단한 예시를 통하여 살펴본 다음 로머(Romer 1975)가 제시하고 로버츠(Roberts 1977)와 멜처·리처드(Meltzer and Richard 1981)가 발전시킨 모형을 이용하여 균형정책을 구하고 성질을 규명한다.

세 소득계층이 있다. 하위계층(L)의 1인당 소득 z는 12백만원, 중위계층(M)의 1인당 소득은 24백만원, 그리고 상위계층(H)의 1인당 소득은 30백만원이라 하자. 각 계층은 1백만명씩으로 구성되어 있다. 정부는 세율 τ로 소득세를 부과하며 조세수입을 재분배정책에 사용하는데 혜택 b는 모든 국민에게 똑같이 돌아간다고 하자. 정부가 세출과 세입을 일치시키는 균형재정을 유지한다고 가정하면 정부의 예산제약은 다음과 같다.

$$3\text{백만명}\times b=\tau\times[1\text{백만명}\times 12\text{백만원}+1\text{백만명}\times 24\text{백만원}+1\text{백만명}\times 30\text{백만원}]$$

혹은

$$b=22\tau(\text{백만원}) \tag{19.9}$$

세전소득이 z인 개인의 최종소득 x는 정의상 다음과 같다.

$$x = (1-\tau)z + b \tag{19.10}$$

개인은 정부의 재분배정책의 결과 각자 식 (19.9)의 액수만큼 정부지출의 혜택을 받게 된다. 즉, 정부의 균형예산식을 식 (19.10)에 대입하면 세전소득 z인 납세자는 다음의 최종소득을 얻으리라 예측할 수 있다.

$$x = z + \tau(22-z) \tag{19.11}$$

세율 τ가 높을수록 하위계층($z=12$)의 최종소득은 커진다. 세율이 높아지면 소득세로 납부하는 세금은 적은 반면 중상위계층으로부터 거둬들인 세금으로 충당되는 정부지출의 혜택은 커지기 때문이다. 반면 중위계층($z=24$)이나 상위계층($z=30$)은 세율이 높을수록 세금을 더 많이 내야 하지만 그렇게 늘어난 세수를 하위계층이 상당히 나누어 가지므로 이들이 받는 혜택은 늘어난 세금에 못 미친다. 결국 하위계층은 $\tau=100\%$ 혹은 법정 최고세율을 선호하며 중위계층 및 상위계층은 $\tau=0$ 혹은 법정 최저세율을 선호한다. 그런데 민주선거에서는 중위투표자가 가장 선호하는 정책이 균형에서 선택되므로 결국 정치적 균형은 중위계층이 가장 선호하는 $\tau_{med}=0$으로 결정된다.

이제 하위계층과 중위계층의 소득은 각각 12백만원과 24백만원으로 위와 같은데 상위계층의 소득이 42백만원이라 하자. 이 사회는 상위계층의 소득이 30백만원이었던 앞의 상황과 비교하여 소득불평등이 훨씬 심하다. 직관적으로 볼 때 중하위계층은 세율을 높여 상위계층의 소득을 재분배정책을 통하여 나누어 가지려는 유인이 훨씬 강할 것이다. 이 상황에서 정부의 균형예산인 식 (19.9)와 개인의 최종소득인 식 (19.11)을 도출해보면 각각 $b=26\tau$ 및 $x=z+\tau(26-z)$가 된다. 중위투표자인 중위계층($z=24$)은 세율 τ가 높을수록 최종소득이 커지므로 당연히 $\tau=1$을 선호한다. 결과적으로 선거에 의해 결정되는 정치적 조세체계는 극도로 재분배적 성격을 갖게 된다.

일반모형

개인은 서로 다른 능력 θ를 갖고 있다. 경제사회는 수많은 개인들로 구성되어 있는데 평균치

(mean)는 $\bar{\theta}$ 이며 중위수(median)는 θ_m이라고 하자. 능력이 높은 사람일수록 똑같은 노력을 투입해도 노동비용이 적게 든다. 구체적으로 최종소득을 x라 놓으면 능력 θ를 타고난 개인의 보수함수는 다음과 같다고 하자.

$$u_\theta(x, z) = x - \frac{1}{2\theta}z^2 \quad (19.12)$$

단순화를 위하여 노동 1단위를 투입하면 소득이 1단위 생긴다고 가정하자. 소득세율이 τ이고 정부로부터 모든 국민이 똑같이 받는 혜택을 b라고 놓으면 개인의 최종소득은 다음과 같다.

$$x = (1-\tau)z + b \quad (19.13)$$

개인 θ의 보수극대화 문제(식 (19.13) 제약조건하에 식 (19.12)를 극대화)를 풀면 개인 θ가 다음 관계식에 의하여 노동수준을 결정한다는 것을 알 수 있다.

$$z(\theta) = (1-\tau)\theta \quad (19.14)$$

식 (19.14)는 조세가 노동공급을 왜곡시킨다는 사실을 잘 보여준다. 세율 τ가 높아질수록 노동공급량을 줄이는데 능력이 높은 사람이 낮은 사람에 비해 더 많은 정도로 줄인다. 즉, 세율인상은 상위계층의 노동왜곡을 더 심화시킨다.

다음으로 정부의 균형예산식을 구해보자. 정부는 개인들로부터 거둬들인 소득세수를 이용하여 모든 사람들에게 똑같은 혜택 b씩 나누어준다. 소득세율은 τ이고 세전소득은 $z(s)$이므로 1인당 평균 세수는 $\tau E(z(s))$이다. 그런데 개인 θ는 식 (19.14)에 따라 노동시간, 즉 세전소득을 선택하므로 정부의 균형예산식이 다음과 같다.

$$b = \tau(1-\tau)\bar{\theta} \quad (19.15)$$

식 (19.15)는 래퍼곡선(Laffer curve)이라 불린다. 세율 τ가 오르면 처음에는 세수가 늘어나지만 세율이 τ=50%에 이르면 정점에 달했다가 그 이후로는 오히려 세수가 감소한다. 소득세율의 인상은 노동의욕을 저하시키고 그로 인하여 경제 전체의 생산이 타격을 받는다. 그런데 세율이 지나치게 높아지면 근로소득을 늘리려는 유인보다 타인들로부터 거둬들인 세수로 조달되는 정부보조금에 기대려는 유인이 더 커진다. 이러한 무임승차의 유인은 모든 사람들에게 발생하므로 결국 경제 전체의 소득이나 세수는 위축된다.

정부의 균형예산까지 감안한 개인의 간접효용함수를 구하자. 식 (19.13), (19.14), (19.15)를 직접효용함수인 식 (19.12)에 대입하면 능력 θ인 개인의 간접효용함수가 세율 τ의 함수로 나타난다.

$$v(\tau|\theta)=\frac{1}{2}(1-\tau)^2\theta+\tau(1-\tau)\bar{\theta} \tag{19.16}$$

이제 다수결 선거로 소득세율 τ를 정하는 정치적 균형을 구해보자. 중위투표자정리에 의하면 정치적 균형은 중위능력을 가진 투표자가 가장 선호하는 세율로 결정된다. 능력 θ_m인 중위투표자에 대하여 식 (19.16)의 보수극대화 문제를 풀어보자.

$$\frac{\partial v(\tau|\theta_m)}{\partial\tau}=-(1-\tau)\theta_m+(1-2\tau)\bar{\theta}=0 \tag{19.17}$$

중위투표자가 가장 선호하는 소득세율을 τ_m이라 놓자. 식 (19.17)로부터 τ_m은 다음 식 (19.18a)와 같이 도출된다. 또 개인능력 θ와 노동시간 혹은 세전소득 z와의 관계를 나타내는 식 (19.14)를 식 (19.18a)에 대입하면 식 (19.18b)가 도출된다.

$$\tau_m=\frac{\bar{\theta}-\theta_m}{2\bar{\theta}-s_m} \tag{19.18a}$$

$$=\frac{E(z)-z_m}{2E(z)-z_m} \tag{19.18b}$$

여기서, $E(z)$는 평균 세전소득을 나타내며, z_m은 중위투표자(중위능력 θ_m을 가진 사람)가 벌어들인 세전소득을 나타낸다.[2]

2 중위투표자정리를 적용하기 위해서는 단일사안조건과 단봉조건이 충족되어야 한다. 첫째, 정책변수가 세율 τ 밖에 없으므로 단일사안조건은 충족된다. 둘째, 식 (19.16)에 나타난 개인의 목적함수가 단봉조건을 충족함을 보이자. 식 (19.16)을 재정리하면 다음의 이차식으로 나타난다.

$$v(\tau|\theta)=-\frac{1}{2}(2\bar{\theta}-\theta)\tau^2+(\bar{\theta}-\theta)\tau+\frac{1}{2}\theta$$

결론적으로 말해서 소득불평등이 심해질수록 정치적으로 결정되는 균형세율은 높아진다. 소득불평등도와 평균−중위수 격차는 정(+)의 관계를 갖는다. 즉, 소득분포가 불평등할수록 평균과 중위수 간의 차이가 커지며 반대로 둘 간의 차이가 커질수록 소득분포가 불평등하다고 할 수 있다. 그런데 식 (19.18b)에 따르면 $E(z)$가 동일하다고 할 때 평균−중위수 차이($E(z)-z_m$)가 큰 사회일수록 정치적 균형세율 τ_m은 높아진다. 예컨대, 소득분포가 좌우대칭 종형(鐘形)에 가까워 평균소득 $E(z)$와 중위소득 z_m이 거의 일치하는 경우 정치적으로 결정되는 균형소득세율은 거의 0에 가까울 정도로 매우 낮다. 반면 평균소득이 중위소득의 세 배쯤 되는($E(z)=3z_m$) 극심한 소득불평등 사회의 경우 정치적 균형세율은 40%에 달하게 된다.

연습문제 >> 19-2 EXERCISES

경제에는 수많은 개인들이 있으며 그들의 능력 θ는 주어진 구간에서 누적확률분포함수 F에 따라 분포되어 있다. 분포 F는 평균 $\bar{\theta}$, 분산 σ^2, 중위수 θ_m을 갖는다. 능력 θ의 개인이 노력 z를 투입하고 세후소득 x를 얻는 경우 그의 효용함수는 다음과 같다.

$$u_\theta(x,z)=\sqrt{x}-\frac{1}{2\theta}z$$

생산함수는 수확불변이어서 노력 z를 1단위 투입할 때마다 1단위씩 생산된다. 정부는 근로소득에 대하여 고정세율 τ로 소득세를 부과하며, 세수는 모든 국민들에게 b단위씩 보조금의 형태로 똑같이 재분배된다.

(1) 개인의 최적화 문제를 풀어 최적 노동공급 수준을 세율 τ, 보조금 b, 그리고 자신의 능력 θ의 함수로 나타내라.

(2) 정부의 균형예산식으로부터 보조금 b를 세율 τ와 능력분포의 특성(특히 $E(\theta^2)$)의 함수로 나타내라. 또한 래퍼곡선(Laffer curve)의 성질을 갖는지 논증하라.

(3) 위 (1)과 (2)에서 도출한 식들을 이용하여 능력 θ인 개인의 간접효용함수를 도출하라.

(4) 정치적 균형 세율을 구하라. 또한 $E(\theta^2)\equiv\sigma^2+\bar{\theta}^2$라는 사실을 활용하여 정치적 균형세율이 소득(능력) 불균형과 어떠한 관계를 갖는지 설명하라.

이상의 분석에 대한 반론도 있다. 피케티(Piketty 2014)에 따르면 지난 200년 동안의 선진국 역사를 살펴볼 때 유의미한 수준의 세금 부과, 누진세제 도입, 최상위 소득자에 대한 중(重)과세 등은 선거권의 확대와 별 상관이 없다. 영국의 경우 1832년 중산계급에 선거권을 준 이후

위 식은 $\theta>2\bar{\theta}$, $\theta=2\bar{s}$, $\bar{\theta}\le\theta<2\theta$, $\theta<\bar{\theta}$ 각각의 경우에 대하여 그래프에 그려보면 $\tau\in[0,\ 1]$에서 단봉선호를 갖는다는 사실을 확인할 수 있다. 구체적으로 (i) $\theta\ge\bar{\theta}$인 투표자의 보수함수는 $\tau=0$에서 봉우리(peak)를 이루며 τ가 커짐에 따라 감소, (ii) $\theta<\bar{\theta}$인 투표자의 보수함수는 τ가 커짐에 따라 증가하다가 봉우리에 달한 이후 감소하는 단봉 형태를 갖는다.

1867년 도시 소시민과 노동자 계층, 1884년 농민과 광부, 1918년 모든 성인 남성으로 선거권이 확대되어 왔다. 유럽대륙 국가들이 신분이나 재산과 관계없이 모든 남성에게 선거권을 부여한 보통선거제(universal suffrage) 시행 시기는 프랑스 1848년, 독일과 미국 1870년, 이탈리아 1912년, 일본 1925년이었다. 여성에게 선거권을 준 것은 이보다 훨씬 늦어 독일과 미국 1920년, 영국 1928년, 이탈리아 1945년, 프랑스 1946년이었다. 그러나 20세기 초까지 소득세, 재산세, 상속증여세 등은 아예 없거나 기껏해야 10% 미만이었다가 1914~1945년 두 차례의 세계대전, 볼셰비키혁명, 대공황, 식민지 상실 등을 겪으면서 대폭 올랐으며 누진제도 보편화되어 최상위 계층에 대해서는 사실상 몰수에 가까운 한계세율이 부과되기에 이르렀다.

하지만 큰 틀에서 볼 때 선거권 확대와 세금 증대가 무관했다는 피케티의 주장이야말로 더 엄밀한 검증이 필요하다. 역사적으로 남성들에게 보통선거권을 부여한 후에 조세 증가 및 누진제 시행이 따라온 것은 사실이며 20세기 초반 격변과정에서 여성 참정권 확보, 누진세율 인상, 복지국가 확대가 상승작용하며 나타났다고 봐도 무리가 없다. 특히 1980년대 이후 미국과 영국을 위시하여 주요 선진국의 세율을 낮추고 누진제를 약화시킨 것은 그 자체가 해당국가의 중위투표자의 선호를 반영해왔다고 볼 수 있다.

19.3 소득세의 램지규칙

소득의 원천이 노동뿐 아니라 자본, 토지 등을 포함하여 다수일 경우 서로 다른 이들 생산요소 간에 소득세율은 어떻게 매기는 것이 최적인가? 제18장 18.3절과 18.4절에서 우리는 여러 상품이 있을 때 사회후생을 극대화 혹은 자중손실을 극소화하는 최적 물품세제로서 램지규칙을 도출하였다. 역탄력성 공식으로도 불리는 램지규칙에 따르면 수요의 가격탄력성이 높은 상품일수록 낮은 세율을 매기는 것이 효율 측면에서 바람직하다. 소득의 원천이 여럿일 경우 최적 소득세제 역시 물품세와 유사한 맥락에서 이해할 수 있다.

소득의 대표적 원천은 노동과 자본이다. 노동의 대가로 벌어들인 소득에 부과하는 세금이 근로소득세이다. 기업이윤에 부과하는 법인세나 이자소득, 배당소득, 임대소득 등 각종 자본을 활용하여 벌어들인 소득에 부과하는 세금은 자본소득세라 통칭하자. 정부지출 G원만큼 소득세를 거둬 조달해야 한다는 제약하에 정부는 노동과 자본에 각각 어떻게 세금을 부과하는 것이 바람직한가.

개별 경제인은 상속재산 1단위를 갖고 태어나며 청소년기($t=1$)와 장년기($t=2$) 두 기간 동안 생존한다. 청년기의 소비를 c_1, 장년기의 소비를 c_2, 장년기의 근로시간을 l이라 놓을 때 경제인의 효용함수는 다음과 같다고 하자.

$$U=u(c_1)+c_2-\frac{1}{2}l^2 \tag{19.19}$$

청소년기에는 상속재산 1단위 가운데 c_1만큼은 소비하고 나머지 k단위만큼은 투자한다. 단순화를 위해 자본을 k만큼 투자하면 k만큼의 자본소득이 발생하고, 노동시간을 l만큼 투입하면 근로소득이 l만큼 생긴다고 하자. 노년기에 경제인은 자본소득과 근로소득에서 세금을 뗀 만큼의 수입을 모두 소비하고 사망한다. 자본소득세율을 τ_K, 근로소득세율을 τ_L이라 놓으면 예산제약식이 다음과 같다.

$$c_1+k=1 \tag{19.20a}$$

$$c_2=(1-\tau_K)k+(1-\tau_L)l \tag{19.20b}$$

주어진 조세정책에 반응하여 개인이 투자액과 근로시간을 어떻게 결정하는가? 식 (19.20a)와 식 (19.20b)를 목적함수인 식 (19.19)에 대입한 다음 극대화의 일계조건을 구하면 다음과 같다.

$$K(\tau_K)=1-\phi(1-\tau_K) \tag{19.21a}$$

$$L(\tau_L)=1-\tau_L \tag{19.21b}$$

식 (19.21a)에서 함수 $\phi\equiv[u']^{-1}$는 감소함수이다. 왜냐하면 $u''<0$ 가정에 의하여 u'는 감소함수이고 당연히 그 역함수도 감소함수이기 때문이다. 식 (19.21a)는 자본소득세율이 높아질수록 미래 소비를 위하여 투자하기보다 지금 당장 소비해 버릴 유인이 크므로 자본소득이 줄어듦을 의미한다. 식 (19.21b)에 따르면 근로소득세율이 높을수록 근로의욕이 저하되어 근로시간을 줄이고 그에 따라 근로소득도 줄어듦을 뜻한다.

정부는 외생적으로 주어진 정부지출 $\overline{R}$만큼을 자본소득과 근로소득에 과세하여 충당해야 한다. 이를 식으로 나타내면 다음의 정부 균형예산식이 도출된다.

$$\tau_K k + \tau_L l = \overline{R} \tag{19.22}$$

이제 최적 소득세제를 구해보자. 정부가 자본소득세율과 근로소득세율을 각각 τ_K와 τ_L로 정하면 민간은 식 (19.21a)와 식 (19.21b)에 따라 투자액과 근로시간을 결정할 것이다. 또한 이러한 민간의 경제활동의 대가로 정부의 소득세 수입도 식 (19.22)의 우변처럼 결정될 것이다. 정부는 이처럼 민간의 반응과 그에 따른 조세수입을 미리 합리적으로 예측하여 가장 바람직한 조세제도 (τ_K, τ_L)을 결정한다. 다시 말해서 정부의 사회후생극대화 혹은 자중손실극소화 문제는 다음과 같다.

$$\text{극대화 } v(\tau_K, \tau_L) = u(1 - K(\tau_K)) + (1 - \tau_K)K(\tau_K) + \frac{1}{2}\left[L(\tau_L)\right]^2 \tag{19.23}$$

$$\text{균형재정식 } \tau_K K(\tau_K) + \tau_L L(\tau_L) = \overline{R} \tag{19.24}$$

극대화 문제를 풀기 위해 라그랑지함수를 구성하면 다음과 같다.

$$\mathcal{L} = v(\tau_K,\ \tau_L) + \lambda[\tau_K K(\tau_K) + \tau_L L(\tau_L) - \overline{R}] \tag{19.25}$$

식 (19.25)로부터 일계조건을 구하고 식 (19.21a)와 식 (19.21b)를 그 식에 대입하면 다음을 얻는다.[3]

$$-L(\tau_L) + \lambda\left[L(\tau_L) + \tau_L \frac{dL}{d\tau_L}\right] = 0 \tag{19.26a}$$

$$-K(\tau_K) + \lambda\left[K(\tau_K) + \tau_K \frac{dK}{d\tau_K}\right] = 0 \tag{19.26b}$$

---

3 식 (19.25)를 τ_K에 대하여 편미분하면 다음이 된다.

$$-\left[u' - (1 - \tau_K)\right]\frac{\partial K}{\partial \tau_K} - K + \lambda\left[K + \tau_K \frac{\partial K}{\partial \tau_K}\right] = 0$$

일계조건 식 (19.21a)에 의하여 첫 항이 영(0)이 되므로 식 (19.26b)가 도출된다. 이와 유사하게 식 (19.25)를 τ_L에 대하여 편미분한 다음 식 (19.21b)를 이용하면 식 (19.26a)를 얻게 된다.

식 (19.26a)와 식 (19.26b)에서 라그랑지상수 λ를 소거하면 다음 식 (19.27)이 도출되는데 이는 다름 아닌 소득세의 램지규칙이다. 아래에서 $e_L(\tau_L)$은 근로소득세율 τ_L을 1% 인상할 때 개인이 근로시간을 몇 % 줄이는지를 나타내는 노동의 탄력성을 나타낸다. 자본의 탄력성 $e_K(\tau_K)$도 비슷하게 정의된다.

$$e_L(\tau_L) \equiv -\frac{\tau_L}{L}\frac{dL}{d\tau_L} = -\frac{\tau_K}{K}\frac{dK}{d\tau_K} \equiv e_K(\tau_K) \tag{19.27}$$

램지규칙은 근로소득세율의 인상에 따른 자중손실과 자본소득세율의 인상에 따른 자중손실의 합계가 최소화되도록 이들 세율을 결정해야 함을 의미한다. 구체적으로 노동의 탄력성과 자본의 탄력성이 일치하는 선에서 근로소득세율과 자본소득세율을 결정해야 한다. 대개 노동은 비탄력적이고 자본은 상대적으로 탄력적이다. 근로소득세 인상으로 실질임금이 하락한다고 해도 여가를 대폭 늘리거나 이민을 가버리기는 쉽지 않다. 반면 자본소득세를 인상하면 투자가들은 자본을 국내외의 다른 투자처로 쉽게 옮길 수 있다. 램지규칙에 따르면 근로소득세율은 높게 매기고 자본소득세율은 매우 낮게 매기는 제도가 가장 바람직하다. 더욱이 경제가 여러 기간에 걸쳐 동태적으로 지속된다면 자본에 높은 세율을 매김으로써 발생하는 자중손실은 시간적으로 누적되므로 폐해가 엄청날 수 있다. 이러한 논리를 바탕으로 챔리(Chamley 1986)와 노벨상 수상자 루카스(Lucas 1990) 등은 장기적 경제성장과 국민후생의 측면에서 볼 때 자본소득에 대한 세금을 없애고 근로소득에만 세금을 부과하는 정책이 가장 바람직하다고 주장했다.

19.4 자본소득세는 왜 그렇게 높은가?

효율 측면에서 최적 소득세제인 램지규칙은 현실의 소득세제와는 큰 괴리가 있다. 대부분의 국가는 이자소득, 임대소득, 법인소득 등 자본을 활용하여 벌어들인 소득에 무거운 세금을 매긴다. 우리나라에서도 금융소득이 연 2천만원을 넘을 경우 종합소득에 합산하여 누진제의 적용을 받도록 하고 있어 금융소득이 많은 고소득층의 경우 종합소득세, 지방세, 소득월액 사회보험료 등을 포함하여 사실상 절반을 국가에 납부해야 한다.

반면 2014년 현재 우리나라 근로자의 절반은 근로소득세를 전혀 내지 않으며 절대다수 근로자의 과세소득은 한계세율 24%이나 그 이하 세율을 적용받는 구간에 속해있다.

이처럼 램지규칙에 따르면 아주 낮거나 거의 없어야 마땅한 자본소득세가 현실에서는 그토록 높은 이유가 무엇인가? 여기에서는 대표적인 두 가설을 제시한다.

대중인기영합(populism) 정치

민주정치 시스템에서 재분배정책에 관한 정치적 압력은 조세부담을 자본에 전가하려는 방향으로 작용한다. 대다수 사회구성원은 노동을 제공하는 대가로 받은 근로소득으로 먹고산다. 반면 금융자산으로 대표되는 자본은 노동에 비해서 매우 불균등하게 분포되어 있으며 대개 극소수가 대부분을 소유하고 있다. 다시 말해서 소득의 대부분을 근로소득이 차지하고 자본소득은 별로 없거나 아예 없는 사람이 중위투표자일 가능성이 높다. 그런데 민주국가에서 조세는 법률에 의해 징수되며 정권은 선거에 의해 창출되므로 중위투표자정리에 의하여 정치인들이나 정당들은 중위투표자가 선호하는 정책을 채택하게 된다. 즉, 민주국가에서는 근로소득세는 상대적으로 낮고 자본소득세는 높은 상태를 유지하게 된다.

현실에서 흔히 그렇듯 정당의 목적이 정권탈취에만 있지 않고 이념지향적이기도 하다면 정치적 균형은 중위투표자가 선호하는 정책에서 다소 벗어난다. 보수성향의 정당이 집권하면 자본에 대한 세금을 낮추고 진보성향이 집권하면 자본에 대한 세금을 높이려고 하는 현상은 이를 반영한다. 그러나 민주적 정치시스템에서 '상대적으로 낮은 근로소득세와 높은 자본소득세'라는 중위투표자의 선호를 크게 거스리기는 어렵다. 정반대의 예시로, 민주국가가 아니라 극우 독재국가는 중위투표자를 무시하고 자신들의 권력기반이자 돈줄인 자본가들에게 유리하도록 조세제도를 주무르는 사례가 많다.

자본과세문제(capital levy problem)

자본가의 투자결정과 자본소득세 결정시점 간의 선후 관계가 중요할 수 있다. 자본을 어디에 얼마나 투자할지를 결정하기 전에는 자본이동성이 매우 크지만 일단 투자가 이루어지고 난 후에는 그렇지 못하다. 예컨대, 해외자본이 국내에 공장을 짓고 인력을 고용한 후에는 자본소득세율이 높아진다고 해서 회사를 정리하고 빼가기는 매우 어렵다. 따라서 투자결정이 이루어져 빼도 박도 못하는 상태를 기준으로 한다면 자본의 탄력성이 노동의 탄력성보다 높다고 할 수 없다. 오히려 자본의 탄력성이 거의 영(0)에 가깝기 때문에 램지규칙과 충돌되지 않는다고 볼 수 있다. 다시 말해서, 정부가 자본에 낮은 세율을 부과하겠다고 약속하더라도 일단 투자가 완료된 사후에는 세율을 높여 당초의 약속을 깰 유인이 있으므로 '낮은 자본소득세'라는 공약은 신빙성이 없다. 이러한 논리는 피셔(Fisher 1980)에 의하여 최초로 제기되었으며 자본과세문제라 불린다.

조세경쟁(tax competition)

조세경쟁(tax competition)은 자본과세와 반대로 작용하는 중요한 요인이다. 특정 국가가 경쟁국가들에 비해 자본소득세율을 파격적으로 낮추거나 아예 없앤다면 국제자본이 해당 국가로 유입되어 상당한 이득을 볼 수 있다. 세율인하를 통하여 해외자본을 유치하려는 경쟁이 심화되면 조세, 특히 자본소득세를 인하하려는 경쟁이 국가들 간에 격해지게 된다. 그러한 상황에서 개별 국가의 세수를 확보하려면 근로소득세나 부가가치세를 높일 수밖에 없는데, 전자는 근로의욕 감소로 생산활동을 위축시키고 후자는 역진성으로 인하여 소득불균등을 심화시킨다. 그렇다고 자국의 자본세율을 경쟁국가들에 비해 높게 유지할 경우 투자환경이나 투자수익률이 엄청나게 우호적이지 않은 이상 자본이 대거 유출된다. 요약하면 조세경쟁은 죄수의 딜레마 현상이다. 이러한 이유 때문에 주요국들은 일찍이 조세경쟁으로 말미암아 2000년 30.6%였던 OECD 국가의 법인세 평균 최고세율이 계속 내려와 2013년 23.7%, 2018년 현재 21.5%에 불과하다.[4] 이러한 국제공조의 와해에 얌체 같은 조세회피국(tax haven)들과 전 세계의 장기침체가 큰 몫을 하고 있음은 말할나위 없다.[5]

사실 조세경쟁과 관련하여 국제공조가 바람직한지는 위 문단의 논의처럼 단순하지 않다. 여기에 약속의 신빙성 문제가 재등장한다. 특정 국가가 법인세를 파격적으로 낮춘다면 해외투자자들은 그 나라로 우르르 몰려가 공장과 회사를 세울 것인가? 법인세를 낮추어 해외자본이 국내로 들어온 사후에 해당 국가는 법인세를 대폭 올릴 유인이 생긴다. 투자자들은 이를 미리 합

---

4 우리나라의 2018년 현재 명목 법인세 최고세율은 22%(주민세 포함 24.2%)로 OECD 평균인 21.5%에 비해 높아 보인다. 그러나 각종 비과세감면제도를 포함해 기업이 실제 국세청에 내는 실효세율은 다르다. 2013년 과세표준 최고 구간인 5,000억원 초과 대기업의 실효세율은 18.5%에 불과했고 상위 10대 기업의 실효세율은 12% 남짓한 수준이다. 이 같은 실효세율은 OECD 선진국이나 일본의 절반 정도에 불과하다.

5 세계의 주요 조세회피국은 다음과 같다.
① 법인세, 원천세, 증여상속세를 전면 면제하는 국가: 바하마, 버뮤다, 케이먼 아일랜드
② 과세는 하지만 세율이 극히 낮은 국가: 영국령 버진 아일랜드, 네덜란드령 앤틸리스제도
③ 국내 원천소득에는 과세하나 국외 원천소득에는 면세하는 국가: 파나마
④ 한정된 범위 내에서 세제상 특전을 부여하는 국가: 아일랜드, 스위스, 네덜란드, 리히텐슈타인

리적으로 예측할 수 있으므로 특정 국가가 자본세율을 낮추더라도 이를 신빙성 있는 정책으로 받아들이지 않는다. 또한 로고프(Rogoff 1985)와 키호우(Kehoe 1989)가 지적한 바에 따르면, 자본소득세율을 높게 유지하려는 국제공조는 오히려 각국의 후생에 타격을 주면서 자본의 국제간 이동성만 저해할 뿐이다. 국제공조의 결과 자본소득세가 높은 수준으로 유지되면 각국이 자중손실의 폐해를 겪는다. 국가 간 자본이동성은 '높은 자본소득세'를 장기적으로 완화하여 자중손실을 줄이는 역할을 하는데 국제공조는 자본이동성이 갖는 그러한 순기능을 망쳐버리기 때문이다.

19.5 탈세

여태까지는 정부가 개개인의 능력은 모를지언정 소득원천과 실제소득이 얼마인지는 정확히 알 수 있다고 전제하였다. 그러나 현실은 다르다. 탈세(脫稅, tax evasion)는 세금 자체만큼이나 오랜 역사를 갖고 있다. 가계나 기업은 경제활동의 결과로 생긴 소득 가운데 법률로 정한 비율만큼 세금으로 납부해야 한다. 그런데 정부의 제한된 자원과 인력으로 수많은 가계의 소득이나 기업의 이윤이 정확히 얼마인지 알기란 어려우므로 경제주체들은 소득의 일부 혹은 전부를 숨기고 세금을 적게 내려는 탈세 동기를 갖는다. 비단 세금뿐 아니라 4대 사회보험(국민연금, 건강보험, 고용보험, 산재보험) 부담금이나 각종 복지서비스 지원금도 소득에 비례하기 때문에 경제주체가 소득을 과소보고하려는 유인은 상당히 크다. 우리나라의 자영업자 소득파악률은 2005년 47.8%에 불과했으나 신용카드 소득공제 등 세원 포착 노력의 성과로 2014년 73%, 2016년 88%까지 급격히 올라왔다. 하지만 '유리지갑'이나 다름없는 근로자 소득파악률에 비해서는 여전히 낮은데다 손비처리의 편법을 통한 사실상의 탈세가 많아 조세형평을 해치고 있다.

납세자가 소득을 정직하게 보고하면 국세청으로부터 세무조사를 받건 받지 않건 관계없이 일정한 세후소득을 갖게 된다. 반면 납세자가 탈세를 목적으로 자기 소득을 과소하게 보고한다고 하자. 이 경우 세무조사를 당하지 않으면 탈루소득을 포함하여 높은 세후소득을 얻게 되지만 만약 세무조사를 당하게 되면 원래 납부해야 하는 세금은 물론 가산세와 벌금까지 물어야 하므로 세후소득은 상당히 낮아진다. 자산선택(portfolio)이론의 관점에서 볼 때 성실납세는 세무조사 여부에 상관없이 항상 일정한 세후소득을 가져다주는 안전자산에 해당하는 반면, 탈세는 고위험 · 고수익을 가져다주는 위험자산에 해당하는 것이다. 알링햄과 샌드모(Allingham and Sandmo 1972)는 자산선택이론을 적용하여 탈세 행태를 최초로 연구하였는데, 여기서는 그들의 모형을 중심으로 분석하자.[6]

소득세제는 세율 τ인 비례세라고 하자. 납세자의 실제 소득금액은 Y원이며 신고소득을 x원이라 하자. 실제 소득금액은 납세자 본인만이 알며 국세청은 모르기 때문에 납세자는 소득을 사실대로 보고할 수도 있고 탈세를 목적으로 과소하게 보고할 수도 있다. 편의상 $z=Y-x$를 과소보고된 소득금액이라 하자. 국세청이 세무조사를 실시할 확률은 ρ로 일정하며 일단 세무조사에 걸리면 탈세사실이 반드시 적발된다고 하자. 탈세사실이 드러나면 탈세액 τz는 물론 은닉소득에 비례해서 벌금 fz원만큼을 내어야 하므로 $(\tau+f)z$만큼을 추징당한다고 하자.

세무조사를 받는 상황을 I(Inspection)라 하고 세무조사를 받지 않는 상황을 N(No inspection)이라 부르자. 소득을 z원만큼 과소보고할 때 상황 I 및 상황 N에서 세후소득은 각각 다음과 같다.

$$c_I=(1-\tau)Y-fz \tag{19.28a}$$

$$c_N=(1-\tau)Y+\tau z \tag{19.28b}$$

소득을 정직하게 보고하면($z=0$), 세무조사 여부에 상관없이 세후소득은 항상 $(1-\tau)Y$원으로 일정하다. 반면 소득을 과소하게 보고하는 경우($z>0$), 세무조사를 받지 않고 무사히 넘어가면 $(1-\tau)Y$원보다 많은 세후소득을 얻게 되지만 세무조사를 받게 되면 그보다 적은 소득을 얻게 된다. 다시 말해서, 소득을 축소보고할 경우 ρ의 확률로 식 (19.28a)처럼 낮은 보수를 얻고 $(1-\rho)$의 확률로 식 (19.28b)처럼 높은 보수를 얻게 된다. 납세자의 효용함수는 $u(c)$이며 위험회피적이라(수학적으로 $u''<0$) 가정하자.

이러한 상황에서 소득을 정직하게 보고할 것인가 혹은 축소해서 보고할 것인가는 세율 τ, 세무조사확률 ρ, 처벌의 강도 f의 크기에 달려있다. 구체적으로 납세자의 기대보수를 극대화하는 최적 탈루액을 분석해보자. 앞 문단의 정보로부터 납세자의 기대효용을 계산하면 다음과 같다.

6 알링햄과 샌드모의 모형도 넓게는 합리적 선택의 틀로 범죄행위를 파악한 Becker(1968)의 아이디어에서 출발하였다. 탈세에 관한 기존문헌에 관해서는 Cowell(1990), Andreoni, Erard and Feinstein(1998), Kim(2005) 등을 참조하라.

$$Eu = \rho u(c_I) + (1-\rho)u(c_N)$$
$$= \rho u[(1-\tau)Y - fz] + (1-\rho)u[(1-\tau)Y + \tau z] \quad (19.29)$$

납세자는 기대효용을 극대화해주는 탈세액 z를 선택한다. 기대효용함수 Eu를 z에 대하여 미분한 다음 0으로 놓고 정리하면 최적 누락 소득액 z^*는 다음 식을 만족하는 값이다.

$$\frac{u'[(1-\tau)Y - fz^*]}{u'[(1-\tau)Y + \tau z^*]} = \frac{1-\rho}{\rho}\frac{\tau}{f} \quad (19.30)$$

이해를 돕기 위해 구체적으로 $u(c)=\ln c$라고 가정하자. 로그함수의 미분식이 $u''(c)=\frac{1}{c}$임을 기억하고 식 (19.30)에 대입하면 $z^*=\frac{1-\tau}{\tau}\frac{(1-\rho)\tau-\rho f}{f}Y$가 구해진다. 그런데 탈루소득이 0보다 작을 수는 없으므로 여기서 구한 z^*값이 0보다 작다면 최적 은닉금액은 0이 될 것이다. 결국 납세자의 과소보고액은 다음과 같다.

$$z* = \max\left\{0,\ \frac{1-\tau}{\tau}\frac{(1-\rho)\tau-\rho f}{f}Y\right\} \quad (19.31)$$

예시로 Y=5,000만원, τ=20%, ρ=10%, f=1.5인 경우 식 (19.31)에 대입하여 계산하면 z^*=400만원이 얻어진다. 이는 실제소득의 8%에 해당하는 금액을 숨기고 4,600만원으로 보고함을 의미한다. 소득세율이 20%이므로 납세자가 운이 좋아 적발되지 않으면 920만원의 세금을 납부하고 나머지 4,080만원을 소비한다. 반면 탈세가 적발되면 탈세액 80만원과 추징금 600만원, 그리고 기납부액 920만원을 합쳐서 모두 1,600만원을 국가에 납부한 다음 3,400만원만을 소비하게 된다.

조세정책이 탈세에 미치는 영향

이제 적발확률 ρ나 처벌강도 f, 그리고 세율 τ가 납세 행태에 미치는 영향을 살펴보자. 적발확률 ρ가 높아지면 식 (19.30)의 우변이 작아지므로 등호를 성립시키려면 좌변도 작아져야 한다. 그런데 u'는 감소함수이므로 식 (19.30)의 좌변이 작아지려면 z^*값이 작아져야 한다.[7] 처벌

7 납세자가 위험회피적이라고 가정했으므로($u''<0$), 함수 u'는 감소함수이다.

강도 f가 커지면 식 (19.30)의 우변은 작아지고 동시에 좌변은 커지므로 등호를 성립시키기 위해서는 z^*가 작아져야 한다. 이는 세무조사를 받을 가능성이 높아질수록, 혹은 탈세의 처벌이 가혹해질수록 개인의 최적 탈루액은 감소한다는 직관과 일치한다. 그러나 세무조사확률을 높이거나 조세포탈 형벌을 강화하려면 더 많은 재원이 소요되므로 이를 무작정 높일 수는 없다. 더구나 추가 재원은 궁극적으로 가계와 기업으로부터 거두어야 하므로 그만큼 민간 경제활동을 저해하게 된다. 따라서 세무행정의 강화가 탈세를 줄이는 효과와 재원조달을 위한 추가적 국민부담 효과를 함께 고려하여 적정수준에서 결정되어야 한다.

세율의 인상이 탈세에 미치는 영향은 명확치 않다. 효용함수의 형태와 매개변수 ρ, f, 그리고 현재 세율 τ에 따라 탈루액이 작아질 수도 있고 커질 수도 있다. 예를 들어, 효용함수 $(u(c)=\ln c)$와 매개변수가 위의 예시처럼 $Y=5{,}000$, $\rho=0.1$, $f=1.5$라면 식 (19.31)에 의하여 최적 누락액은 다음과 같다.

$$\text{만약 } \tau \leq \frac{1}{6} \text{ 이라면, } z^*=0$$

$$\text{만약 } \tau > \frac{1}{6} \text{ 이라면, } z^* = \frac{500(1-\tau)(6\tau-1)}{\tau} \tag{19.32}$$

식 (19.32)를 그래프로 그려보면 세율 τ가 16.7%$\left(\approx \frac{1}{6}\right)$보다 크고 40.8%$\left(\approx \frac{\sqrt{6}}{6}\right)$보다 작은 범위에서는 세율이 높아질수록 탈루액이 커지고 그 이후에는 탈루액이 점점 작아짐을 알 수 있다.[8]

실증연구에 따르면 조세제도와 소득수준 및 탈세 간에는 밀접한 관계가 있다. 클로트펠터(Clotfelter 1983)와 포터바(Poterba 1987)의 실증분석 결과나 앨름, 잭슨, 맥키(Alm, Jackson and McKee 1992)와 앨름, 맥클렐란드, 슐츠(Alm, McClelland and Schulze 1992)의 실험경제학적 연구에 따르면 세율이 높을수록 탈세가 더욱 빈빈하며 심해진다. 다수의 미국 실증자료에 따르면 과세구간(tax bracket)이 조정되거나 세율이 변경되는 조세개혁이 있을 경우 고소득층의 소득신고금액이 중산층 이하의 신고금액에 비해 훨씬 더 민감하게 반응한다는 사실이 발견된다. 이는 고소득층의 탈세가 상대적으로 빈번하며 광범위하다는 방증이기도 하다. 핀버그와 포터바(Feenberg and Poterba 1993) 및 아우어바흐・슬렘로드(Auerbach and Slemrod 1997) 역시 한계

---

8 식 (19.32)의 둘째 줄을 τ에 대해서 미분하면 $\tau=\frac{\sqrt{6}}{6}$에서 z^*가 극대값을 가짐을 알 수 있다.

세율이 높을수록 고소득층은 과세구간의 임계치에 약간 못 미치는 소득금액을 신고함으로써 수단과 방법을 가리지 않고 세금을 피하려는 행태가 발견됨을 보고하였다.

알링햄과 샌드모의 탈세 모형에서는 세무당국이 납세자들의 소득 보고금액을 기준으로 세금을 부과한다고 가정한다. 그러나 납세자의 보고에 의존할 경우 허위보고나 은닉의 가능성이 높으므로 정부가 재산이나 소득을 간접적으로 추정할 수 있는 '관찰가능한 지수'를 기준으로 일방적으로 세금을 걷기도 한다. 예컨대, 18세기 구체제(the Ancien Regime)하의 프랑스 정부는 납세자 주택의 문과 창문의 수에 따라 세금을 차등 부과하는 소위 '문창세'(門窓稅, the door and window tax)를 시행했다. 오늘날 우리나라에서도 소득 파악이 상대적으로 어려운 자영업자들의 국민건강보험료나 국민연금보험료를 산정할 때 주택, 건물, 자동차 등 재산목록을 활용한다. 향후 정보통신과 데이터 처리기술의 비약적 발전에 따라 행정부(법무부, 안전행정부, 국세청, 관세청), 대법원(부동산 등기), 금융기관(은행, 증권회사, 보험회사, 신용카드회사) 간에 재산 자료가 투명하게 구축되고 공유되면 적어도 국내 탈세는 훨씬 줄어들 것으로 전망된다.

연습문제 >> 19-3 EXERCISES

납세자와 국세청 간의 준법게임(compliance game)은 다음과 같다. 소득 Y만큼 벌어들인 납세자는 세금 T를 정직하게 납부할 수도 있고 전액 탈세를 시도할 수도 있다. 납세자가 정직하게 납부하면 세무조사 여부와 관계없이 세후소득 $(Y-T)$원을 누린다. 납세자가 탈세를 시도했는데 국세청에 적발될 경우 원래 납부해야 하는 세금 T원은 물론 벌금 F원을 납부해야 한다. 국세청은 세무조사를 할지 말지를 결정한다. 국세청이 세무조사를 실시할 경우 C원의 비용을 지불해야 하지만 일단 조사가 실시되면 탈세 여부를 확실히 알 수 있다.

(1) 전략형게임을 구성하라.

(2) 가정 $C<T+F<Y$하에 내쉬균형을 구하라.

(3) 위 (2)에서 구한 내쉬균형의 경제적 의미를 해석하라.

20

CHAPTER

신호와 평판

20.1 신념의 신빙성
20.2 완전베이즈균형
20.3 동태적 미비정보게임
20.4 평판효과: 강경투쟁과 선명경쟁
20.5 신호
20.6 민사소송게임
20.7 신호로서의 선거모금
20.8 직관적 기준과 전진귀납법

20.1 신념의 신빙성

게임의 형태가 복잡해지고 경기자들 간의 정보의 비대칭성이 심화되면서 이전에 사용하였던 균형의 개념은 적절치 못하게 된다. 이에 따라 우리는 내쉬균형, 부분게임완전균형, 베이즈내쉬균형 등 보다 정제된(refined) 개념들을 도입해 왔다. 내쉬균형은 단순한 정태적 전략형게임을 분석하는 데에는 아무런 문제가 없었다. 그러나 경기자들이 순차적으로 전략을 선택하는 완전정보 전개형게임을 분석하기에는 한계가 있다. 신빙성 없는 위협이나 약속을 배제할 수 없기 때문이다. 이러한 한계를 극복하기 위하여 부분게임완전균형이라는 개념을 도입하였고 역진귀납법이라 불리는 계산방법을 적용하여 부분게임완전균형을 구할 수 있음을 살펴보았다. 부분게임완전균형도 경기자들 간에 미비정보가 존재하는 게임을 분석하기에는 역부족이다. 이에 따라 제15장에서 우리는 정태적 미비정보게임을 분석하기에 유용한 베이즈내쉬균형의 개념을 도입하였다.

본장에서는 경기자(들)의 유형에 대하여 미비정보가 존재하는 상황에서 경기자들이 순차적으로 행동을 선택하는 동태적 미비정보게임을 분석대상으로 한다. 동태적 미비정보게임에서 경기자들은 상대방이 취한 행동을 근거로 상대방의 유형을 추측할 수 있다. 또한 합리적 경기자라면 새로운 정보를 고려하여 새롭게 개정된 신념을 토대로 전략을 취할 것이다. 그러나 베이즈내쉬균형은 정태적 미비정보게임의 분석도구로 도입된 개념이기 때문에 동태적 미비정보게임을 분석하기에는 부적절하다. 본절에서는 먼저 동태적 미비정보게임을 분석하기 위하여 새로운 균형의 개념이 필요한 이유를 살펴보고자 한다.

[그림 20-1](a)에 그려진 동태적 불완전정보 전개형게임을 고려하자. 게임나무에 의하면 경기자 1이 먼저 A, L, R 중 하나의 행동을 선택한다. 경기자 1이 A를 선택하면 게임은 끝나고 경기자 1과 경기자 2는 각자 2단위씩의 보수를 얻는다. 경기자 1이 L 혹은 R을 선택하면 경기자 2에게 선택의 기회가 주어진다. 이때 경기자 2는 경기자 1이 A를 선택하지 않았다는 사실만 알 뿐 자신이 어느 의사결정마디에 와 있는지 모르는 상태에서 l 혹은 r 중에 하나의 행동을 선택한다. 경기자 2의 두 결정마디는 동일한 정보집합에 포함되므로 이는 게임나무에서 점선으로 표시되어 있다. 각 전략조합에 따른 보수벡터는 게임나무에 나타난 바와 같다.

이 게임에는 두 개의 내쉬균형이 존재한다. 내쉬균형은 [그림 20-1](b)의 동등전략형게임에서 구한다. 첫 번째 내쉬균형은 경기자 1이 R을, 경기자 2는 r을 선택하는 전략조합이다. 경기

그림 20-1 ▌ 동태적 불완전정보게임

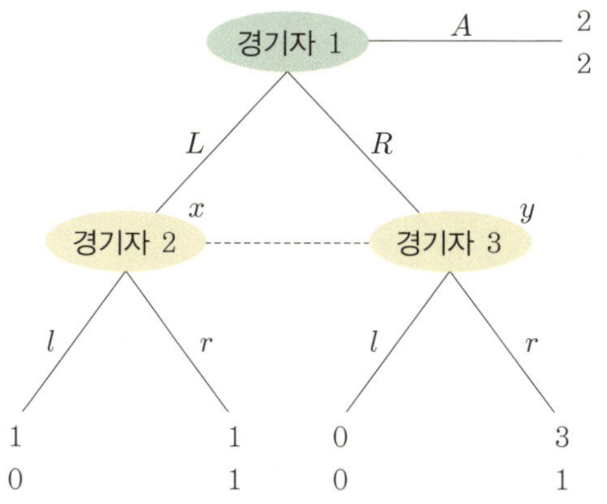

(a) 전개형게임

		경기자 2	
		l	r
	A	2, 2	2, 2
경기자 1	L	1, 0	1, 1
	R	0, 0	3, 1

(b) 동등전략형게임

자 1은 경기자 2가 r을 선택한다는 가정하에 R 이외의 다른 전략(A 혹은 L)을 선택할 유인이 없다(왜냐하면 3>2이며 3>1이므로). 경기자 2는 경기자 1이 R을 선택한다는 가정하에 r에서 l로 바꿀 유인이 없다(왜냐하면 1>0이므로). 두 번째 내쉬균형은 경기자 1이 A를, 경기자 2가 l을 선택하는 전략조합으로 구성된다. 경기자 2는 경기자 1이 A를 선택한다는 가정하에 l에서 r로 바꿀 유인이 없다. 또한 경기자 1에게 있어서도 경기자 2가 l을 선택한다면 A를 선택하는 것이 최선이다.

위에서 구한 두 내쉬균형 중 (A, l)은 신빙성 없는 위협에 근거하고 있다. 이유는 다음과 같다. 경기자 1이 L이나 R을 선택하면 경기자 2에게 선택의 기회가 주어진다. 이때 경기자 2에게는 자신이 오른쪽 마디에 있든 왼쪽 마디에 있든 상관없이 r을 선택하는 것이 최선이다. 경기자 2에게 있어서 전략 r은 강우월전략이며 전략 l은 강열등전략이기 때문이다. 경기자 2가 합리적이라면 강열등전략인 l을 선택하지 않을 것이므로 경기자 2가 l을 선택한다는 가정하에 도출된 두 번째 내쉬균형은 문제가 있다. 다시 말해서, 내쉬균형 (A, l)은 경기자 2가 l을 선택하겠다는 신빙성이 없는 위협을 가하고 그 위협을 경기자 1이 곧이곧대로 믿을 때 발생하는 결과이다. 그러므로 내쉬균형 (A, l)은 이 게임의 해에서 제외되는 것이 바람직하다.

그렇다면 부분게임완전균형의 개념을 적용하면 (A, l)과 같은 불합리한 내쉬균형을 제거할 수 있는가? 불행히도 부분게임완전균형은 전혀 효과를 발휘하지 못한다. [그림 20-1](a)에는 부분게임이 존재하지 않으므로 부분게임완전균형은 내쉬균형과 정확히 똑같다.

결국 부분게임완전균형의 개념은 신빙성 없는 위협에 근거한 해를 제거하려고 개발되기는 하였으나 [그림 20-1](a)와 같은 동태적 불완전정보게임을 분석하는 데에는 한계가 있다. 따라서 우리는 동태적 불완전정보게임에서도 부분게임완전균형의 정신을 살릴 수 있는 개념을 필요로 하는데, 그것이 바로 다음 절에서 설명할 완전베이즈균형이다.

20.2 완전베이즈균형

완전베이즈균형(perfect Bayesian equilibrium)은 내쉬균형을 정제한 개념이므로 균형의 기본 요건을 당연히 충족해야 한다. 동태적 불완전정보게임에서 개별 경기자가 두 개 이상의 의사결정마디로 구성된 정보집합에서 선택을 할 때 그는 자신이 정보집합 내의 어느 의사결정마디에 와 있는지에 관하여 추측한다. 이러한 추측은 경기자가 각 의사결정마디에 속해 있을 확률로 표현되며, 경기자의 신념(信念, belief)이라 불린다. 예컨대 [그림 20-1](a)에서 경기자 2의 신념이 (0.8, 0.2)라는 것은 자신이 왼쪽 마디 x에 속해 있을 확률을 80%, 오른쪽 마디 y에 속해 있을 확률을 20%라고 믿는다는 것을 뜻한다.

완전베이즈균형의 첫째 요건은 개별 경기자들의 합리성이다. 개별 경기자가 합리적이라는 것은 그가 어떠한 정보집합에 있든지 그 정보집합에서 갖고 있는 신념을 근거로 최선의 전략을 선택함을 뜻한다. 이를 '순차합리성'(順次合理性, sequential rationality)이라 부르며 아래와 같이 정의된다.

정의 | 순차합리성

개별 경기자는 어떠한 정보집합에 위치하든지 자신의 신념에 입각하여 기대보수를 극대화해주는 전략을 선택한다.

구체적으로, 순차합리성이란 개별 경기자가 매 정보집합에서 자신의 신념에 입각하여 최선의 대안을 선택하며 이렇게 수립된 전략에 대응하여 상대 경기자들도 자신들의 전략을 합리적으로 수립함을 의미한다.

[그림 20-1](a)의 게임에서 경기자 2는 경기자 1이 L을 선택했다고 믿든 R을 선택했다고

그림 20-2 그림 20-1(a)를 약간 변형한 게임

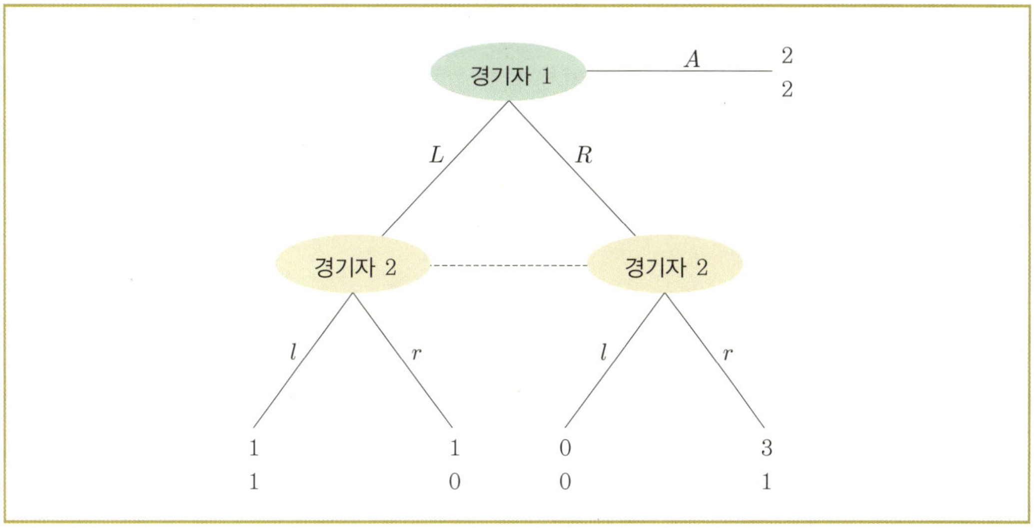

믿든 항상 r을 선택하는 것이 합리적이다. 즉, 경기자 2의 신념이 어떠하든 경기자 2의 합리적 선택은 항상 r이다. 경기자 2의 신념은 경기자 1의 전략에도 영향을 미친다. 경기자 2의 신념이 주어지면 경기자 2뿐 아니라 경기자 1도 경기자 2의 신념에 근거하여 합리적으로 행동한다. [그림 20-1](a)에서 경기자 2는 정보집합 내의 각 의사결정마디에 어떠한 확률을 부여하더라도 강우월전략인 r을 선택할 것이다. 경기자 1이 합리적이라면 이러한 사실을 미리 예측하고 R을 선택한다. 경기자 1이 A를 선택하면 2단위의 보수를 얻지만 R을 선택하면 그보다 높은 3단위의 보수를 얻을 것이기 때문이다.

[그림 20-1](a)를 약간 변형한 [그림 20-2]의 게임을 고려하자. [그림 20-1](a)와는 달리 [그림 20-2]의 게임에서 경기자 2의 선택은 그가 어떠한 신념을 갖고 있느냐에 따라 달라진다. 경기자 2는 자신이 왼쪽 마디에 와 있다는(경기자 1이 L을 선택했다는) 신념을 갖고 있다면 l을 선택하는 것이 최선이다. 반대로 오른쪽 마디에 와 있다는(경기자 1이 R을 선택했다는) 신념을 갖고 있다면 r을 선택하는 것이 최선이다. 이처럼 경기자 2의 최선응수는 자신이 어느 마디에 와 있다고 믿느냐에 따라 달라진다. 경기자 2가 왼쪽 마디에 와 있다는 신념을 갖는다면 l을 선택할 것이므로 경기자 1은 A를 선택하는 것이 합리적이다(왜냐하면 $2>1$이므로). 그러나 경기자 2가 오른쪽 마디에 와 있다는 신념을 갖는다면 r을 선택할 것이므로 경기자 1은 R을 선택하는 것이 최선이다(왜냐하면 $3>2$이므로).

이상에서 암시된 바와 같이 완전베이즈균형에서는 경기자들의 전략뿐 아니라 신념도 중요한 역할을 한다. 그렇다면 개별 경기자의 신념은 어떻게 형성되는가? 경기자의 신념은 아무렇게나 형성되는 것이 아니라 논리적 일관성을 갖추어야 한다. 정확하게 말해서, 두 개 이상의 의사결정마디를 포함하고 있는 정보집합에서 경기자가 형성하는 신념은 베이즈법칙에 의하여 형성되고 업데이트되어야 한다. 이것이 바로 베이즈일관성(Bayesian consistency)이라고 불리는 완전베이즈균형의 두 번째 요건이다.

정의 | 베이즈일관성

개별 경기자의 신념은 모든 경기자들의 균형전략으로부터 베이즈법칙을 적용하여 도출된다.

베이즈법칙은 관찰이 가능한 행동으로부터 관찰이 불가능한 특성의 조건부확률을 구하는 데 중요한 분석도구이다. 예컨대 취업지원자의 능력은 관찰할 수 없으나 그의 출신학교, 자격증 소지 여부, 성적 등은 관찰가능하다. 이 경우 관찰가능한 학교성적으로부터 지원자의 능력이 높을 확률이 얼마이고 낮을 확률이 얼마인지를 추론하고자 할 때 베이즈법칙은 대단히 유용하다. 다른 예로서 국민들은 자신들의 행복에 영향을 미치는 지역구 의원 후보의 능력과 도덕성을 알기 어렵다. 이 경우 지역구민들은 법안발의 건수, 시민단체의 의정활동평가, 신문방송 출연건수 등 관찰가능한 정보로부터 의원의 감추어진 특성을 추론하게 된다. 이처럼 정치경제적 의사결정에서 관찰가능한 특성을 기초로 하여 관찰 불가능한 특성을 통계학적으로 추론하는 사례는 비일비재하다.

[그림 20-1](a)나 [그림 20-2]와 같은 형태의 게임나무를 고려하자. 여기서 경기자들의 보수는 무시하라. 균형에서 경기자 1은 L을 0.2의 확률로, R을 0.3의 확률로, A를 0.5의 확률로 선택하는 혼합전략을 사용한다고 하자. 또 이 게임에서 경기자 2에게 선택의 기회가 주어졌다고 하자. 그러면 경기자 2는 적어도 경기자 1이 A를 선택하지 않았으며 L 혹은 R을 선택했음을 안다. 이때 경기자 2는 자신이 위치하고 있는 의사결정마디에 대해 어떠한 신념을 가지는 것이 타당한가? 경기자 1이 A를 선택하리라고 경기자 2가 믿었던 사전확률은 0.5인데 경기자 1이 A를 선택하지 않았다는 새로운 정보가 투입되었으므로 경기자 2는 자신의 신념을 업데이트한다. 경기자 1의 전략에 비추어 볼 때 경기자 2가 왼쪽 마디에 부여하는 확률은 0.4이다. 왜냐하면 경기자 1이 0.2의 확률로 L을 선택하고 0.3의 확률로 R을 선택하였으므로 경기자 1이 L을 선택했을 것이라고 경기자 2가 믿는 사후확률은 $0.4\left(=\frac{0.2}{0.2+0.3}\right)$이기 때문이다. 마찬가지로 경기자 2가 오른쪽 마디에 부여하는 확률은 0.6이 되어야 타당하다. 이 예가 보여주

듯 경기자 2의 신념은 경기자 1의 균형전략과 일관성이 있고 경기자 1의 신념은 경기자 2의 전략과 일관성이 있어야 한다는 것이 베이즈일관성의 내용이다.

이제 완전베이즈균형을 정의해보자.

정의 | 완전베이즈균형

순차합리성과 베이즈일관성의 두 요건을 충족하는 전략조합과 신념을 완전베이즈균형(perfect Bayesian equilibrium)이라 한다.

완전베이즈균형에는 발생가능한 모든 상황에 대하여 경기자들의 행동계획과 그에 상응하는 타당한 신념이 포함된다. 즉, 완전베이즈균형에서는 정보집합에 포함된 의사결정마디들에 부여된 신념이 중요한 역할을 한다. 이렇게 모든 정보집합에서 신념을 명시적으로 고려함으로써 신빙성 없는 위협이나 약속에 의존하는 전략을 제거하는 것이다.

완전베이즈균형 계산 예

[그림 20-1](a)와 [그림 20-2]에 나타난 동태적 불완전정보게임의 완전베이즈균형을 각각 예시해보자. [그림 20-1](a)의 게임에서 경기자 2는 강열등전략인 l을 절대로 선택하지 않을 것이다. 즉, 경기자 2는 자신의 신념이 어떠하든지 간에 상관없이 r을 선택하는 것이 합리적이다. 따라서 경기자 1은 자신이 L을 선택하면 1을 얻고 R을 선택하면 3단위를 얻으리라는 사실을 예측할 수 있다. 경기자 1이 A를 선택하면 2단위의 보수를 얻고 게임은 즉시 끝난다. 결국 경기자 1의 최적전략은 R을 선택하는 것이다. 결국 [그림 20-1](a)의 게임에서 완전베이즈균형은 다음과 같다.

(i) 경기자 1은 R을 선택한다.
(ii) 경기자 2는 선택의 기회가 주어진다면 경기자 1이 R을 선택하였다는 신념을 갖고 r을 선택한다.

이제 [그림 20-2]의 게임에서 완전베이즈균형을 구하자. 이 게임의 내쉬균형은 (A, l)과 (R, r)임은 앞절에서 설명한 바와 같다. [그림 20-2]의 게임은 동태적 불완전정보게임이므로 완전베이즈균형의 개념을 적용해야 한다. 경기자 2의 합리적 전략선택은 자신이 정보집합의 어느 마디에 와 있다고 믿느냐에 따라 달라진다. 경기자 2에게 선택의 기회가 주어졌을 때 경기자 2가 왼쪽 마디에 부여하는 확률을 p, 오른쪽 마디에 부여하는 확률을 $(1-p)$라 하자. 경기자 2가 l을 선택함으로써 얻는 기대보수와 r을 선택함으로써 얻는 기대보수는 각각 다음과 같다.

$$p\times 1+(1-p)\times 0=p \qquad (20.1a)$$

$$p\times 0+(1-p)\times 1=1-p \qquad (20.1b)$$

그러므로 경기자 2는 $p>0.5$이라고 믿으면 l을 선택하고 $p<0.5$이라고 믿으면 r을 선택한다. 다시 말해서, 경기자 2는 자신이 왼쪽 마디에 있을 확률이 0.5 이상이라고 생각하면 l을 선택하고 0.5 이하라고 생각하면 r을 선택한다.

경기자 1의 최적전략은 경기자 2에게 선택의 기회를 줄 때 경기자 2가 어떤 행동을 취할 것인가에 달려있다. 경기자 1이 L을 선택할 경우 베이즈일관성을 충족하려면 경기자 2는 $p=1$ $(p>0.5)$이라고 믿어야 한다. 또 $p=1$이라는 신념하에서 순차합리성을 충족하는 경기자 2의 최선전략은 l이다. 경기자 2가 l을 선택한다면 경기자 1은 L보다 A를 더 선호한다. 결국 경기자 1은 A를 선택하고 두 경기자는 각각 2단위씩의 보수를 얻는 상태는 완전베이즈균형이다. 만약 경기자 1이 L이나 R을 선택하면 경기자 2는 자신이 왼쪽 마디에 있을 확률이 높다고(혹은 확실하다고) 믿고 l을 선택한다. 물론 이는 균형에서는 실현될 리 없는 비균형경로(非均衡經路, off-the-equilibrium path)이다.[1]

비슷한 논리로 $\{(R, r), p<0.5\}$도 역시 베이즈일관성과 순차합리성을 충족하는 완전베이즈균형임을 알 수 있다. 식 (20.2b)의 균형에서 경기자 1이 R을 선택하면 경기자 2는 r을 선택한다. 그 결과 경기자 1은 3단위의 보수를 얻는다. 그런데 이는 경기자 1이 A를 선택함으로써 얻는 2단위나 L을 선택함으로써 얻을 것으로 예상되는 1단위보다 크다. 결국 완전베이즈균형에서 경기자 1은 R을 선택하고 경기자 2는 선택권이 주어지면 r을 선택한다. 또한 경기자 1의 균형보수는 3단위, 경기자 2의 균형보수는 1단위이다.

[그림 20-2] 게임의 완전베이즈균형은 내쉬균형과 정확히 똑같다. 이 게임에는 신빙성 없는

1 독자에 따라서는 경기자 1이 A를 선택한다면 경기자 2가 정보집합에 도달할 가능성이 없으므로 신념 p가 어떠한 값을 갖더라도 상관없지 않겠느냐고 반문할지 모른다. 그러나 전략조합 (A, l)이 균형이 되는 이유는 경기자 2가 자신에게 선택의 기회가 주어진다면 왼쪽 마디에 있을 확률이 매우 높다고(혹은 확실하다고) 믿고 l을 선택하기 때문이다. 이처럼 게임이론에서 균형의 개념은 균형 밖에서 각 경기자가 어떠한 전략을 선택할 것인가에 달려있다. 즉, 비균형경로가 중요한 역할을 한다.

위협에 근거한 내쉬균형이 없으므로 내쉬균형보다 엄격한 개념을 적용하더라도 달라지지 않기 때문이다.

20.3 동태적 미비정보게임

지금까지 우리는 동태적 불완전정보게임을 분석하는 데 적절한 균형의 개념인 완전베이즈균형을 다루었다. 동태적 미비정보게임을 분석하는 데에도 완전베이즈균형을 적용해야 한다. 우리는 앞에서 어떠한 미비정보게임도 자연법칙이라는 경기자를 상정하고 그가 다른 경기자들의 유형을 결정하는 불완전정보게임으로 변환할 수 있음을 보였다. 따라서 게임의 균형을 구한다는 관점에서 보면 미비정보게임과 불완전정보게임은 다를 바 없다. 본절에서는 완전베이즈균형이 미비정보게임을 분석하는 데 구체적으로 어떻게 적용되는지 살펴본다.

[그림 20-3]에 나타난 완비정보 진입저지게임은 현역이 지배하고 있는 시장이나 선거구에 신인의 진입결정에 따른 전략적 상황을 도식화한 게임이다. 먼저 신인이 진입할 것인가 아니면 진입을 포기할 것인가를 결정한다. 신인이 진입을 포기하면 그는 3단위의 보수를 얻고 현역은 9단위의 보수를 얻는다. 신인이 진입할 경우 현역은 출혈경쟁을 불사할 것인가 아니면 이권을

그림 20-3 ▌ 진입저지게임

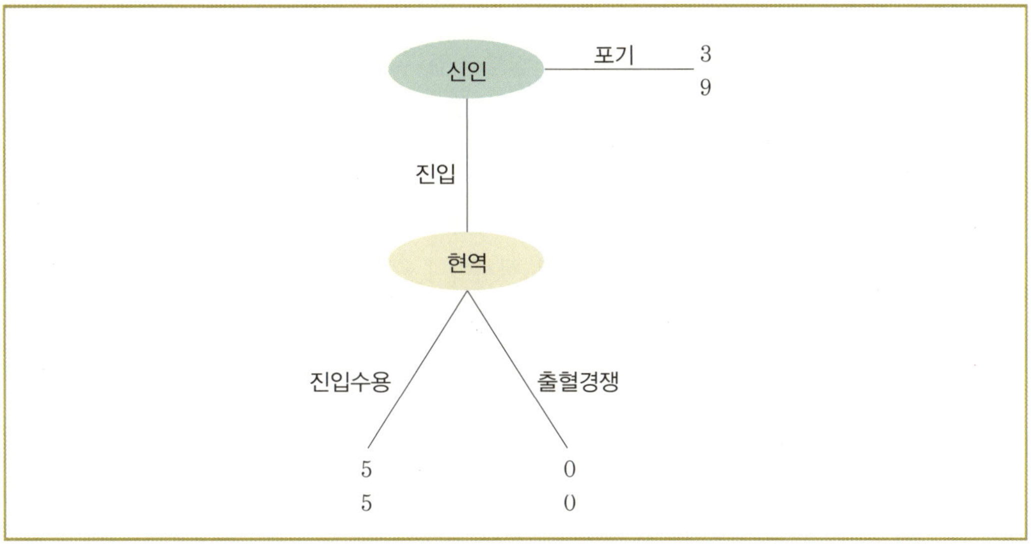

그림 20-4 현역이 공격적 성향일 경우 진입저지게임

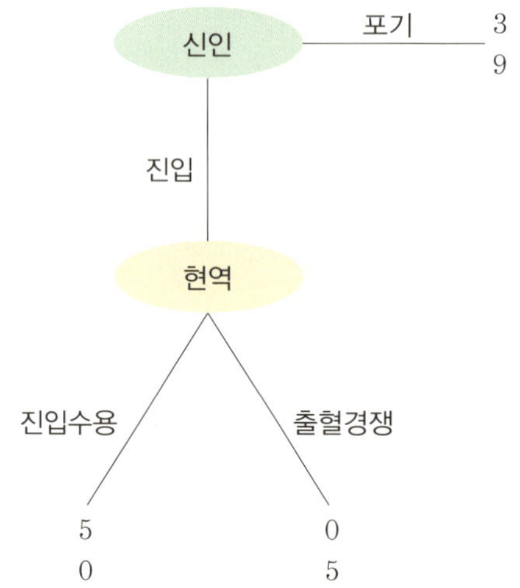

나누어가질 것인가를 결정한다. 현역이 출혈경쟁을 선택한다면 양자는 각각 0단위씩의 보수를 얻는다. 현역이 온건하게 대응할 경우 양자는 각각 5단위씩의 보수를 얻는다.

이상에서 설명한 완비정보 진입저지게임에 다음과 같이 미비정보를 도입하자. 신인의 보수체계는 모두에게 알려져 있는 주지사실인 데 반해 현역의 성향은 자신만이 알고 있다고 하자. 구체적으로 현역은 $\beta=0.7\%$의 확률로 '공격적 유형'이며 나머지 $(1-\beta)=0.3\%$의 확률로 '정상적 유형'이다. 신인은 현역의 유형을 관찰할 수 없다. 현역이 정상적 성향이라면 그의 보수체계는 [그림 20-3]에 나타난 바와 같다. 그러나 현역이 공격적 성향이라면 [그림 20-3]에 나타난 것과는 다른 보수구조를 갖는다. 구체적으로, 신인의 진입 후 현역이 출혈경쟁을 선택하면 현역은 5단위의 보수를 얻고 진입을 온건하게 수용하면 0단위의 보수를 얻는다고 하자. [그림 20-4]는 현역이 공격적 유형이라는 가정하의 전개형게임을 나타낸다.

이상에서 묘사된 진입저지게임은 신인이 현역의 특성을 관찰할 수 없으므로 동태적 미비정보게임이다. 미비정보 진입저지게임의 전개형은 하사아니 원칙에 따라 불완전정보게임으로 모형화되는데 [그림 20-5]는 그 전개형을 나타낸다. 게임나무에서 자연법칙은 먼저 현역의 유형을 '정상적'과 '공격적' 중에서 선택한다. 이때 자연법칙은 $(1-\beta)$의 확률로 정상성향을 선택하고 나머지 β의 확률로 공격성향을 선택한다. 여기서 숫자 β는 모든 경기자들이 주지사실로 알고 있는 사전확률이다. 자연법칙이 정상성향을 선택하면 게임나무의 왼쪽 마디에 도달하게 되고, 자연법칙이 공격성향을 선택하면 게임나무의 오른쪽 마디에 도달한다. 신인은 현역의 유형이

그림 20-5 신인이 현역의 성향을 모를 때 진입저지게임

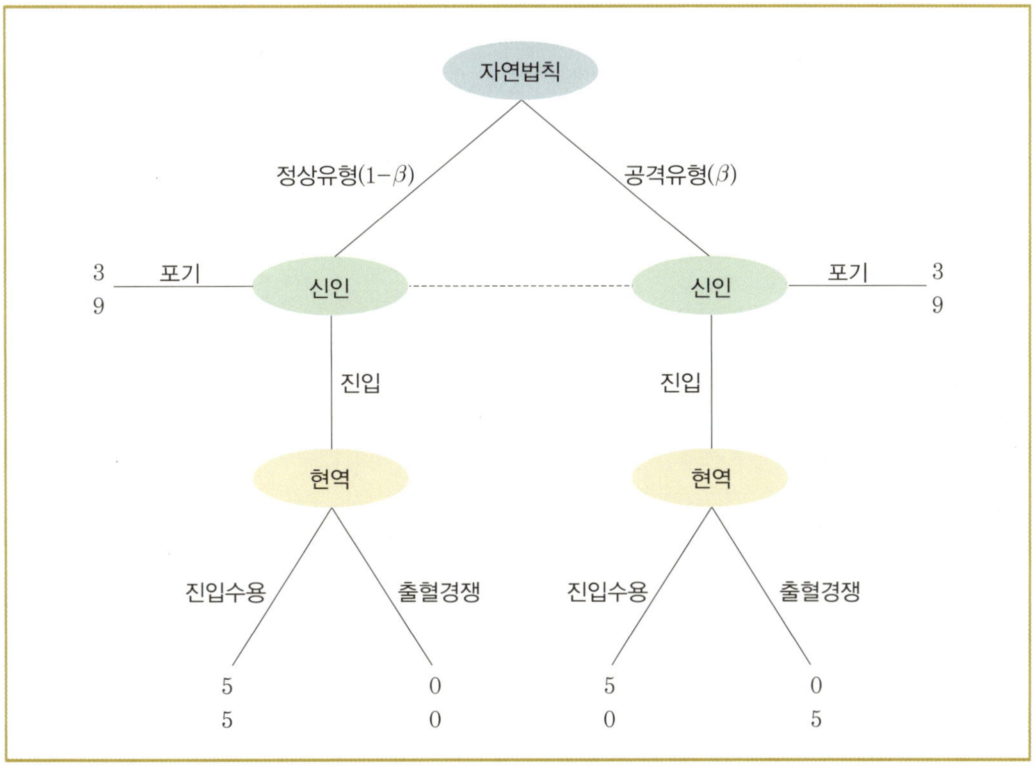

무엇인지 모르는 상태에서(자신이 어느 의사결정마디에 있는지 모르는 상태에서) 두 대안 '진입'과 '포기' 중 하나를 선택한다. 신인이 진입하였다면 현역은 자신의 유형이 무엇인지 아는 상태에서(게임나무의 왼편에 있는지 오른편에 있는지 아는 상태에서) 두 대안 '진입수용'과 '출혈경쟁' 중 하나를 선택한다.

이제 [그림 20-5]의 동태적 미비정보 진입저지게임에서 완전베이즈균형을 구해보자. 현역은 정상성향이라면 진입수용을 선택하고 공격성향이라면 출혈경쟁을 선택할 것이다. 왜냐하면 정상유형의 현역에게는 진입수용이 강우월전략이고 공격성향의 현역에게는 출혈경쟁이 강우월전략이기 때문이다. 신인은 현역의 유형을 관찰할 수는 없으나 현역이 정상유형이라면 진입을 수용하고 공격성향이라면 출혈경쟁을 선택하리라는 사실은 합리적으로 예측할 수 있다. 즉, 신인은 자신이 진입하면 0.3의 확률로 5단위의 보수를 얻고 $\beta = 0.7$의 확률로 0단위를 얻을 것임을 합리적으로 예측한다. 따라서 신인은 시장에 진입하면 1.5단위의 기대보수를 얻고 진입을 포기하면 3단위의 보수를 얻는다.

결론적으로 [그림 20-5]의 동태적 미비정보 진입저지게임의 완전베이즈균형은 다음과 같다. 신인은 진입을 포기한다. 혹시 신인이 진입할 경우 정상유형의 현역은 진입을 수용하고 공격성향의 현역은 출혈경쟁을 불사한다. 물론 이러한 결과는 현역이 공격성향을 가질 사전확률이 $\beta=0.7$이라는 가정하에서 도출된 것이다. 만약 $\beta=0.3$이라면 [그림 20-5] 게임의 완전베이즈균형은 다음과 같다. 신인은 진입한다. 정상유형의 현역은 진입을 수용하고 공격성향의 현역은 출혈경쟁을 불사한다.

20.4 평판효과: 강경투쟁과 선명경쟁

평판(評判, reputation)이란 특정 경기자의 유형이나 특성에 대해 다른 경기자들이 갖고 있는 인상으로 정의된다. 평판은 경기자의 유형이 상대방에게 알려지지 않은 미비정보하에서만 의미가 있다. 모든 사람들이 해당 경기자의 유형에 대하여 뻔히 알고 있다면 그가 어떠한 성향을 갖고 있으리라는 믿음은 아무 소용이 없기 때문이다. 예컨대 민주노총이 강성이라는 평판을 얻고 있다면 기업이나 정부에서 노사협상시 신중하고 방어적으로 행동하지 않을 수 없다. 특정 시장을 점유하고 있는 독점사업자가 매우 공격적이라는 평판을 얻고 있다면 잠재적 진입자들은 진입을 자제할 것이다. 시장에 진입했다가 공격적인 독점기업이 출혈경쟁을 불사하면 진입기업은 큰 손해를 보고 쫓겨나기 십상이기 때문이다.

평판의 핵심은 모방(mimicry)에 있다. 합리적인 경기자일지라도 마치 자신이 특정 유형인듯 인상을 주는 편이 장기적으로 이익이라면 단기적으로 다소의 비용을 치르더라도 마치 그 유형인 체 흉내내는 편이 유리하다. 민주노총이 강성이라는 평판을 얻었다고 해서 실제로도 반드시 강성이라는 의미는 아니다. 실제로는 온건하지만 강성이라는 평판을 얻는 것이 노사협상에서 유리하기 때문에 일부러 강성인양 행동하는 전략을 사용할 수 있다. 그런데 민주노총이 강성이라는 평판을 쌓기 위해서는 정부나 기업이 민주노총의 진짜 유형을 알지 못해야 한다. 만약 온건하다는 사실을 모두가 알고 있다면 아무리 강성 흉내낸들 코웃음거리에 불과하게 된다. 마찬가지 논리로 독점기업이 공격적이라는 평판을 갖고 있다고 하더라도 실제로는 단지 미친 척 흉내내는 합리적 기업일 가능성이 높다.

본절은 캘버트(Calvert 1987)모형을 중심으로 국가, 의회, 단체나 조직의 지도자가 구성원들을 대상으로 쌓는 평판효과를 살펴보자. 엄밀한 증명은 본서의 범위를 벗어나므로 포함하지 않고 직관과 개념만 설명한다.[2]

20.4.1 구성원이 한 명인 일회게임

지도자게임은 앞의 [그림 20-3]에 나타난 진입저지게임에서 보수구조만 약간 변화시킨 게임이다. 특정 구성원이 지도자의 방침을 그대로 따를 경우 추종자는 0단위의 보수를 얻고 지도자는 3단위의 보수를 얻는다고 가정하자. 구성원이 지도자에게 반기를 들 경우 지도자는 이를 묵인할 수도 있고 응징할 수도 있다. 지도자가 구성원의 항명을 묵인할 경우 구성원은 1단위의 보수를 얻고 지도자는 0단위의 보수를 얻는다. 만약 지도자가 구성원의 항명에 강력응징할 경우 구성원은 −1단위의 보수를 얻고 지도자는 x단위의 보수를 얻는다. 변수 x는 β의 확률로 1단위이며 $(1-\beta)$의 확률로 −2단위라고 가정하자. 다시 말해서, 구성원의 입장에서 볼 때 지도자가 강성일 확률이 β이며 온건할 확률이 $(1-\beta)$라는 사실만 알 뿐 실제로 어느 유형인지는 알지 못한다. 지도자는 자신의 유형이 강성인지 온건한지를 정확히 안다고 가정한다.

일회 지도자게임의 완전베이즈균형은 다음과 같다. 구성원이 항명했을 경우 강성지도자는 강력응징하며 온건지도자는 이를 묵인한다. 구성원은 자신이 항명할 경우 β의 확률로 −1단위를 얻고 $(1-\beta)$의 확률로 1단위를 얻으리라고 예측할 수 있다. 지도자에 복종하면 추종자는 0단위를 얻는다. 결국 지도자가 강성일 확률이 0.5 이상이면 구성원은 순종하며 0.5 이하라면 구성원은 항명한다. 예컨대, $\beta=0.4$라면 구성원은 항명하며 온건지도자는 이를 묵인하는 것이 완전베이즈균형이다. 강성지도자는 구성원의 항명에 무조건 강력응징할 것이다.

20.4.2 구성원이 두 명인 게임

조직에는 한 명의 지도자와 2명의 구성원이 있다. 이들 구성원 $i=1$과 $i=2$는 각각 $t=1$기(期)와 $t=2$기에 순서대로 지도자에 대하여 복종할지 항명할지를 결정한다. 즉, 구성원은 각자

---

2 캘버트모형은 독점기업이 약탈과 진입저지전략을 통해 평판을 구축하는 Kreps and Wilson(1982b) 및 Milgrom and Roberts(1982a)의 산업조직모형을 정치학에 응용한 것이다. 이후 푸덴버그(Drew Fudenberg), 르빈(David K. Levine), 노벨상 수상자 매스킨(Eric Maskin) 등에 의해 평판에 관한 일반이론이 발전되었다. 반복게임 및 평판에 관한 연구업적은 Mailath and Samuelson(2006)에 잘 정리되어 있다.

일회게임에만 참여하는 근시안적(myopic 혹은 short-run) 경기자이지만 지도자는 모든 구성원을 차례로 상대하는 장기적(patient 혹은 long-run) 경기자이다. 구성원 2는 첫 기에 구성원 1이 복종했는지 항명했는지, 만약 항명했다면 지도자가 이를 묵인했는지 응징했는지를 관찰할 수 있다. 또한 이러한 게임구조는 지도자, 구성원 1, 구성원 2 모두에게 주지 사실이다.

역진귀납법을 적용하여 구성원이 두 명인 지도자게임의 완전베이즈균형을 구하면 다음과 같다. 관심있는 독자는 Calvert(1987) 논문을 참고하기 바란다. 강성 지도자는 구성원의 항명에 대하여 항상 응징할 것임을 염두에 두라.

(i) $\beta < 0.25$

구성원 1은 항명하고 온건지도자는 이를 묵인한다. 구성원 2도 항명하고 온건지도자는 이를 묵인한다.

(ii) $0.25 < \beta < 0.5$

구성원 1은 항명하고 온건지도자는 $p^* = \dfrac{\beta}{1-\beta}$의 확률로 이를 응징한다. 구성원 2는 구성원 1의 항명이 응징당하였다면 $q^* = \dfrac{1}{3}$의 확률로 항명하지만 그 이외의 경우(구성원 1이 순종하였던지 혹은 구성원 1의 항명이 묵인되었다면) 무조건 항명한다. 온건지도자는 구성원 2의 항명을 항상 묵인한다.

(iii) $\beta > 0.5$

구성원 1과 구성원 2가 모두 순종한다. 만약 구성원 1이 항명한다면 지도자는 이를 강력응징한다.

여기서 특히 흥미로운 영역은 지도자가 강성 유형일 사전확률 β가 0.25보다는 크고 0.5보다는 작은 (ii)의 경우이다. 첫 번째 구성원의 항명에 부딪친 지도자는 비록 온건한 유형이라 하더라도 두 번째 구성원과의 역학관계에 미칠 영향을 고려하여 마치 강성인양 강력대응하고자 한다. 구성원 1은 항명할 경우 지도자가 비용을 치르더라도 응징하여 자신을 구성원 2에게 보여줄 시범용 제물로 삼으리라고 예측할 수 있다. 따라서 구성원 1은 비록 지도자가 강성일 확률이 0.5보다 낮더라도 0.25보다 크다면 순종하는 편이 합리적이다.

20.4.3 지도자 한 명이 다수의 구성원을 상대하는 상황

조직에는 한 명의 지도자와 N명의 구성원이 있다. 이들 구성원 $i=1, 2, \cdots, N$은 각각 $t=1, 2, \cdots, N$기(期)에 순서대로 단일 지도자에 대하여 복종할지 항명할지를 결정한다. 즉, 구성원은 각자 일회게임에만 참여하는 근시안적 경기자이지만 지도자는 모든 구성원을 차례로 상대하는 긴 안목의 경기자이다. 구성원들은 이전 기의 구성원들이 복종했는지 항명했는지, 만약 항명했다면 지도자가 이를 묵인했는지 응징했는지를 관찰할 수 있다. 이러한 정보구조는 지도자 및 N명의 구성원 모두에게 주지사실이다. 지도자는 강성일 수도 있고 온건할 수도 있는데 강성일 사전확률은 β로 모두에게 알려져 있다.

구성원이 두 명인 앞의 논의를 확장하면 이 게임의 완전베이즈균형이 다음과 같음을 알 수 있다. [그림 20-6]을 참조하라. 구성원 N명 가운데 $i=1, 2, \cdots, K$까지는 지도자에 복종한다. 항명했다가는 강성지도자는 물론 온건지도자조차도 시범용으로 자신을 처벌하리라고 합리적으로 예측할 수 있기 때문이다. 지도자의 임기 후반인 $(K+1)$기부터 구성원들은 각자 $q^*=\frac{1}{3}$의 확률로 항명하고 나머지 $\frac{2}{3}$의 확률로 순종한다. 이 시기 구성원의 항명에 대하여 온건지도자는 $p^*(t)$의 확률로 응징하고 $(1-p^*(t))$의 확률로 묵인한다. 언제가 되었건 지도자가 한 번이라도 묵인하면 그 이후로 모든 구성원들이 항명하고 지도자는 항상 묵인하게 된다. 이를 '임기말 권력누수'(lame duck)라 부른다.

여기서 K는 지도자가 강성일 사전확률 β가 클수록 커진다. 즉, 지도자가 강성일 사전확률이 클수록 임기말 권력누수도 늦게 나타난다. 또한 임기말 지도자가 구성원의 항명을 엄벌할 확률

그림 20-6 | 구성원이 다수인 경우 지도자게임의 균형

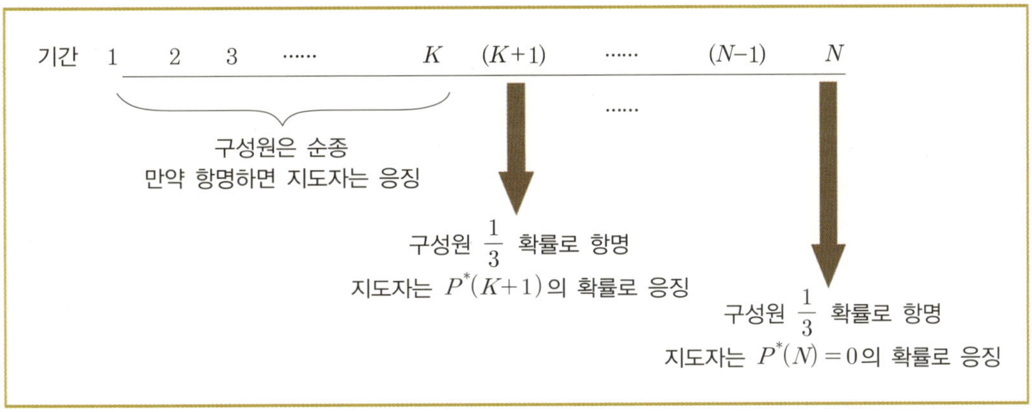

$p^*(t)$는 t가 커질수록 작아진다. 잔여임기가 짧을수록 구태여 희생을 치러가면서 구성원의 항명을 응징할 인센티브가 작아지기 때문이다. 극단적으로 임기 마지막 기간인 $t=N$에는 $p^*(N)=0$이 된다.

20.5 신호

20.5.1 신호게임의 정의

신호게임(信號게임, signaling game)은 특별한 구조를 가진 동태적 미비정보게임이다. 자연법칙이 먼저 경기자 1의 유형을 결정하여 그 내용을 경기자 1에게 알려준다. 그러나 경기자 2는 자연법칙에 의하여 결정된 경기자 1의 유형을 관찰할 수 없다. 다시 말해서, 경기자 1의 유형은 그 자신의 사적 정보(private information)이다.

전략 선택의 순서에 있어서는 경기자 1이 먼저 움직이고 경기자 2는 경기자 1의 선택을 관찰한 후 자신의 전략을 선택한다. 이러한 구조를 가진 게임의 중요한 특징은 사적 정보를 가진 경기자가 먼저 행동을 취한다는 것이다. 자신의 유형을 알고 있는 경기자는 이 사실을 상대방에게 알리는 것이 유리한 경우가 많다. 이 경우 사적 정보를 가진 경기자 1은 자신이 특정 유형임을 경기자 2에게 암시할 수 있는 행동을 취하고자 한다. 경기자 1의 그러한 선택을 관찰한 경기자 2는 경기자 1의 유형을 짐작할 수 있게 되고, 그 정보에 근거하여 최선의 선택을 하고자 한다. 물론 경기자 2의 이 같은 선택이 사적 정보를 가진 경기자 1의 입장에서 볼 때 유리하다고 판단될 때에만 경기자 1은 자신의 유형을 암시하는 전략을 사용할 것이다. 이처럼 사적 정보를 가진 경기자가 행동을 통해 자신의 유형을 드러내고 싶어하는 게임을 신호게임이라 부른다.[3]

신호게임에서 정보보유자가 보내는 신호를 메시지(message)라고 부르기도 한다. 신호게임에서 행동을 취함으로써 자신의 유형을 암시하고자 하는 정보보유자를 신호발송자(信號發送者, sender)라 부른다. 또한 발송자가 보낸 신호를 받아 상대방의 유형을 추측하는 데 이용하는 정보비보유자를 신호수신자(信號受信者, receiver)라 부른다.

3 신호와 대비되는 개념으로 선별(選別, screening)이 있다. 선별이란 사적 정보를 갖지 못한 정보비보유자가 먼저 행동을 선택하거나 계약을 제안하고 사적 정보를 가진 정보보유자가 그에 대하여 어떻게 반응하는지를 관찰함으로써 상대방의 유형을 알아내고자 하는 메커니즘이다.

신호게임의 대표적인 예는 신입직원의 채용을 들 수 있다. 대학졸업자가 기업이나 단체에 신입직원으로 취직하려고 한다. 응시자는 자신의 생산성이나 능력을 상당히 정확히 알고 있으나 조직은 이를 잘 모른다. 스펜스(Spence 1973)는 응시자들의 교육수준을 신호로 해석하는 모형을 제시하였다. 응시자들은 최종학교의 졸업장이나 학위, 대학교 성적표, 국가고시 합격증 등을 기업에 제출하고, 기업은 이것을 채용 여부의 결정이나 임금 산정에 반영한다. 여기서 신호발송자는 개별 취업응시자이며 수신자는 기업이다.

신호게임의 또 다른 예로 통화당국의 물가안정 의지가 있다. 물가안정은 정부나 중앙은행에게 중요한 목표이지만, 다른 한편으로 다소의 인플레이션을 유발하더라도 국민생산을 늘리고 실업률을 줄이려는 유혹도 있다. 물가안정에 비중을 두는 중앙은행의 총재나 경제정책 당국자가 있는 반면 실업률 감소에 비중을 두는 총재나 정책 당국자도 있다. 문제는 현재의 중앙은행 총재가 어느 유형인지 민간이 알기 어렵다는 것이다. 비커스(Vickers 1986)의 모형에서 물가안정을 중요시하는 총재는 과도하다 싶을 정도의 긴축적인 통화정책을 사용함으로써 자신의 물가안정 의지를 시장에 확신시킨다. 이러한 상황에서 신호는 통화공급 증가율 혹은 물가상승률이다. 또한 신호발송자는 통화정책 당국자이고 신호수신자는 일반 국민이다.

20.5.2 신호게임에서의 완전베이즈균형

이제 신호게임의 형태와 신호게임을 분석하는 데 적용되는 균형의 개념을 알아보자. 신호게임은 발송자와 수신자 사이의 2인게임이며 미비정보가 존재하는 동태적 게임이다. 따라서 신호게임을 분석하기 위해서는 완전베이즈균형의 개념을 적용해야 한다. 앞절에서 본 바와 같이 완전베이즈균형은 경기자들의 행동계획과 상대방의 유형에 대한 신념으로 구성되어 있다. [그림 20-7]은 신호게임의 구조를 도식화하고 있다.

(i) 자연법칙은 주어진 확률분포에 의하여 발송자의 유형을 선택한다. 발송자는 자신의 유형을 정확히 안다. 수신자는 발송자의 유형이 추출된 사전확률분포만을 알 뿐 발송자의 정확한 유형은 모른다.

(ii) 발송자는 수신자에게 신호를 보낸다. 이때 발송자는 자신의 신호발송 전략에 대응하여 수신자가 아래 (iii)과 (iv)에서 설명하는 바와 같이 반응할 것임을 미리 예측하고 기대보수를 극대화하는 신호발송 전략을 세운다.

그림 20-7 신호게임의 구조

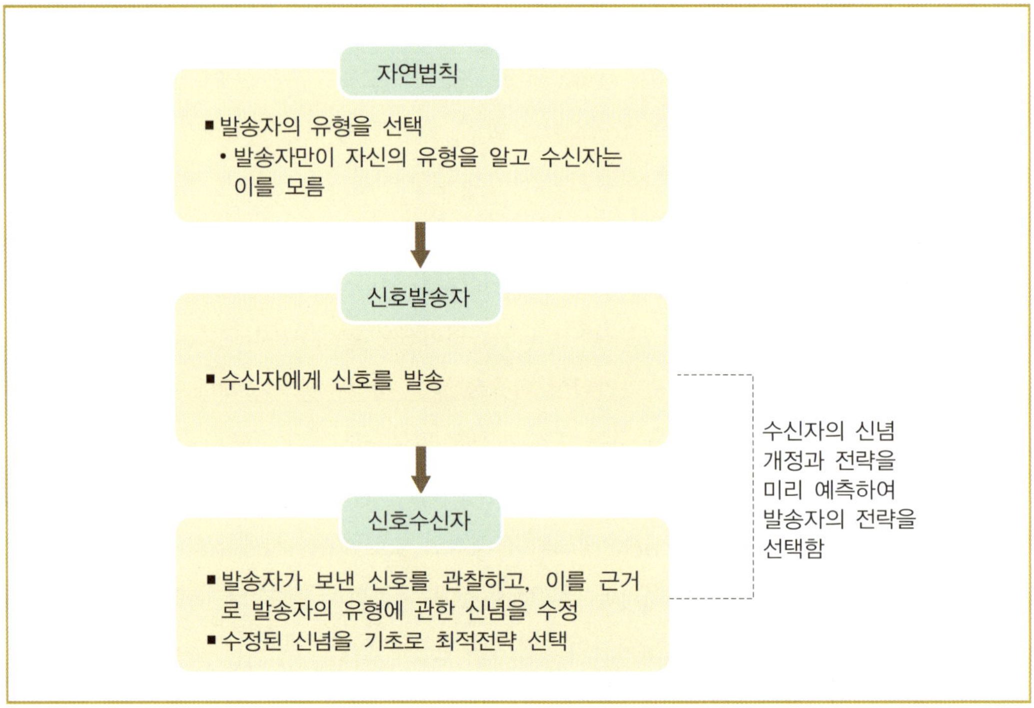

(iii) 수신자는 발송자가 보낸 신호를 근거로 발송자의 유형을 추측한다. 구체적으로 수신자는 발송자가 보낸 신호에 입각하여 발송자의 유형에 대하여 갖고 있던 신념(확률 분포)을 새롭게 개정한다. 이때 수신자는 베이즈법칙을 적용하여 신념을 개정한다.

(iv) 수신자는 새롭게 개정된 신념(사후확률분포)에 의거하여 최선의 전략을 선택한다.

이제 설명의 단순화를 위하여 발송자의 유형이 둘, 발송자와 수신자가 선택할 수 있는 행동의 개수가 각각 둘씩인 단순한 상황을 상정하자. [그림 20-8]의 게임나무에서 발송자의 유형은 A 혹은 B 중에 하나이다. 자연법칙이 A를 발송자의 유형으로 선택할 사전확률은 β이고 B를 선택할 사전확률은 $(1-\beta)$이다. 발송자의 유형이 결정되면 발송자는 L과 R 중에 하나의 행동을 선택하며 이것이 수신자에게 보내는 신호이기도 하다. 수신자는 발송자가 선택한 행동을 관찰할 수 있으나 발송자가 어떤 유형인지는 모른다. 즉, 수신자는 자신이 위쪽 의사결정마디에 위치하고 있는지 혹은 아래쪽 의사결정마디에 위치하고 있는지를 모른다. 대신 수신자는 점선으로 연결된 정보집합 안에서 어느 마디에 위치하고 있는지에 관하여 신념을 형성하고 그 신념에

그림 20-8 ▌단순 신호게임의 전형적인 모습

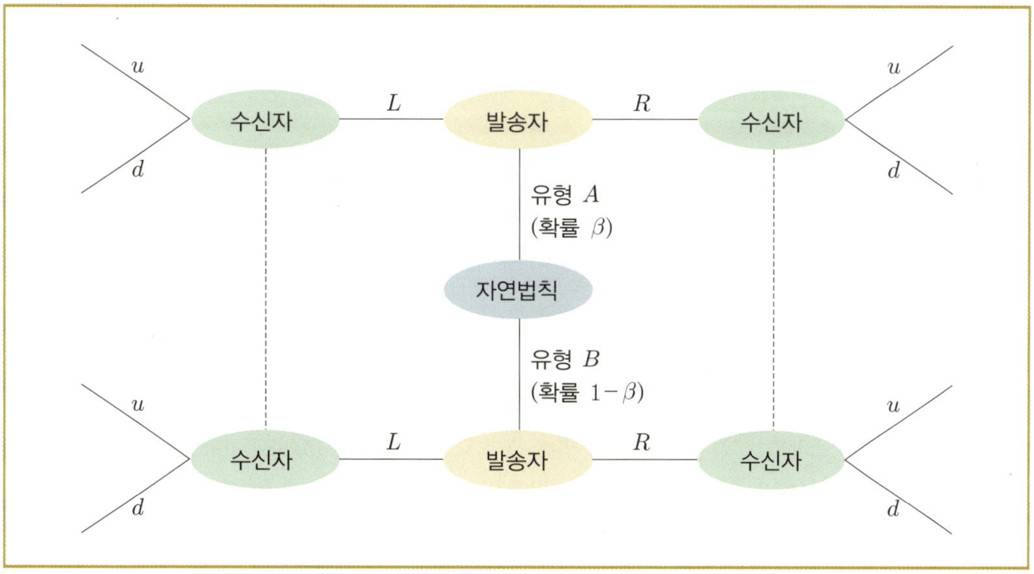

근거하여 u 혹은 d를 선택한다.

발송자가 취할 수 있는 순수전략은 다음과 같은 네 가지이다.

발송자전략 1: A유형이건 B유형이건 항상 L을 선택
발송자전략 2: A유형이건 B유형이건 항상 R을 선택
발송자전략 3: A유형이면 L을 선택하고, B유형이면 R을 선택
발송자전략 4: A유형이면 R을 선택하고, B유형이면 L을 선택

수신자가 취할 수 있는 순수전략은 다음 네 가지이다.

수신자전략 1: 발송자가 L을 선택하였건 R을 선택하였건 항상 u를 선택
수신자전략 2: 발송자가 L을 선택하였건 R을 선택하였건 항상 d를 선택
수신자전략 3: 발송자가 L을 선택하였으면 u를 선택하고, R을 선택하였으면 d를 선택
수신자전략 4: 발송자가 L을 선택하였으면 d를 선택하고, R을 선택하였으면 u를 선택

위에 열거한 바와 같이 발송자가 선택할 수 있는 순수전략은 모두 4개이며 수신자가 선택할

수 있는 순수전략도 4개이다. 완전베이즈균형은 16개의 순수전략조합 중에 상대방의 전략이 주어져 있다는 가정하에 어느 누구도 현재의 전략으로부터 이탈할 유인이 없는 상태로 정의된다. 완전베이즈균형은 발송자의 최적전략이 유형에 따라 다른지 혹은 유형에 관계없이 같은지에 따라 분리전략과 공용전략으로 나누어진다.

발송자의 네 가지 전략 중에서 세 번째와 네 번째 전략을 분리전략(分離戰略, separating strategy)이라 부른다. 분리전략이란 정보보유자인 발송자가 자신의 유형에 따라 다른 행동을 선택한다는 의미이다. 발송자가 분리전략을 쓰는 것이 신호게임의 균형이라면 수신자는 발송자의 행동을 관찰함으로써 그의 유형을 정확하게 유추해낼 수 있다. 이처럼 발송자가 분리전략을 채택하는 것이 균형을 형성한다면 이를 분리균형(separating equilibrium)이라 부른다. 반면 발송자의 전략 중에서 첫 번째와 두 번째 전략을 공용전략(共用戰略, pooling strategy)이라 부른다. 공용전략에서 발송자는 유형에 관계없이 항상 같은 행동을 취하므로 수신자가 발송자의 행동을 관찰함으로써 얻을 수 있는 추가적인 정보는 없다. 따라서 발송자가 공용전략을 사용할 경우 수신자가 발송자의 행동을 관찰한 후 수정한 사후적 신념과 수신자의 사전적 신념(예컨대, [그림 20-8]에서 β)은 정확히 일치한다. 발송자가 공용전략을 사용하는 것이 균형을 형성한다면 이를 공용균형(pooling equilibrium)이라 부른다.

20.6 민사소송게임

[그림 20-9]의 민사소송게임을 살펴보자. 게임나무에서 먼저 원고(原告, plaintiff)의 유형이 자연법칙에 의하여 임의로 결정된다. 원고는 재판에서 승소할 것인지 혹은 패소할 것인지를 사전에 정확히 알고 있다. 반면 피고(被告, defendant)는 원고의 승소확률이 50%, 패소확률이 50%라는 사실만을 안다. 원고는 자신이 승소유형인지 패소유형인지 알고 있는 상태에서 '낮은 합의금'(4백만원) 혹은 '높은 합의금'(6백만원) 중 하나를 선택한다. 피고는 원고의 유형을 관찰할 수 없고 원고가 요구하는 합의금액만 관찰할 수 있는 상태에서 수락 여부를 결정한다. 원고의 요구를 수락할 경우 피고는 원고에게 합의금을 지불한다. 이 경우 당사자들 간에 합의를 보았으므로 원고는 소송을 취하하고 재판은 벌어지지 않는다. 만약 피고가 원고의 요구를 거부하면 합의는 깨지고 재판을 받게 된다. 재판결과 원고가 승소하면 피고는 원고에게 9백만원의 보상금

그림 20-9 | 민사소송게임

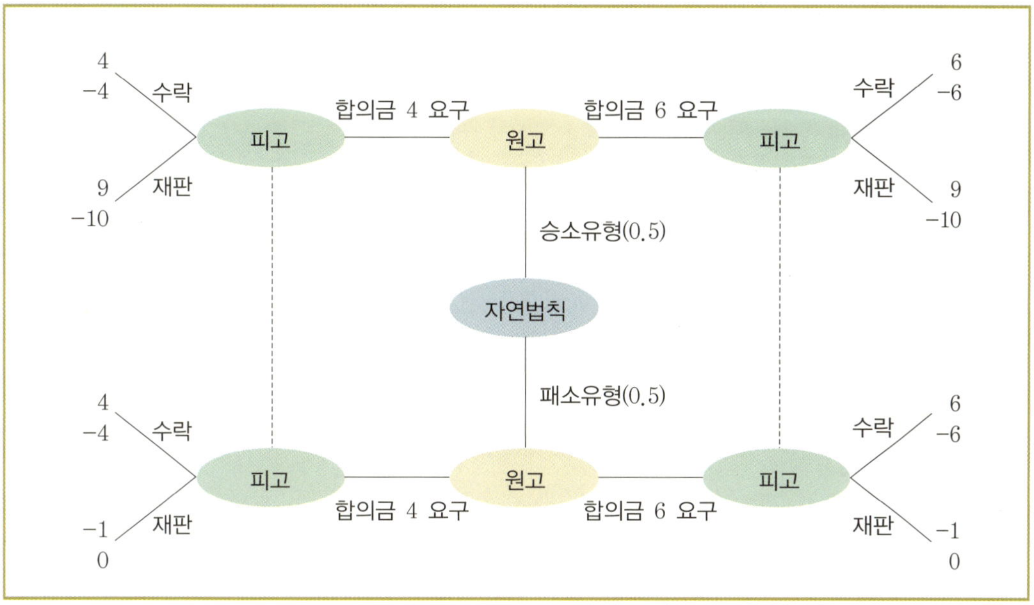

과 1백만원의 소송비용을 지불한다. 재판결과 피고가 승소하면 피고는 0원의 보수를 얻고 원고는 소송비용 1백만원을 지불한다.

이제 두 개의 분리전략과 두 개의 공용전략 각각이 완전베이즈균형으로서 성립할 수 있는지 차례로 살펴보자. 첫째, 승소유형의 원고는 낮은 합의금을 요구하고 패소유형의 원고는 높은 합의금을 요구하는 분리전략을 고려하자. 이러한 분리전략에서 피고는 원고가 요구하는 합의금액을 관찰함으로써 원고의 유형을 유추할 수 있다. 즉, 원고가 4백만원의 합의금을 요구하면 피고는 그를 승소유형이라고 믿고 6백만원을 요구하면 패소유형이라고 믿는다. 따라서 피고의 최적 전략은 원고가 낮은 합의금을 요구하면 이를 수락한다(왜냐하면 −4>−10이므로). 또 원고가 높은 합의금을 요구하면 재판까지 끌고간다(왜냐하면 0>−6이므로). 두 경기자의 전략은 [그림 20-10](a)에서 굵은선으로 표시되어 있다. 이 분리전략은 완전베이즈균형이 될 수 없다. 피고의 전략이 이상과 같이 주어졌다는 가정하에 승소유형의 원고는 '낮은 합의금'에서 '높은 합의금'으로 전략을 바꿈으로써 더 높은 보수를 얻을수 있다(왜냐하면 9>4이므로). 주어진 전략조합과 신념체계가 완전베이즈균형을 형성하려면 피고, 승소유형의 원고, 패소유형의 원고 중 누구도 현재의 상태로부터 이탈하고자 하는 유인이 없어야 한다. 그런데 승소유형은 낮은 합의금을 요구하고 패소유형은 높은 합의금을 요구하는 분리전략 상태에서는 승소유형의 원고가 전략을

그림 20-10 민사소송게임에서 분리전략

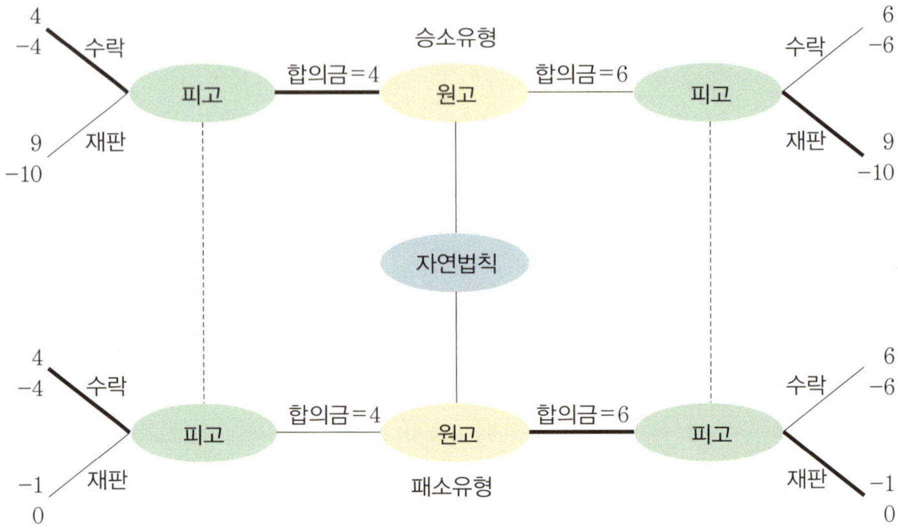

(a) 승소유형은 낮은 합의금을 요구하고 패소유형은 높은 합의금을 요구하는 분리전략

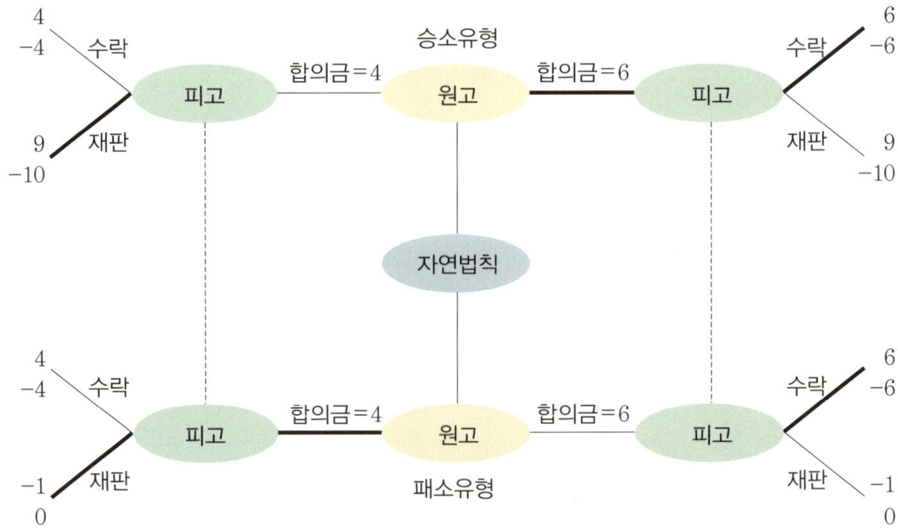

(b) 승소유형은 높은 합의금을 요구하고 패소유형은 낮은 합의금을 요구하는 분리전략

바꿀 유인을 가지므로 균형조건에 위배된다.

둘째, 승소유형의 원고는 높은 합의금을 요구하고 패소유형의 원고는 낮은 합의금을 요구하는 분리전략은 완전베이즈균형이 될 수 있는가? 이러한 형태의 분리전략에서도 피고는 원고가 요구하는 합의금액을 관찰함으로써 원고의 유형을 확실히 알 수 있다. 즉, 원고가 6백만원의 합의금을 요구하면 피고는 그를 승소유형이라고 믿고, 4백만원을 요구하면 패소유형이라고 믿는다. 따라서 피고의 최적전략은 원고가 높은 합의금을 요구하면 이를 수락한다(왜냐하면 −6>−10이므로). 또 원고가 낮은 합의금을 요구하면 재판까지 끌고간다(왜냐하면 0>−4이므로). 경기자들의 전략은 [그림 20−10](b)에서 굵은선으로 표시되어 있다. 이 분리전략도 완전베이즈균형이 될 수 없다. 피고의 전략이 주어졌다는 가정하에 패소유형의 원고는 '낮은 합의금'에서 '높은 합의금'으로 전략을 바꿈으로써(마치 승소유형인 것처럼 위장함으로써) 더 높은 보수를 얻을 수 있다(왜냐하면 6>−1이므로). 주어진 전략조합과 신념체계가 완전베이즈균형을 형성하려면 피고, 승소유형의 원고, 패소유형의 원고 중 누구도 현재의 상태로부터 이탈하고자 하는 유인이 없어야 한다. 그런데 승소유형이 높은 합의금을 요구하고 패소유형이 낮은 합의금을 요구하는 상태에서 패소유형의 원고는 전략을 바꿀 유인을 가지므로 균형조건에 위배된다.

셋째, 승소유형이든 패소유형이든 원고가 높은 합의금을 요구하는 공용전략은 완전베이즈균형이다. 원고가 자신의 유형에 상관없이 높은 합의금을 요구하는 공용전략은 [그림 20−11](a)에서처럼 굵은선으로 나타난다. 원고가 6백만원의 합의금을 요구할 경우 피고는 원고의 유형에 대한 아무런 추가적인 정보를 얻지 못한다. 따라서 피고는 자신이 의사결정마디 x에 위치할 사후확률이 사전확률과 똑같은 0.5라고 믿는다. 당연히 피고가 의사결정마디 x'에 위치할 확률은 나머지 0.5라고 믿는다. 이러한 신념하에서 피고가 원고의 요구를 수락함으로써 얻는 기대보수는 −6백만원이다. 반면 피고가 원고의 요구를 거부하고 재판을 받게 될 경우 재판에 질 확률은 0.5, 이길 확률은 0.5이므로 피고의 기대보수는 −5백만원이다. 이러한 사실로부터 피고의 최적전략은 합의 거부와 재판 진행으로 요약된다.

만약 원고가 낮은 합의금을 요구했다면 피고는 이를 어떻게 받아들일 것인가? [그림 20−11](a)의 공용균형에서 원고는 항상 높은 합의금을 요구했어야 하는데 만약—무슨 이유인지 모르겠으나—낮은 합의금을 요구했다면 이는 확률 0인 사건이 발생한 것이므로 베이즈법칙을 적용할 수 없다. 이러한 비균형경로상에서 피고는 원고가 패소유형이라고 믿는다고 가정하자. 그러면 낮은 합의금을 요구받은 피고는 재판진행을 선택할 것이다(왜냐하면 0>−4이므로). 또한 피고가 원고의 낮은 합의금 요구에 재판으로 대응한다면 원고는 승소유형이건 패소유형이건 상관없이 높은 합의금을 요구하는 것이 최선이다(왜냐하면 9≥9 −1≥−1이므로). 결론적으로 위에 설정된 비균형경로상의 신념과 전략은 베이즈일관성과 순차합리성을 충족하므로 원래의 공용전략(승소유형이건 패소유형이건 높은 합의금을 요구하는 전략)이 완전베이즈균형으로서 성립되

그림 20-11 | 민사소송게임에서 공용전략

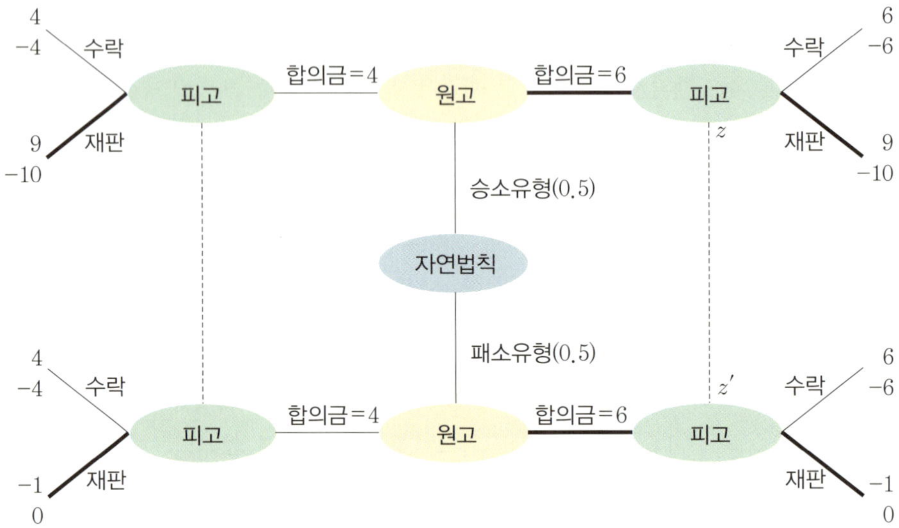

(a) 승소유형이든 패소유형이든 높은 합의금을 요구하는 공용전략

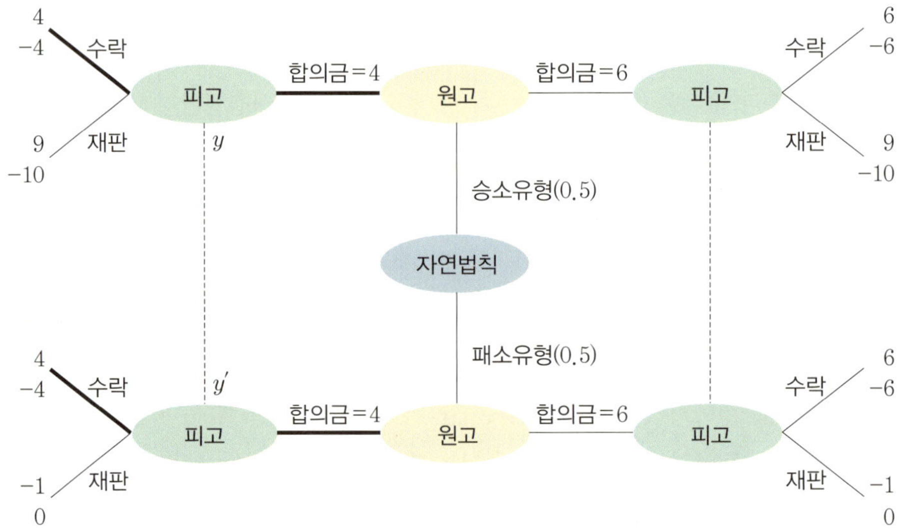

(b) 승소유형이든 패소유형이든 낮은 합의금을 요구하는 공용전략

도록 해준다.[4]

4 낮은 합의금을 요구하는 원고는(패소유형이 아니라) 승소유형이라고 피고가 믿는다면 어떻게 될 것인가? 이러한 가정하에서, 낮은 합의금을 관찰한 피고는 '수락'할 것이고(왜냐하면 $-4>-10$) 이는 패소유형 원고의 이

넷째, 승소유형이든 패소유형이든 원고가 낮은 합의금을 요구하는 공용전략이 균형이 될 수 없다. [그림 20-11](b)를 참고하면서 그 이유를 따져보자. 원고가 4백만원의 합의금을 요구할 경우 피고는 원고의 유형에 대한 아무런 추가적인 정보를 얻지 못한다. 따라서 피고는 자신이 의사결정마디 y에 위치할 사후확률이 사전확률과 똑같은 0.5라고 믿는다. 당연히 피고가 의사결정마디 y'에 위치할 확률은 나머지 0.5라고 믿는다. 이러한 신념하에서 피고가 원고의 요구를 수락함으로써 얻는 기대보수는 −4백만원이다. 반면 피고가 원고의 요구를 거부하고 재판을 받게 될 경우 재판에 질 확률은 0.5, 이길 확률은 0.5이므로 피고의 기대보수는 −5백만원이다. 즉, 원고 승소확률이 0.5이고 원고가 유형에 상관없이 백만원의 합의금을 요구한다면 피고는 이 합의를 받아들이는 것이 최선이다. 그런데 피고가 4백만원에 합의 제안을 받아들인다면 승소유형의 원고는 '낮은 합의금'에서 '높은 합의금'으로 전략을 바꿈으로써 더 높은 보수를 얻을 수 있다. 원고가 높은 합의금을 요구하였는데 피고가 이를 거부하면 결국 재판을 통하여 원고는 9백만원을 얻게 된다. 원고가 높은 합의금을 요구하였는데 피고가 이를 수락하면 원고는 합의금 6백만원을 받게 된다. 즉, 원고의 높은 합의금 요구를 피고가 수락하든지 거부하든지 상관없이 승소유형의 원고는 더 높은 보수를 얻게 된다(6>4, 9>4).

이상을 요약하자. 원고가 승소할 사전확률이 0.5인 경우 원고는 유형에 상관없이 6백만원의 높은 합의금을 요구한다. 피고는 원고가 요구하는 합의금이 얼마든지 상관없이 합의를 거부하고 재판을 받는다. 균형에서 승소유형의 원고는 9백만원의 이득을, 패소유형의 원고는 백만원의 손실을, 그리고 피고는 5백만원의 기대손실을 본다.

연습문제 >> 20-1 EXERCISES

(1) 원고가 승소할 사전확률이 $\beta = 0.3$일 경우 완전베이즈균형을 구하라.
(2) 원고가 승소할 사전확률이 $\beta = 0.7$일 경우 완전베이즈균형을 구하라.

탈을 초래하게 되므로(왜냐하면 $4 > -1$) 완전베이즈균형으로서 성립하지 않게 된다. 그러므로 본문 내용과 같이 낮은 합의금을 요구하는 원고는 패소유형이라고 피고가 믿는다고 가정해야만 (높은 합의금, 높은 합의금)이 공용균형으로서 성립하게 된다.

20.7 신호로서의 선거모금

선거와 투표를 분석한 연구들에 따르면, 유권자들의 선호체계나 후보들의 공약뿐 아니라 후보들이 누구로부터 얼마만큼의 정치자금을 지원받느냐 하는 선거모금(campaign finance)이 선거결과에 직접적인 영향을 미친다. 여기서 의문은 선거자금 기부자(단체)나 모금액이 어떠한 메커니즘을 통해 후보들의 공약이나 선거결과에 영향을 주는지에 있다. 그 가운데 가장 설득력 있는 가설은 선거모금이 후보(특히 현직)가 자신의 유능함을 유권자들에게 나타내려는 신호로서의 기능을 한다는 것이다. 본절에서는 애쉬워스(Ashworth 2006)의 모형을 중심으로 살펴본다.[5]

현직 정치인과 대표 유권자 간의 2인 신호게임으로 모형화하자. 현직(Incumbent) 정치인의 유형은 유능 혹은 무능인데 이는 사적 정보이다. 유권자 입장에서는 현직 정치인이 유능할 사전확률이 $\beta \in [\frac{1}{2}, 1)$라는 사실만 알고 있다. 현직에 도전하는 후보(Challenger)가 유능할 확률은 $\frac{1}{2}$이라고 가정하자. 여기서 $\beta \geq \frac{1}{2}$이라는 가정은 현직이 도전후보보다 유능하거나 프리미엄이 있을 확률이 높음을 의미한다.

유능한 현직 정치인은 선거운동 과정에서 자신이 유능하다는 사실을 유권자들에게 입증할 수 있다. 현직은 그러한 입증에 들어가는 정치자금을 특수이익집단으로부터 모금하며 한다. 당선 후에는 이익집단에게 반대급부를 제공한다. 반대급부의 제공은 일반 유권자에게 γ단위의 손실을 끼친다.

유권자는 유능한 현직이 당선될 경우 $V(>0)$단위의 보수를 얻으며 무능한 현직이 당선될 경우 0단위의 보수를 얻는다고 하자. 현직이 낙선할(도전자가 당선될) 경우 유권자는 $\frac{1}{2}V+\varepsilon$단위의 보수를 얻는다고 하자. 확률변수 ε은 선거에 따른 불확실성이나 소위 '바람'을 나타내며 누적확률분포함수 F에 따라 무작위 실현된다. 유권자는 투표 당일 실현된 ε값을 알지만 현역이나 신인은 이를 끝까지 모른다.

[그림 20-12]는 이상의 상황을 묘사한 신호게임이다. 종결마디에 쓰인 수식은 유권자의 보수를 나타낸다. 현직 정치인의 목적함수는 집권확률의 극대화라고 가정하자.

먼저 분리균형이 존재하는지 살펴보자. 분리균형에서 유능한 현직은 정치자금 모금을 통하여 적극적으로 홍보하고 무능한 현직은 소극홍보한다. 유권자 입장에서 적극홍보하는 현역은 유능하다고 믿고 소극홍보하는 현역은 무능하다고 믿는다. 유능한 현직이 적극홍보를 할 경우 당선

5 Ashworth(2006)을 단순화하여 Gehlbach(2013)의 제3장 3.3절에 실린 내용을 참조함.

그림 20-12 신호로서의 정치자금 모금과 이권 분배

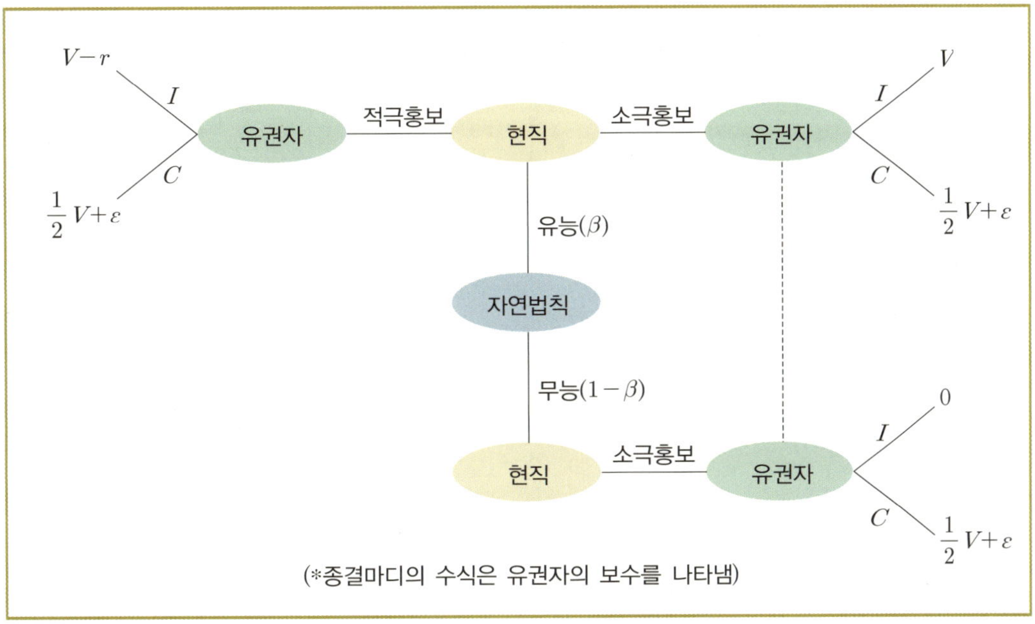

확률과 소극홍보할 경우 당선확률은 각각 다음 식 (20.2) 및 식 (20.3)과 같다.

$$\Pr\left(V-\gamma \geq \frac{1}{2}V+\varepsilon\right)=\Pr\left(\varepsilon \leq \frac{1}{2}V-\gamma\right)=F\left(\frac{1}{2}v-\gamma\right) \tag{20.2}$$

$$\Pr\left(0 \geq \frac{1}{2}V+\varepsilon\right)=\Pr\left(\varepsilon \leq -\frac{1}{2}V\right)=F\left(-\frac{1}{2}V\right) \tag{20.3}$$

분리균형에서는 식 (20.2)가 식 (20.3)보다 커야 하므로 결국 다음 조건이 성립해야 한다.

$$\mathrm{V} \geq \gamma \text{ 혹은 } \frac{\gamma}{V} \leq 1 \tag{20.4}$$

유권자 입장에서 볼 때 유능한 현직을 재임시킴으로써 얻게 될 혜익(V)이 그가 이익집단으로부터 정치자금을 모아 자신의 유능을 확신시키고 당선 후 이익집단에게 이권을 나눠줌으로써 유권자가 지불하게 될 손실(γ)보다 커야만 분리균형이 존재한다.

다음으로 현역이 유능하건 무능하건 소극홍보하는 공용균형이 존재하는지 살펴보자. 만약 현역이 정치모금을 통해 적극홍보하면 유권자는 그를 유능하다고 믿는다고 하자. 공용균형에서 유능한 현역이 소극홍보할 경우 당선확률과 적극홍보로 이탈할 경우 당선확률은 각각 식 (20.5) 및 식 (20.6)과 같다.

$$\Pr\left(\beta V+(1-\beta)0 \geq \frac{1}{2}V+\varepsilon\right)=\Pr\left(\varepsilon \leq \left(\beta-\frac{1}{2}\right)V\right)=F\left(\left(\beta-\frac{1}{2}\right)V\right) \qquad (20.5)$$

$$\Pr\left(V-\gamma \geq \frac{1}{2}V+\varepsilon\right)=\Pr\left(\varepsilon \leq \frac{1}{2}V-\gamma\right)=F\left(\frac{1}{2}V-\gamma\right) \qquad (20.6)$$

공용균형에서 식 (20.5)가 식 (20.6)보다 커야 한다.

$$\frac{\gamma}{V} \geq (1-\beta) \qquad (20.7)$$

이는 현역이 유능할 사전확률(β)이 상당히 높은 경우에만 현역의 유형에 상관없이 모금과 홍보에 소극적인 공용균형이 존재함을 의미한다.

[그림 20-13]은 유능한 현역이 재임했을 때 유권자가 얻는 혜익(V) 대비 현역이 자신의 유능함을 널리 알리기 위해 선거자금을 모으고 그 대가로 당선 후 이익집단에게 배푸는 이권(γ)의 범위에 따른 분리균형 및 공용균형의 존재 여부를 나타낸다. 현역이 유능할 확률이 주어져 있다고 가정할 때 이익집단에 대한 이권 제공으로 유권자들이 부담하는 손실이 클수록 공용균형이 존재하며 분리균형은 부존재할 가능성이 높아진다. 또한 유능한 현역이 당선됨으로써 유권자들이 누리게 될 혜익이 클수록 공용균형이 존재할 가능성은 낮아지는 반면 분리균형이 존재할 가능성은 높아진다.

그림 20-13 분리균형과 공용균형의 존재 범위

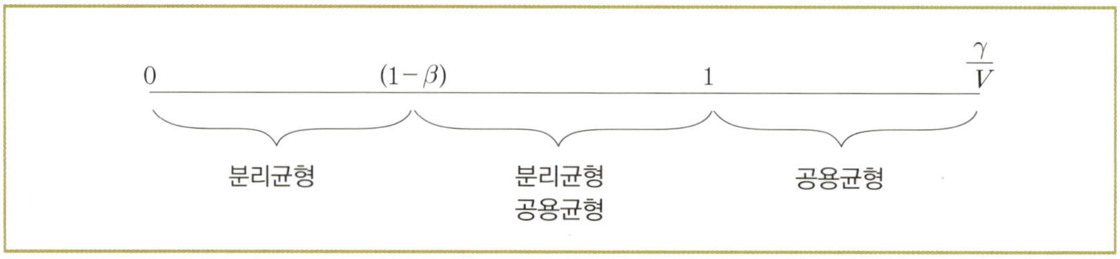

연습문제 >> 20-2 EXERCISES

[신인의 유형이 미비정보인 경우] 현직 정치인은 확실히 유능한 반면 신인 후보가 유능한지 무능하지는 사적 정보인 변형모형을 고려하자. 유권자 입장에서 신인이 유능할 사전확률은 β이며 무능할 사전확률은 $(1-\beta)$이다. 현역이건 신인이건 유능한 후보가 당선되면 유권자에게는 V만큼의 추가이익이 생긴다. 신인이 무능할 경우 현역은 홍보를 통하여 그 사실을 입증할 수 있다. 그런데 현역이 홍보비 지출은 이익집단으로부터 받은 정치자금으로 충당하므로 당선 후 이익집단에게 이권을 제공해야 하는데 이는 유권자에게 γ만큼의 손실을 끼친다. 모형의 나머지 부분은 본문과 동일하다.

(1) [그림 20-12]에 해당하는 전개형게임을 묘사하라.

(2) 신인이 무능할 경우에만 현역이 이를 홍보하는 분리균형이 존재하기 위한 조건을 구하라.

20.8 직관적 기준과 전진귀납법

20.8.1 진입저지를 위한 조직강화게임

우리는 불완전정보나 미비정보가 있는 동태적 게임을 분석할 때 신빙성 낮은 위협에 근거한 내쉬균형을 제거하기 위하여 완전베이즈균형이라는 개념을 도입하였다. 완전베이즈균형의 두 가지 요건은 [순차합리성] 개별 경기자가 어떠한 상황에 있든지 자신의 신념에 비추어 가장 높은 기대보수를 낳는 전략을 선택해야 하며, [베이즈일관성] 개별 경기자의 신념은 모든 경기자들의 균형전략으로부터 베이즈법칙을 적용하여 도출되어야 한다. 반면 균형하에서는 도달할 수 없는 의사결정마디, 즉 비균형경로에서 경기자가 갖는 신념에 대해서는 아무런 제약을 두지 않는다.[6]

이해를 돕기 위하여 밀그롬과 로버츠(Milgrom and Roberts 1982b)의 진입제한가격부과(limit pricing) 모형을 정치경제학적으로 재해석한 게임을 고려하자. 간단한 진입저지홍보게임의 전개형은 [그림 20-14]에 나타나 있다. 현역이 점유하고 있는 영역에 잠재경쟁자가 진입 여부를 고려하고 있다. 잠재경쟁자는 현역의 효율성과 역량을 정확히 알지 못한다. 현역은 비효율적일 수도 있고 효율적인 유형일 수도 있는데, 잠재경쟁자는 현역이 함량미달일 사전확률을 0.1이라고

6 순차합리성과 베이즈일관성에 덧붙여, 비균형경로상에서 경기자(들)이 가질 수 있는 신념에도 설득력 있는 추가 제약을 둘 경우 순차균형(sequential equilibrium)이라 정의한다. 순차균형의 개념과 성질에 대해서는 Kreps and Wilson(1982a)를 참조하라.

그림 20-14 | 진입저지홍보게임

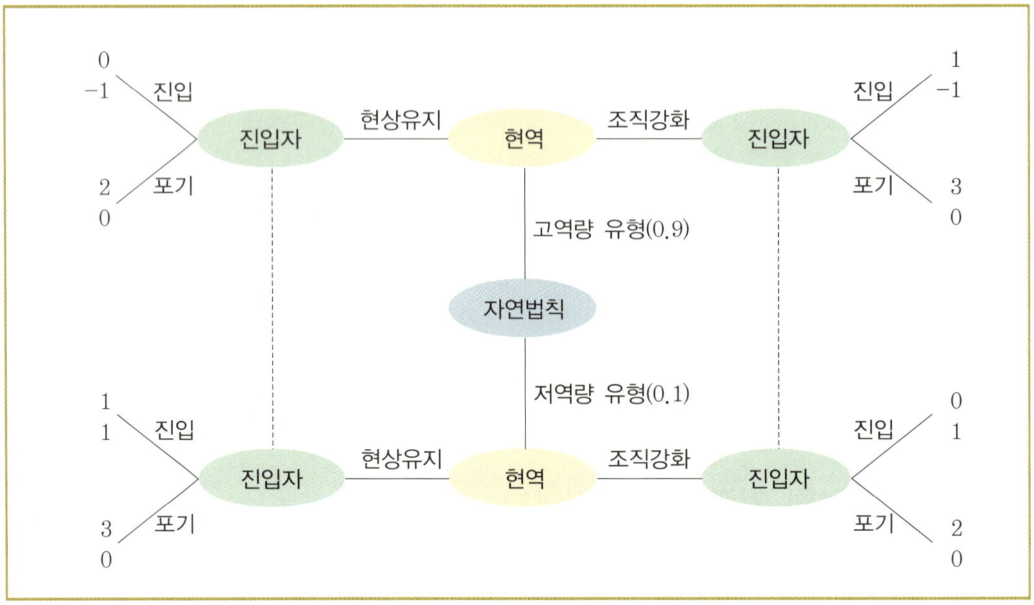

믿고 있다. 현역은 대규모 홍보비를 들여 조직을 강화하거나(H) 혹은 현상유지를 선택하거나(L) 하나를 선택한다. 잠재진입자는 현역의 홍보전략을 관찰한 후 진입과 포기 중 하나를 선택한다.

역량이 낮은 현역은 현상유지를 선호하며, 역량이 높은 현역은 조직강화를 선호한다. 현역은 자신의 역량에 상관없이 신규진입을 원치 않는다. 구체적으로, 진입이 일어나지 않을 경우 조직강화로부터 고(高)역량 현역이 얻는 보수는 3억원이고 저(低)역량 현역이 얻는 보수는 2억원이다. 반면 신규진입이 없을 때 현상유지로부터 고역량 현역이 얻는 보수는 2억원이고 저역량 현역이 얻는 보수는 3억원이다. 경쟁자가 진입한 상황에서, 역량이 높은 현역이 현상유지를 선택한다면 0단위의 보수를 얻고 조직강화를 선택하고 있다면 1억원의 보수를 얻는다. 역시 경쟁자가 진입한 상황에서, 역량이 떨어지는 현역이 현상유지를 선택하고 있었다면 1억원의 보수를 얻고 조직강화를 선택하고 있었다면 0의 보수를 얻는다. 잠재진입자는 저역량 현역과 경쟁하는 경우 1억원의 보수를 얻으나, 고역량 현역과 경쟁하는 경우에는 1억원의 손실을 얻는다. 또한 잠재진입자는 이 지역구에의 진입을 포기할 경우 0의 보수를 얻는다.

이상에 묘사된 게임에는 다음과 같은 두 개의 완전베이즈균형이 존재한다. 균형을 구하는 방법은 앞절의 민사소송게임 분석과 같다. 즉, 두 개의 분리전략과 두 개의 공용전략을 차례로 고려하여 균형요건을 갖춘 전략과 신념의 짝을 찾으면 된다.

완전베이즈균형 A

- 현역은 역량이 높건 낮건 조직강화를 선택한다.
- 잠재경쟁자는 현역이 조직을 강화하면 지역구 진입을 포기한다. 반면 현역이 현상유지하면 그를 저역량이라 믿고 진입한다.
- 현역이 고역량이라면 3억원의 보수를, 저역량이라면 2억원의 보수를 얻는다. 잠재진입자는 0의 보수를 얻는다.

완전베이즈균형 B

- 현역은 역량이 높건 낮건 현상유지를 선택한다.
- 잠재경쟁자는 현역이 현상유지를 선택하면 진입을 포기한다. 만약 현역이 조직을 강화하면 저역량으로 믿고 진입한다.
- 현역이 고역량이라면 2억원의 보수를, 저역량이라면 3억원의 보수를 얻는다. 잠재진입자는 0의 보수를 얻는다.

이제 균형 B를 자세히 살펴보자. 현상유지하기로 예정되어 있는 현역이 전혀 뜻밖에 조직강화를 선택하였다면 잠재진입자는 이를 어떻게 해석할 것인가? 균형 B에 따르면 잠재진입자는 이를 역량이 낮은 현역의 소행으로 믿는다는 것이다. 그러나 잠재진입자의 이러한 신념은 납득하기 어렵다. 이유는 다음과 같다. 저역량 현역은 정해진 균형전략을 선택할 경우 3억원의 보수를 얻게 되지만, 균형전략에서 이탈하여 조직강화를 선택할 경우 기껏해야 2억원의 보수를 얻을 수 있다. 즉, 저역량 현역은 결코 조직강화로 전략을 바꿀 유인이 없다. 따라서 현역이 조직강화를 선택했을 경우 이를 저역량 유형의 소행으로 보는 것은 직관적으로 맞지 않으며 오히려 고역량 유형이 3억원의 보수를 노리고 조직강화를 선택했으리라고 해석하는 편이 타당하다.

결국 현역이 조직강화를 선택한다면 잠재진입자는 이를 현역이 고역량 유형이라는 증거로 해석하고 진입을 포기해야 합리적이다. 또한 고역량 현역은 이러한 추론을 미리 하고 처음부터 조직강화를 선택한다. 반면 저역량 현역은 이러한 균형전략으로부터의 이탈을 흉내낼 유인이 없다. 다시 말해서, 균형 B는 비직관적인 신념체계에 근거하고 있기 때문에 소거되는 것이 바람직하다.

이상의 논의를 다음과 같이 신호발송자(현역)와 신호수신자(잠재진입자) 간의 의사소통 상황으로 재해석할 수 있다. 현역이 다음과 같은 메시지를 잠재진입자에게 전달한다고 하자.

♣ "나는 역량이 높은 유형이다. 나는 조직을 강화할 테니 내 말을 믿고 진입을 포기해라. 그렇게 되면 나는 더 높은 보수를 얻게 되고 당신에게도 나쁠 게 없다. 더구나 저역량 유형은 나를 흉내 낼 유인이 없으므로 이런 메시지를 전달하지 못할 것이다."

위 메시지가 설득력이 있다면 잠재진입자는 이를 그대로 믿고 현역의 조직강화에 대응하여 진입을 포기할 유인이 있다. 그런데 이 게임의 완전베이즈균형 B에서 이러한 메시지가 설득력이 있음은 위에서 설명한 바와 같다. 즉, 균형 B는 비균형경로상에서의 메시지(♣)에 취약하다.

조와 크렙스(Cho and Kreps 1987)의 '직관적 기준'(Intuitive Criterion)은 비균형경로에서 경기자들이 갖는 신념이 직관적이어야 한다는 제약을 가함으로써 완전베이즈균형을 정제해내려는 시도이다.[7]

정의 | 직관적 기준

주어진 완전베이즈균형에서 신호발송자가 보내는 위 (♣)내용의 메시지에 취약하다면 그 완전베이즈균형은 직관적 기준을 충족하지 못한다. 반대로, 어떠한 (♣)내용의 메시지도 신호수신자에게 설득력이 없다면 그 완전베이즈균형은 직관적이다.

20.8.2 외부대안이 있는 성대결게임

성대결게임을 두 경기자(남편과 아내)가 경기하고자 한다. 본 게임을 하기 직전에 남편은 외부대안을 선택할 기회가 있다. 남편이 그 대안을 선택할 경우 남편은 4단위의 보수를, 아내는 3단위의 보수를 얻는다고 하자. 남편이 외부대안을 포기하고 가정 내에서 해결하기로 결정하면 두 경기자는 각자 '미술관'과 '야구장' 중 하나를 동시에 선택한다. 남편과 아내가 서로 다른 장소를 선택할 경우 각자의 보수는 0이다. 남편과 아내가 모두 미술관을 선택할 경우 남편의 보수는 1단위이며 아내의 보수는 5단위이다. 반대로 두 사람 모두 야구장을 선택할 경우 남편의 보수는 5단위이고 아내의 보수는 1단위라 하자. '외부대안이 있는 성대결게임'(Battle-of-the-sexes

7 Banks and Sobel(1987)의 신성(神性, divinity)은 조와 크렙스의 직관적 기준과 개념상 유사하지만 보다 복잡한 게임에서도 균형을 더 강력하게 정제해낼 수 있다.

그림 20-15 외부대안이 있는 성대결게임

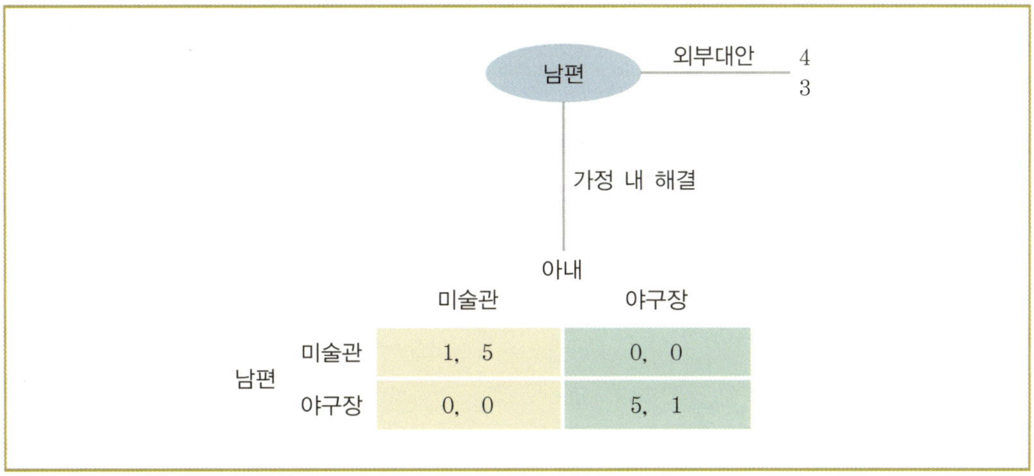

with outside option)이라 불리는 이 게임의 전개형은 [그림 20-15]에 나타나 있다.

이 게임에는 다음과 같은 두 개의 내쉬균형이 존재한다.

균형 A

- 남편은 '가정 내 해결'을 선택한다.
- 곧 이은 성대결게임에서 남편과 아내는 각각 '야구장'을 선택한다.
- 남편은 5단위의 보수를 얻고 아내는 1단위의 보수를 얻는다.

균형 B

- 남편은 '외부대안'을 선택한다.
- 만약 남편이 '가정 내 해결'을 선택하는 예기치 않은 사태가 발생하는 경우 남편과 아내는 각각 '미술관'을 선택한다.
- 남편은 4단위의 보수를 얻고 아내는 3단위의 보수를 얻는다.

위의 두 내쉬균형은 모두 부분게임완전균형이다. 먼저 균형 A가 부분게임완전균형이 되는 이유를 설명하자. 이 게임의 유일한 부분게임인 남편과 아내 간의 성대결게임에서 (야구장, 야구장)은 내쉬균형이다. 이제 역진귀납법을 적용하자. 부분게임에서 (야구장, 야구장)이 선택된다는 가정하에 전체게임에서 남편은 '가정 내 해결'을 택하는 편이 유리하다(왜냐하면 5>4이므로).

다음으로 균형 B 역시 부분게임완전균형임을 보이자. 부분게임인 성대결게임에서 (미술관, 미술관)은 내쉬균형이다. 역진귀납법을 적용하면 전체게임에서 남편은 '외부대안'을 선택하는 편이 유리하다(왜냐하면 4 > 1이므로).

외부대안이 있는 성대결게임에는 불완전정보가 부분게임에만 있기 때문에 두 부분게임 완전균형은 모두 완전베이즈균형이기도 하다. 그러나 두 개의 완전베이즈균형 중 A만이 조와 크렙스의 직관적 기준을 만족한다. 그 이유는 다음과 같다. 남편이 외부대안을 포기하고 '가정 내 해결'을 선택했다고 하자. 아내는 이를 어떻게 받아들이는 것이 합리적일까? 아내는 다음과 같이 합리적으로 추론할 것이다.

> 남편이 외부기회를 택했다면 그는 4단위의 보수를 얻을 수 있었다. 그런데 왜 굳이 '가정 내 해결'을 택했을까? (미술관, 미술관)을 바라보고 그렇게 하지는 않았을 거야. 그러면 자기는 1단위의 보수밖에 못 얻게 되는데 그럴 바에는 애초부터 '외부대안'을 선택했겠지. 남편이 4단위보다 높은 보수를 바라보고 '가정 내 해결'을 선택했을 터인데 그건 (야구장, 야구장)밖에 없잖아? 결국 '가정 내 해결'을 선택한 것은 남편이 야구장을 선택하고 5단위의 보수를 얻겠다는 강력한 의지의 표현이군. 그렇다면 나도 괜히 미술관을 선택했다가 낭패보지 말고 야구장을 선택해서 1단위라도 얻자.

아내가 위와 같이 추론하리라는 사실을 남편은 합리적으로 예측할 수 있으며 그 결과 '가정 내 해결'을 선택하게 된다.

앞에서 설명한 균형의 개념은 콜버그와 메르텐(Kohlberg and Mertens 1986)이 이론화한 전진귀납법(forward induction) 혹은 전략적 안정성(strategic stability)이라는 개념이다. 전진귀납법을 적용하여 구해진 균형은 조와 크렙스의 직관적 기준을 적용하여 구해진 균형과 밀접한 관계에 있음이 증명되어 있다. 전진귀납법은 부분게임완전균형을 구하기 위하여 적용되는 역진귀납법보다 더 강력한 개념이다. 역진귀납법은 '내가 만일 상대방의 상황에 처한다면 어떠한 행동을 선택할 것인가'라는 논리와 계산에 근거한다. 반면, 전진귀납법은 '내가 이 행동을 선택할 경우 상대방은 그 상황에서 내가 왜 하필 그런 행동을 선택했는지 거꾸로 추론하여 주어진 상황에서 최선의 선택을 하겠지. 그러니까 나는 그 모든 과정을 미리 추론해보고 나에게 최선인 전략을 택하리라'는 논리와 계산에 근거하기 때문이다.

21

CHAPTER

지대추구와 소모전

21.1 정치인, 관료, 판사

21.2 지대와 지대추구행위

21.3 합리적 무시

21.4 소모전

21.5 지대소실과 진입자유

21.6 지대창출

21.7 로비의 순기능

Politics & Public Economics:
A Game-Theoretic Approach

21.1 정치인, 관료, 판사

21.1.1 주인-대리인으로서의 국민-공직자

정치인, 관료, 법관의 본질은 주인-대리인의 개념으로 잘 설명된다. 주인인 국민이나 유권자가 대리인인 정치인, 관료, 판사들에게 사회후생을 극대화할 수 있도록 공적 업무를 위임(delegation)한 것으로 볼 수 있다.

주인-대리인 문제는 다음 세 가지 특징을 갖춘 현상으로 정의된다. 첫째, 대리인의 행동이 대리인 자신은 물론 주인의 이해에도 영향을 미친다. 둘째, 주인은 대리인의 행동을 직접 관찰하기는 어렵고 대리인이 취한 행동에 따라 실현된 최종 결과만을 관찰할 수 있다. 즉, 대리인의 행동에 대한 정보가 주인과 대리인 간에 비대칭적이다. 주인이 대리인의 행동을 직접 관찰할 수 없더라도 대리인의 행동과 최종성과 간에 일대일의 관계가 성립한다면, 최종성과로부터 대리인의 행동을 역추정할 수 있으므로 문제가 되지 않는다. 그러나 일반적으로 최종성과는 대리인의 행동 이외에도 우연적 혹은 상황적 요인의 영향을 받는다. 예컨대, 성과가 좋다고 해서 대리인이 성실했다는 보장이 없으며 성과가 나쁘다고 해서 대리인이 불성실했다고 단언할 수도 없다. 셋째, 대리인이 이기적 동기에 따라 취하고자 하는 행동은 사회적 관점에서 보면 비효율적이다.

예를 들어보자. 시의원이 입법활동을 얼마나 열심히 하느냐에 따라 시민들의 후생은 영향을 받는다. 그러나 시의원이 입법활동에 성실히 임하는지 아니면 법령이나 판례도 찾아보지 않고 밤새 술 마시고 놀다가 의회에 나가는지 일반시민들로서는 알기가 어렵다. 시의원 입장에서 어차피 주어진 연봉을 받을진대 힘 들이고 돈 들여 성실히 일할 이유가 없다. 시의원의 이러한 도덕적 해이(道德的 解弛, moral hazard) 때문에 시민과 시의원을 포함한 시 전체의 관점에서는 비효율적 자원배분이 초래된다. 주인-대리인의 사례를 열거하자면 소송의뢰인과 변호사, 집주인과 수리업자, 환자와 의사, 채권자와 채무자, 회사 주주와 전문경영인, 그리고 국민과 국회의원 등 무한하다. 사실 주인-대리인관계 및 비대칭정보로 인한 대리인의 도덕적 해이와 무관한 정치경제적 관계란 상상하기 힘들 정도이다.

주인과 대리인 간의 비대칭정보가 존재하는 상황에서 주인이 대리인으로 하여금 사회적으로 바람직한 행동을 선택하도록 강제하기는 어렵다. 그러나 대리인의 도덕적 해이를 줄이고 효율성을 높이는 간접적 방안을 강구할 수 있다. 첫째, 감시감독(monitoring)의 강화를 들 수 있다.

관료와 정치인의 관계에서 실행되는 감시감독은 크게 셋으로 나뉜다. 국회나 감사원처럼 상시적으로 정부기관과 관료조직을 감시하는 하향식 순시형(巡視型, police patrol), 이해관계자의 제보나 탄원에 근거하여 감시체제를 작동시키는 경보형(警報型, fire alarm), 그리고 이해관계자가 법원에 행정소송을 걸거나 헌법소원을 제출하여 효력을 정지시키려는 소화형(燒火型, fire extinguisher)으로 나뉜다.[1] 일반적으로 경보형이나 소화형 감시감독체계가 순시형에 비해서 비용도 적게 들고 구체적인 증거들을 확보할 수 있다는 장점이 있으나 '사후약방문'식 뒷북대책이라는 단점도 있다. 우리나라에서 공직선거운동 과정에서 향응을 제공받은 자가 신고할 경우 제공받은 향응의 50배를 포상하는 공직선거법이나 담합가담자 가운데 먼저 신고한 기업에게 벌금을 대폭 감경해주는 공정거래법상 '담합자진신고자감면'(leniency) 제도는 경보형 감시감독에 해당한다.

둘째, 대리인에 대한 상벌체계를 관찰가능한 성과에 근거하여 설계함으로써 주인 입장에서 바람직한 자원배분을 유도할 수 있다. 대리인의 행동과 최종성과 간에 우연적 혹은 환경적 요인이 개입하므로 정확히 일대일의 관계가 성립하지는 않지만 일반적으로 둘 간에는 정(+)의 상관관계가 있기 마련이다. 즉, 성과가 좋다고 해서 꼭 열심히 일했다는 보장은 없지만 열심히 일했을 확률이 농땡이를 쳤을 확률보다는 높다. 반대로 열심히 성과가 나쁘다고 해서 꼭 농땡이를 쳤다는 증거는 될 수 없지만 그랬을 확률은 높다. 공기업, 연기금, 국책연구소 등을 평가하여 기관장의 연봉을 차등지급하는 우리나라의 공공기관평가제도는 유인계약의 대표적 사례이다.

셋째, 공무원의 보수를 경쟁시장의 수준보다 높이 주되 업무성과를 정확히 측정하고 사익추구 행위 적발 시 엄단하는 기제를 만들면 도덕적 해이를 줄일 수 있다. 오늘 당장 사익을 편취한 사실이 적발되어 공직에서 쫓겨나면 공무원으로서 받을 수 있는 보수보다 열악한 수준으로 나머지 평생을 살아야 하므로 장기적인 관점에서 남는 게 없으며 따라서 당장의 사익편취 동기는 줄어든다. 이에 대한 엄밀한 분석은 반복게임에 대한 이해가 있어야 하므로 제23장 23.2절로 미루기로 한다.

---

1 Shepsle(2010)[1997], 431~432쪽 참조함.

21.1.2 위임의 정도와 공직의 성격[2]

주인인 국민이 대리인인 입법의원, 관료, 판사들에게 전적으로 위임하면 이들이 사익을 추구하거나 농땡이를 치면서 도덕적 해이를 저지를 가능성이 높다. 주인인 국민과 대리인인 관료의 이해가 일치하거나 상당히 가깝다면 도덕적 해이의 유인이 작기 때문에 위임이 바람직하다. 이는 국회나 정권이 통치 철학이나 정치적 이해관계가 최대한 일치하는 행정부를 구성하는 것이 바람직함을 의미하는데 동류원칙(同類原則, ally principle)이라고 표현한다. 반면 주인과 대리인의 이해관계가 멀수록 관료는 국익과 거리가 있는 정책을 채택하기 마련인데 이를 관료유리(官僚遊離, bureaucratic drift)라고 부른다.

관료들의 도덕적 해이로 인한 관료유리가 있다고 해서 직접민주주의로 모든 사안을 결정하고 집행한다면 대리인문제로 인한 사회적 비효율은 발생하지 않으나 전문성 부족과 사회분업체계의 와해로 엄청난 행정비용이 들게 된다. 일반적으로 위임의 정도를 d, 공직자의 도덕적 해이로 인한 사회적 비효율성을 $C(d)$, 국민이 직접 집행함으로써 발생하는 행정비용을 $A(d)$라 나타내면 $C'>0$ 및 $A'<0$가 성립한다. 결국 최적위임수준 d^*는 위임에 따른 사회적 총비용 $C(d)+A(d)$을 극소화하는 d값으로 계산된다.

입법의원(legislator)으로 대표되는 정치인(politician)은 법이나 큰 틀의 정책을 제·개정하며, 관료(bureaucrat) 혹은 행정가(administrator)는 주어진 법에 맞추어 시행령을 만들고 행정절차에 따라 집행한다. 정치인은 대개 국민이 직접 선출하는 대의기구이면서 임기가 정해져 있다. 반면 관료는 선거를 통하지 않고 임명되는 국가의 피고용인이며 대개는 임기 없이 퇴직까지 근무한다. 우리나라에서 대통령은 정치인으로서의 역할과 행정부의 수반으로서 지위를 모두 갖지만 정책입안자이면서 선출직이기에 여기서는 정치인으로 분류한다. 정치경제학적 시각에서 볼 때 국민-입법의원, 국민-행정부, 입법의원-행정부 등은 각각 주인-대리인 관계이다.

판사(judge)는 개별 사건(case)들에 현행법을 적용하며 해석함으로써 해당 법이 갖는 의미를 구체적이고 명확하게 사회구성원들이 알 수 있도록 한다. 사법부의 가장 중요한 기능은 법적 안정성의 유지에 있다. 동일한 사안에 대하여 판사마다 다른 판결을 내린다면 사회구성원들은 예측가능성이 떨어지는 그런 법이나 제도에 근거하여 사회경제적 활동을 영위하거나 사적 협상에 임할 수가 없다. 이는 엄청난 사회적 비용을 초래한다.

정치인, 관료, 판사는 민주주의의 기본원칙인 삼권분립에 의하여 수평적 관계가 유지된다. 개

2 본 내용은 Cooter(2000), 제4장을 참조함.

별 그룹 내의 수직적 관계를 살펴보자. 행정부는 장・차관, 국・과장에서 말단 공무원까지 피라미드 형태를 갖고 있으며, 사법부도 대법원–고등법원–지방법원의 위계질서를 갖고 있다. 정당의 경우에도 당대표, 최고위원에서부터 초선 비례대표 의원에 이르기까지 행정부보다는 느슨하지만 수직적 관계가 형성되어 있다. 그런데 부처와 지위에 따라 상당한 재량권을 갖는 공직자도 있고, 주어진 업무를 규정, 매뉴얼, 관행에 따라 기계적으로 처리하는 공직자도 있다. 여기서 중요한 질문은 누구는 재량권을 갖고 의사결정을 하는 반면 누구는 정해진 규정대로 업무를 처리해야 하느냐이다. 이는 직위에 따른 최적위임수준 d^*가 어떠한 요인에 의하여 영향을 받는지와 관련 있다.

주인인 국민 입장에서 공직자가 사익을 추구하거나 도덕적 해이를 저지르는지 쉽고 투명하게 관찰할 수 있을수록 그에게 더 많이 위임해도 괜찮다. 또한 의사결정 상황의 불확실성이 높을수록 그에 대처할 유연성이 요구되므로 최적위임수준이 높아진다. 중앙부처장관의 정책결정이나 일거수일투족은 대다수 국민들에게 쉽고 투명하게 알려지는 반면 불확실한 상황에서 포괄적이고 종합적인 판단을 내려야 하는 경우가 많다. 예컨대, 국토부 장관이 부동산 담보대출 한도를 완화할지를 결정할 때 그 파급효과나 부작용을 정확히 예측하기는 어렵다. 결론적으로 해당 공직자에 대한 감시감독이 쉽되 그가 내리는 의사결정의 불확실성이 높을 때는 상당한 재량권을 주어 대폭 위임하는 것이 효율적이다. 장관과는 대조적으로 국세청 하급 공무원의 경우 뇌물이나 향응을 받는 대가로 민원인의 편의를 봐주지는 않는지 일반 국민이 일일이 감시하기가 어렵다. 반면 그들이 하는 업무는 대개 정답이 정해진 단순 집행 사안들이어서 융통성을 발휘할 필요가 적다. 따라서 하급 공무원들에게는 재량권을 거의 주지 않고 법령, 규정, 시행세칙, 행정선례 등 규칙(rule)에 따라 처리하도록 하며 그것들을 제대로 따랐는지를 점검하는 것이 효율적이다.

감시감독의 용이성 및 업무환경의 불확실성이 재량권의 정도와 밀접하게 연관되어 있는 것은 관료조직뿐 아니라 다른 기구에도 적용된다. 대법관이나 헌법재판관은 사생활이 없으리만큼 투명하게 노출되어 있는 반면 내란죄 적용 여부나 간통죄의 위헌 여부 등 상당히 철학적이고 불확실한 문제를 다루어야 하는 경우가 많다. 그러다 보니 대법원이나 헌법재판소는 상당한 재량권을 갖고 투표방식으로 최종판결을 내린다. 반면 지방법원의 평판사는 법령 및 상급법원의 판례에 따라 비교적 기술적으로 판결을 내리는 일이 많다.

직무의 성격과 재량권의 정도는 임기와도 관련이 있다. 대통령, 대법관, 국회의원 등은 임기가 고정되어 있는 반면 중하위직 관료, 일반 판사, 국회사무처 직원 등은 인사이동은 할지언정

임기 없이 퇴직까지 근무한다. 또한 재량권을 많이 가진 고위층 공직자는 선거로 선출되거나 정치적으로 임명되는 반면 재량권이 작은 중하위직 공직자는 단순히 채용·임명된다. 대통령, 광역시장, 국회의원, 헌법재판관 등이 전자에 해당하며 행정사무직, 구청 민원담당자, 지방판사 등이 후자에 해당한다.

21.1.3 예산제도, 관료행태 및 정부규모

국가는 정부예산으로 사회간접자본 건설, 문화예술 진흥, 국민복지 증진, 연구기술개발 지원 등을 수행한다. 이때 국가는 국민들의 다양한 요구나 선호에 맞도록 예산을 배정·활용해야 사회후생이 극대화될 터인데, 이를 정치적 감응성(responsiveness)라 부른다. 다른 한편 정부예산은 하늘에서 떨어지는 것이 아니라 주로 조세수입으로 충당되므로, 정부지출 총액이 당해 연도 세수와 보조를 맞추는 것이 바람직하다. 불경기에 경기진작을 위해 적자예산을 편성할 수도 있고 세수가 예상 외로 느는 경우 흑자예산을 편성할 수도 있으나 중장기적으로는 세수로 감당할 수준의 정부지출 구조를 설계해야 거시적 재정건전성이 유지된다.

예산배정의 정치적 감응성을 높이려면 재정건전성 유지가 어렵고 재정건전성을 지키려면 정치적 감응성이 떨어질 수밖에 없으므로 둘은 상충관계에 있다. 감응성과 재정건전성에 영향을 미치는 대표적 요인은 예산배정 절차와 조직체계이다. 예산이 중앙집권적으로 배정되는 경우 재정건전성은 지켜지지만 정치적 감응성은 떨어지고, 예산배정이 분권적으로 이루어지는 경우 정치적 감응성은 높아지지만 균형예산 기조에 문제가 자주 생긴다. 우리나라의 경우 정부부처별로 예산을 국회에 신청하면 국회 예산결산특별위원회에서 이를 조정하되 애초의 항목별 신청액수를 초과하여 배정할 수는 없다. 이 과정에서 소위 '힘 있는' 부처나 지역구 국회의원들의 입김이 작용하여 예산배정의 형평성과 효율성이 떨어지기도 하지만 대체로 재정건전성은 잘 지켜지는 편이다.

우리나라와는 달리 미국의 예산배정 절차는 다분히 분권적이다. 하원 산하에 외부 인사들로 구성된 독립위원회를 구성하여 예산안을 편성한 다음 하원의 승인을 받도록 하되, 실제 지출은 상원의 기금인출위원회(Appropriations Committee)에서 별도 법안을 상정하여 별도 승인을 받는다. 의회의 정치인들이 예산과 지출을 짜다보니 정치적 감응성은 높지만 균형예산원칙이 지켜지기 어렵다. 미국이 만성적 재정적자로 허덕이는 원인 가운데 하나로 이처럼 분권화된 예산배정 절차를 지목하는 학자들도 있다. 이러한 단점을 보완하기 위하여 미국의 예산제도에서는 의회의 포괄 지출안에 대해 대통령이 개별지출 항목을 거부할 권한을 갖도록 하고 있다. 대통령은 지출법안 전체를 거부할 권한은 없고 항목별로만 거부권을 갖는다는 의미에서 개별조항거부권(line-item veto)이라고 부른다. 제13장에서 다루었던 순차게임과 역진귀납법의 개념을 적용하여 아래 연습문제를 풀어보기 바란다.

연습문제 >> 21-1 EXERCISES

대통령은 성장(G)정책을 선호하는 반면 국회는 표심을 의식하여 복지(W)정책을 선호한다고 하자. 두 정책이 모두 추진될 경우 국가재정 제약으로 두 정책 모두 불완전한 성과를 거두게 되며 대통령과 국회는 각각 3단위의 보수를 얻는다. 두 정책이 모두 무산될 경우 대통령과 국회는 큰 타격을 입게 되지만 남는 예산으로 다른 사업을 할 수 있으므로 각각 2단위씩의 보수를 얻는다. 둘 중 한 사업만 통과될 경우 해당 정책을 선호하는 측은 4단위의 보수를 얻고 상대방은 1단위의 낮은 보수를 얻는다.
먼저 국회는 세 가지 가능한 예산안(즉, G와 W 둘 다 추진, G만 추진, W만 추진) 가운데 하나를 대통령에게 제출하면 그 다음으로 대통령은 이를 수락하거나 거부(veto)한다.

(1) 대통령은 국회가 제출한 예산안 전부를 받아들이거나 거부권을 행사해야 하는 분리처리 불가 제도하에서 게임나무를 나타내고 부분게임완전균형을 구하라.
(2) 국회가 제출한 예산안에 대해 대통령이 항목별로 취사선택할 수 있는 개별조항거부권을 갖는 경우 게임나무를 나타내고 부분게임완전균형을 구하라.
(3) 대통령에게 개별조항거부권이 주어지는 제도가 예산안 전체를 수락하거나 거부할 수만 있는 경직적인 제도에 비해 대통령에게 더 유리할 것인가?

일찍이 니스카넨(Niskanen 1971)은 관료들이 자신이 속한 기관의 예산극대화를 추구한다는 유명한 가설을 주창하였다. 니스카넨 가설은 관료의 권한이 날로 강해지며 군대, 치안, 사회복지, 규제 등 공공부문의 규모가 사회적 최적에 비해 비대해진다는 함의를 갖는다. 니스카넨모형은 능동적인 관료와 수동적인 국회를 가정한다. 일반적으로 공공부문의 규모 Q와 국민들에게 Q만큼의 공공재를 제공하기 위하여 국회가 배정할 용의가 있는 예산 B 간에는 역U자 형태를 갖는다. 즉, 공공부문 규모가 커질수록 국민후생은 커지므로 이를 위해 국회가 배정할 용의가 있는 예산액은 커지지만 공공부문 규모가 지나치게 커져서 임계치를 넘어서면 국회는 오히려 공공예산을 줄이고자 한다. 국회가 배정할 용의가 있는 예산 혹은 국민편익을 $B(Q)$라고 하면 $B'(\hat{Q})=0$을 성립시키는 $\hat{Q}$가 예산극대화점이다. [그림 21-1]에는 공공부문의 규모에 따른 국민편익 $B(Q)$와 니스카넨 가설에 따른 공공재 규모 $\hat{Q}$가 나타나 있다.

공공서비스를 Q만큼 공급하기 위해서는 각종 사회적 비용이 $C(Q)$만큼 소요된다고 하자. 니스카넨은 공공재의 사회적 혜택 $B(Q)$에 관하여 관료와 국회 모두 정확히 알고 있는 반면 공공

그림 21-1 공공재 사회최적 규모와 관료의 예산극대화에 따른 규모

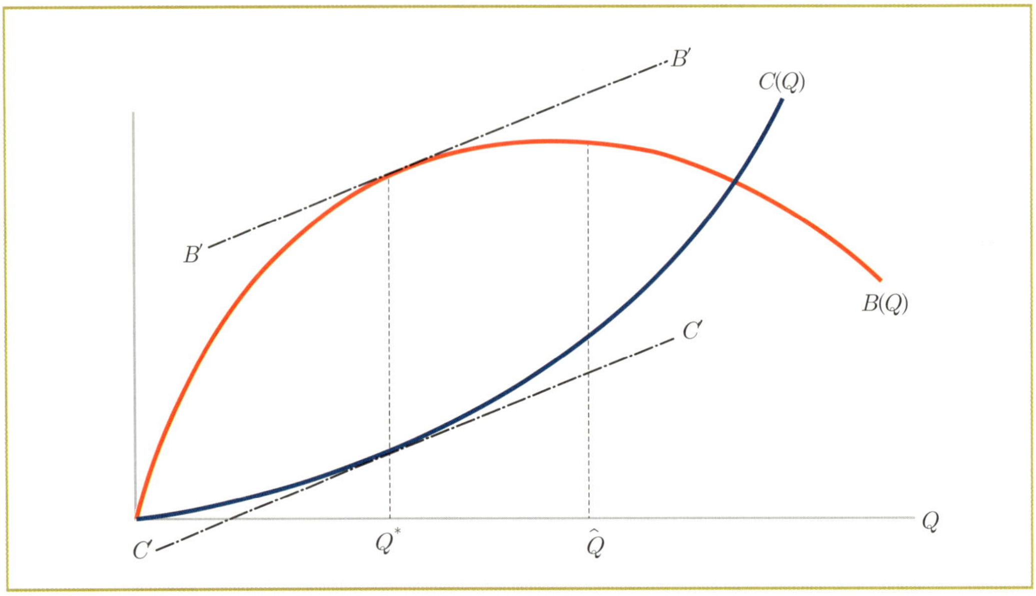

재 공급에 드는 비용함수 $C(Q)$에 대해서는 관료만이 충분한 정보를 갖고 있을 뿐 국회는 잘 알지 못한다고 가정한다. 사회적으로 가장 바람직한 공공부문의 규모는 결국 순(純)사회후생 $W(Q)=B(Q)-C(Q)$를 극대화해주는 Q^*값이다. 즉, $B'(Q^*)=C'(Q^*)$를 성립시키는 Q^*가 사회적 최적이다. 그런데 관료나 공무원 조직은 예산극대화를 위하여 Q^*보다 훨씬 큰 $\hat{Q}$를 국회에 제시하고 공공재 공급비용에 대한 정보가 미비한 국회는 이를 무작정 승인해준다.

미구에와 벨랑져(Migué and Bélanger 1974)는 관료들이 단지 예산극대화만을 추구하기보다 관료 자신의 사욕을 위해 재량적 예산을 늘려 직접 사용한다고 주장하였다. 그 결과 공공예산은 과도하게 조성되지만 공공재의 규모는 사회적 최적과 일치하게 되는데, 이 둘 간의 차이인 $(\hat{Q}-Q^*)$는 관료들의 사익을 위해 쓰이므로 사회적 폐해가 발생한다. 미국 규제기관 공무원들의 행태를 연구한 리버(Leaver 2009)에 따르면 태생적으로 보수적이고 안정추구형인 사람들이 관료가 되는 경향이 있으며 일단 관료가 된 이후에도 골치 아픈 문제가 발생하지 않도록 '민원발생소지 최소화'(minimal squawk behavior)와 복지부동을 추구한다. 리버는 니스카넨이나 미구에·벨랑져와는 반대로 관료조직이나 예산의 규모가 사회적 최적보다 오히려 작게 된다고 결론짓는다.

행정부 관료들의 권한과 재량은 의회제도 및 권력구조와 밀접한 관계가 있다. 관료의 힘은 대

통령중심제에서 강력하며 의회가 내각의 국무위원을 겸하는 의원내각제에서는 약하다. 또한 단원제에서 관료의 힘이 양원제에서보다 강하다. 한국이나 프랑스처럼 대통령중심제-단원제인 국가에서 관료조직은 비대하며 관료의 권한이 막강하다. 반면 영국처럼 의원내각제-양원제 국가에서는 관료의 힘이 상대적으로 약하다.

21.2 지대와 지대추구행위

21.2.1 지대

지대(地代, rent)라는 말은 농업이 주산업이었던 과거에 토지사용료를 의미하는 용어로 사용되었으나 현재는 토지뿐만 아니라 공급량이 고정된 생산요소의 가격을 의미한다. 생산량이 고정되어 있다면 그 생산요소에게 보수를 지불하지 않더라도 요소공급량에는 변동이 없다. 즉, 생산요소가 대안으로 사용될 수 있는 다른 용도가 없어서 이 생산요소를 사용하기 위하여 필요한 최소한의 보수가 0이란 뜻이다.

토지가 아닌 일반적인 경우에는 생산요소 공급량은 가격의 변동에 반응하게 마련이다. 일정량의 생산요소를 고용하기 위해서는 생산요소에게 지불해야 할 최소한의 보수가 있다. 이 최소한의 보수는 그 생산요소가 차선의 용도로 전용되었을 때 받을 수 있는 최대금액과 같다. 어떤 노동자에게 1시간의 노동서비스를 제공하는 대가로 9,900원을 지불하면 거부하고 10,000원을 지불하면 승낙한다고 하자. 이 노동자가 1시간의 노동서비스를 제공하기 위하여 지불되어야 하는 최소한의 보수는 10,000원이다. 달리 말해서, 이 노동자는 다른 곳에 취직하더라도 1시간에 10,000원을 받을 수 있기 때문에 9,900원의 임금을 거부하는 것으로 해석할 수도 있다.

일반적으로 생산요소에 실제로 지불되는 금액은 그 생산요소를 고용하기 위하여 필요한 최소한의 보수보다 많다. 이 초과분을 경제적 지대(economic rent)라고 정의한다. 토지처럼 생산요소의 공급량이 고정되어 있는 극단적인 경우에는 경제적 지대가 그 생산요소가 실제 지불받는 금액과 같다. 왜냐하면 생산요소의 공급량이 고정되어 있다는 것은 그만큼의 생산요소를 공급하기 위하여 지불되어야 하는 최소한의 금액이 0임을 뜻하기 때문이다. 그러나 토지처럼 극단적인 경우를 제외하고는 경제적 지대는 실제로 지불받는 금액보다는 작다. 단순노동직에 근무하는 노동자가 현 직장에서 월 300만원을 받고 있다고 하자. 또한 이 노동자가 현 직장을 떠나 차선의 직장에 취직하면 월 270만원을 받을 수 있다고 가정하면 이 노동자가 누리는 경제적 지대는 30만원이다. 또 다른 예를 들어보자. 연봉 10억원을 벌고 있는 천부적인 골프선수가 있다고 하자. 그가 골프 다음으로 높은 보수를 벌 수 있는 차선의 직업을 헬스클럽 트레이너라고 가정하고 트레이너는 연봉 3천만원을 번다고 하자. 이 선수가 누리는 경제적 지대는 무려 9억 7천만원에 달한다.

단순노무직과 골프선수의 예에서 알 수 있듯이 공급이 비탄력적인 생산요소일수록 요소가격 중에서 경제적 지대가 차지하는 비중은 높아진다. 생산요소의 공급이 비탄력적이면 요소가격이 크게 상승하여도 요소공급량이 상대적으로 적게 증가하기 때문이다. 전문적인 기술이나 지식이 요구되고 그 습득에 많은 시간이 필요한 노동서비스는 그 노동서비스의 가격이 크게 상승하여도 쉽게 공급량이 증가되지 못한다. 예를 들어, 의사가 되기 위해서는 많은 의료지식과 기술을 습득하여야 할 뿐만 아니라 사람의 생명을 다루는 서비스이므로 의과대학 졸업 및 국가시험 합격을 요구한다. 따라서 의료서비스에 대한 대가가 아무리 높더라도 단기적으로 의사의 수나 의료서비스의 공급량이 크게 증가하지 못한다. 이는 곧 단기적으로 의료서비스에 대한 보수에서 경제적 지대가 차지하는 비중이 매우 높다는 것을 뜻한다.

21.2.2 지대추구행위

앞서 설명했듯이 생산요소의 공급량이 요소가격에 대하여 비탄력적일수록 경제적 지대는 커진다. 요소공급이 비탄력적인 것은 생산요소의 특성상 요소가격이 상승하더라도 공급량이 쉽사리 늘어날 수 없는 경우(예컨대, 토지)와 인위적으로 요소공급을 제한하는 경우가 있다. 지대추구행위(rent-seeking behavior)란 요소공급을 인위적으로 제한함으로써 경제적 지대를 증대시키려는 노력으로 정의된다.

튤록(Tullock 1967)이 설파했듯이 지대추구행위는 필연적으로 자원배분의 비효율성을 가져온다. 독점기업이 생산량을 줄임으로써 가격을 높이고 그 결과 이윤을 추구하는 행위는 대표적 지대추구행위이다. 의약분업에 반대하는 의료인들의 진료거부, 법학전문대학원(Law School) 입학 정원을 둘러싼 시민단체와 변호사협회 간의 갈등, 민영화 대상으로 거론되는 공기업에서의 노동조합의 파업 등은 일례에 불과하다. 비단 의사나 법조인뿐만 아니다. 개인택시 기사들의 카풀 공유제도 극렬 반대는 잘 알려져 있다. 미국의 미식축구팀들이 걸핏하면 이 도시 저 도시로 옮겨 다니는 현상의 이면에는 전미미식축구협회(National Football League: NFL)의 지대추구행위가 있다.[3]

지대추구행위가 사회적으로 끼치는 폐해는 크게 자원배분의 왜곡을 통한 비효율의 증가와 지대를 창출하는 과정에서 발생하는 자원낭비로부터 초래된다. 희소한 자원이 사회의 적재적소에 효율적으로 배분되지 못하고 로비에 의하여 가격이 왜곡되거나 일부 부문으로 과다 혹은 과소하게 배분되면 필연적으로 비효율을 초래한다. 제18장 18.3절에서 조세부과에 따른 자중손실(하버거삼각형) 계산법을 통해 보여주었듯이 지대추구 세력이 얻는 이득이 T라면 사회 전체적으로 발생하는 손실은 T^2에 비례하여 기하급수적으로 증가한다. 자연스러운 귀결로 지대추구행위는 경제성장에도 악영향을 미치는 것으로 알려져 있다(Murphy, Shleifer and Vishny 1993).

경제학이나 정치경제론에서는 합리적 개인을 상정하며 합리성의 요체는 자신의 이익을 극대화한다는 것이다. 그렇다면 지대추구와 이윤추구와는 어떻게 다른가? 사적 동기는 같지만 사회적으로 미치는 영향에 따라 구분된다. 궁극적으로 자원배분의 효율성을 높이고 공동체에 긍정적인 영향을 미치면 이윤추구라 부르는 반면 경쟁을 저해하여 효율성을 낮추고 중장기적으로 공동체에 부정적인 부담을 주면 지대추구라 부른다. 예컨대, 기업이 거금의 연구개발비를 투자하는 행위는 비용절감과 고객확대를 통해 경쟁사를 제치고 이윤을 높이려는 목적으로 시행되지만 사회적으로는 경쟁구도를 강화시키고 효율성을 높인다. 그러나 똑같은 기업이 외국제품에 대한 수입장벽을 높이거나 독점유지를 위한 법개정 등을 위해 로비자금을 뿌린다면 이는 사회적으로 경쟁구조를 약화시키고 자원배분을 왜곡시킨다.

21.3 합리적 무시

지대추구행위와 합리적 무시(合理的 無視, rational ignorance)는 동전의 앞뒷면 같은 것이다. 개인적 이익추구를 근간으로 하는 시장경제에서 각 경제주체가 최소의 비용으로 최대의 경제적 이득을 얻고자 노력하는 것은 지극히 합리적인 행위이다. 그런데 이러한 합리적 경제행위가 공동이익의 추구나 방어를 위한 집단행동으로 나타나는 경우 이른바 합리적 무시를 유발하여 국민경제 전반에 대해 부정적 영향을 미친다.

3 졸저 『게임의 기술』(2007) 제8장은 지대추구행위의 다양한 사례들을 소개하고 있다.

어느 사회에서나 정도의 차이는 있으나 협회, 조합, 단체 등과 같이 구성원 공동의 이익을 추구하려는 특수이익집단들이 존재하게 마련이다. 또한 이러한 이익집단들은 생산판매 등 경제활동을 통한 통상적인 이윤 외에 홍보나 로비활동을 통해 독점권 획득, 가격지지 또는 보조금 수혜 등 지대를 누리는 경우가 많다. 이런 상황하에서 개별 경제주체의 합리적 행동이 합리적 무시를 초래하는 이유는 다음과 같다.

예컨대 전체 인구 5천만 명의 국가에서 극소수에 지나지 않는 특정 협회 또는 업계가 각종 홍보 및 로비활동에 5억원을 뿌려 정부의 가격지지정책을 끌어낸 결과 1백억원의 공동이익을 볼 수 있다고 가정하자. 이러한 이익은 소비자들로부터 이전된 것에 불과하므로 소비자는 1인당 200원(=1백억원/5천만 명)꼴로 손해를 보게 된다. 이때 소비자 개개인은 편익·비용측면에서 볼 때 업계에 맞서기보다 이러한 손해를 감수하는 것이 오히려 합리적이다. 왜냐하면 만일 한 개인이 5억원을 들여 업계의 의도를 무산시킬 수 있는 경우 소비자 전체의 이익은 1백억원이지만 비용을 전적으로 부담한 자신에게 돌아오는 이득은 불과 200원에 불과하기 때문에 어느 누구도 이런 일을 할 유인이 없다. 더 나아가 다수의 소비자, 예컨대 5만 명이 각자 1만원씩을 갹출하여 조성한 5억원의 자금으로 반대 로비를 하는 경우에도 1인당 비용부담액 1만원이 기대이익 200원보다 훨씬 크므로 사정은 마찬가지이다. 그렇다고 5천만 국민 모두가 비용을 갹출하여 소비자이익을 지킨다는 것도 현실적으로 불가능하다. 이러한 합리적 무시는 결과적으로 생산적인 경제활동보다는 독점권 획득, 진입제한, 각종 특혜 등을 목표로 하는 이익집단의 발흥을 부추겨 국민경제의 활력을 크게 해친다. 집단행동 이론의 선구자인 올슨(Olson 1965)은 특수이익집단으로 가득 찬 사회란 물건을 먼저 차지하려고 이전투구하는 사람들로 가득찬 유리그릇 상점과도 같은데 이때 가져가는 것보다 깨지는 것이 훨씬 더 많은 법이라고 비유하고 있다.

합리적 무시는 경제뿐만 아니라 정치에서도 부정적으로 작용한다. 각종 선거에서 유권자가 가장 이상적인 후보를 선택하기 위해서 관련 정보의 충분한 수집·분석 등이 필수적이나 이러한 일은 물적·시간적 비용을 수반하는 것임에 반하여 자신에게 돌아오는 편익은 크지 않으므로 이를 기피하게 된다. 투표란 일인일표이고 후보자에 대한 판별능력에 관계없이 유권자라면 아무나 투표에 참가할 수 있기 때문에 자신의 노력이 전체 선거결과에 미칠 수 있는 여지는 대단히 미미하기 때문이다. 이러한 투표자의 합리적 무시로 인해 대부분 국가들에 있어서 특수이익집단의 이익편향적 입법이 가능할 뿐만 아니라 '이익은 겉으로 드러나되 그 비용은 숨겨지는' 왜곡된 정책들이 채택되어 사회 전체적으로는 바람직하지 못한 결과를 가져온다. 선거 때마다 난무하는 지역개발 공약이나 특정 집단에 특혜를 약속하는 법률안 개정 약속 등은 합리적 무시를 악용한 대표적 사례들이다.

환경단체, 소비자보호단체, 국회활동감시단체 등 각종 시민단체(Non-Government Organization: NGO)는 합리적 무시 때문에 개인의 입장에서 추진할 유인이 없는 활동을 통하여 이익집단의 횡포에 맞서 공동체 전체의 이익을 지키는 역할을 할 수 있다. 그러나 본래의 순수한 목적을 망각한 채 시민단체의 지도자가 지대추구행위에 가담한다든지 정치권과 결탁하여 사적 이익을 추구할 수 있다는 측면에서 시민단체 자신이 또 하나의 이익집단화하기도 한다.

21.4 소모전

정치적 경합(political contest) 혹은 소모전(消耗戰, war of attrition)은 지대추구행위를 모형화한 게임이다. 소모전이란 여러 경기자들이 하나의 목표물을 향하여 각자 비용이 드는 노력이나 자금을 투입하여 경쟁하지만 승자는 단 한 명뿐이며 그 승자가 모든 것을 다 가져가는 게임으로 정의된다. 차세대 기술에 대한 기업들의 특허취득경쟁(patent race)은 소모전의 대표적 예이다. 여러 기업이 차세대 기술특허권을 따기 위해 인력과 재원을 총동원하여 연구기술개발 경쟁을 한다. 그러나 차세대 기술을 1초라도 먼저 개발하여 특허를 획득한 기업은 엄청난 이권을 챙기는 반면, 한 발 늦은 경쟁사들은 그간 쏟아부었던 기술개발비만 낭비한 채 그 사업을 포기하거나 특허권을 가진 기업에게 엄청난 기술사용료를 지불할 수밖에 없게 된다.

대통령선거는 소모전의 대표 사례이다. 대선에 참여하는 정당이나 후보들은 모두 사생결단 최대한의 노력과 자원을 쏟아붓지만 단 한 명만 대통령으로 선출된다. 한 표 차로 집권을 하건 백만 표 차로 집권을 하건 여당이 된 쪽은 그야말로 모든 것을 다 쥐게 되고 야당이 된 쪽은 빈털터리와 정치보복의 대상이 된다. 비단 선거뿐 아니라 각종 사업권 획득이나 대규모 건설공사 수주과정에서 빚어지는 로비 및 뇌물공여도 정치적 경합에 속한다. 본절에서는 여러 기업(들)이 독점사업권을 획득하기 위하여 정치인이나 공무원에게 로비하는 상황을 설정하고 소모전에서의 균형을 분석한 다음 그 시사점을 찾고자 한다.

21.4.1 두 기업 간의 소모전

기업 1과 기업 2는 V원의 가치를 갖는 이권을 따내려고 한다. 두 기업은 거의 비슷한 정도의 기술과 경영능력을 갖고 있다. 개별 기업은 경쟁상대가 얼마의 뇌물을 제공하는지 모르는 상태에서 자신이 공여할 뇌물액수를 결정한다. 뇌물을 제공하였으나 사업자로 선정되지 못하였다고 하더라도 기업은 뇌물을 되돌려 받을 수 없다고 하자. 이 경합게임은 경매의 일종이지만 통상적인 경매와는 달리 자신이 제시한 금액을 낙찰 여부와 상관없이 무조건 지불해야 하므로 전원지불경매(全員支拂競賣, all-pay auction)라고도 부른다.

독점사업권의 총가치인 V원보다 높은 뇌물을 제공하는 것은 열등전략이므로, 개별 기업은 0원과 V원 사이의 뇌물을 공여하는 것이 합리적이다. 기업 1이 a원의 뇌물을 제공하고 기업 2가 b원의 뇌물을 제공할 때 각 기업이 얻는 보수는 다음과 같다.

만일 $a>b$이면, 기업 1은 $(V-a)$원을 얻고 기업 2는 $-b$원을 얻는다.

만일 $a=b$이면, 두 기업의 기대보수는 각각 $\left(\frac{V}{2}-a\right)$원이다.

만일 $a<b$이면, 기업 1은 $-a$원을 얻고 기업 2는 $(V-b)$원을 얻는다.

이는 두 기업 중에 조금이라도 더 많은 뇌물을 제공한 기업이 독점사업자로 선정됨을 뜻한다. 또 두 기업이 똑같은 액수의 뇌물을 제공한 경우에는 반반의 확률로 독점사업권을 획득한다.

이 게임에는 순수전략 내쉬균형이 존재하지 않는다. 이권의 가치 V가 20억원이라고 하자. 기업 1이 6억원의 뇌물을 제공할 것이 확실하다면 기업 2는 6억1원을 뇌물로 공여함으로써 사업권을 확실히 딸 수 있다. 이때 기업 2의 보수(=14억원−1원)는 기업 1과 동일한 6억원의 뇌물을 공여할 경우 기대보수 4억원$\left(=\frac{1}{2}\times 20-6\right)$ 혹은 6억원 미만의 뇌물 b원을 공여할 경우의 보수(=$-b$원)보다 높다. 즉, 한 기업이 주어진 액수의 뇌물을 확실히 제공한다면 경쟁기업은 그보다 약간 더 높은 액수의 뇌물을 제공함으로써 보수를 크게 높일 수 있다. 그렇다면 두 기업이 모두 V원의 뇌물을 제공하는 것이 균형인가? 아니다. 왜냐하면 이 경우 개별 기업의 기대보수는 $-\frac{V}{2}$원에 불과하므로 오히려 뇌물공여와 사업권을 포기하고 0의 보수를 얻는 것이 낫기 때문이다.

이제 혼합전략 내쉬균형을 계산해보자. 이 게임에서 혼합전략이란 각 기업이 확률분포에 의하여 뇌물액수를 결정하는 것을 말한다. 또 혼합전략 내쉬균형의 정의상 상대기업이 주어진 확률분포에 의하여 뇌물액수를 정한다고 할 때 자신의 뇌물액수를 정하는 확률분포를 바꿀 유인이 없어야 한다.

기업 1이 a원의 뇌물을 제공함으로써 얻을 수 있는 기대보수는 다음과 같다.

$$\Pr(b<a)\times V+\Pr(b=a)\times\frac{V}{2}-a \tag{21.1}$$

두 기업이 직면한 상황이 같으므로 각 기업이 똑같은 혼합전략 F를 선택하는 대칭적 내쉬균형을 구해보자.[4] 즉, 기업 1과 기업 2는 각자 누적확률분포 F로부터 무작위로 추출한 금액을 뇌물로 공여한다고 하자. 그러면 b는 $F(b)$로부터 무작위 추출된 기업 2의 뇌물액수이므로 $\Pr(b<a)=F(a)$이고 $\Pr(b>a)=1-F(a)$이다. 또한 $F(b)$는 연속함수이므로 $\Pr(b=a)=0$이다. 이를 기업 1의 기대보수함수인 식 (21.1)에 대입하면 그의 기대보수는 다음과 같다.

$$F(a)V-a \tag{21.2}$$

다시 말해서 기업 2의 혼합전략 $F(b)$에 대응하는 기업 1의 최선응수는 자신의 기대보수인 식 (21.2)를 극대화해주는 a값이다.

혼합전략 내쉬균형에서 양(+)의 확률로 선택될 가능성이 있는 모든 행동은 동일한 기대보수를 낳는다는 사실(제9장 9.2절 끝부분)을 기억하라. 개별 기업은 0과 V원 사이의 구간에서 누적확률분포 F에 의해 뇌물을 임의선택한다. 또 이 구간의 아래쪽 끝점인 0을 뇌물액으로 선택하게 되면 해당 기업의 보수가 확실히 0이 된다는 사실은 자명하다. 따라서 대칭적 내쉬균형에서는 $[0, V]$ 구간에 속한 어떠한 a에 대해서도 식 (21.2)가 0과 같아야 한다.

즉,

$$F^*(a)=\frac{a}{V}\ \text{(여기서, } a\in[0, V]) \tag{21.3}$$

다시 말해서, a의 누적확률분포 $F^*(a)$는 구간 $[0, V]$에서 균등분포하는 확률변수이다. 똑같

4 경합게임에는 비대칭적 균형도 존재한다. 관심 있는 독자는 Hillman and Samet(1987)과 Hillman and Riley(1989)를 참조하라. 이후의 경합게임 혹은 전원지불경매의 이론적 발전에 관해서는 최근 연구인 Siegel(2009)을 참조하라.

은 논리에 의하여 기업 2 역시 동일한 확률분포로부터 자신의 뇌물 b를 임의로 골라서 공무원에게 제공하는 것이 최선이다. 요약하면, 개별 기업은 구간 $[0, V]$에서 균등분포에 의해 임의로 추출한 금액을 공무원에게 뇌물로 공여하는 전략이 유일한 대칭적 혼합균형이다. 이 균형에서 개별 기업이 제공하는 뇌물의 기대치는 $\frac{V}{2}$원이다. 따라서 두 기업이 제공하는 뇌물의 총기대 금액은 독점사업권의 총가치인 V원과 일치한다.

21.4.2 n개 기업 간의 소모전

이상에서 두 기업이나 이익집단이 주어진 지대를 획득하기 위해 로비하는 상황을 일반화하자. 가치가 V원인 이권을 놓고 n명이 이전투구를 벌인다. 기업 i는 x_i의 로비비용을 지불하며 n명 가운데 가장 많은 로비금액을 지불한 경기자가 이권을 차지하게 된다. 이 경합게임에 순수전략 내쉬균형이 존재하지 않음은 위 2인의 경우와 동일한 논리로 쉽게 알 수 있다. 이제 대칭적 혼합전략 내쉬균형을 구해보자. 기업 i가 로비금액 x를 뇌물로 공여한다고 할 때 그의 기대 보수는 다음과 같다.

$$\begin{aligned} u_i &= \Pr(x_1<x,\ x_2<x,\ \cdots,\ x_{i-1}<x,\ x_{i+1}<x,\ \cdots,\ x_n<x)V-x \\ &= \Pr(x_1<x)\ \cdots\ \Pr(x_{i-1}<x)\ \Pr(x_{i+1}<x)\ \cdots\ \Pr(x_n<x)V-x \end{aligned} \tag{21.4}$$

대칭적 균형에서는 모든 경기자 $i=1,\ 2,\ \cdots,\ n$이 동일한 누적확률분포 F로부터 뇌물액을 임의로 추출하여 제시하므로 식 (21.4)는 다음과 같다.

$$[F(x)]^{n-1}V-x \tag{21.5}$$

그런데 혼합전략균형의 개념상 경기자 i는 0과 V 사이의 어떠한 값을 취하더라도 그가 $x=0$을 선택할 경우의 보수인 0과 같아야 한다. 즉, $[0, V]$ 구간에 있는 어떠한 x에 대하여 식 (21.5)가 0과 같아야 한다. 결국 개별 경기자의 균형전략은 로비금액 x를 아래의 누적확률분포 F에서 임의추출하여 공여하는 것이다.

$$F(x)=\left(\frac{x}{V}\right)^{\frac{1}{n-1}} \quad (\text{여기서, } x\in[0, V]) \tag{21.6}$$

개별 기업이나 이익집단이 이권을 딸 확률은 대칭성에 의하여 $\frac{1}{n}$이므로 뇌물공여로부터 얻는 기대수입은 당연히 $\frac{V}{n}$원이다. 또한 개별 기업이나 집단이 지불하는 로비자금의 기대치를 계산하면 $\frac{V}{n}$원이다.[5] 따라서 개별 기업의 입장에서 기대보수는 0원이 되고, 기업들이 지불하는 뇌물의 총기대금액은 사업권의 가치 V와 일치한다. 유의할 점은 이 뇌물이 사전적 기대치의 개념이지 실제로 제공되는 뇌물의 액수가 아니라는 것이다. 어쨌든 독점사업권을 따내기 위하여 n개의 기업이나 이익집단들이 서로 경쟁하는 과정에서 사업의 총가치인 V원이 고스란히 정치권이나 공무원들에게 넘어간다. 또 기업들은 선정 여부에 상관없이 균형 기대보수가 0이 된다. 이처럼 이권을 따기 위하여 뇌물제공이나 로비와 같은 수단을 동원하여 경제적 가치가 완전히 낭비되어 버리는 행위를 지대의 완전소실(complete dissipation)이라 부른다.

21.5 지대소실과 진입자유

앞절에서 살펴본 경합게임에서 지대가 완전히 소실되는 이유는 경쟁자들보다 털끝만큼이라도 앞선 경기자가 모든 상금을 받아가는 보수함수의 불연속성 때문이었다. 선거에서 1표라도 더 얻은 편이 승리하고, 로비에서 1원이라도 더 뇌물을 공여한 이익집단이 이권을 차지하며, 특허경쟁에서 1초라도 먼저 특허등록을 하는 기업이 독점권을 갖는 상황에서 경기자들의 전력투구는 자연스러운 결과이다. 그러나 현실에서는 경기자의 노력이나 자금투입이 커질수록 그가 이권이나 권력을 차지할 확률이 높아질 뿐이지 '털끝만치'라도 앞서면 이권 전체를 확실히 가져가는 경우는 흔치 않다. 이익집단이 로비자금을 많이 투입할수록 해당 단체가 이권을 가질 확률이 높아지는 사례가 대표적이다.

기업 1과 기업 2는 V원의 가치를 갖는 이권을 따내려고 한다. 두 기업은 거의 비슷한 정도의

5 수학적 기대치의 정의와 부분적분법(integration by parts)을 적용하면 다음과 같이 계산된다.

$$\begin{aligned}\int_0^V x\,dF(x) &= xF(x)\Big|_0^V - \int_0^V F(x)\,dx \\ &= V - \int_0^V \left(\frac{x}{V}\right)^{\frac{1}{n-1}} dx \\ &= V - \frac{V}{\frac{1}{n-1}+1}\left(\frac{x}{V}\right)^{\frac{1}{n-1}+1}\Big|_0^V = \frac{V}{n}\end{aligned}$$

기술과 경영능력을 갖고 있다. 개별 기업은 경쟁상대가 얼마의 뇌물을 제공하는지 모르는 상태에서 자신이 공여할 뇌물액수를 결정한다. 뇌물을 제공하였으나 사업자로 선정되지 못하였다고 하더라도 기업은 뇌물을 되돌려 받을 수 없다고 하자. 독점사업권의 총가치인 V원보다 높은 뇌물을 제공하는 것은 열등전략이므로 개별 기업의 전략은 0원과 V원 사이에서 뇌물을 공여하는 것이다. 기업 1이 a원의 뇌물을 제공하고 기업 2가 b원의 뇌물을 제공할 때 기업 1과 기업 2가 얻는 기대보수는 다음과 같다고 하자.

$$u_1(a,\ b)=\frac{a}{a+b}V-a \tag{21.7a}$$

$$u_2(a,\ b)=\frac{a}{a+b}V-b \tag{21.7b}$$

특정 기업이 뇌물액수를 늘리면 그가 이권을 얻을 확률이 높아진다.

이 게임의 내쉬균형을 구해보자. 기업 2의 전략 b가 주어졌다는 가정하에 기업 1의 보수(식 (21.7a)) 극대화 문제를 풀면 기업 1의 최선응수 $BR_1(b)$가 다음 식 (21.8a)와 같이 도출된다. 마찬가지로 기업 1의 전략 a가 주어졌다는 가정하에 기업 2의 최선응수 $BR_2(a)$를 구하면 다음 식 (21.8b)가 도출된다.

$$(a+b)^2=bV \tag{21.8a}$$

$$(b+a)^2=aV \tag{21.8b}$$

두 식 (21.8a)와 식 (21.8b)를 동시에 만족하는 $(a,\ b)$값이 내쉬균형이다. 연립방정식을 풀면 순수전략 내쉬균형 로비금액 $a^*=b^*=\frac{V}{4}$가 구해진다. 개별 경기자의 균형보수를 계산하면 $\frac{V}{4}$ 단위이며, 두 기업의 총로비금액 $\frac{V}{2}$는 독점권의 가치 V의 절반 수준이다. 이는 경기자들이 로비금액을 경쟁자보다 더 높이더라도 로비 성공가능성만 높아질 뿐 이권의 전부를 다 보장받지는 못하는 상황에서는 경기자들이 '갈 데까지 가는' 경합을 벌일 필요가 없기 때문이다.

경기자가 n명 있는 상황으로 일반화하자. 경기자 1, 2, ⋯, n이 각자 $x_1,\ x_2,\ \cdots,\ x_n$원을 지출할 경우 경기자 i가 독점권을 딸 확률이 $P_i=\frac{x_i}{x_1+x_2+\cdots+x_n}$라 하자. 경기자 $i(=1,\ 2,\ \cdots,\ n)$의 기대보수는 다음과 같다.

$$u_i(x_1,\ x_2,\ \cdots,\ x_n)=\frac{x_i}{x_i+\sum_{j\neq i}x_j}V-x_i \tag{21.9}$$

식 (21.9)를 x_i에 대하여 편미분한 다음 0으로 놓으면 경쟁자들의 로비금액에 대한 경기자 i의 최선응수 BR_i가 다음과 같이 구해진다.

$$\left(x_i+\sum_{j\neq i}x_j\right)^2=\left[\sum_{j\neq i}x_j\right]V \tag{21.10}$$

모든 경기자에 대해서 대칭적 상황이라는 사실에 착안하여 대칭조건 $x_1=x_2=\ \cdots\ =x_n=x$를 식 (21.10)에 대입하여 풀면 균형 로비금액이 다음과 같이 구해진다.

$$x^*=\frac{n-1}{n^2}V \tag{21.11}$$

이익집단들이 공여하는 로비금액의 총액은 $\frac{n-1}{n}V$이므로 전체 지대의 $\frac{n-1}{n}$이 소실되어 버린다. 이 경합게임에서는 지대의 일부가 소실되지 않고 남으므로 지대의 부분소실(partial dissipation)이라 불린다. 개별 경기자의 균형보수는 잔존지대 $\frac{1}{n}V$를 n개의 이익집단들이 나누어 가지므로 $\frac{1}{n^2}V$원에 불과하지만 말이다. 이전투구에 참여하는 경기자의 수 n이 커질수록 당연히 개별 이익집단의 보수는 작아지고 지대소실은 커진다.

여태껏 우리는 경합게임에 참여하는 경기자의 수 n이 고정되어 있다고 가정하였다. 그러나 상식적으로 지대의 일부가 소실되지 않고 남아있다면 새로운 이익집단이나 기업들이 신규진입하여 잔존지대를 뜯어먹으려고 할 것이다. 앞의 21.4절에서 살펴본 확정적 지대추구게임에서는 경기자의 수에 상관없이 지대가 완전히 소실되어 버리므로 신규진입의 여지가 없다. 반면 여기서 살펴본 확률적 지대추구게임에서는 전체 지대의 $\frac{n-1}{n}V$만이 소실되고 나머지 $\frac{1}{n}V$원은 잔존하며 개별 경기자의 보수는 $\frac{1}{n^2}V$이므로 신규진입의 여지가 있다. 진입장벽이 존재하지 않고 진입비용이 들지 않는다면 지대가 완전히 소실될 때까지 신규진입이 일어날 것이다. 다시 말해서 확률적 지대추구게임에서도 진입이 자유롭다면 궁극적으로는 지대의 완전소실을 초래하게 된다.

연습문제 >> 21-2 EXERCISES

보수함수가 다음과 같다고 하자. 만약 $x_1=x_2=0$이라면 $u_1(x_1, x_2)=\alpha$이며 $u_2(x_1, x_2)=(1-\alpha)$. 만약 $x_1+x_2>0$이라면,

$$u_1(x_1, x_2)=\frac{\alpha x_1}{\alpha x_1+(1-\alpha)x_2}V-x_1$$

$$u_2(x_1, x_2)=\frac{(1-\alpha)x_2}{\alpha x_1+(1-\alpha)x_2}V-x_2$$

여기서, $\alpha\in(0,1)$은 후보 1과 후보 2가 똑같은 선거운동자금을 뿌릴 경우($x_1=x_2$) 후보 1의 승리확률을 나타내므로 후보 1의 태생적 우위를 나타내는 매개변수로 해석된다. 참고로 식 (21.7a) 및 식 (21.7b)는 $\alpha=\frac{1}{2}$인 특수한 경우이다.

(1) 개별 후보의 최선응수를 구하라.

(2) 내쉬균형을 구하고 정치경제학적 의미를 해석하라.

(3) 두 후보가 지출하는 선거자금 총액을 구하고 지대의 부분소실이 존재함을 보여라.

21.6 지대창출

21.6.1 지대창출

단순한 지대추구 행위보다 더 고약한 것은 미래에 착취할 지대를 고의로 만들어내는 지대창출(地代創出, rent creation) 행위이다. 지대창출은 자원배분의 왜곡으로 인한 사회후생 손실뿐 아니라 지대를 만들어내는 과정에서 발생하는 사회적 비용까지 더해지기 때문에 해악이 훨씬 심각하다. 지대를 창출하기 위해서는 정책결정 권한이 필요하다. 대개 대통령이나 의회로 대표되는 정치인이 정책결정 권한을 갖고 있다고 알려져 있지만 사실은 관료의 권한이 훨씬 세고 중요한 국가도 많다. 법안을 제출할 권한이 의원에만 주어지는 미국과 달리 한국에서는 국회의원뿐 아니라 정부부처도 법안제출 권한이 있어서 관료들이 정책수립의 큰 축을 맡고 있다. 특히 사회적으로 민감한 법안의 경우 행정부에서 거의 다 만든 법안을 여당 의원 명의로 발의하는 소위 '청부입법'도 빈번하여 관료의 권한은 겉보기보다 훨씬 강하다. 정책결정 권한이 정치인에게 있느냐 관료에게 있느냐의 논란을 벗어나기 위해 여기서는 정책결정자(policy-maker)로 부르기로 한다.

정치인이나 관료는 이익집단의 이권을 챙겨주는 대가로 개인적 이득을 챙긴다. 고가의 향응이나 선물을 받거나 뇌물을 받는 방식이 가장 고전적이지만, 사회가 발전할수록 교묘한 형태로 진화한다. 예컨대, 퇴직 대통령이나 장·차관이 상식을 벗어나는 고액 특강료를 받거나 아예 각종 협회나 대형 법무법인에 취업하여 전관예우(前官禮遇) 관행을 이용하여 로비하는 경우도 다반사이다. 경제부처에서 국가 예산으로 공기업이나 위성기관을 만들거나 키워주고 그 대가를 퇴직 후 노후대책으로 삼기도 한다. 이러한 행위는 대개 그럴듯한 명분을 갖다 붙여 정책적으로 추진되기 때문에 적발하기 어려운데다 국가경제를 구조적으로 망가뜨리므로 거액의 일회성 뇌물이 차라리 나을 지경이다. 관료의 권한이 강한 국가일수록 준공공기관의 수와 규모가 날이 갈수록 엄청나게 불어나는 경향은 이러한 지대창출 행위와 무관치 않다.

지대창출이 지대추구행위에 따른 자중손실 이외에도 추가적인 해악을 끼침은 이미 언급한 바와 같다. 첫째, 정치인이나 관료가 됨으로써 얻는 이득이 크다면 그러한 지위를 얻기 위하여 개인적으로나 사회적으로 과도한 자원을 쏟아붓게 된다. 법학전문대학원 출범 이전에 이공계 대학생들까지도 사법고시와 행정고시 준비 대열에 끼는 '고시공화국'의 불명예는 대표적 사례이다. 국회의원, 지방자치의회 의원, 지방자치단체장 경선이나 선거가 과열되고 엄청난 선거자금을 써서라도 당선되고자 하는 풍토 역시 해당 직책을 차지함으로써 얻게 될 엄청난 이득이 아니면 설명하기 어렵다. 지대의 완전소실정리에 따르면 정치적 경합과정에서 지대는 모두 소실되어 버린다. 다만 이는 사전적 기대치의 개념이며 사후적으로 경합에서 이긴 자(정치인, 관료, 판검사, 독점기업, 일류대학 진학생 등)는 엄청난 이권을 누리게 되고 경합에서 탈락한 자는 엄청난 손실을 떠안게 된다.

둘째, 사회경제 전반에 자원배분의 과도한 왜곡이 초래된다. 지대소실정리에 의하면 왜곡은 더 이상 뜯어먹을 지대가 남아있지 않을 때까지 진행된다.

셋째, 정책이 과도하게, 그리고 자주 변한다. 정책결정자는 지대창출을 위한 새롭고 교묘한 수법들을 계속 만들어낼 유인이 있는데 그 과정에서 정책이 자주 바뀌게 된다. 조세특례가 대표적 사례이다. 일단 세원을 최대한 넓게 확장한 다음 이익집단이나 기업으로부터 로비를 받고 그 대가로 해당 업종이나 품목에 조세감면을 해주는 방식이다. 세원을 넓히는 정책은 바람직한 조세원칙이므로 명분을 살리는 반면 세원이 넓을수록 추후에 조세특례를 미끼로 챙길 수 있는 로비가 많아지므로 정치인이나 관료 입장에서는 일거양득이다.

21.6.2 지대추구의 해결책

지대추구나 지대창출은 대개 법이나 제도의 차별 적용에 기인한다. 예컨대, 독점권이란 한 기업에게만 특정 시장에서 배타적으로 조업할 수 있는 권리를 의미한다. 특정 업종에 대한 조세특례는 해당 업종을 다른 산업들과 차별화하여 혜택을 부여하는 제도이다. 따라서 지대추구를 통제하는 최선책은 경제인들 간에 차별적 대우를 불허하는 비차별정책(non-discriminatory policy)이다.

그러나 차별이 효율을 높일 수 있는 경우에는 비차별정책이 오히려 비효율을 초래할 수 있다. 제17장의 램지 최적조세에서 다루었듯이 효율적인 상품세 부과의 원칙은 수요의 가격탄력성과 반비례하게 세율을 매기는 것이다. 수요가 비탄력적인 재화일수록 세금부과에 따른 가격상승에도 불구하고 판매량은 조금만 줄어드는 데 반해 수요가 탄력적인 재화일수록 판매량이 대폭 감소한다. 따라서 생필품에는 높은 세율을 적용하고 사치품에는 낮은 세율을 적용하는 것이 경제적 효율 측면에서 바람직하다. 그런데 지대추구를 근절하기 위해 생필품이건 사치품이건 동일한 세율을 적용한다면 이는 상당한 비효율을 낳게 됨을 의미한다. 다른 한편 현실세계에서는 국민정서나 소득재분배를 고려하여 사치품을 오히려 더 무겁게 과세한다.

소득세 과세에 있어서 비차별정책은 소득수준에 상관없이 무조건 단일세율을 적용하는 것이다. 소득수준이 높아질수록 한계세율을 높이는 누진세제도나 일정소득 규모 이하에 대해서는 면세해주는 제도는 대표적 반례들이다. 단일소득세율 제도는 노동공급을 가장 적게 왜곡하므로 경제적 효율 측면에서만 보면 누진세나 면세제도보다 우월하다. 그러나 중산·서민층이 부유층에 비해 압도적으로 많은 현실세계에서 누진율 심화나 면세점 인상은 굵직한 선거마다 득표를 위한 공약으로 제시되어 대중인기영합(populism)으로 나아가는 경향을 보인다. 요약하면 비차별정책은 지대추구나 지대창출을 줄일 최선의 방안이지만 여러 제약으로 인하여 현실적으로 쉽지 않다.

투명성의 제고는 비차별정책 다음으로 중요한 해결책이다. 정책결정 과정이 투명하고 민주적으로 진행되도록 공개함으로써 지대추구를 줄일 수 있다. 공공기관의 정보공시나 고위공직자의 재산등록 및 공개는 대표적 사례이다.

마지막으로 현직 정책결정자와 퇴임 후 이권과의 연결고리를 끊는 제도적 보완도 중요하다. 예컨대, 고위공직자가 퇴임 후 일정기간 동안 유관기관에 취업할 수 없도록 제한하는 법이 대표적이다. 그러나 이마저도 퇴임하기 수년 전부터 해당 공직자가 평생 수행하던 고유 업무와 전혀 무관한 부서에 배치시켜 퇴직 후를 '배려해주는' 편법으로 인해 실효성이 낮다. 또한 판검사의 전관예우를 근절하기 위해서는 전관이 변호사 개업 후 수임한 사건에 대하여 법원이나 검찰청이 현직 판검사의 인사고과에 반영하는 방안이 있다.

21.7 로비의 순기능

로비는 지대추구의 핵심수단이다. 여태까지 우리는 로비가 이해관계자들 간의 무한경쟁을 촉발시켜 지대를 소실시키고 정치인이나 관료에게로 이득이 이전되는 부정적인 관점에서만 보았다. 그러나 객관적 진실에 대하여 이해관계자와 정책결정자 간에 비대칭정보가 존재하는 경우 로비는 정보전달이라는 긍정적 기능도 한다. 여기서 크로포드와 소벨(Crawford and Sobel 1982)과 오스텐-스미스와 라이트(Austen-Smith and Wright 1992, 1994) 등이 신호게임을 통해 분석한 '정보전달수단으로서의 로비'(informational lobby)에 대하여 살펴본다.[6]

21.7.1 실현가능상황이 둘인 단순모형

정책결정자는 실제 경제사회적 상황이 어떠한지 모르는 상태에서 정책 x를 결정한다. 정책이 집행될 시점에서 상황은 $\theta=0$이거나 혹은 $\theta=1$인데, 정책결정자는 $\theta=1$의 발생확률이 β임을 알 뿐이다(분석의 단순화를 위해 $\beta<\frac{1}{2}$이라고 가정). 정책결정자는 정책 x가 실제상황 θ에 가까울수록 더 만족하는데, 구체적으로 그의 보수함수를 $u_{PM}(x,\theta)=-[x-\theta]^2$라고 가정하자. 정책결정자가 실제상황에 대한 추가정보 없이 결정해야 한다면 기대치에 해당하는 $x=\beta$ $(=(1-\beta)\times 0+\beta\times 1)$를 정책으로 선택하는 것이 최선이다. 이때 정책결정자의 기대보수를 계산하면 $-\beta(1-\beta)$단위$(=(1-\beta)[-(\beta-0)^2]+\beta\times[-(\beta-1)^2])$이다.

정책결정자와는 달리 이익집단 G는 실제상황이 $\theta=0$인지 $\theta=1$인지 정확히 알고 있다고 하자. 이익집단은 정책결정자에게 메시지 m을 보내며 정책결정자는 이익집단이 보낸 메시지 m을 통해 실제상황 θ에 대한 추가정보를 유추해낸다. 이익집단은 정책결정자와는 다소 다른 이해관계를 갖는데, 구체적으로 이익집단의 보수함수를 $u_G(x,\theta)=-[x-\theta-\Delta]^2$라고 가정한다

6 Hindriks and Myles(2006)의 제11장 7절과 McCarty and Meirowitz(2007)의 제8장 5절을 참조하였음.

(여기서, $\Delta \geq 0$). 여기서 매개변수 Δ는 정책결정자와 이익집단 간의 이해관계 상충 정도를 나타낸다.

현시원리, 특히 유인양립조건을 상기하면서 이 정보전달게임의 완전베이즈균형을 구해보자. 먼저 실제상황 θ에 따른 이익집단의 메시지 전달($m=0$ 혹은 1) 전략은 다음과 같다. 만약 실제상황이 $\theta=1$이라면 이익집단은 $m=1$을 선택한다. 이익집단의 지복점이 정책결정자의 지복점보다 Δ만큼 더 높기 때문에 실제상황이 $\theta=1$인데 이익집단이 $m=0$으로 낮춰서 보고할 동기는 애당초 없기 때문이다. 만약 실제상황이 $\theta=0$이라면 이익집단은 진실로 보고($m=0$)할 수도 있고 거짓으로 보고($m=1$)할 동기도 있다. 정책결정자가 이익집단의 보고를 사실로 받아들인다는 가정하에 이익집단이 진실보고를 거짓보고보다 선호하려면 다음의 유인양립조건이 성립해야 한다.

$$-[0-0-\Delta]^2 \geq -[1-0-\Delta]^2 \qquad (21.12)$$

$$\text{즉,} \quad \Delta \leq \frac{1}{2}$$

정책결정자와 이익집단의 이해관계가 크게 상충되지 않는다면$\left(\Delta \leq \frac{1}{2}\right)$ 정책결정자는 이익집단의 메시지를 사실대로 받아들이는 것이 합리적이다. 또한 이익집단도 실제상황을 사실대로 정책결정자에게 전달하는 것이 최선의 전략이다. 극단적으로 $\Delta=0$의 경우 둘 간의 이해관계가 완전히 일치하므로 이익집단은 사실을 왜곡할 유인이 전혀 없고 정책결정자도 이익집단이 제공하는 정보를 믿지 않을 이유가 없다.

이익집단이 정책결정자와 현저히 상충되는 선호를 갖고 있다면$\left(\Delta > \frac{1}{2}\right)$ 이익집단은 실제상황이 $\theta=1$이건 $\theta=0$이건 무조건 $m=1$이라고 보고한다. 이익집단으로부터 $m=1$이라는 정보를 받은 정책결정자는 $\theta=1$일 사후확률이 β로서 사전확률과 동일하다고 믿는 것이 베이즈일관성과 합치된다. 이때 정책결정자는 공용전략 $x=\beta$를 선택하는 것이 최선응수이다. 혹시 이익집단으로부터 $m=0$이라는 정보를 받을 경우 정책결정자는 사후적으로 $\theta=0$이라고 확신하고 이에 대한 최선응수 $x=0$을 선택한다고 가정하자. 실제상황이 $\theta=0$ 일 경우 이익집단이 $m=0$이라고 보고함으로써 얻게 될 보수는 $-\Delta^2$인데 이는 $m=1$이라고 보고함으로써 얻게 될 보수 $-(\beta-\Delta)^2$보다 작다.[7]

---

7 애당초 β는 $\frac{1}{2}$보다 작은 상수라고 가정했으면 현재의 단문에서는 $\Delta>\frac{1}{2}$인 경우를 다루고 있음을 기억하라.

이상의 논의를 요약하면 정보전달게임에서 완전베이즈균형은 다음과 같다.

(i) $\Delta \le \frac{1}{2}$인 경우

- 이익집단의 전략
  $\theta=1$이면 $m=1$로 보고
  $\theta=0$이면 $m=0$으로 보고
- 정책결정자의 전략
  $m=1$을 받으면 사후신념 $p(\theta=1|m=1)=1$을 갖고 $x=1$을 선택
  $m=0$을 받으면 사후신념 $p(\theta=0|m=0)=1$을 갖고 $x=0$을 선택
- 균형보수
  이익집단은 θ값과 실현 상태와 상관없이 $-\Delta^2$단위의 균형보수를 얻고 정책결정자는 0단위의 보수를 얻는다.

(ii) $\Delta > \frac{1}{2}$인 경우

- 이익집단의 전략
  $\theta=1$이건 $\theta=0$이건 무조건 $m=1$로 보고
- 정책결정자의 전략
  $m=1$을 받으면 사후신념 $p(\theta=1|m=1)=\beta$를 갖고 $x=\beta$를 선택
  $m=0$이면 사후신념 $p(\theta=0|m=0)=1$을 갖고 $x=0$을 선택
- 균형보수
  이익집단은 $-\beta(1-\beta)-\Delta^2$을 얻고[8] 정책결정자는 $-\beta(1-\beta)$를 얻는다.[9]

연습문제 >> 21-3 EXERCISES

이익집단의 지복점이 $(\theta-\Delta)$이어서 보수함수가 $U_G(\Pi, \theta)=-[\Pi-\theta+\Delta]^2$이라 하자. 나머지는 본문 모형과 동일하다. 완전베이즈균형을 구하고, 완전현시조건을 구하라.

8 $\Pr(\theta=1)\ u_G(x=\beta,\ \theta=1)+\Pr(\theta=0)\ u_G(x=\beta,\ \theta=0)$
$=-\beta[\beta-1-\Delta]^2-(1-\beta)[\beta-0-\Delta]^2=-\beta(1-\beta)-\Delta^2$

9 $\Pr(\theta=1)\ u_{PM}(x=\beta,\ \theta=1)+\Pr(\theta=0)\ u_{PM}(x=\beta,\ \theta=0)$
$=-\beta[\beta-1]^2-(1-\beta)[\beta-0]^2=-\beta(1-\beta)$

21.7.2 일반모형

실현가능 상황 θ는 θ_1, θ_2, $\cdots$, $\theta_K(0=\theta_1<\theta_2<\cdots<\theta_K=1)$ 가운데 한 값이며, 각 상황이 벌어질 확률은 $\frac{1}{K}$로 균등분포한다고 가정하자. 앞에서 살펴본 $K=2$ 경우의 논리를 적용하면 이익집단이 정책결정자에게 모든 실제상황을 정직하게 보고하기 위한 조건은 다음과 같다.

$$\Delta \leq \frac{\theta_{k+1}-\theta_k}{2} \text{ (여기서 } k=1,\ 2,\ \cdots,\ (K-1)) \tag{21.13}$$

실현가능 상황의 수 K가 매우 크다면 식 (21.13)의 우변이 매우 작아지므로 주어진 Δ값에 대하여 식 (21.13)은 성립할 수 없다. 다시 말해서, K가 크다면 이익집단이 모든 상황을 정직하게 보고하는 완전현시(full revelation) 균형은 존재할 수 없다.

크로포드와 소벨(Crawford and Sobel, 1982)은 K가 매우 큰 경우에도 부분현시(partial revelation) 균형은 존재함을 증명하였다. 부분현시 균형에서 이익집단은 발생가능한 상황을 크게 두 구간 (θ_1, θ_2, $\cdots$, θ_J)와 (θ_{J+1}, θ_{J+2}, $\cdots$, θ_K)로 나눈 다음 실제상황이 전자에 속하면 $m=L$, 후자에 속하면 $m=H$라는 메시지를 보낸다. 정책결정자는 $m=L$이라는 메시지를 받으면 정책 x를 선택하고 $m=H$ 메시지를 받으면 정책 y를 선택한다. 각 상황이 실현될 확률이 균등하다고 가정했으므로 당연히 $x=\frac{1}{J}\sum_{k=1}^{J}\theta_k$이며 $y=\frac{1}{K-J}\sum_{k=J+1}^{K}\theta_k$이다.

실제상황이 θ_1, θ_2, $\cdots$, θ_J 중 하나일 경우 이익집단이 정직하게 $m=L$을 선택할 유인양립조건은 구해보자. 이익집단이 $m=H$라고 거짓말하려는 유혹은 실제상황이 θ_J일 때 가장 크다. 다시 말해서, 실제상황이 θ_J일 때 거짓말하지 않고 정직하게 $m=L$을 선택한다면 θ_1, θ_2, $\cdots$, θ_{J-1}에서는 당연히 거짓말할 유인이 없다. 이 점에 착안하여 유인양립조건을 구하면 $(\theta_J+\Delta)-x \leq y-(\theta_J+\Delta)$이다. 실제상황이 θ_{J+1}, θ_{J+2}, $\cdots$, θ_K 중 하나일 경우 이익집단이 $m=L$이라고 거짓말하려는 유혹은 실제상황이 θ_{J+1}일 때 가장 크다. 다시 말해서, 실제상황이 θ_{J+1}일 때 거짓말하지 않고 정직하게 $m=H$을 선택한다면 θ_{J+2}, $\cdots$, θ_{K-1}, θ_K에서는 당연히 거짓말할 유인이 없다. 이 점에 착안하여 유인양립조건을 구하면 $y-(\theta_{J+1}+\Delta) \leq (\theta_{J+1}+\Delta)-x$이다. 이상의 두 유인양립조건을 정리하면 다음과 같다.

$$\frac{x+y}{2}-\theta_{J+1} \leq \Delta \leq \frac{x+y}{2}-\theta_J \tag{21.14}$$

정책 $x=\frac{1}{J}\sum_{k=1}^{J}\theta_k$, $y=\frac{1}{K-J}\sum_{k=J+1}^{K}\theta_k$이며 Δ, θ_1, $\cdots$, θ_K가 모두 외생변수임을 기억하면 식 (21.14)를 만족하는 J값이 유일함을 알 수 있다. 그것이 바로 내생적으로 결정된 부분현시균형의 경계영역이다. 이해상충 정도가 중간 수준이라면 부분현시균형이 실현된다. 이해상충이 너무 크면 이익집단은 무조건 $m=\theta_K$라고 말할 것이므로 정책결정자에게 아무런 정보를 전달하지 못한다. 이해상충이 매우 작다면 이익집단이 정보를 왜곡해서 전달할 이유가 없으므로 완전현시균형이 실현된다.

연습문제 >> 21-4 EXERCISES

상반된 이해를 갖고 있는 두 이익집단 A와 B가 있다. 구체적으로, A의 보수함수는 $U_A=-[\Pi-\theta-\Delta]^2$이고 B의 보수함수는 $U_B=-[\Pi-\theta+\Delta]^2$이다. 상황 θ는 0 혹은 1 둘 중 하나이며, $\theta=1$은 확률 β로 실현된다. 개별 이익집단은 실제상황 θ를 알고 있는 상태에서 m_A와 m_B를 독립적으로 지복점이 θ인 정책결정자에게 전달한다. 정책결정자는 A와 B가 제출한 메시지만 관찰가능하며 어느 메시지가 누구로부터 온 것인지는 모른다.

(1) 정책결정자의 전략을 구하라.

(2) 이익집단 A와 B의 균형전략을 구하라.

(3) 완전현시조건을 구하고 이익집단이 하나인 본문 모형과 비교하라.

22

CHAPTER

반복게임

22.1 개요

22.2 유한반복게임

22.3 보복위협으로 유지되는 협력

22.4 시간적 선호

22.5 무한반복게임

22.6 부분협력과 전래정리

Politics & Public Economics:
A Game-Theoretic Approach

22.1 개요

지금까지 우리의 분석대상은 일회게임(一回게임, one-shot game)이었다. 경기자들의 선택이 동시에 이루어지든 순차적으로 이루어지든 일회게임에서 경기자들은 게임의 규칙에 따라 행동을 결정하고 그렇게 선택된 전략의 조합에 따라 보수가 결정됨으로써 게임이 종결된다. 하지만 현실세계에서는 흔히 동일한 개인이나 조직들 간의 상호작용이 되풀이해서 반복된다. 예컨대, 정당들의 경쟁과 타협은 반복적이고 영속적으로 일어난다. 또한 관행, 규범, 협력, 신뢰와 같은 사회현상들은 본질적으로 장기적 특성을 갖는다. 이처럼 동일한 상대방과 여러 기간에 걸쳐 되풀이해서 맞부딪치는 전략적 상황을 반복게임(反復게임, repeated game)이라고 한다. 본장에서는 반복게임에서 합리적 경기자들이 어떠한 전략을 선택하는가를 분석하고 정치경제학적 응용 예를 제시하고자 한다.

반복게임이란 경기자들이 주어진 일회게임을 여러 번에 걸쳐 경주하는 것이다. 따라서 반복게임에 임하는 경기자는 지금 당장 눈앞에 닥친 현재의 보수뿐만 아니라 미래의 게임에서 얻게 될 보수에도 관심을 갖는다. 게임이 반복되더라도 일회게임에서의 결과가 단순히 되풀이하여 발생하리라고 추측할지도 모르겠다. 예컨대, 홉스(Thomas Hobbes)는 『리바이어던』(*Leviathan* 1651)에서 개인의 이기심 때문에 공동체 구성원들 간의 자발적 협조는 불가능하며 오직 중앙집권적 정부만이 이를 해결할 수 있다고 주장했다. 그러나 이는 사실과 다르다. 본장에서는 홉스의 주장과 달리 중앙집권적 권위에 의존하지 않고도 구성원들이 무정부 상태를 극복하고 공동체의 자발적 협조체제를 구축할 수 있는지를 다룬다(Taylor 1976).

핵심 논리는 다음과 같다. 반복게임에 임하는 경기자들은 현 단계의 게임이 끝나면 다음 단계에서 동일한 상대방과 만난다는 것을 알고 있다. 그러므로 개인은 현재의 의사결정에 있어서 두 가지 상반되는 요소를 저울질해보아야 한다. 한편으로 지금 당장 상대방을 속여서 이득을 얻을 수 있다. 다른 한편으로 그의 배신이나 비협조는 상대방의 보복을 초래하게 되고 그로 인해 장래에 손실이 발생할 수 있다. 미래야 어찌되든 지금 당장을 중요하게 여기는 근시안적 경기자는 단기 이득을 미래 손실보다 더 높이 평가할 것이다. 그러나 미래를 현재 못지않게 중요시하는 경기자는 눈앞의 이득을 위해서 장래의 손실을 감수하려 하지 않는다. 내가 현재에 얻을 수 있는 이익을 포기하고 협조적인 행동을 취함으로써 상대방으로부터 장래에 보상을 받을 수 있는 경우에도 유사한 논리가 적용된다. 이처럼 상대방을 속임으로써 당할 보복에 대한 두려움이나 협조체제를 유지함으로써 장래에 받을 보상에 대한 약속은 일회게임에서는 불가능했던 경기자 간의 협조를 반복게임에서 가능하도록 한다.

반복게임에서 경기자들의 협조체제의 예로 미국 의회에서 상원의원들 간의 '법안주고받기'(vote exchange)를 통한 암묵적 짬짜미를 들어보자. 법안주고받기란 과반수에 미달하여 법안 통과가 어려운 경우 A계파와 B계파가 협력하여 이번 회기에는 A가 B를 밀어주는 대신 다음 회기에는 B가 A를 밀어줌으로써 두 법안을 모두 통과시키는 관행이다. 미국 상원에서의 법안주고받기 행태는 일상적이고 광범위하다. 처음부터 그랬던 것은 아니다. 초창기 미국 상원의원들은 서로를 파렴치하고 믿을 수 없는 자로 간주했고 온갖 거짓, 사기, 배신이 난무했다. 그러다 1980년대에 상원의원 간에 짬짜미가 정착했다고 한다. 이후 미국 상원은 개방적이며 권력분산적 방향으로 많은 개혁이 있었지만 상원의원들 간의 묵시적 짬짜미는 현재까지 누그러지지 않고 있다. 미국 상원의원들 간의 호혜주의의 정착은 의원들의 인성 변화에 따른 결과가 아니다. 미국 상원의원들은 예전이나 오늘날이나 사익을 추구하는 합리적 개인일 뿐이다. 반복게임의 관점에서 보면 의원들이 서로 질시하고 반목하기보다 주거니 받거니 서로 협력하는 방향으로 진화되어 왔을 뿐이다.[1]

지역구 국회의원과 지역주민들 간의 관계도 반복게임에서의 협조체제로 설명할 수 있다. 우리나라 국회의원들의 경우 임기는 4년으로 정해져 있으나 연임 제한은 없다. 이는 대통령이 단임이고 지방자치단체장이 최대 세 번까지 연임할 수 있는 것과 대조적이다. 지역구 국회의원의 선수(選數)가 올라갈수록 정치권력이 더 강해지므로 지역민에 유리한 각종 개발사업 유치와 정부예산 확보에 유리하다. 국회의원이 그렇게 얻은 자원을 지역민들이 혹할만한 공약사업에 쓰거나 적극 지지자들의 이권을 챙겨주는 '패거리 챙기기 정치'(pork-barrel politics)로 활용하면 다음번 선거에 그만큼 유리하다. 선거가 거듭될수록 다선 의원은 정치신인에 비해 훨씬 더 공격적이며 강력한 정책공약을 제시할 수 있으며, 실제 당선 후에 다선의 힘으로 그러한 공약을 지켜낼 수 있다. 지역민 입장에서도 힘없는 초선 국회의원보다는 아무리 무능하고 부패해도 힘 있는 다선 국회의원이 훨씬 낫다. 이처럼 반복게임에서 국회의원과 지역민들 간의 담합적 특성으로 인하여 강력한 현역(incumbent) 프리미엄이 작용한다.

현역 프리미엄을 더욱 높이는 기제는 무엇보다도 지역구 국회의원들 간의 암묵적 담합이라 할 수 있다. 주요 정당의 현역의원들 가운데 공천시점에 누가 당권을 쥐게 될지 누가 공천심사위원으로 들어갈지 사전에 알 수 없다. 하지만 어떠한 상황에서건 서로 밀어주기로 암묵적 담합

1 Axelrod(2006) 제1장을 참조하여 재구성함.

분위기가 형성되면 큰 문제가 되지 않는다. 예컨대, 영남지역의 자유한국당이나 호남지역의 더불어민주당 현역의원들은 누가 공천심사위원으로 들어가건 서로 보호해주려고 하는 것이다. 만약 특정 의원이 개인적 감정이나 철학 때문에 동료 의원을 탈락시킬 경우 수십 명의 다른 의원들이 향후 보복할 가능성이 있는데, 그러한 상황을 합리적으로 예측할 수 있는 개별 의원은 비록 마음에 들지 않더라도 암묵적 담합체제를 깨지 않으려고 한다.

22.2 유한반복게임

두 명의 경기자가 [그림 22-1]에 나타난 죄수의 딜레마게임을 2회 반복해서 경주하는 상황을 고려하자. 둘째 기에 각 경기자들은 첫 기에 경기자들의 선택이 무엇이었는지를 관찰한 후 자신의 전략을 선택한다. 또 경기자는 두 기에 걸쳐 받는 보수의 산술평균을 극대화하려는 목적함수를 갖는다.

22.2.1 내쉬균형

먼저 2회 반복 죄수의 딜레마게임의 내쉬균형을 구해보자. 내쉬균형이란 상대방의 전략이 주어져 있을 때 내가 어떠한 기에 다른 어떠한 전략으로든 바꿀 유인이 없는 상태임을 기억하자. 예를 들어, 경기자 1이 첫 기에 C, 둘째 기에 D를 선택하고 경기자 2는 첫 기에 C, 둘째 기에 D를 선택하는 상태인 $\{(C, C), (D, D)\}$는 내쉬균형이 아니다. 경기자 1이 $t=1$기 전략을 C 대신 D로 바꿈으로써 2단위$\left(=\frac{3+1}{2}\right)$ 대신 2.5단위$\left(=\frac{4+1}{2}\right)$로 평균보수를 높일 수 있

그림 22-1 죄수의 딜레마(PD)게임

		경기자 2	
		C	D
경기자 1	C	3, 3	0, 4
	D	4, 0	1, 1

기 때문이다. 이러한 원리를 적용하면 경기자 1이 $t=1$기에 D, $t=2$기에 D를 선택하고 경기자 2 역시 두 기 모두 D를 선택하는 전략조합 이외의 다른 어떠한 전략조합도 내쉬균형이 될 수 없다. 왜냐하면 적어도 한 경기자가 최소한 한 기 이상에서 이탈할 유인이 있기 때문이다. 결론적으로 2회 반복 죄수의 딜레마게임에서 유일한 내쉬균형은 $\{(D, D), (D, D)\}$밖에 없다. 같은 논리에 의하여 2회 반복뿐 아니라 일반적인 T회(여기서 T는 유한 수) 반복 죄수의 딜레마게임의 내쉬균형은 $\{(D, D), (D, D), \cdots, (D, D)\}$밖에 없다.

22.2.2 부분게임완전균형

먼저 2회 반복 죄수의 딜레마게임의 부분게임완전균형을 역진귀납법을 적용하여 구해보자. 첫 기의 경기가 끝나고 경기자들이 둘째 기의 게임에 참여하려는 상황에 있다고 가정하자. 첫 기에 어떠한 일이 일어났건 상관없이 둘째 기의 게임에서 각 경기자는 강우월 전략 D를 선택하는 것이 최선이다. 둘째 기가 2회 반복게임의 마지막 단계이므로 $t=2$로부터 시작되는 부분게임은 일회게임과 다를 바 없다. 그런데 죄수의 딜레마 일회게임에서 유일한 내쉬균형은 두 경기자 모두 D를 선택하는 것이므로 2회 반복게임의 둘째 기에서도 과거의 역사에 상관없이 D를 선택하는 것이 유일한 균형전략이다.

이제 역진귀납법에 의하여 첫째 기로 거슬러 올라가자. 경기자들은 첫 기에 무슨 일이 일어나건 상관없이 둘째 기의 유일한 균형이 (D, D)가 될 것이며 각 경기자는 1단위씩의 보수를 얻을 것임을 합리적으로 예측할 수 있다. 따라서 2회 반복게임의 첫 기는 마치 일회게임처럼 취급하면 된다. 결국 첫 기로부터 시작되는 이 게임에서 두 경기자가 모두 D를 택하고 평균보수 $1\left(=\dfrac{1+1}{2}\right)$단위씩을 얻는 것이 유일한 내쉬균형임을 알 수 있다.

이상의 논의를 종합하면 우리는 다음의 두 가지 사실을 알게 된다. 첫째, $t=1$기의 역사가 무엇이든지 간에 상관없이 $t=2$기의 유일한 내쉬균형은 (D, D)이다. 둘째, $t=1$기에서도 두 경기자가 모두 D를 취하는 것이 유일한 내쉬균형이다. 그런데 부분게임완전균형은 모든 부분게임에서 내쉬균형인 전략조합으로 정의되므로 결국 2회 반복 죄수의 딜레마게임에서 유일한 부분게임내쉬균형은 $\{(D, D), (D, D)\}$이다.

이상에서 우리가 2회 반복 죄수의 딜레마게임에 적용했던 논리와 역진귀납법은 어떠한 유한 반복 죄수의 딜레마게임에도 동일하게 적용된다. 예컨대 100회 반복 죄수의 딜레마게임을 고려하자. 1기(期)에서 99기까지 게임의 역사가 무엇이든지 상관없이 마지막 기인 $t=100$기에 경기자들은 강우월전략 D를 선택하는 것이 최선이다. 즉, $t=100$으로부터 시작되는 부분게임의 유일한 균형은 (D, D)이다. 한 기 거슬러 올라와서 $t=99$로부터 시작되는 부분게임을 고려하자. 위의 2회 반복게임에서 $t=1$로부터 시작되는 전체게임에 적용했던 것과 동일한 논리에 의하여 100회 반복게임의 $t=99$에서 유일한 균형은 (D, D)이다. 이제 $t=98$로 거슬러 올라가자. 경기자들은 오늘 무슨 일이 발생하든 상관없이 내일($t=99$)과 모레($t=100$)에는 무조건 (D, D)와 (D, D)가 선택되리라는 사실을 안다. 그러므로 $t=98$기에 모든 경기자들은 강우월전략인 D를 선택한다. 위와 동일한 논리와 과정을 $t=97$, $t=96$, $\cdots$, $t=1$에 역진적으로 적용하면 첫 기부터 마지막 기에 이르기까지 항상 (D, D)가 선택되는 것이 유일한 부분게임완전균형임이 논증된다.

우리는 죄수의 딜레마를 T번 반복해서 경주하는 T회 반복게임에서 수명 T가 아무리 길다고 하더라도 첫 기부터 마지막 기에 이르기까지 언제나 일회게임의 내쉬균형 (D, D)가 반복적으로 선택된다는 사실을 알았다. 이는 비단 죄수의 딜레마뿐 아니라 내쉬균형이 단 하나 존재하는 모든 전략형게임에 적용된다. 일회게임 G는 유일한 내쉬균형 NE를 갖는다고 가정하자. 게임 G의 T회 유한반복게임 $G(T)$에는 내쉬균형이 단 하나밖에 없는데, 매기 NE가 단순 반복적으로 실현되는 상태가 바로 그것이다.

연습문제 >> 22-1 EXERCISES

두 명이 가위바위보를 세 번 해서 승부를 가리는 게임에서 내쉬균형을 구하라.

이상의 이론적 결과는 일반인들의 직관이나 실제 사람들을 대상으로 실시한 실험결과와는 매우 다르다. 셀텐과 스퇴커(Selten and Stoecker 1986)의 실험에 따르면 유한반복 죄수의 딜레마게임에서 다수의 피실험자들은 대다수의 기간 동안 협조체제를 유지하다가 반복게임이 끝나기 수회 전부터 서서히 협조체제가 붕괴되었다. 이론과 실제 간의 괴리는 최후통첩협상에서와 마찬가지로 경기자의 완전합리성과 완전정보를 전제하는 역진귀납법의 한계일 수 있다. 다시 말해서 유한반복 죄수의 딜레마게임에서 경기자들이 다소 비합리적일 수 있다거나 보수구조에 대한 정보가 미비하다는 식으로 가정을 완화하면 이론과 실제의 괴리를 줄일 수 있다. 구체적으로는 경기자들 간에 서로의 보수체계에 대한 정보가 미비하다는 가정을 도입하고 완전베이즈균형을 구함으로써 현실에 상당히 근접하는 결과를 얻어낼 수 있다(Kreps, Wilson, Milgrom and

Roberts 1982). 다른 한편 셀텐과 스티커가 제시한 괴리는 피실험자들이 해당 실험게임에 익숙하지 않기 때문에 생긴 시행착오일 뿐이며 이 게임에 여러 번 참가한 경험자들의 행태는 역진귀납법에 의한 이론적 예측과 매우 근접한다는 연구결과도 있다. 이렇게 균형이론을 지지하는 대표 연구로 달 보(Dal Bo 2005)를 참조하라.

22.3 보복위협으로 유지되는 협력

22.3.1 2회 반복게임 예시

[그림 22-2]에 묘사된 3×3 전략형게임 G를 고려하자. 게임 G에는 두 개의 순수전략 내쉬균형이 존재하는데 전략조합 (M, m)과 (D, r)이 바로 그것이다.[2]

게임 G의 2회 반복게임 $G(2)$를 고찰하자. 즉, 경기자 1과 경기자 2는 전략형게임 G를 두 번에 걸쳐 참여한다고 하자. 반복게임 $G(2)$의 내쉬균형은 어떠한 것들일까? 우선 일회게임 내쉬균형의 단순반복이나 조합은 반복게임의 내쉬균형임이 자명하다. 이 경우 모든 기에 일회게임의 내쉬균형이 선택되도록 예정되어 있어 어떠한 시점에 어떠한 경기자도 주어진 경로로부터 이탈함으로써 자신의 보수를 높일 수 없기 때문이다. 다시 말해서, [표 22-1]에 열거된 네 개는 일단 2회 반복게임 $G(2)$의 내쉬균형이다.

그림 22-2 | 전략형게임 G

		경기자 2		
		l	m	r
	U	5, 5	0, 0	0, 6
경기자 1	M	0, 0	3, 3	0, 0
	D	6, 0	0, 0	1, 1

2 게임 G에는 혼합전략 내쉬균형도 하나 존재하는데 설명의 단순화를 위하여 논의에서 제외하기로 한다. 참고로 혼합균형에서 경기자 1은 M과 D를 각각 $\frac{1}{4}$과 $\frac{3}{4}$의 확률로 선택하고 경기자 2는 m과 r을 각각 $\frac{1}{4}$과 $\frac{3}{4}$의 확률로 선택한다.

표 22-1 ▮ 일회게임 내쉬균형을 단순조합한 2회게임 $G(2)$의 내쉬균형

$t=1$	$t=2$	개별 경기자의 평균보수
M, m	M, m	$3(=\frac{1}{2}\times(3+3))$
M, m	D, r	$2(=\frac{1}{2}\times(3+1))$
D, r	M, m	$2(=\frac{1}{2}\times(1+3))$
D, r	D, r	$1(=\frac{1}{2}\times(1+1))$

예컨대, $t=1$에 전략조합 (M, m)이 선택되고 $t=2$에 (D, r)이 선택되는 것이 내쉬균형임을 설명하자. 경기자 1이 예정된 경로를 그대로 따른다면 2단위의 보수를 얻는다. 그러나 경기자 1이 예정된 경로로부터 이탈하여 $t=1$기에 M 대신 U나 D를 택한다든지 혹은 $t=2$기에 D 대신 U나 M을 택한다면 그의 평균보수는 각각 0.5, 1.5에 불과하게 된다. 물론 $t=1$과 $t=2$기에 모두 예정된 전략으로부터 이탈한다면 경기자 1의 보수는 0으로서 최악이 될 것이다. 결국 경기자 1이 $t=1$이나 $t=2$에 예정된 전략 대신 다른 행동을 취한다면 그의 보수는 하락할 뿐이다. 동일한 논리가 경기자 2에게도 적용되므로 결국 전략조합 $\{(M, m), (D, r)\}$은 내쉬균형임이 논증된다.

중요한 사실은 [표 22-1]에 열거된 네 개 이외에도 2회 반복게임 $G(2)$의 내쉬균형이 더 존재한다는 것이다. 일회게임 G에서 경기자 1이 U를 택하고 경기자 2가 l을 택하는 것은 내쉬균형이 아니다. 예컨대 경기자 2가 l을 택한다는 가정하에 경기자 1은 U 대신 D를 선택함으로써 5단위보다 높은 보수 6단위를 얻을 수 있기 때문이다. 하지만 2회 반복게임에서는 전략조합 (U, l)이 선택될 수 있는 내쉬균형이 존재하는데, 다음과 같이 나타난다.

$t=1$: 경기자 1은 U를 택하고 경기자 2는 l을 택한다. 즉, (U, l)이 선택된다.

$t=2$: • 정상경로: 만일 $t=1$에서 (U, l)이 선택되었다면 이번 기에 경기자 1은 행동 M을 선택하고 경기자 2는 행동 m을 선택한다.

• 보복경로: 만일 $t=1$에서 경기자 1이 U 이외의 전략을 취하였거나 혹은 경기자 2가 l 이외의 전략을 취하였다면 이번 기에 경기자 1은 D를 택하고 경기자 2는 r을 택한다. (22.1)

위에 묘사한 대로 2회 반복게임 전략에는 정상경로(正常經路, normal phase)와 보복경로(報復

經路, punishment phase)를 각각 명시해야 한다. 정상경로란 모든 경기자가 선택하기로 예정되어 있는 전략을 선택했을 경우 따라가는 선택경로이며, 보복경로란 누군가가 정상경로로부터 이탈했을 경우 그를 보복하기 위하여 따르는 선택경로이다. 경기자 1은 정상경로를 따라 전략을 선택함으로써($t=1$에는 U를 택하고 $t=2$에는 M을 택함으로써) 첫 기에 5단위, 그리고 둘째 기에 3단위의 보수를 얻는다. 이때 경기자 1의 평균보수는 4단위이다. 그러나 경기자 1이 $t=1$기에 U 대신 D를 택한다면 $t=1$기에는 6단위의 보수를 얻으나 $t=2$기에 1단위의 보수밖에 얻지 못한다. 이때 경기자 1의 평균보수 3.5단위는 정상경로에서 얻을 수 있는 보수 4단위보다 작으므로 경기자 1은 정상경로로부터 이탈할 유인이 없음을 알 수 있다. 대칭적 논리에 의하여 경기자 2에게도 정상경로에서 선택하기로 되어 있는 전략 이외의 다른 전략을 선택할 유인이 없다. 결국 예정된 정상경로로부터 어느 누구도 이탈할 유인이 없으므로 위 식 (22.1)에 명시된 전략은 내쉬균형이다.

이상에서 살펴본 바와 같이, 내쉬균형이 두 개 이상 존재하는 일회게임을 두 번 반복하는 경우 일회게임에서는 달성할 수 없었던 보수(위의 예에서 4단위)를 2회 반복게임의 내쉬균형 보수로서 얻을 수 있다.[3]

22.3.2 재협상방지[4]

재협상방지균형(再協商防止均衡, renegotiation-proof equilibrium)은 부분게임완전균형보다 더 강력한 기준의 신빙성을 요구하는 균형의 개념이다. 이해를 돕기 위하여 [그림 22-2]의 2회 반복게임 $G(2)$를 다시 고려하자. 앞에서 우리는 일회게임 내쉬균형의 조합 네 개와 더불어 $\{(U, l), (M, m)\}$도 2회 반복게임의 부분게임완전균형임을 보였다. 게임의 결과 $\{(U, l), (M, m)\}$이 부분게임완전균형이기 위해서는 앞서 묘사된 바와 같이 경기자들이 정상경로와 보복경로를 따라 전략을 선택해야 한다. 즉, $t=1$기에 예정된 대로 (U, l)이 실현되면 $t=2$기에는 (M, m)을 선택하고, $t=1$기에 (U, l) 이외의 전략조합이 실현되면 $t=2$기에는 (D, r)을 선택한다는

3 직관적으로 반복게임의 수명 T가 길어질수록 T회 반복게임의 부분게임완전균형에서 얻을 수 있는 보수벡터는 점점 더 많아질 것이라고 추측할 수 있다. 이러한 추측은 전적으로 옳다(Benoit and Krishna 1985). 그 내용은 본서의 범주를 벗어나므로 생략하기로 하되 관심 있는 독자는 졸저 『게임이론』(제6판, 2013, 박영사)의 제8장을 참조하기 바란다.

4 반복게임에서 재협상 방지에 대해서는 Evans and Maskin(1989), Farrell and Maskin(1989), Abreu, Pearce and Stacchetti(1993), Baliga and Evans(2000), Aramendia, Larrea and Ruiz(2005) 등을 참조하라.

것이다.

하지만 누군가 예정된 선택으로부터 이탈할 경우 따르게 될 보복경로는 그 신빙성이 의문시된다. 첫 기에 경기자 1이 U 대신 D를 선택하여 균형보수 5단위보다 높은 6단위를 얻었다 하자. 경기자 1이 첫 기에 예정경로를 이탈했으므로 둘째 기에 전략조합 (D, r)이 선택되어야 할 것인가? 그런데 경기자 1이 다음과 같은 메시지를 전달한다고 하자. "지난번에 약속을 지키지 않고 당신을 배신한 것에 대해서는 진심으로 사과한다. 하지만 이번 기가 마지막이다. 만일 우리가 보복경로를 따라 (D, r)을 선택하면 각자가 1단위씩의 보수밖에 얻지 못한다. 그러나 과거를 잊어버리고 이번 기에 우리가 행동조합 (M, m)을 선택하면 각자가 3단위씩의 보수를 얻게 된다. 우리 과거는 묻어버리고 새출발하자. 나는 M을 선택하고 당신은 m을 선택하자." 경기자 1의 이러한 메시지는 전적으로 설득력이 있다. 경기자 2는 보복경로를 고집한다면 1단위의 보수밖에는 얻지 못하는 반면 경기자 1의 제안대로 선택한다면 3단위의 보수를 얻을 수 있다. 대칭성에 의하여 경기자 2도 상대방을 배반한 다음 과거를 잊고 새출발하자는 식의 재협상을 하려는 유인을 갖기는 마찬가지이다. 요약하면 식 (22.1)에 의하여 유지되는 부분게임완전균형 $\{(U, l), (M, m)\}$은 재협상에 취약하다.

그렇다면 전략형게임 G의 2회 반복게임에서 재협상방지균형은 어떤 것이 있을까? 위에서 살펴본 것과 비슷한 논리로 $\{(M, m), (D, r)\}$, $\{(D, r), (M, m)\}$, $\{(D, r), (D, r)\}$ 세 개의 부분게임완전균형은 재협상에 취약하다. 부분게임완전균형 $\{(M, m), (D, r)\}$의 예를 들면, 두 경기자 모두를 더 행복하게 만들어줄 수 있는 $\{(M, m), (M, m)\}$을 선택하자고 재협상하고 합의를 볼 여지가 존재하기 때문이다. 결론적으로 전략형게임 G의 2회 반복게임 $G(2)$의 재협상방지균형은 $\{(M, m), (M, m)\}$밖에 없다. 이것은 부분게임완전균형이 다섯개인 데 비하여 매우 적은 숫자이다. 이처럼 재협상방지균형은 부분게임완전균형보다 더 강력한 신빙성의 개념을 요구하므로 당연히 부분게임완전균형에 비해 수적으로 적다.

독자에 따라서는 재협상방지균형의 개념이 경기자들 간에 사전적 의사소통이 완전히 자유롭다고 전제하는 협조게임(協調게임, cooperative game)이론의 범주에 들어가는 것이 아닌가 의구심을 가질지도 모른다. 그러나 협조게임의 핵심은 사전적 의사소통 여부에 있는 것이 아니라, 사전적으로 구속력 있는 계약을 맺을 수 있는가의 여부와 경기자 간에 효용을 주고받을 수 있는가(transferable utility)에 있다. 재협상방지균형은 경기자들이 사전에 구속력 있는 계약을 맺을 수 없으며 효용을 주고받을 수 없다는 전제하에 성립되는 개념이므로 명백하게 비협조(非協調) 게임이론의 해(解) 개념이다.

범죄자의 처벌과 형행제도의 근거

어느 사회든지 그 사회구성원들의 이익을 심각하게 침해하거나 사회의 안녕을 해치는 구성원을 처벌하도록 규정하는 형사법과 형벌제도가 존재한다. 형법학자들이 제시하는 범죄자 체형의 근거 가운데 대표적인 것들은 다음과 같다. 첫째, 피해자나 피해자 가족을 대신해서 국가가 복수를 해준다. 둘째, 범죄자로 하여금 그가 저지른 범법행위에 대한 대가를 체형으로써 지불하도록 한다. 셋째, 범죄자는 국가가 반드시 처벌한다는 평판을 쌓음으로써 사회의 다른 구성원들로 하여금 미래의 범법행위에 대한 유혹을 줄인다.

이 가운데 첫째 근거(대리보복)와 셋째 근거(평판효과)는 나름대로 형행제도의 합리적 근거가 될 수 있다. 그러나 둘째 근거는 재협상방지의 관점에서 볼 때 논리적으로 근거가 약하다. 흉악범죄를 저지른 자가 국가에게 다음과 같은 메시지를 전달한다고 하자.

> "내가 법을 어기고 흉악범죄를 저지른 것에 대해서는 사과한다. 그러나 나를 처벌한다고 해서 내가 살해한 사람이 다시 살아나는 것도 아니고 내가 부순 물건이 복귀되는 것도 아니다. 국가가 나를 처벌하려면 형무소도 지어야 하고 세 끼 식사를 포함한 의식주를 제공해야 하는데 도대체 나 같은 범죄자를 먹여 살리기 위해 국민들의 세금을 낭비할 필요가 어디 있는가? 다시는 범법행위를 저지르지 않을 테니 이번 한 번만 용서해 달라. 만일 국가가 나를 감옥에 보내면 나도 불행해지고 비용을 지불해야 하는 국가도 불행해진다. 그러나 나를 풀어주면 나도 행복해지고 국가도 비용을 절감할 수 있으므로 효율적이다. 어떤 경우건 피살자나 파괴된 재물을 건지지 못하기는 마찬가지이다."

흉악범의 이러한 논리는 설득력이 있다. 사회 입장에서 형벌을 고집하는 경우 얻는 보수보다 풀어줄 경우 얻는 보수가 더 크기 때문에 범죄자의 제안을 받아들일 사후적 유인이 존재하기 때문이다. 요약하면 범법자로 하여금 그가 저지른 범죄행위에 대한 대가를 지불하도록 한다는 논리는 재협상방지에 취약하다. 물론 이러한 논리에 대한 반론이 있을 수 있다. 흉악범을 그냥 풀어줄 경우 사회의 다른 구성원들도 똑같은 유인을 가지게 되어 마구 법을 어길 것이므로 사회기강이 무너지고 따라서 사회가 감수해야 하는 비용은 매우 클 수 있다는 것이다. 그러나 이러한 반론은 세 번째 근거(평판효과)를 지지하는 논리일 뿐 둘째 근거를 지지하는 논리가 될 수는 없다.

대리보복은 윤리적 관점에서 바람직하지 않을 뿐 아니라 사회가 추구해야 하는 선(善)으로 받아들이기 어렵다. 결국 형사법의 존재와 형벌제도의 논리적 근거는 평판효과에 있다고 볼 수 있다. 즉, 범법행위로 얻은 이득보다 형벌로 인한 손실이 더 크도록 국가가 반드시 처벌한다는 평판을 쌓으면 잠재적 범법자들도 범죄행위를 자제하게 된다는 것이다. 그런데 형벌제도의 유일한 논리적 근거가 되는 평판효과에 치명적 타격을 입히는 요인이 바로 낮은 검거율과 잦은 사면복권(amnesty)이다. 범법행위를 저질러도 붙잡힐 확률이 낮다면 범법행위로 얻은 이득이 형벌로 인한 손실보다 크기 마련이다. 사면복권도 같은 효과를 초래한다. 이러한 관점에서 볼 때 정권이 바뀔 때마다 정권의 인기 관리를 위해 걸핏하면 대규모 특별사면과 복권을 시행하는 우리나라의 관행은 국법을 문란케 하는 부작용이 있다.

22.4 시간적 선호

22.4.1 미래 할인과 현재가치

보편적으로 경제인들이 여러 기간에 걸쳐 동태적(動態的)으로 의사결정을 하거나 보수를 얻는다. 이러한 동태적 상황에서는 금전적 보수를 언제 얻느냐에 따라 그 보수의 가치가 달라진다. 예컨대 지금 당장 수중에 들어온 5만원과 보름 후 들어올 5만원의 가치가 똑같을 수는 없다. 개인이 주어진 미래시점에 받을 보수를 지금 현재의 가치로 환산하는 데 필요한 개념과 계산법을 설명하자.

이자율 혹은 할인율(割引率, discount rate)을 r이라 표기할 때 오늘 1원을 저금하면 내일 $(1+r)$원을 원리금으로 받게 된다. 다시 말해서 오늘의 1원을 내일의 가치로 평가하면 $(1+r)$원이다. 역으로 내일의 1원을 오늘의 가치로 평가하면 $\frac{1}{1+r} \equiv (1+r)^{-1}$이라 할 수 있다. 오늘 $(1+r)^{-1}$원을 저금하면 내일 1원이 될 것이기 때문이다. 한 단계 더 나아가서 오늘 1원을 저금하면 모레에는 $(1+r)^2$원이 될 것이고 따라서 모레의 1원은 오늘의 $(1+r)^{-2}$원과 동등한 가치를 갖는다. 일반적으로 t기 후에 얻을 1원을 오늘의 가치로 평가하면 $(1+r)^{-t}$원이 될 것이다. 이처럼 미래시점에 얻을 금액을 할인율을 적용하여 오늘의 가치로 환산한 것을 미래금액의 현재가치(現在價值, present value)라고 한다.

현재가치를 계산하는 데 적용되는 계수 $\delta \equiv \frac{1}{1+r} = (1+r)^{-1}$를 할인인자(割引因子,

discount factor)라 부른다. 보편적으로 할인율 r이 양수이므로 할인인자 δ는 0과 1 사이의 값을 갖는다. 할인율이 0에 가까울수록, 즉 할인인자가 1에 가까울수록 경제인은 미래를 매우 중요하게 여기는 성향을 가짐을 의미한다. 극단적으로 할인인자가 1이라면 100년 후에 생길 5만원이나 지금 당장의 5만원이나 똑같은 가치를 갖는다. 반대로 할인인자가 0에 가까울수록 경기자는 미래를 경시하며 당장의 눈앞의 이익에만 집착하는 근시안임을 뜻한다. 극단적으로 할인인자가 0인 개인에게는 내일의 1억원도 오늘의 단돈 1원만큼도 못하다.

개인이 모든 기간에 걸쳐 얻는 금액의 현재가치를 모두 합친 값을 총할인보수(總割引報酬, total discounted payoff)라 부른다. 할인인자가 δ인 개인이 첫 기에 u_1, 두 번째 기에 u_2, ⋯, T번째 기에 u_T단위의 보수를 얻는다고 할 때 총할인보수는 다음과 같이 정의된다.

$$v(u_1,\ u_2,\ \cdots,\ u_T)=\sum_{t=1}^{t=T}\delta^{t-1}u_t \tag{22.2}$$

만약 매 기간 1원씩의 보수를 얻는다고 할 때 총할인보수는 $V=\dfrac{1-\delta^T}{1-\delta}$원일 것이다.[5] 만약 T가 유한 수가 아니라 무한대(∞)라면 총할인보수는 $V=\dfrac{1}{1-\delta}$원이 될 것이다. 문제는 T기에 걸쳐 매 기간 1단위씩의 보수를 얻는다는 사실과 그것의 총할인보수는 단위가 다르므로 서로 비교하기 어렵다는 데에 있다. 예컨대, 할인인자가 $\delta=0.8$인 경제인이 매 기간 1원씩을 영구히 받는다고 할 때 총할인보수는 5원인데 이는 매기 1원씩 얻는다는 사실과 어떻게 비교해야 할지 난감하다. 이러한 사실에 착안하여 총할인보수에 $\dfrac{1-\delta}{1-\delta^T}$ 또는 $(1-\delta)$를 곱해줌으로써 평균할인보수(平均割引報酬, average discounted payoff)를 구할 수 있다.

예컨대, 할인인자가 $\delta=0.8$인 경제인이 매 기간 1원씩을 영구히 받는다고 할 때 평균할인보수는 1원[6]인데 이는 매 기간 1원씩 얻는다는 사실과 비교가 명확하다.

할인인자가 δ인 개인이 첫 기에 u_1, 두 번째 기에 u_2, ⋯, T번째 기에 u_T단위의 보수를 얻는다고 할 때 평균할인보수는 다음과 같이 정의된다.

5 $1+\delta+\delta^2+\cdots\ \delta^{T-1}=\dfrac{1-\delta^T}{1-\delta}$

6 $(1-0.8)\times\dfrac{1}{1-0.8}$

$$v(u_1,\ u_2,\ \cdots,\ u_T) = \frac{1-\delta}{1-\delta^T}\sum_{t=1}^{t=T}\delta^{t-1}u_t \qquad (22.3)$$

참고로 본장의 22.2절에 다룬 T회 반복 죄수의 딜레마나 22.3절에서 다룬 2회 반복게임에서는 할인인자 $\delta=1$이라고 암묵적으로 가정하였다. 그 경우 평균할인보수는 모든 기간에 걸친 보수의 합계를 기간으로 나눈 단순 산술평균값으로 계산된다.

만약 게임이 무한히 지속될 개연성이 있다면 $T=3$이므로 $\frac{1-\delta}{1-\delta^T}$가 아니라 $(1-\delta)$를 곱해야 한다. 따라서 무한반복게임에서 평균할인보수는 다음과 같이 정의된다.

$$v(u_1,\ u_2,\ \cdots) = (1-\delta)\sum_{t=1}^{\infty}\delta^{t-1}u_t \qquad (22.4)$$

현재가치를 계산할 때 적용한 할인 공식은 수학적으로 말해서 지수함수(指數函數, exponential function)이다. 지수할인에 따르면 의사결정자는 한 시점에서 다음 시점으로 넘어가는데 언제나 똑같은 비율로 미래를 할인한다. 할인인자가 0.9라고 할 때 오늘의 100원은 내일 90원의 가치와 맞먹고 이는 모레의 81원과 동일한 가치를 갖는다. 또한 1년 후의 100원과 1년 하루 후의 90원, 그리고 1년 이틀 후의 81원은 동일한 가치를 갖는다. 지수할인의 이러한 특성이 갖는 중요한 함의는 동태적 계획의 시간적 불변성 혹은 줄여서 동태적 일관성(dynamic consistency)이다. 개인이 평생의 계획을 오늘 세웠다고 하자. 일단 오늘의 계획을 오늘 실행한 다음 내일이 닥치더라도 내일 이후 미래의 계획은 오늘 세웠던 계획과 정확히 일치한다. 즉, 자신의 미래를 지수적으로 할인하는 사람은 평생의 계획을 오늘 세운 다음 미래시점이 도래할 때마다 오늘 세운 계획대로 실행하기만 하는 로봇과 다름없다.[7]

---

7 수많은 실험결과나 실증자료에 따르면 사람들은 시간적으로 일관성이 없는(dynamically inconsistent) 행태를 보인다. 이는 보통 사람들이 '오늘'과 '내일 이후의 미래'를 확연히 구분하는 경향을 갖기 때문인데 오늘 할 일을 내일로 미루는 지연(遲延, procrastination)이 대표적 예다. 당장 수행하기 귀찮은 과제를 내일 꼭 하겠다고 계획을 세운 사람이 막상 내일이 되면 마음이 달라져 모레로 미루는 경우는 허다하다. 술, 담배, 도박 등을 끊지 못하는 중독(addiction) 현상이나 음식 다이어트를 선언한 사람이 아이스크림의 유혹에 넘어가는 사례는 다반사이다. 노후를 위해 매월 급여의 70%만 소비하고 30%는 저축하기로 작정한 사람이 막상 다음 달이 도래하면 월급통장의 돈을 다 써버리기도 하고 심지어 마이너스통장을 개설하기도 한다.
동태적 비일관성을 처음으로 제기한 문헌은 Strotz(1956) 및 Phelps and Pollak(1968)까지 거슬러 올라간다. 그러나 이는 지수할인에 기초한 합리성 모형과 배치되기 때문에 주류경제학에 의해 오랫동안 무시되어 오다가 실험 및 행태 연구가 본격화되기 시작한 1990년대 이후 다시 떠올랐다. 쌍곡할인모형은 Lowenstein and Prelec(1992), Laibson(1997), Gul and Pesendorfer(2001, 2004) 등에 의해 다양한 형태로 계승 발전되었다. O'Donoghue and Rabin(1999)은 사람들의 지연 성향을 다루었다.

22.4.2 벨만방정식

할인보수를 계산하는데 식 (22.3)이나 식 (22.4)처럼 직접 계산할 수도 있지만 벨만방정식(Bellman equation)으로 불리는 회귀적(recursive) 방법론을 적용할 수도 있다(Bellman 1957). 식 (22.4)의 평균할인보수를 다음의 과정을 거쳐 분해해보자.

$$
\begin{aligned}
v(u_1,\ u_2,\ \cdots) &= (1-\delta)\sum_{t=1}^{\infty}\delta^{t-1}u_t \\
&= (1-\delta)\left[u_1 + \sum_{t=1}^{\infty}\delta^{t-1}u_t\right] \\
&= (1-\delta)u_1 + \delta\left[(1-\delta)\sum_{t=1}^{\infty}\delta^{t-1}u_{t+1}\right] \\
&= (1-\delta)u_1 + \delta v(u_2,\ u_3,\ u_4,\ \cdots)
\end{aligned}
\tag{22.5}
$$

식 (22.5)에 의하면 오늘($t=1$)로부터 시작되는 평생의 평균할인보수 $v(u_1,\ u_2,\ \cdots)$는 오늘 당장 얻는 보수 u_1과 내일($t=2$)로부터 시작되는 평생의 평균할인보수 $v(u_2,\ u_3,\ \cdots)$의 가중평균값이다. 오늘 당장 얻는 보수 u_1에 가중치 $(1-\delta)$가 부여되며 내일로부터 시작되는 나머지 평생의 평균할인보수에 δ의 가중치가 부여된다.[8] 내일로부터 시작되는 나머지 평생의 평균할인보수를 후속보수(continuation payoff)라 부른다.

할인인자 δ는 개인의 인내력 내지는 미래지향적 성향을 나타낸다. 따라서 할인인자가 커질수록(경기자가 미래를 현재 못지않게 중요시할수록) 오늘의 보수 u_1에 주어지는 가중치는 작아지고 내일 이후 미래의 보수에 주어지는 가중치는 커진다. 극단적으로 할인인자가 0인 경기자는 눈앞의 이익만을 중시하는 하루살이임을 뜻하는데 그는 u_1에 100%의 가중치를 부여한다. 반면에

쌍곡할인(雙曲割引, hyperbolic discounting)은 오늘에 비해 내일 이후 미래를 더욱 급속히 평가절하하도록 설정함으로써 현실 설명력을 높인 가설이다. 할인인자가 δ인 개인에게 t기 후의 1원이 지금 현재 갖는 가치가 얼마일까? 지수할인 가설을 적용하면 t기 후 1원의 현재가치는 δ원이다. 반면 쌍곡할인 가설에 따르면 t기 후 1원의 현재가치는 $\gamma\delta^t$이다. 여기서 γ는 0과 1 사이의 상수인데 0에 가까울수록 미래를 더 급격하게 절하하고 1에 가까울수록 지수할인에 근접한다.

8 유한 T의 경우 평균할인보수인 식 (22.3)도 식 (22.4)와 비슷한 방식을 통해 벨만방정식으로 나타낼 수 있다. 그 경우 오늘의 보수와 내일부터 시작되는 게임에 주어지는 가중치가 $(1-\delta)$ 및 δ 대신 각각 $\frac{1-\delta}{1-\delta^T}$ 및 $\frac{\delta}{1-\delta^T}$라는 사실만 달라질 뿐이다.

할인인자가 거의 1에 가까운 경기자는 눈앞의 보수 u_1에 0에 가까운 가중치를 부여하고 내일 이후 발생할 미래의 보수에는 거의 100%에 달하는 가중치를 부여한다.

벨만방정식이 얼마나 유용한지 보기 위해 간단한 예시를 들어보자. 양당제도를 운영하고 있는 국가에서 한 정당이 집권하면 1단위의 보수를 얻고 야당이 되면 0단위의 보수를 얻는다고 하자. 또 현재의 여당이 다음 선거에서 또다시 집권할 확률은 β라고 하자. 양당제도가 영구히 지속된다고 할 때 현재 여당과 야당의 평균할인보수는 각각 얼마인가? 벨만방정식은 다음 두 식으로 구성된다.

$$v_{\text{여당}} = (1-\delta)\times 1 + \delta[\beta v_{\text{여당}} + (1-\beta)v_{\text{야당}}] \tag{22.6a}$$

$$v_{\text{야당}} = (1-\delta)\times 0 + \delta[(1-\beta)v_{\text{여당}} + \beta v_{\text{야당}}] \tag{22.6b}$$

식 (22.6a)는 다음과 같이 해석된다. 집권당은 이번 임기 내에 1단위의 보수를 얻고 다음 선거에 임하게 된다. 차기 선거에서 또다시 집권하면 그때로부터 시작하는 무한게임은 지금의 상황과 달라지는 것이 없고 따라서 평균할인보수는 $v_{\text{여당}}$으로 현재와 똑같다. 반면 차기 선거에서 야당으로 전락하면 야당의 평균할인보수인 $v_{\text{야당}}$을 얻게 된다. 그런데 차기 선거에서 승리할 확률이 β이고 패배할 확률이 $(1-\beta)$이므로 이를 각각 곱해주면 식 (22.6a)가 된다. 식 (22.6b)도 유사한 방식으로 도출한 것이다.

이제 두 식 (22.6a)와 식 (22.6b)를 연립하여 풀면 현재 여당과 야당의 평균할인보수가 각각 아래와 같이 구해진다.

$$v_{\text{여당}} = \frac{1-\delta\beta}{(1-\delta\beta)+\delta(1-\beta)}, \quad v_{\text{야당}} = \frac{\delta(1-\beta)}{(1-\delta\beta)+\delta(1-\beta)} \tag{22.7}$$

집권당 프리미엄을 측정하는 β가 클수록 현 여당의 보수는 커지는 반면 현 야당의 보수는 작아진다. 또 정당들의 미래지향성을 나타내는 할인인자 δ가 클수록 현 집권당이 누릴 프리미엄은 장기적으로 희석되어 양당의 보수는 $\frac{1}{2}$로 거의 같게 된다. 만약 벨만방정식을 적용하지 않았다면 매 시점마다 정권유지와 정권교체의 경우를 일일이 따져서 매우 복잡한 수식을 풀어야 했을 것임에 유의하라.

22.5 무한반복게임

22.5.1 반복게임전략

우리는 22.2절에서 단 하나의 내쉬균형을 갖는 일회게임이 유한 번 반복되는 게임에서 내쉬균형은 단 하나밖에 없으며 그것은 처음부터 끝까지 매기마다 일회게임의 내쉬균형이 선택되는 것임을 설명하였다. 예컨대 유한반복 죄수의 딜레마게임에서는 반복횟수가 아무리 길더라도 협조체제는 달성될 수 없음을 의미한다. 그러나 무한반복게임의 경우에는 완전히 달라진다. 유한반복게임에서 달성할 수 없었던 협조체제가 무한반복게임에서 달성될 수 있는 핵심적인 이유는 바로 '배반 후 감수해야 할 보복의 위협'이다. 내가 지금 상대방을 속여 당장의 이득을 취할 수 있다 하더라도 상대방의 보복에 따른 미래의 손실이 크다면 차라리 지금 협조관계를 깨지 않는 것이 유리하다.

여기서 중요한 행태변수는 미래에 대한 평가가치의 정도(할인인자의 크기)이다. 만일 내가 미래에 대하여 전혀 개의치 않는 근시안적 경기자라면 나중에 상대방으로부터 보복을 당하든 말든 당장 눈앞의 이득을 취하려고 할 것이고 따라서 협조체제의 유지는 어려울 것이다. 내가 미래를 현재 못지않게 중요시하는 인내력 있는(patient) 경기자라면 배신으로 얻게 될 눈앞의 이익 못지않게 보복으로 인해 미래에 감수해야 할 손실을 크게 느낄 것이므로 협조체제를 깨지 않으려는 유인이 크다. 이것이 반복게임에서 경기자의 행태변수인 할인인자 δ의 크기가 중요한 이유이다.

두 경기자가 앞의 [그림 22-1]에 묘사된 죄수의 딜레마게임에 $t=1$(오늘), $t=2$(내일), $t=3$(모레), …에 계속해서 참여한다고 하자. 이 게임에서 개별 경기자가 선택할 수 있는 전략은 무수히 많지만 독자의 이해를 돕기 위한 예시로 신사, 깡패, 무자비, '눈에는 눈, 이에는 이'전략 등을 살펴보자.[9]

반복게임의 가장 단순한 전략으로 신사(nice)전략과 깡패(nasty)전략이 있다. 신사는 과거 역

---

9 반복게임에서의 전략은 과거에 실현된 상태에 대한 현재의 기계적인 반응이므로 컴퓨터 프로그램이나 다름없다. 따라서 오토마타(automata)모형을 적용하면 편리한데, 본서에서 다루기에는 다소 이론적이므로 관심 있는 독자는 『게임이론』(2013)의 제8장 제5절을 참조하기 바란다. 반복게임을 오토마타의 개념으로 분석한 주요 논문으로 Abreu and Rubinstein(1988), Kalai and Stanford(1988), Binmore and Samuelson(1992), Anderlini and Sabourian(1995), Neymann(1998) 등이 있다. 오토마타와 기계어에 대한 입문서로는 Hofcroft, Motwani and Ullman(2006)이 탁월하다.

사가 어땠었건 혹은 상대방이 어떤 선택을 했건 무조건 C를 선택하는 반복게임전략이다. 경기자는 반복게임에 돌입하면 최초시점에서 일단 C를 선택한다. 그 다음부터 직전 기에 상대방이 C를 선택했건 D를 선택했건 나는 무조건 C를 선택한다. 깡패전략은 상대방이 이전에 어떤 선택을 했건 무관하게 항상 D를 선택하는 전략이다. 이외에도 상대방이 직전 기에 어떤 선택을 했건 상관없이 홀수 기에는 C, 짝수 기에는 D를 번갈아 선택하는 교대전략도 생각할 수 있다.

신사·깡패·교대전략은 상대방의 선택이나 과거 역사와 무관하게 사전에 정해진 대로 매기의 선택을 한다는 특징이 있다. 좀더 흥미로운 반복게임전략으로 상대방의 과거 선택이 나의 현재 행동을 촉발하는 방아쇠(trigger)전략들이 있다. 여기서는 무자비(grim), '눈에는 눈, 이에는 이'(tit-for-tat), '한 번은 용서, 두 번째는 처벌'(tit-for-two-tats)전략을 차례로 살펴보자.

무자비전략은 상대방이 지난 기에 D를 선택했다면 나는 이번 기부터 무조건 D를 선택하는 전략으로 정의된다. 즉, 누구든 한 번 배신하면 다음 기부터 영원토록 보복체제에 돌입한다. 무자비전략은 다음과 같다.

> t기: 전략 C를 선택한다.
>
> $(t+1)$기: • 정상국면: 만일 t기에 (C, C)가 실현되었다면 이번 기에도 C를 선택한다.
>
> : • 보복국면: 만일 t기에 (C, C) 이외의 사태가 발생했다면 이번 기부터 시작하여 계속해서 D를 선택한다.

'눈에는 눈, 이에는 이'(tit-for-tat)전략은 액설로드(Axelrod 1984)의 저서로 유명해졌는데 상대방이 직전 기에 선택했던 행동을 오늘 내가 그대로 따라 선택하는 전략이다. 즉, t기에 상대방이 C(혹은 D)를 선택했다면 $(t+1)$기에 나도 C(혹은 D)를 선택한다. '눈에는 눈, 이에는 이'전략을 약간 수정한 것으로 '한 번은 용서, 두 번째는 처벌'전략이 있다. 이 전략은 말 그대로 상대방이 계속해서 두 번을 배신하는 경우에만 D로 보복하는 전략으로 정의된다.

이상은 반복게임 예시에 불과하며 무한반복게임에서의 전략은 이론상 무수히 많다. 예컨대, 누구든 t기에 배신하면 $(t+1)$기로부터 $(t+N)$기까지 N기 동안 보복하고 $(t+N+1)$기부터는 다시 협조체제로 돌아가는 반복게임전략이 있다. 특히 $N=1$일 경우 '일회보복'전략이라고 부른다.

상대방의 과거 선택뿐 아니라 내가 현재까지 얻은 보수에도 영향을 받는 반복게임전략도 생각할 수 있다. 예컨대, 내가 C를 선택함으로써 오늘에 이르기까지 얻은 평균보수가 요구수준

(aspiration level) 이상이면 내일도 C를 그대로 유지하고 만약 요구수준 밑으로 떨어지면 D로 바꾸는 전략도 있다. 노왁과 지그문트(Nowak and Sigmund 1993)는 이러한 전략을 '만족하면 현상유지'(win-stay lose-shift)전략이라고 불렀는데, 외부적 우연 요인이 작용하거나(stochastic) 경기자가 실수할 가능성이 있는(trembling) 경우 '눈에는 눈, 이에는 이'보다 탁월한 전략임을 보인 바 있다.

22.5.2 협조체제의 유지와 붕괴

무한반복 죄수의 딜레마게임에서 내쉬균형을 살펴보자. 반복게임에서건 일회게임에서 건 내쉬균형의 개념은 똑같다. 즉, 상대방의 반복게임전략을 주어진 것으로 가정할 때 내가 나의 전략에서 바꿀 유인이 없고 동시에 나의 반복게임전략이 주어졌을 때 상대방도 자신의 전략을 바꿀 유인이 없다면 그 전략조합은 내쉬균형이라 불린다. 거꾸로 상대방의 전략이 주어져 있을 때 내가 언젠가는 이탈할 유인이 있다면 내쉬균형이 될 수 없다.

구체적으로 (신사전략, 신사전략)이 무한반복게임의 내쉬균형인가? 그렇지 않다. 경기자 2가 신사전략을 사용한다고 가정하자. 경기자 1이 신사전략을 고수할 경우 얻게 되는 평균할인보수는 3단위이다. 반면 경기자 1이 신사전략에서 깡패전략으로 바꿀 경우 얻게 되는 평균할인보수는 4단위로 증가할 것이므로 경기자 1은 전략을 바꿀 유인이 있다.

그렇다면 (깡패전략, 깡패전략)은 무한반복 죄수의 딜레마게임의 내쉬균형인가? 그렇다. 경기자 2가 깡패전략을 사용한다고 가정할 때 경기자 1은 깡패전략에서 다른 전략으로 바꿈으로써 보수가 오히려 낮아지기 때문이다. 동일한 논리가 경기자 2에게도 적용되므로 결국 두 경기자 다 깡패전략에서 이탈할 유인이 없다. 내쉬균형 (깡패전략, 깡패전략)에서 두 경기자의 균형보수는 (1, 1)이 된다. 여기서 알 수 있듯이 균형보수 (1, 1)은 경기자의 할인인자 δ의 크기와 상관없이 무한반복 죄수의 딜레마의 내쉬균형 보수로 달성가능하다. 이는 논리적으로도 당연하다. 죄수의 딜레마 일회게임은 할인인자가 $\delta=0$인 반복게임과 다름없으므로 일회게임의 내쉬균형 보수 (1, 1)이 어떠한 반복게임에서도 할인인자의 크기와 상관없이 내쉬균형 보수벡터로 달성가능하다는 사실은 일맥상통한다.

다음으로 (무자비전략, 무자비전략)이 내쉬균형이 될 수 있는지 살펴보자. 경기자 2가 무자비전략을 사용한다고 가정하고 경기자 1이 오늘 C와 D 가운데 무엇을 선택할지 결정하는 문제를 고려하자. 경기자 1이 C를 선택할 경우 오늘 당장 3단위의 보수를 얻고 내일로부터 시작되는 후속게임에서는 오늘과 정확히 똑같은 상황에 직면하게 된다. 그러므로 행동 C를 선택함으로써 얻는 평균할인보수 v_C는 벨만방정식에 의하여 다음과 같다.

$$v_C=(1-\delta)\times 3+\delta\times v_C$$

혹은

$$v_C=3 \tag{22.8}$$

경기자 1이 D를 선택한다면 당장은 4단위를 얻게 된다. 그러나 이로 인하여 내일부터 영원히 둘 다 D를 선택하는 보복국면으로 돌입할 것이므로 내일 이후 매기 1단위씩의 보수를 얻게 된다. 따라서 경기자 1이 D를 선택함으로써 얻는 평균할인보수는 다음과 같이 계산된다.

$$\begin{aligned} v_D &=(1-\delta)\times 4+\delta\times[(1-\delta)(1+1\times\delta+1\times\delta^2+\cdots)] \\ &=(1-\delta)\times 4+\delta\times 1 \\ &=4-3\delta \end{aligned} \tag{22.9}$$

만일 v_C가 v_D보다 크다면 C를 선택함으로써 얻게 될 평균할인보수가 D를 선택함으로써 얻게 될 평균할인보수보다 크므로 각 경기자에게는 C를 선택할 동기가 있다. 즉, 아래 식이 성립하면 협조체제가 내쉬균형 현상으로 유지될 수 있다.

$$v_C=3\geq 4-3\delta=v_D$$

혹은

$$\delta\geq\frac{1}{3}$$

두 경기자의 할인인자가 모두 $\frac{1}{3}$ 이상이라면 이들은 오늘 범행을 자백하여 당장 4단위의 보수를 얻고 내일부터 1단위씩의 보수만 얻는 것보다 협조체제를 유지하여 매일 3단위씩의 보수를 얻는 것이 더 유리하다. 어느 한 경기자라도 할인인자가 $\frac{1}{3}$ 미만이라면 그는 협조체제로부터 이탈할 유인을 갖는다. 또 상대방도 이 사실을 합리적으로 예측할 수 있으므로 협조체제는 애당초 유지될 수 없다. 요약하면 (무자비전략, 무자비전략)은 무한반복 죄수의 딜레마게임의 내쉬균형이 될 수 있으나 경기자들의 할인인자가 $\frac{1}{3}$ 이상이라야 한다는 전제조건이 붙는다. 이 경우 균형보수행렬은 (3, 3)이다. 유의할 점은 두 경기자가 충분히 미래지향적이라면 협조체제의 유지가 균형 현상으로서 달성가능하다는 것이지 협조체제가 필연적으로 달성된다는 의미는 아니라는 것이다.

이상에서 계산된 협조체제 유지를 위하여 요구되는 할인인자의 최소치 $\frac{1}{3}$은 경기자들이 배신자를 영원토록 보복하는 극단적인 무자비전략을 사용한다는 가정하에서 도출된 값이다. 따라서 협조체제에서 이탈자에 대한 보복의 정도가 무자비전략보다 약한 전략의 경우 협조 유지를 위하여 요구되는 할인인자의 최소치는 $\frac{1}{3}$보다 높아야 할 것이다. 아래의 두 연습문제에서는 경기자들이 각각 일회보복전략과 '눈에는 눈, 이에는 이'전략을 사용할 때 협조적 보수행렬 (3, 3)이 무한반복게임의 내쉬균형으로 달성가능하기 위한 조건을 구한다.

연습문제 >> 22-2 EXERCISES

무한반복 죄수의 딜레마에서 (일회보복전략, 일회보복전략)이 내쉬균형으로 달성되기 위한 조건을 구하라.

연습문제 >> 22-3 EXERCISES

무한반복 죄수의 딜레마에서 모든 경기자가 '눈에는 눈, 이에는 이'전략을 사용한다고 가정하자.

(1) 협조적 보수행렬 (3, 3)이 반복게임의 내쉬균형으로 달성되기 위하여 경기자들의 할인인자가 최소한 얼마나 되어야 하나?

(2) 두 경기자가 모두 '눈에는 눈, 이에는 이'전략을 사용하는 것은 부분게임완전균형이 될 수 없음을 설명하라.

반복게임에서 협력체제의 유지가 당사자들에게는 이득이지만 사회적으로나 정책적으로는 바람직하지 못한 경우도 많다. 예컨대, 과점기업들이 암묵적 카르텔을 형성하여 담합한다면 소비자후생이 대폭 감소하므로 정부로서는 이를 막을 대책을 강구해야 한다. 또 다른 예로 공무원들이 기업이나 개인사업자를 대상으로 뇌물을 받고 관공서 내부의 상납구조로 단단히 엮여있는 경우 해당 공무원들 입장에서는 협력공생이지만 국가 입장에서는 척결해야 하는 부정부패일 뿐이다.

이러한 경우 공정거래법이나 부패방지법을 적용하여 관련자를 처벌하도록 되어 있지만, 법적 대응은 사후조치이기 때문에 적발과 입증의 어려움 그리고 관련자들의 변화무쌍한 '치고 빠지기'식 전략에 발 빠르게 대처하지 못하여 실효성이 떨어지기도 한다. 부패방지를 위한 내부고발(whistle-blowing), 담합방지를 위한 '자진신고자 감면'(leniency), 용의자의 범죄를 입증하기 위해 수사에 협조한 공범의 형량을 깎아주는 유죄협상(plea bargaining)은 죄수의 딜레마에서 경기자(들)의 이탈을 유도하는 기제라는 공통점을 갖는다.

22.5.3 전쟁과 눈눈이이전략

액설로드는 죄수의 딜레마 반복게임에서 가장 우수한 전략이 무엇인가를 알아보기 위해 유명 경제학자, 심리학자, 정치학자들에게 반복게임 전략을 프로그램으로 짜서 제출해 달라고 요청하였다. 이렇게 제출된 전략들을 컴퓨터에 의해 둘씩 짝지워 대결시킨 결과 가장 좋은 성과를 보인 전략이 바로 심리학자 래포포트(Anatol Rappoport)가 짠 눈눈이이전략이었다. 액설로드는 상대방의 이탈에 대하여 어김없이 보복하면서도 한 기만 보복하고 다시 정상국면으로 돌아가는 너그러움을 가지고 있는 것이 이 전략의 우수성의 비결이라고 결론을 내리고 있다.

눈눈이이전략은 죄수의 딜레마 반복게임에서 실로 탁월한 전략임이 후속연구에서도 속속 밝혀진 바 있다. '자기희생적 보복'(costly punishment)의 예를 들어보자. 이는 다수의 구성원들이 개인적 희생이나 손실을 감수하면서까지 배신자나 비협조자를 처벌하는 경향을 일컫는데, 사회심리학이나 정치학에서는 이러한 경향이 한 사회의 협조체제를 형성하는데 중요한 동인이라고 주장해 왔다.[10] 그러나 드레버 외(Dreber, Rand, Fudenberg and Nowak 2008)의 실험에 따르면 익명의 사회에서 다수는 자기희생적 보복을 수행하지 않으며 대개 눈눈이이전략을 사용하는 경향이 있다. 더 중요한 사실은 눈눈이이전략을 사용한 피실험자들이 가장 높은 보수를 얻었다는 것이다. 현재까지 눈눈이이전략을 능가하는 것으로 알려진 전략은 노왁과 지그문트(Nowak and Sigmund 1993)가 고안한 '만족하면 현상유지'(win-stay lose-shift) 정도이며 그나마 원래의 죄수의 딜레마가 아니라 불확실성이 존재하는 상황에서의 죄수의 딜레마게임에서만 위력을 나타낸다.

한편 액설로드는 앞에 인용한 책에서 제1차 세계대전 중 유럽 서부전선에서 벌어진 참호전을 실례로 들면서 생사가 오가는 전쟁터에서도 아군과 적군 간의 협조체제가 유지될 수 있음을 역

10 자기희생적 보복에 대한 연구는 Yamagishi(1986), Ostrom, Walker and Gardner(1992)에서 Fowler(2005)에 이르기까지 다수 있으며, 보다 자세한 목록은 Dreber, Rand, Fundenberg and Nowak(2008)의 참고문헌에 소개되어 있다.

설했다. 대전 중반에 들어서면서 교착상태에 빠지자 영국군과 독일군이 얼마 떨어지지 않은 곳에 참호를 파고 대치하고 있었다. 대전 초만 해도 이곳에서는 치열한 전투로 수많은 사상자가 났으나 전선이 교착되기 시작하면서 양군이 자발적으로 공격을 자제하는 경향이 나타났다.

양측은 근거리에 대치하고 있으면서 상대방에게 정말로 타격을 입히기 위해 총을 쏘는 전략과 상대방이 맞지 않도록 엉뚱한 곳에 대고 쏘는 전략을 선택할 수 있었다. 양측이 모두 엉뚱한 곳에 대고 쏘는 경우 양자에게 모두 좋은 결과를 가져다준다. 반면 양측이 상대방에게 타격을 입히기 위해 사격을 한다면 서로 큰 피해를 입게 된다. 또한 아군이 사격을 자제하고 있는데 적군이 아군에게 타격을 입히려고 공격해 올 경우 아군의 피해는 심각하다. 상대방에게 타격을 입히기 위해 총을 쏘는 전략을 D라 하고 그저 위협만 주는 사격을 C라 할 때 이 대치상황은 전형적인 죄수의 딜레마이다. 더구나 양측이 오랫동안 계속해서 대치하고 있으며 언제 전쟁이 끝날지도 모르는 상황이므로 무한반복게임으로 볼 수 있다.

역사의 기록에 따르면 서부전선에서 양측이 모두 상대방을 공격하는 데 미온적이었다고 한다. 예컨대 최전방에 배치되어 있는 병사들에게 저녁식사를 운반해 줄 시간에는 공격을 자제했으며, 오전 8시부터 9시까지는 화장실 가는 시간으로 간주해 서로 공격을 자제했다고 한다. 또 포격하는 경우에도 규칙적인 시차로 규칙적인 자리에 쏨으로써 적국이 충분히 예측가능하도록 배려했다. 심지어 한 크리스마스 날에는 양측의 병사가 한데 어우러져 같이 술 마시고 흥청댄 곳도 있었다는 기록도 있다. 그러나 양측은 가끔씩 상대방 진영의 한 지점을 사전에 통보하고 그곳에 정확한 사격을 가해 보이기도 하였다. 이는 상대방에게 타격을 가할 능력이 있는데도 불구하고 자제하고 있음을 과시하는 조치였다. 도발할 경우 보복하겠다는 의지를 보여 상대방으로 하여금 협조체제를 유지하도록 위협을 했던 것이다.

영국군 지휘부의 공격 독려에도 불구하고 서부전선의 병사들은 암묵적 협조관계를 지속시켰다. 부대가 교체될 경우에는 후속부대에게 적군과의 사이에 유지되고 있는 암묵적 협조체제에 대해 인수관계를 해줄 정도였다. 이와 같은 협조관계는 결국 영국군 지휘부가 기습 명령이 제대로 수행되었는지 파악할 수 있는 방법을 찾아내면서 깨어졌다. 즉, 영국군 지휘부는 10~200명씩 조를 짜서 적의 참호를 기습하고 사살이든 생포든 전략을 가져오라고 명령하였는데, 적을 기습하지 않고 기습한 척하거나 기습전에서 적과 협력할 수 있는 방법은 없었기 때문이다.

22.5.4 마키아벨리의 용병론

병사들끼리의 암묵적 담합에 관해서는 일찍이 마키아벨리(Niccolo Machiavelli, 1469~1527)가 쓴 『군주론』(*The Prince*)에서도 언급한 바 있다. 중세 이탈리아 반도의 군주들은 용병(mercenary)을 즐겨 활용하였는데[11] 마키아벨리는 그들의 위험성과 안이한 전쟁 수행 태도를 지적하면서 다음과 같이 적고 있다.

> "용병의 독점기업들은 자신들이나 병사들의 고통과 위험을 제거하고자 온갖 노력을 다했습니다. 전투에서 죽을 힘을 다해 적군을 살육하기는커녕, 생포한 포로를 몸값도 요구하지 않고 풀어주었습니다. 요새화된 도시를 야간에는 공격하지 않았으며, 도시를 방어하는 용병들 또한 성 밖으로 출격하여 포위군을 적극적으로 공격하지 않았습니다. 야영을 할 때에도 방책이나 참호로 주위를 방어하지 않았으며, 겨울에는 아예 전투를 수행하지 않았습니다. 이러한 행태들은 모두 그들의 고통과 위험을 피하고자 하는 목적으로 군대의 규율로서 지켜졌습니다."[12]

마키아벨리는 용병은 물론 외국원군이나 혼성군에 대해서도 비판하고 일반시민들을 징집하여 군주가 직접 통솔하는 시민군 제도의 운용을 주창하였다.

11 중세 유럽대륙에서는 토지와 농업을 기반으로 영주-봉신-기사-농노의 위계를 갖춘 봉건제가 발달한 반면 중세 이탈리아 반도에서는 상업, 수공업, 무역이 번성한 도시국가들이 발달했다. 이들 이탈리아 도시국가들에서 시민들은 생산활동과 이윤창출에 전념하는 대신 용병에게 돈을 지불하고 도시 방어를 맡기는 분업체제를 통하여 효율성을 높였다. 초기 용병은 스위스를 위시한 알프스산맥 아래 지역의 인원들로 충당되었다. 박상섭(1996), 58~64쪽 및 군사학연구회(2015), 제5장 171쪽을 참조하였음.

12 Machiavelli, N.(1512)[2004], p.44 인용.

22.6 부분협력과 전래정리

22.6.1 부분협력

앞의 22.5절에서 우리는 두 경기자가 죄수의 딜레마 무한반복게임에서 완전협력체제의 유지가 균형현상으로서 실현될 수 있음을 보였다. 즉, 무한반복게임에서 경기자들이 충분히 미래지향적이라면 경기자들 사이의 완전협력체제는 반복게임의 내쉬균형으로서 성립하며 이때 각자는 평균할인보수 3단위를 얻게 된다. 그렇다면 부분협력체제도 무한반복게임의 내쉬균형 현상으로 달성가능한가? 결론부터 말하자면 모든 경기자들이 충분히 미래지향적이라면 그러하다.

[그림 22-1]의 죄수의 딜레마게임에서 부분협력체제라 할 수 있는 보수행렬 (2, 2)가 어떻게 달성가능한지를 살펴보자. 보수벡터 (2, 2)는 두 경기자가 모두 관찰할 수 있는 동전던지기를 해서 앞면이 나오면 (C, C)를, 뒷면이 나오면 (D, D)를 선택하는 공개 무작위 방식에 의하여 고안될 수 있다.[13] 단순화를 위해 반복게임에서 경기자들이 무자비 방아쇠전략을 사용한다고 하자.

이제 무한반복 죄수의 딜레마에서 보수벡터 (2, 2)를 내쉬균형으로 달성될 수 있게 해주는 할인인자의 임계값을 계산해보자. 오늘 동전을 던졌더니 앞면이 나와서 두 경기자가 모두 C를 선택하기로 되어 있다고 하자. 이 상황에서 경기자 1은 예정된 C를 선택할 것인가 혹은 상대방을 배신하고 D를 선택할 것인가를 놓고 고민할 것이다. 만일 경기자 1이 예정된 전략 C를 선택한다면 오늘 당장은 3단위를 얻고 내일부터 시작되는 후속게임에서는 평균적으로 2단위의 보수를 얻을 것이므로 경기자 1의 평균할인보수는 다음의 식과 같다.

$$v_{C/C} = (1-\delta) \times 3 + \delta \times 2 = 3 - \delta \tag{22.10}$$

반면 경기자 1이 예정된 C 대신 D를 선택하면 그는 4단위의 보수를 오늘 당장 얻게 된다. 그러나 내일부터는 보복국면으로 돌입하게 되어 경기자 1은 매기 1단위밖에는 얻지 못한다. 따라서 경기자 1이 예정된 경로를 이탈하여 상대방을 배신할 경우 그의 평균할인보수는 아래와 같다.

13 물론 이것 말고도 보수행렬 (2, 2)를 보장하는 수많은 공개임의추출 방식이 존재한다. 예컨대, 동전을 던져서 앞면이 나오면 (C, D)를 선택하고 뒷면이 나오면 (D, C)를 선택하는 방법도 있다.

$$v_{C/D}=(1-\delta)\times 4+\delta\times 1=4-3\delta \quad (22.11)$$

식 (22.10)과 식 (22.11)을 비교하면 경기자 1이 C를 선택하도록 예정되어 있을 때 이탈 유인이 없을 조건은 $\delta\geq\frac{1}{2}$임을 쉽게 알 수 있다.

만약 오늘 동전을 던진 결과 뒷면이 나왔다고 가정하자. 이 경우 두 경기자들은 모두 D를 선택하기로 예정되어 있다. 이러한 상황에서 경기자 1은 예정된 대로 D를 선택할 것인가 혹은 C로 이탈할 것인가를 고민할 것이다. 만일 경기자 1이 D를 선택한다면 오늘 1단위의 보수를 얻고 내일부터 시작되는 후속게임에서는 평균 2단위의 보수를 얻게 될 것이다. 만일 경기자 1이 C를 선택한다면 오늘 0단위의 보수를 얻고 내일부터는 무자비 보복으로 인하여 계속 1단위씩의 보수를 얻을 것이다. 이때 예정된 전략을 선택함으로써 얻는 평균할인보수 $v_{D/D}=(1-\delta)\times 1+\delta\times 2=1+\delta$는 예정경로로부터 이탈함으로써 얻는 평균할인보수 $v_{C/D}=(1-\delta)\times 0+\delta\times 1=\delta$보다 항상 크다. 따라서 D를 선택하기로 예정되어 있는 시점에 C로 이탈하려는 유인은 아무에게도 없다.

결론적으로 보수행렬 (2, 2)가 무한반복게임의 내쉬균형으로 달성되기 위해서는 두 경기자의 할인인자가 모두 $\frac{1}{2}$ 이상이면 된다. 여기서 부분협력체제를 달성하기 위해 요구되는 완전협력체제 (3, 3)을 달성하기 위하여 요구되는 할인인자 $\frac{1}{3}$보다 크다. 이는 덜 협조적인 상태를 달성하기 위하여 경기자들이 더 미래지향적이어야 함을 의미하므로 언뜻 보기에는 상식에 어긋나는 듯하다. 그러나 사실은 그렇지 않다. 완전협력체제인 보수벡터 (3, 3)에서 C가 아닌 D로 이탈함으로써 얻게 되는 순이득, 즉 이탈유혹은 1단위(=4−3)인데 향후 처벌로 인한 손실은 매기 2단위(=3−1)씩이다. 반면 부분협력체제인 보수벡터 (2, 2)에서 C가 아닌 D로 이탈함으로써 얻게 되는 이탈유혹은 마찬가지로 1단위(=4−3)인데 향후 보복으로 인한 손실은 매기 1단위(=2−1)에 불과하다. 즉 이탈유혹은 완전협력체제와 부분협력체제에서 모두 똑같은데 향후 보복에 따른 손실은 후자에서 더 작다. 따라서 이를 제어하기 위하여 더 높은 미래지향성(할인인자)이 요구되는 것이다.

22.6.2 전래정리

내쉬균형

우리는 경기자 1과 경기자 2의 할인인자 δ가 충분히 크다면 무한반복 죄수의 딜레마에서 각자 3단위의 평균할인보수를 얻는 완전협조체제가 내쉬균형 현상으로 달성가능함을 보였다. 또 경기자들의 할인인자가 충분히 크다면 각자 2단위씩의 평균할인보수를 얻는 부분협력체제가 균형현상으로 달성가능함도 보였다. 전래정리(傳來定理, folk theorem)란 이 두 경우뿐 아니라 사회적으로 실현가능하며 개인합리성을 만족하는 어떠한 보수벡터 $v=(v_1, v_2)$도 경기자들이 충분히 미래지향적이라면 무한반복게임의 균형으로서 달성가능하다는 정리이다. 예컨대, 경기자 1이 $v_1=2$단위의 평균할인보수를 얻고 경기자 2가 $v_2=3$단위의 평균할인보수를 얻는 상태도 경기자들의 할인인자가 충분히 크다면 무한반복게임의 부분게임완전균형으로서 달성가능하다.[14]

논리는 다음과 같다. 보수벡터 $v=(v_1, v_2, \cdots, v_n)$을 낳는 전략조합 $s=(s_1, s_2, \cdots, s_n)$을 고려하자. 모든 경기자들이 예정된 전략을 선택하는 상황을 정상국면이라 부른다. 만일 어느 한 경기자 i가 예정된 선택 s_i를 이탈하여 배신할 경우 나머지 경기자들은 내일부터 경기자 i를 영원히 처벌하는 전략을 선택한다. 이러한 상황을 경기자들이 배신자에게 복수하는 상황이라는 의미로 보복국면이라고 부른다. 경기자들이 충분히 미래지향적이라면 예정된 경로를 이탈하여 오늘 당장 얻는 이득보다도 내일부터 시작되는 보복과 그로 인한 손실이 더 클 것이라고 느낀다. 따라서 상대방이 정상국면-보복국면으로 이루어져 있는 방아쇠전략을 사용한다고 가정할 때 어느 누구도 예정된 경로로부터 이탈하려는 유인이 없을 것이다. 즉, 정상국면-보복국면으로 이루어진 방아쇠전략은 무한반복게임의 내쉬균형이며 보수행렬 v를 달성할 수 있게끔 해준다.

---

14 사회적으로 실현가능한 보수벡터와 개인합리성을 만족하는 보수벡터의 정의와 의미에 관해서는 졸저 『게임이론』 제8장을 참조하기 바란다. 전래정리는 Fudenberg and Maskin(1986), Abreu(1988), Abreu, Pearce and Stacetti(1990), Fudenberg, Levine and Maskin(1994) 등에 의해 정립되었고, Mailath and Samuelson (2006)에 집대성되어 있다.

부분게임완전균형

반복게임처럼 시간적으로 여러 기간에 걸쳐 이루어지는 게임에서 부분게임완전균형은 내쉬균형보다 더욱 강력한 개념임을 기억하라. 무한반복게임에 부분게임완전균형의 개념을 적용할 경우에도 정상국면-보복국면으로 묘사되는 방아쇠전략에 의하여 전래정리가 성립할 것인가? 이 질문에 대해서는 부정적인 대답과 긍정적인 대답이 공존한다. 먼저 정상국면-보복국면으로 묘사되는 방아쇠전략으로는 주어진 보수벡터가 무한반복게임의 부분게임완전균형으로서 달성될 수 없는 경우가 있다.

이유는 다음과 같다. 경기자 한 명이 오늘 예정된 선택에서 이탈하여 배신행위를 했다고 하자. 그렇다면 내일부터 그를 처벌하는 보복국면으로 돌입하여야 한다. 그러나 배신자에 대한 보복을 감행할 경우 복수자들의 일부 혹은 모두의 보수도 상당히 낮아질 수가 있다. 그러한 보복자들은 징벌을 강행하지 않으려고 할 것이다. 그러므로 복수자가 예정대로 보복을 강행하도록 하기 위해서는 복수를 강행하지 않을 경우 그 대가로 보복을 당하도록 방아쇠전략이 짜여야만 한다. 이 같은 논리를 계속 확장해나가면 배신자의 복수자의 복수자가 예정된 복수를 강행하고, 배신자의 복수자의 복수자의 복수자가 예정된 보복을 강행하고 …. 그러나 경기자들이 미래를 할인하는 한 더욱더 가혹해지는 그러한 보복체계를 고안하기는 불가능하다.

그렇다면 주어진 보수벡터를 무한반복게임의 부분게임완전균형으로서 달성가능하게끔 해주는 방아쇠전략은 없는가? 이에 대한 답은 긍정적이다. 그러한 방아쇠전략의 형태는 정상국면-보복국면-보상국면(報償局面, reward phase)으로 구성된다. 예컨대 경기자 1이 예정된 경로로부터 이탈하여 배신행위를 했다고 하자. 그러면 내일부터 상당히 오랜 기간 동안 배신자를 응징하는 보복국면으로 돌입하며, 이 기간 동안 배신자가 당하는 손실의 평균 현재가치는 배신행위로 얻었던 최초의 이득을 능가할 정도로 가혹해야 한다. 일단 보복국면이 끝나면 보복에 참여했던 복수자들에게 보상을 해주는 국면으로 들어간다. 이 보상국면에서 복수자는 배신자를 응징하기 위하여 당하였던 중간 손실을 전부 보전하기에 충분할 정도의 보상을 받는다. 결론적으로 모든 경기자들이 정상국면-보복국면-보상국면으로 구성된 방아쇠전략을 사용한다면, 더불어 동시에 경기자들이 충분히 미래지향적이라면, 주어진 보수벡터는 무한반복게임의 부분게임완전균형으로서 달성가능하다.

23 CHAPTER

경제정책의 정치성

23.1 정책일관성과 정부신뢰
23.2 공직자 처우개선을 통한 부패방지
23.3 성장, 분배, 민주주의
23.4 정치체제와 경제발전의 관계
23.5 우리나라의 '경제민주화'
23.6 포퓰리즘

Politics & Public Economics:
A Game-Theoretic Approach

23.1 정책일관성과 정부신뢰[1]

23.1.1 정부신뢰와 정책효과

정부에 대한 신뢰는 정책효과의 핵심 요소이다. 국민이 정부를 믿지 못할 경우 정책이 먹혀들지 않거나 심지어 역효과를 나타내기 일쑤다. 그런데 정부에 대한 민간의 불신은 대개 과거 정책의 비일관성 때문이다. 예컨대, 정부가 부동산가격 안정을 위한 특단의 대책을 내놓겠다고 발표할 때마다 가격이 안정되기는커녕 가격이 급등한다. 과거 정부의 부동산대책 발표 이후 시장 참여자들이 이를 역이용하거나 정부가 예상치 못한 요인으로 인하여 오히려 가격이 올라 뒤통수를 맞은 경험이 있기 때문이다. 그러다 보니 부동산대책이 발표되면 과거 경험에 비추어 가격 상승을 예상하고 너도 나도 아파트 구입에 뛰어들고 아니나 다를까 '예상대로' 가격이 급등한다. 차라리 다소의 가격상승을 감내하고라도 아무런 정책발표를 하지 않는 편이 결과적으로 더 나았을 수도 있다.

반대로 그간 미흡하나마 발표대로 정책을 차근차근 제대로 시행해온 정부가 강력한 집값 안정대책을 내놓는다면 효과가 나타날까? 아마도 그럴 것이다. 대단치 않은 정책이라도 국민들이 그대로 믿고 따라주면 상당한 효과를 거두게 된다.

이런 정치경제원리는 정부와 국민 간의 반복게임으로 설명된다. 민간부문은 물가가 2% 정도 오르리라 예상하고 거기에 맞춰 소비, 저축, 투자, 임금타결 결정을 했다고 하자. 만약 정부가 통화공급량을 적절히 조절해 실제로 물가상승률이 2% 선에서 안정되었다면 경기부양효과는 크지 않으나 민간경제주체들은 대단히 흡족해할 것이다. 반면 정부가 돈을 마구 찍어내는 바람에 물가상승률이 5%를 넘었다고 하자. 이 경우 단기적으로 경기부양이 가능하다. 하지만 예상 인플레이션과 실제 인플레이션 간의 격차로 인해 민간은 불이익을 당하게 된다. 그런데 반복게임의 논리상 민간경제주체들은 한 번 속으면 더 이상 속지 않고 정부정책과 거꾸로 간다. 말하자면 민간경제주체가 정부에게 보복을 가하는 셈이다. 그러면 악순환이 반복되어 장기적으로 정부가 어떠한 정책을 내놓아도 민간의 호응을 얻지 못해 실패하게 된다.

단기적인 경기부양책보다 신뢰상실로 인한 미래의 부작용을 걱정하는 미래지향적 정권은 원래의 발표대로 물가안정을 달성하기 위해 최선을 다할 것이다. 그러나 당장의 인기에 연연하는

1 본장의 23.1절과 23.2절의 앞 부분은 졸저 『게임의 기술』(2007) 제7장을 많이 참조하였다.

근시안적인 정권일수록 올해 하반기에는 2% 선에서 물가를 안정시키겠다는 식의 거짓공약을 남발하게 되고 이를 지키지 않아 결국 국민불신만 높아진다. 당연히 물가안정은 물 건너간다. 우리나라를 포함하여 재정·통화정책이 대통령의 영향을 많이 받는 국가에서는 정권 말기가 되면 돈을 많이 풀어 경기부양, 복지예산 대폭 확대, 증시 활황 유도, 신용카드 무차별 발급 등 선거용 선심정책이 만발한다. 정권과 국민 간의 반복게임이 거의 끝나가는 시점에서 더 이상 정책 일관성이나 신뢰 구축에 신경 쓸 이유가 없기 때문이다. 국가 간 비교 자료를 보더라도 중앙은행의 독립성이 부족하여 중앙은행의 의사결정이 재정 당국의 영향을 많이 받거나 정치적으로 불안한 국가의 물가상승률은 중앙은행의 독립성이 보장되어 있거나 정치적으로 안정되어 있는 국가의 그것보다 높은 경향을 보인다.

통화재정정책을 중심으로 살펴본 이상의 상황은 정책의 '동태적 비일관성'(動態的 非一貫性, dynamic inconsistency)이라 불리는 게임이론의 핵심원리다. 조세사면(tax amnesty)은 재정정책에서 동태적 비일관성의 또 다른 예다. 조세사면이란 납세자가 탈세를 목적으로 보고하지 않았던 소득을 일정기간 내에 신고하고 미납세금을 납부하면 어떠한 처벌이나 벌금도 받지 않도록 해주는 특별조치다. 물론 사면기간에 자진납부하지 않았다가 이 기간 후에 적발된 탈세에 대해서는 무거운 벌금과 형벌로 가중처벌한다는 조건을 통상 함께 제시한다. 조세사면은 당장은 정부의 조세수입을 늘려주는 효과가 있다. 그러나 조세사면 조치가 남발될 경우 장기적으로는 일반 납세자들로 하여금 탈세를 부추기는 역효과를 초래한다. 납세자 입장에서는 지금 탈세했다가 훗날 조세사면이 실시되면 그 기간에 납부함으로써 이득을 볼 수 있으므로 굳이 정직하게 세금을 낼 이유가 없기 때문이다.

23.1.2 경기부양이냐 물가안정이냐

본절에서는 경기침체나 하강국면에 자주 발생하는 정부와 민간경제주체 간의 전략적 관계를 고찰한다. 기대물가상승률은 민간부문에서 명목임금, 저축, 자산 포트폴리오 구성 등을 결정하는 데 핵심 고려요소이다. 먼저 고용주와 노동조합이 협상하여 명목임금을 결정한다. 현실적으로 명목임금을 물가상승률과 완전히 연동(indexation)하기는 어려우므로 노사 양측은 기대물가상승률을 기준으로 명목임금을 결정한다. 민간부문의 명목임금 결정 후 정부가 통화공급정책을 통하여 물가상승률을 결정한다.

실제 물가상승률이 민간의 기대물가상승률보다 높으면 실질임금이 하락한다. 실질임금의 하락은 기업에 의한 고용증대와 국민소득의 증가를 가져온다. 즉, 통화당국은 '민간이 예측하지 못한 인플레이션'(unanticipated inflation 혹은 surprise inflation)을 유발함으로써 고용을 증대시키고 경기를 부양시키려는 유인을 갖는다. 이것이 바로 물가상승률과 실업률 간의 상충관계를 나타내는 필립스곡선(Phillips curve)이다. 이러한 메커니즘은 경기침체기에 재정지출을 확대하거나 화폐공급을 늘려 유효수요를 창출함으로써 고용을 늘릴 수 있다는 케인즈학파 철학에 기초한다.

정부가 높은 물가상승률이 초래하는 사회적 비용과 고용창출 및 국민소득 증대가 가져다주는 이득을 고려하여 통화정책을 실시한다. 통화당국이 — 명시적이건 암묵적이건 — 민간에 약속한 물가상승률을 어기고 경기진작을 위해 과다한 통화를 발행하려는 단기적 유인을 갖는 것을 정책의 동태적 비일관성(dynamic inconsistency)이라 불리는 현상이다. 본절에서는 노벨상 수상자인 쉬들란 및 프레스콧(Kydland and Prescott 1977)의 아이디어를 배로 및 고든(Barro and Gordon 1983)이 통화당국과 민간부문 간의 게임으로 구성한 모형을 중심으로 살펴본다.

통화정책게임

[그림 23-1]은 통화정책게임의 전개형을 나타낸다. 먼저 민간부문이 예상 물가상승률 a를 결정하고, 그 다음 통화당국이 통화공급량의 조정을 통하여 실제 물가상승률 p를 결정한다. 민간의 보수함수는 $u(p, a) = -(p-a)^2$이라 가정하자. 즉, 예상 물가상승률과 실제 물가상승률의 차이가 커질수록 민간의 손실은 커진다. 통화당국의 보수함수는 다음과 같다고 하자.

$$v(p, a) = \beta(p-a) - \frac{1}{2}p^2 \tag{23.1}$$

여기서 매개변수 β는 양수로서, 민간이 예측하지 못한 인플레이션의 창출을 통하여 정부가 경기를 부양함으로써 얻는 정치적 이득을 측정한다. 케인즈학파는 β가 상당히 크다고 보는 반면 통화주의자나 합리적기대론자는 β가 거의 0에 가깝다고 볼 것이다.

먼저 사회적으로 가장 바람직한 상태인 파레토최적을 구해보자. 민간이 합리적 기대를 한다는 가정하에 $p^* = a^* = 0$이다. 파레토최적 상태에서 민간경제주체와 정책당국은 각각 0단위의 보수를 얻는다.

이제 통화정책게임의 부분게임완전균형을 구해보자. 통화정책게임은 두 단계로 이루어진 완

그림 23-1 통화정책게임

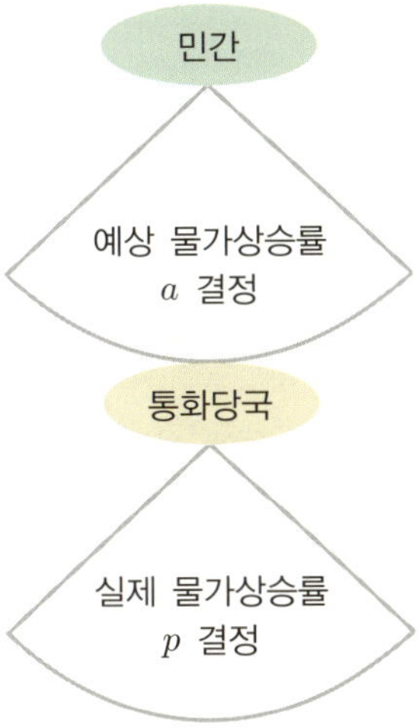

$$u(p,\, a) = -(p-a)^2$$
$$v(p,\, a) = \beta(p-a) - \frac{1}{2}p^2$$

전정보하의 순차게임이므로 역진귀납법을 적용하여 부분게임완전균형을 구한다. 민간경제주체의 예상 물가상승률 a가 주어졌다는 가정하에 통화당국이 실제물가상승률을 선택하는 부분게임을 먼저 고려하자. 통화당국의 보수를 극대화해주는 실제 물가상승률을 계산하면 $p=\beta$임을 쉽게 알 수 있다. 통화당국의 최선 전략은 민간이 물가상승률을 얼마라고 예상하든지 상관없이 β만큼의 실제 인플레이션을 유발하는 통화공급을 시행하는 것이다. 즉, $p=\beta$는 정부의 강우월전략이다. 이제 전체게임으로 거슬러 올라가서 민간부문의 최적 전략을 계산하자. 민간은 자신이 물가상승률을 얼마라고 예상하건 상관없이 정부가 $p=\beta$를 실제 인플레이션으로 선택할 것임을 예측할 수 있다. 따라서 민간경제주체는 합리적 기대를 형성하는 것이 자신의 보수를 극대화하는 최선의 전략이다. 요약하면, 통화정책게임의 부분게임완전균형은 $\hat{p}=\hat{a}=\beta$이다. 또한 부분게임완전균형에서 민간은 0단위의 보수를 얻고 통화당국은 $-\dfrac{\beta^2}{2}$의 보수를 얻는다.

무한반복게임에서 물가안정 가능성

이제 정책당국과 민간경제주체가 통화정책게임에 무한반복적으로 참여하는 상황을 살펴보자. 우리의 관심은 통화정책당국이 제로(zero) 인플레이션을 정책목표로서 달성할 수 있는지에 둔다. 단순화를 위해 무한반복게임에서 두 경기자가 다음과 같은 방아쇠전략을 사용한다고 가정하자.

t기: 정부는 실제 물가상승률이 제로가 되도록 통화공급량을 선택하여 물가안정을 이룬다. 민간은 물가상승률이 제로일 것으로 예상하고 의사결정을 한다.

$(t+1)$기: • 정상국면: 만일 t기의 물가안정이 달성되었다면 이번 기에도 정부는 제로 인플레이션을 선택하고 민간도 이를 정확히 예측한다.

• 보복국면: 만일 t기의 물가안정에 실패했다면 이번 기부터 영원히 정부는 매기 β를 선택하고 민간은 이를 합리적으로 예측한다.

통화당국은 오늘 제로 인플레이션을 취할 것인지 혹은 경기부양을 위하여 예측치 못한 물가상승을 유발할 것인지를 결정한다. 오늘 약속을 지킨다면 통화당국은 우선 0단위의 보수를 얻고 다음 기로부터 시작되는 부분게임에서 오늘과 동일한 상황에 직면한다. 그러므로 이번 기에 물가안정을 준칙(準則, rule)으로 정함으로써 정부가 얻을 평균할인보수 $v_{준칙}$은 아래 식에 의하여 0이다.

$$v_{준칙}=(1-\delta)\times 0+\delta v_{준칙} \tag{23.2}$$

다음으로 정부가 물가안정 약속을 깨고 경기부양을 위하여 β만큼의 물가상승을 유발시키는 재량(裁量, discretion)권을 행사할 경우 얻는 평균할인보수를 계산하자. 민간이 예상 물가상승률이 0이라고 믿고 있는데 정부가 실제 인플레이션을 β만큼 유발하는 경우 정부는 올해 $\frac{\beta^2}{2}$단위의 보수를 얻는다. 그러나 정부의 약속 불이행과 신뢰상실은 민간의 보복을 촉발하므로 정부는 내년부터 매기 $-\frac{\beta^2}{2}$단위의 보수를 얻게 된다. 즉, 정부가 올해 약속을 불이행하고 재량권을 행사한 이후 내년부터 시작되는 후속게임에서 정부가 얻게 될 평균할인보수는 $-\frac{\beta^2}{2}$단위이다. 요약하면 정부의 재량정책으로부터 얻는 평균할인보수 $v_{재량}$은 다음과 같다.

$$v_{재량}=(1-\delta)\times\left(\frac{\beta^2}{2}\right)+\delta\times\left(-\frac{\beta^2}{2}\right) \tag{23.3}$$

정부가 재량권을 포기하고 준칙을 지킬 유인을 갖기 위해서는 $v_{준칙}\geq v_{재량}$이 성립해야 한다.

식 (23.2)와 식 (23.3)을 대입하여 정리하면 요건 $\delta \geq 0.5$를 얻는다. 다시 말해서 제로 인플레이션을 유지하겠다는 정부의 약속이 신빙성이 있으려면 통화당국의 할인인자가 0.5 이상이어야 한다. 이는 반대로 정책당국의 할인인자가 0.5보다 작다면 제로 인플레이션이 무한반복 통화정책게임의 내쉬균형으로 달성될 수 없음을 뜻한다.

우리는 이상에서 민간경제주체가 무자비 방아쇠전략을 사용한다는 가정하에 무한반복 통화정책게임의 균형으로서 달성가능한 물가상승률을 구했다. 정부가 약속을 어기고 경기진작을 위하여 경기부양책을 사용하였을 때 민간이 일정기간 동안만 보복하고 그 이후에는 다시 원래 상태로 회복하는 유한보복 방아쇠전략을 사용한다고 가정하자. 이때 특정 수준의 물가상승률을 달성하는 데 요구되는 정책당국의 할인인자는 무자비전략의 경우에 비해 당연히 크다. 극단적인 예를 들어 보복국면에 민간이 한 기만 보복하고 그 다음부터는 다시 정부를 믿는다면 정책당국이 아무리 미래지향적이더라도 제로 인플레이션은 달성될 수 없다.

연습문제 ›› 23-1 EXERCISES

정책당국의 할인인자 δ가 0.5보다 작다고 하자. 민간이 무자비전략을 사용한다고 가정할 때, 무한반복 통화정책게임의 내쉬균형에서 달성가능한 최저 물가상승률을 구하라.

정책적 함의

첫째, 민간이 정부의 정책 비일관성에 대하여 관대하다면(보복기간이 짧다면) 정부가 확대통화정책을 사용하려는 유혹이 그만큼 크고 따라서 물가안정을 달성하기가 어렵다. 또한 정부의 할인인자가 낮을수록 동태적 균형으로서 실현가능한 최소 물가상승률이 높아진다. 즉, 통화당국이 근시안적일수록 혹은 정부가 미래를 생각할 여유가 없을수록 물가안정을 달성하기 어렵다. 일반적으로 중앙은행의 독립성이 부족하여 재정당국이나 정권의 영향을 많이 받거나 정치적으로 불안한 국가의 인플레이션이 중앙은행의 독립성이 높거나 정치적으로 안정적인 국가에 비해 훨씬 높다.

둘째, 재량적 통화정책의 남발은 임금-물가 나선효과(wage-price spiral)를 통해 매우 나쁜 결과를 초래할 수 있다. 정부의 깜짝 인플레로 실질임금이 하락하면 사람들은 명목임금의 인상을 요구하게 된다. 인플레가 지속되리라는 민간의 기대는 더욱 높은 임금인상 요구로 이어지고 정부는 더 많은 돈을 풀어야 한다. 그 결과는 인플레의 악화, 더 나아가 초인플레(hyper-inflation)를 초래한다. 다른 한편, 화폐는 시장참여자들이 각종 이득과 비용을 계산하는 기본단위이므로 가속적 인플레로 화폐가치가 걷잡을 수 없고 예측할 수 없게 하락하면 시장정보가 심하게 왜곡된다. 이는 엄청난 경제적 비효율로 연결된다.

셋째, 정부나 정치권의 재량권(discretionary power)을 제한함으로써 정책의 비일관성을 줄이고 정부신뢰를 높일 수 있다. 정부가 경기조절을 위해 통화공급을 늘렸다 줄였다 하려는 유인을 없애기 위해 노벨상 수상자 밀튼 프리드만이 제안한 준칙(Friedman rule)을 정하고 변경할 수 없도록 제도화하는 방안이 대표적이다. 한때 아르헨티나를 포함한 일부 라틴아메리카 국가들이나 중국 편입 이전의 홍콩은 자국 화폐를 달러화(dollarization)하였다. 자국의 통화 주권을 완전히 포기하는 것처럼 보이는 이러한 제도는 정부와 의회가 재정지출 및 확대통화정책의 유혹으로부터 멀어지도록 '스스로의 손을 묶음으로써' 국내 민간부문이나 해외 투자자의 정책신뢰를 높이는 것이다.

23.2 공직자 처우개선을 통한 부패방지

공직자에게 처우를 잘해주면 정직해진다는 아이디어는 오래전부터 알려졌다. 18세기 중엽 클라이브(Robert Clive, 1725~1774) 경은 동인도회사에 고용된 영국인 공무원들의 부정부패를 막기 위해 일련의 개혁안을 마련했다. 그러나 그는 공무원 품위 개선안이 개개인의 이해에 부합되지 않는 한 성공할 수 없다는 평범한 진실을 깨닫고 포기했다. 매콜리(Thomas B. Macaulay, 1800~1859)는 당시 상황을 다음과 같이 묘사했다. "클라이브 경은 공무원들에게 권력을 주면서 동시에 청빈하게 생활하라고 말하는 것이 얼마나 어리석은가를 깨달았다. 그는 공무원들이 보수를 자유롭게 받도록 제도를 개선하지 않는 한 효과적인 개혁은 절대 불가능하다는 결론에 도달했다."

공직자들에게 주어지는 권력이 강할수록 권력남용으로부터 얻을 수 있는 이득은 크다. 다시 말해서 동인도회사의 공무원이 더 강한 권력을 가질수록 현지 주민을 착취하거나 뇌물을 받고 반대급부를 제공함으로써 당장에 얻는 이득은 크다. 더구나 동인도회사는 본국과 멀리 떨어져 있었으므로 공무원들의 부정부패가 포착되기 어려웠다. 즉, 공무원의 직권남용이 상부에 발각되지 않을 확률이 높았다. 결국 공무원들의 부정부패를 줄이기 위해서는 꽤 높은 임금 프리미엄이 지급되어야 했으나 실제 봉급은 그보다 작았기 때문에 그들의 부정부패가 심각한 수준에 이르렀던 것이다.

성공사례도 있다. 2010년도 국제투명성기구(Transparency International)가 조사하는 부패인식지수에서 싱가포르는 뉴질랜드, 북유럽 국가들과 함께 늘 최상위이다. 홍콩은 중국과 별도로 부패인식지수가 계산되었던 2006년 당시 5위를 차지했다. 한국은 40~50위권을 오르내리며 OECD 국가 중 최하위 수준이다. 싱가포르와 홍콩이 깨끗한 것은 부패방지청(Independent Anti Corruption Agency)이라는 정부기구가 제역할을 해온 덕분이다. 싱가포르와 홍콩이 원래 부정부패가 적었던 곳은 아니었다. 홍콩의 경우 1974년 부패방지청 설치 당시만 해도 부패지수 80위의 나라였다. 두 국가의 부패방지청은 수사권과 기소권을 가진 강력한 기구로도 유명하지만 부패방지 요원들에게 파격적 대우를 해주기로도 잘 알려져 있다. 요원들은 웬만한 민간기업 사원도 부러워할 연봉과 더불어 장기휴가, 의·치과비용 지급, 초저금리의 주택자금 융자, 파격적 연금혜택까지 보장받는다. 반면 근로계약은 2년마다 갱신되는데 농땡이나 직권남용 조짐을 조금이라도 보이면 가차 없이 해고당한다. 싱가포르와 홍콩의 청렴한 공직사회는 공직자에 대한 파격적 대우에 기인한다.

본절에서는 샤피로와 노벨상 수상자 스티글리츠(Shapiro and Stiglitz 1984)가 개발하고 노벨상 수상자 애컬로프와 훗날 연방준비이사회 의장이 된 옐렌(Akerlof and Yellen, 1990)이 거시경제정책에 응용한 실효임금(efficiency wage) 모형을 원용하여 국가와 공직자 간의 무한반복게임 틀로 설명하고자 한다.[2]

공직수행게임

[그림 23-2]에 그려진 국가와 공무원 간의 전개형게임을 고려하자. 먼저 국가는 공무원에게 급여 w를 지불하겠다고 제안한다. 공무원은 국가가 제안한 급여계약을 수락할 수도 있고 거절할 수도 있다. 공무원이 국가의 제안을 거절할 경우 국가는 0단위의 보수를 얻고 공무원은 다른 직장으로 옮기거나 실업급여를 지급받는다. 이때 공무원이 외부에서 보장받을 수 있는 보수 w_0를 유보임금(留保賃金, reservation wage)이라 부른다. 공무원이 국가의 제안을 수락한 경우 공무원은 성실과 태업 중에 하나를 선택한다. 공무원이 성실히 일하면 국가적으로 Y단위의 고수입이 생긴다. 반면 공무원이 태업을 하면 ρ의 확률로 Y의 수입을 국가에 가져다주고 나머지 $(1-\rho)$의

2 Greif(1989)는 실효임금 모형을 적용하여 중세 지중해의 마그리비(Maghribi) 무역상들의 행태와 평판유지 현상을 설명하였다.

그림 23-2 국가기관과 공무원의 게임

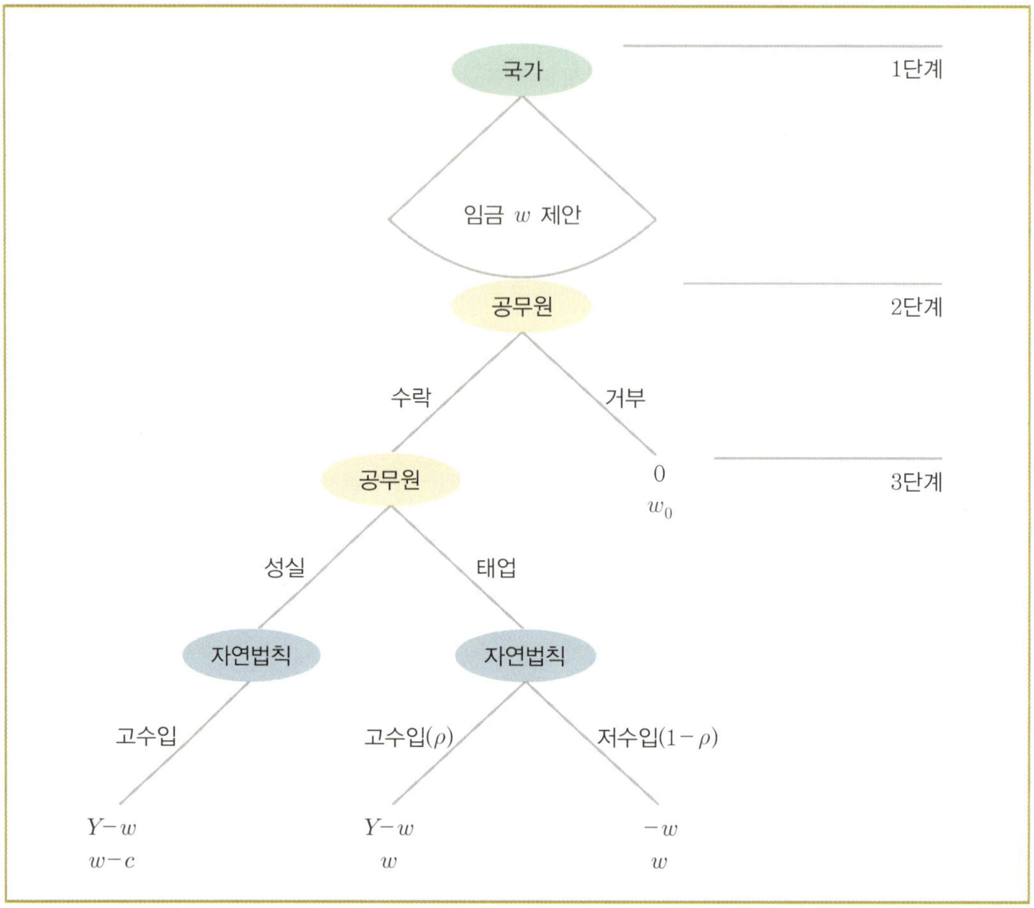

확률로 0의 저수입(低收入)을 가져다준다. 여기서 저수입은 공무원이 태업을 했다는 명확한 증거임에 유의하자. 공무원의 입장에서 태업은 아무런 노동비효용(勞動非效用)을 수반하지 않으나 열심히 일하면 c단위의 비용이 든다고 하자. 국가가 w의 연봉에 공무원을 채용하였다고 하자. 공무원이 성실히 일할 경우 국가는 $(Y-w)$단위의 보수를 얻고 공무원은 $(w-c)$단위의 보수를 얻게 된다. 공무원이 태업을 하였으나 운좋게 Y단위만큼 생산되었다면 국가는 $(Y-w)$의 보수를 얻고 공무원은 w의 보수를 받는다. 공무원이 태업을 하고 국가에의 기여가 없는 경우 국가는 $-w$의 보수를 얻고 공무원은 w의 보수를 얻는다. 여기서 매개변수 Y, c, w_0 및 ρ는 조건 $Y-c>\max\{w_0, \rho Y\}$를 만족한다고 가정하자. 이것은 공무원이 국가기관에 채용되어 성실히 일하는 것이 사회적 최적이며, 국가기관에서 태업한다든지 또는 타 직장으로 떠나는 것은 자원배분의 실패임을 의미한다.

이상에서 묘사된 일회게임에는 단 하나의 부분게임완전균형이 존재한다. 국가는 공무원에게 유보임금보다 낮은 임금을 제안하고 공무원은 타 직장으로 떠나는 상태가 바로 그것이다. 역진귀납법을 적용하여 부분게임완전균형을 구해보자. 먼저 [그림 23-2]에서 3단계라고 표시된 맨 아래의 부분게임에서 공무원의 최적 전략이 무엇인지를 계산하자. 주어진 임금 w하에서 공무원이 열심히 일함으로써 얻는 보수 $(w-c)$는 태업으로부터 얻는 보수 w보다 항상 작다. 즉, 임금 w가 얼마로 주어지든지 상관없이 3단계 부분게임에서 공무원의 최선 선택은 태업이다. 이제 2단계로 거슬러 올라가자. 공무원은 국가기관이 제안한 임금 w가 유보임금 w_0보다 작으면 타 직장으로 옮기고 임금 w가 유보임금 w_0보다 높으면 이 기관에서 일한다. 위에서 설명한 대로 공무원이 현직장에서 일하기로 결정하면 태업을 선택한다. 이제 [그림 23-2]에 1단계라고 표시되어 있는 원래 게임으로 거슬러 올라가자.

국가는 다음과 같이 합리적으로 예측할 수 있다.

- 국가가 공무원에게 w_0 이상의 임금 w를 제안하면 공무원은 이를 수락한 다음 태업할 것이다. 이때 국가는 $(\rho Y-w)$단위의 기대보수를 얻게 된다.
- 국가가 공무원에게 w_0보다 낮은 임금 w를 제안하면 공무원은 이를 거절하고 타 직장에 취직할 것이다. 이때 국가의 보수는 0단위가 된다.

만약 $\rho Y-w_0>0$이라면 국가는 전자를 선택하는 것이 낫다. 즉, 국가는 w_0만큼의 임금을 제안하고 공무원은 이를 수락하여 취직한 다음 태업한다. 이때 국가의 보수 $(\rho Y-w_0)$와 공무원의 보수 w_0를 합친 사회후생은 ρY단위가 된다. 반대로 $\rho Y-w_0<0$이라면 국가는 후자를 선택하는 것이 낫다. 즉, 국가는 유보임금 w_0보다 낮은 임금을 제시하고 공무원은 국가기관에의 취직을 포기한다. 국가와 공무원의 균형보수는 각각 0과 w_0이며 사회후생은 w_0이다. 결국 부분게임완전균형에서 사회후생은 $\max\{\rho Y, w_0\}$에 불과한데 이는 파레토최적에서의 사회후생 $(Y-c)$보다 작다. 이는 도덕적 해이(道德的 解弛)로 인한 시장실패에 해당한다.

반복게임에서 효율의 회복

국가와 공무원이 위에서 설명한 일회게임에 무한히 반복하여 참여하는 상황을 고려하자. 또한 무한반복게임에서 국가기관은 다음과 같은 방아쇠전략을 사용한다고 가정하자.

t기: 공무원에게 w원의 임금을 제안한다.

$(t+1)$기: • 정상국면: 만일 t기에 고수입(Y)이 실현되었다면 이번 기에도 w원의 임금을 제안한다.

• 보복국면: 만일 t기에 저수입(0)이 실현되었다면 해당 공무원을 해고하고 다시는 채용하지 않는다.

국가가 위에 묘사된 방아쇠전략을 사용한다는 전제하에 공무원은 성실히 일할 것인지 혹은 태업할 것인지를 결정한다. 성실하게 일한다면 공무원은 오늘 당장은 $(w-c)$의 보수를 얻고 내일부터 시작되는 부분게임에서 오늘과 정확히 동일한 상황에 직면한다. 그러므로 오늘 열심히 일함으로써 얻는 평균할인보수 $v_{\text{근면}}$은 아래 식과 같다.

$$v_{\text{근면}} = (1-\delta)(w-c) + \delta v_{\text{근면}}$$
$$v_{\text{근면}} = w-c \tag{23.4}$$

공무원이 태업을 할 경우 얻는 평균할인보수를 계산하자. 태업을 하면 노동비효용 c가 들지 않는 대신 $(1-\rho)$의 확률로 낮은 생산량이 생산되어 해고당할 위험이 있다. 반면 운좋게 ρ의 확률로 높은 생산량이 생산된다면 계속해서 회사에 근무할 수 있다. 이 경우 공무원이 다음 기에 직면하는 문제는 오늘의 문제와 정확히 동일하다. 이상의 논의로부터 공무원이 태업을 함으로써 얻는 평균할인보수 $v_{\text{태업}}$을 구하면 다음과 같다.

$$v_{\text{태업}} = (1-\delta)w + \delta[\rho v_{\text{태업}} + (1-\rho)w_0]$$
$$v_{\text{태업}} = \frac{1}{1-\delta\rho}[(1-\delta)w + (\delta-\delta\rho)w_0] \tag{23.5}$$

공무원이 열심히 일하려는 유인을 갖기 위해서는 부등식 $v_{\text{근면}} \geq v_{\text{태업}}$이 성립해야 한다. 식 (23.4)와 식 (23.5)를 대입하여 정리하면 아래 식을 얻는다.

$$w \geq w_0 + \frac{1-\delta\rho}{\delta-\delta\rho}c \equiv w^* \tag{23.6}$$

식 (23.6)의 우변은 공무원이 국가기관에 근무하면서 성실히 일하도록 만들기 위하여 지불해야 하는 최소한의 임금이다. 그런데 국가의 입장에서는 이보다 많은 연봉을 지불할 필요는 없으므로 결국 식 (23.6)의 우변인 w^*만큼의 연봉을 제시할 것이다. 공무원은 이를 수락하고 성실히 근무한다. 또한 부분게임완전균형에서 국가는 $(Y-w^*)$만큼의 보수를 얻고 공무원은 (w^*-c)의 보수를 얻게 된다. 이때 사회후생은 $(Y-c)$로서 파레토최적에서의 사회후생과 같고 일회게임의 부분게임완전균형에서 얻게 되는 사회후생 $\max\{\rho Y,\ w_0\}$보다 크다.

비교정태분석과 함의

식 (23.6)에 나타난 바와 같이 공무원이 받게 되는 실효임금 w^*는 유보임금 w_0보다 크다. 실효임금이 유보임금을 능가하는 금액$\left(w^* - w_0 = \dfrac{1-\delta\rho}{\delta-\delta\rho}c\right)$을 임금프리미엄(wage premium)이라고 부르는데, 현직에 고용된 공무원이 성실히 근무하려는 유인을 주기 위하여 필요한 최소의 추가 지급액이다. 매개변수 δ, ρ, c가 임금프리미엄에 미치는 영향을 각각 살펴보면 아래와 같다.

첫째, 공무원의 할인인자 δ가 낮을수록 임금프리미엄은 높아진다. 공무원이 눈앞의 이득을 미래의 손실보다 중요시한다면 태만하게 근무함으로써 당장의 노동비효용을 피하려고 하는 유혹이 커진다. 이 유혹을 거부하기에 충분한 유인을 제공하기 위해서는 타 직장에 비해 그만큼 높은 연봉을 공무원에게 지불해야 한다.

둘째, 확률 ρ가 커질수록 임금프리미엄은 커진다. 태업을 해도 발각될 확률이 낮다면 태만하게 근무함으로써 당장의 노동비효용을 피하려고 하는 유혹이 커진다. 이 유혹을 거부하기에 충분한 유인을 제공하기 위해서는 그만큼 타 직장에 비해 높은 임금을 공무원에게 지불해야 한다.

셋째, 공무원이 열심히 일하는 데 드는 비효용 혹은 일하기 싫은 마음 c가 클수록 임금 프리미엄은 커진다. 노동비효용이 클수록 공무원의 근무태만 유혹도 커진다. 이 유혹을 거부하기에 충분한 유인을 제공하기 위해서는 그만큼 타 직장에 비해 높은 임금을 지불해야 한다.

할인인자 δ가 작아 공무원이 매우 근시안적이거나, 태업이 발각되지 않을 확률 ρ가 크거나, 성실근무에 따르는 비효용 c가 높으면 식 (23.6)에 나타난 바와 같이 실효임금 w^*가 총수입 Y를 초과할 수도 있다. 이는 공무원의 도덕적 해이로 인하여 국가에서 공직자를 아예 채용할 유인이 없음을 뜻한다. 따라서 반복게임에서조차 공직자의 복지부동(腹地不動)과 부정부패만 되풀이될 뿐이다. 결론적으로 공직자의 청렴이 무한반복게임의 부분게임완전균형으로서 실현되기 위해서는 공무원의 할인인자 δ와 근무태만 발각확률 $(1-\rho)$가 지나치게 낮아서는 안 되며 동시에 노동비효용 c가 지나치게 높아서는 안 된다.

23.3 성장, 분배, 민주주의

소득, 재산, 토지소유의 불평등은 국가의 경제성장 혹은 발전에 어떤 형태로든 영향을 미친다. 반면 경제가 발전한 국가일수록 불평등이 낮고 민주적인 경향이 발견된다. 또한 정치적 요인과 정치제도 역시 경제성장과 밀접한 연관이 있어 보인다(North 1990). 원시적 자본축적이나 소비-저축성향처럼 경제성장에 직접적 영향을 미치는 순경제적 요소를 통제할 경우 소득불평등, 경제성장, 정치제도 사이에 어떠한 인과관계가 있을까? 이에 대답은 겉보기보다 복잡하다.

23.3.1 불평등과 경제성장

페르손과 타벨리니(Persson and Tabellini 1994)를 필두로 한 다국 간(cross-country) 실증분석 연구에 따르면 소득, 재산, 토지소유의 불평등은 경제성장에 대체로 부정적 영향을 미친다. 반면 경제성장이 소득불평등에 미치는 인과관계는 분명치 않다. 일찍이 쿠즈네츠(Kuznets 1955)는 성장과 불평등 간에 역(逆)U자 관계가 있다는 가설을 제시하였다. 즉, 경제발전의 초기에는 계층 간 불평등이 심해지다가 경제발전의 중반부에 다다르면 불평등이 가장 극심해지고 그 이후는 소득이 높아질수록 불평등도 점점 해소된다는 것이다. 그러나 횡단면 자료건 시계열 자료건 실증분석 자료는 쿠즈네츠 가설을 명쾌하게 뒷받침하지는 못한다.

페르손·타벨리니의 연구 이후 수행되었던 경제성장과 소득불평등 또는 양극화의 상호 관계에 관한 국가 간 수많은 실증분석은 유용한 통찰력과 정책시사점을 제공해 왔다. 경제성장에 관한 통계에 관해서는 오래전부터 양질의 자료가 존재해 왔는 데 반해 소득불평등이나 양극화에 대한 통계는 선진국에서조차 믿을 만한 자료가 적어서 실증분석에 큰 제약이 되었다. 이에 세계은행(The World Bank)의 기초자료를 이용한 데이닝거와 스콰이어(Deininger and Squire 1996, 1998)와 유엔대학교(United Nations University) 산하 WIDER(World Institute for Development Economic Research)에서 매 5년마다 개정하고 있는 WIID(World Income Inequality Database) 등 양질의 이차자료가 개발되어 대부분의 국가 간 연구들은 이들 자료를 사용하여 이루어졌다. 그러나 이들 이차자료들의 질이 꾸준히 개선되어 오기는 하였으나 앳킨슨과 브란돌리니(Atkinson and Brandolini 2001)가 지적한 바와 같이 소득불평등도를 계산하는 데 사용된 소득의 개념(총소득, 가처분소득), 단위(가계, 가족, 개인), 분류기준 등이 국가별로 다를 뿐 아니라 동일

국가 내에서도 시간에 따라 변경되는 경우가 많다. 이 때문에 이들을 한꺼번에 모아놓은 시계열·횡단면 통합(pooling) 자료를 실증분석에 사용하기에는 문제가 적지 않다.

소득불평등이 성장을 저해 혹은 촉진하는지에 대해서는 페르손·타벨리니 이후 수많은 연구가 있었다. 알레시나와 페로티(Alesina and Perotti 1996), 데이닝거와 스콰이어(Deininger and Squire 1998) 등 초창기 연구들은 배로(Barro 1997)의 다국 간 회귀분석 틀 안에서 독립변수들을 추가 혹은 제거함으로써 모형을 변형하였는데 대체로 소득불평등이 성장을 저해한다는 결론을 내렸다.[3] 반면 발전된 계량기법을 적용한 최근의 실증분석 연구들(Barro 2000, Forbes 2000, Banerjee and Duflo 2003)은 성장과 분배 간의 관계에 대하여 다소 혼재된 결과나 비선형성(non-linearity)을 강조하고 있다. 포브스(Forbes 2000), 달러·크라이(Dollar and Kraay 2002), 김영세(2007b) 등은 소득불평등과 성장률 상승 간의 상관관계를 규명하고 소득분배나 최하위 계층의 소득을 향상시키려면 경제성장이 우선시되어야 한다는 정책시사점을 강조한다.[4]

쿠즈네츠 가설은 소득분배와 장기성장률 간의 관계가 정치경제 발전단계에 따라 달라진다는 함의를 갖는다. 김영세(2007b)가 한국 데이터를 분석한 연구결과에 따르면 1986년 민주화 이후부터 IMF외환위기 직전까지는 장기성장률에 무관하게 소득분배가 최악의 수준에 머물러 있었다. 반면 민주화 이전이나 IMF외환위기 이후 장기성장률과 소득불평등 간에는 안정적이고 유의적인 정(+)의 관계를 가진다. 이는 성장과 민주화 간에는 역U자 관계가 나타난다는 배로(Barro 1996) 혹은 코모(Comeau 2003)의 다국가 연구와 궤를 같이하며,[5] 경제발전단계에 따라 성장-소득불평등 관계의 방향성이 달라질 수 있다는 점에서는 배로(2000)의 연구와 궤를 같이하나 인과관계는 반대이다.[6] 한편 배너지·듀플로(2003)는 주요국들의 경제성장률은 소득불평등의 순변화량(net change)과 역U자형 관계를 갖는다는 분석결과를 내놓았으나, 김영세에 따르면 우리나라의 소득불평등 변화량은 경제성장률, 정치성향, 정부지출규모 등 어떠한 변수에도

---

3 초창기 연구들에 관하여는 Benabou(1996)의 참고문헌을 참조하라. 내생적 경제성장 모형에 관한 교과서적 기술로는 Aghion and Howitt(1999)을 참조하라.

4 Dollar and Kraay(2002)는 전 세계 92개국의 20세기 후반 시계열·횡단면 자료를 분석하여 최하위 계층의 평균소득이 전체 평균소득의 증감률과 차이가 없음을 보였다. 이는 성장이 평균적으로 경제 내 여타 소득계층 못지않게 최하위 계층에게도 혜택을 제공하며 따라서 성장우선정책이야말로 빈곤퇴치의 가장 효과적 전략임을 시사한다.

5 민주화가 성장에 영향을 미치는 경로에 관한 연구로서 Acemoglu(2008)는 사유재산권과 소득을 도입하였고 Plumper and Martin(2003)은 민주화 정도 및 정부소비를 도입하였다. 국내 문헌으로는 최배근(2004)을 참조할 것.

6 Barro(2000)는 빈국에서는 소득불평등이 성장을 저해하는 반면 부국에서는 소득불평등이 오히려 성장을 촉진한다는 실증분석 결과를 제시한다. 반면 Bleaney and Nishiyama(2004)는 초기 소득불평등도가 성장에 미치는 영향은 부국이나 빈국 간에 차이가 없다는 반대 결과를 발표하였다.

유의미한 영향을 미치지 않았다.

피케티(Piketty 2014)는 장기 저(低)성장이 어김없이 불평등을 심화시킨다고 주장하면서 그 핵심에는 경제성장률을 초과하는 자본수익률($r>g$)로 인하여 자본축적이 눈덩이처럼 불어나는 기제가 있다고 보았다. 쉽게 말해서 장기성장률이 낮은 경우 자본을 굴려서 버는 돈이 노동으로 일해서 버는 돈을 시간이 흐를수록 압도하게 된다. 피케티에 대한 자유주의자들의 반론에 따르면 자본수익률이 경제성장률보다 높아야 자본가들이 투자할 유인이 있음은 당연하며 그러한 투자가 사회불평등도 초래하지만 동시에 경제성장과 인간생활의 향상을 가져왔다. 불평등을 줄이자고 자본을 옥죄고 투자유인을 낮춘다면 20세기 말 러시아와 동유럽 공산국가들이 겪었듯이 성장저하와 물질문명의 퇴보로 모두가 불행해질 것이다.

피케티는 미국, 영국, 독일, 프랑스는 물론 일본, 중국의 18세기 초 이후 3세기를 아우르는 실증자료를 분석하여 경제발전단계와 사회불평등의 관계에 관한 기념비적 연구결과를 내놓았다. 피케티에 따르면 제1차 세계대전 이후 백년간 주요국의 불평등은 U자형을 나타내는데, 구체적으로 1910~1950년 불평등은 대체로 감소하였으며 1950~1970년대에 큰 변동없이 유지되다가 1980년 이후에는 지속적으로 악화되어 왔다. 쿠즈네츠가 연구대상으로 삼았던 1910~1950년 기간은 제1차 세계대전, 볼셰비키혁명, 대공황, 제2차 세계대전, 금본위제도의 와해 등 인류 역사상 굵직한 사건들이 연이어 발생했던 격동기였다. 이 시기 주요 선진국 내의 불평등이 줄어든 것은 두 차례에 걸친 세계대전과 식민지 상실로 인하여 대기업이나 부유층이 상대적으로 더 큰 타격을 받은데다 자산가격의 폭락 및 저축률의 하락 때문이었다. 반면 1950년대 이후 자료를 보면 경제발전단계가 고도화될수록 불평등이 감소한다는 쿠즈네츠 가설은 사실과 다르다. 전쟁의 폐허 속에서 국유화 및 역동적인 재건 과정에 있었던 1950~1970년대에는 불평등도가 큰 변동 없이 유지되었으나 1980년 이후에는 지속적으로 증가해 왔다. 역사적으로 볼 때 경제적 불평등은 지속적으로 감소하거나 지속적으로 증가하기보다 경제적, 사회적, 정치적 요인들에 의해 복합적으로 결정되며 사회구성원들의 역학관계 및 집단선택에 따라 완화되기도 하고 악화되기도 한다.

피케티에 따르면 지식의 확산 및 교육기술에의 투자 확대가 사회 전반의 생산성을 높이는 데 기여함은 물론 불평등을 완화하고 소득을 수렴시키는 가장 중요한 동인이다. 그러나 역사적 통계를 면밀히 살펴보면 지식 확산과 교육기술 투자가 불평등 완화에 기여하는 정도는 비교적 약하고 지속성은 짧았다. 그러다 보니 국민총소득에서 노동이 차지하는 비중 은 낮아지는 반면 자본이 차지하는 비중이 상당히 높을 뿐 아니라 시간이 갈수록 더욱 높아지는 추세에 있다. 소득과 부가 축적되고 집중화되는 경향은—세계대전이나 전후 복구와 같은 특수한 상황을 제외하고는—꾸준히 지속해 왔는데, 이는 경제성장률이 낮고 자본수익률이 높은 시기에 특히 심화된다. 이는 세계 각국이 저성장의 늪에 빠져 있는 반면 자본에 대한 규제완화 덕분에 자본수익률이 경제성장률을 능가하는 21세기 전반의 현 상황으로 볼 때 향후 불평등과 양극화가 더욱 심화되리라는 시사점을 갖는다. 더구나 저성장 시대에는 개인의 사회경제적 지위를 결정하는데 재능, 노력, 창의력, 창조적 파괴보다 부모로부터 세습된 부가 더 큰 역할을 하기 마련이므로 19세기말 이전의 '세습자본주의'가 다시 출현할 전망이다. 피케티는 이에 대한 해결책으로 세계 각국이 공조하여 누진적 자본소득세(a global progressive tax on capital)를 부과할 것을 제안하였다.

경제변수(특히 경제성장률, 소득불평등, 재분배정책)와 정치체제(민주화 여부 혹은 좌우정당 간 득표율 차이) 간의 관계에 대한 연구[7] 대부분은 국가 간 자료들을 바탕으로 소득불평등이나 실질소득수준이 민주주의 채택 여부 또는 정치적 자유의 정도와 갖는 관계에 대하여 분석하고 있다. 예컨대, 타베레즈와 와치아르그(Tavares and Wacziarg 2001)에 따르면 민주주의는 소득수준(계수 0.8) 및 소득성장률(계수 0.2)과 정(+)의 관계가 있으며, 민주주의와 경제성장 모두 불평등도, 정치불안, 암시장프리미엄, 정부소비지출과 부(−)의 관계를 갖는다. 예외적으로 맥카티·풀·로젠탈(McCarty, Poole and Rosenthal 2006)은 미국이라는 한 국가를 대상으로 소득불평등이 민주–공화 득표율이나 복지정책에 미치는 영향을 살펴보았다. 또한 김영세(2007b)는 한국에서 권위주의체제로부터 민주체제로 이행하는 과정에서 경제변수와 정치체제 간의 관계가 어떻게 변화하는지를 연구하였다.

경제성장률은 국민소득 혹은 국내소득으로부터 쉽게 계산되며 민주화 정도나 선거제도 등 정치제도도 나름 양질의 데이터가 개발되어 있다. 소득불평등은 전통적으로 지니계수(Gini coefficient)로 측정한다. 그런데 21세기 들어와서 양극화(polarization)가 급속히 진행되면서 지니계수로는 불평등도를 제대로 반영할 수 없다는 주장이 힘을 얻고 있다. 첫째, 양극화는 최상위 계층 대비 최하위 계층의 상대적 빈곤을 강조하는 데 반해 로렌츠(Lorenz)곡선이나 지니계수는 전체 소득계층을 포괄하므로 극빈층 문제가 제대로 부각되지 않는다. 둘째, 지니계수는 소득만을 대상으로 하는 데 반해 양극화는 소득뿐 아니라 자산의 양극화, 대기업과 중소기업의 양극화, 수출과 내수의 양극화, 정규직과 비정규직의 양극화 등 다양한 현상에 적용될 수 있다. 셋

7 Barro(1996), Perotti(1996), Tavares and Wacziarg(2001), Keefer and Knack(2002), Boix(2003), Comeau(2003), Plumper and Martin(2003), Acemoglu, Johnson, Robinson and Yared(2008), McCarty, Poole and Rosenthal(2006), 최배근(2004), 김영세(2007b) 등

째, 지니계수는 정태적 개념인 데 반해 양극화는 추세를 중시하는 동태적 개념[8]으로서 다양한 현상에 적용될 수 있다. 그러나 지니계수와 양극화지수의 추세가 벌어지기 시작한 것은 21세기에 들어와서이므로 자료가 상대적으로 짧아 향후 정교한 실증연구가 필요하다.

23.3.2 경제발전과 민주주의

부자 나라들은 대개 민주주의가 잘 정착되어 있다. 즉, 개인의 정치적 권익이 보장되고 민주화되어 있는 국가일수록 경제발전단계와 국민소득수준이 높다. 정정(政情) 불안이나 빈번한 체제 변혁은 경제성장을 저해한다. 다시 말해서 정치적으로 불안한 국가들의 경제성장률은 정치적으로 안정되어 있는 국가들에 비해 유의적으로 낮다. 근시안적 정권이나 정부는 공공투자를 적게 하는 반면 국가채무를 과도하게 발행하기 마련이며 이는 불안정하거나 일관성 없는 거시재정정책과 연계되어 경제성장을 저해한다. 또한 사유재산권이 잘 보호되어 있는 사회일수록 경제성장률이 높다.

민주주의가 경제성장을 견인하는지에 대해서는 의견이 엇갈린다. 알레시나와 로드릭(Alesina and Rodrik 1994)이나 페르손과 타벨리니(Persson and Tabellini 1994)에 따르면 민주화에 따른 재분배 강화는 자원배분의 왜곡을 초래하므로 경제성장을 저해한다. 올슨(Olson 1965)은 노동조합을 포함한 각종 이익집단들의 이전투구가 민주국가에서 효율 손실과 경제성장 저하를 초래한다고 주장한다. 반면 베나보우(Benabou 1996)와 리쩌리와 퍼시코(Lizzeri and Persico 2004)에 따르면 민주적 재분배정책은 교육기회의 제공이나 필수공공재의 확충과 연결되어 경제성장에 도움이 된다. 물론 민주적 재분배정책이 자원배분의 왜곡을 초래하기는 하지만 소수 지배층이 산업을 독점화함으로써 끼치는 경제적 폐해나 기득권을 유지하기 위해 야기하는 사회적 갈등에 비하면 약과이다(Acemoglu 2008, Acemoglu and Robinson 2012).

민주주의가 경제성장에 미치는 영향에 대한 수많은 실증연구도 명확한 결론을 제시하지는 못한다. 다만, 최근 고도의 계량경제학적 기법으로 분석한 애스모글루·나이두·레스트레포·로빈슨(Acemoglu, Naidu, Restrepo and Robinson 2014)에 따르면 민주주의는 경제성장에 긍정적 영향을 미치며 민주화는 장기적으로 일인당 국민소득을 20% 정도 증가시킨다. 민주주의는 투자

8 양극화의 개념 및 양극화지수 산정에 관한 대표적 연구로는 Esteban and Ray(1994), Wolfson(1994), Duclos, Esteban and Ray(2004) 등이 있다. 진보시각의 담론으로는 서울사회경제연구소(2005)에 게재된 논문들을 참조할 것.

촉진, 교육확대, 경제개혁 유도, 공공재 개선, 사회갈등 완화 등의 기제를 통하여 경제성장을 견인한다. 이들은 또한 저개발국이나 개발도상국에서는 민주주의가 경제성장을 저해한다는 막연한 주장 역시 근거가 희박하다고 강변한다.

경제발전의 결과 국민들이 먹고 살만해지면 민주화 열풍이 불어 정치적 민주주의가 도래한다는 정반대의 인과논리도 있다. 페르손과 타벨리니(Persson and Tabellini 2006)는 1960~2000년에 걸친 150개국의 자료로부터 다음과 같은 실증분석 결과를 도출하였다. 정치적 민주화와 경제적 자유화는 둘 다 경제성장을 촉진한다. 그러나 정치민주화와 경제자유화 가운데 어느 것이 먼저 이루어졌는지에 따라 경제발전 성과는 엇갈린다. 한국, 타이완, 칠레, 멕시코처럼 경제자유화가 민주화보다 시기적으로 앞선 나라들은 경제성장률이 높다. 반면 아르헨티나, 브라질, 필리핀, 방글라데시처럼 정치민주화가 경제자유화보다 앞섰던 국가들은 경제발전 성과가 저조하다. 민주국가들 가운데도 대통령중심제 국가들의 경제성장률이 의회민주주의 국가들의 성과보다 높다. 이는 민주화 이후 대통령중심제 국가가 보다 적극적으로 규제를 완화하고 시장개방을 추진하기 때문인 듯하다. 그러나 선거제도가 다수결인지 비례대표제인지의 여부는 정부지출 규모에 영향을 미칠 뿐 경제성장률에는 영향을 미치지 못한다.

물론 예외도 있다. 일부 아랍국가처럼 경제성장률이나 국민소득은 선진국 수준인데 민주화와는 거리가 먼 경우도 존재한다. 정치학자 보아(Boix 2003)는 이러한 현상을 설명하기 위하여 게임이론 분석방법에 기초한 소위 '부존자원의 역설'을 제시하였다. 소수지배층이 유전(油田)과 같은 천연자원을 독점하고 이를 해외에 팔아 국민소득이 높아진 국가들은 소득불평등이 극심하며 대개 권위주의 정치체제를 갖고 있다. 반면 다수 국민들이 자발적으로 참여하여 노동과 자원을 제공하고 그를 바탕으로 경제발전을 이룬 국가들은 궁극적으로 민주화와 공평분배로 이행하는 경향이 있다. 아랍 산유국들이 전자에 속하고 한국, 대만, 스페인 등이 후자에 속한다. 사실 제조업과 상업의 부흥, 도시의 발달, 경제발전, 그리고 민주주의의 확립이 불가분의 관계를 갖고 있음은 오래전부터 알려져 왔다. 토크빌(Alexis de Tocqueville, 1805~1859)은 역저 『미국의 민주주의』(*Democracy in America* 1835)에서 "티루스(Tyrus)에서 피렌체와 영국에 이르기까지 제조업 및 상업 간에는 밀접하며 필연적인 연관이 있다"고 설파했다. 이러한 시각은 경제의 발전과 생활수준의 향상이 제조업 및 상업의 부흥에 기인한다는 인식에 기초를 둔다. 농어업, 광업, 토지임대 등 부존자원을 기반으로 먹고 사는 기득권층이 많거나 강력할수록 제조업과 상업 발달, 그리고 결국은 자유민주주의도 저해된다는 이러한 관점에서 보면 부존자원의 역설은 '역설'이 아니라 당연한 진리인듯하다.

23.3.3 민주주의와 불평등[9]

한 나라가 권위주의적이거나 소수의 엘리트에 의하여 지배되는 정치체제로부터 다수의 국민들이 정치과정에 참여하고 사회적 자원이 배분되는 민주체제로 이행한다고 하자. 이는 조세와 정부지출과 같은 정부규모나 재분배정책에 어떠한 영향을 미칠 것인가? 만약 민주주의가 재분배정책에 정(+)의 영향을 미친다면 그 결과 경제사회적 불평등은 줄어들 것인가?

이 질문에 대한 답은 멜처와 리처드(Meltzer and Richard 1981)가 최초로 제시하였다. 그들에 따르면 민주화는 정치권력을 경제사회적 지위가 낮은 계층으로 넓힘으로써 재분배 및 사회복지의 확대를 가져온다. 소수 엘리트만이 참정권을 갖고 있는 정치체제에서 중위투표자가 가장 선호하는 정책은 각자 벌어들인 소득을 최대한 자신이 향유하는 자유방임체제일 것이다. 반면 참정권이 보다 넓은 계층에게로 확대되는 경우 중위투표자는 소수 지배체제에 비하여 왼편에 위치하게 되므로 정당들도 집권하기 위해서는 재분배 및 사회복지를 확대하는 공약을 내세워야 한다.

수많은 국민들로 구성된 사회에서 개인을 $i \in [0, 1]$로 나타내자. 개인 i의 세전(稅前)소득을 y_i, 세전소득의 평균을 $\bar{y}$로 표기하자. 소득세율은 τ로 일정하며 정부는 거둬들인 세수를 모든 국민들에게 똑같이 나눠준다고 가정하자. 또한 정부가 조세를 거둬들여 이를 지출하는 과정에서 효율성의 상실에 따른 사회적 자중손실(하버거삼각형)이 발생한다고 가정하자. 정부가 균형 혹은 흑자예산을 편성한다고 하면 정부지출 T는 다음 식을 만족한다.

$$T \le \tau\bar{y} - \frac{c\tau^2}{2}y \qquad (23.7)$$

식 (23.7)의 우변 두 번째 항의 계수 $\frac{c\tau^2}{2}$는 조세가 자원배분을 왜곡함으로써 초래하는 자중손실의 크기를 보여준다.[10]

결국 개인 i의 세후(稅後)소득 $\hat{y}_i$는 다음과 같이 나타난다.

---

9 Acemoglu, Naidu, Restrepo and Robinson(2015)을 많이 참조함.

10 제18장 18.3절에서 논중한 바와 같이 조세부과에 따른 자중손실은 세율 τ의 제곱에 비례하여 기하급수적으로 증가한다.

$$\bar{y_i} = (1-\tau)y_i + \tau\bar{y} - \frac{c\tau^2}{2}\bar{y} \qquad (23.8)$$

선호는 세후소득과 비례하므로 식 (23.8)로부터 개인의 선호가 단봉조건을 충족함을 알 수 있다. 그러므로 제7장 7.2절에서 살펴본 중위투표자정리가 적용된다.

상위 q분위 소득계층만이 참정권을 갖고 있는 정치체제에서 그들만의 중위투표자에 의해 결정되는 정치적 균형세율을 $\tau(q)$로 나타내자. 민주화에 따라 q가 q'으로 확대되면 당연히 $\tau(q') \geq \tau(q)$가 된다. 즉, 소득세율이 높아지며 재분배정책과 정부규모가 확대된다. 더불어 소수지배체제에서의 조세-재분배정책에 따른 세후소득분포 $F(q)$에 비하여 민주화 이후 세후소득분포 $F(q')$는 더욱 평등해진다.

멜처와 리처드의 가설을 변형하거나 발전시킨 수많은 후속연구들이 있어 왔다. 첫째, 정치사회적 구조 변혁은 유권자의 범주를 제한하거나 확장함으로써 재분배정책이나 사회불평등에 영향을 미친다. 예컨대, 절대다수의 국민들이 농어촌에 거주하면서 전근대적 예속상태에 놓여 있는 사회에서는 극소수 지주계층이나 지배층에 의한 착취가 보편적이다. 그러나 산업화에 따라 농촌인구가 도시로 이주하고 이들 노동자 및 도시빈민들이 참정권을 갖게 되면 증세와 정부지출의 증가, 그리고 사회복지 확충으로 나아가게 된다.

둘째, 계층 간의 이동성(mobility)도 재분배의 중요한 결정요인이다. 계층 이동성이 높은 사회에서는 현재 가난한 사람일지라도 지나치게 높은 세율이나 강력한 복지제도를 덜 지지한다. 머지 않은 미래에 자신 혹은 자식들이 부자가 될 가능성이 높으므로 지나친 재분배정책이 그 시점에 부메랑이 되어 돌아올 수도 있기 때문이다. 반면 계층 간 이동성이 제한적이고 고착화되어 있는 사회에서 중산·서민층은 부자들의 재산과 소득을 세금의 형태로 빼앗아 이를 나눠 갖는 정책을 선호하기 마련이다(Benabou and Ok 2001, Carter and Morrow 2012).

피케티(Piketty 1995)를 필두로 알레시나·안젤레토스(Alesina and Angeletos 2005)와 베나보우(Benabou 2008) 등은 구성원들의 신념에 따라 상이한 체제가 형성될 수 있다는 사회적 균형의 다중성(multiplicity)에 주목한다. 그들에 따르면 조세 및 정부지출 확대가 초래하는 자중손실이 얼마나 큰지 혹은 자원배분 과정이 얼마나 공정하다고 구성원들이 믿는지의 정도에 따라 어떤 사회는 강력한 재분배와 낮은 불평등을 보이는 반면 다른 사회는 작은 정부와 높은 불평등을 보인다. 서유럽이나 스칸디나비아 국가들이 전자에 속하고 미국, 영국 등 앵글로색슨 국가들이 후자에 속한다. 이는 민주주의가 반드시 큰 정부나 강력한 재분배로 연결되는 것은 아니라는

함의를 갖는다.[11]

셋째, 사회구성원들 간의 정체성(identities)이나 이질감(heterogeneity)도 재분배에 영향을 미친다. 아무리 가난하더라도 종교적 신념에 따라 재분배정책을 싫어할 수도 있고, 아무리 부유하더라도 소위 '강남 좌파'처럼 개인철학에 따라 진보성향을 가질 수도 있다. 일반적으로 개인의 선호가 경제적 이해뿐 아니라 종교나 통일관 등 다른 요인에 의해서도 결정되는 현실에서는 민주화가 반드시 재분배정책으로 귀결되지는 않는다(Roemer 1998). 또한 다양한 인종이나 민족으로 구성된 사회일수록 재분배 요구가 낮고, 구성원 간의 동질성이 높을수록 재분배요구 혹은 평등주의가 강하다. 사람들은 인종이나 민족이 다른 사람들에 대해서는 동정이나 연민을 덜 느끼기 때문이다(Alesina, Baqir and Easterly 1999, Alesina and Glaeser 2004). 이들에 따르면 미국이 선진국 가운데 가장 사회불평등이 심하고 재분배정책이 약한 이유는 인종적 다양성과 저소득층을 구성하고 있는 유색인종에 대한 차별에 근거한다. 이를 우리나라에 적용하면 한국인의 지나친 평등주의의 이면에는 민족적 동질성이 한몫 한다는 함의를 갖는다.

실증연구 결과

이상에서 살펴본 다양한 가설과 고려에도 불구하고 기존의 실증분석에 따르면 민주주의는 대체로 재분배정책이나 정부규모에 정(+)의 영향을 미친다. 반면 민주주의가 재분배 확대를 통해 사회불평등을 줄이는 방향으로 작용하는지에 대한 실증분석 결과는 긍정과 부정이 혼재되어 있어 불명확하다. 민주화가 사회불평등을 오히려 심화시킨다는 연구결과도 적지 않아 멜처・리처드의 통찰력에 의문을 던지게 한다.[12]

민주주의가 재분배를 확대하고 정부역할을 강화하기는 하지만 궁극적으로 경제사회적 불평등의 완화에는 그다지 기여하지 못하는 이유는 무엇인가? 크게 세 가지 요인을 들 수 있다.[13]

첫째, 기득권층에 의한 민주주의 포획(capture)을 들 수 있다. 법적으로는 중산서민층의 참정권이 확대되지만 기득권 수호를 위한 지배층의 반동으로 말미암아 중하위계층의 실질적 정치참

11 Moene and Wallerstein(2001)은 주요 민주국가에서 — 재분배는 멜처・리처드모형에서처럼 세금-이전지출의 형태가 아니라 — 사회보험(social insurance)의 형태로 이루어진다고 지적하고, 이 경우 민주주의가 사회불평등에 미치는 효과는 사뭇 다르게 나타난다고 주장한다.

12 Acemoglu, Naidu, Restrepo and Robinson(2015)의 실증분석 결과 및 동 논문의 제3장에 인용된 선행연구를 참조할 것.

13 상세한 논의와 관련 연구 출처에 관해서는 Acemoglu, Naidu, Restrepo and Robinson(2015)의 2.4~2.7절을 참조하기 바란다.

여는 제한된다(Acemoglu and Robinson 2008, Acemoglu, Ticchi and Vindigni 2011). 겉으로는 참정권을 확대하되 읽기·쓰기능력시험에 통과한 국민에게만 투표권을 줌으로써 '배우지 못한 국민들'을 배제하거나 사전 등록을 해야 선거당일 투표가 가능하도록 법으로 정함으로써 '먹고 살기 바쁜' 저소득층을 교묘하게 배제하기도 한다. 합법·불법 로비를 통하여 정당이나 정치인들의 정견에 영향을 미치기도 하고, 협회나 연합회 등 각종 이익단체를 활용하여 법 개정이나 법 집행을 방해하기도 한다. 간접적으로는 고액 광고를 미끼로 언론 보도나 논조를 통제함으로써 일반인들이 지배 논리에 순응하도록 만들기도 한다.

칠레의 피노체트(Pinochet, 1974~1990년 집권) 독재정권은 설령 민주화가 되더라도 세율이 인상되거나 재분배정책이 확대되지 않도록 헌법을 개정한 바 있다. 국내 상황을 봐가며 언제든 군사 쿠데타를 일으킬 수 있다고 협박함으로써 유권자들이 억지춘향으로 여당을 지지하도록 만드는 사례는 라틴아메리카 국가들과 찰스 테일러(Charles Taylor, 1989~2003년 집권) 치하의 라이베리아(Liberia) 등 아프리카 독재국가들의 단골메뉴이다. 소득세, 법인세, 증여·상속세 등 직접 세율을 올리거나 사회복지 안전망을 확장할 경우 자본의 해외 도피(capital flight)를 불사하겠다는 대기업이나 고액재산가의 협박도 자주 등장한다. 라틴아메리카나 인종차별(Apartheid) 철폐 직후 남아프리카공화국은 물론 우리나라에서도 대기업들이 공장의 해외이전이나 자본파업을 무기로 경제력집중 억제 정책에 대항해 왔다.

둘째, 시장참여 기회의 확대가 불평등 심화에 기여하기도 한다. 본질적으로 시장은 능력·기술이 있는 자와 부·재산을 가진 자들을 도약하도록 만들고, 그렇지 못한 자들을 도태하도록 만드는 경향이 있다. 피케티(Piketty 2014)는 19세기 이전 극소수 지주들의 기대 수입이 사회불평등의 근원이었다면 오늘날은 중·상류층에서 자라고 교육받은 고학력자, 기업가, 전문인의 고소득이 불평등을 지속시키고 있어 본질상 크게 달라진 것이 없다고 설파한다. 능력, 기술, 지식도 — 토지만큼 극단적이지는 않지만 — 성장배경이나 부모의 경제력이 중요하며, 시장은 그러한 기제를 강화하는 방향으로 작동한다. 러시아와 동유럽은 1989년 공산체제 몰락 이후 이행기를 거쳐 자본주의체제로 전환하면서 경제적 불평등의 심화를 경험해 왔다. 남아프리카공화국에서는 1994년 인종차별 철폐 후 불평등이 오히려 심화되기도 하였다(Flemming and Micklewright 2000).

셋째, 중산층 편향 정책이 불평등을 심화시키기도 한다. 민주화가 진행되면 대개 중산층이 두터워지기 마련이다. 그런데 중위투표자가 중산층에 속해 있거나 혹은 중산층 인구가 여타 계층의 인구 합을 넘어서는 경우 정당들은 중산층의 환심을 사기 위해 부유층은 물론 심지어 서민·

빈곤층도 희생시키는 정책을 도입하려는 유혹을 갖게 된다. 예컨대, 저소득층에게는 절실하지만 중산층은 그다지 선호하지 않는 공공재(공립초등학교나 무상급식)를 줄이거나 중산층에 적용되는 누진 소득세율을 낮춤으로써 부유층과 저소득층의 희생을 대가로 중산층이 혜택을 보게 된다. 이러한 현상을 최초 발견자인 디렉터(Aaron Director)의 이름을 따서 '디렉터의 법칙'(Director's Law)이라고도 부른다(Stigler 1970).

23.4 정치체제와 경제발전의 관계[14]

23.4.1 포용체제 vs 착취체제

애스모글루(Daron Acemoglu)와 로빈슨(James A. Robinson)은 오랜 연구를 통해 동서양과 고금의 역사를 깊이 있게 살펴보고 정치체제와 경제발전 간에는 밀접한 관계가 있음을 밝혔다. 정치사회제도가 포용적(inclusive)이냐 착취적(extractive)이냐에 따라 경제제도 역시 포용적이냐 착취적이냐에 영향을 미친다. 그 역도 성립한다. 특정 국가가 선진국으로 발전하느냐 후진국으로 허덕이느냐를 결정하는 요인으로 지리적 위치, 인종, 문화 따위는 그다지 중요하지 않다. 멀리 갈 것도 없이 21세기 초 현재 선진국 대열에 들어선 포용적 민주국가 남한과 세계 최빈국인 착취적 독재국가 북한이 대표 사례이다.

포용적이고 다원적인(pluralistic) 체제에서는 사회구성원 다수가 정치적 의사결정에 참여하므로 지배계층은 다수에게 이익이 되는 방향으로 법이나 제도를 개선하게 된다. 부의 축적이나 경제적 이득 역시 개인의 노력과 동기에 의해 이루어진다. 신분이나 유산에 상관없이 더 많은 사람들이 생산수단과 부를 갖게 되면 이는 또다시 좀 더 포용적이고 다원적인 정치사회체제로의 이행을 공고히 한다. 여기서 다원주의(pluralism)란 사회 내의 다양한 부류나 계층들이 정치에 성공적으로 영향을 미치도록 조직된 특성으로 정의된다. 따라서 다원적 민주사회에서는 다양한 부류나 계층을 대표할 수 있는 정치인들이 정치적 의사결정 과정에 참여하여 영향력을 행사하기 마련이다.[15]

14 본절은 Acemoglu, Robinson and John(2001), Acemoglu and Robinson(2005, 2012)을 많이 참조함.
15 다원주의의 개념에 관해서는 Dahl, R.(1982) *Dilemmas of Pluralist Democracy. Autonomy vs. Control*, New Haven: Yale University Press을 Cooter(2000)의 63쪽에서 인용한 내용을 재인용함.

포용체제는 다원주의의 특성을 가지므로 참여자의 폭이 넓어 정치사회적 안정이 달성되고 물적·지적재산권이 존중된다. 돈벌이건 명예건 그 동기가 무엇이든지 간에 개인의 아이디어 창발에 따른 혁신과 발명이 융성한다. 이를 위해 지식이나 기술을 습득하려는 욕구가 강해지고 교육열과 연결되어 경제사회의 수준이 전반적으로 향상된다.

근대 영국의 역사는 이러한 선순환 과정을 웅변적으로 말해준다. 영국은 이미 13세기 마그나카르타(Magna Carta)를 계기로 형성되어 왔던 부르주아 계급이 1688년 명예혁명(The Glorious Revolution)을 일으켜 절대왕권을 폐지하고 입헌군주제로 전환하였다. 산업독점권을 줬다 빼앗았다 할 수 있는 국왕의 권한은 폐지되고 누구든지 기업을 설립하거나 산업에 진입할 권리를 갖게 되었다. 국왕 마음대로 올렸던 세금은 의회의 동의 없이 신설할 수도 인상할 수도 없게 되었다. 이러한 포용체제로의 발전은 유럽의 주변국에 불과했던 영국을 18세기 산업혁명의 주역이 되도록 하였다. 미국 역시 영국으로부터의 독립전쟁(1775~1783), 남북전쟁(1861~1865)을 통한 흑인의 참여, 그리고 20세기 중반 인권운동 등 역사적 변혁을 거치면서 정치참여자의 폭을 점점 넓혀 왔다. 흑인 혈통을 가진 오바마(Barack Obama)가 재선 대통령으로 재직하였다는 사실이 보여주듯 미국이 인류 역사상 가장 민주적이고 부유한 국가로 올라선 이면에는 포용체제의 선순환 과정이 있었다.

포용체제와 대조적으로 착취체제에서는 권력, 부, 자원이 소수 엘리트에 집중되며 이들 지배층이 다수의 생산력을 착취하는 구조를 갖는다. 국민 다수의 재산권과 소유권은 침해받기 일쑤이므로 피지배층은 열심히 일할 동기도 약하고 창의력을 발휘하여 부를 축적하려는 동기도 약하다. 발명, 기술발전, 산업진흥 등 창조적 파괴(creative destruction)의 동인은 기존질서에 위협이 된다는 이유로 억압되거나 심지어 금지된다. 불평등과 양극화는 날로 심해지며 국내 갈등이 지속적으로 심화된다.

착취체제에서는 기득권이 엄청나게 크므로 이를 쟁탈하려는 갈등, 투쟁, 내전이 빈번하게 발생하게 된다. 극소수 지배층에 의한 착취는 자기순환을 통해 점점 강해지고 악순환의 고리에 빠져 중장기적으로 저개발 상태에 머물도록 한다. 극단적으로는 국내적 투쟁의 결과 기본적인 법과 질서조차도 지켜지지 못하는 무정부 상태로 빠져들게 된다. 상당수의 중남미 국가들이 전자에 해당하며, 시에라리온, 짐바브웨, 소말리아 등 다수의 아프리카 국가가 후자에 속한다. 물론 19세기 말에서 20세기 초에 이르는 기간 아르헨티나나 1917년 볼셰비키혁명으로 집권한 소비에트공화국처럼 착취체제에서도 수십년간 괄목할만한 물질적 성장을 이룬 사례도 있다. 그러나 정치경제시스템이 포용적·다원적 체제로 전환하지 않는다면 결국은 한계를 드러내고 몰락의 길로 향하게 된다. 이는 21세기 초 현재 중국의 눈부신 경제발전에도 불구하고 공산독재체제가 지속되는 한 향후 선진국 대열에 들어갈 것인가에 대하여 중요한 시사점을 던진다.

그렇다면 경제번영을 가져오는 포용적 정치제도의 핵심요인은 무엇인가? 애스모글루와 로빈슨에 따르면 국가가 강력한 권한을 갖고 제 역할과 기능을 수행해야 하며, 그와 동시에 정치권력이 보다 많은 구성원들에게로 분산되고 민주화되어야 한다. 중앙집권 국가체제의 확립과 정치권력의 분산은 언뜻 보기에는 모순되는 것 같으나 포용체제를 확립하였던 역사적 사례들을 보면 그 둘이 절묘하게 보완되면서 상승효과를 나타내었다. 더불어 포용체제로의 선순환을 경험한 국가에서는 거의 예외 없이 '아래로부터의' 요구와 투쟁이 주요 동인으로 작용하였다. 교회, 국왕, 군주, 귀족 등 권력독점자들은 '울며 겨자 먹기'로 기득권을 양보하였을 뿐 소수 엘리트가 자발적이고 주도적으로 분권화와 민주화를 시행한 사례는 극히 희박하였다.

애스모글루와 로빈슨은 후속연구(Acemoglu and Robinson 2016)에서 현대 콜롬비아를 중앙집권적 역할과 기능이 부재하는 '종이 리바이어던'(paper Leviathan)으로, 아프리카의 르완다(Rwanda)를 강력한 국가권력은 존재하나 분권화가 부재한 '실존 리바이어던'(real Leviathan)의 대표사례로 들었다. 더불어 고대 그리스의 도시국가 아테네와 명예혁명 직전 영국을 중앙집권적 국가와 분권화된 권력이 상호 선순환을 이루었던 포용체제의 대표적 사례로 심층분석하였다.

23.4.2 서구의 교훈

로마의 흥망성쇠

로마 공화정(기원전 510~기원전 49년) 시기에 평민은 정치적 참여가 보장되고 평민회의 의장인 호민관은 원로원의 결정에 대한 거부권도 행사할 수 있었다. 이 시기 상업과 무역은 날로 번창하고 로마는 서구 최강국으로 발돋움하였다. 물론 노예가 전체 인구의 $\frac{1}{3}$을 차지하고 대다수 평민들은 최저생계수준에 머물러 있었기 때문에 현대적 의미에서의 포용체제는 아니었으며 따라서 지속가능 성장에 근본적 한계를 갖고 있었다. 그럼에도 불구하고 고대사회로서는 이례적으로 포용적·다원적 요소를 갖고 있었기에 상당한 경제발전의 성과가 있었다. 기원전 2세기 호민관 그라쿠스(Gracchus) 형제는 로마 시민들에게 일인당 300에이커(약 1.2제곱킬로미터)씩의 토지를 분배하려는 개혁을 추진하였으나 원로원과 대지주들의 반발로 기원전 133년 암살되었다. 이후 평민들의 경제적 토대를 넓혀주려던 개혁이 공화정 내내 지속적으로 있었으나 기득권층의 반발과 폭압으로 번번이 좌절되었다.

카이사르(Gaius Julius Caesar)의 통치로 공화정이 폐지되고 옥타비아누스(Augustus Octavianus)의 원수 등극으로 제정(帝政)의 길로 들어서면서 로마는 몰락의 길에 들어선다. 평민회가 해산되고 원로원의 권한은 날로 강해졌다. 토지의 절반 이상이 국유화되고 나머지 토지도 귀족층이 실질적으로 분할 소유하였다. 극소수의 지배층이 노예는 물론 평민의 생산력까지도 착취하는 수탈체제로 전환되었다. 예컨대, 콜로누스(colonus)라 불리던 소작농들은 제정시대를 거치면서 반노예 상태의 농노화되었다. 정치권력과 경제적 이권이 극소수 지배층에 집중되자 이를 둘러싼 쟁탈전이 격화되어 로마는 제정 내내 쿠데타, 암살, 내전으로 쇠퇴하였다. 외적의 침입에 효과적으로 대응할 수 없었던 로마는 결국 395년 동서로 분열되었고 476년 서로마제국이 멸망하였다.

서로마제국의 멸망으로 유럽사회는 중세시대로 진입하였으며 이후 거의 천년에 걸친 암흑기를 맞는다. 중세는 정치적으로 강력한 중앙집권 대신 영주와 기사들에 의하여 극도로 분권화된 체제이다. 경제적으로는 대다수 농노들이 장원을 중심으로 편성되어 최저생계수준만 유지한 채 극소수 영주나 교회 권력에 의해 수탈당하는 착취체제의 전형이었다.

강력한 중앙집권

사회구성원들의 자발적이고 적극적인 참여는 경제발전의 가장 중요한 동인이다. 민간이 육체적, 지적, 물질적 활동에 과감히 투자하기 위해서는 이러한 활동의 결과가 미래의 수익으로 이어져야 한다. 기껏 투자했는데 그 과실(果實)을 엉뚱한 사람(들)이나 기관이 가져간다든지 제삼자에 의해 강탈된다면 애당초 투자할 유인이 생기지 않기 때문이다. 또한 투자했을 당시의 법과 제도가 그 이후 대폭 바뀌어 투자수익을 얻는 시기에는 형편없는 과실만 얻게 되는 일이 빈번하다면 구성원들은 극히 위험회피적 의사결정을 하기 마련이다. 결국 경제발전에는 법과 질서 그리고 정책일관성으로 유지되는 재산권이 핵심요소이며 이를 위해서는 강력한 중앙집권체제가 선행되어야 한다. 소말리아, 아프가니스탄, 아이티(Haiti), 네팔 등은 부족 간 갈등 혹은 군벌 간 내전으로 인하여 최소한의 법과 질서가 유지되지 않는다. 재산권이라는 개념조차 희박한 이러한 국가에서 경제개발이란 멀 수밖에 없다.

포용적 국가에서는 중앙집권적 권능으로 세금을 걷어 정치, 경제, 사회 기반을 닦는 데 투입하여 부국강병의 선순환을 이루어낼 수 있다. 영국의 경우 명예혁명 이후 100년간 도로와 교통체계가 대폭 개선되어 운송비용이 줄고 새로운 운송수단에의 요구가 높아졌다. 증기기관과 철도는 당시 수많은 발명품 중 대표작이었으며 이를 바탕으로 최초의 산업혁명이 영국에서 시작되었다.

강력한 국가와 관료체제의 형성이 때로는 법과 질서유지라는 순기능을 넘어서서 절대왕권이나 소수 엘리트에 의한 독재와 연결되기도 한다. 강력한 중앙집권이 선순환으로 연결되는지 악순환의 고리로 작용하는지의 근저에는 역시 사회가 포용적·다원적 체제인지 아니면 착취적·폐쇄적 체제인지가 자리잡고 있다. 예컨대, 17세기 영국의 명예혁명이나 18세기 중엽 일본의 메이지유신은 포용체제로의 전환과 연결되었으나, 15세기 스페인의 가톨릭 양왕(페르난도 2세와 이사벨)이나 17세기 프랑스의 태양왕 루이 14세(1643~1715)의 중앙집권은 오히려 착취체제의 강화를 초래하였다.

혁신과 경제발전

혁신(innovation)은 경제발전의 핵심요소이다. 소수 지배층이 다수 대중을 수탈하는 착취체제에서는 다양한 혁신이 기성 체제를 위협하거나 기득권을 갉아먹기 때문에 지배층의 강력한 저항에 부딪치기 마련이다. 또한 착취체제에서 위정자들은 기술개발이 생산성을 높이고 궁극적으로 모든 사람들에게 이득을 얻게 된다는 중장기 효과에는 관심이 적고 기계화가 당장 초래할 고용 감소와 그로 인한 피지배층의 불평불만 및 정치적 인기에 더 관심을 갖게 된다.

구텐베르그(Gutenberg)가 1445년 발명한 가동(可動, movable) 금속활자의 사례를 들어보자. 유럽에서는 금속활자가 발명되기가 무섭게 인쇄술이 급속히 발전하여 교육을 통한 문맹률 저하와 지식 보급에 혁명적인 영향을 미쳤다. 반면 오토만제국(the Ottoman Empire)은 인쇄술을 철저히 금지하였으며 1725년이 되어서야 비로소 최초의 인쇄소가 설립되었다. 그나마 엄격한 검열을 전제로 하였기 때문에 오토만제국에서 18세기 후반까지 대부분 저서는 필사본으로 보급하였다. 오토만제국과 같은 착취체제에서 인쇄술을 통한 지식과 교육의 보급이 극소수에 의한 지배에 부담을 줄 우려가 있기 때문이었다. 고대로 거슬러 올라가면 중국 진시황의 분서갱유(焚書坑儒)도 유사한 맥락에서 이해할 수 있다. 또한 18세기 초 오토만제국의 수도인 이스탄불에만 8만 여 명의 필경사가 있었다고 전해지는데 인쇄술의 허용은 이들의 정치사회적 불만으로 이어질 것이 뻔했다.

극소수 지배층이 주축이 되는 착취체제에서는 경제발전의 원동력인 공장 건설을 규제하거나 금지하기도 하였다. 이유는 간단하다. 대규모 공장이 세워져 노동자들이 모이고 산업생산이 늘면 기득권층에 대한 반감과 사회적 소요가 일어날 가능성이 높기 때문이다. 오스트리아-헝가리 제국 합스부르그(Habsburg) 왕가의 프란시스 1세(1795~1835년 통치)는 나폴레옹전쟁을 계기로 유럽에 퍼진 자유주의의 바람을 압살하고 봉건체제와 절대왕권을 강화하였다. 특히 극우 외상 메테르니히의 40년 통치기간 중인 1802년 프란시스 1세는 비엔나 지역에 공장 신설을 금지하는 법령을 시행하였다. 러시아에서도 차르 니콜라스 1세 집정 당시인 1848년 즈음 전 유럽에 시민혁명의 바람이 불자 1849년 모스크바 내에 신설가능한 공장의 수를 엄격하게 제한하는 법령을 반포하였다. 더불어 이동성의 증대가 농노제와 차르체제에 불안을 초래한다고 파악하고 철도 부설을 최소화함으로써 광활한 러시아의 운송수단은 여전히 마차였다.

착취체제에서 혁신의 어려움은 대중의 경제적 유인과 밀접하게 연관되어 있다. 개인 입장에서도 기술혁신을 해봤자 그 이득을 궁극적으로는 착취사슬의 최상위에 있는 기득권층이 누리게 되므로 힘들여 혁신이나 참신한 아이디어를 낼 동기가 없다. 또한 정치적으로 불안하고 재산권이 보호되지 못한 체제에서는 새로운 발명품이 금방 모방되어 버리므로 개발자가 충분한 이익을 보기 어렵다.

미국 북부는 19세기 산업혁명을 거쳐 세계 최강국으로 올라선 반면 남부는 노예제도와 대규모 소작제도에 기반을 둔 착취체제였기에 기술개발이나 혁신의 동기가 없었다. 남북전쟁(1861~1865)으로 노예제가 폐지되었음에도 불구하고 남부에서는 1876년 짐 크로우(Jim Crow) 법을 만들어 흑백차별을 사실상 유지하였다. 흑인들의 값싼 노동력을 바탕으로 면화, 사탕수수, 곡물을 재배하는 농업경제체제에서 경제발전이란 기대하기 어려웠다. 그러다가 20세기 중엽 마틴 루터 킹(Martin Luther King, Jr.) 목사를 중심으로 일어난 인권운동과 인종차별을 위헌으로 규정한 연방법원의 판결로 남부의 흑백차별은 종지부를 찍었다. 남북전쟁 이후 20세기 중엽까지 날로 벌어지던 북부와 남부의 격차는 이 시기 이후 점차 좁혀지기 시작했다.

23.5 우리나라의 경제민주화

우리나라는 박정희 대통령이 집권했던 제3공화국(1963~1972년)과 유신(1972~1979년) 시절 내내 대기업 주도의 수출을 통하여 경제개발을 추진하였다. 제3공화국 때에는 비차별적이고 보편적 수출 기반과 지원책을 제공하되 이를 잘 활용하여 성공한 품목이나 기업들이 성장하도록 운영되었다. 경제개발 초기였던 1960년도였기에 자연스럽게 경공업이나 부존자원 중심의 수출 혹은 단순노동력 해외진출이 주를 이루었다. 그러다가 1970년대에 들어와서는 중후장대형 중공업을 육성하기 위하여 국가주도로 산업별 대기업을 지명하여 전폭 지원하는 전략이 채택되었다. 포항제철(포스코의 전신), 현대자동차, 대우해양조선, 삼성반도체 등은 모두 관(官)-대기업주도 성장전략의 산물이었다.

경제개발 과정에서 자연스럽게 형성된 산업구조는 피라미드형 도급관계로 요약된다. 중소기업들은 대기업집단(재벌)의 하청업체로서 부품과 재료 혹은 용역을 공급하고 대기업들은 이들을 결합한 완성품을 만들어 해외에 수출하는 구조였다. 정부는 독점권 부여를 위시한 재정, 금융, 세제지원과 저임금 유지를 골자로 하는 근로자 권익향상 억제 등 친(親)기업정책을 통하여 이러한 구조를 공고히 하였다. 이처럼 재벌이 정점에 놓여 있는 피라미드형 수출주도 경제구조는 거점성장 모형으로서 전후방 연관효과를 통해 산업기반을 육성하여 우리나라가 절대빈곤에서 탈출하는 데 결정적으로 기여했다.

다른 한편 극소수 대기업집단과 기업 수의 99%를 차지하는 중소기업들의 수직종속적 관계는 많은 부작용을 낳고 있었다. 소수 대기업집단에 의한 독과점화는 날로 심해지고 다수 중소기업들 상호 간의 경쟁도 날로 심해져 대기업-중소기업 간 혹은 중소기업 간 양극화는 엄청난 관성을 갖고 진행되어 왔다. 정부도 이러한 부작용을 인식하여 1980년대 이후부터 '독점규제 및 공정거래에 관한 법률'(일명 공정거래법, 1976.3.15. 최초 시행)을 정비하고 경제력집중 억제 정책을 쏟아내었으나 정책일관성의 결여와 이미 지나치게 커져버린 재벌 대주주(소위 오너)의 비협조로 역부족이었다. 정부는 그와 더불어 중소기업 육성책이나 하도급법 개선책을 과도하다 싶을 만큼 쏟아내었다. 그러나 이미 양극화와 독과점화가 상당히 진전된 데다 상당수 중소기업들은 정부지원에만 기생하려다 보니 자생력을 잃어버려 규제나 정책의 충격이 가해져도 다시 원위치로 돌아가는 이력현상(hysteresis)만 보일뿐이었다.

혁신과 경제발전의 상호작용이라는 관점에서 볼 때 현재 우리나라의 가장 큰 우려는 단지 독과점이나 양극화가 극심하다는 사실이 아니다. 극소수 대기업집단과 자생력을 가진 소수 중소기업을 제외한 나머지 대부분의 기업들로부터 혁신의 동기를 빼앗는 산업구조의 고착화가 문제의 핵심이다. 협력업체(윗 단계 기업에 납품하는 하청 중소기업)가 기술혁신이나 경영시스템 고도화를 통해 생산비를 절감해도 상위기업이 '납품단가 후려치기'를 통해 그 과실(果實)을 고스란히 빼앗아간다. 일부 대기업이나 대기업 전현직 임직원이 우월적 지위를 남용하여 중소기업이 개발한 우수한 기술이나 노하우를 탈취하는 사례도 빈번하다. 이런 형편은 제1차 협력업체에서 제2차, 제3차 협력업체로 내려갈수록 열악해진다. 중소기업이나 개인들이 창의적 아이디어를 내놓고 천신만고 끝에 시장을 개척해 놓으면 대기업이나 대기업 전현직 종사자들이 시장을 탈취하는 행태도 자주 나타난다. 사정이 이렇다 보니 정부가 중소기업을 직간접으로 지원하여도 궁극적으로는 대기업이 가장 혜택을 보고 협력업체들은 '망하지 않고 간신히 연명할 수준'에서 운영된다.

이러한 산업구조와 하도급 행태는 기업들의 혁신이나 기술개발의지를 꺾는다. 이는 그러한 중간재를 납품받아서 완제품을 생산하는 대기업에게도 악영향을 미침은 말할 나위 없다. 그러자 일부 대기업들은 해외 외주(outsourcing)로 전환하거나 국제경쟁력 유지 및 경직적 노사관계를 구실로 아예 해외 이전을 꾀하기도 한다. 다시 말해서, 대기업-중소기업 간의 수직구조와 착취행태는 단기적으로는 해당 대기업들에게 원가절감을 가져다주지만 중장기적으로는 산업경쟁력을 저하시키고 국민경제 전체에 타격을 주게 된다. 최근 중소기업 기술 탈취에 대한 징벌적 손해배상제도나 편법 상속증여를 목표로 하는 대기업 계열사 간의 일감 몰아주기 규제 등 일련의 조치는 만시지탄이지만 적절했다고 평가된다.

경제 용어와 정치적 용어를 결합한 '경제민주화'라는 표현의 적절성이나 구체적 정책수단에 대해서는 학자마다 다를 수 있다. 그러나 수직적 하청을 기반으로 하는 대-중소기업 간의 관계를 수평적으로 개편하여 기업들과 개인들에 의한 혁신 유인을 높이고 이것으로 하여금 경제성장의 선순환을 꾀하고 선진국 진입의 초석으로 삼자는 점에서 경제민주화는 현재 우리의 시대적 화두이다.

세계 최강국 미국도 남북전쟁(1861~1865)이 끝나고 전후 복구 및 공업국으로의 성장과정에서 거대 독점기업과 카르텔에 의하여 국가 전체가 포획된 바 있다. 도둑남작들(robber barons)로 불리는 거대 트러스트 기업가들은 주요 산업을 독과점화하고 담합과 카르텔을 통해 부를 축적하였다. 예컨대, 록펠러(John D. Rockfeller)의 스탠다드오일(Standard Oil) 트러스트는 1880년 당시 미국 정유시장의 95%를 장악하고 있었다. 모건(J. P. Morgan)이 카네기(Andrew Carnegie)를 포함하여 서너 개 철강회사를 인수해 만든 유나이티드스테이츠스틸(United States Steel)은 20세기 초 미국 철강생산의 67%를 차지했다. 소수 재벌이 국부의 대부분을 움켜쥐고 돈으로 정치까지 좌지우지하면서 부정부패와 매관매직이 만연하였다. 반면 다수 국민들은 최저생계를 간신히 넘는 수준에서 근근이 살아갔던 시대, 이른바 19세기 후반의 금칠갑시대(The Gilded Age)였다.

암울했던 미국 역사를 돌려놓았던 사람들은 일부 의식 있는 정치지도자들과 공정한 사법부였다.[16] 시어도어 루즈벨트(Theodore Roosevelt, 1858~1919) 대통령은 1890년 제정되었던 셔먼 독점금지법(Sherman Antitrust Act)을 부활시켜 경제력 집중을 해소할 기반을 만들었고, 연방정부와 사법부는 1904년 거대 철도 트러스트인 노던시큐리티스(Northern Securities)의 해체를 필두로 1911년 스탠다드오일, 아메리칸토바코(American Tobacco), 유나이티드스테이츠스틸 등을 분할・해체하였다. 이외에도 철도회사의 리베이트 관행을 금지하고 운임을 규제하는 법을 만들거나 식품 재벌들의 비리를 막기 위한 법 등을 만듦으로써 경제적 집중의 완화와 국민복지 향상을 꾀했다. 서부에 광활한 국유림지대를 조성하고 공공목적으로만 사용하도록 규제하였으며 대규모 치수관개사업을 추진하여 환경개선에도 힘썼다. 미국 번영의 초석이 된 20세기 초의 이른바 진보시대(The Progressive Era)였다.

23.6 포퓰리즘

포퓰리즘(populism, 대중인기영합)은 정책의 입안과 집행에 있어서 사회적으로 바람직한 방향을 추구한다기보다 단지 집권만을 지상목표로 대중의 인기에 호소하는 정치패턴으로 정의된다. 포퓰리즘의 전형으로는 정치적 목적으로 일반대중, 저소득계층, 중소기업 등의 지지를 확보하기 위해 취하는 경제정책을 들 수 있다. 예컨대, 내수진작을 위한 적자예산 운용, 소득재분배를 위한 명목임금 상승, 물가의 인위적 통제 등이 있다. 제19장 19.3절 조세의 정치경제에서 설명하였듯이 포퓰리즘은 이론적으로 중위투표자정리와 밀접하게 맞닿아 있다. 집권과 정권유지가 최대 목적인 민주정치체제에서 최선의 전략은 중위투표자가 가장 선호하는 정책, 즉 가장 대중영합적인 정책을 내세우는 것이다. 만약 기존 정당들이 대중영합적 정책이나 이념과 떨어져 있는 경우 새로운 정치세력이나 정당이 그 틈을 비집고 들어와 중위투표자가 가장 선호하는 정책을 표방한다면 집권이나 정권유지에 유리하다는 함의를 갖는다.

애스모글루・에고로프・소닌(Acemoglu, Egorov and Sonin 2013)은 정치인들의 성향이나 정치환경에 대한 불확실성이 존재할 경우 좌편향적인 포퓰리즘 정책은 완전베이즈균형에서 후보들

16 Glaeser, Scheinkman and Shleifer(2003)은 금칠갑시대에서 진보시대로 이행하는 과정을 사례로 들면서 경제발전에 미치는 공정한 사법부의 역할을 강조하였다.

의 최적 신호발송 전략임을 증명하였다. 일반 유권자들은 정치인들이 대체로 보수우파 성향을 갖고 있거나 혹은 부유층 로비의 영향을 받아 그들의 이해를 대변할 가능성이 높다고 믿는다. 중도성향의 후보는 좌파적 선거공약을 제시함으로써 자신은 우파가 아니라는 신호를 유권자들에게 보내는 것이 최선의 전략이다. 물론 좌파성향의 후보는 자신의 성향보다 훨씬 더 좌파적 선거공약을 제시하며, 심지어 우파성향의 후보도 중도 혹은 중도좌파적 공약을 제시하게 된다. 집권프리미엄이 클수록, 중위투표자의 성향과 우파 정치인의 간극이 클수록, 그리고 정치인들이 사실은 우편향되어 있을 확률이 높을수록 정책의 좌향좌는 심해진다.

포퓰리즘의 사례는 셀 수 없이 많다. 상하수도나 전기 같은 공공요금을 원가보다 낮게 책정하고 국민 세금을 걷어 보조하는 정책은 저소득층에 대한 소득재분배와 수출제조업에 대한 혜택 제공 때문이었다. 오늘날 지나치게 낮은 공공요금이 전 국민의 과도한 에너지 소비를 초래하고 저탄소 녹색산업시대에 고에너지 산업을 유지하도록 부추김으로써 경제에 미치는 부정적 효과는 막대하다. 그러나 공공요금 인상은 곧바로 각종 선거에서 득표율 하락을 의미하기에 어느 정당이나 대통령 후보도 감히 공공요금 인상을 공약으로 꺼내놓지는 않는다. 지지부진한 연금개혁은 또 다른 사례이다. 저출산·고령화시대를 맞이하여 각종 연금을 '더 많이 내고, 더 적게 받는' 방향으로 개선하지 않으면 훗날 국가재정을 아무리 쏟아부어도 지탱하기 어렵다. 그러나 현직 정치인들에게 연금 파탄은 먼 미래의 일일 뿐 당장은 자신의 당선이나 인기가 더 중요하므로 일단은 개혁을 미루려는 유혹이 크다. 이외에도 국공채나 지방채를 마구 발행하여 대형 지역사업을 벌인다든지 통화량을 늘려 거품경제를 붙잡아 매려는 경우가 모두 포퓰리즘의 전형이다.

23.6.1 페론주의(Peronism)

포퓰리즘은 1870년대 러시아의 브나로드(Vnarod)운동에서 비롯되었다. 당시의 포퓰리즘은 '민중 속으로'라는 슬로건을 내건 러시아 급진주의의 정치이데올로기였고 청년귀족들과 학생들이 농민을 주체로 한 사회개혁사상의 중심이었다. 그러나 현대적 의미에 있어서 포퓰리즘이란 용어는 1890년대 미국의 양대 정당인 공화당 및 민주당에 대항하기 위해 탄생한 인민당(Populist Party)이 농민과 노조의 지지를 얻기 위해 경제적 합리성을 도외시한 정책을 표방한 것이 그 연원이다. 오늘날 포퓰리즘이 세계적으로 널리 알려진 계기는 아르헨티나의 페론정권이 선심성정책을 펴 결국은 국가경제를 파탄시켰다는 인식 때문이었다.

아르헨티나의 후안 페론(Juan Peron)과 영부인 에바 페론(Eva Peron)은 1946년 노동자의 지지를 받아 집권한 이후 친노동정책을 펼쳤다. 당시 아르헨티나는 산업화의 물결 속에서 사람들이 도시로 몰려들었고 수많은 도시빈민들이 하루 끼니가 걱정인 상황이었다. 페론은 노동자 계급의 소득향상을 통해 내수를 진작시키고 그를 통해 아직 걸음마 단계인 국내 공업발전을 꾀하고자 하였다. 페론 집권 후 연간 20% 이상의 임금인상, 복지확대를 위한 과도한 재정지출 확대가 연이어졌다. 노동입법을 통하여 노동권익을 보호하고 노동단체들에 엄청난 특혜를 베풀어 노동자들을 페론의 확고한 지지층으로 끌어들였다.

페론정부는 언론통제, 외국산업 축출, 산업 국유화를 단행하는 한편 부패청산을 위한 개혁조치들도 취했다. 집권 직후 영국과 프랑스 회사가 소유하고 있던 철도 등 주요 기간산업을 국유화했다. 아르헨티나 중앙은행을 국유화하고, '경제독립'을 선언하면서 영국에 지고 있는 막대한 외채를 상환했다. 페론이 집권 초기 나름 성공했던 주원인은 제2차 세계대전 이후 세계 식량수요 증가로 농축산물의 수출이 늘어나면서 벌어들인 외화 덕분이었다. 병원과 학교를 설립하고 공공사업 대출 프로그램을 활성화한 덕분에 1946~1948년 동안 아르헨티나 경제는 약 25% 성장했다. 1940년대 후반부터 국제 곡물가격이 하락하자 정부는 부담을 농업부문에 떠넘겼고 이는 농업의 생산, 수출, 사업가정신 저해를 초래하였다.

페론은 1948년에 이르자 자신의 정치이념을 '정의주의(Justicialismo)'라고 포장하면서 헌법을 개정하여 대통령 직선제를 도입하고 임기를 6년으로 연장하였으며 반대세력을 억압하였다. 한편 경제불황은 페론이 친기업정책을 채택하도록 영향을 미쳤다. 노동자의 임금은 여전히 높은 수준을 보장하되 수출을 촉진하고 석유와 자동차산업에서 외국투자를 유치하는 방향으로 선회하였다. 페론은 1955년 군부쿠데타로 축출되었으나 1973년 10월 20년의 망명생활을 접고 귀국하여 재집권에 성공했다. 그러나 제1차 석유파동으로 인한 마이너스 경제성장과 초인플레이션(hyper-inflation), 그리고 극심한 좌우 갈등으로 인한 정치혼란 와중인 1974년 7월 사망했다.

페론주의가 진정한 포퓰리즘이었는지에 대해서는 찬반양론이 있다. 긍정적 평가에 따르면, 페론은 아르헨티나 경제가 나아갈 방향성을 제시하여 1949년부터 1976년까지 국민총생산이 127%, 개인소득은 232% 증가하도록 기틀을 마련했다. 물가억제에는 실패했으나 분배에는 성공하여 라틴아메리카 지역에서 가장 높은 임금수준, 잘 조직된 노동자계급, 두터운 중산층이 형성됐다. 부정적 평가에 따르면, 페론은 정치적 지지기반의 확보를 위하여 노동조합과 노동자들에게 '퍼주는' 정책을 씀으로써 중장기적으로 국가경제를 파탄나도록 했다. 페론 자신이 군사

쿠데타로 집권했기 때문에 군부세력을 가장 두려워하였으며, 노동자의 지지를 이끌어내서 잠재적 경쟁자인 군부를 견제하고자 했다. 이처럼 군부와 노동자 사이에 조성된 위화감은 사회의 균형감각을 잃게 하였고, 각종 정책들이 일관성 없이 극단을 오가도록 만들었으며 그 와중에 성장기반이 와해되었다.

23.6.2 컬리효과[17]

제임스 컬리(James M. Curley)는 아일랜드계 미국 이민자로서 1913년부터 1951년 사이에 보스턴 시장을 네 번 역임한 인물이다. 하원의원 재선과 매사추세츠 주지사직을 합하면 무려 칠선에 달한다. 컬리는 당시 보스턴의 빈민층을 형성하고 있었던 아일랜드계 주민들을 대변하였고 포퓰리즘적 정책, 부정부패, 강렬한 정치적 수사로 악명을 날렸다. 가난한 아일랜드계 이민자들에게 압도적으로 유리한 갖가지 재분배정책을 시행하였고 영국계 개신교인을 겨냥하여 소위 '가진 자'들을 강렬한 어조로 비난하기 일쑤였다. 중산층 이상의 주민들은 점차 보스턴을 떠났고 시는 갈수록 황폐해졌으며 그럴수록 컬리의 당선 가능성은 더욱 높아졌다.

컬리효과(Curley effect)란 정치인이 왜곡된 재분배정책이나 재개발정책을 통해 선거구민 의 구성을 자신에게 유리한 방향으로 바꿔가는 전략을 의미한다. 컬리효과는 비단 20세기 초중반 보스턴에만 국한된 내용이 아니다. 콜먼 영(Coleman A. Young)은 1973~1993년 기간 동안 디트로이트(Detroit) 시장을 다섯 차례 역임하는 동안 백인 주민들과 업체들을 계속 몰아내 디트로이트를 최대 흑인 밀집 메트로폴리탄으로 만들었다. 그는 통근지세(commuter tax)와 근로소득세를 인상하여 중상류층에 대한 부담을 대폭 늘렸다. 흑인 노동자들의 일자리를 늘리기 위해 불요불급한 대규모 전시성 토목건설 사업을 벌인 것은 물론 연방정부의 지원을 따내 공공임대주택을 늘림으로써 자신의 지지기반인 중하위계층 흑인들을 유입시켰다. 백인들이 거주하기 어려운 환경을 조성하기 위하여 경찰력을 1976년 20% 수준으로 감축하였고 시내 쓰레기 청소는 반으로 줄였다. 시내 각처에 검정색 주먹 심벌을 만들어 붙이고 백인을 공공의 적으로 몰아감으로써 백인들이 떠날 수밖에 없는 살벌한 분위기를 만들었다.

지방자치단체 선거 이후 출현한 무상(無償) 복지정책도 비슷한 시각으로 볼 수 있다. 무상보육, 무상급식, 무임승차를 넘어서 아예 청년들이나 신혼부부에게 매달 일정액을 나눠주는 정책을 시행하겠다는 후보나 지자체가 늘어났다. 그런데 무상복지 공약을 제시하는 후보나 시행하

17 본항은 Glaeser and Shleifer(2005)를 참조하였다.

는 단체장은 거의 예외 없이 진보정당 소속이다. 무상복지 수혜자는 저소득층이나 20~30대처럼 진보정당 지지층이 많을 뿐 아니라 무상복지가 아쉬운 사람들의 전입을 유도한다. 반면 경제적 여유가 있는 계층은 자신이 낸 세금이 남들에게 나눠주는데 쓰이고 정작 자신들에게는 별 혜택이 없거나 불이익을 당한다고(예컨대, 교통범칙금도 소득에 따라 차등 부과하자는 공약) 느끼면서 전출 유인이 있다. 진보정당의 지지기반은 날로 공고해지며 해당 지자체장이나 지방의원의 재선 확률은 계속 높아진다. 이상과는 반대 논리에 의해 보수정당 지자체장은 보편적 복지혜택을 최소화하고 도로나 주거환경 정비, 스포츠레저 시스템 구축, 문화예술행사 개최 등으로 지지기반을 끌어당기려 한다. 정치인들의 이러한 '합리적' 행태는 소득계층 및 인종에 따라 지역분리(segregation)를 가속화하는 부작용을 초래한다.

그렇다면 컬리 시장 집권으로 보스턴의 아일랜드계 이민자들의 삶은 나아졌을까? 영 시장 집권으로 디트로이트 흑인들의 삶은 윤택해졌을까? 그렇지 않다. 컬리의 집권시기인 1910년에서 1950년 사이 보스턴의 인구는 19.5% 증가하는 데 그쳤는데 이는 매사추세츠의 29.3%나 미국 전체의 63.9% 인구증가에 비하면 형편없는 실적이었다. 주민들의 생활 형편도 40년 기간 동안 오히려 퇴보하였다. 디트로이트 인구는 영 시장이 집권하는 동안 1970년 151만 명에서 1990년 103만 명으로 줄었다. 실업률은 10.3%에서 20.6%로 뛰었고 빈곤선 미만 가계 비율은 18.6%에서 29.8%로 늘었다. 오늘날 디트로이트는 영화 '배트맨(Batman)'에 나오는 고담시티를 방불케하는 최악의 슬럼도시이다. 불행히도 실업, 빈곤, 황폐화의 최대 희생자들은 영 시장의 지지기반인 흑인들이었다.

우리나라에서도 중산서민층을 지지기반으로 갖고 있는 정당 소속의 국회의원이나 지자체 의원들이 지역의 대규모 재개발·재건축 사업을 마뜩지 않아 한다는 사실은 잘 알려져 있다. 재개발과 재건축으로 버젓한 아파트 단지가 들어서면 중하층 주민들이 중상층 주민들로 대체된다. 새로 입주한 주민들을 보수정당을 지지할 확률이 높으므로 그만큼 진보정당 출신으로서는 지지기반이 약해지는 효과가 발생한다. 반대로 보수정당은 산동네와 달동네를 밀어붙여 재개발하고 그 자리에 중대형 주거지가 자리잡기를 원한다.

모든 국회의원이나 시장이 컬리효과를 추구하지는 않는다. 컬리가 보스턴 시장을 네 번 역임했던 기간(1914~1950년) 동안 뉴욕에서는 다섯 명이 1년 이상 시장직을 수행하였다. 그 가운데 세 명이 부패의 상징인 태머니파(Tammany Hall) 출신이었고 두 명이 공화당원들의 지지를 받은 보수성향의 인물이었다. 그들 모두 대중인기영합이나 컬리효과와는 거리가 먼 성향을 갖고 있었다. 또한 20세기 후반 시카고에서도 해롤드 워싱턴(Harold Washington)이라는 흑인 시장이 집권한 적이 있기에 컬리효과가 나타날 개연성은 충분했다. 그럼에도 불구하고 뉴욕, 시카고, 그리고 서울에서는 컬리 방식의 정책이 발붙이기 힘들다. 가장 중요한 이유는 도시의 규모에 있다. 거대도시는 인구가 지나치게 많은데다 교외-도심 간 거리도 너무 멀어 중상류층이 교외에 거주하면서 도심으로 출근하도록 유도하기에는 무리가 많았다. 무엇보다도 시카고 시장으로 당선되었을 당시 워싱턴은 환갑을 넘긴 나이였다. 아마도 컬리효과가 발휘되도록 정책을 펴봐야 자신이 수혜자가 되기는 어려웠다고 판단하지 않았을까?

APPENDIX

부 록

A 기대효용이론과 베이즈법칙

B 연습문제 해답

Politics & Public Economics:
A Game-Theoretic Approach

부록 A 기대효용이론과 베이즈법칙

A.1 기대효용 이론

불확실성하의 의사결정

본절에서는 불확실성이 존재하는 상황에서 합리적 개인의 의사결정을 다룬다. 확실성의 세계에서 개인의 선택이나 행동은 애초에 의도한 결과를 틀림없이 가져오며 따라서 선택과 결과를 혼용해도 무방하다. 예컨대, 합리적 소비자의 효용수준은 소비묶음(선택)에 의해 결정된다고 봐도 되고 실제 소비량(결과)에 의해 결정된다고 봐도 된다. 하지만 불확실성의 세계에서는 다르다. 개인의 선택은 의도치 않은 결과를 낳을 가능성도 있으므로 선택과 결과는 마땅히 구분되어야 한다.

개인이 행동 a 혹은 b 가운데 하나를 선택해야 한다. 행동 a를 선택하면 p의 확률로 x_a원을 얻고 $(1-p)$의 확률로 y_a원을 얻는다고 하자. 행동 b를 선택하면 x_b와 y_b를 얻을 확률이 각각 q와 $(1-q)$라고 하자. 합리적 개인은 a와 b 중 어느 행동을 선택할 것인가? 이에 대한 답은 그의 효용함수에 달려있다.

개인의 효용함수가 $u(\cdot)$라고 하자. 앞으로 나올 기대효용함수와 용어상 혼란을 피하기 위하여 $u(\cdot)$를 베르누이효용함수(Bernoulli utility function)라 부르기로 하자. 폰 노이만(John von Neumann)과 모르겐슈테른(Oskar Morgenstern)이 정립한 기대효용(期待效用, expected utility) 가설에 따르면 앞 문단에서 묘사한 상황에 직면한 개인은 다음과 같이 선택해야 합리적이다.

$$
\begin{array}{ll}
\text{행동 } a\text{를 선택} & > \\
\text{행동 } b\text{를 선택} \quad & pu(x_a)+(1-p)u(y_a) < qu(x_b)+(1-q)u(y_b) \\
a\text{와 } b \text{ 간에 무차별} & =
\end{array}
\qquad \text{(A.1)}
$$

베르누이효용함수가 $u(x)=\sqrt{x}$ 인 투자자를 예로 들어보자. 그는 a사 혹은 b사의 주식을 400만원어치 매입하고 한 달 후 매각해야 한다. 주식 a는 30%의 확률로 300만원으로 하락하며 나머지 70%의 확률로 600만원으로 상승한다고 하자. 주식 b는 50%의 확률로 400만원 그대로 유지되며 나머지 50%의 확률로 500만원으로 오른다고 하자. 이 투자자가 주식 a로부터 얻는 기대효용을 계산하면 22.3단위($\approx 0.3\times\sqrt{300}+0.7\times\sqrt{600}$)이다. 또 주식 b에의 투자로부터 얻는 기대효용은 21.2단위($\approx 0.5\times\sqrt{400}+0.5\times\sqrt{500}$)이다. 따라서 기대효용가설에 따르면 이 투자자는 주식 a를 매입하는 것이 합리적이다.

기대효용

행동과 상태가 각각 둘씩밖에 없는 이상의 논의를 보다 일반화하자. 개인의 선택 혹은 행동은 소문자 a로 표기하며, 모든 선택들의 집합은 대문자 A로 표기한다. 즉, $a\in A$이다.

행동을 취하는 시점에서 개인은 어떤 상태가 실현될지 알 수 없으며, 다만 각 상태가 일어날 확률이 얼마인지만을 선험적으로 안다. 개별 상태는 소문자 s로 표기되며, 발생가능한 모든 상태의 개수는 대문자 S로 표기하자. 즉, $s\in\{1, 2, \cdots, S\}$이다. 상태 s가 발생할 확률을 $p(s)$로 표기하자. 이는 확률분포이므로 어떠한 상태 s에 대하여도 $0\leq p(s)\leq 1$이며 또한 $\sum_{s=1}^{S}p(s)=1$을 만족한다. 개인이 행동 a를 선택하였는데 상태 s가 실현될 때 그가 얻게 되는 금전적 보수를 $x_a(s)$로 표기하자. 행동 a가 가져다주는 기대효용은 다음 식과 같다.

$$Eu_a=\sum_{s=1}^{S}p(s)u(x_a(s)) \tag{A.2}$$

기대효용은 각 상태가 발생할 확률에 각 상태에서 의사결정자가 얻게 될 효용수준을 곱한 다음 이를 모든 상태에 대하여 합산하여 계산한다. 기대효용함수가 이처럼 가법적(additive) 형태를 취하는 것은 직관적으로도 일리가 있다. 불확실성하의 의사결정 문제에서는 하나의 상태가 발생하면 여타 다른 상태는 발생할 수가 없다. 예컨대, 주식투자의 결과로 주가가 150원 상승하는 상황이 발생한다면 주가가 100원 상승하는 상태나 주가가 200원 하락하는 상황이 그와 동시에 발생할 수는 없다. 따라서 특정 상태의 실현으로 얻게 될 금전적 보수가 효용에 미치는 영향은 만일 다른 상황이 발생했었더라면 얻었을 보수가 효용에 미치는 영향과 독립적으로 분리되는 것이 타당하다.

식 (A.2)로 표현된 기대효용함수는 하늘에서 떨어진 공식이 아니다. 폰 노이만과 모르겐슈테른은 『게임이론과 경제행태』(*Theory of Games and Economic Behavior* 1944)에서 불확실성이 존재할 때 개인의 합리적 의사결정이 갖춰야 할 바람직한 행동 공리 다섯 개를 설정한 다음 공리체계로부터 기대효용함수를 수학적으로 도출하였다. 확실성하에서의 효용함수는 서수적 개념

이었으나 불확실성하에서의 기대효용함수는 기수적 개념이라는 한계를 갖는다.[1]

성 피터스버그의 역설

개인이 불확실성하에서 의사결정을 할 때 수학적 기대치(expected value)처럼 이해하기 쉽고 계산하기 쉬운 방법을 쓸 수도 있다. 그런데 왜 굳이 기대효용이라는 개념을 도입하는지 의구심이 들 것이다. 성 피터스버그 역설(St. Petersburg's paradox)이라 불리는 다음 예시는 불확실성하에서의 의사결정기준으로 수학적 기대치가 지닌 문제점을 단적으로 보여준다.

동전을 던져서 k번째에 처음으로 앞면이 나오면 2^k만원을 얻는 도박이 있다고 하자. 예컨대 첫 번째, 두 번째에 계속 뒷면이 나오다가 세 번째에 최초로 앞면이 출현한다면 8만원($=2^3$)의 상금을 받고 도박이 종료된다. 합리적 도박사는 이 도박에 참여하기 위하여 최고 얼마까지의 입장료를 낼 용의가 있겠는가?

이 도박의 수학적 기대치는 다음에 의해 무한대 값을 갖는다.

$$\frac{1}{2}\times 2+\left(\frac{1}{2}\right)^2\times 2^2+\cdots=\infty$$

따라서 수학적 기대치를 의사결정 기준으로 삼는다면 도박장 입장료가 아무리 비싸더라도(예컨대 100억원) 이 도박에 참여해야 합리적이다. 그러나 현실적으로 이러한 도박에 참가하기 위하여 그렇게 큰 금액의 입장료를 낼 사람은 없을 것이다.

한편 개인의 베르누이효용함수가 $u(x)=\sqrt{x}$ 라고 가정하고, 위의 도박에 참여함으로 얻는 기대효용을 계산하면 다음과 같다.

1 동족변환(affine transformation)이란 주어진 함수에 양(+)의 상수를 곱한 다음 임의의 실수를 더함으로써 원래함수를 변환하는 것으로 정의된다. 예컨대 $f(x)=x$와 $g(x)=3x+7$은 동족함수이다. 베르누이효용함수는 동족(同族, affine)변환이 허용하는 범위에서 유일하다. 즉, 함수 $u(\cdot)$가 특정 소비자의 선호체계를 나타내는 베르누이효용함수라면 동족변환함수 $v(\cdot)=au(\cdot)+c$(단, $a>0$이며, c는 임의의 실수) 역시 동일 선호체계를 나타내는 베르누이효용함수이다. 예컨대, 함수 $v(x)=4\sqrt{x}+7$과 함수 $u(x)=\sqrt{x}$ 는 동일한 선호체계를 나타내는 베르누이효용함수이다.

$$\left(\frac{1}{2}\right)\times\sqrt{2}+\left(\frac{1}{2}\right)^2\times(\sqrt{2})^2+\left(\frac{1}{2}\right)^3\times(\sqrt{2})^3+\cdots$$
$$=\left(\frac{\sqrt{2}}{2}\right)+\left(\frac{\sqrt{2}}{2}\right)^2+\left(\frac{\sqrt{2}}{2}\right)^3+\cdots$$
$$=\frac{\frac{\sqrt{2}}{2}}{1-\frac{\sqrt{2}}{2}}\approx 2.4$$

따라서 효용함수가 $u(x)=\sqrt{x}$인 사람은 입장료가 24,000원보다 낮다면 이 도박에 참여하겠지만 만약 24,000원보다 크다면 이 도박에 참여하지 않을 것이다.

성 피터스버스 역설이 보여주듯이 합리적 의사결정의 기준으로 기대치보다는 기대효용이 훨씬 일리가 있다. 기대치는 금전적 보수나 수입에 정비례하여 증가한다. 반면 금전적 보수나 수입이 증가할수록 그것으로부터 얻는 추가적인 효용수준, 즉 한계효용은 감소한다. 실제 합리적 경제인은 금액 자체보다는 그 금액이 자신에게 가져다주는 효용수준에 관심을 가지므로 기대효용 개념이 불확실성하의 의사결정을 설명하기에 적합하다.

위험에 대한 태도

위험회피(危險回避, risk averse)란 수학적 기대치가 같다면 위험이 작은 선택을 더 선호하는 태도로 정의된다. 위험중립(危險中立, risk neutral)이란 불확실성 혹은 위험의 유무(有無) 여부에 상관없이 기대치의 크기만을 중요시하는 태도를 의미한다. 위험애호(危險愛好, risk loving)란 기대치가 동일하다면 위험이 큰 선택을 더 선호하는 태도를 의미한다.

두 선택 a와 b가 놓여 있다. 선택 a는 50%의 확률로 2만원을 지불하고 나머지 50%의 확률로 아무것도 지불하지 않는 복권이고, 선택 b는 1만원을 확실히 지불한다고 하자. 두 선택의 기대치는 1만원으로 차이가 없으나, 전자는 불확실성 혹은 위험을 내포하고 있는 반면 후자는 위험이 전혀 없다. 이러한 상황에서 위험회피자는 선택 b를 a보다 더 선호하고 위험애호자는 선택 a를 더 선호할 것이다. 위험중립자는 두 선택 a와 b 간에 무차별하다.

확률 p로 x원을 지불하고 나머지 확률 $(1-p)$로 y원을 지불하는 선택 혹은 복권이 있다고 하자. 베르누이효용함수가 $u(\cdot)$인 개인이 이 복권으로부터 얻는 기대효용은 $pu(x)+(1-p)u(y)$이다. 반면 이 복권의 기대치인 $px+(1-p)y$를 확실히 받음으로써 누리는 효용수준은 $u(px+(1-p)y)$

일 것이다. 따라서 위험회피자의 효용함수 u는 임의의 $p\in[0, 1]$, 그리고 임의의 x, y에 대하여 아래 식을 충족해야 한다.

$$u(px+(1-p)y)>pu(x)+(1-p)u(y) \tag{A.3}$$

식 (A.3)과 부등호가 반대로 성립하는 효용함수를 가진 개인은 위험애호 성향을 가지고 있다. 또한 위험중립자의 효용함수는 식 (A.3)의 양변이 항상 등호(=)로 성립해야 한다.

개인의 위험회피, 위험중립, 위험애호 여부는 베르누이효용함수 $u(\cdot)$의 오목, 선형, 볼록 여부에 의해 결정된다. 식 (A.3)이 성립하기 위해서는 베르누이효용함수 $u(\cdot)$는 오목한(concave) 형태를 가져야 한다. 위험중립자의 효용함수는 선형(線型, linear)이며 위험애호자의 효용함수는 볼록한(convex) 형태를 갖는다. 다른 한편 함수의 오목, 선형, 볼록 여부는 베르누이효용함수 $u(\cdot)$를 두 번 미분한 2차 도함수 u''값에 의하여 결정된다. 즉, $u(\cdot)$가 오목하면 $u''(\cdot)<0$이고, 선형이면 $u''(\cdot)=0$이며, 볼록하면 $u''(\cdot)>0$이다. 이상을 요약하면 아래와 같다.

위험회피		오목		$u''<0$	
위험중립	⇔	u가 선형	⇔	$u''=0$	(A.4)
위험애호		볼록		$u''>0$	

이상에서 살펴본 논리를 일반화하면 다음과 같은 '젠슨부등식'(Jensen's inequality)으로 표현된다. 어떠한 선택 혹은 복권 L에 대하여 효용함수 $u(\cdot)$가 오목이면 $Eu_L(\cdot)<u[E(L)]$이고, 선형이면 $Eu_L(\cdot)=u[E(L)]$이며, 볼록이면 $Eu_L(\cdot)>u[E(L)]$이다. 여기서 좌변 $Eu_L(\cdot)$은 복권 L로부터 얻는 기대효용을 나타내며 우변 $u[E(L)]$은 복권 수입의 기대치 $E(L)$을 확실히 받을 경우 얻게 되는 효용수준을 나타낸다.

A.2 학습과 베이즈법칙

불확실성의 세계에서 합리적 개인이 새로운 정보를 추가로 얻었다고 하자. 개인이 어떻게 새 정보를 취합하고 자신의 의사결정에 활용하는지 모형화하는 작업은 매우 중요하다. 베이즈법칙(Bayes' rule)은 합리적 선택이론이나 게임이론에서 개인이 습득된 정보를 업데이트하는 방식에

대한 핵심 개념이다. 본절에서는 조건부확률과 베이즈법칙에 관하여 설명하고자 한다.[2]

조건부확률

사건(事件, event) A의 출현을 알고 있거나 또는 출현이 확실하다는 조건하에 사건 B가 출현할 확률을 알고 싶다고 하자. 사건 A의 출현을 조건으로 하는 B의 출현확률을 조건부확률(條件附確率, conditional probability)이라 하며, $p(B|A)$로 표기한다. 사건 A의 출현확률은 $p(A)$이며, 이 A의 출현을 조건으로 하는 B의 출현은 A와 B의 중복된 부분을 뜻하므로 조건부확률 $p(B|A)$는 다음으로 정의된다.

$$p(B|A)=\frac{p(A\cap B)}{p(A)} \tag{A.5}$$

또한 식 (A.5)로부터 다음 식을 도출할 수 있는데 이를 곱셈정리(multiplication rule)라 부른다.

$$p(A\cap B)=p(B|A)p(A) \tag{A.6}$$

예를 들어, 주사위 2개를 동시에 던졌을 때 두 주사위 눈금이 모두 3 이상이라는 사실은 알고 있다는 가정하에 두 눈금의 합계가 7이 될 확률을 구해보자. 두 주사위의 눈금이 모두 3 이상일 사건을 A, 두 눈금의 합계가 7이 되는 사건을 B라 한다. 사건 A가 일어날 확률은 $p(A)=\frac{16}{36}\left(=\frac{4}{6}\times\frac{4}{6}\right)$이다. 두 눈금이 다같이 3 이상이면서 그 합계가 7이 되는 $p(A\cap B)$는 전체 표본점 36개 가운데 2개((3, 4)와 (4, 3))뿐이므로 $\frac{2}{36}$이다. 따라서 조건부확률 $p(B|A)$는 아래 식에 의하여 $\frac{1}{8}$이다.

$$p(B|A)=\frac{2/36}{16/36}=\frac{1}{8}$$

---

2 기초 통계학이나 확률론의 기초가 탄탄한 독자는 본절을 뛰어넘어도 좋다.

단순 베이즈법칙

베이즈법칙은 관찰가능한 결과로부터 관찰 불가능한 특성의 조건부확률을 구하는 데 쓰이는 중요한 분석도구이다. 예컨대 대졸 취업지원자의 학점, 영어성적, 공인시험 합격 여부 등 관찰가능한 자료를 근거로 지원자의 능력이라는 관찰 불가능한 특성을 유추해내는 데 베이즈법칙을 적용한다. 다른 예로서 주주들은 회사의 재무건전성이나 사업의 장래성 등 자신의 보수에 직접 영향을 주는 내부사정은 알기 어렵다. 이 경우 투자자들은 재무제표, 작년 배당금, 주가수익비율 등 관찰가능한 정보로부터 재무건전성이나 사업성처럼 감추어진 특성을 추론한다.

이해를 돕기 위해 정치적 상황을 상정하자. 특정 지역구의 국회의원은 유능할 수도 있고 무능할 수도 있다. 주민은 그 의원이 유능할 사전확률(事前確率, prior probability)이 40%이고 무능할 확률이 60%라는 사실만 알뿐이다. 해당 의원이 임기 중 이룬 의정활동과 지역 사업 유치 성과는 탁월할 수도 있고(고성과) 형편없을 수도(저성과) 있다. 유능한 정치인은 70%의 확률로 탁월한 성과를 낼 수 있지만 열악한 대외 여건이나 파벌싸움 때문에 별 볼 일 없는 성과를 낼 수도 있다. 무능한 정치인은 90%의 확률로 낮은 성과를 내지만 10%의 확률로는 운 좋게 훌륭한 성과를 내기도 한다. 주민은 정치인의 성과만 관찰할 수 있으며 실제 능력은 알 수 없다.

위에 묘사된 의원이 임기 중 실망스러운 성과를 냈다고 하자. 그가 무능한 정치인일 사후확률(事後確率, posterior probability)은 얼마일까? 즉, 조건부확률 $p(\text{무능}\mid\text{저성과})$가 우리가 구하고자 하는 사후확률인데 식 (A.5)를 적용하면 다음과 같다.

$$p(\text{무능}\mid\text{저성과})=\frac{p(\text{무능}\cap\text{저성과})}{p(\text{저성과})} \tag{A.7}$$

곱셈정리인 식 (A.6)을 식 (A.7)의 분자에 적용하면 다음 식을 얻는다.

$$\begin{aligned}p(\text{무능}\cap\text{저성과})&=p(\text{저성과}\mid\text{무능})p(\text{무능})\\&=0.9\times0.6=0.54\end{aligned} \tag{A.8}$$

또한 식 (A.7)의 우변의 분모는 약간의 조작을 통하여 다음과 같이 계산된다.

$$\begin{aligned} p(\text{저성과}) &= p(\text{무능} \cap \text{저성과}) + p(\text{유능} \cap \text{저성과}) \\ &= p(\text{저성과} \mid \text{무능})p(\text{무능}) + p(\text{저성과} \mid \text{유능})p(\text{유능}) \\ &= 0.9 \times 0.6 + 0.3 \times 0.4 \\ &= 0.66 \end{aligned} \qquad \text{(A.9)}$$

이제 식 (A.8)과 식 (A.9)에서 구한 값을 식 (A.7)의 분자와 분모에 각각 대입하면 우리가 구하고자 하는 사후확률 81.8%$\left(=\frac{0.54}{0.66}\right)$가 계산된다. 이를 해석하면 특정 정치인이 무능할 사전 확률은 60%였었는데 임기 중 의정 성과가 실망스럽다는 새로운 정보가 추가된 상황에서 그가 무능할 사후확률은 81.8%로 껑충 뛴다.

일반화된 베이즈법칙

위의 단순한 경우를 염두에 두고 베이즈법칙을 일반화해보자. 개인이 관찰할 수 없는 K종류의 특성 E_1, E_2, …, E_K가 있다. 또 이들 각각이 발생할 사전확률은 각각 $p(E_1)$, $p(E_2)$, …, $p(E_K)$라 하자. 사전확률은 순전히 의사결정자의 주관에 의해서 형성될 수도 있고 통계 나 과거경험 등 객관적 근거를 기초로 했을 수도 있다. 관찰가능한 M개의 사건 O_1, O_2, …, O_M 가운데 하나가 실현되었다고 하자. 우리의 관심은 사건 O_m(여기서 $m=1, 2, \cdots, M$)이 실현되었다는 가정하에 감추어진 특성이 E_k(여기서, $k=1, 2, \cdots, K$)일 사후확률 $p(E_k \mid O_m)$을 구하는 데 있다. 식 (A.10)은 사전학률을 기초로 사후확률을 계산해내는 일반적인 베이즈법칙이며 그 도출과정은 단순한 베이즈법칙인 식 (A.7)~(A.9)의 도출과정과 유사하다.

$$p(E_k \mid O_m) = \frac{p(O_m|E_k)p(E_k)}{p(O_m|E_1)p(E_1) + p(O_m|E_2)p(E_2) + \cdots + p(O_m|E_K)p(E_K)} \qquad \text{(A.10)}$$

이해를 돕기 위해 예를 들어보자. 새로 개발된 암 검사법에 의하면 암에 걸려 있는 사람의 97%가 양성반응을 나타낸다. 그러나 이 검사법은 건강한 사람에게도 2%의 양성반응을 나타내며, 암 이외의 다른 질병에 걸려 있는 사람에게는 10%의 양성반응을 나타낸다. 우리나라에 암 환자는 전체 인구의 1%이며 건강한 사람은 96%, 그리고 나머지 3%는 여타 질병에 걸려 있다고 한다. 임의로 한 명을 추출하여 검사한 결과 양성반응이 나타났다고 할 때, 그 사람이 실제로 암에 걸려 있을 확률은 얼마인지 계산해보자.

관찰 불가능한 감추어진 특성은 E_1(암), E_2(건강), E_3(기타질병)이며 각각의 확률은 $p(E_1)=0.01$, $p(E_2)=0.96$, $p(E_3)=0.03$이다. 관찰가능한 사건은 O_1(양성반응), O_2(음성반응)이며 각 그룹에 대하여 양성반응이 나타날 확률은 $p(O_1|E_1)=0.97$, $p(O_1|E_2)=0.02$, $p(O_1|E_3)=0.1$이다. 우리가 구하고자 하는 조건부확률 $p(E_1|O_1)$을 베이즈법칙인 식 (A.10)을 적용하여 계산하면 다음과 같다.

$$
\begin{aligned}
&p(\text{암}\,|\,\text{양성반응}) \\
&= \frac{p(\text{양성}\,|\,\text{암})p(\text{암})}{p(\text{양성}\,|\,\text{암})p(\text{암})+p(\text{양성}\,|\,\text{건강})p(\text{건강})+p(\text{양성}\,|\,\text{타질병})p(\text{타질병})} \\
&= \frac{0.97\times 0.01}{0.97\times 0.01+0.02\times 0.96+0.1\times 0.03} \\
&\approx 0.304
\end{aligned}
$$

결론적으로 검사결과 양성반응이 나타난 사람이 실제로 암에 걸려 있을 확률은 30.4%이다. 반대로 양성반응이 나타났다고 할지라도 암에 걸려 있지 않을 확률은 69.6%이다.

부록 B 연습문제 해답

연습문제 >> 2-1

극대화 $u_A = x_{A1}x_{A2}$

예산제약 $P_1x_{A1} + P_2x_{A2} = P_1 + 2P_2$

등호 제약조건이 있는 극대화 문제를 풀기 위해 라그랑지 함수(Lagrangian function)를 구성하면 다음과 같다.

$$\mathcal{L} = x_{A1}x_{A2} + \lambda[P_1 + 2P_2 - P_1x_{A1} - P_2x_{A2}]$$

극대화 일계조건을 구하면 다음과 같다.

$$\frac{\partial \mathcal{L}}{\partial x_{A1}} = x_{A2} - \lambda P_1 = 0$$

$$\frac{\partial \mathcal{L}}{\partial x_{A2}} = x_{A1} - \lambda P_2 = 0$$

$$\frac{\partial \mathcal{L}}{\partial \lambda} = P_1 + 2P_2 - P_1x_{A1} - P_2x_{A2} = 0$$

위 세 식을 연립하여 풀면 소비자 A의 개별수요함수가 다음과 같이 도출된다.

$$x_{A1}(P_1, P_2) = \frac{1}{2} + \frac{P_2}{P_1},\ x_{A2}(P_1, P_2) = 1 + \frac{1}{2}\frac{P_1}{P_2}$$

연습문제 >> 2-2

라그랑지 방법론 대신 예산제약 및 접점조건으로부터 구해보자. 예산제약식은 $P_1x_{B1} + P_2x_{B2} = P_1$ 이며, 접점조건은 다음과 같다.

$$\text{MRS} \equiv \frac{\partial u_B/\partial x_{B1}}{\partial u_B/\partial x_{B2}} = \frac{\beta}{1-\beta}\frac{x_{B2}}{x_{B1}} = \frac{P_1}{P_2}$$

두 식을 연립해서 풀면 개별수요함수가 도출된다.

$$x_{B1}(P_1, P_2) = \beta,\ x_{B2}(P_1, P_2) = (1-\beta)\frac{P_1}{P_2}$$

연습문제 >> 2-3

예산제약식은 $P_1 x_{C1} + P_2 x_{C2} = P_1 \overline{\omega}_{C1} + P_2 \overline{\omega}_{C2}$이며 효용극대화는 항상 $x_{C1} = x_{C2}$에서 이루어지므로 개별수요함수는 다음과 같다.

$$x_{C1} = x_{C2} = \frac{P_1 \overline{\omega}_{C1} + P_2 \overline{\omega}_{C2}}{P_1 + P_2}$$

연습문제 >> 2-4

라그랑지 방법 혹은 접점조건을 활용하여 개별수요함수를 구하면 다음과 같다.

$$x_{A1}(P_1, P_2) = \frac{1}{2} + \frac{P_2}{P_1}, \quad x_{A2}(P_1, P_2) = 1 + \frac{1}{2}\frac{P_1}{P_2}$$

$$x_{B1}(P_1, P_2) = 1 + \frac{1}{3}\frac{P_2}{P_1}, \quad x_{B2}(P_1, P_2) = \frac{2}{3} + 2\frac{P_1}{P_2}$$

소비자 A와 소비자 B의 개별수요를 합하여 시장수요함수를 구하면 다음과 같다.

재화 1의 시장수요함수 $X_1(P_1, P_2) = x_{A1}(P_1, P_2) + x_{B1}(P_1, P_2) = \frac{3}{2} + \frac{4}{3}\frac{P_2}{P_1}$

재화 2의 시장수요함수 $X_2(P_1, P_2) = x_{A2}(P_1, P_2) + x_{B2}(P_1, P_2) = \frac{5}{3} + \frac{5}{2}\frac{P_1}{P_2}$

시장 1의 청산조건 $\frac{3}{2} + \frac{4}{3}\frac{P_2}{P_1} = 4$를 풀면 일반균형가격 $\left(\frac{P_1}{P_2}\right)^* = \frac{8}{15}$이 구해진다. 이 교환경제에는 두 개의 시장만이 존재하므로 왈라스 법칙에 의하여 시장 1에서 청산조건이 충족되면 시장 2는 자동적으로 청산됨에 유의하라.

일반균형가격을 네 개의 개별수요함수에 대입하면 일반균형 소비묶음이 다음과 같이 구해진다.

소비자 A의 소비묶음: $\left(\frac{19}{8}, \frac{19}{15}\right)$

소비자 B의 소비묶음: $\left(\frac{13}{8}, \frac{26}{15}\right)$

연습문제 >> 2-5

소비자 A의 효용극대화 조건 $x_{A1} = x_{A2}$ 및 예산제약식 $P_1 x_{A1} + P_2 x_{A2} = P_1 + 2P_2$를 연립해서

풀면, 개별수요함수 $x_{A1} = x_{A2} = \dfrac{P_1 + 2P_2}{P_1 + P_2}$가 구해진다.

소비자 B의 개별수요함수는 다음과 같다.

만약 $\dfrac{P_1}{P_2} < 2$이면 $x_{B1} = \dfrac{3P_1 + P_2}{P_1}$, $x_{B2} = 0$

만약 $\dfrac{P_1}{P_2} = 2$이면 예산제약 $P_1 x_{B1} + P_2 x_{B2} = 3P_1 + P_2$ 선상의 모든 점

만약 $\dfrac{P_1}{P_2} > 2$이면 $x_{B1} = 0$, $x_{B2} = \dfrac{3P_1 + P_2}{P_2}$

재화 1의 시장수요와 시장공급량(4단위)이 일치되려면 $\left(\dfrac{P_1}{P_2}\right)^* = 2$이어야 한다. 이때 경쟁균형 소비묶음은 $x_A^* = \left(\dfrac{4}{3}, \dfrac{4}{3}\right)$, $x_B^* = \left(\dfrac{8}{3}, \dfrac{5}{3}\right)$이다.

연습문제 >> 2-6

이윤극대화 $\pi = P_1 y_1 + P_2 y_2$ 제약조건 $y_2 = \sqrt{-y_1}$

극대화 문제를 풀면 $y_1 = -\left(\dfrac{1}{2}\dfrac{P_2}{P_1}\right)^2$, $y_2 = \dfrac{1}{2}\dfrac{P_2}{P_1}$이 구해진다.

이를 $\pi = P_1 y_1 + P_2 y_2$에 대입하면 이윤함수 $\pi^*(P_1, P_2) = \dfrac{1}{4}\dfrac{(P_2)^2}{P_1}$이 구해진다.

연습문제 >> 2-7

(1) 연습문제 2-6으로부터 구한 개별공급함수에 J를 곱하여 시장공급함수를 구한다.

$$Y_1 = -J\frac{1}{4}\frac{(P_2)^2}{(P_1)^2}, \quad Y_2 = \frac{J}{2}\frac{P_2}{P_1}$$

(2) 연습문제 2-6에서 구한 개별기업의 이윤함수 $\pi^*(P_1, P_2) = \dfrac{1}{4}\dfrac{(P_2)^2}{P_1}$임을 기억하라. H명이 J개로부터 나오는 이윤을 똑같이 나눠가지므로 개별 소비자의 예산제약식은 다음과 같다.

$$P_1 x_{h1} + P_2 x_{h2} = P_1 \times 1 + P_2 \times 0 + \frac{J}{H}\frac{1}{4}\frac{(P_2)^2}{P_1}$$

효용극대화 문제를 풀어 개별수요함수를 구한다.

$$x_{h1} = \frac{1}{2} + \frac{J}{8H}\left(\frac{P_2}{P_1}\right)^2, \quad x_{h2} = \frac{1}{2}\frac{P_1}{P_2} + \frac{J}{8H}\frac{P_2}{P_1}$$

(3) 위 (2)에서 구한 개별수요함수에 소비자의 수 H를 곱하여 시장수요함수를 구한다.

$$X_1 = \frac{H}{2} + \frac{J}{8}\left(\frac{P_2}{P_1}\right)^2, \ X_2 = \frac{H}{2}\frac{P_1}{P_2} + \frac{J}{8}\frac{P_2}{P_1}$$

(4) 재화 2 시장의 청산조건 $X_2 = Y_2$로부터 균형가격 $\left(\frac{P_1}{P_2}\right)^* = \sqrt{\frac{3J}{4H}}$ 을 구한다. 이를 개별수요함수 및 개별공급함수에 대입하면 일반균형 자원배분이 구해진다.

$$x_h^* = \left(\frac{2}{3}, \sqrt{\frac{JH}{\sqrt{3}}}\right) \text{ for } h=1,\ 2,\ \cdots,\ H;\ y_j^* = \left(-\frac{H}{3J}, \sqrt{\frac{H}{3J}}\right) \text{ for } j=1,\ 2,\ \cdots,\ J$$

연습문제 >> 3-1

(1) 소비자 A의 한계대체율 및 소비자 B의 한계대체율을 구하면 각각 다음과 같다.

$$MRS^A \equiv \frac{\partial u_A / \partial x_{A1}}{\partial u_A / \partial x_{A2}} = \frac{x_{A2}}{x_{A1}}$$

$$MRS^B \equiv \frac{\partial u_B / \partial x_{B1}}{\partial u_B / \partial x_{B2}} = \frac{1/x_{B1}}{2/x_{B2}} = \frac{x_{B2}}{2x_{B1}}$$

두 소비자의 효용함수(무차별곡선)는 각각 모든 점에서 원점에 대하여 볼록한 형태를 가짐을 쉽게 알 수 있다. 따라서 파레토최적 자원배분은 두 소비자들의 한계대체율이 동일한 점들의 궤적이다. 즉,

$$\frac{x_{A2}}{x_{A1}} = \frac{x_{B2}}{2x_{B1}}$$

경제 전체의 자원제약식 $x_{A1} + x_{B1} = 4$ 및 $x_{A2} + x_{B2} = 3$을 대입하여 정리하면 다음을 얻는다.

$$x_{A2} = \frac{3x_{A1}}{8 - x_{A1}}, \quad \text{여기서 } x_{A1} \in [0, 4] \qquad (1)$$

소비자 B의 입장에서 본 계약곡선을 구하면 다음과 같다.

$$x_{B2} = \frac{6x_{B1}}{4 + x_{B1}}, \quad \text{여기서 } x_{B1} \in [0, 4] \qquad (2)$$

(2) 소비자 A가 부존점을 소비함으로써 얻을 효용수준은 2단위(=1×2)이므로 부존점을 지나는 소비자 A의 무차별곡선은 방정식 $x_{A1}x_{A2}=2$이다. 이 무차별곡선이 계약곡선인 식 (1)과 만나는 점 P를 구하면 $(x_{A1}, x_{A2}) = (2, 1)$이다.

소비자 B가 부존점을 소비함으로써 얻을 효용수준은 ln3단위(=ln3+2ln1)이므로 부존점을 지나는 소비자 B의 무차별곡선은 방정식 $\ln x_{B1} + 2\ln x_{B2} = \ln 3$ 즉 $x_{B1}(x_{B2})^2 = 3$이다. 이 무차

별곡선이 계약곡선인 식 (2)와 만나는 점 Q를 구하면 $(x_{B1},\ x_{B2})=\left(\frac{4}{3},\frac{3}{2}\right)$이다.

코어는 점 P와 점 Q 사이에 있는 계약곡선이다.

연습문제 >> 3-2

(1) 에지워스 상자를 그려보면 다음이 파레토최적임을 쉽게 알 수 있다.

$$x_{A2}=\begin{cases} x_{A1} & \text{if } x_{A1}\in[0,\ 3] \\ 3 & \text{if } x_{A1}\in[3,\ 4] \end{cases}$$

(2) 소비자 A가 부존점에서 누릴 수 있는 효용수준 1단위는 계약곡선상의 점 (1, 1)에서 얻을 수 있다. 소비자 B가 부존점에서 누릴 수 있는 효용수준 7단위에 해당하는 무차별곡선 $2x_{B1}+x_{B2}=7$과 계약곡선 $x_{A2}=x_{A1}$ 그리고 자원제약식 $x_{A1}+x_{B1}=4$ 및 $x_{A2}+x_{B2}=3$을 연립하여 풀면 점 $Q\left(\frac{4}{3},\ \frac{4}{3}\right)$가 구해진다. 따라서 코어는 $x_{A2}=x_{A1}$(여기서, $x_{A1}\in\left[1,\ \frac{4}{3}\right]$)이다.

연습문제 >> 3-3

제2장 연습문제 2-4에서 구했듯이, 일반경쟁균형 가격은 $\left(\frac{P_1}{P_2}\right)^*=\frac{8}{15}$이고 소비자 A의 최적 소비묶음은 $(x^*_{A1},\ x^*_{A2})=\left(\frac{38}{16},\ \frac{19}{15}\right)$, 소비자 B의 최적 소비묶음은 $(x^*_{B1},\ x^*_{B2})=\left(\frac{26}{16},\ \frac{26}{15}\right)$이다. 이 일반균형자원배분은 연습문제 3-1에서 구한 계약곡선상에 있으므로 파레토최적이다. 더 나아가 점 P와 Q 사이에 있으므로 코어에 속해 있다.

연습문제 >> 3-4

점 $Q\left(\frac{4}{3},\ \frac{4}{3}\right)$가 일반균형자원배분인데 이는 파레토최적, 더 나아가 코어에 속해 있음을 쉽게 알 수 있다.

연습문제 >> 3-5

(1) 소비자 A와 B의 효용극대화 문제를 풀면 개별수요함수가 다음과 같이 구해진다.

$$x_{A1} = \frac{1}{2P_1}[9P_1 + 7P_2],\ x_{A2} = \frac{1}{2P_2}[9P_1 + 7P_2]$$

$$x_{B1} = \frac{1}{2P_1}[P_1 + 3P_2],\ x_{B2} = \frac{1}{2P_2}[P_1 + 3P_2]$$

재화 1의 시장수요함수 $X_1 = \frac{5}{P_1}[P_1 + P_2]$와 시장공급량 10단위가 일치하도록 해주는 균형 가격은 $\left(\frac{P_1}{P_2}\right)^* = 1$이다. 균형 소비묶음은 $x_A^* = (8,8)$ 및 $x_B^* = (2,\ 2)$이다. 일반균형에서 소비자 A는 64단위의 효용수준을 얻는 반면 소비자 B는 4단위를 얻는 데 그친다.

(2) 소비자 B가 16단위의 효용수준을 얻으면서 파레토최적인 자원배분점은 $x_A^* = (6,\ 6)$ 및 $x_B^* = (4,\ 4)$이다. 정부정책 후 소비자 A와 B의 효용극대화 문제를 풀면 개별수요함수가 다음과 같이 구해진다.

$$x_{A1} = \frac{1}{2P_1}[P_1(9-t) + P_2(7-t)],\ x_{A2} = \frac{1}{2P_2}[P_1(9-t) + P_2(7-t)]$$

$$x_{B1} = \frac{1}{2P_1}[P_1(1+t) + P_2(3+t)],\ x_{B2} = \frac{1}{2P_2}[P_1(1+t) + P_2(3+t)]$$

재화 1의 시장수요함수 $X_1 = \frac{5}{P_1}[P_1 + P_2]$와 시장공급량 10단위가 일치하도록 해주는 균형 가격은 $\left(\frac{P_1}{P_2}\right)^* = 1$이다. 목표 소비묶음을 달성하려면 균형가격하에서 소비묶음이 $x_{A1}^* = 6$이어야 한다. 따라서 t^*=2단위이다.

연습문제 >> 4-1

(1) 비독재성을 충족한다.

(2) 만장일치성이 충족된다.

(3) 독립성을 위배한다. 반례는 다음과 같다. 위원 1~5는 $x > y > z$, 위원 6~15는 $y > x > z$의 선호를 갖는다고 하자. 그럼 x와 y 간의 사회선호는 $x > y$이다. 이제 모든 위원들은 도시 z를 x보다 약간 더 선호한다고 하자. 즉, 위원 1~5는 $z > x > y$, 위원 6~15는 $y > z > x$라고 하자. 그러면 x와 y 간의 사회선호는 $y > x$이다.

연습문제 >> 4-2

(1)

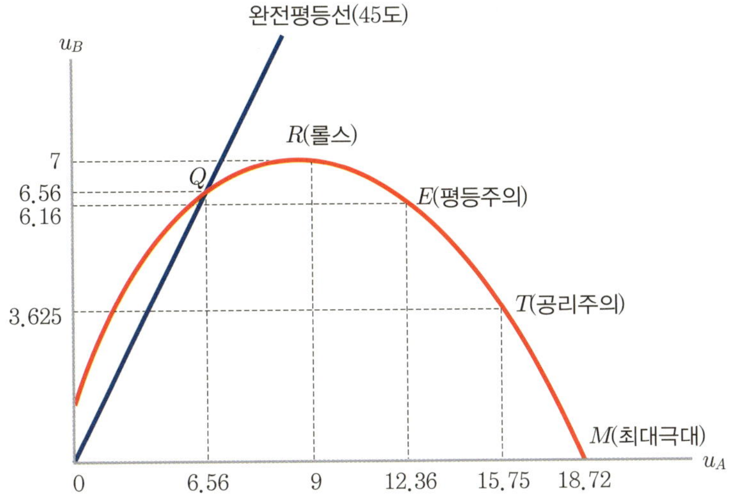

(2) 효용가능곡선의 극대점이 45도선 우측에 위치하므로 최소극대점 R은 효용가능곡선의 최고점인 $(u_A,\ u_B)=(9,\ 7)$이다.

최대극대점 M은 효용가능곡선이 수평축과 만나는 점이므로 아래 식을 만족하는 u_A을 구하면 된다.

$$0=-\frac{2}{27}(u-9)^2+7 \Rightarrow u=9+3\sqrt{\frac{21}{2}}\approx 18.72$$

따라서 최대극대점은 $(u_A,\ u_B)=(18.7,\ 0)$이다.

평등주의적 사회최적 E를 구하려면 다음 문제를 풀면 된다.

극대화 $W=u_Au_B$ 제약조건 $u_B=-\frac{2}{27}(u_A-9)^2+7$

상수 λ를 라그랑지(Lagrangian) 상수로 놓고 라그랑지 함수를 구성하면 다음과 같다.

극대화 $\mathcal{L}=u_Au_B+\lambda\left(7-\frac{2}{27}(u_A-9)^2-u_B\right)$

변수 u_A, u_B, λ에 대하여 각각 편미분하면 다음과 같다.

$$\frac{\partial\mathcal{L}}{\partial u_A}=u_B-\frac{4}{27}\lambda(u_A-9)=0$$

$$\frac{\partial\mathcal{L}}{\partial u_B}=u_A-\lambda=0$$

$$\frac{\partial\mathcal{L}}{\partial\lambda}=7-\frac{4}{27}(u_A-9^2)-u_B=0$$

위의 세 식을 연립하여 풀면 다음 $u_A=\lambda=6+\frac{9}{2}\sqrt{2}\approx 12.36$이며 $u_B\approx 6.16$이다.

공리주의적 사회최적점 T를 구하려면 다음 문제를 풀면 된다.

극대화 $W=u_A+u_B$ 제약조건 $u_B=-\frac{2}{27}(u_A-9)^2+7$

바로 위의 평등주의적 사회최적을 구한 방법과 같이 극대화 문제를 풀면 $u_A=15.75$, $u_B=3.625$가 얻어진다.

(3) 사회적으로 달성가능한 영역 가운데 완전평등 상태 Q를 구하려면 다음 식을 풀면 된다.

$$u_A=u_B=-\frac{2}{27}(u_1-9)^2+7 \Rightarrow u_A=u_B\approx 6.56$$

(4) 파레토최적 자원배분은 최소극대점 $R(9,\ 7)$과 최대극대점 $M(18.72,\ 0)$ 사이에 있는 효용가 능곡선이다.

연습문제 >> 5-1

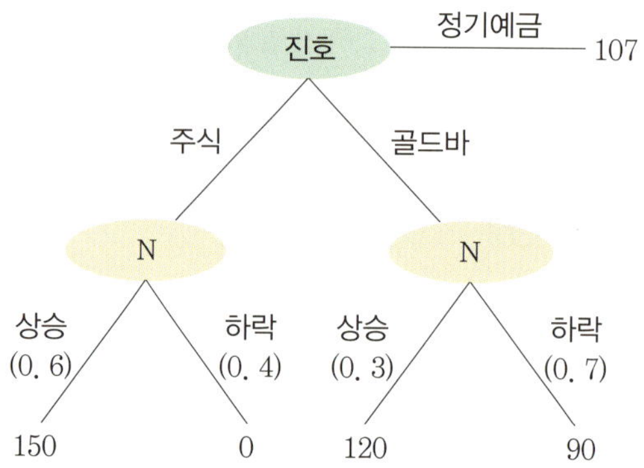

연습문제 >> 5-2

각 기업에게 있어서 광고자제는 강열등전략이고 광고공세는 강우월전략이다. 결국 두 기업이 모두 TV광고공세를 펴는 것이 유일한 우월전략해임을 알 수 있다. 개인이 이익극대화를 추가한 결과로 채택된 균형에서의 순이익은 각각 30억원으로 두 회사 모두에게 바람직한 상태에서의 순이익 50억원보다 작다.

〈맥주회사의 광고전쟁〉

		B 광고자제	B 광고공세
A	광고자제	50, 50	20, 60
A	광고공세	60, 20	30, 30

연습문제 >> 5-3

L → R → T의 순서로 소거하면 (B, M)이 해이고, L → T → M의 순서로 소거하면 (B, R)이 해, R → B → M의 순서로 소거하면 (T, L)이 해, R → B → L의 순서로 소거하면 (T, M)이 해이다.

연습문제 >> 5-4

(1) 전략형게임

		용의자 2 부인	용의자 2 자백
용의자 1	부인	$3+3a$, $3+3a$	$5a$, 5
용의자 1	자백	5, $5a$	$1+a$, $1+a$

(2) 자백이 강우열전략이기 위해서는 $5>3+3a$ 및 $1+a>5a$가 동시에 성립해야 한다. 따라서 $a<\frac{1}{4}$이다.

(3) a값의 범위에 따라서 내쉬균형이 달라진다.

(i) $a>\frac{2}{3}$인 경우: (부인, 부인)이 유일한 내쉬균형

(ii) $\frac{1}{4}<a<\frac{2}{3}$인 경우: (부인, 자백), (자백, 부인)

(iii) $a=\frac{1}{4}$인 경우: (부인, 자백), (자백, 자백), (자백, 부인)

(iv) $a=\frac{2}{3}$인 경우: (부인, 자백), (부인, 부인), (자백, 부인)

연습문제 >> 5-5

(1) 경기자 $i \in \{1, 2, \cdots, n\}$, 행동집합 A_i={contribute, not}

보수함수 $u_i(a_i, a_{-i}) = B\chi(\#\{j \mid a_j = \text{contribute}\} \geq k) - \chi(a_i = \text{contribute})$

여기서 함수 $\chi(.)$는 괄호 안의 조건이 충족되면 1의 값을 취하고 괄호 안의 조건이 충족되지 못하면 0의 값을 취하는 지시함수(indicator function)이다.

(2) 두 종류의 내쉬균형이 존재한다. 첫 번째 균형은 정확히 k명이 기부하고 나머지 $(n-k)$명이 기부하지 않는 상태이다. 기부자는 '기부'에서 '비(非)기부'로 전략을 바꿀 경우 보수가 $(B-1)$에서 0으로 떨어지므로 이탈 유인이 없다. 비기부자는 '비기부'에서 '기부'로 전략을 바꿀 경우 보수가 B에서 $(B-1)$로 떨어지므로 역시 이탈 유인이 없다. 두 번째 내쉬균형은 아무도 기부하지 않는 상태이다. 비기부자가 기부로 전략을 바꿀 경우 보수가 0에서 -1로 떨어지므로 어떠한 비기부자도 전략을 바꿀 이탈 유인이 없다.

연습문제 >> 5-6

(1)

	앉기	서기
앉기	2, 2	3, 0
서기	0, 3	1, 1

내쉬균형=(앉기, 앉기)

(2)

	앉기	서기
앉기	2, 2	−1, 4
서기	4, −1	1, 1

내쉬균형=(서기, 서기)

연습문제 >> 6-1

주어진 전략조합에 의하면 $\frac{1}{2}a+\frac{1}{2}b$($\frac{1}{2}$의 확률로 a, $\frac{1}{2}$의 확률로 b)가 사회선택된다. 그런데 Cab 유형 1명이 c와 a 두 개 승인으로 전략을 바꾸면 a가 사회선택된다. Cab유형은 전자보다 후자의 사회선택을 더 선호하므로 c 한 개 승인에서 (c, a) 두 개 승인으로 이탈할 유인이 있다. 그러므로 문제에 주어진 전략조합은 내쉬균형이 아니다.

연습문제 >> 6-2

콩도르세 승자는 존재하지 않는다. 최다득표제 a, 점수투표제 d, 결선투표제 b가 승자

연습문제 >> 6-3

(1) 그렇다. 콩도르세 승자를 최상위로 선호하는 투표자들의 수가 매우 적다면 초기 단계에서 소거되어 버릴 수 있다.

(2) 아니다. 아무도 최상위로 선호하지 않는 선택지는 첫 단계에서 소거되어 버리므로 결코 승자가 될 수 없다.

(3) 다음 선호체계를 참조하면 이해하기 쉽다.

Abc유형(1명): $a>b>c$

Bac유형(2명): $b>a>c$

Cab유형(2명): $c>a>b$

첫 단계에서 a가 소거되고 그 표가 b에게 주어지므로 둘째 단계에서 b가 c를 3:2로 누르고 승리한다. 이는 Cab유형 입장에서는 최악이다. Cab유형 한 명이 진실하게 선호를 밝히지 않고 $a>c>b$라고 거짓말한다면 a가 최종선택되어 그나마 낫다.

연습문제 >> 6-4

(1) 아래 최고순환 지도를 참조하면(화살표가 시작되는 선택지보다 화살표가 끝나는 선택지가 다수결로 우월), 콩도르세 승자가 부존재함을 알 수 있다.

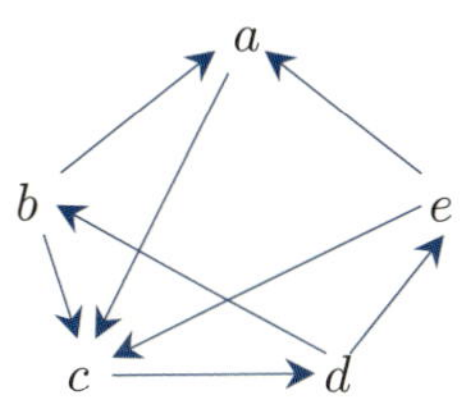

5명이 각 선택지를 최상위 선호하므로 가장 인기 없는 대안의 탈락을 적용할 수 없다. 따라서 해어투표제 승자는 존재하지 않는다.

(2) 콩도르세 승자가 부존재한다. 첫 단계에서 b와 c가 최상위 선택지로 가장 적은 표(각 1표씩)를 얻어 탈락되고 a만 남는다. 따라서 해어투표제의 승자는 a이다.

이제 마지막 투표자의 선호가 $b>c>a$로 바뀌었다고 하자. 첫 단계에서 c가 탈락되고 a와 b는 동률로 남는다. a와 b 간의 선호가 네 명 모두 동일한데 네 번째 사람의 c와 b 간 선호 변경에

따라 a와 b 간의 사회선택 결과가 달라진다. 결론적으로 애로우의 독립성(IIA)을 위배한다.

연습문제 >> 6-5

콩도르세 승자가 부존재한다. 최하위 선택지로 가장 많은 표를 얻은 b(2표)가 탈락된다. 남은 네 대안 a, c, d, e의 최고순환 지도가 보여주듯이 여전히 콩도르세 승자가 부존재한다.

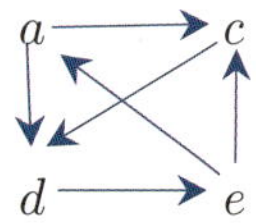

최하위 선택지로 각 2표를 얻는 a와 e가 탈락되고 c와 d만 남는다. 둘 간의 경쟁에서 d가 승리한다.

연습문제 >> 7-1

(1) 정당 R의 최선응수

$<$ $(x,\ 3m-2x)$

만약 $x=m$이면 $BR_R=m$

$>$ $\left(\frac{1}{2}(3m-x),\ x\right)$

정당 L의 최선응수도 대칭적으로 구할 수 있다.

(2) 유일한 내쉬균형은 $(m,\ m)$이다.

연습문제 >> 7-2

(1) 유권자 1의 효용수준은 $x=0$일 때 가장 높으며 x가 커질수록 낮아진다. 유권자 2의 효용수준은 $x=1$일 때 가장 높고 그로부터 멀어질수록 점점 낮아진다. 유권자 3의 효용수준은 $x=2$일 때 가장 높고 그것으로부터 멀어질수록 낮아진다. 따라서 세 유권자의 선호체계는 모두 단봉조건을 만족한다.

(2) 모든 쌍 $(x,\ y)(x=0,\ 1,\ 2,\ 3,\ x<y)$에 대하여 단일교차조건 (정의 7.3)이 성립함을 알 수 있다.

(3) 유권자 2가 중위투표자이며 그의 이상점은 $x=1$이다. 구간 [0, 2] 내의 어떠한 정책도 파레토최적이다. 공리주의적 순부극대화 기준은 사회후생 $W(x)=u_1(x)+u_2(x)+u_3(x)=13+5x-2x^2$의 극대화 문제를 풀면 $x=1$(0, 1, 2, 3 중 선택 가능, $x_{(3)}>x_{(4)}$이게 하려면 x=[0, 3]로 바꿔야)

임을 알 수 있다.

(4) 중위투표자의 이상점 $x=1$과 파레토최적 정책집합 [0, 2]는 변함없고, 순부극대화 정책만 $x=\frac{3}{4}$으로 낮아진다. 이는 정책 x에 대한 유권자 1의 혐오 정도가 훨씬 강해졌기 때문이다.

연습문제 >> 8-1

(1) 식 $\frac{1}{2}-F(x)\sum=F(z)-\frac{1}{2}$를 만족하는 z는 지복점이 $[x, m]$ 구간에 위치하는 유권자 수와 지복점이 $[m, z]$ 구간에 위치하는 유권자의 수가 정확히 똑같도록 해주는 $x<m$일 때 값이다. 즉, 주어진 x에 대하여 $h(x)$는 그러한 z값을 의미한다. 당연히, $h(m)=m$이다.

만약 $x<m$이면, $BR_R(x)=\varnothing$ 혹은 $\{h(x)-\Delta\}$이다.

만약 $x=m$이면, $BR_R(x)=[0,1]$

만약 $x>m$이면, $BR_R(x)=[0,h(x))\cup[x,1]$

(2) 위 (1)과 대칭적 논리

(3) 유일한 내쉬균형은 (m, m)이다. 유권자들의 지복점들의 분포가 어떠한 형태를 갖건 효용함수가 (단봉이기만 하면) 어떠한 모습을 갖건 영향을 미치지 않는다.

연습문제 >> 8-2

(1) $u_L(x,y)=\Pr\left(\frac{x+y}{2}>m\right)[-(x+1)^2]+\Pr\left(\frac{x+y}{2}<m\right)[-(y+1)^2]$

$$=-F\left(\frac{x+y}{2}\right)(x+1)^2-\left[1-F\left(\frac{x+y}{2}\right)\right](y+1)^2$$

$$u_R(x,y)=-F\left(\frac{x+y}{2}\right)(x-1)^2-\left[1-F\left(\frac{x+y}{2}\right)\right](y-1)^2$$

(2) 정당 L의 보수함수를 정당 L의 선택변수 x로 편미분하여 정리하면 다음과 같이 정당 L의 최선응수 식을 얻는다.

$$f\left(\frac{x+y}{2}\right)[(y+1)^2-(x+1)^2]-4F\left(\frac{x+y}{2}\right)(x+1)=0$$

정당 R의 최선응수도 마찬가지 방법으로 구한다.

$$f\left(\frac{x+y}{2}\right)[(y-1)^2-(x-1)^2]-4\left[1-F\left(\frac{x+y}{2}\right)\right](y-1)=0$$

(3) 대칭조건 $\frac{x^*+y^*}{2}=0$을 대입하면 $f(0)=\frac{1}{\sqrt{2\pi}\,\sigma}$이고 $F(0)=\frac{1}{2}$이다. 이를 양당의 최선응

수 식에 대입하여 풀면 다음이 구해진다.

$$x^{*}=-\frac{\sqrt{2\pi}\,\sigma}{2+\sqrt{2\pi}\,\sigma},\quad y^{*}=\frac{\sqrt{2\pi}\,\sigma}{2+\sqrt{2\pi}\,\sigma}$$

(4) σ가 0에 가까워지면 x^{*}와 y^{*}는 0에 가까워지므로 중위투표자정리에 수렴한다. 반대로 σ가 커지면 x^{*}는 -1로, y^{*}는 1에 수렴하여 각 정당의 이념에 가까워진다.

연습문제 >> 8-3

x_{23} 이외의 어떠한 정책조합에 대해서도 그것을 뒤집는 승리연합을 구성할 수 있음을 일일이 보이면 된다.

연습문제 >> 8-4

제한적 정책조합코어는 x_{12}를 제외하고 나머지 모든 정책조합들의 집합이다. 기득권을 가진 정당이 거부하지 않도록 제약을 받는 상황에서 승리연합을 구성해야 하므로 기존 정책을 뒤엎기가 훨씬 어려워진다. 이처럼 정치적으로 안정적이기는 하지만 x_{21}, x_{31}, x_{32}처럼 전체 입장에서 그다지 바람직해보이지 않는 상황도 바꾸기 어렵다.

연습문제 >> 8-5

(1) 모든 후보가 정책 m을 선택하는 상태가 유일한 내쉬균형이다. 첫 투표에서 세 명이 모두 m을 선택하므로 개별 후보가 결선투표에 올라갈 확률은 $\frac{2}{3}$이며, 결선투표에서 붙은 두 후보도 똑같이 m을 선택하므로 그가 당선될 확률은 $\frac{1}{2}$이다. 결국 개별 후보의 균형 집권확률은 $\frac{1}{3}$이다. 반면 개별 후보가 m 이외의 공약을 채택할 경우 그는 예선 혹은 결선에서 반드시 낙선하므로 그의 집권확률은 0이 되어버린다. 따라서 아무도 m으로부터 이탈할 유인이 없다.

(2) 비례대표제에서는 경쟁후보 두 명보다 더 높은 득표율을 얻을 수 있는 정책포지션이 항상 존재한다. 예컨대, 경쟁후보가 둘 다 m을 선택한다는 가정하에 특정 후보가 m 바로 왼편이나 m 바로 오른편으로 이탈함으로써 득표율을 극대화할 수 있다. 최다득표제에서도 두 정당은 m의 한쪽에 똑같은 공약을 제시하고 한 정당은 m을 중심으로 그 반대쪽에 포지션을 잡는 것이 유일한 내쉬균형이다. 반면 결선투표제하에서는 m 이외의 정책포지션을 선택하여 설령 예선을 통과한다고 해도 결선에서 m을 채택한 상대후보에게 패한다. 여기서 후보들이 예선투표와 결선투표 중간에 정책공약을 변경할 수 없다는 가정이 결정적 역할을 한다. 만약 중간에 공약을 변경할

수 있다고 가정한다면 결선투표제 역시 비례대표제나 최다득표제와 동일한 논리에 의하여 내쉬 균형이 부존재하거나 중위투표자정리가 깨어진다.

연습문제 >> 8-6

후보가 1명인 균형은 존재할 수 없다. $\frac{V}{c}>2$이므로 후보 1명이 더 출마할 유인이 있기 때문이다.
후보가 2명인 균형도 존재할 수 없다. 후보가 2명이라면 중위투표자정리에 의하여 둘 다 x_{m}을 선택해야 한다. 그런데 제3의 신인 후보가 출마하여 x_{m} 바로 왼편이나 오른편의 공약을 내세운다면 당선이 확실하기 때문이다.
후보가 3명인 균형도 존재할 수 없다. 만약 그러한 균형이 존재한다면 각 후보가 $\frac{1}{3}$씩을 득표하고 당선확률로 $\frac{1}{3}$로 동일해야 한다(당선확률이 $\frac{1}{3}$보다 낮은 후보는 출마비용 c가 기대이익보다 크므로 출마를 포기하는 편이 낫고 이는 후보 수가 3명보다 작아야 함을 의미하기 때문이다).
그런데 각 후보가 $\frac{1}{3}$씩 득표하는 균형에서는 (a) 세 후보가 똑같은 정책을 공약으로 내세우든가, 아니면 (b) 적어도 한 후보의 공약이 다른 후보들의 공약의 왼편 혹은 오른편에 위치해야 한다. 위 두 번째 문단에 의하여 (a)는 성립할 수 없다. 다른 두 후보의 왼편 혹은 오른편에 위치한 후보가 자신의 공약을 경쟁자들의 공약에 최대한 가까이 붙임으로써 당선확률을 $\frac{1}{3}$에서 1로 대폭 높일 수 있으므로 (b) 역시 성립할 수 없다.
후보가 4명 이상인 균형도 $\frac{V}{c}<4$ 조건에 의하여 존재할 수 없다.

연습문제 >> 9-1

(1) 전략형게임

		B군		
		2/0	1/1	0/2
A군	3/0	1, −1	−1, 1	−1, 1
	2/1	1, −1	1, −1	−1, 1
	1/2	−1, 1	1, −1	1, −1
	0/3	−1, 1	−1, 1	1, −1

(2) 먼저 B군이 1/1전략을 양(+)의 확률로 선택할 수는 없다. 만약 B가 1/1전략을 양(+)의 확률로 선택한다면 A에게 3/0, 0/3은 각각 2/1, 1/2보다 강열등하므로 선택하지 않는다. 그런데 A가

3/0, 0/3을 선택하지 않고 2/1, 1/2를 양의 확률로 혼합한다면 B에게 1/1은 강열등전략이므로 선택하지 않는다. 이는 B가 1/1을 양(+)의 확률로 선택한다는 애초의 가정과 모순된다. 즉, 균형상태에서 B가 1/1을 선택할 확률은 0이어야 한다.
B가 2/0을 선택할 확률이 0.5보다 크다면 A에게 있어서 3/0과 2/1은 무차별하고 1/2 및 0/3은 이보다 강열등하다. 그런데 A가 3/0과 2/1을 적당한 확률로 선택하고 1/2 및 0/3을 절대 선택하지 않는다면 그것에 대한 B의 최선응수는 0/2를 1의 확률로 선택하는 것이다. 이는 B가 2/0을 0.5보다 큰 확률로 선택한다는 애초의 가정과 모순된다. 똑같은 논리로 B가 2/0을 선택할 확률이 0.5보다 작게 되는 균형도 있을 수 없다.
결론적으로 A는 2/1과 1/2를 각각 0.5의 확률로 선택하고 B는 2/0, 0/2를 각각 0.5의 확률로 선택하는 것이 유일한 내쉬균형이다.

연습문제 >> 9-2

(1)

		북한군		
		원산	인천	남포
	원산	0, 1	1, 0	1, 0
연합군	인천	$1-c_I$, 0	$-c_I$, 1	$1-c_I$, 0
	남포	$1-c_N$, 0	$1-c_N$, 0	$-c_N$, 1

(2) 연합군의 원산, 인천, 남포 상륙 확률을 각각 $p(W)$, $p(I)$, $p(N)$이라 놓고 북한군의 원산, 인천, 남포 집중방어 확률을 각각 $q(W)$, $q(I)$, $q(N)$이라 놓자. 혼합전략균형을 구하면 다음과 같다.

$$p(W)=p(I)=p(N)=\frac{1}{3}$$

$$q(W)=\frac{1+c_I+c_N}{3},\ q(I)=\frac{1+c_I+c_N}{3}-c_I,\ q(N)=\frac{1+c_I+c_N}{3}-c_N$$

(다만, $q(I)>0$이기 위해서는 조건 $c_I<\frac{1+c_N}{2}$이 충족되어야 함)

(3) 연합군은 인천상륙작전을 준비하면서 동시에 원산을 집중폭격과 위장 정찰대를 보내며, 남포에도 정찰부대를 보내는 등 양동작전을 썼다. 북한군은 주력방어부대를 원산에 배치하였다.

연습문제 >> 9-3

(1) 전략형게임

경기자들의 집합 N={1, 2, …, 10}

순수전략집합 S_i={자백, 버티기}

$$\text{보수함수 } u_i = \begin{cases} 0, & \text{if } s_i=\text{버티기},\ s_{-i}=(\text{버티기},\ \cdots,\ \text{버티기}) \\ 10, & \text{if } s_i=\text{버티기},\ s_{-i}\neq(\text{버티기},\ \cdots,\ \text{버티기}) \\ 9, & \text{if } s_i=\text{자백},\ \forall\, s_{-i}\in S_{-i} \end{cases}$$

(2) 딱 1명만 자백하고 나머지 9명은 버티기. 자백한 조폭은 9단위, 나머지는 10단위의 보수를 얻으며 어느 누구에게도 이탈 유인이 없다. 조직원 중 한 명이 '모두 뒤집어 쓰고 희생양이 되는 시나리오'.

(3) 혼합전략 내쉬균형에서 개별 조폭 i의 자백확률을 p로 놓자.

조폭 i가 자백하면 다른 조직원들의 선택과 무관하게 9단위의 보수를 얻는다.

조폭 i가 버티기로 들어갈 경우 그의 보수는 두 상황에 따라 달라진다. 첫째, 나머지 9명이 모두 버틴다면 그는 0단위의 보수를 얻는다. 둘째, 나머지 9명 가운데 한 명이라도 자백하면 그는 10단위의 보수를 얻는다. 전자의 상황이 발생할 확률은 $(1-p)^9$이므로 조폭 i가 버팀으로써 얻게 될 기대보수는 $(1-p)^9\times 0+\left[1-(1-p)^9\right]\times 10$이다.

혼합전략 내쉬균형에서는 조폭 i가 자백하건 버티건 기대보수가 동일해야 하므로

$$p^*=1-\left(\frac{1}{10}\right)^{\frac{1}{9}}$$

(4) 일반적으로 개별 조폭의 균형 자백확률 $p^*=1-\left(\frac{1}{10}\right)^{\frac{1}{n-1}}$인데, n이 클수록 0으로 수렴. 그러나 n명의 조직원 가운데 최소 한 명이 자백할 확률은 $1-(1-p^*)^n=1-\left(\frac{1}{10}\right)^{\frac{n}{n-1}}$인데, n이 커지면 0.9에 수렴한다.

연습문제 >> 10-1

(1) 학생 i의 보수 극대화의 일계조건을 구하면 $\dfrac{\alpha n\sum_{j\neq i}x_j}{\left(x_i+\sum_{j\neq i}x_j\right)^2}-x_i=0$이다. 대칭조건 $x_i=x,\ \forall i$를 대입하여 풀면 내쉬균형 공부시간 $\hat{x}=\sqrt{\dfrac{\alpha(n-1)}{n}}$과 보수 $\hat{u}=\dfrac{\alpha(n+1)}{2n}$이 구해진다. 학생 수 n이 커질수록 경쟁이 심해지므로 균형공부시간은 높아지지만 균형보수는 오히려 낮아진다.

(2) 대칭적 파레토최적을 구해보자. 대칭조건 $x_i = x,\ \forall i$를 대입하면 개별 학생의 보수함수는 $\left(\alpha - \frac{1}{2}x^2\right)$이다. 이는 x가 작을수록 크므로 파레토 효율 공부시간은 $x^* = 0$이다. 이때 개별 학생의 보수는 α단위인데 이는 위 (1)에서 구한 내쉬균형 보수 $\hat{u} = \frac{\alpha(n+1)}{2n}$보다 크다.

연습문제 >> 10-2

(1) 균형조건 $60 = 20 + 50p$으로부터 $\hat{p} = 0.8$

(2) 사회전체의 평균 통근시간은 $60(1-p) + (20+50p)p$이므로 이를 극대화하는 p를 구하면 $p^* = 0.4$

(3) 개인은 지하철 이용과 자가용 운전 중에 짧은 통근시간이 소요되는 수단을 선택할 뿐이다. 자신의 자가운전이 교통체증을 유발함으로써 다른 모든 자가용 통근자들에게 끼치게 되는 부(−)의 외부효과를 고려하지 않는다. 반면 사회적으로는 자동차 통근자들 상호 간에 끼치는 그러한 외부효과까지 감안하므로 $p^* < \hat{p}$인 것이다.

연습문제 >> 10-3

(1) 화학공장 이윤 $\pi_C(x) = 10x - x^2$ 극대화로부터 $\hat{x} = 5$톤이다. 청정처리를 할 이유가 없으므로 $\hat{s} = 10$이며 이윤은 $\hat{\pi}_C = 25$이다. 전자회사 이윤 $\pi_E(y) = 10y - 0.5y^2 - s^2$ 극대화로부터 $\hat{y} = 10$이며 이윤은 $\hat{\pi}_E = 25$이다.

(2) 두 회사의 결합이윤 $\pi_C + \pi_F = [10x - x^2 - 2(x-s)] + [10y - 0.5y^2 - s^2]$ 극대화 문제를 풀면 $x^* = 4$, $y^* = 10$, $s^* = 1$이다. 이때 화학공장의 이윤은 18, 전자회사의 이윤은 49이다.

(3) 두 회사가 합병하면 결합이윤 극대화를 통해 외부효과를 내부화하므로 위 (2)와 동일한 결과를 얻는다. 환경오염 측면에서 경쟁시장 배출량 $\hat{s} = 10$에 비해 $s^* = 1$이 우월하다.

(4) 총량규제 기준은 $x^* = 4$

연습문제 >> 10-4

(1) 경쟁시장균형 조건 $P^d = 20 - \frac{1}{10}Q = 2 + \frac{1}{10}Q = PMC$에 의하여 $Q = 90$ 그리고 $P = 11$

(2) 사회적 한계비용 $SMC = PMC + \frac{1}{20}Q = 2 + \frac{3}{20}Q$이므로 파레토최적 조건 $P^d = SMC$을 풀

면 $Q=72$

(3) $Q=90$일 때 $SMC=15.5$이다. 자중손실은 '90단위를 생산하는 데 드는 사회적 비용'에서 '90단위의 소비로부터 누리는 소비자잉여'를 뺀 금액이므로, $DWL=\frac{1}{2}\times(90-72)\times(15.5-11)$ $=40.5$단위이다.

(4) 피구세 부과 후 염색업의 한계생산비는 $2+\frac{1}{10}Q+\tau Q$이다. 세후 경쟁균형 조건 $20-\frac{1}{10}Q=2+\frac{1}{10}Q+\tau Q$에 의하여 세후 시장생산량은 $Q=\frac{90}{5\tau+1}$이다. 이것이 사회최적생산량 72단위와 같아지려면 $\tau=\frac{1}{20}$이어야 한다.

연습문제 >> 10-5

(1) 극대화 $W=u_A+u_B=(1-\alpha)\ln(x_{A1})+x_{A2}+(1-\alpha)\ln(x_{B1})+x_{B2}$

자원제약식 $x_{A1}+x_{A2}=M=x_{B1}+x_{B2}$

준선형(quasi-linear) 효용함수의 특성상 $\frac{\partial u_A}{\partial x_{A1}}=(1-\alpha)\frac{1}{x_{A1}}=1=\frac{\partial u_A}{\partial x_{A2}}$을 충족해야 하므로 $x^*_{A1}=(1-\alpha)$, $x^*_{A2}=(M-(1-\alpha))$ 같은 논리로 $x^*_{B1}=1-\alpha$, $x^*_{B2}=M-(1-\alpha)$

(2) 개인 i의 극대화 $u_i(x_{i1}, x_{i2}, x_{j1})=\log(x_{i1})+x_{i2}-\alpha\log(x_{j1})$ (여기서, $i\neq j$)

예산제약식 $x_{i1}+x_{i2}=M$

준선형 효용함수의 특성상 $\hat{x}_{i1}=1$, $\hat{x}_{i2}=M-1$

(3) 외부효과를 초래하는 재화 1에 피구조세 혹은 피구보조금 τ를 부과하면 개인의 예산제약식은 $(1+\tau)x_{i1}+x_{i2}=M$이 된다. 효용극대화 문제를 풀면 $\hat{x}_{i1}=\frac{1}{1+\tau}$, $\hat{x}_{i2}=M-\frac{1}{1+\tau}$. 재화 1 소비량이 사회최적과 일치하기 위해서는 $\tau=\frac{\alpha}{1-\alpha}$여야 한다.

(4) $\alpha>0$인 경우에 대해서 설명하자. 개인의 재화 1 소비가 타인의 효용을 낮추므로 사회최적은 이를 고려한 $x^*_{i1}=(1-\alpha)$단위여야 한다. 하지만 시장에만 맡겨둔다면 개인은 자신의 재화 1 소비가 타인에게 미치는 부정적 효과를 고려하지 않고 사익의 관점에서 바람직한 $\hat{x}_{i1}=1$단위를 과도하게 소비한다. 재화 1에 피구세를 부과하여 재화 1 소비 의욕을 줄이면 사회최적과 일치시킬 수 있으므로 효율성이 높아진다. $\alpha<0$인 경우 대칭적으로 해석하면 된다.

연습문제 >> 10-6

(1) 발생할 수 있는 경우 둘로 나누어 공단의 b 선택에 따른 보수를 계산하자.

경우(i) $B \leq \gamma$

		B		γ		b
$u_{공단}$	0		0		$(B-\gamma)<0$	

경우(ii) $B > \gamma$

		γ		B		b
$u_{공단}$	0		$(B-\gamma)>0$		$(B-\gamma)>0$	

둘 중 어떤 경우건(주민의 선택 γ가 무엇이건) 공단은 $b=B$라고 진실하게 밝히는 것이 거짓말하는 것보다 높거나 최소한 동일한 보수를 얻게 된다. 즉, 진실현시가 공단의 약우월전략이다. 대칭적인 논리를 적용하면 진실현시인 $\gamma=C$가 주민의 약우월전략임을 보일 수 있다.

(2) 공단과 주민 둘 다 사적(private) 정보를 진실하게 밝히는 것이 내쉬균형이다. 따라서 $B>C$라면 오염배출이 허용되고 $B<C$이라면 불허된다. 이는 사회적 최적이다. 오염배출이 허용될 경우 최종적으로 공단은 $(B-C)$원의 보수를 얻고 주민은 $(B-C)$원을 얻는다.

(3) $B>C$여서 오염배출이 허용될 경우 공단으로부터 징수한 세금은 C원이고 주민에게 지불하는 보상금은 B원이다. 지방정부 입장에서는 $(C-B)$원의 재정적자가 반드시 발생하게 된다. 이 재정적자는 다른 데서 충당해야 한다.

연습문제 >> 10-7

반려동물을 키울 권리가 최우선인 경우 주민 1은 멍멍이를 키우고 주민 2는 그냥 참고 살아야 한다. 주민 1은 B단위, 주민 2는 $-C$단위의 최종 효용을 얻는다. 사회후생은 $(B-C)$단위로 효율적이다. 조용히 거주할 권리가 최우선인 경우 주민 1은 주민 2에게 T를 지불($B>T>C$)하고 멍멍이를 키운다. 주민 1은 $(B-T)$단위, 주민 2는 $(T-C)$단위의 최종 효용을 얻는다. 사회후생은 $(B-C)$단위로 효율적이다.

연습문제 >> 10-8

(1) $\hat{x}=50$ (2) $x^*=0$ (3) $\tau=10$

(4) 경쟁균형에서 학생 1은 350원, 학생 2는 -400원의 효용을 얻는다(학생 1은 흡연하지 않더라도 100단위의 보수를 얻으며, 이때 학생 2는 100단위의 보수를 얻음에 유의하라). 따라서 학생 2가 학생 1이 흡연하지 않는 대가로 $250 \leq T \leq 500$을 지불한다. 학생 1과 학생 2의 최종보수는

각각 $(100+T)$와 $(100-T)$이며, 이는 효율적 자원배분이다.

(5) 학생 1은 사무실에서 담배를 피울 수 없다. 학생 1과 2의 최종보수는 각각 100과 100이며, 이는 효율적 자원배분이다.

연습문제 >> 10-9

(1) 회사 Y의 입장에서 인공꿀의 한계생산비는 900원$(=2\times400+1\times100)$이고 천연꿀의 한계생산비는 1,300원$(=3\times400+100\times1)$이다.

(2) 회사 Y는 생산비가 더 저렴한 인공꿀을 선택한다. 만약 P가 900원보다 높다면 500통 생산하고 900원보다 낮다면 생산을 하지 않는다.

(3) 회사 Y가 천연꿀을 생산하면 꿀벌 100마리당 S과수원으로 하여금 2단위의 노동을 절약할 수 있게 해주므로 사회적 한계생산비는 500원$\left(=3\times400+1\times100-\dfrac{100}{50}\times400\right)$이다.

(4) $500<900$이므로 천연꿀을 500통 생산하는 것이 사회적 최적 자원배분이다.

(5) 정부는 Y가 천연꿀 1통 생산할 때마다 최저 400에서 최대 800까지 보조금을 지불한다. 또한 이 돈을 S과수원으로부터 세금을 걷어 징수한다.

(6) 통합회사 입장에서 천연꿀을 500통 생산하는 것이 인공꿀 500통 생산하는 것보다 낫다.

(7) 회사 Y가 천연꿀 1통을 만드는 조건으로 최대 800원까지 지불할 용의가 있다. 그런데 Y가 천연꿀만 500통 제조한다면 $500\times800=400{,}000$원까지 기부금으로 지불할 용의가 있다.

연습문제 >> 11-1

(1) 소비자 1의 목적은 효용함수 $u_1=\ln(g_1+g_2)+\ln(M-g_1)$ 극대화이다. 일계조건을 구하면 $\dfrac{1}{g_1+g_2}-\dfrac{1}{M-g_1}=0$인데, 이를 정리하면 소비자 1의 최선응수가 $g_1=\dfrac{1}{2}(M-g_2)$로 구해진다. 대칭성에 의하여 소비자 2의 최선응수는 $g_2=\dfrac{1}{2}(M-g_1)$이다.

(2) 상호 최선응수 조건에 의하여 내쉬균형은 $\hat{g}_1=\hat{g}_2=\dfrac{1}{3}M$이다. 공공재 총공급량은 이 둘을 합친 값이므로 $\hat{G}=\dfrac{2}{3}M$이다.

연습문제 >> 11-2

공리주의적 사회후생함수 $W=\sum_j u_j = 2\ln(G)+\ln(M-g_1)+\ln(M-g_2)$ (여기서, G=g_1+g_2) 극대화의 일계조건 $\frac{2}{g_1+g_2}-\frac{1}{M-g_i}=0$ (i=1, 2)을 연립하여 풀면 $g_1^*=g_2^*=\frac{M}{2}$이고 $G^*=M$. 다음과 같이 구할 수도 있다. 공공재 G의 공급비용을 두 소비자가 똑같이 분담한다고 가정하면 사회후생함수는 다음과 같다.

$$W=2\left[\ln G+\ln\left(M-\frac{G}{2}\right)\right]$$

일계조건을 구하면 $\frac{2}{G}-\frac{1}{M-\frac{G}{2}}=0$이고 이를 풀면 사뮤엘슨 조건을 충족하는 효율적 공공재 공급량 G*=M이 구해진다. 이는 연습문제 11-1에서 구한 내쉬균형 공급량 $\frac{2}{3}M$보다 크다.

연습문제 >> 11-3

(1) 소비자 i의 예산제약식 $x_i=1-g_i$ 및 공공재 공급식 $G=\sum_{j=1}^{N}g_j=g_i+\sum_{j\neq i}g_j$을 대입하여 소비자 i의 효용함수를 다시 쓰면 다음과 같다.

$$u_i=\ln\left(g_i+\sum_{j\neq i}g_j\right)+\ln(1-g_i)$$

소비자 i의 선택변수는 g_i로 편미분하여 효용극대화의 일계조건을 구하면 소비자 i의 최선응수 BR_i가 다음과 같이 구해진다.

$$\frac{1}{g_i+\sum_{j\neq i}g_j}-\frac{1}{1-g_i}=0$$

$$BR_i:\ g_i=\frac{1}{2}\left(1-\sum_{j\neq i}g_j\right)$$

모든 소비자들이 동질적이므로 대칭성 $g_1=g_2=\cdots=g_N=g$을 가정하면 내쉬균형하에서 개별 소비자의 공공재 구매량 $\hat{g}=\frac{1}{N+1}$이 구해진다. 따라서 공공재 총공급량은 $\hat{G}=\frac{N}{N+1}$이다.

(2) 공공재 공급비용을 구성원들이 균등하게 분담한다고 가정할 때 개별 소비자의 효용함수는 $u_i=\ln(G)+\ln\left(1-\frac{G}{N}\right)$이므로 사회후생함수는 다음과 같다.

$$W=N\left[\ln(G)+\ln\left(1-\frac{G}{N}\right)\right]$$

사회후생을 극대화해주는 파레토최적 공공재 총공급량을 구하면 $G^* = \frac{N}{2}$이다.

(3) 구성원의 수 N이 커지면 내쉬균형 공급량 $\widehat{G} = \frac{N}{N+1}$은 1로 접근하는 반면 파레토최적 공급량 $G^* = \frac{N}{2}$은 계속 커진다. 즉, N이 커짐에 따라 둘 간의 괴리는 점점 더 벌어진다.

연습문제 >> 11-4

(1) 공공재는 비배제성과 비경합성을 가지므로 개별수요함수를—수평적으로가 아니라—수직적으로 합하면 시장수요함수가 도출된다.

$$p = \begin{cases} 300-3G & \text{for } 0 \le G \le 50 \\ 250-2G & \text{for } 50 \le G \le 100 \\ 150-G & \text{for } 100 \le G \le 150 \end{cases}$$

(2) $300-3G=180$으로부터 $G^*=40$

(3) 건설비 180원은 모든 소비자의 최대지불용의 가격보다 크므로 어느 누구도 혼자 부담할 유인이 없다. 따라서 세 소비자들에게 비용을 분담시켜야 하는데 누가 누구인지 모르는 경우 소비자는 자신의 수요를 과소하게 표출함으로써 무임승차하려고 한다. 최악의 경우 무임승차로 인해 공공재 건설이 무산되면 소비자잉여 2,400원만큼이 자중손실로 날라가버린다.

$$\text{CS} = \frac{1}{2} \times (300-180) \times 40 = 2,400$$

연습문제 >> 11-5

(1) 정부의 균형재정식 $NT = G$를 대입하면 개인 i의 효용함수는 $U_i = \left[y_i - \frac{G}{N}\right]^{1-\alpha} G^{\alpha}$이다. 일계조건으로부터 개인 i가 가장 선호하는 G 공급량은 $\alpha N y_i$임을 알 수 있다. 정치적 균형 공공재 공급량은 중위투표자의 지복점 $\alpha N y_m$이다.

(2 정부의 균형재정식 $\tau N\bar{y} = G$를 대입하면 개인 i의 효용함수는 $U_i = \left[y_i - \frac{G}{N\bar{y}} y_i\right]^{1-\alpha} G^{\alpha} = (y_i)^{1-\alpha}\left[1 - \frac{G}{N\bar{y}}\right]^{1-\alpha} G^{\alpha}$이다. 일계조건으로부터 개인 i가 가장 선호하는 G 공급량은 $\alpha N\bar{y}$로 모두(중위투표자 포함) 같음을 알 수 있다. 따라서 정치적 균형 공공재 공급량은 $\alpha N\bar{y}$이다.

(3) 사회최적은 균형재정식 $\sum_i T_i = G$를 충족하면서 사회후생함수 $\sum_i U_i$를 극대화하는 자원배분

으로서 일반적으로 무수히 많다. 만약 소득분포가 완전 균등하다면 $y_m = \bar{y}$ 이므로 두 조세체계 모두 효율적이다.

연습문제 >> 11-6

(1) 소득이 m원인 개인의 효용함수는 $u_m(G) = \ln(G) + \ln\left(m - \frac{G}{N}\right)$ 이다.

$$u_m'(G) = \frac{1}{G} - \frac{1}{Nm - G}$$

$$u_m''(G) = -\frac{1}{G^2} - \frac{1}{(Nm-G)^2} < 0$$

따라서 u_m(G)는 $G = \frac{N}{2}m$ 에서 극대값을 갖는 단봉선호 함수이다. 동일한 논리와 방법으로 소득이 M원인 소비자의 효용함수 u_M(G)도 $G = \frac{N}{2}M$ 에서 극대값을 갖는 단봉선호임을 알 수 있다.

(2) 만약 $K > \frac{N}{2}$ 라면 소득 m원인 소비자가 중위투표자이므로 정치적 균형 공급량은 그가 가장 선호하는 $G = \frac{N}{2}m$ 으로 결정된다. 만약 $K < \frac{N}{2}$ 이라면 정치적 균형 공급량은 $G = \frac{N}{2}M$ 이 선택된다.

(3) 아래 공리주의적 사회후생함수의 극대화 문제를 풀면 된다.

$$W(G) = K\left[\ln(G) + \ln\left(m - \frac{G}{N}\right)\right] + (N-K)\left[\ln(G) + \ln\left(M - \frac{G}{N}\right)\right]$$

일계조건을 구한 다음 통분하여 정리하면 다음을 얻는다.

$$W'(G) = \frac{N}{G(Nm-G)(NM-G)}[2G^2 - \{K(m+2M) + (N-K)(2m+M)\}G + N^2 mM]$$

따라서 파레토최적 공급량은 다음 이차방정식의 근 가운데 작은 값이다.

$$2G^2 - \{K(m+2M) + (N-K)(2m+M)\}G + N^2 mM = 0$$

(4) $K > \frac{N}{2}$ 인 경우 정치적 균형 공급량 $G = \frac{N}{2}m$ 을 위 (3)에서 구한 2차방정식에 대입하면 등호가 성립하지 않는다. $K < \frac{N}{2}$ 인 경우도 대칭적 논리로 등호가 성립하지 않음을 보일 수 있다.

연습문제 >> 12-1

식 (12.14)를 식 (12.13)에 대입하여 얻는 단일 제약식 $M = x + \dfrac{C(G, nv)}{n}$ 하에서 효용함수 식 (12.12) 극대화를 풀어보자. 먼저 G에 대한 일계조건을 구하면 사슬법칙(Chain rule)에 의하여

$$\frac{\partial U}{\partial x}\frac{\partial x}{\partial G} + \frac{\partial U}{\partial G} = \frac{\partial U}{\partial x}\left(-\frac{1}{n}\frac{\partial C}{\partial G}\right) + \frac{\partial U}{\partial G} = 0$$

양변을 $\dfrac{\partial U}{\partial x}$로 나누고 n을 곱하면 식 (12.15)를 얻는다.

다음으로 v에 대한 일계조건을 구하면 사슬법칙에 의하여

$$\frac{\partial U}{\partial x}\frac{\partial x}{\partial C}\frac{\partial C}{\partial V}\frac{\partial V}{\partial v} + \frac{\partial U}{\partial v} + \frac{\partial U}{\partial V}\frac{\partial V}{\partial v} = \frac{\partial U}{\partial x}\left(-\frac{1}{n}\frac{\partial C}{\partial V}\right)n + \frac{\partial U}{\partial v} + \frac{\partial U}{\partial V}n = 0$$

양변을 $\dfrac{\partial U}{\partial x}$로 나누어 식 (12.16)을 얻는다.

마지막으로 $n = \dfrac{V}{v}$를 예산식의 분모에 대입한 다음 V에 대한 일계조건을 구하면

$$\frac{\partial U}{\partial x}\frac{\partial x}{\partial V} + \frac{\partial U}{\partial V} = \frac{\partial U}{\partial x}\left(-\frac{1}{n}\frac{\partial C}{\partial V} + \frac{1}{nv}\frac{C}{n}\right) + \frac{\partial U}{\partial V} = 0$$

양변을 $\dfrac{\partial U}{\partial x}$으로 나누고 식 (12.14)에 대입하면 식 (12.17)을 얻는다.

연습문제 >> 12-2

(1) $b_i + \sum_{j \neq i} e_{ji} > c_i$이면 $g_i = 1$, $b_i + \sum_{j \neq i} e_{ji} < c_i$이면 $g_i = 0$.

(2) 지자체 균형재정예산식 $\tau_i = c_i g_i$를 고려하면 지자체 i 주민의 보수함수는 $u_i = 1 - c_i g_i + b_i g_i + \sum_{j \neq i} e_{ij} g_j$임.

내쉬균형에서는 개별 지자체가 각자의 순효용 극대화만 추구하므로 $b_i > c_i$이면 $g_i = 1$이고 $b_i < c_i$이면 $g_i = 0$.

(3) 지방분권체제에서 개별 지자체는 자신의 공공재 공급량이 타 지자체 주민들에게 미치는 긍정적 혹은 부정적 외부효과를 고려하지 않으므로 국가 전체적으로 볼 때 비효율적임.

연습문제 >> 13-1

(1) 종결마디가 6개 있는 게임나무

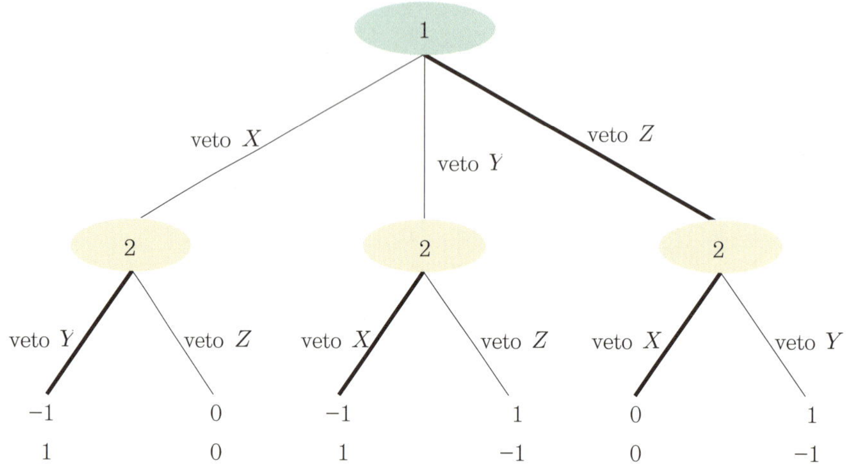

(2) 첫 번째 내쉬균형은 경기가 1 veto Z, 경기자 2 veto Y/veto X/veto X이고, 두 번째 내쉬균형은 경기가 1 veto Z, 경기자 2 veto Z/veto X/veto X이다. 말하자면, 만약 내가 가장 선호하는 후보를 네가 거부한다면 나는 네가 가장 선호하는 후보를 거부하겠다. 균형보수는 두 경우 모두 (0, 0)이다.

(3) 위 (2)에서 첫 번째 내쉬균형만이 부분게임완전균형이다.

(4) 경기자 2가 먼저 거부권을 행사하더라도 결과는 마찬가지이다. 최종적으로 두 경기자 다 어정쩡하게 좋아하는 Y안이 실행된다.

연습문제 >> 13-2

(1) 정당 1의 공약 x와 정당 2의 공약 y 간에는 $x<y$가 성립한다고 놓아도 무방하다. 다음과 같이 역진귀납법을 적용하여 맨 아래 부분게임에서부터 균형을 계산하면 된다. (i) 정당 1과 2가 이미 공약을 채택했다는 가정하에 정당 3의 최선응수 z를 구한다. 이때 x와 y가 각각 $\frac{1}{4}$, $\frac{2}{4}$, $\frac{3}{4}$보다 큰지 작은지에 따라 10가지 경우로 나누어 생각해야 한다. (ii) 정당 1의 x가 주어져 있고 정당 3은 위 단계 (i)에서 구한 바와 같이 z를 선택하리라 예측할 때 정당 2의 y를 구한다. (iii) 정당 1은 정당 2와 정당 3이 각각 위 단계 (ii)와 (i)에서 구한 최선응수에 따라 선택하리라 예측하고 자신의 집권확률을 극대화해주는 x를 구한다. (iv) 위 (iii)단계에서 구한 x값을 (i)단계와 (ii)단계에서 구한 y 및 z에 대입하면 된다.

구체적으로 위 (i)의 10가지 경우 가운데 (a) $x\in\left[0, \frac{1}{4}\right]$이고 $y\in\left[\frac{2}{4}, \frac{3}{4}\right]$, 혹은 (b) $x\in\left[\frac{1}{4}, \frac{2}{4}\right]$이고 $y\in\left[\frac{3}{4}, 1\right]$만 고려하면 된다. 나머지 8가지 경우 정당 3의 최적 전략은 x의 바로 왼쪽 옆($x-\varepsilon$)을 선택하거나 혹은 y의 바로 오른쪽 옆($y+\varepsilon$)을 선택하거나 혹은 구간 (x, y)에서 어떠한 z를 선택하건 무차별하거나 셋 중 하나이다. 그런데 정당 1의 정책 x가 주어져 있고 정당 3의 최선응수 z를 합리적으로 예측할 때 정당 2는 y를 그러한 범위에서 선택하지 않을 것이다.

먼저 (a)의 경우 정당 3의 최선응수는 다음과 같다.

$$BR_3(x,\ y)=\begin{cases} \text{구간 } (2+x-2y,\ y) & \text{if } \frac{1}{2}(y-x)>(1-y)\ (\text{즉, } 3y>x+2) \\ y+\varepsilon & \text{if } 3y<x+2 \end{cases}$$

윗줄의 경우 정당 3이 구간 (x, y) 어느 곳에 z를 선택하건 자신의 득표율은 $\frac{1}{2}(y-x)$로 동일하다. 하지만 z를 x에 가깝게 선택할 경우(정확히는 $z<2+x-2y$) 정당 2의 득표율 $\frac{1}{2}(y-z)+(1-y)$이 되어 무조건 승리한다는 사실을 감안하여 정당 3은 y에 비교적 가까운 z를 선택할 것이다. 이 모든 논의에 $x<\frac{1}{4}$이라는 가정이 있음은 유의하라.

대칭적인 논리를 적용하면 (b)의 경우 정당 3의 최선응수는 다음과 같다.

$$BR_3(x,\ y)=\begin{cases} x-\varepsilon & \text{if } x>\frac{1}{2}(y-x)\ (\text{즉, } 3x>y) \\ \text{구간 } (x,\ y-2x) & \text{if } 3x<y \end{cases}$$

위 (a)와 (b)의 임계를 결정하는 두 연립방정식 $3y=x+2$와 $3x=y$를 풀면 부분게임완전균형이 $x^*=\frac{1}{4}$, $y^*=\frac{1}{2}$, $z^*=\frac{3}{4}$으로 구해진다. 또한 정당 1과 정당 2는 각각 $\frac{3}{8}$씩을 득표하므로 균형 집권확률은 $\frac{1}{2}$씩이고, 정당 3은 $\frac{2}{8}$의 득표율로 집권 가망성이 없다.

$$x^*=\frac{1}{4},\ y^*=\frac{3}{4},\ z^*=\frac{2}{4}$$

정당 1과 정당 2의 득표율은 각각 $\frac{3}{8}$이고 정당 3의 득표율은 $\frac{2}{8}$이다.

(2) 부분게임완전균형에서 정당 1과 정당 2가 집권할 확률이 각각 50%이며 군소 정당인 3이 집권한 확률은 0이다. 이러한 이론적 예측과는 달리 현실적으로 정당 3은 선거 직전에 정당 1이나 2와 연합 혹은 후보 단일화를 통하여 일단 집권한 다음 지분을 나눠 갖는 편이 훨씬 낫다. 제14대 대선을 앞둔 1990년 민주정의당(노태우)－통일민주당(김영삼)－신민주공화당(김종필) 간의 3당 합당, 제15대 대선의 김대중－김종필, 제16대 대선의 노무현－정몽준 연합은 이러한 관점에서 해석할 수 있다.

연습문제 >> 13-3

(1) 종결마디가 16개 있는 전개형게임이다. 정부가 선택가능한 4개의 공포전략은 0/0, 0/1, 1/0, 1/1이다. 예컨대, 1/0전략은 시민이 $a=0$을 선택하면 $t=1$을 지불하고 시민이 $a=1$을 선택하면 $t=0$을 지불한다는 정책 공포를 의미한다.

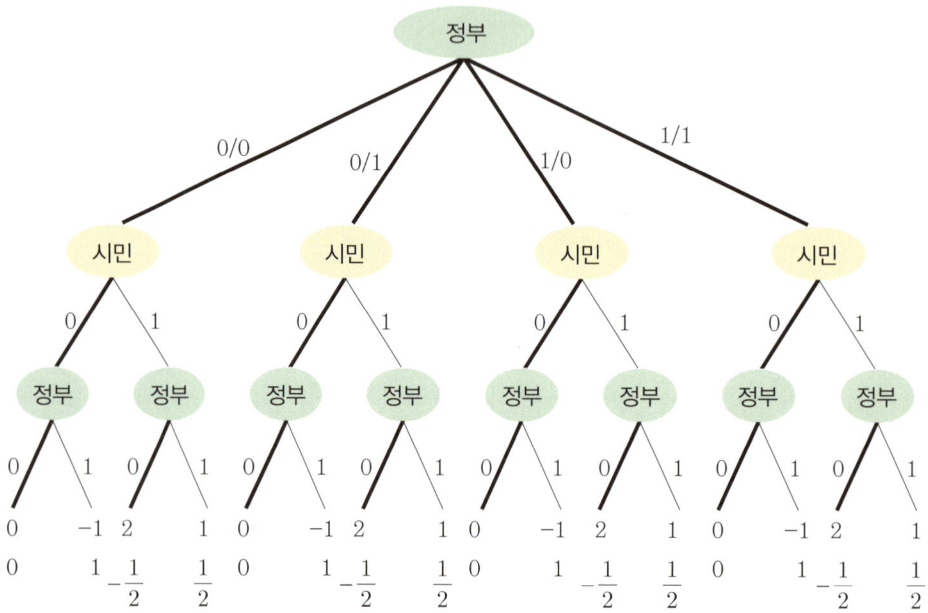

(2) 종결마디가 8개 있는 전개형게임

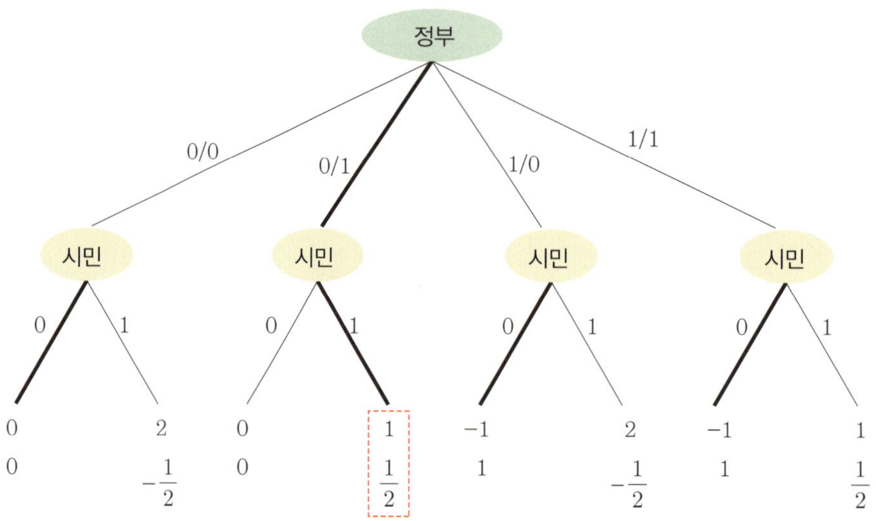

(3) 정부의 공포가 구속력이 없는 경우 부분게임완전균형: 정부는 네 개의 가능한 공포 가운데 아무 것이나 무작위로 선택한다. 그 다음 시민은 $a=0$을 선택하고 정부는 시민의 선택에 상관없이 무조건 $t=0$을 선택한다. 이때 균형보수는 (0, 0)이다. 정부는 아무 말이나 무책임하게 지껄이고 시민은 정부 공포를 무시해버린다. 시민은 자신이 어떠한 선택을 하든 정부가 이전소득을 지불하지 않을 것임을 합리적으로 예측하여 $a=0$을 선택한다.

정부의 공포가 구속력이 있는 경우 완전균형: 정부는 0/1 정책을 공포한다. 시민은 $a=1$을 선택하고 정부는 공포한 대로 $t=1$을 지불한다. 이때 균형보수는 $\left(1,\ \frac{1}{2}\right)$이다. 정부가 구속력이 있는 정책 발표를 할 수 있는 경우 사회적으로 우월한 자원배분을 달성할 수 있다. 결국 정부가 일단 발표한 정책은 반드시 시행될 수밖에 없도록 구속력을 갖는 법, 제도, 협정, 평판 등 안전장치를 해놓는 것이 중요하다.

연습문제 >> 13-4

어떠한 분배하에서도 두 명이 동의할 재분배 정책을 제안할 수 있으므로 코어는 공집합(∅)이다. 정리 13.1에 의하여 최고순환집합은 전체집합 $X=\{(x_1,\ x_2,\ x_3)\mid x_i\geq 0,\ \forall i, \text{ and } x_1+x_2+x_3=1\}$이다.

연습문제 >> 13-5

(i) $s < x_1$인 경우: 의제설정자는 기존체제 s를 고수하자고 제안하든지 혹은 전복집합 $W(s)=[s,\, 2x_1 - s]$ 가운데 한 대안으로의 이행을 제안할 수 있다. 즉, i=1은 $W(s)\cup\{s\}=[s,\, 2x_1 - s]$ 가운데 가장 선호하는 정책인 x_1을 제안하고 i=2는 이에 동의할 것이므로 균형정책은 x_1이다.

(ii), (iii), (iv) $x_1 \leq s \leq x_2$인 경우: 전복집합 $W(s)=\phi$이고 의제설정자는 $W(s)\cup\{s\}=\{s\}$ 가운데 자신이 가장 선호하는 대안을 제시한다. 결국 기존체제 s가 균형이다.

(v) $s > x_2$인 경우: 의제설정자인 i=1은 $W(s)\cup\{s\}=[2x_2 - s,\, s]$ 가운데 가장 선호하는 정책인 $\max\{2x_2 - s,\, x_1\}$으로의 이행을 제안하고 i=2가 동의할 것이다. 현상유지 s가 거부권자 2의 지복점인 x_2와 멀리 떨어져있다면 의제설정자는 자신이 가장 선호하는 x_1으로의 이행을 제안하고 거부권자 2 입장에서는 이 제안이 s보다는 그나마 나으므로 동의한다. 반면 s가 x_2와 가까운 경우 의제설정자는 거부권자 2가 수락할만한 정책 가운데 자신이 가장 선호하는 대안 $(2x_2-s)$을 제시함으로써 타협할 수밖에 없다.

연습문제 >> 13-6

(1)

$$W(s)=\begin{cases}(s,\ 2x_1-s] & \text{if } s<x_1\\ \varnothing & \text{if } s\in[x_1,\ x_2]\\ [2s-x_2,\ s) & \text{if } s>x_2\end{cases}$$

(2) Core $=[x_1,\ x_2]$

(3)

$$\text{부분게임완전균형 정책}=\begin{cases}\min\{x_3,\ 2x_1-s\} & \text{if } s<x_1\\ s & \text{if } x_1\le s\le x_2\\ \max\{x_3,\ 2x_2-s\} & \text{if } s>x_2\end{cases}$$

연습문제 >> 14-1

경기자 1이 어떻게 나누든 경기자 2는 무조건 큰 쪽을 가져갈 것이다. 따라서 균등하게 나눌 경우 경기자 1의 보수는 정확히 50만원이 되지만 불균등하게 나눌 경우 그의 보수는 50만원 미만이 된다. 결국 경기자 1은 50 : 50으로 나누고 경기자 2는 아무 뭉치나 가져가는 상태가 유일한 부분게임 완전균형이다.

연습문제 >> 14-2

두 경우 $\frac{1}{2}\le x_2\le 1$과 $0\le x_2\le\frac{1}{2}$로 나누어 생각하자. 경기자 1이 경기자 2에게 $\frac{1}{2}\le x\le 1$을 주고 경기자 1 자신은 나머지인 $x_1=1-x_2$를 갖겠다고 제안하는 경우 경기자 2가 거절하든 수락하든 상관없이 경기자 1의 보수는 $\frac{1}{2}$ 이하이다. 그런데 경기자 2에게 정확히 반을 나눠주는 경우 경기자 1의 보수가 $\frac{1}{2}$로서 항상 크므로 전자의 경우에 대해서는 더 이상 고려할 필요가 없다.

그렇다면 경기자 1이 경기자 2에게 $0\le x_2\le\frac{1}{2}$을 주고 경기자 1 자신은 나머지인 $x_1=1-x_2$를 갖겠다고 제안한다면 경기자 2는 어떻게 할 것인가? 경기자 2의 보수함수가 $u_2(x_1,\ x_2)=x_2-\beta_2(1-2x_2)$이므로 제안 $x_2<\frac{\beta_2}{1+2\beta_2}$를 거절(이때 경기자 1의 보수는 0), 제안 $x_2\ge\frac{\beta_2}{1+2\beta_2}$는 수락(이때 경기자 1의 보수는 $u_1=(1-x_2)-\beta_1(1-2x_2)$)할 것이다. 이제 또다시 두 경우로 나누어보자.

(ⅰ) $\beta_1\le\frac{1}{2}$인 경우: 경기자 1의 보수 $u_1=(1-x_2)-\beta_1(1-2x_2)$는 x_2가 커질수록 감소한다. 따

라서 경기자 1은 경기자 2가 자신의 제안을 수락하는 범위 내에서 최소한으로 주기를 원할 것이다. 즉, $x_2^* = \dfrac{\beta_2}{2\beta_2+1}$이다.

(ii) $\beta_1 > \dfrac{1}{2}$인 인 경우: 경기자 1의 보수 $u_1 = (1-x_2) - \beta_1(1-2x_2)$는 x_2가 커질수록 커진다. 따라서 경기자 1은 경기자 2가 제안을 수락하는 범위 내에서 최대한 제안하기 원한다. 즉, $x_2^* = \dfrac{1}{2}$이다.

결론적으로 (i) $\beta_1 \le \dfrac{1}{2}$인 경우 $x_1^* = \dfrac{\beta_2+1}{2\beta_2+1}$, $x_2^* = \dfrac{\beta_2}{2\beta_2+1}$이 부분게임완전균형이고, (ii) $\beta_1 > \dfrac{1}{2}$인 경우 $x_1^* = x_2^* = \dfrac{1}{2}$이 부분게임완전균형이다.

연습문제 >> 14-3

부분게임에서 경기자 2는 $x_2 - cx_1$이 0보다 클 경우에는 수락하고 작을 경우에는 거부할 것이다. 그런데 수락할 경우 $x_1 + x_2 = 1$(1만원)이라는 사실에 착안하면 경기자 2는 $x_1 \le \dfrac{1}{1+c}$이면 수락하고 그렇지 않으면 거부할 것임을 계산할 수 있다. 이는 전체게임으로 거슬러 올라가면 부분게임완전균형에서 경기자 1이 $\left(\dfrac{1}{1+c}, \dfrac{1c}{1+c}\right)$를 제안할 것임을 알 수 있다.
매개변수 c가 0에 가까우면 부분게임완전균형은 (1, 0)에 근접하고 반대로 1에 가까우면 (0.5, 0.5)에 근접한다. 또 일반적으로 c가 0과 1 사이에 있으면 경기자 1이 상당 부분을 갖고 경기자 2에게 일부를 주는 균형이 형성된다. 여기서 매개변수 c는 이타심(altruism)과는 정반대 개념인 해타심을 나타냄에도 불구하고 부분게임완전균형에서 공평분배가 실현되는 재미있는 결과를 얻게 된다.

연습문제 >> 14-4

부분게임완전균형의 균형보수를 (a, b, c)라 하자. 즉, 매기에 제안자는 과거 역사와 무관하게 (a, b, c)를 제안하는 것이 최적전략이라 가정하자. 여기서 우리의 과제는 a, b, c의 구체적인 값이 얼마인지를 구하는 것이다.
넷째 날 A의 보수가 a이므로 셋째 날 C의 제안이 A에게 받아들여지려면 δa만큼을 제시해야 한다. 비슷한 논리로 셋째 날 C의 제안이 B에게 받아들여지려면 C는 B에게 δb만큼 제시해야 한다. 따라서 셋째 날 C의 보수는 기껏해야 $(1-\delta a-\delta b)$이다.
이제 역진귀납법을 적용하여 둘째 날로 거슬러 올라가자. 둘째 날 B의 제안이 A와 C에게 각각 받아들여지려면 B는 A에게 $\delta^2 a$만큼을 제안하고 C에게 $\delta(1-\delta a-\delta b)$만큼 제안해야 한다. 이는 둘째 날 B의 보수가 $(1-\delta(1-\delta b))((=1-\delta^2 a-\delta(1-\delta a-\delta b))$임을 뜻한다.
첫째 날로 거슬러 올라가서 A의 제안이 B와 C에게 각각 받아들여지려면 A는 B에게 $\delta[1-\delta(1-\delta b)]$

를 제안하고 C에게 $\delta^2(1-\delta a-\delta b)$를 제안해야 한다. 이는 첫째 날 A의 보수가 $(1-\delta+\delta^3 a)$임을 뜻한다. 그런데 대칭 및 균질 조건에 의하면 첫째 날 A의 균형보수는 a여야 하므로 결국 $1-\delta+\delta^3 a=a$가 성립해야 한다. 이 식을 정리하면 $a^*=\dfrac{1}{1+\delta+\delta^2}$을 얻는다. 또 비슷한 논리에 의하여 $\delta[1-\delta(1-\delta b)]=b$ 및 $\delta^2(1-\delta a-\delta b)=c$로부터 $b^*=\dfrac{\delta}{1+\delta+\delta^2}$와 $c^*=\dfrac{\delta^2}{1+\delta+\delta^2}$을 구할 수 있다. 결론적으로 첫째 날 A가 $(a^*,\ b^*,\ c^*)$를 제안하고 B와 C는 이를 즉시 수락하는 배분이 유일한 대칭적 부분게임완전균형이다.

연습문제 >> 14-5

이 게임의 부분게임완전균형은 역진귀납법을 적용하여 풀어내면 된다. 해적 A, B, C, D가 모두 바다로 던져지고 해적 E만 남았다고 가정하자. 해적 E는 당연히 금궤 100개를 모두 가지게 된다. 이제 한 단계를 거슬러 올라가서 해적 A, B, C는 모두 죽임을 당하고 해적 D와 E만 남아있는 부분게임을 고려하자. 해적 D는 무조건 E의 동의를 얻어야만 살아남을 수 있기 때문에 모든 금궤를 해적 E에게 제의할 것이다.

이제 한 단계 더 거슬러 올라가서 해적 C, D, E가 남아있는 상황을 고려하자. 해적 C는 자신의 제안이 해적 D나 해적 E 중 최소한 한 사람의 동의만 얻으면 된다. 그런데 해적 C는 D의 동의를 얻으려면 D에게 금궤 1개만 제의해도 되지만 E의 동의를 얻으려면 100개 모두를 줘야 한다. 따라서 해적 C는 자신이 99개, D에게 1개, E에게 0개를 제의하는 전략이 최선이다. 즉, 3명이 남아 있는 부분게임에서 내쉬균형은 $(C=99,\ D=1,\ E=0)$이다.

이제 해적 A는 처형되고 B, C, D, E가 남아있는 부분게임을 고려하자. 해적 B는 자신의 제안 이 받아들여지려면 자신 이외에 최소한 두 명의 동의를 얻어야 한다. 그런데 해적 B는 D에게 2개, E에게 1개를 제의하고 이 둘의 동의를 얻는 것이 최선이다. 해적 C의 동의는 얻을 필요가 없으므로 하나도 줄 유인이 없다. 따라서 4명이 남아있는 부분게임에서 내쉬균형은 $(B=97,\ C=0,\ D=2,\ E=1)$이다.

이제 첫 단계에서 해적 A에게는 어떠한 전략이 최선이겠는가? 해적 A는 자신의 제안이 받아들여지고 목숨을 건지려면 나머지 4명의 해적 중 2명 이상의 동의를 얻어야 한다. 그런데 위에 살펴본 바와 같이 그 다음 부분게임에서의 균형이 $(B=97,\ C=0,\ D=2,\ E=1)$이므로 최소한의 비용으로 2명의 동의를 얻는 방안은 C에게 1개, E에게 2개를 주는 것이다. 결국 이 게임의 부분게임완전균형은 $(A=97,\ B=0,\ C=1,\ D=0,\ E=2)$이다. 즉, 해적 A는 C에 1개, E에게 2개, B와 D에게는 0개, 그리고 나머지 97개는 자신이 갖겠다고 제안한다. 해적 C와 E는 A의 제안을 받아들이고 보물 나누기는 첫 단계에 끝난다.

연습문제 >> 14-6

(1) 먼저 X가 Z를 쏜다. 만약 Z가 살아남았다면 Y는 Z를 쏘고, Z가 X에 의해 죽었다면 Y는 X를 쏜다. 마지막으로 Z는 Y를 쏜다. 이때 Y는 확실히 제거된다. 두 번째 라운드에서 Z가 죽었다면 (Z가 살아있다면 Z쏜다) X는 Y를 쏜다. 이때 Y가 죽는다면 X가 최후 승자가 된다. 만약 X가 Y를 못 맞춘다면 그 다음 Y가 X를 쏜다. 이때 X가 죽으면 Y가 최후 승자가 되며, Y가 X를 맞추지 못하면 X와 Y 둘 다 생존하 게 된다. 총잡이 X, Y, Z의 생존확률은 다음 식에 의해 각각 33.92%, 27.72%, 31.48%이다.

$$0.4\times0.2\times(0.4+0.6\times0.2)+0.6\times0.8\times(0.4+0.6\times0.2)+0.6\times0.2\times0.4=33.92\%$$
$$0.4\times(0.8\times0.2\times0.6)+0.6\times0.8\times0.6=65.6\%$$
$$0.6\times(0.2\times0.4+0.8\times0.4+0.8\times0.6\times0.2)=27.72\%$$
$$0.6\times0.2\times0.6=72\%$$
$$0.4\times0.2\times(0.4+0.6\times0.2)+0.6\times0.8\times(0.4+0.6\times0.2)+0.6\times0.2\times0.4=31.48\%$$

(2) 먼저 X는 총을 공중에 쏘아버린다. Y는 Z를 향해 쏜다. 여기서 Z가 죽으면 두 번째 라운드에서 X가 Y를 쏜다. 만약 Y가 살아남았을 경우 X를 쏜다. 만약 첫 라운드에서 Y가 쏜 총에 Z가 죽지 않으면 Z는 Y를 쏘고 Y는 제거된다. 두 번째 라운드에서 X는 Z를 향해 쏘아 성공하면 최후 승자가 되며 실패하면 Z에 의해 제거된다. 총잡이 X의 생존확률은 $0.8\times(0.4+0.6\times0.2)+0.2\times0.4=49.6\%$, 총잡이 Y의 생존확률은 $0.8\times0.6=48\%$, 그리고 Z의 생존확률은 $0.2\times0.6=12\%$에 불과하다.

(3) 가장 약자 X는 총을 공중에 쏘아버리고 Y와 최강 Z 간에 싸움을 붙이는 '이이제이'(以夷制夷)가 최적전략이다. 이때 최강자의 생존확률은 12%에 불과하지만 최약자인 X의 생존확률은 거의 50%에 이른다. 이처럼 게임에서는 경기자 간의 전략적 상호작용으로 인하여 적자생존의 법칙이 성립하지 않을 수 있다.

연습문제 >> 14-7

균등분포의 확률분포함수를 본문의 식 (14.13)과 식 (14.14)에 대입하면 $x_1^*=0$, $x_2^*=1$이 구해진다. 다시 말해서, 사용자측은 가능한 최저 임금인상안을 정부에 제시하고, 노총은 가능한 최고 임금인상안을 제시한다. 만일 사회적으로 바람직한 인상률이 사용자안에 가깝다고 판단하면 정부는 사용자안인 최저 인상률을 채택하고, 그렇지 않은 경우에는 노총안을 중재안으로 채택한다.

연습문제 >> 14-8

정규분포가 평균 M을 중심으로 정확히 좌우대칭이므로 본문의 식 (14.13)은 $x_1 + x_2 = 2M$이 된다. 또 이를 정규분포함수에 대입하면 식 (14.14)는 $x_2 - x_1 = \sqrt{2\pi}\sigma$가 된다. 연립방정식을 풀면 $x_1^* = M - \sqrt{\frac{\pi}{2}}\sigma \approx M - 1.27\sigma$, $x_2^* = M + \sqrt{\frac{\pi}{2}}\sigma \approx M + 1.27\sigma$를 얻는다. 양측으로부터 협상안을 접수한 후, 정부는 만일 $g < M$이라면 사용자안을 채택하고 $g > M$이라면 노총안을 채택한다. 만일 $g = M$이라면 사용자안과 노총안을 반반의 확률로 선택하겠지만, 그럴 확률은 0이므로 전혀 중요하지 않다.

연습문제 >> 16-1

(1) 비독재적임

(2) 15명의 모두 특정 선택지를 가장 선호한다면 해당 선택지가 반드시 사회선택되므로 만장일치성을 갖는다.

(3) 위원 1의 선호는 $c > a > b$이고 나머지 14명은 모두 b를 가장 선호하는 선호체계를 고려하자. 위원 1은 a를 가장 선호한다고 거짓말할 유인이 있으므로 전략조작이 가능하다.

연습문제 >> 17-1

협상가능영역 S는 $u_1 + u_2 \leq A$이며, 효율성을 충족하는 협상가능경계는 $u_1 + u_2 = A$이다.

(1) 내쉬곱(Nash product) $(u_1 - d_1)(u_2 - d_2)$를 극대화하는 해를 구하면 $u_1^N = d_1 + \frac{1}{2}(A - d_1 - d_2)$, $u_2^N = d_2 + \frac{1}{2}(A - d_1 - d_2)$

(2) 이상점은 $\mathbf{a} = (A - d_2,\ A - d_1)$이며, 협상결렬점 $\mathbf{d} = (d_1,\ d_2)$와 이상점 $\mathbf{a}$를 연결하는 직선의 방정식은 $u_2 - d_2 = u_1 - d_1$이다. 이 직선과 협상가능경계의 교차점을 구하면 $u_i^{KM} = u_i^N$임을 알 수 있다.

(3) $u_1 - d_1 = u_2 - d_2$를 충족하는 협상가능경계 선상의 점이므로 역시 $u_i^{EG} = u_i^{KM} = u_i^N$

연습문제 >> 17-2

(1) 자원제약식 $x_1 + x_2 \leq A$에 $x_1 = (u_1)^2$와 $x_2 = u_2$를 대입하면 효용가능곡선이 $(u_1)^2 + u_2 \leq A$이 도출된다. 효율성을 충족하는 협상가능경계는 $(u_1)^2 + u_2 = A$이다.

(2) 내쉬 협상해는 라그랑지(Lagrangian) 함수 $\mathcal{L}=u_1u_2+\lambda\,[A-(u_1)^2-u_2]$를 선택변수인 u_1, u_2, λ에 대하여 각각 편미분한 다음 0으로 놓으면 구해진다.

$u_1^N=\sqrt{\frac{1}{3}}\sqrt{A}\approx 0.58\sqrt{A}$

$u_2^N=\frac{2}{3}A\approx 0.67A$

(3) 이상점 $\mathbf{a}=(\sqrt{A},\ A)$와 협상결렬점 $\mathbf{d}$를 연결하는 직선은 $u_2=\sqrt{A}\,u_1$이다. 이 직선과 협상가능경계가 만나는 점 $u_1^{KM}=\frac{\sqrt{5}-1}{2}\sqrt{A}\approx 0.62\sqrt{A}$, $u_2^{KM}\approx 0.62A$

(4) 평등조건 $u_1=u_2$가 충족되는 협상가능경계 선상의 점이므로 $u_1^{EG}=u_2^{EG}=\frac{-1+\sqrt{1+4A}}{2}$

연습문제 >> 17-3

(1) 코어(core)$=\{(x_1,\ x_2,\ x_3)\in R_+ \mid x_1+x_2\geq\alpha,\ \ x_1+x_3\geq\alpha,\ \ x_1+x_2+x_3=1\}$

(2) 평등해: 만약 $\alpha\geq\frac{2}{3}$이면 $x_1=2\alpha-1$, $x_2=x_3=1-\alpha$. 만약 $\alpha<\frac{2}{3}$이면 $x_1=x_2=x_3=\frac{1}{3}$

(3) 개인 1의 섀플리 값을 아래 표를 참조하면서 구하면 $\phi_1=\frac{1+\alpha}{3}$이다. 유사한 방식으로 경기자 2와 경기자 3의 섀플리 값을 구하면 $\phi_2=\phi_3=\frac{2-\alpha}{6}$이다.

연합 S	v(S)	S∪{1}	v(S∪{1})	v(S∪{1})−v(S)	$\frac{\lvert S\rvert!(3-\lvert S\rvert-1)!}{3!}$
ϕ	0	1	0	0	$\frac{1}{3}$
2	0	1, 2	α	α	$\frac{1}{6}$
3	0	1, 3	α	α	$\frac{1}{6}$
2, 3	0	1, 2, 3	1	1	$\frac{1}{3}$

연습문제 >> 17-4

순서쌍 R	경기자 1의 한계기여도	경기자 3의 한계기여도
1, 2, 3	$v(\{1\})-v(\phi)=0-0=0$	$v(\{1,2,3\})-v(\{1,2\})=1-1=0$
1, 3, 2	$v(\{1\})-v(\phi)=0-0=0$	$v(\{1,3\})-v(\{1\})=1-0=1$
2, 1, 3	$v(\{1,2\})-v(\{2\})=1-0=1$	$v(\{1,2,3\})-v(\{1,2\})=1-1=0$
2, 3, 1	$v(\{1,2,3\})-v(\{2,3\})=1-0=1$	$v(\{2,3\})-v(\{2\})=0-0=0$
3, 1, 2	$v(\{1,3\})-v(\{3\})=1-0=1$	$v(\{3\})-v(\phi)=0-0=0$
3, 2, 1	$v(\{1,2,3\})-v(\{2,3\})=1-0=1$	$v(\{3\})-v(\phi)=0-0=0$

경기자 1의 섀플리 값을 구하면 $\phi_1(v)=\frac{1}{3!}\times 4=\frac{2}{3}$이고 경기자 3의 섀플리 값을 구하면 $\phi_3(v)=\frac{1}{3!}\times 1=\frac{1}{6}$이다. 대칭적 논리에 의하여 경기자 2의 섀플리 값도 동일하다.

연습문제 >> 17-5

배열	P_1^R	v(P_1^R)	v($P_1^R \cup \{1\}$)	v($P_1^R \cup \{1\}$)−v(P_1^R)	$\frac{1}{n!}$
1, 2, 3	ϕ	0	0	0	$\frac{1}{6}$
1, 3, 2	ϕ	0	0	0	$\frac{1}{6}$
2, 1, 3	{2}	0	α	α	$\frac{1}{6}$
2, 3, 1	{2,3}	0	1	1	$\frac{1}{6}$
3, 1, 2	{3}	0	α	α	$\frac{1}{6}$
3, 2, 1	{3,2}	0	1	1	$\frac{1}{6}$

$$\phi_1=\frac{1}{6}(0+0+\alpha+1+\alpha+1)=\frac{1+\alpha}{3}$$

연습문제 >> 17-6

순서쌍 R	순서쌍 R의 경우의 수	자본가 앞에 오는 근로자들의 배열 조합의 수	자본가 뒤에 오는 근로자들의 배열 조합의 수	$v(P_o^R \cup \{o\})$	$v(P_o^R)$
자본가 o가 맨 앞	$\binom{M}{0}$	$0!$	$M!$	0	0
자본가 앞에 근로자가 1명 있고, 자본가는 두 번째 위치	$\binom{M}{1}$	$1!$	$(M-1)!$	α	0
자본가 앞에 근로자가 2명 있고, 자본가는 세 번째 위치	$\binom{M}{2}$	$2!$	$(M-2)!$	2α	0
⋮	⋮	⋮	⋮	⋮	⋮
자본가가 맨 뒤에 위치	$\binom{M}{M}$	$M!$	$0!$	$M\alpha$	0

$$\phi_o(v) = \frac{1}{(M+1)!}\sum_{m=0}^{M}\binom{M}{m}m!(M-m)!(m\alpha-0) = \frac{1}{M+1}\sum_{m=0}^{M}m\alpha = \frac{M}{2}\alpha$$

연습문제 >> 17-7

(1) 모두 $(2n+2-k)$명의 주주 가운데 대주주가 $(n+1-k)$번째~$(n+1)$번째에 오면 패배연합에서 승리연합으로 바꾸는 결정적 역할을 할 수 있다. 그러한 경우의 수의 비율인 $\frac{k+1}{2n+2-k}$가 대주주의 권력지수이다.

(2) 대주주의 보유 주식 수 k가 커지면 대주주의 권력지수는 기하급수적으로 커진다. 극단적으로 대주주 보유 주식이 절반에 조금 못 미치는 n일 경우 대주주는 거의 1에 가까운 권한을 갖게 된다. 또한 k가 $(n+1)$ 이상이면 대주주의 권력지수는 1이다.

연습문제 >> 17-8

(1) 개별 비상임이사국 i의 입장에서 자신이 포함되지 않은 연합 S는 패배연합이고 자신이 포함된 연합 $S \cup \{i\}$는 승리연합을 형성하는 경우의 수는 $\binom{9}{3}$가지이다. 상임이사국 5개는 물론(자신을 제외한) 비상임이사국 9개 가운데 3개가 포함되어 있어야 하기 때문이다. 섀플리 값 공식을 적

권용하면 비상임이사국의 권력지수는 $\binom{9}{3}\frac{8!\,6!}{15!}=0.001865$이다.

(2) 효율성 공리를 적용하여 상임이사국의 권력지수를 계산하면

$\frac{1}{5}\left(1-10\times\binom{9}{3}\frac{8!6!}{15!}\right)=0.1963$

(3) 개별 상임이사국의 권력지수는 개별 비상임이사국의 권력지수의 105.25배 달한다.

(4) 개별 비상임이사국 i의 입장에서 자신이 포함되지 않은 연합 S는 패배연합이고 자신이 포함된 연합 $S\cup\{i\}$는 승리연합을 형성하는 경우의 수는 $\binom{5}{1}$가지이다. 상임이사국 5개는 물론(자신을 제외한) 비상임이사국 5개 가운데 1개는 포함되어 있어야 하기 때문이다. 섀플리 값 공식을 적용하면 비상임이사국의 권력지수는 $\binom{5}{1}\frac{6!\,4!}{11!}=0.0021645$이다. 또한 효율성 공리를 적용하여 상임이사국의 권력지수를 계산하면 $\frac{1}{5}\left(1-6\times\binom{5}{1}\frac{6!4!}{11!}\right)\approx0.1974$이다. 개별 상임이사국의 권력지수는 비상임이사국의 권력지수의 91.2배 정도 되므로 1965년 제도 개편 이후 상임이사국의 권한이 오히려 강화되었다고 볼 수 있다.

연습문제 >> 17-9

승리연합을 구하면 32개이며, 임계투표자는 48번 나타난다. 그 중 각 그룹이 등장하는 빈도수의 비율을 구하면 A, B, C가 각각 $\frac{1}{3}$, 그리고 D, E, F가 각각 0이다. 사회유지, 학부모, 고액기부자는 위원으로 참여는 하지만 아무런 힘이 없는 '들러리'라 할 수 있다.

연습문제 >> 17-10

(1) 로펌과 변호사들이 자신의 선호를 진실대로 중앙정보센터에 제출한다고 하자. 우선 X는 자사를 가장 선호한다고 밝힌 지원자 A와 B 가운데 자사가 가장 선호하는 A를 배정받는다. 이제 로펌 둘(Y, Z)와 변호사 둘(B, C)의 쌍방매칭 문제로 좁혀진다. 둘째 단계에서 Z는 자사를 가장 선호한다고 밝힌 B와 C 가운데 자사가 더 선호하는 B를 배정받는다. 마지막으로 Y는 C와 매칭된다.

(2) 매칭 결과인 X–A, Y–C, Z–B를 어떻게 재배정해도 누군가는 불행해진다. 예컨대, C를 Z에 재배정할 경우 C는 좋겠지만 Z가 불행해진다.

연습문제 >> 19-1

(1) 식 (19.2a)와 식 (19.2b)에 대입하면 효율적인 자원배분 $\hat{x}_H = \hat{z}_H = 8$과 $\hat{x}_L = \hat{z}_L = 4$가 구해진다. 또 최적상태에서 고능력자는 8.64단위($\approx 8 \times [\ln 8] - 8$)의 효용을 얻고 저능력자는 3.09단위($\approx 8 \times [\ln 4] - 2 \times 4$)의 효용을 얻게 된다.

(2) 식 (19.8a)와 식 (19.8b)에 대입하여 풀면 $x_H^* = 8$과 $x_L^* = \frac{8}{3}$이다. $z_H^* \approx 9.73\left(= \frac{16}{3} + 4[\ln 3]\right)$과 $z_L^* \approx 0.94\left(= \frac{16}{3} - 4[\ln 3]\right)$를 얻는다. 이들 값을 식 (19.1)에 대입하면 고능력자와 저능력자가 얻게 될 보수수준이 각각 6.91단위와 5.97단위임이 계산된다.

(3)

	고능력자(유형 H)		저능력자(유형 L)	
	무(無)조세	조세	무조세	조세
최종소비(x)	8	8	4	2.67
노동시간(z)	8	9.73	4	0.94
조세($\tau = z - x$)	0	1.73	0	−1.73
효용수준(u)	8.64	6.91	3.09	5.97

연습문제 >> 19-2

(1) 개인의 예산제약식 $x = (1-\tau)z + b$하에서 효용극대화 문제를 풀면

$z(\tau|\theta) = (1-\tau)\theta^2 - \frac{b}{1-\tau}$

(2) 정부지출 b와 세수 $\tau\int z(\tau|\theta)dF(\theta) = \tau(1-\tau)E(\theta^2) - \frac{\tau}{1-\tau}b$이 일치해야 한다. 따라서 $b = \tau(1-\tau)^2E(\theta^2)$이 균형재정임. 이는 $\tau = \frac{1}{3}$을 극대점으로 하는 래퍼곡선의 형태임.

(3) 위 (1)과 (2)의 결과를 이용하여 $x = \theta^2(1-\tau)^2$를 구하고, 이들을 효용함수에 대입하면

$v(\tau|\theta) = \frac{\theta}{2}(1-\tau) + \frac{E(\theta^2)}{2\theta}\tau(1-\tau)$

(4) 중위투표자 θ_m이 가장 선호하는 세율은 $\tau_m = \frac{1}{2}\left[1 - \frac{(\theta_m)^2}{\sigma^2 + \bar{\theta}^2}\right]$. 이는 소득불균형 σ^2가 작을수록, 평균능력($\bar{\theta}$) 대비 중위투표자의 능력(θ_m)이 높을수록 낮아진다.

연습문제 >> 19-3

(1) 준법게임의 전략형게임

		국세청	
		세무조사	조사면제
납세자	탈세	$Y-T-F,\ T+F-C$	$Y,\ 0$
	성실납세	$Y-T,\ T-C$	$Y-T,\ T$

(2) 국세청이 q의 확률로 세무조사를 실시하고, $(1-q)$의 확률로 면제한다고 가정하자. 납세자가 탈세를 함으로써 얻는 기대보수와 성실납세를 선택함으로써 얻는 기대보수는 각각 다음과 같다.

$$u_{\text{납세자}}(\text{탈세}) = q\times(Y-T-F)+(1-q)\times Y = Y-q(T+F) \qquad (1)$$

$$u_{\text{납세자}}(\text{성실납세세}) = Y-T \qquad (2)$$

납세자가 탈세를 선택할 확률을 p라고 놓고, 식 (1)과 (2)로부터 납세자의 최선응수는 다음과 같다.

$$\text{만약 } q\begin{Bmatrix} > \\ = \\ < \end{Bmatrix}\frac{T}{T+F}\text{이면 납세자는 } p=\begin{Bmatrix} 0 \\ [0,\ 1] \\ 1 \end{Bmatrix}\text{을 선택한다.} \qquad (3)$$

다음으로 국세청의 최선응수를 구해보자. 납세자가 p의 확률로 탈세하고, $(1-p)$의 확률로 성실하게 납세한다고 가정하자. 납세자의 전략이 이처럼 주어졌을 때 국세청이 세무조사를 실시함으로써 얻는 기대보수와 조사를 포기함으로써 얻는 기대보수는 각각 다음과 같다.

$$u_{\text{국세청}}(\text{세무조사}) = p\times(T+F-C)+(1-p)\times(T-C) = T-C+pF \qquad (4)$$

$$u_{\text{국세청}}(\text{조사면제}) = p\times 0+(1-p)\times T = (1-p)T \qquad (5)$$

국세청이 세무조사를 실시할 확률을 q라고 놓고 식 (4)와 (5)로부터 국세청의 최선응수를 구하면 다음과 같다.

$$\text{만약 } p\begin{Bmatrix} > \\ = \\ < \end{Bmatrix}\frac{C}{T+F}\text{이면 납세자는 } q=\begin{Bmatrix} 1 \\ [0,\ 1] \\ 0 \end{Bmatrix}\text{을 선택한다.} \qquad (6)$$

내쉬균형이란 상호 최선응수이므로 식 (3)과 (6)을 동시에 충족하는 p^*와 q^*값을 구함으로써 얻는다. 결국

$$p^* = \frac{C}{T+F},\ q^* = \frac{T}{T+F}$$

(3) 세금 T가 커질수록 납세자가 탈세할 균형확률($p^* = \frac{C}{T+F}$)은 작아지며 이를 막기 위한 국세청의 세무조사 확률($q^* = \frac{T}{T+F}$)은 커진다. 탈세 적발에 따른 벌금 F가 높아질수록 납세자의 탈세 확률과 국세청의 세무조사확률은 작아진다. 세무조사에 따르는 비용 C가 비싸질수록 납세자의 탈세확률은 높아지지만 국세청의 세무조사확률은 영향을 받지 않는다. 납세자의 균형보수는

세금 T가 커질수록 작아지지만 여타 변수에는 영향을 받지 않는다. 국세청의 균형보수는 세금 T가 커질수록 그리고 벌금 F가 커질수록 커진다.

연습문제 >> 20-1

(1) 두 개의 공용균형이 존재한다. 하나는 본문에서 설명한 공용균형이다. 다른 하나의 공용균형은 다음과 같다. 원고는 유형에 상관없이 낮은 합의금 4백만원을 요구한다. 피고는 원고가 요구하는 합의금이 얼마이든지 상관없이 합의를 거부하고 재판을 받는다. 균형에서 승소 유형의 원고는 9백만원의 이득을, 패소유형의 원고는 1백만원의 손실을, 그리고 피고는 3백만원의 기대손실을 입는다.

(2) 공용균형 한 개만 존재한다. 원고는 유형에 상관없이 6백만원의 높은 합의금을 요구한다. 피고는 원고가 요구하는 합의금이 얼마든지 상관없이 합의를 수락한다. 균형에서 원고는 6백만원을 얻고 피고는 6백만원을 잃는다.

연습문제 >> 20-2

(1)

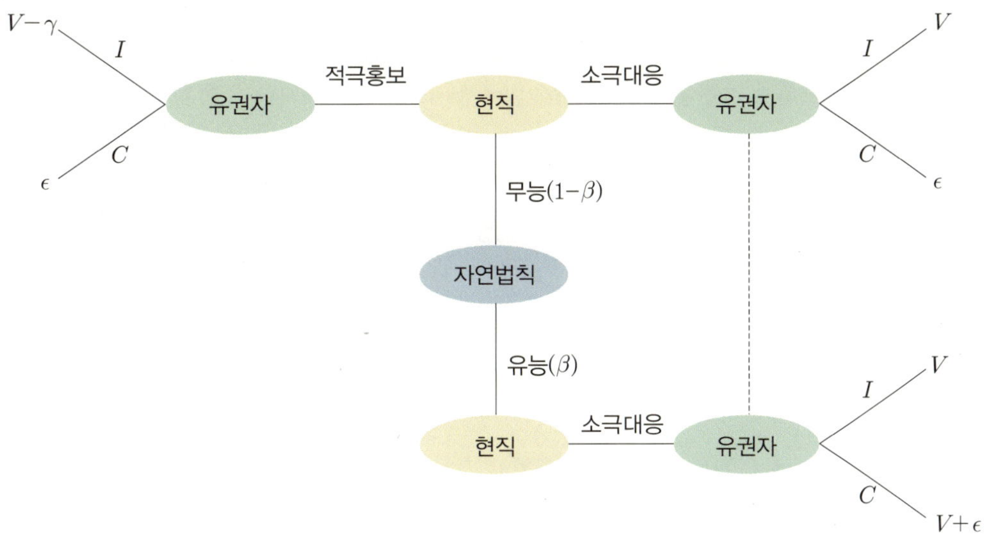

(2) 분리균형에서 신인이 무능할 경우 현역은 이를 적극 홍보하고 신인이 유능할 경우 소극대응한다. 또한 유권자 입장에서 신인의 무능함을 적극홍보하는 현역은 지지하고 소극대응하는 현역은 낙선시킨다. 현역이 적극홍보를 할 경우 당선확률과 소극대응할 경우 당선확률은 각각 다음 식 (1)

및 식 (2)와 같다.

$$\Pr(V-\gamma \geq \epsilon) = F(V-\gamma) \tag{1}$$

$$\Pr(V \geq V+\epsilon) = \Pr(\epsilon \leq 0) = F(0) \tag{2}$$

분리균형에서는 식 (1)은 식 (2)보다 커야 하므로 결국 $V \geq \gamma$이 성립해야 한다.

연습문제 >> 21-1

(1) 만약 국회가 G와 W를 모두 제안하거나 혹은 G만 제안한다면 대통령은 이를 수락한다. 만약 국회가 W만 제안하면 대통령은 이를 거부한다. 역진귀납법에 의해 거슬러 올라가면 국회는 대통령의 그러한 응수를 예측하고 G와 W를 모두 제안하는 전략이 최선이다. 부분게임완전균형([그림 1]에서 굵은선으로 표시)에서 국회와 대통령은 각자 3단위의 보수를 얻게 된다.

(2) 만약 국회가 G와 W를 모두 제안하면 대통령은 G만 취사선택하고 W에 대해서는 거부권을 행사한다. 만약 국회가 G만 제안하면 대통령은 이를 수락하고, 국회가 W만 제안하면 대통령은 이를 거부한다. 역진귀납법에 의해 거슬러 올라가면 국회는 G와 W를 모두 제안해도 대통령이 W는 거부할 것임을 예측할 수 있기 때문에 아예 처음부터 W만 제안하는 전략이 최선이다. 부분게임완전균형([그림 2]에서 굵은선으로 표시)에서 국회와 대통령은 각자 2단위의 보수를 얻게 된다.

(3) 대통령에게 개별조항거부권이 주어지는 제도가 예산안 전체를 수락하거나 거부할 수만 있는 경직적인 제도에 비해 대통령에게 더 유리하지만은 않다. 국회의 제안 가운데 대통령 마음에 드는 정책만 취사선택하고 그렇지 않은 정책에 대해서는 거부권을 행사할 것임을 국회가 예측할 수 있다. 따라서 행정부가 선호하는 정책을 아예 빼버리고 제안함으로써 국회 입장에서 최악의 사

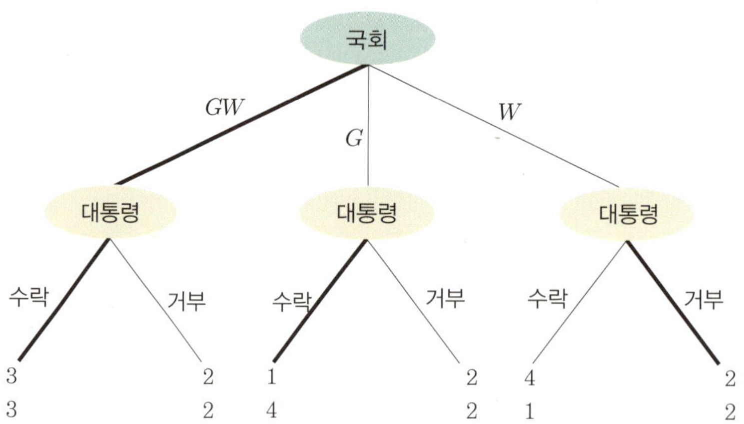

[그림 1]

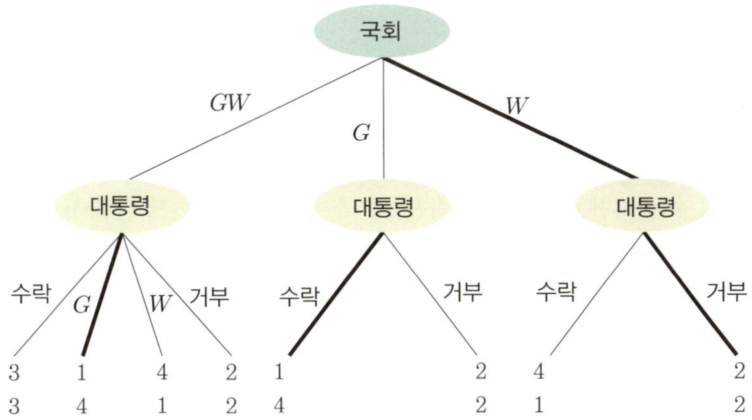

[그림 2]

태를 막으려 할 것이다. 대통령 입장에서 개별조항거부권이라는 융통성과 권한이 더 큰 제도보다 오히려 '자신의 손을 묶는' 분리처리 불가 제도가 결과적으로 더 높은 보수를 가져다준다는 함의를 가진다.

연습문제 >> 21-2

(1) 후보 1과 후보 2의 보수극대화를 위한 일계조건을 구하여 정리하면 각자의 최선응수를 다음과 같이 음함수 형태로 나타낼 수 있다.

$$\frac{\alpha(1-\alpha)x_2}{[\alpha x_1+(1-\alpha)x_2]^2}V=1=\frac{\alpha(1-\alpha)x_1}{[\alpha x_1+(1-\alpha)x_2]^2}V$$

(2) 위 (1)에서 구한 최선응수를 연립하여 풀면, $x_1^*=x_2^*=\alpha(1-\alpha)V$이다. 균형 승리확률은 후보 1이 α, 후보 2가 $(1-\alpha)$이다. 태생적 우열에 상관없이 양 후보는 동일한 선거운동자금을 투입하는데, 이는 열등한 후보가 우월한 후보보다 더 공격적인 행태를 보임을 의미한다. 또한 균형 선거운동자금은 양측이 팽팽할수록(α가 $\frac{1}{2}$에 가까울수록) 높아지며, 우열이 이미 상당히 기울어져 있을수록(α가 0이나 1에 가까울수록) 낮아진다. 반면 균형 승리확률은 후보들의 태생적 우열에 의해 결정된다.

(3) 두 후보가 지출하는 선거자금 총액은 $2\alpha(1-\alpha)V$인데, $\alpha=\frac{1}{2}$에서 극대치 $\frac{1}{2}V$를 가지며 이는 V보다 작으므로 지대의 부분소실이다. 또한 우열이 태생적으로 상당히 기울어져 있을수록(α가 0이나 1에 가까울수록) 지대소실의 크기는 작아진다.

연습문제 >> 21-3

- $\Delta \le \frac{1}{2}$ 인 경우: 실제상황이 $\theta=0$이면 이익집단은 $m=0$를 보낸다. 실제상황이 $\theta=1$인 경우 유인양립조건 $-(1-1+\Delta)^2 \ge -(0-1+\Delta)^2$이 성립하므로 이익집단은 $m=1$을 선택한다.
- $\Delta > \frac{1}{2}$ 인 경우: $\theta=0$이건 $\theta=1$이건 이익집단은 무조건 $m=0$이라고 말한다. 정책결정자는 이를 무시하고 $\Pi=\beta$를 선택한다.

연습문제 >> 21-4

(1) 이익집단 A와 B로부터 동일한 메시지를 받으면 정책결정자는 그와 일치하는 정책을 선택한다. 즉, $m_A=m_B=0$이면 $x=0$를 시행하고 $m_A=m_B=1$이면 $y=1$를 시행한다. 이익집단 A와 B가 서로 다른 소리를 하면 그냥 무시하고 기대치인 β를 시행한다.

(2) 이익집단 A는 $\theta=1$이면 $m=1$을 선택하지만, $\theta=0$이면 $m=0$을 선택할 수도 있고 $m=1$이라고 거짓말할 수도 있다. 반면 이익집단 B는 $\theta=0$이면 $m=0$을 선택하지만, $\theta=1$이면 $m=1$을 선택할 수도 있고 $m=0$이라고 거짓말할 수도 있다.

실제상황이 $\theta=0$라고 하자. 이익집단 A가 $m=0$를 선택하면 B와 동일한 메시지를 전달하게 되고 정책결정자는 $x=0$를 선택한다. 이익집단 A가 $m=1$을 선택하면 B와 다른 메시지를 전달하게 되고 최종 정책은 $x=\beta$가 된다. $\theta=0$일 경우 A의 유인양립조건 $-[0-0-\Delta]^2 \ge -[\beta-0-\Delta]^2$로부터 $\Delta \le \frac{\beta}{2}$이다. 결론적으로, $\Delta \le \frac{\beta}{2}$라면 A는 정직하게 메시지를 보내지만 $\Delta > \frac{\beta}{2}$라면 무조건 $m=1$이라고 보낸다.

대칭 논리에 의하여 실제상황이 $\theta=1$일 때 B의 유인양립조건은 $-[1-1+\Delta]^2 \ge -[\beta-1+\Delta]^2$ 즉 $\Delta \le \frac{1-\beta}{2}$이다. 결론적으로, $\Delta \le \frac{1-\beta}{2}$라면 B는 정직하게 메시지를 보내지만 $\Delta > \frac{1-\beta}{2}$라면 무조건 $m=0$이라고 보낸다.

(3) 완전현시조건은 $\Delta \le \min\left\{\frac{\beta}{2}, \frac{1-\beta}{2}\right\}$인데, 이는 단일 이익집단의 경우 완전현시조건 $\Delta \le \frac{1}{2}$보다 성립되기 어렵다. 이익집단들 간에 정반대의 이해관계를 갖고 있으면 정책결정자에게 전달하는 메시지가 서로 희석되므로 정보를 왜곡하려는 각자의 유인이 더욱 커진다. 이는 서로 이해관계가 다른 이익집단들이 많을수록 각자 왜곡된 정보를 뿌리기 십상이고 따라서 사회적 비효율이 늘어날 수 있음을 의미한다.

연습문제 >> 22-1

가위바위보 일회게임은 각자 가위 $\frac{1}{3}$, 바위 $\frac{1}{3}$, 보 $\frac{1}{3}$의 확률로 무작위 선택하는 혼합전략 내쉬균형 하나밖에 없다. 따라서 가위바위보 삼세번 게임의 유일한 내쉬균형은 $\left(\frac{1}{3}, \frac{1}{3}, \frac{1}{3}\right)$을 매기마다 단순반복하여 적용하는 것밖에 없다.

연습문제 >> 22-2

경기자는 오늘 C를 선택할 것인지 혹은 D를 선택할 것인지를 결정해야 한다. 전략 C를 선택한다면 오늘 당장 3단위의 보수를 얻고 내일부터 시작되는 후속게임에서 오늘과 정확히 똑같은 상황에 직면하게 된다. 그러므로 본문의 분석(특히 식 (22.8))에 의하여 행동 C를 선택함으로써 얻는 평균할인보수 $v_C=3$임을 쉽게 알 수 있다. 행동 D를 선택하면 4단위의 보수를 오늘 얻을 수 있다. 그러나 이로 인하여 촉발되는 보복에 의하여 내일 1단위의 보수를 얻고 모레부터 오늘과 똑같은 상황에 직면하게 된다. 따라서 D를 선택할 경우 평균할인보수 v_D는 다음과 같다.

$$v_D=(1-\delta)\times 4+\delta[(1-\delta)\times 1+\delta v_D]$$

$$\text{즉, } v_D=\frac{4+\delta}{1+\delta}$$

만일 $v_C \geq v_D$라면 경기자에게 D 대신 C를 선택할 동기가 존재한다. 즉, 경기자가 한 기($N=1$) 보복전략을 사용할 경우 협조체제를 유지하기 위하여 요구되는 할인인자의 최소임계치는 $\frac{1}{2}$이다. 이는 두 경기자가 무자비($N=\infty$)전략을 사용할 경우 협조체제를 위하여 요구되는 할인인자의 최소임계치 $\frac{1}{3}$보다 크다. 또한 배신자를 보복하는 전략이 약할수록 협조체제가 유지되기 위해서는 경기자들이 더욱 미래지향적이어야 함을 의미하므로 직관과도 맞는다.

연습문제 >> 22-3

(1) 행동 C를 선택할 경우 평균할인보수는 앞의 계산과정에서와 마찬가지로 3단위이다. 이제 D를 선택할 경우 평균할인보수를 구해보자. 배신자가 오늘 한 번만 D를 선택하고 내일부터는 '눈에는 눈, 이에는 이'전략을 사용한다면 평균할인보수는 다음과 같다.

$$(1-\delta)[4+\delta\times 0+\delta^2\times 4+\cdots]=\frac{4}{1+\delta}$$

배신자가 오늘부터 계속해서 D를 선택하는 방식으로 이탈한다면 평균할인보수는 다음과 같을 것이다.

$$(1-\delta)[4+\delta\times1+\delta^2\times1+\cdots]=4-3\delta$$

다른 어떠한 이탈도 앞의 두 경우보다 더 높은 보수를 가져다줄 수는 없다. 결국 C가 아닌 D를 선택할 유인이 있으려면 다음 식이 성립해야 한다.

$$v_C=3\geq\max\left\{\frac{4}{1+\delta},\ 4-3\delta\right\}=v_D$$

위 식을 풀어내면 $\delta\geq\frac{1}{3}$을 얻는다.

(2) 특정 시점 t에 경기자 2가 D를 선택했다고 가정하자. $(t+1)$ 이후의 후속게임에서 경기자 1이 '눈에는 눈, 이에는 이'전략을 고수할 인센티브가 없음을 보이면 된다. 먼저 경기자 2의 이탈 후 경기자 1이 '눈에는 눈, 이에는 이'전략을 고수한다면 $(t+1)$기에 $(D,\ C)$, $(t+2)$기에 $(C,\ D)$, … 식으로 번갈아 가며 상대방 등쳐먹기 패턴을 보이게 된다. 이때 경기자 1이 얻는 보수를 계산하면 위 (1)에서 구한 바와 같이 $\frac{4}{1+\delta}$이다. 반면 경기자 2가 이탈했음에도 불구하고 경기자 1이 이를 눈감아주고 계속해서 C를 선택한다면 $(t+1)$기 이후 $(C,\ C)$가 반복해서 실현될 것이고 그 경우 경기자 1의 평균할인보수는 3단위가 될 것이다. 그런데 $\delta\geq\frac{1}{3}$이라면 후자(상대방의 배신을 눈감아주고 C를 선택)가 전자('눈에는 눈, 이에는 이'전략 고수)보다 더 높은 보수를 가져다준다. 결국 누군가 D로 이탈한 다음 후속게임에서 처벌자는 '눈에는 눈, 이에는 이'전략을 고수할 유인이 없다. 따라서 두 경기자가 모두 '눈에 는 눈, 이에는 이'전략을 사용하는 것은 무한반복게임의 부분게임완전균형일 수가 없다.

연습문제 >> 23-1

내쉬균형으로 달성가능한 물가상승률을 p라고 놓자. 민간이 예상 물가상승률을 p라고 믿고 정책당국이 실제 p만큼 인플레이션을 유발하는 준칙주의하에서 정책당국의 평균할인보수는 다음과 같다.

$$v_{준칙}=(1-\delta)\times\left(\beta(p-p)-\frac{p^2}{2}\right)+\delta v_{준칙}$$

즉, $v_{준칙}=-\frac{p^2}{2}$

민간은 예상물가를 p라고 믿고 있는데 정책당국이 실제로는 β만큼의 인플레이션을 유발하는 재량정책을 사용한다고 하자. 정책당국은 올해 당장은 경기부양 효과를 누리지만 내년부터 시작되는 민간보복으로 일회게임 내쉬균형 보수인 $-\frac{\beta^2}{2}$밖에는 얻지 못하게 된다. 따라서 재량정책 시행에 따른 정부의 평균할인보수는 다음과 같다.

$$v_{재량}=(1-\delta)\left(\beta(\beta-p)-\frac{\beta^2}{2}\right)+\delta\left(\beta(\beta-\beta)-\frac{\beta^2}{2}\right)$$

정부가 재량권을 포기하고 준칙을 지킬 유인을 갖기 위해서는 $v_{준칙} \geq v_{재량}$이 성립해야 한다. 두 식을 대입하여 정리하면 $(1-2\delta)\beta \leq p \leq \beta$를 얻는다. 다시 말해서 통화당국의 할인인자가 δ라고 할 때 무한반복게임의 내쉬균형으로서 유지될 수 있는 최저 물가상승률을 나타낸다. 예컨대, $\beta=10$이고 $\delta=0.3$일 경우 4% 미만의 물가상승률은 정치경제적으로 실현될 수 없다.

참 | 고 | 문 | 헌 Reference

Abreu, Dilip (1988), "Toward a Theory of Discounted Repeated Games," *Econometrica* 56, 383~396.

Abreu, Dilip and Ariel Rubinstein (1988), "The Structure of Nash Equilibrium in Repeated Games with Finite Automata," *Econometrica* 56, 1259~1281.

Abreu, Dilip, David Pearce and Ennio Stachetti (1990), "Toward a Theory of Discounted Repeated Games with Imperfect Monitoring," *Econometrica* 58, 1041~1064.

______________________________ (1993), "Renegotiation and Symmetry in Repeated Games," *Journal of Economic Theory* 60, 217~240.

Acemoğlu, Daron (2008), *Introduction to Modern Economic Growth*, Princeton University Press.

Acemoğlu, Daron, Georgy Egorov and Konstantin Sonin (2013), "A Political Theory of Populism," *Quarterly Journal of Economics* 128(2), 771~805.

Acemoğlu, Daron, Simon Johnson, James A. Robinson and Pierre Yared (2008), "Income and Democracy," *American Economic Review* 98, 808~842.

Acemoğlu, Daron, Suresh Naidu, Pascual Restrepo and James A. Robinson (2014), "Democracy Does Cause Growth," mimeo.

______________________________ (2015), "Democracy, Redistribution and Inequality," in Atkinson, Anthony and Francois Bourguigonon, eds., *Handbook of Income Distribution*, Vol.2.

Acemoglu, Daron and James A. Robinson (2005), *Economic Origins of Dictatorship and Democracy*, Cambridge University Press.

______________________________ (2008), "Persistence of Power, Elites and Institutions," *American Economic Review* 98, 267~291.

______________________________ (2012), *Why Nations Fail? : The Origins of Power, Prosperity and Povert*, Profile Books.

Acemoğlu, Daron, James A. Robinson and Simon Johnson (2001), "The Colonial Origins of Comparative Development : An Empirical Investigation," *American Economic Review* 91, 1369~1401.

Acemoğlu, Daron, Davide Ticchi and Andrea Vindigni (2011), "Emergence and Persistence of Inefficient States," *Journal of European Economic Association* 9(2), 177~208.

Aghion, Phillippe and Jeffrey G. Williamson (1999), *Growth, Inequality, and Globalization : Theory, History and Policy*, Cambridge University Press.

Aghion, Phillip and Peter Howitt (1999), *Endogenous Growth Theory*, Cambridge : MIT Press.

Agranov, Marina, Jacob K. Goeree, Julian Romero, and Leeat Yariv (2017), "What Makes Voters Turn Out: The Effects of Polls and Beliefs," *Journal of the European Economic Association* 16(3), 825~856.

Agranov, Marina and Thomas R. Palfrey (2015), "Equilibrium Tax Rates and Income Redistribution: A

Laboratory Study," *Journal of Public European* 130, 45~58.

Akerlof, George (1976), "The Economics of Caste and of the Rat Race and Other Woeful Tales," *Quarterly Journal of Economics* 90(4), 599~617.

Akerlof, George A. and Robert J. Shiller (2009), *Animal Spirits : How Human Psychology Drives the Economy, and Why It Matters for Global Capitalism*, Princeton University Press.

Akerlof, George A. and Janet L. Yellen (1990), "The Fair Wage: Effort Hypothesis and Unemployment," *Quarterly Journal of Economics* 105, 255~283.

Alesina, Alberto (1988), "Credibility and Policy Convergence in a Two-party System with Rational Voters," *American Economic Review*, 128, 796~805.

Alesina, Alberto, Reza Baqir and William Easterly (1999), "Public Goods and Ethnic Divisions," *Quarterly Journal of Economics* 114, 1243~1284.

Alesina, Alberto and Dani Rodrik (1994), "Distributive Politics and Economic Growth," *Quarterly Journal of Economics* 109(2), 465~490.

Alesina, Alberto and Edward Glaeser (2006), *Fighting the Poverty in the US and Europe : A World of Difference*, Oxford University Press.

Alesina, Alberto and George-Marios Angeletos (2005), "Fairness and Redistribution," *American Economic Review* 95, 960~980.

Alesina, Alberto and Roberto Perotti (1996), "Income Distribution, Political Instability, and Investment," *European Economic Review* 40, 1203~1228.

Allingham, M. G. and A. Sandmo (1972), "Income Tax Evasion : A Theoretical Analysis," *Journal of Public Economics* 1, 323~338.

Alm, James, Betty R. Jackson and Michael McKee (1992), "Institutional Uncertainty and Taxpayer Compliance," *American Economic Review* 82, 1018~1026.

Alm, James, Gary H. McClelland and William D. Schulze (1992), "Why Do People Pay Taxes?," *Journal of Public Economics* 48, 21~38.

Anderlini, Luca and Hamid Sabourian (1995), "Cooperation and Effective Computability," *Econometrica* 63, 1337~1369.

Anderson, Christopher and Louis Putterman (2006), "Do Non-strategic Sanctions Obey the Law of Demand? The Demand for Punishment in the Voluntary Contribution Mechanism," *Games and Economic Behavior* 54(1), 1~24.

Andreoni, James, Brian Erard and Jonathan Feinstein (1998), "Tax Compliance," *Journal of Economic Literature* 36, 818~860.

Aramendia, Miguel, Concepcion Larrea and Luis Ruiz (2005), "Renegotiation in Repeated Cournot Model," *Games and Economic Behavior* 52, 1~19.

Ariely, Dan (2008), *Predictably Irrational : The Hidden Forces that Shape Our Decisions*, Harper Collins.

Arrow, Kenneth J. (1951), *Social Choice and Individual Values*, New York : Wiley.

____________ (1970), *Social Choice and Individual Values*, the 2nd edition, Yale University Press.

Arrow, Kenneth J. and Frank H. Hahn (1971), *General Competitive Analysis*, North Holland.

Atkinson, Anthony B. and Andrea Brandolini (2001), "Promise and Pitfalls in the Use of "Secondary" Data-Sets : Income Inequality in OECD Countries as a Case Study," *Journal of Economic Literature* 39, 771~799.

Atkinson, Anthony B. and Joseph E. Stiglitz (1976), "The Design of Tax Structure : Direct versus Indirect Taxation," *Journal of Public Economics* 6, 55~75.

____________________ (1980), *Lectures on Public Economics*, New York : McGraw-Hill.

Auerbach, Alan J. and Joel Slemrod (1997), "The Economic Effects of the Tax Reform Act of 1986," *Journal of Economic Literature* 35(2), 589~632.

Aumann, Robert J. (1987), "Correlated Equilibrium as an Expression of Bayesian Rationality," *Econometrica* 55, 1~18.

Austen-Smith, David and Jeffrey S. Banks (1999), *Positive Political Theory I : Collective Preference*, University of Michigan Press.

____________________ (2005), *Positive Political Theory II : Strategies and Structure*, University of Michigan Press.

Austen-Smith, David and John R. Wright (1992), "Competitive Lobbying for a Legislator's Vote," *Social Choice and Welfare* 9, 229~257.

____________________ (1994), "Counteractive Lobbying," *American Journal of Political Science* 38, 25~44.

Axelrod, Robert (2006)[1984], *The Evolution of Cooperation*, the 2nd edition, PerseusBooks.

Baefsky, Pauline M. and Stephen E. Berger (1974), "Self-Sacrifice, Cooperation and Aggresssion in Women of Varying Sex-Role Orientation," *Personality and Social Psychology Bulletin* 1, 296~298.

Bagnoli, M. and Bart L. Lipman (1989), "Provision of Public Goods : Fully Implementing the Core through Private Contributions," *Review of Economic Studies* 56, 583~601.

Baird, Douglas G., Robert H. Gertner and Randal C. Picker (1994), *Game Theory and the Law*, Harvard University Press.

Baliga, Sandeep and Robert Evans (2000), "Renegotiation in Repeated Games with Side Payments," *Games and Economic Behavior* 33, 159~176.

Banerjee, Abhijit V. and Esther Duflo (2003), "Inequality and Growth : What Can the Data Say?," *Journal of Economic Growth* 8, 267~299.

Banks, Jeffrey S. and Joel Sobel (1987), "Equilibrium Selection in Signalling Games," *Econometrica* 55, 647~662.

Baron, David P. and John A. Ferejohn (1989), "Bargaining in Legislatures," *American Political Science Review* 83(4), 1181~1206.

Baron, Daivd P. and Roger Myerson (1982), "Regulating a Monopolist with Unknown Costs," *Econometrica* 50, 911~930.

Barro, Robert J. (1973), "The Control of Politicians : An Economic Model," *Public Choice* 14, 19~42.

______________ (1996), "Democracy and Growth," *Journal of Economic Growth* 1, 1~27.

______________ (1997), Determinants of Economic Growth : a Cross-country Empirical Study, Cambridge : MIT Press.

______________ (2000), "Inequality and Growth in a Panel of Countries," *Journal of Economic Growth* 5, 5~32.

Barro, Robert J. and David Gordon (1983), "Rules, Discretion, and Reputation in a Model of Monetary Policy," *Journal of Monetary Economics* 12, 101~121.

Barro, Robert J. and Xavier Sala-i-Martin (1995), *Economic Growth*, New York : McGraw–Hill.

Bartels, Larry M. (2008), *Unequal Democracy : The Political Economy of the New Gilded Age*, Princeton University Press.

Basu, K. (1994), "The Traveler's Dilemma : Paradoxes of Rationality in Game Theory," *American Economic Review* 84(2), 391~395.

Bates, Robert H. (2001), *Prosperity and Violence : The Political Economy of Development*, W.W. Norton & Company.

Becker, Gary (1968), "Crime and Punishment : An Economic Approach," *Journal of Political Economy* 76, 169~217.

Beckert, Sven (2014), *Empire of Cotton: A Global History*, Knopf.

Beinhocker, Eric D. (2006), *Origin of Wealth : Evolution, Complexity, and the Radical Remaking of Economics*, Harvard Business School Press.

Bellman, Richard (1957), *Dynamic Programming*, Princeton University Press.

Benabou, Roland (1996), "Inequality and Growth," in Ben S. Bernanke and Julio J.Rotemberg, eds., *NBER Macroeconomics Annual* 1996, Cambridge : MIT Press, 11~74.

Benabou, Roland (2008), "Ideology," *Journal of the European Economic Association* 6, 321~352.

Benabou, Roland and Efe Ok (2001), "Social Mobility and the Demand for Redistribution: The POUM Hypothesis," *Quarterly Journal of Economics* 116, 447~487.

Benoit, Jean-Paul and Vijay Krishna (1985), "Finitely Repeated Games," *Econometrica* 53, 905~922.

Bernheim, B. Douglas (1984), "Rationalizable Strategic Behavior," *Econometrica* 52, 1007~1028.

Besley, Timothy (2006), *Principled Agents? : The Political Economy of Good Government*, Oxford : Oxford University Press.

Besley, Timothy and Anne Case (2003), "Political Institutions and Policy Outcomes," *Journal of Economic Literature* 91, 7~73.

Besley, Timothy and Stephen Coate (1997), "An Economic Model of Respresentative Democracy," *Quarterly Journal of Economics* 112(1), 85~114.

Bethlehem, D. W. (1975), "The Effect of Westernization of Cooperative Behavior in Central Africa," *International Journal of Psychology* 10, 219~224.

Binmore, Kenneth G. (1994), *Game Theory and the Social Contract, Vol.1 : Playing Fair*, MIT Press.

__________________ (2007), *Playing for Real : A Text on Game Theory*, Oxford University Press.

Binmore, Kenneth G. and Larry Samuelson (1992), "Evolutionary Stability in Repeated Games Played by Finite Automata," *Journal of Economic Theory* 57, 278~305.

Black, Duncan (1948), "On the Rationale of Group Decision Making," *Journal of Political Economy* 56(1), 23~34.

Black, Duncan (1958), *The Theory of Committees and Elections*, Cambridge University Press.

Bleaney, Michael and Akira Nishiyama (2004), "Income Inequality and Growth–Does the Relationship Vary with the Income Level?," *Economics Letters* 84, 349~355.

Boix, Carles (2003), *Democracy and Redistribution*, Cambridge University Press.

Börgers, Tilman (2015), *An Introduction to the Theory of Mechanism Design*, Oxford University Press.

Brams, Steven J. and Peter C. Fishburn (1978), "Approval Voting," *American Political Science Review* 72, 831~847.

Buchanan, James M. (1967), *Public Finance in Democratic Process*, Chapel Hill : University of North Carolina Press.

Buchanan, James M. and Gordon Tullock (1962), *The Calculus of Consent*, Ann Arbor : University of Michigan Press.

Buchanan, James M. and Richard A. Musgrave (1999), *Public Finance and Public Choice : Two Contrasting Visions of the State*, Cambridge, MA : MIT Press.

Callander, S. (2007), "Bandwagons and Momentum in Sequential Voting," *Review of Economic Studies* 74, 653~684.

__________ (2008), "Majority Rule When Voters Like to Win," *Games and Economic Behavior* 64, 393~420.

Calvert, Randall L. (1985), "Robustness of the Multidimensional Voting Model : Candidate Motivations, Uncertainty and Convergence," *American Journal of Political Science* 29, 69~95.

__________ (1987), "Reputation and Legislative Leadership," *Public Choice* 55, 81~120.

Camerer, Colin (2003), *Behavioral Game Theory : Experiments in Strategic Interaction*, Princeton University Press.

Caplan, Bryan (2007), *The Myth of the Rational Voter : Why Democracies Choose Bad Policies*, Princeton University Press.

Carter, Michael R. and John Morrow (2012), "Left, Right, Left : Income Dynamics and the Evolving Political Preferences of Forward Looking Bayesian Voters," mimeo.

Chamley, Christopher (1986), "Optimal Taxation of Capital Income in General Equilibrium with Infinite Lives," *Econometrica* 54, 607~622.

Chang, Ha-Joon (2002), *Kicking Away the Ladder : Development Strategy in Historical Perspective*, Anthem Press.

__________ (2008), *Bad Samaritans : The Myth of Free Trade and the Secret History of Capitalism*, Bloomsbury Press.

Cho, In Koo and David M. Kreps (1987), "Signaling Games and Stable Equilibria," *Quarterly Journal of Economics* 102, 179~221.

Clotfelter, Charles T. (1983), "Tax Evasion and Tax Rates : An Analysis of Individual Returns," *Review of Economics and Statistics* 65, 363~373.

Coase, Ronald H. (1960), "The Problem of Social Cost," *Journal of Law and Economics* 3, 1~44.

Cole, Harold and Lee Ohanian (2004), "New Deal Policies and the Persistence of the Great Depression," *Journal of Political Economy* 112, 779~816.

Comeau, Judovic Jr. (2003), "Democracy and Growth : A Relationship Revisited," *Eastern Economic Journal* 29(1), 1~21.

Cooter, Robert D. (2000), *The Strategic Constitution*, Princeton University Press.

Cowell, Frank A. (1990), *Cheating the Government : The Economics of Evasion*, MIT Press.

Crawford, Vincent and Joel Sobel (1982), "Strategic Information Transmission," *Econometrica* 50, 1431~1451.

Croson, Rachel T. A. (2008), "Public-goods Provision" in Durlauf, Steven N., and Larry E. Blume (eds.), *New Palgrave Dictionary of Economics*, Mcmillan.

Dal Bo, Pedro (2005), "Cooperation under the Shadow of the Future: Experimental Evidence from Infinitely Repeated Games," *American Economic Review* 95, 1591~1604.

Darley, John M. and Paget H. Gross (1983), "A Hypothesis-Confirming Bias in Labeling Effects," *Journal of Personality and Social Psychology* 44(1), 20~33.

Debreu, Gerard (1972), *Theory of Value : An Axiomatic Analysis of Economic Equilibrium*, Yale University Press.

Deininger, Klaus and Lyn Squire (1996), "A New Data Set Measuring Income Inequality," *World Bank Economic Review* 10(3), 565~91.

________________ (1998), "New Ways of Looking at Old Issues : Inequality and Growth," *Journal of Development Economics* 57, 259~87.

DellaVigna, Stefano (2009), "Psychology and Economics: Evidence from the Field," *Journal of Economic Literature* 47, 315~372.

Diamond, Jared (2005), *Guns, Germs and Steel: The Fates of Human Societies*, W.W.Norton & Company.

Diamond, Peter A. (1975), "A Many-Person Ramsey Tax Rule," *Journal of Public Economics* 4, 335~342.

Diamond, Peter A. and James A. Mirrlees (1971), "Optimal Taxation and Public Production I : Production Efficiency" and"II : Tax Rules," *American Economic Review* 61(1), 8~27 and 61(3), 261~278.

Dixit, Avinash K. and Barry J. Nalebuff (1991), *Thinking Strategically : The Competitive Edge in Business, Politics, and Everyday Life*, Norton & Co.

________________ (2008), *The Art of Strategy : A Game Theorist's Guide to Success in Business and Life*, W.W. Norton & Co.

Dixit, Avinash and Susan Skeath (1999), *Games of Strategy*, Norton.

Dollar, David and Aart Kraay (2002), "Growth is Good for the Poor," *Journal of Economic Growth* 7,

195～225.

Downs, Anthony (1957), *An Economic Theory of Democracy*, Harper & Row.

Drazen, Allan (2001), *Political Economy in Macroeconomics*, Princeton, NJ : Princeton University Press.

Dreber, Anna, David G. Rand, Drew Fudenberg and Martin A. Nowak (2008), "Winners Don't Punish," *Nature* 452, 348～351.

Duclos, Jean-Yves, Joan Esteban and Debraj Ray (2004), "Polarization : Concepts, Measurement, Estimation," *Econometrica* 72(6), 1737～1772.

Duffy, John and Margit Tavits (2008), "Beliefs and Voting Decisions: A Test of the Pivotal Voter Model," *American Journal of Political Science* 52(3), 603～618.

Dutta, Bhaskar and Ray, Debraj (1989), "A Concept of Egalitarianism under Participation Constraints," *Econometrica* 57(3), 615-635.

Erard, Brian and Jonathan S. Feinstein (1994), "Honesty and Evasion in the Tax Compliance Game," *RAND Journal of Economics* 25, 1～19.

Esteban, Joan and Debraj Ray (1994), "On the Measurement of Polarization," *Econometrica* 62(4), 819～852.

Evans, Peter (1995), *Embedded Autonomy : States and Industrial Transformation*, Princeton University Press.

Evans, Robert and Eric Maskin (1989), "Efficient Renegotiation-Proof Equilibria in Repeated Games," *Games and Economic Behavior* 1, 361～369.

Farber, Henry S. (1980), "An Analysis of Final-Offer Arbitration," *Journal of Conflict Resolution* 35, 683～705.

__________ (2010), "Rational Choice and Voter Turnout : Evidence from Union Representation Elections," NBER Working Paper #16160.

Farrell, Joseph and Eric Maskin (1989), "Renegotiation in Repeated Games," *Games and Economic Behavior* 1, 327～360.

Feddersen, Timothy J. (2004), "Rational Choice Theory and the Paradox of Not Voting," *Journal of Economic Perspectives* 18, 99～112.

Feenberg, D. and James Poterba (1993), "Income Inequality and the Incomes of Very High-Income Taxpayers : Evidence from Tax Reform," in James Poterba (ed.), *Tax Policy and the Economy*, Vol.7, Cambridge : MIT Press, 145～77.

Fehr, Ernst and Simon Gächter (2000), "Cooperation and Punishment in Public Goods Experiments," *American Economic Review* 90, 980～994.

Ferejohn, John (1986), "Incumbent Performance and Electoral Control," *Public Choice* 50, 5～25.

Fishburn, Peter C. (1974), "On Collective Rationality and a Generalized Impossibility Theorem," *Review of Economic Studies* 41(4), 445～457.

__________ (1983), "Transitive Measurable Utility," *Journal of Economic Theory* 31(2), 293～317.

Fisher, Stanley (1980), "Dynamic Inconsistency, Cooperation, and the Benevolent Dissembling Government," *Journal of Economic Dynamics and Control* 2, 93~107.

Flemming, John S. and John Micklewright (2000), "Income Distribution, Economic Systems and Transition," in Anthony B. Atkinson and François Bourguigonon(eds), *Handbook of Income Distribution*, Vol.1, Chapter 14, Elsevier.

Forbes, Kristin J. (2000), "A Reassessment of the Relationship Between Inequality and Growth," *American Economic Review* 90(4), 869~887.

Fowler, James H. (2005), "Altruistic Punishment and the Origin of Cooperation," *Proceedings of the National Academy of Sciences USA* 102, 7047~7049.

Friedman, Milton and Anna Schwartz (1971), *A Monetary History of the United States : 1867~1960*, Princeton : Princeton University Press.

Fudenberg, Drew and David K. Levine (1989), "Reputation and Equilibrium Selection in Games with a Patient Player," *Econometrica* 57, 759~778.

________________ (1998), *Theory of Learning in Games*, MIT Press.

Fudenberg, Drew David K. Levine, and Eric Maskin (1994), "The Folk Theorem in Repeated Games with Imperfect Public Information," *Econometrica* 62, 997~1040.

Fudenberg, Drew and Eric Maskin (1986), "The Folk Theorem in Repeated Games with Discounting or with Incomplete Information," *Econometrica* 54, 533~554.

Fudenberg, Drew and Jean Tirole (1991), *Game Theory*, MIT Press.

Fukuyama, Francis (1995), *Trust : The Social Virtues and the Creation of Prosperity*, Free Press.

Gibbard, Alan (1973), "Manipulation of Voting Schemes : A General Result," *Econometrica* 41, 587~602.

Gibbons, Robert (1992), *A Primer in Game Theory*, Harvester Wheatsheaf.

Gintis, Herbert (2000), *Game Theory Evolving*, Princeton University Press.

Gintis, Herbert (2009), *The Bounds of Reason: Game Theory and the Unification of the Behavioral Sciences*, Princeton University Press.

Glaeser, Edward L. and Andrei Shleifer (2005), "The Curley Effect : The Economics of Shaping the Electorate," *Journal of Law, Economics, and Organization* 21(1), 1~19.

Glaeser, Edward, Jose A. Scheinkman and Andrei Shleifer (2003), "The Injustice of Inequality," *Journal of Monetary Economics*, 199~222.

Goeree, J. K. and Charles A. Holt (2001), "Ten Little Treasures of Game Theory and Ten Intuitive Contradictions," *American Economic Review* 91(5), 1402~1422.

Golding, William G. (1954)[1990], *Lord of the Flies*, Perigee.

Gordon, H. Scott (1954), "The Economic Theory of a Common Property Resource : the Fishery," *Journal of Political Economy* 62(2), 124~142.

Gordon, J. P. F. (1989), "Individual Morality and Reputation Costs As Deterrence to Tax Evasion," *European Economic Review* 33, 797~805.

Gosolov, Mikhail, Nicholas Kocherlakota, and Alan Tsyvinsky (2003), "Optimal Indirect and Capital

Taxation," *Review of Economic Studies* 70, 569~587.

Greif, Avner (1989), "Reputation and Coalitions in Medieval Trade : Evidence on the Maghribi Traders," *Journal of Economic History* 49, 857~882.

Grossman, Gene M. and Elhanan Helpman (2001), *Special Interest Politics*, MIT Press.

Grossman, Sanford J. (1976), "On the Efficiency of Competitive Stock Markets Where Traders Have Diverse Information," *Journal of Finance* 31(2), 573~584.

Grossman, Sanford J. and Joseph Stiglitz (1976), "Information and Competitive Price Systems," *American Economic Review* 66(2), 246~253.

Groves, Theodore and John O. Ledyard (1977), "Optimal Allocation of Public Goods : A Solution to the Free-Rider Problem," *Econometrica* 45(4), 783~809.

Groβer, Jens and Arthur Schram (2010), "Public Opinion Polls, Voter Turnout, and Welfare : An Experimental Study," *American Journal of Political Science* 54(3), 700~717.

Guckenheimer, John and Philip Holmes (1983), *Nonlinear Oscillations, Dynamical Systems, and Bifurcations of Vector Fields*, Springer.

Gul, Faruk and Wolfgang Pesendorfer (2001), Temptation and Self-Control," *Econometrica* 69(6), 1403~1435.

______________________________ (2004), Self-Control and the Theory of Consumption," *Econometrica* 72(1), 119~158.

Güth, Werner, R. Schmittberger and B. Schwarze (1982), "An Experimental Analysis of Ultimatum Bargaining," *Journal of Economic Behavior and Organization* 3, 367~88.

Hardin, Gary (1968), "The Tragedy of the Commons," *Science* 162, 1243~1248.

Hardin, Russell (1982), *Collective Action*, Johns Hopkins University Press.

Harrison, G. and Jack Hirshleifer (1989), "An Experimental Evaluation of Weakest Link/Best Shot Models of Public Goods," *Journal of Political Economy* 97, 201~225.

Harsanyi, John (1967), "Games with Incomplete Information Played by Bayesian Players," *Management Science* 14, 159~182, 320~334, 486~502.

___________ (1973), "Games with Randomly Disturbed Payoffs : A New Rationale for Mixed Strategy Equilibrium Points," *International Journal of Game Theory* 2, 1~23.

Heller, Michael (1998), "The Tragedy of the Anticommons : Property in the Transition from Marx to Markets," *Harvard Law Review* 621.

____________ (2008), *The Gridlock Economy : How Too Much Property Wrecks Markets, Stops Innovation, and Costs Lives*, Basic Books.

Hillman, A. L. and Dov Samet (1987), "Dissipation of Contestable Rents by Small Numbers of Contenders," *Public Choice* 54, 63~82.

Hillman, A. L. and John G. Riley (1989), "Politically Contestable Rents and Transfers," *Economics and Politics* 1, 17~39.

Hindriks, Jean and Gareth D. Myles (2013), *Intermediate Public Economics*, Ho 2nd edition MIT Press.

Hinich, Melvin J. (1981), "Voting as an Act of Contribution," *Public Choice* 36(1). 135~140.

Hirshleifer, Jack and John G. Riley (1992), *The Analytics of Uncertainty and Information*, Cambridge University Press.

Hobbes, Thomas (1982)[1651], *Leviathan*, Penguin Classics.

Hofbauer, J. and K. Sigmund (1988), *The Theory of Evolution and Dynamical Systems*, Cambridge University Press.

Hofcroft, John E., Rajeev Motwani and Jeffrey D. Ullman (2006), *Introduction to Automata Theory, Languages and Computation*, the 3rd edition, AddisonWesley.

Hoffman, Philip T. (2015) *Why Did Europe Conquer the World?*, Princeton University Press.

Hotelling, Harold (1929), "Stability in Competition," *Economic Journal* 39, 41~57.

Inman, Robert P. and Daniel L. Rubinfeld (1997), "The Political Economy of Federalism," in Dennis C. Mueller(ed.), *Perspectives on Public Choice*, Cambridge University Press, 73~106.

Issac, R. Mark, James M. Walker and Susan H. Thomas (1984), "Divergent Evidence on Free Riding : An Experimental Examination of Possible Explanations," *Public Choice* 43, 113~49.

Just, David R. (2014), *Introduction to Behavioral Economics: Noneconomic Factors that Shape Economics Decisions*, John Wiley & Sons.

Kakutani, Shizuo (1941), "A generalization of Brouwer's Fixed Point Theorem," *Duke Mathematical Journal* 8, 457~459.

Kagel, John H. and Alvin E. Roth (1995), *The Handbook of Experimental Economics*, Princeton University Press.

Kahneman, Daniel and Amos Tversky (1979), "Prospect Theory : An Analysis of Decision under Uncertainty," *Econometrica* 47(2), 263~291.

Kalai, Ehud (1977), "Proportional Solutions to Bargaining Situations: Interpersonal Utility Comparisons," *Econometrica* 45(7), 1623-1630.

Kalai, Ehud and Smorodinsky, Meir (1975) "Other solutions to Nash's bargaining problem," *Econometrica* 43(3), 513-518

Kalai, Ehud and William Stanford (1988), "Finite Rationality and Interpersonal Complexity in Repeated Games," *Econometrica* 56, 397~410.

Keefer, Philip and Stephen Knack (2002), "Polarization, Politics, and Property Rights : Links between Inequality and Growth," *Public Choice* 111, 127~154.

Kehoe, Patrick (1989), "Policy Cooperation among Benevolent Governments May Be Undesirable," *Review of Economic Studies* 56, 289~296.

Keren, Gideon (1988), "On the Ability of Monitoring Non-Veridical Perceptions and Uncertain Knowledge : Some Calibration Studies," *Acta Psychologica* 67, 95~119.

Kim, Youngse (2003), "Income Distribution and Equilibrium Multiplicity in A Stigma-Based Model of Tax Evasion," *Journal of Public Economics* 87(7), 1591~1616.

__________ (2005), "Audit Misperception, Tax Compliance, and Optimal Uncertainty," *Journal of Public Economic Theory* 7(3), 521~541.

__________ (2007), " Optimal Taxation and Political Equilibrium w ith Fairness Consideration," *The*

Manchester School 75(6), 767~788.

Klemperer, Peter (2004), *Auctions : Theory and Practice*, Princeton University Press.

Klitgaard, R. (1988), *Controlling Corruption*, University of California Press.

Kohlberg, Elon and Jean-Francois Mertens (1986), "On the Strategic Stability of Equilibria," *Econometrica* 54, 1003~1038.

Kreps, David M.(1990), "Corporate Culture and Economic Theory," in Alt, J. and K. Shepsle(eds.), *Rational Perspectives on Political Science*, Harvard University Press.

Kreps, David M., Paul Milgrom, John Roberts and Robert Wilson (1982), "Rational Cooperation in the Finitely Repeated Prisoner' Dilemma," *Journal of Economic Theory* 27, 245~252.

Kreps, David M. and Robert Wilson (1982a), "Sequential Equilibrium," *Econometrica* 50, 863~894.

________________ (1982b), "Reputation and Imperfect Information," *Journal of Economics Theory* 27, 253~279.

Kuznets, Simon (1955), "Economic Growth and Income Inequality," *American Economic Review* 45(1), 1~28.

Kydland, Finn E. and Edward C. Prescott (1977), "Rules Rather than Discretion : The Inconsistency of Optimal Plans," *Journal of Political Economy* 85, 473~491.

Laibson, David (1997), "Golden Eggs and Hyperbolic Discounting," *Quarterly Journal of Economics* 112(2), 443~477.

Landes, David S. (1999), *The Wealth and Poverty of Nations : Why Are Some So Rich and Some So Poor*, W.W. Norton & Company.

Lange, Oskar R. and Fred Taylor (1938), *On the Economic Theory of Socialism : Government Control of the Economic Order*, University of Minnesota Press.

Leaver, Clare (2009), "Bureaucratic Minimal Squawk Behavior: Theory and Evidence from Regulatory Agencies," *American Economic Review* 99, 582~607.

Ledyard, John (1995), "Public Goods : A Survey of Experimental Research," in Kagel, J. and A. Roth (eds.), *Handbook of Experimental Economics*, Princeton University Press.

Lee, David S., Enrico Moretti and Matthew J. Butler (2004), "Do Voters Affect or Elect Policies? Evidence from the U.S. House," *Quarterly Journal of Economics* 119(3), 807~859.

Levine, David K. (2012), *Is Behavioral Economics Doomed? The Ordinary versus the Extraordinary*, Open Book Publishers.

Levine, David K. and Thomas R. Palfrey (2007), "The Paradox of Voter Participation? : A Laboratory Study," *American Political Science Review* 101, 143~158.

Levitt, Steven D. (1996), "How Do Senators Vote? Disentangling the Role of Voter Preferences, Party Affiliation, and Senator Ideology," *American Economic Review* 136, 425~441.

Levitt, Steven D. and Stephen J. Dubner (2009), *Super Freakonomics : Global Cooling, Patriotic Prostitutes, and Why Suicide Bombers Should Buy Life Insurance*, William Morrow.

Lindbeck, A., Nyberg, S. and Jurgen W. Weibull (1999), "Social Norms and Economic Incentives in the Welfare State," *Quarterly Journal of Economics* 114, 1~35.

List, John A. (2007), "On the Interpretation of Giving in Dictator Games," *Journal of Political Economy* 115(3), 482~494.

Lizzeri, Alessandro and Nicola Persico (2004), "Why Did the Elites Extend the Suffrage? Democracy and the Scope of Government, with an Application to Britain's "Age of Reform"," *Quarterly Journal of Economics* 119(2), 707~765.

Lowenstein, George and Drazen Prelec (1992), "Anomalies in Intertemporal Choice : Evidence and an Interpretation," *Quarterly Journal of Economics* 107(2), 573~597.

Lowenstein, George and Peter Ubel (2010), "Economics Behaving Badly," *New York Times*, July 14.

Lucas, Robert E. Jr. (1990), "Why Doesn't Capital Flow from Rich to Poor Countries," *American Economic Review* 80, 92~96.

Lui, Francis T. (1986), "A Dynamic Model of Corruption Deterrence," *Journal of Public Economics* 31, 215~236.

Magill, Michael and Martine Quinzii (2002), *Theory of Incomplete Markets, Volume* 1, MIT Press.

Mailath, George J. and Larry Samuelson (2006), *Repeated Game and Reputations : Long Run Relationship*, Oxford University Press.

Mankiw, N. Gregory (2008), *Principles of Economics*, the 5th edition, Dryden.

Marwell, Gerald and Ruth E. Ames (1979), "Experiments on the Provision of Public Goods. Ⅰ. Resources, Interest, Group Size, and the Free-rider Problem," *American Journal of Sociology* 84(6), 1336~1360.

________________ (1980), "Experiments on the Provision of Public Goods. Ⅱ. Provision Points, Stakes, Experience, and the Free-rider Problem," *American Journal of Sociology* 85(4), 926~937.

Mas-Collel, Andreu, Michael D. Whinston and Jerry R. Green (1995), *Microeconomic Theory*, Oxford University Press.

Mauro, Paulo (1995), "Corruption and Growth," *Quarterly Journal of Economics* 110, 681~712.

May, Kenneth O. (1952), "A Set of Independent, Necessary and Sufficient Conditions for Simple Majority Decision," *Econometrica* 20, 680~684.

McCarty, Nolan (2000a), "Proposal Rights, Veto Rights, and Political Bargaining," *American Journal of Political Science* 44(3), 506~522.

________ (2000b), "Presidential Pork : Executive Veto Power and Distributive Politics," *American Political Science Review* 94(1), 117~129.

McCarty, Nolan and Adam Meirowitz (2007), *Political Game Theory : An Introduction*, Cambridge University Press.

McCarty, Nolan M., Keith T. Poole and Howard Rosenthal (1997), *Income Redistribution and the Realignment of American Politics*, Washington DC : The AEI Press.

________________________ (2006), *Polarized America : The Dance of Ideology and Unequal Riches*, MIT Press : Cambridge.

McKelvey, Richard D. (1976), "Intransitivies in Multidimensional Voting Models and Some Implications for Agenda Control," *Journal of Economic Theory* 12, 472~482.

__________ (1986), "Covering, Dominance and the Institution Free Properties of Social Choice," *American Journal of Political Science* 30, 283~314.

McKelvey, Richard D. and Richard Wendell (1976), "Voting Equilibria in Multi-dimensional Choice Spaces," *Mathematics of Operations Research* 1, 144~158.

McKelvey, Richard D. and Thomas R. Palfrey (1992), "An Experimental Study of the Centipede Games," *Econometrica* 60, 803~836.

McMillan, John (1992), *Games, Strategies and Managers*, Oxford University Press.

Meltzer, Alan H. and S. F. Richard (1981), "A Rational Theory of the Size of Government," *Journal of Political Economy* 89, 914~927.

Migué, Jean-Luc and Gérard Bélanger (1974), "Toward a General Theory of Managerial Discretion," *Public Choice* 17(1), 27~43.

Milgrom, Paul and John Roberts (1982a), "Predation, Reputation, and Entry Deterrence," *Journal of Economic Theory* 27, 280~312.

__________ (1982b), "Limit Pricing and Entry under Incomplete Information," *Econometrica* 50, 443~460.

__________ (1992), *Economics, Organization and Management*, Prentice-Hall.

Milgrom, Paul and Nancy Stokey (1982), "Information, Trade, and Common Knowledge," *Journal of Economic Theory* 26, 17~27.

Miller, Nicholas R. (1980), "A New Solution Set for Tournaments and Majority Voting," *American Journal of Political Science* 24, 68~96.

Mirrlees, James A. (1971), "An Exploration in the Theory of Optimum Income Taxation," *Review of Economic Studies* 38, 175~208.

__________ (1976), "The Optimal Structure of Incentives and Authority within an Organization," *Bell Journal of Economics* 7, 171~196.

Moene, Karl Ove and Michael Wallerstein (2001), "Inequality, Social Insurance and Redistribution," *American Political Science Review* 95, 859~874.

Moffitt, R. L. (1983), "An Economic Model of Welfare Stigma," *American Economic Review* 73, 1022~1035.

Morrow, James D. (1994), *Game Theory for Political Scientists*, Princeton University Press.

Mueller, Dennis C. (1989), *Public Choice II : A Revised Edition of Public Choice*, Cambridge : Cambridge University Press.

__________ (2003), *Public Choice III*, Cambridge : Cambridge University Press.

Muller, Jerry Z. (2002) *The Mind and the Market: Capitalism in Modern European Thought*, Alfred A. Knopf of Random House.

Murphy, Kevin M., Andrei Shleifer and Robert W. Vishny (1993), "Why is Rent-Seeking So Costly to Growth?," *American Economic Association Papers and Proceedings*, 409~414.

Musgrave, Richard A. and Alan T. Peacock (1958), *Classics in the Theory of Public Finance*, London

: McMillan.

Myerson, Roger B. (1979), "Incentive Compatability and the Bargaining Problem," *Econometrica* 47, 61~73.

________ (1981), "Optimal Auction Design," *Mathematics of Operations Research* 6, 58~73.

________ (1991), *Game Theory : Analysis of Conflict*, Harvard University Press.

Nash, John F., Jr. (1950a), "The Bargaining Problem," *Econometrica* 18, 155~162.

________ (1950b), "Equilibrium Points in n-person Games," *Proceedings of the National Academy of Sciences* 36, 48~49.

________ (1950c), *Non-Cooperative Games*, Ph.D. Thesis, Princeton University.

________ (1951), "Non-Cooperative Games," *Annals of Mathematics* 54, 286~295.

Neymann, Abraham (1998), "Finitely Repeated Games with Finite Automata," *Mathematics of Operations Research* 23, 513~552.

Nikiforakis, Nikos S. (2008), "Punishment and Counter-punishment in Public Goods Games: Can We Still Govern Ourselves?" *Journal of Public Economics* 92, 91~112.

Niskanen, William A. (1971), *Bureaucracy and Representative Government*, Aldine Atherton.

Nordhaus, William (1975), "The Political Business Cycle," *Review of Economic Studies* 42, 169~189.

North, Douglas C. (1982), *Structure and Change in Economic History*, W.W. Norton & Company.

________ (1990), *Institutions, Institutional Change and Economic Performance*, Cambridge University Press.

Nowak, Marin and Karl Sigmund (1993), "A Strategy of Win-stay, Lose-Shift that Outperforms Tit-for-tat in the Prisoner's Dilemma Game," *Nature* 364, 56~58.

Nydegger, Rudy V. (1974), "Information Processing Complexity and Game Behavior : The Prisoner's Dilemma," *Behavioral Science* 19, 204~210.

O'Donoghue, Ted and Matthew Rabin (1999), "Doing It Now or Later," *American Economic Review* 89(1), 103~124.

Okun, Arthur M. (1975), *Equality and Efficiency : The Big Tradeoff*, Brookings Institute.

Olson, Mancur (1965), *The Logic of Collective Action : Public Goods and the Theory of Groups*, Harvard University Press.

Ordeshook, Peter C. (1986), *Game Theory and Political Theory*, Cambridge University Press.

Orwell, George (1945)[2005], *Animal Farm*, Signet Classic.

Osborne, Martin J. and Ariel Rubinstein (1994), *A Course in Game Theory*, MIT Press.

Osborne, Martin J. and A. Slivinsky (1996), "A Model of Political Competition with Citizen Candidates," *Quarterly Journal of Economics* 111(1), 65~96.

Ostrom, Elinor (1990), *Governing the Commons*, New York: California University Press.

Ostrom, Elenor, James Walker and Roy Gardner (1992), "Covenants with and without a Sword Self-Governance is Possible," *Journal of Political Science Review* 86, 404~417.

Page, Talbot, Louis Putterman and Bulent Unel (2005), "Voluntary Association in Public Goods Experiments: Reciprocity, Mimicry, and Efficiency," *Economic Journal* 115, 1032~1053.

Palfrey, Thomas (1989), "A Mathematical Proof of Duverger' s Law," in Peter C.Ordeshook(ed.), *Models of Strategic Choice in Politics*, The University of Michigan Press, Ann Arbor, 69~91.

Palfrey, Thomas R. and Howard Rosenthanl (1983), "A Strategic Calculus of Voting," *Public Choice* 41(1), 7~53.

______________________ (1984), "Participation and the Provision of Discrete Public Goods : A Strategic Analysis," *Journal of Public Economics* 24, 171~193.

______________________ (1985), "Voter Participation and Strategic Uncertainty," *American Political Science Review* 79(1), 62~78.

______________________ (1988), "Private Incentives in Social Dilemmas : The Effects of Incomplete Information and Altruism," *Journal of Public Economics* 35, 309~332.

Peacock, A. K. and Wiseman, J. (1961), *The Growth of Public Expenditure in the United Kingdom*, Princeton University Press.

Pearce, David (1984), "Rationalizable Strategic Behavior and the Problem of Perfection," *Econometrica* 52, 1029~1050.

Perotti, Roberto (1996), "Growth, Income Distribution, and Democracy : What the Data Say," *Journal of Economic Growth* 1, 149~187.

Persson, Torsten and Guido Tabellini (1994), "Is Inequality Harmful for Growth?," *American Economic Review* 84(3), 600~621.

______________________ (2000), *Political Economics : Explaining Economic Policy*, Cambridge : MIT Press.

______________________ (2003), *The Economic Effects of Constitutions*, Cambridge : MIT Press.

______________________ (2006), "Democracy and Development : The Devil in the Details," *American Economic Review* 96(2), 319~324.

Phelps, Edmund S. and Robert A. Pollak (1968), "On Second-Best National Saving and Game-Equilibrium Growth," *Review of Economic Studies* 35(2), 185~199.

Piketty, Thomas (1995), "Social Mobility and Redistributive Politics," *Quarterly Journal of Economics* 110, 551~584.

__________ (2014), *Capital in the Twenty-First Century*, The Belknap Press of the Harvard University Press.

Plott, Charles R. (1967), "A Notion of Equilibrium and Its Possibility under Majority Rule," *American Economic Review* 57, 787~806.

Plous, S. (1991), "Biases in the Assimilation of Technological Breakdowns : Do Accidents Make Us Safer?," *Journal of Applied Social Psychology* 21(13), 1058~1082.

Plumper, Thomas and Christian W. Martin (2003), "Democracy, Government Spending, and Economic Growth : A Political-Economic Explanation of the Barro-effect," *Public Choice* 117, 27~50.

Polanyi, Karl (2001)[1944], *The Great Transformation : The Political and Economic Origins of Our Time*, Boston : Beacon Press.

Poole, Keith T. and Howard Rosenthal (1984), "The Polarization of American Politics," *Journal of Politics* 46(4), 1061~1079.

Poterba, James (1987), "Tax Evasion and Capital Gains Taxation," *American Economic Review* 77, 234~239.

Potts, Malcolm and Thomas Hayden (2008), *Sex and War : How Biology Explains Warfare and Terrorism and Offers a Path to a Safer World*, BenBella Books.

Przeworski, Adam (2003), *States and Markets : A Primer in Political Economy*, Cambridge University Press.

Ramsey, Frank P. (1927), "A Contribution to the Theory of Taxation," *Economic Journal*, 47~61.

Rawls, John (1999)[1971], *A Theory of Justice*, the 2nd edition, Harvard University Press.

Reinert, Erik S. (2008), *How Rich Countries Got Rich and Poor Countries Stay Poor*, PublicAffairs.

Richardson, Lewis F. (1960), *Arms and Insecurity*, Chicago : Oardrangle.

Rifkin, Jeremy and Ted Howard (1981), *Entropy : A New World View*, Bantam Books.

Riker, William H. (1982), *Liberalism Against Populism*, San Francisco: Freeman.

Riker, William H. and Peter C. Ordeshook (1968), "A Theory of the Calculus of Voting," *American Political Science Review* 62, 25~42.

Riker, William H. and Steve J. Brams (1973), "The Paradox of Vote Trading," *American Political Science Review* 67, 1235~1247.

Roberts, Kevin (1977), "Voting over Income Tax Schedule," *Journal of Public Economics* 8, 329~340.

Roemer, John (2006), *Political Competitions : Theory and Applications*, Cambridge, MA : Harvard University Press.

Roemer, John E. (1998), *Theories of Distributive Justice*, Harvard University Press.

______________ (2006), *Political Competition : Theories and Applications*, Harvard University Press.

Roemer, John E. (1998), "Why the Poor do not Expropriate the Rich: An Old Argument in New Garb," *Journal of Public Economics* 70, 399~424.

Rogers, Todd, Craig R. Fox and Alan S. Gerber (2013), "Rethinking Why People Vote: Voting as Dynamic Social Expression," in Eldar Shafir(ed.), *The Behavioral Foundations of Public Policy*, Princeton University Press.

Rogoff, Kenneth (1985), "Can International Monetary Policy Coordination Be Counter-productive?," *Journal of International Economics* 18, 199~217.

______________ (1990), "Equilibrium Political Budget Cycles," *American Economic Review* 80(1), 21~36.

Rogoff, Kenneth and Anne Siebert (1988), "Elections and Macroeconomic Policy Cycles," *Review of Economic Studies* 55(1), 1~16.

Romer, Thomas (1975), "Individual Welfare, Majority Voting and the Properties of a Linear Income Tax," *Journal of Public Economics* 7, 163~168.

Romer, Thomas and Howard Rosenthal (1978), "Political Resource Allocation, Controlled Agendas, and the Status Quo," *Public Choice* 33(4), 27~43.

Rose-Ackerman Susan (1999), *Corruption and Government : Causes, Consequences, and Reform*, Cambridge University Press.

Rosen, Sherwin and Ted Gayer (2009), *Public Finance*, 9th edition, New York : McGraw-Hill.

Roth, Alvin E., Prasnikar, V., Okuno-Fujiwara, M. and S. Zamir (1991), "Bargaining and Market Behavior in Jerusalem, Ljubljana, Pittsburgh, and Tokyo : An Experimental Study," *American Economic Review* 81(5), 1068~1095.

Rothschild, Michael, and Joseph E. Stiglitz (1970), "Increasing Risk I : A Definition," *Journal of Economic Theory* 2, 225~243.

Rousseau, Jean-Jacques (1762), *The Social Contract*, Penguin Classics.

Rubinstein, Ariel (1982), "Perfect Equilibrium in a Bargaining Model," *Econometrica* 50, 97~109.

____________ (1985), "Bargaining Model with Incomplete Information about Time Preferences," *Econometrica* 53, 1151~1172.

____________ (1988), "Similarity and Decision-Making under Risk : Is There a Utility Theory Resolution to the Allais Paradox?," *Journal of Economic Theory* 46(1), 145~153.

____________ (1998), *Modelling Bounded Rationality*, MIT Press.

Sah, Rajiv K. (1991), "Social Osmosis and Patterns of Crime," *Journal of Political Economy* 99, 1272~1295.

Salanie, B. (2003), *The Economics of Taxation*, Cambridge, MA, MIT Press.

Sandel, Michael J. (2010), *Justice: What's the Right Thing to Do*, Farra, Straus and Giroux.

Sandel, Michael J. (2012), What Money Can't Buy: The Moral Limits of Markets, Farrar Straus and Giroux.

Saari, Donald G. (1995), *Basic Geometry of Voting*, Berlin : Springer-Verlag.

____________ (2001), *Decision and Elections : Explaining the Unexpected*, Cambridge : Cambridge University Press.

Satterthwaite, Mark (1975), "Strategy Proofness and Arrow's Conditions : Existence and Correspondence Theorems for Voting Procedures and Social Welfare Functions," *Journal of Economic Theory* 10, 187~217.

Schelling, Thomas C. (1960), *The Strategy of Conflict*, Harvard University Press.

____________ (1969), "Models of Segregation," *American Economic Review* 59(2), 488~493.

____________ (1971), "Dynamic Models of Segregation," *Journal of Mathematical Sociology* 1(2), 143~186.

Scitovsky, Tibor (1954), "Two Concepts of External Economies," *Journal of Political Economy* 62(2), 143~151.

Selten, Reinhard (1978), "The Chain-Store Paradox," *Theory and Decision* 9, 127~159.

Selten, Reinhard and Rolf Stoecker (1986), "End Behavior in Sequences of Finite Prisoner's Dilemma Supergames: A Learning Theory Approach," *Journal of Economic Behavior and Organization* 7(1), 47~70.

Sen, Amartya K. (1970), *Collective Choice and Social Welfare*, Holden-Day.

Sen, Amartya K. (1977), "On Weights and Measures : Informational Constraints in Social Welfare Analysis," *Econometrica* 45, 1539~1572.

Shafir, Eldar (2013), *The Behavioral Foundations of Public Policy*, Princeton University Press.

Shapiro, Carl, and Joseph E. Stiglitz (1984), "Equilibrium Unemployment as a Discipline Device," *American Economic Review* 74, 433~444.

Shepsle, Kenneth A. (1979), "Institutional Arrangements and Equilibrium in Multi-dimensional Voting Models," *American Journal of Political Science* 23, 27~60.

Shepsle, Kenneth A. (2010), *Analyzing Politics: Rationality, Behavior, and Institutions*, the 2nd edition, W.W. Norton & Co.

Shepsle, Kenneth A. and Barry Weingast (1981), "Structure-Induced Equilibrium and Legislative Choice," *Public Choice* 37, 503~519.

Shleifer, Andrei and Robert W. Vishny (1993), "Corruption," *Quarterly Journal of Economics* 108, 599~617.

Siegel, R. (2009), "All-Pay Contests," *Econometrica* 77, 71~92.

Smith, Adam (2002)[1759], *The Theory of Moral Sentiments*, Penguin Classics.

__________ (1977)[1776], *An Inquiry into the Nature and Causes of the Wealth of Nations*, University of Chicago Press.

Smith, Vernon L. (1962), "An Experimental Study of Competitive Market Behavior," *Journal of Political Economy* 70(2), 111~137.

Snyder, James M. and Michael M. Ting (2003), "Roll Calls, Party Labels, and Elections," *Political Analysis*, 419~444.

Snyder, James M., and Timothy Groseclose (2000), "Estimating Party Influence in Congressional Roll-Call Voting," *American Journal of Political Science* 44(2), 193~211.

Spence, A. Michael (1973), "Job Market Signaling," *Quarterly Journal of Economics* 87, 355~374.

Spiegler, Ran (2011), *Bounded Rationality and Industrial Organization*, Oxford University Press.

Stigler, George J. (1970), "Director's Law of Public Income Redistribution," *Journal of Law and Economics* 13, 1~10.

Strotz, Robert H. (1956), "Myopia and Inconsistency in Dynamic Utility maximization," *Review of Economic Studies* 23(3), 165~180.

Taylor, Michael (1976), *Anarchy and Cooperation*, New York : Wiley.

Tavares, J., and Romain Wacziarg (2001), "How Democracy Affects Growth," *European Economic Review* 45, 1341~78.

Temin, Peter (1991), *Lessons from the Great Depression*, Cambridge : MIT Press.

Thaler, Richard H. and Cass R. Sunstein (2008), *Nudge : Improving Decisions about Health, Wealth and Happiness*, Yale University Press.

Tiebout, Charles (1956), "A Pure Theory of Local Expenditures," *Journal of Political Economy* 64, 416~424.

Tocqueville, Alexis de (2011)[1835], *Democracy in America*, University of Chicago Press.

Tullock, Gordon (1967), "The Welfare Cost of Tariffs, Monopolies and Theft," *Western Economic Journal* 5, 224~232.

United Nations University WIDER, World Income Inequality Database, V.2.0a, June 2005, UNU : Helsinki.

Vickers, John (1986), "Signalling in a Model of Monetary Policy with Incomplete Information," *Oxford Economic Papers* 38, 443~455.

von Hayek, Friedrich A. (1944), *The Road to Serfdom*, University of Chicago Press.

von Neumann, John and Oskar Morgenstern (1943), *Theory of Games and Economic Behavior*, Princeton University Press.

von Stackelberg, H. (1934), *Marktform and Gleichgewicht*, Julius Springer.

Walker, James M., Roy Gardner and Elenor Ostrom (1990), "Rent Dissipation in a Limited-Acess Common-pool Resource : Experimental Evidence," *Journal of Environmental Economics and Management* 19, 203~211.

Werning, Ivan (2007), "Optimal Fiscal Policy with Redistribution," *Quarterly Journal of Economics* 122, 925~967.

West, Geoffrey (2017), *Scale: The Universal Laws of Life, Growth, and Death in Organisms, Cities, and Companies*, Penguin Books.

Whittman, Donald (1977), "Candidate with Policy Preferences : A Dynamic Model," *Journal of Economic Theory* 14, 180~189.

Williamson, Oliver E. (1975), *Markets and Hierarchies: Analysis and Antitrust Implications*, The Free Press.

Wilson, Edward O. (1999), *Consilience : The Unity of Knowledge*, Vintage.

Winter, Eyal (2002), "The Shapley Value," Chapter 53 in Aumann, Robert J., and Sergiu Hart (eds.), *Handbook of Game Theory with Economic Applications*, Vol.3, 2025-2054, Elsevier.

Wolfson, M. C. (1994), "When Inequalities Diverge," *American Economic Review Papers and Proceedings* 84, 353~358.

Wright, Stephen and William H. Riker (1989), "Plurality and Runoff Systems and Numbers of Candidates," *Public Choice* 60, 155~175.

Yamagishi, Toshio (1986), "The Provision of a Sanctioning System as a Public Good," *Journal of Personality and Social Psychology* 51, 110~116.

Young, H. Peyton (1988), "Condorcet's Theory of Voting," *American Political Science Review* 82(4), 1231~1244.

김영세 (2003), 『전략과 정보』, 제2판, 박영사.

_____ (2007a), 『게임의 기술』, 웅진지식하우스.

_____ (2007b), "경제성장, 소득분배 및 정치성향분포의 상호관계", 『재정논집』, 제21권 2호.

_____ (2013), 『게임이론』, 제6판, 박영사.

김영세 · 박진근 · 신동천 (1998), 『미시경제학』, 세경사.

김재한 외 (2012), 『공공선택』, 박영사.

김호진 (2002), 『한국정치체제론』, 제7판, 박영사.

노영훈·김현숙 (2005), "소득과 주택자산 소유분포에 관한 연구", 한국조세연구원.

박원순 (2006), 『내 목은 매우 짧으니 조심해서 자르게』, 한겨레신문사.

서울사회경제연구소 엮음 (2005), 『한국경제 : 세계화, 구조조정, 양극화를 넘어』, 한울아카데미.

성명재 (2001), "소득분배 변화추이와 결정요인 분석", 한국조세연구원.

_____ (2002), "조세정책의 소득재분배 효과 분석에 관한 연구", 한국조세연구원.

성명재·김종면 (2004), "부문별·가구유형별 소득분배 구조 고찰 및 소득재분배 기능 제고방안 모색에 관한 연구", 한국조세연구원.

송병건 (2016), 『세계화의 풍경들: 그림의 창으로 조망하는 세계경제 2천년』, 아트북스.

신동균, 전병유 (2005), "소득분포의 양극화 추이," 『노동경제논집』, 제28권 3호, 77~107.

안종범 (2003), "한국경제 발전모형의 정립을 위한 쿠즈네츠 가설의 재검토," 『경제학연구』, 제51권 3호, 5~30.

우천식 (2006), "양극화 문제인가? : 실체, 원인 및 대응구도", 한국개발연구원.

윤기중 (1997), 『한국경제의 불평등 분석』, 박영사.

이준구 (2004), 『재정학』, 제3판, 다산출판사. 이만우 (2004), 『신공공경제학』, 율곡출판사.

이문열 (1987)[2005], 『우리들의 일그러진 영웅』, 민음사.

임경묵 (2002), "한국 가계금융자산 구성의 결정요인 분석 : 주식보유를 중심으로", 한국개발연구원.

최배근 (2004), "민주주의와 시장경제 그리고 경제성과의 관계", 『산업경제연구』, 제17권 3호, 721~744.

찾 | 아 | 보 | 기 Index

가격상한(價格上限, price-cap) ······················· 336
가격순응(price taking) ······································· 60
간접세(indirect tax) ··· 392
간접효용함수(indirect utility function) ············· 396
감시감독(monitoring) ·· 462
강단계소거(Strict iterative dominance) ············· 104
강열등전략(强劣等戰略, strictly dominated strategy) ·· 100, 102
강열등전략의 단계적 소거(强劣等戰略의 段階的 消去, Iterated deletion of strictly dominated strategies) ·· 103
강우월전략(强優越戰略, strictly dominant strategy) ·· 100, 102
강제양형제도(强制量刑, Mandatory Sentencing) 131
개방규정위원회(open-rule committee) ············ 287
개별조항거부권(line-item veto) ······················· 467
개인합리성(individual rationality) ·············· 48, 346
거부권(veto power) ··· 312
거부권자(veto player) ······································ 282
겁쟁이게임(Chicken game) ······························ 109
게리멘더링(Gerrymandering) ··························· 172
게일(Gale) ·· 371
게임나무(game tree) ································ 95, 262
결과(outcome) ··· 94
결렬 ·· 313
결선투표제(run-off voting) ····················· 116, 126
경보형(警報型, fire alarm) ······························ 463
경제민주화 ·· 547
경제적 지대(economic rent) ···························· 469
경합성(rivalry) ·· 220
계약곡선(契約曲線, contract curve) ······· 47, 52, 64
계층 간의 이동성(mobility) ····························· 537
공공재(公共財, public goods) ··········· 60, 220, 338
공공재 건설게임 ·· 329
공공재 게임 ··· 257
공리주의(公利主義, utilitarianism) ········ 14, 75, 216
공변성(Scale Invariance) ································· 357
공수게임(攻守게임) ··· 178
공약(公約, commitment) ································· 271
공용균형(pooling equilibrium) ························ 446
공용전략(共用戰略, pooling strategy) ······· 325, 446
공유자원(common resource) ··················· 203, 220
공유지의 비극(Tragedy of Commons) 203, 236, 259
공조(coordination) ·· 111
공조게임(共助게임, coordination game) ··106, 257, 320, 326
공평정의(fairness justice) ································ 296
과실책임(Negligence Rule) ······························ 211
교대제안(交代提案, alternating offer) ·············· 304
구조유도균형(structure-induced equilibrium) ··· 165
귀속가치(imputation) ······································· 362
균일세(flat tax) ·· 389
균질상태(steady-state) ···································· 252
균형(equilibrium) ·· 2
균형경로(均衡經路, on the equilibrium path) ·· 263
그로브스・레드야드 메커니즘 ························· 338
금전적 외부효과(pecuniary externalities) ········· 196
급진경제학(Radical economics) ························· 17
기대보수 ··· 159, 181
기대효용(期待效用, expected utility) ········· 95, 553
기대효용가설(期待效用假說, expected utility hypothesis) ·· 94
기버드・새터스웨이트 정리 ····················· 347, 349
기수적 효용(基數的 效用, cardinal utility) ········· 24
기술적 외부효과(technological externalities) ·· 196, 197

기여과실책임(Liability with the defense of contributory negligence) ········ 212

내부고발(whistle-blowing) ········ 510
내부화(internalization) ········ 204
내쉬균형(내쉬均衡, Nash equilibrium) ········ 106, 143, 162, 167, 173, 179, 492
내쉬협상해 ········ 359
네트워크효과(network effect) ········ 207
누진세(progressive tax) ········ 389
누진자본세(global progressive tax on capital) · 390
누진적 자본소득세 ········ 533
눈에는 눈, 이에는 이(tit-for-tat)전략 ········ 506
니스카넨 가설 ········ 467

다당제 ········ 167, 171
다수결 규칙(majority rule) ········ 72
다수결 제도(majority rule) ········ 116, 118, 138
다수결 투표 ········ 50, 172
다운즈정리 ········ 18
다원주의(pluralism) ········ 540
단봉선호(single-peaked preference) ········ 138
단봉조건 ········ 144
단순게임(simple game) ········ 362, 368
단일교차(single-crossing) ········ 140
단조성(單調性, monotonicity) ········ 26
대리인(agent) ········ 334, 462
대중인기영합(populism) ········ 420, 482
대처리즘(Thatcherism) ········ 11
대체효과(substitution effect) ········ 398, 379
대칭성(symmetry) ········ 356, 367
도덕적 해이(道德的 解弛, moral hazard) ········ 60, 462, 527
독립성 공리 ········ 70, 118
독립성(independence of irrelevant alternatives) ········ 67, 358
독재자게임(dictator game) ········ 296
독재적(dictatorial) ········ 348, 349
동류원칙(同類原則, ally principle) ········ 464
동시게임(simultaneous move game) ········ 91
동족변환(同族變換, affine transformation) ········ 99358, 555
동태적 미비정보게임 ········ 428
동태적 비일관성(動態的 非一貫性, dynamic inconsistency) ········ 519, 520
동태적 일관성(dynamic consistency) ········ 502
듀버거법칙(Duverger's Law) ········ 170, 292
디렉터의 법칙(Director's Law)) ········ 540

래퍼곡선(Laffer curve) ········ 413
램지규칙 ········ 377, 383, 395, 416
레이거노믹스(Reaganomics) ········ 11
로렌츠(Lorenz)곡선 ········ 533
로비 ········ 483
로이항등식(Roy's Identity) ········ 397
롤스의 분배정의(distributive justice) ········ 14, 77, 78

만장일치성(unanimity) ········ 348, 66, 281
만장일치성 공리 ········ 70
만장일치 제도 ········ 50
만족하면 현상유지(win-stay lose-shift)전략 ········ 510, 507
맑스주의 ········ 17
맥켈비의 혼돈정리(McKelvey's Chaos Theorem) ········ 162
메시지(message) ········ 442
메이의 정리 ········ 117, 121, 172
메커니즘 설계(mechanism design) ········ 334
모딜리아니·밀러 정리 ········ 391
목적함수(目的函數, objective function) ········ 30
무가치성(null player) ········ 367
무임승차(無賃乘車, free-riding) 60, 227, 257, 330
무작위전략(無作爲戰略, randomized strategy) · 178
무차별곡선(無差別曲線, indifference curve) ········ 27
무한수명(無限壽命, infinite horizon) ········ 303
무한수명모형 ········ 360

문창세(門窓稅, the door and window tax) …… 426
물품세(excise tax) …… 380
미비시장(incomplete market) …… 3, 61
미비정보(未備情報, incomplete information) 93, 320
민사소송게임 …… 446
민주주의 …… 534

바그너의 법칙(Wagner's law) …… 12
반(反)공유지의 비극(tragedy of anti-commons) 242
반복게임(反復게임, repeated game) …… 490
반자프・콜먼 권력지수 …… 369
방(房, cell) …… 97
방아쇠(trigger)전략 …… 506
배상책임법(liability law) …… 209
배제성(exclusiveness) …… 220, 249
법안주고받기(vote exchange) …… 491
법인세 …… 391, 421
베르그송-사뮤엘슨(Bergson-Samuelson) 사회후생함수 …… 74
베르누이효용함수(Bernoulli utility function) …… 553, 557
베이즈게임(Bayesian game) …… 322
베이즈내쉬균형(Bayesian Nash equilibrium) …… 325
베이즈법칙 …… 432, 559
베이즈일관성(Bayesian consistency) …… 432
벨만방정식(Bellman equation) …… 503
벼랑끝전술(brinkmanship) …… 275
보르다 셈법(Borda count) …… 124
보몰의 법칙(Baumol's law) …… 13
보복경로(報復經路, punishment phase) …… 496
보상국면(報償局面, reward phase) …… 516
보상수요(補償需要, compensated demand) …… 398
보상수요함수(compensated demand function) · 377
보수(報酬, payoff) …… 94
보수율(報酬率, rate of return) …… 336
보수행렬(報酬行列, payoff matrix) …… 97
보편성 공리 …… 70, 118
보편성(universality) …… 66
볼록성(convexity) …… 28, 58
부가가치세(value-added tax: VAT) …… 393
부분게임(subgame) …… 265, 267
부분게임완전균형(部分게임完全均衡, subgame perfect equilibrium) …… 264, 265, 493
부분소실(partial dissipation) …… 479
부분현시(partial revelation) …… 486
분리균형(separating equilibrium) …… 446
분리전략(分離戰略, separating strategy) … 446, 325
분리협상(factoring) …… 163
불가능성 정리(不可能性 定理, Impossibility Theorem) …… 15, 65, 116, 132, 133
불완전정보(不完全情報, imperfect information) …… 93, 320
불확실성 …… 61
비경쟁성(non-rivalry) …… 60
비균형경로(非均衡經路, off-the-equilibrium path) …… 173, 434
비대칭정보(非對稱情報, asymmetric information) …… 231, 320
비독재성(non-dictatorship) …… 67
비례대표제(proportional representation) …… 117, 167, 171
비배제성(non-excludability) …… 60
비재화(非財貨, economic bads) …… 196
비차별정책(non-discriminatory policy) …… 482

사면복권(amnesty) …… 500
사뮤엘슨 조건(Samuelson condition) …… 225, 250
사뮤엘슨 효율기준 …… 246
사슴사냥게임(Stag-hunt game) …… 106
사안별 투표(item-to-item voting) …… 163
사유재(私有財, private goods) …… 60, 220
사적 비용(私的費用, private cost) …… 197
사적 정보(private information) …… 442
사전배열식 선호(辭典配列式 選好, lexicographic preference) …… 25
사표방지(死票防止, voting with the winner) … 192

사회무차별곡선(社會無差別曲線, social indifference curve) ········· 74
사회선택함수(social choice function) ······· 116, 347
사회설계자(the social planner) ········· 69
사회적 균형의 다중성(multiplicity) ········· 537
사회적 비용(social cost) ········· 197
사회후생(social welfare) ········· 14, 145, 379
사회후생함수(社會厚生函數, social welfare function) ········· 64
살라미전술(salami tactics) ········· 275
상관균형(相關均衡, correlated equilibrium) ······ 181
상호최선응수(mutual best response) ········· 222
생산가능곡선(production possibility curve) ········ 39
생산자잉여(生産者剩餘, producer's surplus) ···· 379
생산함수(production function) ········· 38
생쥐경주(Rat Race) ········· 201
섀플리 값(Shapley value) ········· 362, 363
섀플리・슈빅 권력지수 ········· 368
선거모금(campaign finance) ········· 452
선택묶음 ········· 22
선택함수(choice function) ········· 346
선행자의 이득(先行者의 利得, first-mover advantage) ········· 306
선형성(linearity) ········· 367
선호관계(選好關係, preference relation) ········· 22
성 피터스버그 역설(St. Petersburg's paradox) · 555
성대결게임(性對決게임, Battle-of-the-sexes game) ········· 110
세계대공황(The Great Depression) ········· 9
소득불균등 ········· 421
소득불평등 ········· 415, 530
소득효과(income effect) ········· 379, 398
소모전(消耗戰, war of attrition) ········· 473
소비자잉여(消費者剩餘, consumer's surplus) ··· 378
소화형(燒火型, fire extinguisher) ········· 463
속물효과(snob effect) ········· 207
수직적 공평(vertical equity) ········· 376
수평적 공평(horizontal equity) ········· 376
순수공조게임(純粹共助게임, Pure coordination game) ········· 111
순수전략(純粹戰略, pure strategy) ········· 94
순수전략조합(pure strategy profile) ········· 97
순시형(巡視型, police patrol) ········· 463
순차게임(順次게임, sequential move game) ······ 91
순차합리성(順次合理性, sequential rationality) · 430
스타켈버그 보수(Stackelberg payoff) ········· 274
스타켈버그 선도자(Stackelberg leader) ········· 274
스타켈버그(Stackelberg) 전략 ········· 274
슬러츠키방정식(Slutsky Equation) ········· 401
승리연합(winning coalition) ······· 49, 119, 368, 370
승인투표(承認投票, approval voting) ········· 125
시류편승효과(bandwagon effect) ········· 207
시장사회주의(market socialism) ········· 3
시장실패(market failure) ········· 59, 198, 527
시장청산(market-clearing) ········· 42
시장청산(market-clearing)조건 ········· 33
신념(信念, belief) ········· 323, 430
신빙성 없는(incredible) 위협 ········· 264, 429
신호게임(信號게임, signaling game) ········· 442
신호발송자(信號發送者, sender) ········· 442
신호수신자(信號受信者, receiver) ········· 442
실존 리바이어던(real Leviathan) ········· 542
실행가능한(implementable) 메커니즘 ········· 346
실효임금(efficiency wage) ········· 525
쌍곡할인(雙曲割引, hyperbolic discounting) ···· 503
쌍방매칭(two-sided matching) ········· 371

애로우 불가능성 정리 ········· 348
야경국가(夜警國家) ········· 8
약열등전략(弱劣等戰略, weakly dominated strategy) ········· 103, 173
약열등전략의 단계적 소거(Iterated deletion of weakly dominated strategies) ········· 105
약우월전략(弱優越戰略, weakly dominant strategy) ········· 102, 339
양극화(polarization) ········· 533

양당제 ························ 154, 171
양성감응성(陽性感應性, positive responsiveness) 118
엄격책임(strict liability) ························ 210
에지워스 상자(Edgeworth box) ························ 34
역선택(逆選擇, adverse selection) ························ 60
역진귀납법(逆進歸納法, backward induction) ························ 264, 266, 295, 460
역탄력성규칙(逆彈力性規則, inverse elasticity rule) ························ 385
연속성(連續性, continuity) ························ 25
연합(coalition) ························ 362
연합형게임(coalitional form game) ························ 362
예산균형(budget-balance) ························ 343
오목(concave)함수 ························ 399
완비성(完備性, completeness) ························ 2, 23, 25, 66
완비시장(complete market) ························ 61
완비정보(完備情報, complete information) ························ 93
완전베이즈균형(perfect Bayesian equilibrium) ························ 430, 433
완전정보(完全情報, perfect information) ························ 93
완전현시(full revelation) ························ 486
완전회상(完全回想, perfect recall) ························ 92
왈라스 법칙(Warlas' law) ························ 34, 36
외부경제(外部經濟, external economies) ··· 60, 196
외부대안이 있는 성대결게임(Battle-of-the-sexes with outside option) ························ 458
외부불경제(外部不經濟, external diseconomies) ························ 60, 196
외부효과(外部效果) ························ 60, 196
요구수준(aspiration level) ························ 506
우월전략해 메커니즘(dominance solvable mechanism) ························ 339, 346
우월전략해 유인양립(Dominant Solvable Incentive Compatibility: DSIC) ························ 349
위험(risk) ························ 96
위험애호(危險愛好, risk loving) ························ 556
위험중립(危險中立, risk neutral) ························ 556
위험회피(危險回避, risk averse) ························ 556
위험회피적 ························ 173
유보임금(留保賃金, reservation wage) ························ 525
유보효용(留保效用, reservation utility) ························ 345
유인양립(誘因兩立, incentive compatibility) ····· 346
유죄협상(plea bargaining) ························ 510
유클리드 선호(Euclidean preference) ························ 27
유클리드 선호체계 ························ 282
유클리드 효용함수 ························ 30
유한반복게임 ························ 492
유한수명모형 ························ 304
유형(類型, type) ························ 93, 320
유형집합(類型集合, type space) ························ 322
응능원칙(ability to pay principle) ························ 376
의사결정마디(decision node) ························ 95, 262
의제(議題, agenda) ························ 276
의제설정자(agenda setter) ························ 162
의제조작(manipulation) ························ 276, 284
이념정당(ideological party) ························ 154
이력현상(hysteresis) ························ 546
이상점(理想點, ideal point) ························ 26, 139
이익원칙(benefit-received principle) ························ 376
이전가능(transferable utility) ························ 362
이전가능효용(移轉可能效用, transferable utility) 모형 ························ 351
이전불가능효용(移轉不可能效用, non-transferable utility) 모형 ························ 351
이행성(移行性, transitivity) ························ 23, 25, 28, 66
이행성 공리 ························ 71
익명성(anonymity) ························ 117
일괄타결(splicing) ························ 160
일반경쟁균형(general competitive equilibrium) ·· 42
일반균형(general equilibrium) ························ 2, 34, 46, 56
일반중재(一般仲裁, conventional arbitration) ··· 315
일회게임(一回게임, one-shot game) ························ 490
임계전환성(臨界轉換性, cutoff property) ························ 331
임계점 메커니즘(provision point mechanism: PPM) ························ 256
임계투표자(critical voter) ························ 370

임금프리미엄(wage premium) 529
임기말 권력누수(lame duck) 441

자기실현적 예언(自己實現的 豫言, self-fulfilling prophesy) 263
자기희생적 보복(costly punishment) 510
자발적 기부 메커니즘(volunteer contribution mechanism: VCM) 255
자본과세문제(capital levy problem) 420
자본세(capital taxation) 389
자산선택(portfolio)이론 422
자산세 393
자연독점(natural monopoly) 335
자연법칙(Nature) 91, 321
자유주의 3
자중손실(自重損失, deadweight loss) 204, 206, 377, 380
자진신고자 감면(leniency) 510
잠정수락 일괄배정 알고리즘(deferred acceptance algorithm) 372
재량(裁量, discretion) 16, 522
재량권 524
재산권(property right) 213, 239
재협상방지균형(再協商防止均衡, renegotiation-proof equilibrium) 497
전개형(展開型, extensive-form) 95
전개형게임 262
전래정리(傳來定理, folk theorem) 515
전략적 안정성(strategic stability) 460
전략적 외부효과(strategic externalities) 201
전략투표(strategic voting) · 122, 132, 135, 173, 278
전략행위방지(strategy-proofness) 343
전략행위방지(Strategy-Proofness)조건 349
전략형(戰略型, strategic-form) 97
전복집합(顚覆集合, winset) 282
전원지불경매(全員支拂競賣, all-pay auction) · 474
전진귀납법(forward induction) 460
전향투표자(swing voter) 370
점수투표제 123
정규형(正規型, normal-form) 97
정보보유자(情報保有者, informed player) 334
정보비보유자(情報非保有者, uninformed player) 334
정보집합(情報集合, information set) 93, 266
정상경로(正常經路, normal phase) 496
정액세(lump-sum tax) 336, 384, 393, 408
정책결정자(policy-maker) 480
정책조합코어(portfolio core) 165
정치경제학(political economy) 17
정치적 감응성(responsiveness) 466
정치적 경합(political contest) 473
정치적 균형 232
정치적 코우즈정리(Political Coase Theorem) ··· 292
정합성(coherence) 66
제로섬게임(zero-sum game) 178
제한적 정책조합코어(restricted portfolio core) 166
젠슨부등식(Jensen's inequality) 557
조세경쟁(tax competition) 421
조세사면(tax amnesty) 519
조작가능(manipulable) 347
조작불가(non-manipulable) 348
종가세(ad valorem tax) 393
종결마디(terminal node) 95, 262
종이 리바이어던(paper Leviathan) 542
죄수의 딜레마(Prisoners' dilemma) 99, 202, 228, 258
죄수의 딜레마(PD)게임 492
주인(principal) 334, 462
주인-대리인 문제 462
주지사실(周知事實, common knowledge) ··· 90, 92
준법게임(compliance game) 426
준선형(quasi-linear) 보수함수 350
준칙(準則, rule) 16, 522, 524
중개(仲介, mediation) 314
중립성(neutrality) 118
중립적 설계자(social planner 혹은 impartial spectator) 77

중위투표자 ··· 142, 155, 159, 173
중위투표자정리(中位投票者定理, Median voter theorem) ··· 18, 142, 414
중재(仲裁, arbitration) ··· 314
중추적(pivotal) ··· 173, 184
지니계수(Gini coefficient) ··· 533
지대(地代, rent) ··· 469
지대의 완전소실(complete dissipation) ··· 477
지대창출(地代創出, rent creation) ··· 480
지대추구행위(rent-seeking behavior) ··· 470
지도자게임 ··· 439
지방공공재 ··· 248
지복점(至福點, bliss point) ··· 26, 139
지출함수(expenditure function) ··· 399
직관적 기준(Intuitive Criterion) ··· 458
직접보고메커니즘(direct mechanism) ··· 347
진실투표(sincere voting) ··· 122, 174, 277
진실현시(truth revelation) ··· 340
진입저지홍보게임 ··· 456
진입제한가격부과(limit pricing) 모형 ··· 455

착취체제 ··· 541
참여조건(participation condition) ··· 48, 346
초다수결제(super-majority rule) ··· 116
총잉여(total surplus) ··· 379
총할인보수(總割引報酬, total discounted payoff) ··· 501
최고순환(top cycle) ··· 279
최고순환집합(the top cycle set) ··· 279
최다득표 결선투표제(plurality run-off voting) 126
최다득표제(plurality rule) ·· 50, 116, 121, 168, 171
최대극대(maximax) ··· 86
최선응수(best response) ··· 107, 156, 169, 180
최소극대(最小極大, maxi-min) ··· 79
최적조세구조(optimal tax structure) ··· 383
최종제안중재(最終提案仲裁, final-offer arbitration) ··· 315
최후통첩게임 ··· 359
최후통첩협상(最後通牒協商, ultimatum bargaining) ··· 294

칼도어·힉스 기준 ··· 77, 83
칼라이·스모로딘스키 협상해 ··· 359
캘버트모형 ··· 438
컬리효과(Curley effect) ··· 551
케인즈학파 ··· 520
코어(core) ··· 48, 53, 56, 224, 281, 362, 363
코우즈정리(Coase theorem) ··· 213
콩도르세 승자(Condorcet winner) ··· 119, 121, 122, 124, 126, 127, 172, 277, 280
콩도르세 역설(Condorcet paradox) ··· 73, 119, 144
쿠즈네츠 가설 ··· 531
클럽재(club goods) ··· 220, 246

탈세(脫稅, tax evasion) ··· 422
톱니효과(ratchet effect) ··· 12
통상수요(ordinary demand) ··· 396
통상수요함수(ordinary demand function) ··· 377
통화정책게임 ··· 520
투표의 역설(paradox of voting) ··· 184
특성함수(characteristic function) ··· 362
티보우가설 ··· 253

파레토 개선(Pareto improvement) ··· 49, 54, 223
파레토 기준(Pareto Criterion) ··· 67
파레토최적(Pareto optimum) ··· 46, 51, 52, 56, 145, 224
패거리 챙기기 정치(pork-barrel politics) ··· 491
페론주의(Peronism) ··· 549
평균할인보수(平均割引報酬, average discounted payoff) ··· 501
평등주의(平等主義, egalitarianism) ··· 14, 78, 82
평등해(egalitarian solution) ··· 362, 363
평판(評判, reputation) ··· 273, 438
폐쇄규정위원회(closed-rule committee) ··· 286
포만점(飽滿點, satiation point) ··· 27

포퓰리즘(populism, 대중인기영합) ··· 548
피구조세(Pigouvian tax) ··· 206
필립스곡선(Phillips curve) ··· 520

하버거삼각형(Harbergers triangle) ··· 381
한 번은 용서, 두 번째는 처벌(tit-for-two-tats) ··· 506
한계대체율(Marginal Rate of Substitution: MRS) 222
한계전환율(MRT) ··· 225
한계학파(限界學派, Marginalists) ··· 17
할인율(割引率, discount rate) ··· 500
할인인자(割引因子, discount factor) ··· 304, 306, 314, 500
합리성(合理性, rationality) ··· 30, 66, 150, 90, 297
합리적 기대(合理的 期待, rational expectations) ··· 43, 263
합리적 무시(合理的 無視, rational ignorance) · 471
해(解, solution) ··· 99
해타심(害他心, spitefulness) ··· 298
행동(行動, action) ··· 94
헌법(constitution) ··· 15
헌법경제학(Constitutional economics) ··· 16
혁신(innovation) ··· 544
현상유지(status quo) ··· 282, 285
현시원리(顯示原理, revelation principle) ··· 346
협상결렬점(disagreement point 혹은 threat point) ··· 356
협상력 ··· 306
형평성 ··· 57
혼돈정리 ··· 281
혼합전략(混合戰略, mixed strategy) ··· 94, 178
혼합전략 내쉬균형 ··· 179, 229
확정성(decisiveness) ··· 118
효용가능곡선(效用可能曲線, utility possibility curve) ··· 47, 52, 64
효용가능집합(效用可能集合, utility possibility set) ··· 47
효용함수(效用函數, utility function) ··· 23, 25, 26
효율(efficiency) ··· 4
효율곡선(efficiency locus) ··· 47, 52
효율성(efficiency) ··· 47, 57, 343, 357, 367
후생경제학의 제1기본정리(the first fundamental theorem of welfare economics) ··· 56
후생경제학의 제2기본정리(the second fundamental theorem of welfare economics) ··· 57
후생비용(厚生費用, welfare cost) ··· 377
후속보수(continuation payoff) ··· 503

인명

게일 ··· 372
그로브스(Theodore Groves) ··· 208, 338
그로스만(Grossman) ··· 19
기버드(Gibbard) ··· 69, 134, 347
내쉬(Nash) ··· 356
노왁(Nowak) ··· 507, 510
노직(Robert Nozick) ··· 84, 85
니스카넨(Niskanen) ··· 467
다운즈(Anthony Downs) ··· 18, 142
다이아몬드(Peter A. Diamond) ··· 384
듀버거(Duverger) ··· 171
듀플로 ··· 531
드브루(Gérard Debreu) ··· 2
라이커(Riker) ··· 101, 122, 184
라이트(Wright) ··· 122, 172, 483
랑게(Oskar R. Lange) ··· 3, 17
래포포트(Anatol Rappoport) ··· 510
램지(Ramsey) ··· 383
레드야드(John Ledyard) ··· 208, 338
로머(John E. Roemer) ··· 17
로버츠(Roberts) ··· 455
로빈슨(James A. Robinson) ··· 241, 534, 540
로스(Alvin E. Roth) ··· 371, 374
로젠탈(Rosenthal) ··· 148, 149, 185, 191, 228, 533
로크(John Locke, 1632~1704) ··· 16, 79, 361
롤스(Rawls) ··· 14, 78, 216
루빈슈타인(Rubinstein 1982) ··· 303, 360

루소(Jean-Jacques Rousseau, 1712~1778) ········ 4, 79, 106, 117
루카스(Lucas) ········ 419
리스트(List) ········ 297
리처드(Richard) ········ 411, 536, 538
리카도(David Ricardo) ········ 5, 17
린달(Erik Lindahl, 1891~1960) ········ 227
마샬(Alfred Marshall) ········ 17, 379
마이어슨(Myerson) ········ 346
마키아벨리(Niccolo Machiavelli, 1469~1527) ··· 512
맑스(Karl Marx) ········ 5, 17
맥카티(McCarty) ········ 19, 149, 533
멀리스(James A. Mirrlees) ········ 384
메르텡(Mertens) ········ 460
메이 ········ 117
멜처(Meltzer) ········ 411, 536, 538
모딜리아니(Modigliani) ········ 391
모르겐슈테른(Oskar Morgenstern) ········ 553
밀(John Stuart Mill, 1806~1873) ········ 5, 17, 84
밀그롬(Milgrom) ········ 455
밀러(Miller) ········ 391
밀튼 프리드 ········ 524
바그너(Adolph Wagner, 1835~1917) ········ 12
반자프(John F. Banzhaf III) ········ 369
배로(Barro) ········ 520, 531
베커(Gary Becker) ········ 16
벤담(Jeremy Bentham, 1748~1832) ········ 24, 75
보아(Boix) ········ 535
뷰캐넌(James M. Buchanan) ········ 15, 18
사뮤엘슨(Paul A. Samuelson) ········ 5, 224
새터스웨이트(Satterthwaite) ········ 69, 134, 347
샤피로(Shapiro) ········ 525
섀플리(Shapley) ········ 363, 368, 371, 372
센(Amartya Sen) ········ 15
쉐보르스키(Adam Przeworski) ········ 17
쉡슬(Shepsle) ········ 19, 148
쉬들란(Kydland) ········ 520
슈빅(Shubik) ········ 368
슘페터(Joseph Schumpeter) ········ 5, 17
스미스(Vernon L. Smith) ········ 6
스티글리츠(Joseph E. Stiglitz) ········ 384, 525
스펜스(Spence) ········ 443
Akerlof and Shiller ········ 6, 7
알레시나(Alesina) ········ 149, 531, 534, 537
애덤 스미스(Adam Smith, 1723~1790) ··· 4, 17, 57
애로우(Kenneth Arrow, 1921~2017) ········ 2, 15, 65, 348
애스모글루(Daron Acemoglu) ········ 241, 531, 534, 540, 548
애컬로프(Akerlof) ········ 201, 525
액설로드(Axelrod) ········ 510, 506
에지워드(Francis Y. Edgeworth) ········ 5
오데슉(Ordeshook) ········ 184
올슨(Olson) ········ 472, 534
조(Cho) ········ 458
지그문트(Sigmund) ········ 507, 510
카네먼(Daniel Kahneman) ········ 5
칸트(Immanuel Kant, 1724~1804) ········ 78, 216
칼도어(Nicholas Kaldor) ········ 83
케인즈(John M. Keynes, 1883~1946) ········ 9
코우즈(Ronald Coase) ········ 213
콜버그(Kohlberg) ········ 460
콩도르세(Marquis de Condorcet, 1743~1794) ·· 119
쿠즈네츠(Kuznets) ········ 530
크렙스(Kreps) ········ 458
크루거(Anne Krueger) ········ 15
타벨리니(Tabellini) ········ 530, 534, 535
토크빌(Alexis de Tocqueville, 1805~1859) ······ 535
튤록(Gordon Tullock) ········ 15, 18, 470
트버스키(Amos Tversky) ········ 5
파레토(Vilfredo Pareto) ········ 5
파버(Farber) ········ 191, 316
팔프리(Palfrey) ········ 185, 191, 228
페로티(Perotti) ········ 531
페르손(Persson) ········ 530, 534, 535
포퍼(Karl R. Popper) ········ 84

폰 노이만(John von Neumann) ······················ 553
폰 하이에크(Friedrich A. von Hayek) ······················ 3, 17, 84, 151
풀(Poole) ······················ 148, 149, 533
프레스콧(Prescott) ······················ 520
피구(Arthur C. Pigou, 1877~1959) 14, 17, 18, 206
피케티(Piketty) ················ 389, 415, 532, 537, 539
하사아니(Harsanyi) ···················· 84, 151, 321, 332
허비츠(Hurwicz) ······················ 343
헬프만(Helpman) ······················ 19
호텔링(Hotelling) ······················ 142
홉스(Thomas Hobbes, 1588~1679) ······ 4, 361, 490
힉스(John Hicks) ······················ 83

| 저자약력 |

김영세(Youngse Kim)

미국 캘리포니아대학교(University of California Los Angeles)에서 경제학박사 학위를 취득하고 영국 케임브리지대학교(University of Cambridge)와 런던대학교(University of London)에서 교수로 재직한 후 귀국하여 현재까지 연세대학교 교수로 재직하고 있다.

국제적 저명 학술지에 다수의 학술 논문을 게재하였고 산업조직, 공정거래, 정치경제, 경영전략과 관련된 정부 정책보고서와 기업 컨설팅보고서를 60여 편 출간하였다. 저서로는 『미시경제학』(1998), 『게임이론』(1998; 제8판 2018), 『전략과 정보』(2000; 제2판 2003), 『게임의 기술』(2007), 『정치게임과 공공경제』(2012; 제2판 2015)이 있다. 연구와 교육 그리고 현실경제에의 공헌을 인정받아 연세학술상(1998), 매경 이코노미스트상(2003), 초헌학술상(2005), 기획재정부장관 표창(2008), 매경 특별표창(2015)을 수상하였다.

공공경제론 – 게임이론적 접근

2019년 3월 15일 1판 1쇄 인쇄
2019년 3월 20일 1판 1쇄 발행

저　자 | 김영세
발행인 | 이수영
발행처 | 도서출판 청람
서울시 마포구 독막로 288(대흥동, 세양상가 109호)
전　화 | 02)3272-2601~2
팩　스 | 02)3272-2603
이메일 | crbooks@daum.net
홈페이지 | http://www.crbooks.co.kr
등　록 | 2000년 8월 26일 제6-0509호

ISBN 978-89-5972-697-4 93320　　[정가 39,000원]